U0873713

高等学校新文科教材
数字化管理系列

新媒体营销

周懿瑾 / 编著

NEW MEDIA MARKETING

中国人民大学出版社
·北京·

图书在版编目（CIP）数据

新媒体营销/周懿瑾编著. --北京：中国人民大学出版社，2024.4
高等学校新文科教材. 数字化管理系列
ISBN 978-7-300-32755-6

Ⅰ.①新… Ⅱ.①周… Ⅲ.①网络营销－高等学校－教材 Ⅳ.①F713.365.2

中国国家版本馆 CIP 数据核字（2024）第 081191 号

高等学校新文科教材·数字化管理系列
新媒体营销
周懿瑾　编著
Xinmeiti Yingxiao

出版发行	中国人民大学出版社		
社　　址	北京中关村大街 31 号	**邮政编码**	100080
电　　话	010－62511242（总编室）		010－62511770（质管部）
	010－82501766（邮购部）		010－62514148（门市部）
	010－62511173（发行公司）		010－62515275（盗版举报）
网　　址	http://www.crup.com.cn		
经　　销	新华书店		
印　　刷	天津中印联印务有限公司		
开　　本	787 mm×1092 mm　1/16	**版　　次**	2024 年 4 月第 1 版
印　　张	22 插页 1	**印　　次**	2025 年 11 月第 2 次印刷
字　　数	517 000	**定　　价**	55.00 元

前言

当一种新媒体出现时，人们面临的挑战之一就是如何理解它及其背后的技术。技术与社会的关系受到广泛讨论，有三种论点较为普遍——技术决定论、技术的社会建构论、技术的社会形成论。

技术决定论（technological determinism）认为当新技术刚刚问世时，人们总是倾向于将这种技术视作因果关系中的动因，一种人类几乎无法抵挡的社会变革力量。技术从外部进入社会，给社会生活造成冲击。当一种技术刚刚出现时，这种影响可能是最强烈的，因为人们还不了解它，人们也许并不是在“使用它”，而是在“被它使用”。

技术的社会建构论（social construction of technology）认为人是技术和社会变化的主要推动者。这种论点承认技术会带来直接影响，但人们同样可以战略性地，通常也是理性地选择使用哪种技术来实现哪些目的。

技术的社会形成论（social shaping of technology）认为技术和社会在不断地彼此影响。随着时间的推移，人们对新技术的认知不断深入，最终将不再质疑这些技术，而是通过驯化（domestication）理所当然地将它们视为日常生活中的一部分，也不再认为技术会成为社会变革的动因。

营销领域也处于技术与社会互动的框架之中，营销人员经历了从技术决定论到技术的社会形成论的转变。中国市场变化剧烈，营销是最容易反映其变化之快的学科和实践。新媒体技术带来的互联网社会、数字平台间的纷争以及世代的急速变迁，交织成一个变幻莫测的新市场。新媒体技术似乎带来了瓦解传统品牌和传统市场的巨大能量，新的消费浪潮兴起，一个个新锐品牌在新媒体平台上涌现，借助传统品牌看不懂的眼花缭乱的媒介，使用新潮的沟通技巧和新兴的销售方式，一下子打破了原有的市场格局，跻身行业舞台。一时间，大量新的营销词汇应运而生，如私域、新消费、种草、链路、数智化、直播带货……市场对不断涌现的新概念、新技术、新模式热情追捧，“喜新厌旧”，变化极快，不久前还热门的营销概念可能很快就过时被淘汰，这加大了身处其中的营销人员的紧迫感和焦虑感。

2021 年之后，新消费浪潮遇到了寒潮。一方面新消费品牌的困境逐渐展现，流量瓶颈难以突破，线下渠道拓展困难；另一方面传统品牌也开始采用新媒体作为日常的营销工具。在这个过程中，市场逐渐冷静下来，商业的本质逐渐浮现。虽然互联网带来了巨大的变化，流量红利托起了一个又一个新品牌，但营销的基本功依然是赢得市场的关键。营销人员越来越意识到，顾客价值始终是营销的核心，好产品、好价格、好体验依然是消费者买单的决定性因素；有创意的内容依然能够更好地建立消费者对品牌的认知，抢占消费者心智；深度的分销，不论是线上还是线下都可以让消费者的需求更便捷地得到满足。

我们需要正视技术的价值，尤其是在这样一个技术飞速更新的时代。新媒体相关技术的进步和普及，正在改变和颠覆越来越多的行业领域，也在一定程度上推动各个行业领域的革新进步，传统营销也不能置身事外。品牌从说服者（persuader）向促成者（enabler）转变，品牌的定义权向消费者转移；移动互联网让网络从"touch points"变成了"cash points"，品牌必须更多地关注消费者的整个购买决策流程；消费者的数据化让营销人员能更清晰地看到消费者的行为和决策过程……菲利普·科特勒（Philip Kotler）有两句名言："市场变得比市场营销更快。"（Market changes faster than marketing.）"如果五年内你还用同样的方式做生意，你将要关门大吉。"（Within five years，If you're in the same business you are in now，you're going to be out of business.）

但技术并不能完全改变营销的本质，因为人性几乎亘古不变。人们在使用新媒体的过程中，逐渐将其驯化为企业的日常营销工具。以直播电商为例，从 2016 年蘑菇街最早进入这一领域，到 2020 年由于疫情影响线下商业几乎停摆，直播带货仿佛成为零售市场的救命稻草，创造出一个又一个商业奇迹，一时间烈火烹油、鲜花着锦。当时受益最大的是前台的各种达人主播和多频道网络（multi-channel network，MCN）机构，这是互联网的流动空间的特性所决定的。但到了 2023 年，直播带货已经被大众所认识和了解，逐渐成为企业宣传和销售的日常营销工具。虽然还有一些大的个人品牌在前台吸引着人们对于这个行业的关注，但品牌商家自播已然成为各个新媒体平台的主流，选品和供应链成为直播带货能否持续高效产出的关键，考验着企业以消费者为中心持续经营和改进的基本功。

探讨变与不变，是本书的写作动因之一。营销本质和新媒体技术变迁是硬币的两面，二者协同才能创造更大的价值。中国新媒体营销的实践远超经典教科书的内容，短视频营销、直播带货、KOL 营销等新媒体实践在中国市场激烈的竞争中被运用到了极致，这些都是经典教科书中所没有的，需要在实践中学习和创新。但同时，对这些创新和先进方法的理解、运用、总结和提炼也需要有营销基本理论知识作为基础。本书有两个创新之处：

其一，本书融合了经典营销理论和新媒体营销知识。我的营销知识最早来源于经典的菲利普·科特勒的《营销管理》（*Marketing Management*）、凯文·凯勒（Kevin Keller）的《战略品牌管理》（*Strategic Brand Management*）、迈克尔·所罗门（Michael Solomon）的《消费者行为学》（*Consumer Behavior*）。当新媒体浪潮来临时，我一度认为传统理论过时了，努力想构建"新媒体环境下新的营销框架"。然而，我越了解行业实践，越觉得新媒体固然势不可当，但传统理论也不会过时，基本功和新技术实际上是一种相辅相成的关系，而不是替代关系。它们之间甚至形成了一种映射，只是这种映射有时是直接的，有时是改换了面貌的，非常有趣。新媒体冲击和淘汰的不是传统营销，而是不以消费者为中心的一些行业旧疾。正如有人指责 7 - 11 便利店抢走了百货商店的生意时，铃木敏文（Toshifumi Suzuki）说："经营不善与超市或者百货商店的业态并无任何关联……不论是便利店、超市还是百货商店，面对的都是同一个市场。所以在急着为自己寻找借口前，不如先认真思考同样身处消费饱和的严峻环境，为何便利店能实现增长，而超市和百货商店却不行？……这才是业绩不良的根源所在。……7 - 11 便利店之所以能保持稳步成长的势头，是因为它能积极应对各种变化。消费者追求的是产品的'价值'。只有留意这一点，准确抓住每个时代的消费者需求，推出与之相契合的产品和服务，并经过长年累月的坚持才会有今天的成就。"

其二，本书融合了营销学和传播学的理论知识。我接受过传统的营销管理的教育，在中山大学新闻传播学院工作，也让我有机会了解一些传播学理论，这些理论在新媒体环境中发挥着巨大的作用。营销学的教材较少提及传播学理论，而传播学的教材也不会直接涉及企业营销。得益于我的教育背景和工作环境，本书在营销的主线中穿插了很多传播学的概念和理论，也引入了很多传播学学者的思考和分析。

感谢在本书撰写过程中与我交流过的营销人，特别感谢广州茉莉数科集团诸位新媒体营销实战专家，和他们的交流让我受益良多。感谢 B 站知识区的各位 UP 主的解析视频，虽然我喜爱的两位 UP 主都已停更，但他们提供的内容曾给予我很多启发和教学上的帮助。感谢小宇宙平台，许多投资人、营销专家、企业高管愿意在这个平台上深度探讨新媒体营销的方方面面，让我在超过 1 000 小时的收听中对新媒体营销的理解更加深入和全面。还要感谢散落在平台中的一些广告人、营销人员以及消费者，他们的发声也给我带来很多启发。

感谢我的学生李钏瑜、喻儒、李益璟、覃桂梅、蔡伊婷、黄小莉、陈菁菁、王锦谊、王嘉如，他们在案例、资料、数据的搜集整理等方面给予我很大帮助。在成书过程中，我尽管已全力以赴，但深知自己水平有限，本书难免有不足之处，恳请读者海涵并不吝赐教。

新技术也许可以决定使用的起点，但不能决定使用的终点。技术的可供性和与人的互动会涌现出大量初始设计者没有设想到的"意外"。在本书编纂和成书的后期，人工通用智能（artificial general intelligence，AGI）技术的迅猛发展引领了一股新的技术潮流，引发了社会各界的广泛关注。中国的营销专家表现出了敏锐的洞察力和迅速的反应能力，他们快速将 AGI 技术融入营销的各个环节，以实现成本的降低和效率的提升。然而，对于 AGI 在营销领域所带来的变革和深远影响，我认为目前尚处于初步探索阶段。随着技术的不断进步和应用的深化，AGI 对营销的重塑将逐步展现其全貌。营销人员当保持开放的心态，以顾客价值为核心，充分利用技术和变化，带给消费者更好的产品、服务和体验，为创造更美好的社会作出贡献。

周懿瑾

目录

// 第 4 章 //

经典营销知识框架 085

// 第 5 章 //

新媒体营销的新框架：链路模型 112

// 第 6 章 //

基于链路模型的内容营销 142

// 第 7 章 //

品牌生成内容：生产和传播 176

// 第 8 章 //

社交媒体 KOL 208

// 第1章 //

变与不变：新媒体环境中的营销

中国的新媒体营销实践是领先全球的。在新媒体环境下，我国的电商模式、移动支付、KOL营销、直播带货、短视频营销、物流自动化、供应链全面数字化等都是全球领先的且具有本土创新。习近平总书记指出，“这是一个需要理论而且一定能够产生理论的时代，这是一个需要思想而且一定能够产生思想的时代。我们不能辜负了这个时代。”中国的新媒体营销实践需要被书写、被展示、被解读，并形成中国的新媒体营销理论。

约在2014年，中国移动互联网渗透率开始进入高增速阶段①，截至2021年，我国互联网渗透率已达73%②，伴随着接入网络空间的消费者数量激增和各种移动应用大爆发，数字网络成为新的基础设施。

随着消费者沉浸在网络空间的时间越来越长，网络空间逐渐成了消费者生存的虚拟社会，营销的主战场自然也转移到了新媒体平台，其重要性不亚于甚至局部超过了线下市场。移动互联网的快速普及和消费者对虚拟社交的需求极大推动了新媒体平台的发展，各种数字化媒体、社交媒体（social media）大范围取代了传统媒体。根据月狐数据，2022年第三季度，中国移动互联网用户人均每日使用App时长为5.4小时，相比之下，2014年的数据仅为0.4小时。③ 这表明新媒体平台已成为中国消费者进行社交互动和获取信息的主要渠道之一。

新媒体的技术形式不断变化，人际互动方式和信息内容也随之变化，这进而改变了企业理解、接触、影响消费者的方式。但在这些变化之下，人类的本质和行为方式并未改变，因此市场营销理论中的一些经典内容仍具有指导意义。所以，与传统营销相比，新媒体营销中既有大量的变化，也仍存在一些不变的内容。

本章分为三部分。首先，介绍新媒体的相关概念，包括对其社会属性、独特的时空观的探讨。其次，总结新媒体带来的营销变化，同时强调其中不变的本质。最后，介绍数字时代的营销知识框架。

---

① 根据Statista的数据，2014年中国移动互联网用户规模为5.56亿，占全球移动互联网用户总数的32.3%，到2021年，中国移动互联网用户规模已经达到10.28亿，占全球移动互联网用户总数的54.2%。

② 数字孪生：ToB元宇宙开局之道．(2022-07-25). https://pdf.dfcfw.com/pdf/H3_AP202207251576512120_1.pdf?1658756100000.pdf.

③ TalkingData 2014移动互联网数据报告．https://mi.talkingdata.com/report-detail.html?id=427.

第 1 节　新媒体、互联网社会及其时空结构

新媒体不仅是新的信息传递介质，还构建了一个不同于工业化社会的互联网社会。根据第 52 次《中国互联网络发展状况统计报告》，截至 2023 年 6 月，我国网民规模达 10.79 亿人，互联网普及率达 76.4%，人均每周上网时长为 29.1 小时。总体来看，互联网人数和人均上网时长已趋于稳定。新媒体技术所营造的虚拟时空，是消费者新的生存时空，从根本上改变了人类社会存在和运行的方式。我们卷入其中的互联网社会，也已经不是仅存于虚拟空间、被“创造”出来的一种社会存在形式，而是一种真实的新的社会结构形态。

一、新媒体的概念

新媒体在今天是一个被广泛使用的词，也是最难界定的概念之一。这一概念在不同的领域、不同的阶段被不同的人使用时会有不同的指向。新媒体处于不断的变化中，它的定义也不是一成不变的。

虽然在研究者眼里，新媒体这个概念早已出现，但对消费者来说，20 世纪 90 年代互联网的兴起，才真正开启了新媒体时代。而在新媒体几十年的演进过程中，消费者也处于不断的变化之中，尤其体现在他们与媒体关系的变化以及在新媒体中角色的变化等方面[①]，详见图 1-1。

图 1-1　新媒体、内容形态及其用户行为变化

资料来源：东方财富证券．互联网行业框架报告：黄昏和黎明．

在本书中，新媒体主要指基于数字技术、网络技术及其他现代信息技术或通信技术的，具有互动性、融合性的媒介形态和平台。现阶段，新媒体主要包括传统互联网（基于万维网等应用方式）、移动互联网以及其他具有互动性的数字媒体形式。

“新媒体”一词跨越了多个历史时期。在美国，新媒体的出现可以追溯到 20 世纪 60 年代，但在中国，新媒体与互联网的概念在很大程度上是重叠的，很多时候人们也不对二者做区分。因此，本书不对两个概念做严格区分。

此外，新媒体也在某些层面上重新定义了传播。具体来讲，新媒体不仅仅改变了消

---

① 彭兰．新媒体用户研究：节点化、媒介化、赛博格化的人．北京：中国人民大学出版社，2020.

费者获得信息的渠道，也为消费者提供了一种新的依存空间来构建社会关系。虽然传播学者对新媒体、互联网的关注总是基于其“媒体”和“传播”属性，但在今天，与媒体属性交织在一起的新媒体的社会属性同样需要关注。在复制、拓展现实中的社会结构与社会关系的同时，新媒体的社会属性也日益明晰，线上、线下社会之间的界限却越来越模糊。关于新媒体作为“第二社会”的探讨，出现了一系列的变化。

二、新媒体的社会属性：从赛博空间到互联网社会

1. 赛博空间

在早期，互联网常常被称为赛博空间（cyberspace）。该词最早出现在加拿大科幻小说家威廉·福特·吉布森（William Ford Gibson）的小说《全息玫瑰碎片》（*Burning Chrome*）中，后在其 1984 年出版的小说《神经漫游者》（*Neuromancer*）中得到普及。学者将赛博空间的特征总结为四个方面：

（1）人们的直觉可以摆脱物质身体的束缚而在赛博空间独立存在和活动。

（2）赛博空间可以突破物理世界的限制而穿越时空。

（3）赛博空间由信息组成，具备操控信息能力的人在赛博空间拥有巨大的权力。

（4）人机耦合的电子人在赛博空间获得永生。[①]

互联网的发展让我们意识到数字空间并非纯粹的赛博空间，其与现实空间有着千丝万缕的联系和多个维度的互动。

2. 虚拟社会

随着互联网的发展，“虚拟社会”的说法开始出现。哲学学者陈志良认为，虚拟是一种中介方式，但不同于人类历史上的其他中介方式。虚拟使人类第一次真正拥有了两个世界：一个是现实世界，一个是虚拟世界；拥有了两个生存平台：一个是现实的自然平台，一个是虚拟的数字平台。现实世界与虚拟世界、自然平台与数字平台相互交叉、相互包含，从而使人类的存在方式发生了革命性的变革。[②]

社会学者则更关注虚拟社会中人的关系的实质。网络社会虽然在形式上表现为“人-电脑-人”的关系，但本质上仍然是“人-人”的关系。网络社会中有很多东西是虚拟的，但虚拟只是网络社会的一部分。当然，网络社会也有其特殊性，互动双方都不再有“身份感”，网络社会中“人-人”的关系可以简单地归结为“情感人-情感人”的关系。[③]

有研究者进一步指出，虽然数字化决定了网络的社会功能和由此构建的关系网络具有虚拟的特征，但是当“虚拟”也是一种真实（an objective reality）时，网络社会就是一种客观的社会现象、一种社会实存、一种人类生存的全新方式。[④] 进入 Web 2.0 时代以来，人们越来越多地以真实身份出现在各种网络社交空间，社交平台所连接的也更多是现实的社交关系，因此，我们越来越多地称互联网为网络社会而不是虚拟社会。

---

① 冉聃．赛博空间、离身性与具身性．哲学动态，2013（6）：85－89.

② 陈志良．虚拟：人类中介系统的革命．中国人民大学学报，2000（4）：57－63.

③ 童星，罗军．网络社会及其对经典社会学理论的挑战．南京大学学报（哲学·人文科学·社会科学版），2001（5）：96－102.

④ 戚攻．网络社会的本质：一种数字化社会关系结构．重庆大学学报（社会科学版），2003（1）：148－151.

3. 网络社会

曼纽尔·卡斯特（Manuel Castells）在《网络社会的崛起》（*The Rise of the Network Society*）一书中提出了“网络社会”，这一概念并不是特指基于互联网形成的社会结构，而是更为广义，强调的是“网络化的社会”。他将网络社会界定为一种具有更广泛意义的社会结构，以此体现新经济所带来的与信息化、全球化相平行的一种社会结构的变化。网络是一组相互连接的节点，在信息时代社会里扮演核心角色。网络是开放的结构，能够无限延伸。一个以网络为基础的社会结构是具有高度活力的开放系统，能够创新而不至于威胁系统的平衡。全球金融流动网络、新媒体网络、跨国企业等都可以看作这样的网络。

卡斯特在《网络社会的崛起》一书中还将“流动空间”作为网络社会的空间特征，他认为，流动空间由三个层次构成：

第一个层次由电子交流的回路构成，为流动空间提供物质支持；

第二个层次由节点（node）和枢纽（hub）构成；

第三个层次是由占支配地位的管理精英（而非阶层）组成的空间组织。①

网络社会虽然不独指新媒体构建的网络空间，但卡斯特对于流动空间的层次的梳理，为我们理解互联网社会这样一个新的流动空间提供了基础。

4. 互联网社会

互联网社会是一种典型的网络社会。互联网信息的快速传递和全面数字化，实现了社会生活在网络空间的全景呈现和全面展开，即实现了社会生活的全面网络化。

互联网社会是一个不断发展的新的社会形态，但它的发展总是基于特定的互联网空间与结构特征。

用卡斯特“网络社会”的思路来分析互联网结构，可以看到互联网社会有两个基本结构要素：节点和枢纽。

（1）互联网社会的基本节点：拥有多重虚拟角色、可自我定位的个体。在范·迪克（Van Dijck）看来，相对于大众社会，网络社会的一个重要变化是个体成为社会的基本单元。在互联网中，个体成为网络社会中的“节点”，这与传统社会的关系模式是不一样的。

成为网络社会中的节点意味着个体价值的提高。从传播结构角度看，每个节点都对网络具有一定的控制能力，例如，作为信息流动网络的一个节点，每个个体都可以控制自己这个节点的“开关”，推动或阻止信息的流动。

每个个体节点都连接着广泛的社会网络，社会网络中的关系便成为影响消费者行为和能力的重要因素。一方面，个体拥有将自己的言论/力量转化为社会性能量的更多可能；另一方面，个体随时受到社会关系的影响，这种影响的广度与深度可能是前所未有的。

作为社会连接单元的个体节点，消费者也承载和连接着各种社会资源，在网络协同（例如共享经济）中，作为节点的消费者也可能成为资源的贡献者。同时，网络中的个体以符号的方式进行虚拟化生存，这意味着个体可以对自己的角色进行多重设定，自由分

---

① 曼纽尔·卡斯特．网络社会的崛起．夏铸九，王志弘，等译．北京：社会科学文献出版社，2006.

解。网络中的个体在自我身份的选择、互动对象与方式的选择，以及网络群体与网络活动的选择上，具有更强的主动性和更大的选择权。这使个体可以更多地依照自己的意愿来确定自己在网络社会中的位置。关于消费者作为互联网社会的基本节点的分析，请见第 2 章。

（2）互联网社会的枢纽：网络服务平台。从互联网社会构成的角度来看，网络服务商和各类组织建立的公共服务平台扮演的是网络的枢纽。按照卡斯特关于流动空间的定义，枢纽是交换中心、通信中心，发挥协调的作用，使整合进网络的元素能够顺利地互动。

互联网社会中人与人的互动总是基于各种枢纽。无论是互联网早期出现的新闻组、BBS，还是如今的各种社交平台和短视频平台；无论是以内容为核心的平台，还是以社交、电商或服务为核心的平台，这些枢纽不仅决定了互动的具体手段与形式，也决定了人们的关系模式。

在以内容为核心的平台中，人们的关系多围绕话题展开，某些时候会因为观点、立场、态度而形成联盟或对抗关系；在以关系为核心的平台中，人们往往在对社会资本权衡的基础上构建自己的关系网络；而在以服务为核心的平台中，人们的关系更多地围绕商品与服务展开，关系是“用完即走”的。平台的具体规则会进一步影响人们关系的深度、持久性与影响力。对平台的更多分析，请见第 3 章。

延伸阅读 1－1　元宇宙：未来 or 想象？

三、互联网社会的时空结构

新媒体不仅意味着信息环境的变革，也使得社会以信息技术范式为主导进行再解构和再组织。在网络空间中，人们体会到了不同于现实世界的时间感与空间感，移动互联网的发展更是进一步改变了人们的时空感。

互联网社会的到来使社会生活分化出两种不同的时空逻辑。线上生活基于虚拟时空，线下生活依赖现实时空。人们既生活在现实时空里，又生活在互联网社会的虚拟时空里，消费者行为受到现实时空和移动互联网时空的影响，两者相互交织。现实时空可能会映射到互联网社会的虚拟时空，而互联网社会的虚拟时空也会不断对现实时空产生干扰。对于品牌来说，基于互联网的生存模式不一定适用于现实时空，例如，元气森林基于互联网的运作方式获得了商业成功，改变了传统饮料行业的营销策略和格局，但当该品牌大规模进入线下市场，开始和传统经销商、零售商打交道时，却不得不改变策略，遵循现实时空的规则。对于消费者来说也是一样，消费者会将现实时空的偏好和行为带入互联网社会的虚拟时空，但为了互联网社会所提供的可见性，又可能反过来改变自己在现实时空的行为。现实化生存与媒介化生存两者互为映照，相互干扰。

互联网社会的崛起并不意味着工业化社会的终结，而是在工业化社会的基础上，围绕特定的社会生活领域或为了满足特定的社会需求，形成一种新型社会形态或运行方式。尽管社会生活的某些方面已经进入互联网社会的轨道，而且社会生活网络化的范围也在日益扩展，但是工业化逻辑仍然是这个时代最基本的运行逻辑。换言之，我们所处的时代实际上是工业化秩序和网络化秩序并存的。

1. 空间结构

在现实时空的空间维度上，社会生活要么依赖面对面的在场接触，要么依靠社会分工和职业群体对在场接触的传递（市场交易、信息传播等）。

虚拟时空的空间特征表现为去实体化和去中介化，互联网技术彻底打破了物理空间的局限，人们无须借助社会分工和职业群体对在场接触的传递，就能实现远距离的社会交往和市场交易。互联网技术能够将物理上并不临近的地方或位置连接起来，并且愈发显示出一种虚拟的情境化趋势。[①] 人们可以借助虚拟空间开展缺场交往、共享经验和制造新的认同。[②]

（1）去实体化的连接。在现实空间，人们的空间移动受到较大制约，互联网在解除物理空间的移动约束的同时，打破了传统的关系网络对人们的约束。

在现实空间，个体参与社会生活需要他人共同在场，离开了共同在场，个体也就脱离了社会。同时，维持共同在场为参与者提供了人际的信任和亲密性、本体性安全以及日常接触和互动的连续性。[③]

人们在互联网社会可以轻易地实现跨越物理空间的交流，可以在网络空间跨越地域自由穿行。基于特定技术而构建的网络工具（如微博、快手等），能够在原本缺乏联系的不同消费者（个体、群体和组织）之间建立起持久的联系，进而打通不同社会群体之间的藩篱，将处于分散、隔离状态的消费者有效地连接起来。对于社会来说，这种黏性能够让社会生活实现“再组织”。对于营销来说，这种消费者的自组织（如社群）构成了市场中的重要力量，使权力不再完全掌握在品牌手中。

互联网跨越物理空间的虚拟整合带来了资源与信息的新的整合方式，在满足需求的过程中也会使个体产生观念、行为和态度上的变化，甚至形成新的认同和文化。比如在组织层面，当人们通过互联网的技术黏性在虚拟空间连接起来时，现实空间原有的连接方式必然会被改变、动摇和削弱，个体可能会更加认同自己在网络趣缘社群中的身份，而不再认同在“地缘、血缘、业缘”中的身份。这也导致了营销方式的大转变，针对社群或圈层的营销会比传统的大众营销更为精准和有效。例如，在图书营销中，豆瓣成了获取用户的重要渠道，豆瓣读书的评分对图书的销售至关重要。

此外，去实体化还使得零售的核心要素发生了巨变。互联网可以通过特定的计算手段、应用模式和技术平台，对空间上相互分离的供给与需求进行匹配和撮合。人们不需要在场接触以及对在场接触的传递过程，就能直接与相距遥远的对象进行联系。以现实空间中的零售业为例，“摊位”（location）是关键成功要素，但在互联网社会的虚拟空间中，流量取代摊位成为核心成功要素。原来基于地理空间的摊位分配逻辑，变成基于网络空间的流量分配逻辑。比如直播带货兴起之后，手机直播架成了街边摊贩的必备工具。

（2）无限空间 vs. 有限空间。现实空间是有限的，而互联网空间几乎是无限的。例

---

① 张兆曙．互联网的社会向度与网络社会的核心逻辑：兼论社会学如何理解互联网．学术研究，2018（3）：51-58.

② 刘少杰．网络化时代的社会结构变迁．学术月刊，2012，44（10）：14-23.

③ 张兆曙．非常规行动及其后果：一种社会变迁理论的新视域．北京：中国人民大学出版社，2009.

如，对于零售来说，仅淘宝平台的商铺数量就超过了 1 000 万个[①]，这是现实空间中任何大商场都不可能做到的。

现实空间中的零售店货架空间极为有限，为了提高利润率，经营者会将高毛利率和高周转率的商品优先摆放。有限货架的好处在于容量有限，品牌在渠道铺货方面做得好，货架份额高、摆放位置好，就能获取一定的优势和建立起门槛；但缺点在于小品牌机会有限，进入门槛高。

互联网空间的平台是一个无限货架，小品牌永远有机会参与竞争，而且企业可以充分展示品牌和产品，但也存在门槛太低、无限竞争的问题，即永远会有其他竞争者进入，不断迭代。在有流量红利的时代，这种竞争可以促进品牌进化，带来消费体验的提升；而当流量红利逐渐见顶后，市场从增量市场转向存量市场，这种竞争则可能是无意义的且会导致内耗，从而导致整个行业利润率下降、创新减少、人才流失。

// 案例 1－1 //

无限货架与有限货架上的拉面说

线下渠道是有限货架，货架的位置是有限的，不能无限制地上架产品。品牌需要一家一家地铺货、谈判，把实体商品摆到货架上；而商家只会挑选最好卖的、利润最大化的产品。线上平台是无限货架、无限卖场，产品上架成本低。有限货架与无限货架强调不同的逻辑，无论是线上到线下，还是线下到线上，都要进行人、货、场的重构，品牌也需要根据不同渠道的特点进行策略调整。

拉面说是一个从线上起步的高端拉面品牌，专注于速食拉面这一方便面细分领域。该品牌于 2017 年正式上线运营，当年“双十一”的销售额就突破了 300 万元；2019 年拉面说彻底“出圈”，销售额达 2.5 亿元；2020 年其销售额已达 6 亿元。短短几年，拉面说就从无名小卒摇身变为速食拉面的头部品牌之一。拉面说前期仅在线上销售，无限货架提供了充分的内容展示空间，拉面说对包装设计进行了创新。不同于传统袋装、桶装方便面，拉面说采用盒式包装，用炭笔画绘制抽象食材，排版简约拙朴，并没有展示成品的实物拍摄图片。因为电商渠道空间更大，拉面说可以将产品的实物图片放在商品详情页面进行展示，包装上的炭笔画注重色彩与配图的协调，凭借高级感和审美趣味赢得了年轻消费者的喜爱。但对于速食食品来说，线上渠道是远远不够的，为进一步扩大市场，2019 年拉面说开始布局线下渠道，从线上走向线下。

如今拉面说已经进入盒马、Ole 等超市，不同于线上渠道的包装设计，线下渠道的包装以袋装为主，采用实物摄影图片，更加突出原料的真实性，刺激消费者产生购买欲（见图 1－2）。这是因为超市货架空间有限，商品选取竞争激烈，消费者在货架前并不会像在网上购买时那样仔细阅读产品信息，故产品包装能否在被消费者看到时激发其购买欲望至关重要。因此，在铺设线下渠道时，拉面说调整包装使用实物图片，提高消费者在琳琅满目的商品中选择自己的可能性。

---

① 阿里巴巴 2023 财政年度中期报告．(2022－09－30). https://data.alibabagroup.com/ecms-files/1513527596/b2f97265－e9ea－4332－8270－61474c841a15/2023%E8%B4%A2%E6%94%BF%E5%B9%B4%E5%BA%A6%E4%B8%AD%E6%9C%9F%E6%8A%A5%E5%91%8A%EF%BC%88%E7%B9%81%E4%BD%93%E4%B8%AD%E6%96%87%E7%89%88%EF%BC%89.pdf.

图 1-2　拉面说线上渠道包装（左）与线下渠道包装（右）的对比

资料来源：如何设计一个能卖货的包装．(2022-07-10). https://www.weibo.com/1444659757/LBEfQFDm4? mod=weibotime；热销 2.5 亿的拉面说，不仅仅是网红这么简单．(2020-09-04). https://www.cnconsume.com/trend-viewpoint-56692.html.

（3）去中介化与再中介化。相对于工业化逻辑的空间结构而言，互联网空间结构的另一个基本特征是去中介化，即通过互联网，产品或服务的供需双方可以跳过中介直接进行交易。[①]

工业化逻辑对空间的拓展，是依靠不同职业群体之间的社会分工和相互充当中介，由近及远不断递推实现的，比如消费是依赖于空间上临近的市场中介及其递推式交易，从而间接获得遥远地方的产品，消费者需要通过多级渠道商才能获取其他地方的产品。

但互联网逻辑对空间的拓展，则是通过互联网技术将任意两个位置或场所直接连接起来，构造虚拟空间实现的，如消费者可以通过淘宝等电商平台直接获取遥远地方的产品而不需要现实空间中的经销商、零售商渠道。

虽然实体中介在互联网空间中被去除，但为了更充分地对接需求和重组资源，供需双方之间需要接入一个提供双向约束、松散合作与信用评价的平台。因此，扁平化平台利用信息技术等辅助手段在数字环境中充当新的中介，有效链接双边或多边主体，这就是“再中介化”。[②] 新的商业中介平台如阿里巴巴、京东、拼多多、抖音电商逐渐成为较大的渠道商，掌控流量的分配权，不仅重新制定了互联网空间的商业规则，也对线下实体店铺形成了巨大的冲击。

新的数字平台在成为较大的渠道中介的同时，也成了较大的传播中介。2021 年，阿里巴巴广告收入为 3 163.84 亿元，字节跳动广告收入约为 2 500 亿元，是中国最大的两家“广告公司”；并且两家公司在“电商平台内容化，内容平台电商化”的整合进化过程中，不断缩短和一体化消费者购买决策的链条，使传播触点和销售触点无限接近。如今消费者可以在一个 15 秒的短视频/直播中完成从知晓品牌到购买产品的全部过程。而在现实空间，品牌传播与购买渠道往往是分离的，品牌通过媒体传播，而购买往往是在超

---

① 宋志刚．车货匹配平台价值共创逻辑的演进：从“再中介化”到“去中介化”．商业经济与管理，2018 (12)：18-31.

② 中银国际．共享经济：下一个万亿级市场，缘起+动力+未来．(2015-10-09). https://pdf.dfcfw.com/pdf/H3_AP201510120011016690_1.pdf.

市、专卖店、百货商店等进行的，消费者从知晓品牌到购买产品这一过程可能历经 7 天甚至更长时间。

2. 时间结构：时间轴的交错

在现实时空的时间维度上，社会生活的推进表现为功能化的时间统筹或统一的时间分配机制，时间的存在形式被组织规范和风俗习惯等社会制度分割为一个渐次推进的时间序列，每一个具体时段的功能都是固定的（即固定时间完成固定事项），并被统筹为一个有序展开的社会生活进程。简言之，现实时空就是社会生活所扎根的现实情境和统筹秩序。[①] 而在互联网社会中，“时间”发生了变化。

（1）进程压缩。网络化的社会生活不再表现为一个序列化的进程，而是表现为在时间维度上的“集中涌现”和“遍地开花”。时间感的变化是“网络化导致的社会生活节奏加快而发生了新的时间压缩”的结果。一方面，人们在网络空间倍速看视频，试图在同一单位时间内获得更大的信息量，形成了一种时间的压缩。另一方面，互联网改变了传统媒体时代单向传播、过程可控的信息传播路径，而以一种交互式结构快速完成信息的传播和集中展演。例如，我们能在事件发生的几秒钟到几分钟之内获取信息并作出反馈。这意味着我们可以即时获取和处理信息，更快地作出反应和决策，并有可能影响事件的下一步进程。

这种快速的即时信息传输与互动不仅使新闻事件的传播进程被压缩，也使所有的产品概念、传播创意、促销方式都可以低成本、快速地进行反馈、筛选和改进。互联网产品开发也采用了迭代模式，每一次迭代都会产生一个可以发布的产品，这个产品是最终产品的一个子集。通过对产品不断进行迭代可以加速产品上市的过程，能够即时采取措施应对风险并修改产品，增强各阶段之间的有效反馈。这一变化就是互联网技术对信息传播的进程压缩。

（2）时间轴的交错。现实空间的时间是单维度线性前进的，而虚拟空间的时间轴可能是交错紊乱的。卡斯特指出，在网络社会，线性、不可逆转、可以度量、可以预测的时间正遭遇挫折。在互联网社会的结构逻辑中，过去的时间轴与现在的时间轴交错在一起。实时与延时的交叠和倒错，构成了新媒体中的时间。

“实时”意味着几个对象之间的同步关系，同步意味着现实时间与媒介时间的统一。在移动互联网中，实时有不同的表现，通常包括：与事实发生同步的实时传播、与信息传播同步的实时接收、各主体间同步的实时行动或互动等，它们有时会同时存在，有时则是分离的。

实时活动可以让人与人之间的媒介时间轴产生交叠，使人们更多关注彼此。时间距离的消失有助于缩短人们的心理距离。实时观看更容易调动人们的在场感、参与感。同步参与有时甚至会改变事件的进程。多人的同步行动更容易营造群体性氛围，这也是移动互联网时代直播带货兴盛的原因之一。

延时带来的结果是，在新媒体的时间坐标上，人们可能采取了真正同步的行为，也可能以伪装实时的方式形成了虚拟的同步。有时人们意图将延时信息伪装成实时信息，以形成某种表演效果。例如，弹幕很多时候是伪实时的，弹幕营造了一种无论何时点开

---

① 张兆曙．“互联网+”的技术红利与非预期后果．天津社会科学，2017（5）：48－55.

视频都观者如云的假象，它将视频时间伪装成真实时间，使后者被前者湮没和取代。伪装的时间无所谓过去或未来，只有现在，一切都向现在聚集。身处不同真实时间的用户相聚在“现在”，并且以即时发送的弹幕来确认彼此在场。此时的时间不是单维不可逆的，而是根据视频的时间来分隔和组合的。

此外，网络时间轴的交错也表现出现实时间顺序的颠倒与往复。如 2022 年 7 月，张小泉的菜刀由于拍蒜时断裂受到消费者投诉，该事件在微博上引发舆情。[①] 从技术的角度说，刀具的硬度和韧度不可兼得，品牌可以采取好的公关方式来取得消费者谅解。但后续社交媒体平台爆出一段视频，视频中张小泉总经理认为中国人切菜的刀法是错误的。这导致消费者产生极大的不满情绪，严重影响了品牌声誉。在网络空间中，消费者感知到的时间顺序是：出现拍蒜断刀事件—张小泉总经理回应。这个回应不仅没有解决问题，还将责任归咎于消费者。但仔细挖掘视频的时间，可以发现该视频截取自 2022 年初的一个采访，与拍蒜断刀事件并不相关。现实空间事件的发生顺序是：张小泉总经理的视频采访—拍蒜断刀事件，两者没有因果关系。网络空间中时间的交错把两件原本不相干的事件组合起来，使产品质量问题升级为品牌态度问题，引发舆情危机，严重损害了品牌形象。

3. 新的时空结构带来的新现象

网络社会最根本的变化并不在于互联网的技术红利，而在于互联网技术塑造了一种完全不同于工业化逻辑的时空结构，并形成了完全不同于工业化逻辑的社会整合方式。从现实时空到虚拟时空、从在场到虚拟整合的变迁……可以说，互联网技术对于后工业化社会的意义，不亚于社会分工对于传统社会工业化转型的意义。

互联网社会新的时空结构带来了大量新现象，空间上去中介化的虚拟整合与非序列化时间共同作用，建构了互联网社会生活的整体画面。一旦社会生活的具体事项与互联网的技术载体恰当地结合起来，社会生活的展开过程便显示出互联网逻辑和虚拟时空的神奇之处与惊人能量，即在空间上得以最大程度地拓展，在时间上得以最大程度地压缩。简单地说，就是在最短的时间内实现最大程度的扩展。

进入 21 世纪以来，中国互联网快速发展，无论是互联网交易模式的普及，还是网络舆论的传播，抑或是应用模式的推广，几乎毫无例外地经历过“最短时间＋最大空间”的扩张阶段。完美日记是一个典型案例，该公司创立 3 年后，其母公司上市，市值一度超过百亿美元，但到 2023 年 2 月市值已经下降至不到 10 亿美元。这个过山车式的发展历程，就是中国消费领域在互联网时空中的一个典型展现。传播和技术扩散领域也是一样，许多人们共同关切的公共议题和网络舆论往往能够在极短的时间实现“刷屏”，如人工智能技术研发公司 OpenAI 于 2022 年 11 月底推出 ChatGPT，仅用 5 天时间就在全球获得了 100 万用户[②]，这在传统工业化逻辑中是难以想象的，因为现实社会中，空间的扩展需要相应的时间保障，没有足够长的时间很难实现空间的快速扩展。

社会生活的特定需求与互联网载体恰当结合，将会得到互联网技术的虚拟整合与进程压缩的双重助推，从而产生一种“瞬时的结构性优势”。这种瞬时的结构性优势爆发性

① 不仅张小泉！请注意，不是所有的菜刀，都能拍蒜！.（2022-07-16）. https：//baijiahao. baidu. com/s?id=1738487986198639529&wfr=spider&for=pc.

② 5 天注册用户超 100 万 ChatGPT 让谷歌百度坐不住了.（2023-02-07）. https：//tech. china. com. cn/ai/20230207/393958. shtml.

地推进了社会生活的网络化，使人们在不经意间已经习惯并依赖于网络化秩序。“双十一”购物节就是一个典型案例，它从一个电子商务平台的促销活动，变成整个社会重要的购物节点和集体行为。而近年兴起的直播带货，2022 年全平台的商品交易总额（gross merchandise volume，GMV）超过 3.5 万亿元[①]，用 3～5 年的时间走完了传统电商 10 多年的路程。

互联网逻辑与工业化逻辑并存，但又相互冲突，这种结构性状况在社会生活网络化过程中极为特殊。互联网平台及其应用程序对个体和企业行为的建构，体现了虚拟时空的逻辑。

但是，线下生活是按照现实时空的逻辑及其制度化要求展开的。当两种逻辑同时作用于特定企业和消费者时，现实时空与虚拟时空相互影响和交织，一方面使个体在面对线上线下不同规范的双重影响时，有可能重塑自己的消费决策和行为；另一方面也可能使两种时空的交织区域和衔接区域成为企业经营的特定难点。比如消费者已经非常习惯线上购物，其购物行为、聚集程度可能完全遵照虚拟空间的互联网逻辑，一个直播间可以在 4 个小时内聚集亿级的需求，天南海北的消费者集中下单，但其产品的供应链、物流配送依然遵循工业化逻辑，可能很难在同一个空间内短时间满足亿级的需求，于是出现了生产备货不足、物流无法负担等问题，从而使商品交付需要更长的时间。而短时间内爆发的需求会导致企业生产、供应链不稳定，带来管理、成本等方面的很多问题。

第 2 节　新媒体营销的变与不变

一、什么是新媒体营销

本书首先对新媒体营销涉及的相关概念作出解释。

营销是指通过为顾客创造价值和从顾客获得价值以融合顾客（engaging customer）并建立可持续的顾客关系的过程。这个概念是菲利普・科特勒在其经典著作《市场营销原理》（*Principles of Marketing*）中提出并完善的。顾客价值是营销的核心，在不同的营销定义中，顾客价值始终是强调的重点。此外，在新媒体环境中，顾客开始在企业营销中扮演越来越重要的角色，其主动性、参与性能够影响甚至改变企业的营销策略，因此融合顾客对于营销战略越来越重要。建立可持续的顾客关系是品牌或企业长期经营的基础。近年来，中国本土实践中对客户终身价值（customer lifetime value）、私域营销的重视，都体现出长期顾客关系的重要性。

新媒体营销是指利用互联网、移动互联网、社交媒体等新兴媒体渠道，通过对顾客的需求进行分析、定位，为顾客创造价值，并采用一系列有效的策略和手段，以实现品牌推广、产品销售和服务优化等目标的营销活动。其本质与传统营销并无不同，只是借助的工具有差异。在同样重视产品提供的顾客价值的基础上，新媒体营销更强调对数字媒体技术的充分利用，重视互动、个性化和社交化，通过与消费者进行多维度、多形式的互动，建立起与消费者之间的良好关系，提升品牌知名度和美誉度，并最终促进销售

---

① 《2022 直播电商白皮书》。

和提高消费者满意度。

其他一些新媒体营销相关概念见表 1-1。

表 1-1　新媒体营销相关概念

概念	定义
移动营销 (mobile marketing)	通过移动媒体、设备或技术进行的营销活动；借助移动技术，营销人员可以根据位置、时间、环境等条件设计与投放即时、个性化、灵活的营销内容。
社交媒体营销 (social media marketing)	利用社交媒体技术、渠道和软件来创造、沟通、交换对组织的利益相关者有价值的产品。
数字营销 (digital marketing)	通过数字媒体、数据和技术实现营销目标的方式。在实践中主要包含三个方面：在线公司形象管理、顾客关系管理以及通过数字平台进行多渠道营销的整合。
直播带货 (live broadcasting)	电商或主播利用线上平台，依托直播技术对商品或服务进行展示、推广和出售的行为模式。具体表现为：卖方借助即时视频技术把直播带货现场画面实时传递给观众，观众能够同步看到主播对产品的讲解和试用，也可以与主播进行实时互动以获得更多的产品信息。
消费者社群 (consumption community)	由对产品类别、品牌、活动或消费观念有共同认知的消费者组成的关系群体。
关键意见领袖 (key opinion leader)	也称为影响者（influencer），是在社交网络中对他人认可或采用某一产品与技术具有极大影响力的个人，他们拥有大量的追随者并能够产生极大影响。
种草 (planting seeds of desire)	最早是网络流行语，后被新媒体营销人员广泛认同和采用，指专门给别人推荐好货以引导别人购买的行为。种草有三层含义：一是分享推荐某一商品的优秀品质，以激发他人购买欲望的行为；二是把某一事物分享推荐给他人，类似于“安利”；三是形容一件事物让自己从心里由衷地喜欢。 艾瑞咨询将“种草”定义为“将品牌和产品信息承载在内容上并影响消费者心智的过程”。内容种草可以是在平台内容的基础上加入品牌或产品信息，也可以是将相关信息包装为内容供用户讨论和再生产，这一过程可以通过多种信息渠道实现。
流量 (traffic)	流量在不同的语境中有不同的含义。在网络技术领域，流量可以指在一定时间内通过特定网络通道传输的数据量。 在互联网和电商环境中，流量通常指网站、应用或平台的访问量，包括用户访问次数、页面浏览量、在线时长等。流量通常被视为评估网站或平台活跃度和受欢迎程度的重要指标。
公域流量 (public traffic)	这一概念与私域流量相对，兴起于营销实践领域。公域流量指初次主动或被动参与开放平台内容曝光的流量。常见的公域流量平台可分为四大类型：电商平台、信息平台、社群平台与短视频平台。对企业而言，公域流量的来源除了用户随机访问进入以外，最主要的为流量购买，即付费发布广告和特定信息以吸引流量。
私域流量 (private traffic)	私域流量的概念兴起于 2019 年，是营销实践领域具有较大影响力的概念。私域流量是指品牌可以自主把控，反复、免费并随时随地直接触达用户的渠道，是一个基于信任关系的封闭性平台上的流量池，其他品牌无法接触这一流量池。私域流量具有三个主要特征：为私人所有和把控、能够反复触达、能够免费使用。这一概念在直达消费者（direct to customer，DTC）模式中具有重要地位，与传统营销理论中的顾客关系管理有一定的联系。

二、新媒体带来的营销变化

从时空结构来看，互联网社会与现实社会在基础结构上存在差异，这种基础性差异带来了营销上的一些根本变化。具体到营销的信息环境、消费者以及企业主体，一方面，新的基础结构塑造了新的信息结构，也塑造了新媒体中消费者的角色和行为，从而反向引发了营销的整体性变革；另一方面，在新的基础结构上成长起来的新媒体平台成了新的营销中介，多样化的平台带来了碎片化的传播环境和传播机制，导致营销传播模式也发生了巨大变革，一度使得传统的广告业几乎失去了生存空间。这些变化共同推动了品牌 DTC 模式的诞生和发展。

1. 营销信息环境大变革

数字新媒体平台已经成为新一代的基础设施，极大地促进了信息传播和知识共享，还改变了商业、政治、文化等各个领域的运作方式。

（1）从单向传播变成多向沟通。由于各种数字化媒体、社交媒体对传统媒体的大范围取代，信息传播的基础结构改变了，从金字塔形变成去中心化的立体网状，一对多的单向沟通变为多对多的网状式多向沟通，如图 1－3 所示。

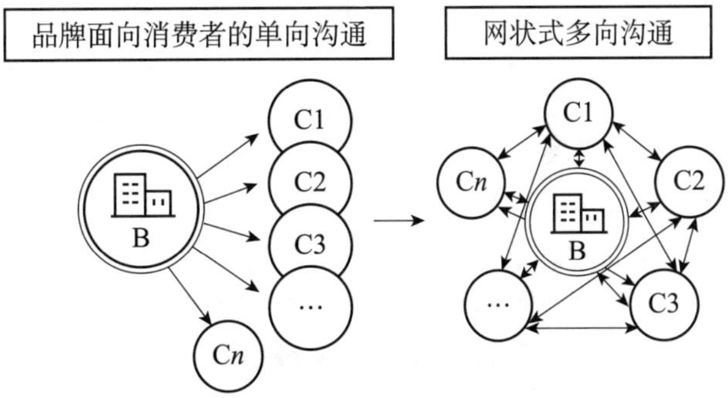

图 1－3　信息传播的基础结构变化

信息的网状式多向沟通结构使得信息获取成本降低、信息不对称性减弱，同时也消除了信息发送者和接收者之间的边界，使信息的反馈更为迅速。消费者不再从品牌这一单一渠道获取正面信息，而是能够从其他消费者处获取使用评价、品牌内部信息以及产品成分、制造工艺等更深入的信息，也能够给予他人关于品牌的建议。随着传播媒介的不断变化（如图 1－4 所示），对品牌的负面评价也因为新媒体得以传播得更广。从这一意义来讲，品牌对于自身形象、品牌含义的掌控力被削弱。

图 1－4　媒介进化：从图文到视频、直播

资料来源：平安证券．电商研究框架：从“多快好省”到“人货场供需一体化”模型．

正因为如此，品牌打造的重点发生了改变。在传统媒体时代，品牌建立以提升品牌知名度为中心，而在多向沟通的网状式信息结构中，提升品牌认知度和美誉度（如通过内容种草、口碑传播）成为品牌建立的重要或首要环节，提升品牌忠诚度（如通过私域流量运营、用户裂变和推荐等）也成为重要一环。

（2）信息的碎片化。新媒体带来的信息的碎片化是全方位的，核心原因在于移动互联网带来的时间结构是非序列化的。在新媒体中，碎片化时间得以被利用，同时时间也被切割成碎片，各种不同起点与刻度的时间轴在用户那里交错在一起，原本用来完成某一特定事项的时间，可以被“挪用”以完成其他事项。比如在人们的日常生活中，并没有明确的购物时间，所有的时间都可以是购物时间；同时所有的时间也可以是工作时间，两者以碎片化的形式交错在生活的每个时刻和场景中。

2. 信息内容生产的碎片化

新媒体大大降低了内容生产的门槛，每个人都可以成为信息内容的生产者，这使得每个平台都充斥着大量的内容。这些内容中非专业化内容的比例很高，因为为了吸引消费者的注意力，内容变得越来越直接、越来越简短。这虽然加快了信息传播的速度，但信息质量和真实性堪忧。

随着信息内容生产呈现碎片化，营销传播的创意也逐渐变得碎片化。传统营销传播主要依赖商业电视广告（television commercial，TVC），用一个大创意（big idea）贯穿电视广告、杂志广告和户外广告。而新媒体环境下，没有中心化的电视媒体，取而代之的是抖音、快手、小红书、知乎、B 站、天猫、京东、拼多多、唯品会等不同的平台，各平台的广告内容形式、偏好不同，因此需要贴合平台对相应的营销内容形式、内容创意、促销形式等进行设计，从而导致营销内容的生产变得碎片化。广告思维也逐渐转变为内容思维，日常化的、精细化的运营变得更加重要。成长于新媒体时代的新消费品牌更注重日常化的传播，而传统品牌依然侧重于在一些重要节点进行广告投放。

另外，互联网降低了消费者作为信息节点进行内容生产的门槛，撬动消费者进行内容共创成为品牌快速成功的关键。消费者生产的关于产品或品牌的内容不是完全可控的，散落在不同平台，这需要营销人员聆听消费者声音、及时进行回应。

比如如今的城市旅游营销往往是根据网络热点作出回应，顺应网络舆论，积极互动，引导话题，淄博、哈尔滨、天水等都是聆听消费者声音及时作出回应，而不是在媒介投放城市品牌的广告。

3. 信息内容分发的碎片化

此外，信息内容分发（传播渠道）也趋于碎片化。新媒体的普及使得过去视听媒体看重的“黄金时段”概念被淡化。比如 19：00～19：30 是新闻联播的时间，是收视率最高的时间段之一，因此这一时间段前后曾是品牌争夺的广告时间。但是除非一些特殊时刻或特别事件，在通常情况下，像电视观众那样有规律的统一行为在移动互联网中越来越少见，这使得新媒体营销无法依赖中心化媒体黄金时段传播路径的常规性。

案例 1-2　茅台如何获得“国酒”的共识

更重要的是，传统媒体环境下存在中心化媒体，而新媒体环境下没有绝对的中心化媒体，流量非常分散。传统媒体环境中的中心化媒体是品牌进行营销传播的利器，如中央电视台、蓬勃发展的省级卫视备受全国消费者的瞩目，只要在这些媒体上投放广告，企业就有很大可能获得较好的回报。比如自 1994 年起，央视就是各大品牌争相夺取的媒介资源。品牌能够在央视的黄金时间播出广告，就极容易建立起全国消费者对品牌的共识（见案例 1-2）。“央视标王”曾经是品牌争夺的桂冠。

新媒体环境下没有中心化媒体，即使是依赖算法进行中心化内容分发的抖音平台，其分发也是个性化的。信息传播与信息消费都可以随时随地根据个体的需要来实现，对于消费者整体来说，原有的共同节奏被打破，黄金时段的概念被淡化，媒体平台的选择更为多样化，微博、微信、抖音、快手、小红书、B 站各大平台各有所长，各种垂直的小平台、KOL 等也各有所长，信息传播渠道的碎片化乃至粉尘化，使得营销传播的媒介投放复杂化。

此外，不仅是中心化的、覆盖范围广的黄金时段、黄金媒体变得碎片化，还存在着基于算法的多对多的个性化内容分发，每个人在自己的信息茧房中关注着圈层内关心的事件、议题和名人，少有能够突破各个圈层的中心事件或信息内容。

简单来说，新媒体平台的多样化、分发机制的个性化，使得传播碎片化、创意碎片化、营销日常化。在碎片化的新媒体环境中，一方面企业需要不断适应和学习不同的投放方式和不同渠道下的经营玩法；另一方面在各大平台营销系统日益形成闭环的趋势下，传播与销售渠道愈发融合，企业不得不考虑对旧合作生态进行升级，企业的经营不断面临新的挑战。

4. 信息内容消费的碎片化

借助移动互联网、算法、社交链条，信息内容消费完全可以做到随时、随地、个性化，这使得消费者沉浸于内容海洋。越来越多的用户反映移动端会分散其注意力，本来完整的工作或学习时间段会不断被看新闻、刷微博微信等活动打断，人们对内容的耐心在不断下降，自我控制能力与效率也不断降低。此外，移动端要求人们对工作、生活中随时出现的状况作出实时反应，否则就可能引来麻烦。而当人们疲于实时处理各种事务时，时间也就难免被碎片化。

因此，碎片化不仅是内容消费的模式，也可能泛化为消费者普遍的行为模式。基于碎片化时间的行为，也往往带来思考与信息表达的碎片化，对消费者的思维模式和表达方式提出挑战。

5. 消费者变化：数字化生存的消费者

这里简单列举新媒体带来的一些消费者变化，详细分析请见第 2 章。

（1）以人为媒：个体成为传播网络、社会网络和服务网络三重网络的节点。在新媒体中，消费者个体成为内容的“导体”，即内容的把关人。消费者具有选择的主动权，是信息传播的“开关”，同时也是信息内容的生产者。品牌难以完全预测和控制品牌传播以及有关品牌的舆情走向。比如“肯德基周四 V 我 50”（见第 2 章）这个在社交媒体经久不衰的周期性“模因”（meme）①，其传播和壮大已经脱离了肯德基品牌的掌控。营销的对象从原来的购买者/顾客（customer）真正意义上转变为消费者（consumer），即潜在的购买者、有可能被影响或分享的用户、对品牌有一定认知或信任的用户等构成了营销的重要对象。在传统营销体系下，营销主要争取的是消费者的购买行为，而新媒体营销不仅需要赢得消费者的购买，还需要与最终消费者产生联系、进行互动、相互了解并赢得消费者的认可、认同。

此外，消费者在网络时空中连接、互动、汇聚、协作、分化，形成大量的兴趣/情感

---

① 模因理论由生物学家道金斯（Dawkins）于著作《自私的基因》（*The Selfish Gene*）中提出，指一种类比基因的文化因子，它不是通过遗传而繁衍，而是通过模仿来传播。

社群，同时形成每个圈层的KOL、社群规范、信息传播模式以及组织动员模式，为小而美的品牌提供机会，也使得品牌触达消费者的方式更加碎片化。

更重要的是，消费者的角色转变非常快，有时是内容创造者，有时是参与者，有时是决策者，有时是分享者（传播网络节点），有时是意见领袖（社会网络节点），有时是团长/滴滴司机（服务网络节点）。

（2）虚拟生活成为重心。大量消费者生活在新媒体环境中，消费者流连于虚拟空间中的时间越来越长。无论是拥抱网络的年轻世代，还是原先不太触网的银发世代，都越来越依赖新媒体，以至于“元宇宙”的概念一度蔚为风潮。各种各样的数字平台成为新的消费者聚集地，而品牌需要去消费者所在的地方（be where consumer is），因而这些数字平台也就成为品牌新的营销阵地。

（3）数据化生存。尼葛洛庞帝（Negroponte）在1996年出版的《数字化生存》（*Being Digital*）一书中提出：人类生存于一个虚拟的、数字化的生存活动空间，在这个空间里人们应用数字技术（信息技术）从事信息传播、交流、学习、工作等活动，这便是数字化生存。今天，人的数字化生存正在深化为“数据化生存”①。人正在全面数据化，包括行为的数据化、身体的数据化、关系的数据化、思维方式的数据化等（详见第2章）。

人的全面数据化使得消费者洞察、产品测试、广告投放、广告技术等发生了数据化变革。产业链上下游催生了一批以数据计算、存储、分析为主营业务，为企业提供精准洞察消费者行为、精准广告投放等大数据技术支持的服务型机构，它们甚至开发出以大数据技术为基础的创意自动化技术，帮助广告主根据受众兴趣、时间、地点、人口属性等打造各种创意变体，达成创意素材的自动生成与投放。

6. 品牌经营变化：DTC

数字平台和网络技术也使得商业模式更加灵活和多样化。典型的例子是在线共享经济模式，例如爱彼迎（Airbnb）和优步（Uber），以及在中国市场上风靡一时的滴滴出行、共享单车等，这些企业利用数字平台和技术网络连接供应商和消费者，并通过自身平台提供信任保障和支付服务。这些数字平台和技术网络的出现使得企业不再受限于传统的物理空间和资源，而可以利用数字空间和资源对商业模式进行创新。

除了商业模式的变革，更常见且持续的变化是品牌越来越直面消费者。近年来，从食品饮料、服饰箱包到美妆个护等消费领域，一个个DTC品牌跃然而起，凭借与消费者更近的距离和以用户为导向的思维飞速成长，向传统的消费品牌发起挑战。

DTC品牌，通常是指诞生于互联网，通过官网直接向消费者销售、寄送商品，中间不经过第三方渠道的品牌。由于取消了中间商，DTC品牌的售价相对较低，性价比往往较高。更重要的是，在传统经销模式中，品牌不直接面对消费者，对其需求和消费行为的理解往往来自经销商的反馈和数据，而在DTC模式中，品牌能够直接了解消费者、进行销售并获取消费者的相关数据，传统经销模式与DTC模式的对比见图1-5。希音公司（Shein）基于中国本土供应链优势，通过DTC模式来获取海外市场，成为快时尚领域的领先品牌。

---

① 彭兰．“数据化生存”：被量化、外化的人与人生．苏州大学学报（哲学社会科学版），2022，43（2）：154-163.

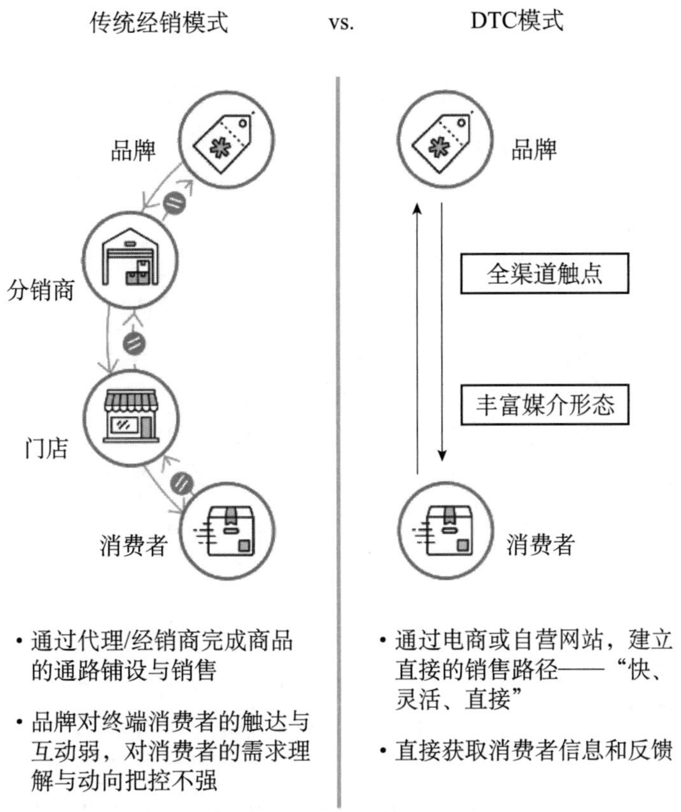

图 1-5　传统经销模式与 DTC 模式的对比

资料来源：罗兰贝格 . DTC 模式如何引领消费品企业实现创新.

美国 DTC 品牌往往将自己的官网作为沉淀消费者的主要渠道，中国的 DTC 品牌则几乎不依靠官网渠道进行实际销售，大多借助某一个电商平台的流量红利实现销量快速增长。

国内外的经验表明，采取 DTC 模式的新兴品牌多为互联网原生企业，它们利用为数不多的最小存货单位（stock keeping unit，SKU）① 成功吸引重视产品设计、功能与体验的特定目标消费人群。

DTC 模式的具体特点包括以下三方面：

（1）缩减中间渠道。DTC 模式下的企业逐步降低对原有“品牌商—代理/经销商—零售店”的网络依赖，丰富新店态，包括自营电商、虚拟体验终端、线下快闪店等形式。

（2）消费者需求导向。DTC 模式下的企业以消费者需求作为决策的出发点，做到精准、及时、灵活地满足消费者的需求。

（3）创新营销。面对新世代的消费模式，DTC 模式下的组织（公司或品牌）更重视社交媒体营销、品牌理念和消费体验。

每个时代都有每个时代最有效的营销方式。在大众媒体时代，渠道为王，在主流媒体中的广告投放和海量的渠道铺货成就了娃哈哈等知名品牌。中心化的媒体加上深度分

① 例如，纺织品中一个 SKU 通常表示规格、颜色、款式。

销是当时有效获取市场的营销方法。

然而，传统一对多的大众传播已经很难再获得消费者的信任，企业和品牌要想将流量转变为存量，必须寻求一种与消费者沟通、提升消费者信任感的新营销方式。DTC 模式是数字时代中企业不断实践验证过的最好的营销模式之一。

对比传统经销模式，DTC 模式由于在销售路径、传播渠道等方面的变革，显现出诸多优势：

（1）对消费者需求高效快速的响应。相较于采用传统经销模式的企业而言，采用 DTC 模式的企业由于减少了层层经销商环节，可以拉近与消费者的距离，并实现与消费者的直接沟通。因此，企业能够收集大量第一手的消费者信息与反馈，从而反向促进产品优化和企业运营效率的提高，高效快速地响应消费者需求。

（2）市场下沉效率的改善。过往传统零售行业通过实体门店向低线市场进行渠道覆盖的方式，边际效益偏低且针对性较差。得益于电商普及与物流设施的完善，在 DTC 模式下，企业可通过线上平台快速覆盖低线市场，并结合数据精准选择市场与布局，提升下沉效率。

案例 1－3　在线快时尚品牌希音的 DTC 模式

（3）消费者全方位消费体验的提升。采取或部分采取 DTC 模式的品牌往往十分重视线上渠道，通过加大线上线下的融通力度，搭建自身立体的经营场，打破消费者购买的时间与空间限制。同时，在消费者决策全过程中，品牌积极通过社群营销等方式与消费者进行双向互动，从而全方位提升消费者的购买体验。

在越来越直面消费者的趋势下，企业的营销部门和运营团队也会因为技术和平台的变化而改变工作重心，从而推动新一轮的组织结构调整。

在传统媒体环境下，营销部门与销售部门分工清晰。营销部门更关注四大传统媒体（电视、报纸、杂志、户外）的营销传播投放，销售部门则更关注产品的渠道和具体的销售状况。这两类部门一类负责占领消费者心智，一类负责达成销售。即使在互联网平台飞速发展的一段时期内，两个部门的分工也是相对明确的。营销部门转向新的内容平台如微博、小红书、抖音、微信公众号负责引流，而销售部门则更多在电商平台如淘宝、京东、拼多多等上进行销售转化。

这种分工状况在内容电商崛起之后发生了重叠，越来越多的内容平台涉足电商领域，如抖音打通了知晓、吸引和后面的行动阶段，内容平台就不再只是“媒体场”，也成了“销售场”。营销部门可能会向下参与运营与销售工作，而销售部门也可能向上参与营销工作。原有的分工和组织结构可能都需要进行调整，以免企业的部门之间形成不良竞争和冲突。

三、穿越技术：营销的不变

技术的发展给市场带来了很多新的变化，品牌也必须发展新的营销理论和工具来适应时代的发展，但是营销的本质并没有改变，消费者对商品最基本的使用价值的诉求也没有改变，这就使得经典营销理论在新媒体时代仍然起作用。

数字媒体技术是对营销手段和营销方法的升级和颠覆，但是它依然要遵循营销的本质。那么，营销的本质是什么？

菲利普·科特勒曾表示，营销的本质在于创造卓越的顾客价值，在顾客价值的基础上兑现公司价值，无论在传统时代还是在数字时代，这都是不会变化的。

因此，新媒体营销需要解决的涉及顾客价值的一系列基本问题依然包括：

- 我们要找到的潜在群体包括哪些人？在哪？
- 他们的需求是什么？
- 他们怎么做决定？
- 我们给顾客提供的价值是什么？
- 他们如何看待我们的产品？
- 如何让他们更容易地获得我们的产品？
- 如何让他们愿意再次购买？
- 如何让他们更愿意推荐我们的产品？

……

这一系列问题总体来说可以分成三类：需求管理、建立差异化价值、建立持续交易的基础，即营销始终不变的核心内容，如图 1－6 所示。

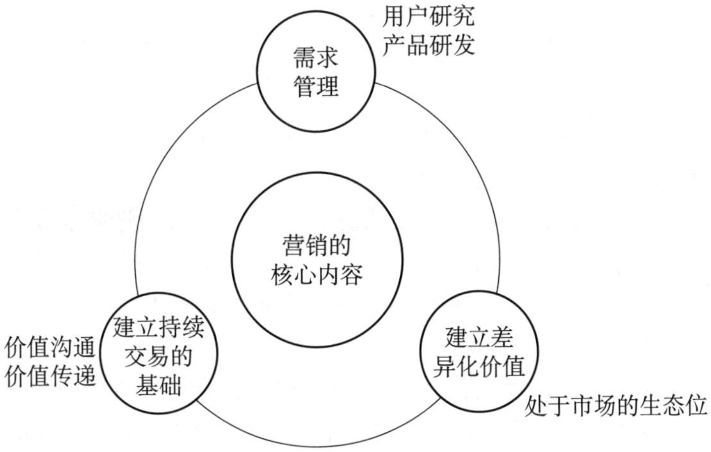

图 1－6　营销的核心内容

（1）需求管理。所有的机会都来源于对需求的理解和提供合适的解决方案。营销曾有一个极为简短的定义——满足他人需求的同时获利，可见需求的挖掘和管理是整个营销的核心。无论是在传统时代还是在数字时代，对消费者需求的洞察和理解，以及研发出能够满足需求的好产品，都是营销不变的内容，只是在方法和手段上有所差异。

案例 1－4　“健康＋好喝”的元气森林

（2）建立差异化价值。生态学中有一个生态位（niche）的概念，它是指恰好被一个物种或亚物种所占据的最后分布单位。生物要想生存，就需要发生趋异性进化，分布在不同的生态位上，通俗来讲，就是要做到和别的生物不

案例 1－5　中国火锅三巨头的差异化战略

一样，即要形成差异化。企业在营销上的策略思想可以借鉴于此，如果企业能够形成差异化，产品就会变成商品（commodity），并逐渐形成属于自己的生态位，即经济学中所称的利基市场（niche market）；没有形成差异化，就意味着企业发展的营销策略是无效的。这和营销中强调的“定位”“价值主张”等概念一脉相承。不管是在传统媒体时代，还是在如今的新媒体时代，建立差异化价值都是营销始终强调的内容。

（3）建立持续交易的基础。能否建立持续交易的基础，是从战略上衡量营销能否持续的核心。这部分是营销价值沟通和价值传递的环节。企业需要让消费者知晓产品、认识产品，以及方便地购买到产品。不管是在线下还是在线上，如果不能建立持续交易的基础，前期的需求管理、差异化价值的建立就没有办法落地。因此，分众传媒的创始人一直在其理论体系中强调“抢占心智、深度分销”，前者是价值的沟通，后者是价值的传递。在传统营销中，抢占心智依赖的是在中心化媒体投放品牌广告，深度分销依赖的是线下大大小小的渠道商；而在新媒体营销中，抢占心智依赖的是大大小小的社交媒体，深度分销依赖的是线上电商平台和内容平台。

近些年，营销实践中一直强调的品牌、私域流量、净推荐值（net promoter score，NPS，亦可称为口碑，是一种衡量某个客户向其他人推荐某个企业或服务的可能性的指标）、客户终身价值（公司从与客户所有的互动中得到的全部经济收益）实际上也属于“持续交易”的旧问题。新概念、新名词随着技术迭代在市场上不断涌现，但本质上还是为了建立持续交易的基础。

无论是在传统时代还是在数字时代，需求管理、建立差异化价值、建立持续交易的基础依然是有效营销、可持续性营销的核心。

新媒体营销和传统媒体营销一样，是贯穿价值识别、价值选择、价值沟通和价值再续的整体的、系统的过程，而不仅仅是一些短期的对战术和新技术的利用。栽了跟头后，很多传统企业才发现，仅仅依靠跟风和热点营销根本无法让品牌建立长效的新媒体营销体系。不是拥有“两微一抖”、做几场直播、创建一个小程序就叫新媒体营销。新媒体营销体现的是一种从品牌价值传递到消费者数字体验打造，再到供应链整合和即时响应与交互的能力，在新媒体上的内容传播只是数字化能力体系建设的一个环节。

第3节　数字时代的营销知识框架

一、经典营销知识框架：3C＋STP＋4P

菲利普·科特勒系统建构了营销知识框架，该框架经过了几十年的思想发展与500强企业的实践检验，总体来讲，可以将现代营销管理分为两个阶段（见图1－7）。

第一阶段是分析与策略，即3C＋STP阶段。3C即企业（corporation）、顾客（customer）、竞争对手（competitor）是战略分析的基础，在制定战略时企业应充分利用其相对竞争优势，更好地满足顾客需求，努力与竞争对手形成绝对的差异化。一个好的战略必须使企业自身、企业的顾客和竞争对手三者之间的关系相互匹配，并动态地把握其演化趋势。

STP即市场细分（market segmenting）、目标市场选择（market targeting）、市场定

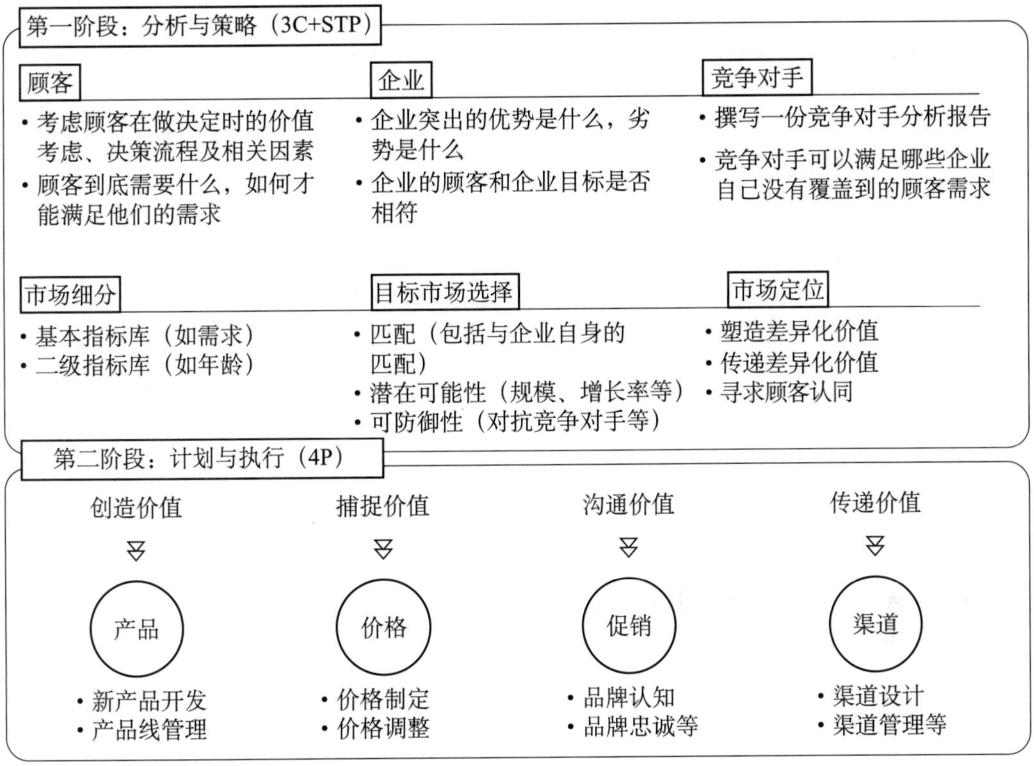

图 1-7　经典营销知识框架

资料来源：曹虎，王赛，乔林，等．数字时代的营销战略．北京：机械工业出版社，2017．略有删改。

位（market positioning），是现代市场营销理论中构成企业营销战略的核心三要素。市场细分是指营销者通过市场调研，依据消费者的需求和欲望、购买行为及购买习惯等方面的差异，把某一产品的整体市场划分为若干消费者群的市场分类过程。每一个消费者群就是一个细分市场，每一个细分市场都是由具有类似需求倾向的消费者构成的群体。目标市场选择就是企业通过市场细分，准备以相应的产品和服务满足其需求的一个或几个子市场。市场定位是企业根据目标市场上同类产品的竞争状况，针对顾客对该类产品某些特征或属性的重视程度，为企业产品塑造强有力的、与众不同的鲜明个性或差异化价值，并将其形象生动地传递给顾客，以寻求顾客认同。市场定位的实质是使企业与其他企业严格区分开来，使顾客明显感觉和认识到这种差异，从而使企业在顾客心中占有特殊的位置。

第二阶段是计划与执行，即 4P（产品（product）、价格（price）、促销（promotion）、渠道（place））阶段，或者称为创造价值、捕捉价值、沟通价值和传递价值的过程。具体包括产品策略，如决定开发哪些新产品、如何开发、如何进行产品线管理；价格策略，如价格制定、如何针对市场需求动态调整价格；促销策略，指的是促销目标、渠道、媒介的组合，以及如何建立品牌形象、品牌认知和品牌忠诚，进一步建立品牌资产；最后是渠道策略，涉及渠道设计、渠道管理以及相应的销售策略。

3C+STP+4P 是经典营销知识框架，是经过实践检验的理论成果。虽然有人提出 4C、4V 等营销框架，但本质上只是从其他的角度对经典营销知识框架进行阐释，并未进行升级。

二、新媒体营销知识框架：链路模型＋内容＋数据

链路模型＋内容＋数据构成新媒体营销知识框架，内容和数据如同右脑和左脑协力开工，推动消费者在链路上前进，如图 1－8 所示。传统营销的知识框架依然是新媒体营销的基础，只是由于互联网社会的基础结构、信息环境、消费者有所改变，因此需要有更具针对性的知识体系来解决企业的市场获得问题。新媒体环境下的营销更加精细化，关键变化在于从以消费者为中心转向以消费者决策路径为中心。“新”消费群体（新媒体环境下的消费者＋新世代）、“新”传播触点（社交媒体平台、KOL 等）、“新”销售渠道（内容电商、直播等数字渠道）、“新”消费者研究手段（大数据、算法）的变化，导致营销需要而且能够精细化到探测和推动消费者的决策链条。因此，数字营销链路（digital marketing chain，DMC）理论的整合应用成为新媒体营销的核心理论模型。

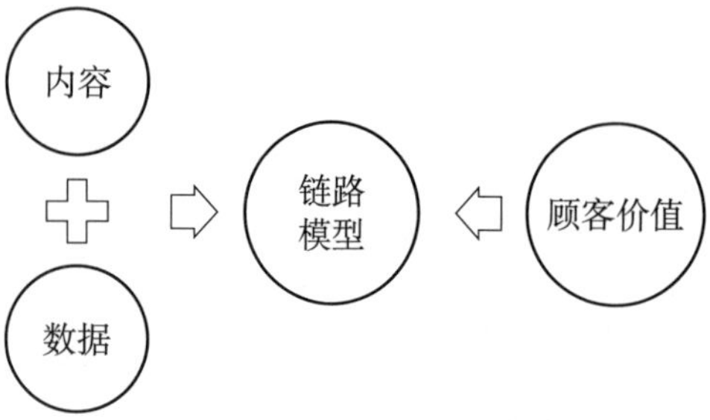

图 1－8　新媒体营销的整体框架

内容是推动消费者在链路上前进的重要助力。菲利普·科特勒提出的 5A 模型是新媒体营销的“骨骼”，但消费者从 A1 到 A5 的进程并不是自动完成的，而是靠内容一步步推动的，因此内容营销也构成新媒体营销的重要板块，可谓是新媒体营销的“血肉”。

如果说内容是新媒体营销中“艺术”的一面，那么数据则是“科学”的一面。传统营销决策过程中没有如此丰富的数据辅助决策，因此很多决策是依赖于经验和直觉的。广告大师约翰·沃纳梅克（John Wanamaker）的经典名言“我知道我有一半的广告费浪费了，但我不知道浪费在哪”显示了传统营销相对粗放、不够精细化的问题。在新媒体营销中，商业活动以及互联网交互场景会以数据的形式沉淀，这些数据能够将消费者的行为描绘出来，帮助营销人员理解消费者的内在需求。

值得注意的是，内容和数据合力推动消费者不断走向链路的下一个阶段，而这些都基于产品或品牌本身的顾客价值。产品或品牌如果没有为顾客创造价值，就失去了营销的根本，在这种情况下，再好的内容营销方法论、数据以及链路模型，都不能带来消费者，反而会加速消费者的流失。

1. 消费者决策链路模型

本书在介绍多种链路模型的基础上，着重介绍菲利普·科特勒在《营销革命 4.0》（*Marketing* 4.0）中提出的 5A 模型（知晓（aware）—吸引（appeal）—问询（ask）—行动（act）—拥护（advocate）），它是统领整个新媒体营销知识体系的核心板块。这一模型不仅在菲利普·科特勒的著作《营销革命 5.0》（*Marketing* 5.0）中有详细表述，也被应用在数字平台字节跳动的电商板块中，得到了理论界和业界的双重认可。这里简要介绍该模型，更详细的内容请见第 5 章。

5A 模型分为五个阶段。在 A1 知晓阶段，消费者被动地接受来自媒体的品牌曝光、过去经验、营销互动和其他人的体验等多方面的产品信息，这一阶段是促使消费者购买

的初始闸口。在了解了几个品牌后，消费者会将已知的信息加工成短期记忆或者长期记忆，随后锁定几个特定的品牌，这就是 A2 吸引阶段。受到好奇心的驱使，消费者常常积极地跟进那些吸引他们的品牌，从家人和朋友、媒体甚至直接从品牌那里了解更多信息，这是 A3 问询阶段。消费者一旦在问询阶段确认了足够的信息，就会进入 A4 行动阶段（决定购买）。在购买特定产品后，消费者会通过消费、使用以及售后服务更深入地与品牌产生互动。随着时间推移，消费者会对品牌产生强烈的忠诚度，这反映在留存率、复购率和向他人推荐上，这就是 A5 拥护阶段。

5A 模型各个阶段并非严格的直线型，消费者也不必完成每一个阶段，消费者的数量也不必是漏斗状的固定结构。消费者的精力有限，可能会跳过其中的某一阶段。消费者的决策路径也可能是螺旋式的，消费者可能回到上一阶段，形成反馈环形结构。如 A3 问询阶段的消费者既可能把新的品牌加入购买清单，也可能转而寻找更有吸引力的品牌，即回到吸引阶段。

2. 内容营销

内容营销的本质其实还是沟通。相比于传统营销的宣导式推广，内容营销信息更丰富，更具娱乐性、社交性、知识性，内容营销对消费者心智的塑造更加“润物细无声”。内容可以降低首次购买的沟通成本，也可以赋予产品情感和意义。内容营销在 5A 模型不同阶段中的应用在后续章节会详细介绍。当然，消费者是否持续复购依然取决于产品本身能否较好地解决消费者的问题。

内容营销不仅是品牌单一发声，还要考虑多渠道、多主体、多角度发声，形成对消费者的网状式多触点沟通，无论是在消费者日常闲逛还是有明确购物目的的场景，都可以提升消费者对品牌的认知度。另外，应当避免简单叫卖，内容本身应当能带给消费者价值，不一定和卖的东西直接强相关。

如果说传统营销更注重品牌对消费者的单方面价值传递，那么内容营销其实是更从消费者的购物和决策路径出发，激发消费者的需求，占据消费者的心智。因此要做好内容营销，需要对目标消费者的行为轨迹、决策路径有充分的理解，进行更多元化的触点矩阵布局，多方位、多层次地加深与消费者的关系。

3. 数据驱动

新媒体营销知识框架的最后一部分是数据。在新媒体环境中，商业活动以及互联网交互场景会以数据的形式沉淀。消费者是谁，有哪些偏好，去过哪些线下门店，在小红书/微博上浏览过什么内容，进行过多少次的抖音点赞，在哪里成交等都被精准地记录，并且在需要的时候，以数据的形式呈现在营销决策者面前。

数据驱动贯穿新媒体营销活动全流程，不仅可以精准定位可能出现的相关问题，也可以根据反馈数据不断动态调整优化结果，还能将营销的成果展示出来。对数据的合理分析和利用可以提高营销策略的可预测性，找到最优的回报模型。

当数据结合消费者决策链路模型时，数据分析就有了框架性和指向性。举例来说，数据可以帮助营销人员诊断以下几大类问题并进一步拆解问题的来源。

A1 知晓阶段：触达问题。媒体投放量不够/投放平台不合适，如不符合目标人群的媒介接触习惯。

A2 吸引阶段：品牌定位和内容方向不对。没有击中消费者的痛点/没有说出选择你而不选择别人的理由；产品问题如在设计、质量、价值感等方面是否存在薄弱点。

A3 问询阶段：社交种草不利。A1 和 A2 阶段的数据都不错，但 A3 阶段的数据明显不足，说明消费者被成功吸引，但可能搜索产品后感觉 KOL 和口碑评价不好或者没有竞品吸引人，放弃选择；也可能是互动设计不足，消费者被吸引后找不到品牌的信息或无处询问。

A4 行动阶段：流量转化不行。可能是线下渠道网点不够，货架排面不够；或者是线上渠道没有很好地与内容衔接；或者线上布局有限，承接不了内容带来的流量；还可能是价格太高，性价比不高。

A5 拥护阶段：顾客满意度不高。有可能是服务问题、产品问题、购后失调或者品牌亲和力不足等。

虽然一些学者也对数据化精准营销的必要性提出了疑问，以及对大数据作出了一些反思，但毫无疑问，新媒体营销的整个过程是离不开数据的，对数据的理解和洞察构成了新媒体营销知识框架重要的基础内容。

三、传统营销与新媒体营销互为补充

菲利普·科特勒认为，新媒体营销与传统营销并非替代关系，而是相互补充、相互促进的关系。

传统营销是品牌的基本功，需要系统经营。具体来讲，传统营销在建立品牌知名度和引发消费者兴趣方面有重要作用。在品牌建设方面，传统营销更能建立社会共识。而新媒体营销最重要的角色可能在于用内容融合顾客，引发购买，赢得拥护。新媒体营销比传统营销更容易量化，速度快，并且会倒推引发渠道、供应链、研发等进行变革或流程优化，甚至会导致企业进行组织结构变革以响应消费者的需求。但值得注意的是，脱离了传统营销的基本功，如顾客价值、细分市场、产品策略、价格策略等，新媒体营销是不能长久的。

传统营销较为强调企业的产品能力；但在新媒体营销中，除产品外，还注重企业的内容能力。一些企业也许擅长产品的研发生产，但不一定擅长生产内容。模仿产品相对容易，而模仿内容则较为困难。产品的生产通常是一个标准化的过程，效率可以很高；而内容的生产是一个高度非标准化的过程。比如要想复制一个头部 KOL，即使有资金、有流量也未必能做得到；投资 10 亿元的电影不一定卖座。与此同时，这也意味着好的内容是有竞争壁垒的，因为每一个内容创作都是非标品，很难有一个标准的套路。

案例分析

新媒体时代宝洁的发展危机与品牌转型

宝洁成立于 1837 年，从制作蜡烛的小作坊起家，至今已有 180 多年的历史。成立至今，宝洁早已成为快消领域的巨无霸，产品涵盖洗护、香水、彩妆等多个日用消费品领域，打造了无数家喻户晓的全球性品牌。宝洁一直是全球企业学习的榜样，它开创的品牌管理制度被写入教科书，大量营销实践被作为 MBA 教学的经典案例。

1988 年，宝洁正式进军中国，广州宝洁有限公司于同年成立。宝洁已在中国拥有超过 20 个品牌，95%的家庭至少使用一款宝洁的产品，海飞丝、潘婷、舒肤佳、飘柔、汰渍、SK－II 这些品牌是中国消费者耳熟能详的。

然而，宝洁在中国并不总是一帆风顺，其发展历程是一个经典的 S 形曲线（见图 1－9）。在中国 30 多年的经营中，宝洁经历过两个失速点，第一个失速点是在 1997 年前后，其被雕牌等中国本土日化品牌狙击，本土日化品牌以低廉的价格和更本土化的渠道策略抢占了宝洁一定的市场份额。而第二个失速点从 2014 年左右开始，2016 年左右外界对宝洁的质疑达到顶峰。经过一系列的调整，如今的宝洁又开始重新增长。如果说第一次市场受挫来源于宝洁本土化程度不够，那么第二次市场受挫的原因是什么？宝洁又是如何实现“大船掉头”的呢？

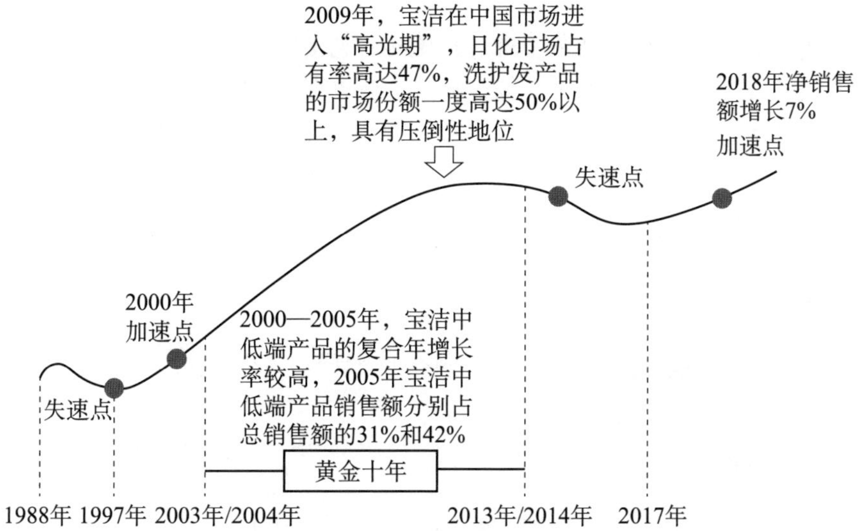

图 1－9　宝洁在中国的发展曲线

多年来宝洁是品牌增长理论（how brands grow，HBG）的拥趸，其大量营销实践遵循这一理论。品牌增长理论由拜伦·夏普（Byron Sharp）教授在其著作《非传统营销》（*What Marketers Don't Know：How Brands Grow*）中提出，该理论认为品牌增长来自三个因素的共同作用：渗透率（penetration）、想得起（mental availability）、买得到（physical availability）。该理论强调两个重要的思想：首先，最能带来品牌增长的是消费者数量的增加而非品牌忠诚度的提升，消费者规模比品牌忠诚度更重要；其次，消费者的决策绝大多数是快速和感性的，让消费者“想得起”又能“买得到”就能够占领市场。

宝洁在中国市场对于该理论的应用就是：大品牌（高渗透率）＋大媒体（想得起）＋大渠道（买得到）。在移动互联网时代之前，中国市场处于消费普及的阶段，最缺乏的是高品质产品，那时大品牌给了消费者信任的理由，宝洁降低了选择成本，扩大了消费者规模。对于“想得起”，宝洁在中国特别重视中央电视台此类中心化的电视媒介，是连续多年的“央视标王”。对于“买得到”，宝洁覆盖了中国线下 600 万个连锁网点中的接近 100 万个销售网点，分销渠道非常完备，能够让消费者在几乎任何能买到日化用品的地方买到宝洁的产品。

但在新媒体时代，宝洁发现品牌增长理论和对应的营销策略出现了失灵危机。首先，强调消费者规模的大品牌模式受到挑战。2007 年左右，市场上排名前 5 的品牌（包括宝洁的品牌）市场占有率总和大概为 50%，到 2017 年左右，这一数值只有 27%。市场上出现很多针对各个细分市场的小而美的品牌，它们逐渐蚕食面向大众的大品牌的市场份额。其次，大媒体正在慢慢失效，中心化媒体逐渐消失，取而代之的则是各有特色的社交媒体、内容平台或电商平台。最后，大渠道策略也逐渐失效，大量消费者转向网络购物，并分散在不同购物渠道中，线下渠道的成功难以复制到线上的数字空间。

宝洁认为，所有品牌的危机都是没有跟随消费者的危机。如果把中国过去 30 多年的发展分为三个阶段，1990—2005 年是消费普及阶段，2006—2015 年是消费升级阶段，2016 年至今是消费分级阶段，那么宝洁过去的成功路径是符合特定时间中国消费市场的情况的，而在新媒体时代市场受挫正是因为没有根据中国消费发展趋势及时作出调整。

消费普及阶段最稀缺的是品质、信息和便利（见图 1－10），但是到消费升级和消费分级阶段，这个逻辑改变了。在消费分级阶段，高品质变得不再稀缺，更缺少的是个性化。因此，今天的品牌要想成功，不但要给消费者一个相信的理由，更要给消费者炫耀分享的理由，让消费者可以做个性化的表达（见图 1－11）。

消费普及阶段，最稀缺的是品质、信息和便利

消费者稀缺	品质稀缺	信息稀缺	便利稀缺
消费者诉求	降低选择成本	降低传播成本	降低交易成本
解决方案	相信的理由 大品牌	大规模触达 大媒体	大规模分销 大渠道

图 1－10　消费普及阶段的策略

消费分级阶段，最稀缺的是个性化、内容和体验

	消费普及阶段	消费分级阶段
品牌	品质稀缺 大品牌	个性化稀缺 个性化/小而美
广告	信息稀缺 大媒体	内容和口碑稀缺 社交媒体为先
渠道	便利稀缺 大渠道	体验和场景稀缺 新零售：货找人

图 1－11　消费分级阶段的策略

因此，宝洁针对中国市场的消费变化进行了整体战略的调整。首先，宝洁再次加强对中国市场的重视，秉承 3D 原则：design for China，decide in China and deliver at China speed，以捕捉中国消费者的需求变化和跟进中国市场快速的变化。

其次，从大品牌到小而美品牌。宝洁曾经用图 1－12 中左边的 12 个品牌打下江山。但是在新媒体时代，这些品牌已经完全大众化，很难作出个性化的表达，且被年轻消费

者视为过时，所以宝洁专门针对中国市场开发了一系列新品，对一些原有品牌进行了品牌升级和年轻化，并引入了一些新品牌，比如宝洁在大品牌帮宝适下推出了“一级帮”，护舒宝下推出了液体卫生巾。整个品牌矩阵有更聚焦的细分市场，并向高端、超高端发展。在 2017—2019 年 3 年中，这些品牌对宝洁增长的贡献超过了 80%。

图 1-12　宝洁的品牌矩阵

最后，用社交媒体代替大媒体。在跨越媒体的变化上，宝洁采取了如下举措：第一，2014 年之前宝洁 80%的广告投放在传统媒体上，而现在宝洁 80%的广告投放在数字媒体上。第二，从大媒体策略转到社交媒体策略，关注真实口碑。“口碑是媒体的杠杆，真实是口碑的杠杆”，只有自带口碑的品牌，才能在媒体上获得大幅度的传播。这种媒体的转换对于宝洁来说不是第一次。在第二次世界大战之前，宝洁一直重度依赖广播媒体，而第二次世界大战之后，电视兴起，宝洁在落后一段时间后重构了媒体渠道，大量采用“肥皂剧”式的内容影响美国消费者，使企业重新回到高峰。第三，通过改善体验，跨越新媒体环境下渠道的变化。现在渠道的稀缺性不仅仅体现在便利上，更体现在体验上。宝洁通过积极入驻各大数字平台并与平台紧密合作，实现了“货找人”而不是“人找货”的销售路径。宝洁通过越来越精准的场景进入年轻消费者的视野。

在进行全面转向和调整之后，宝洁 2018 年净销售额增长 7%，2019 年第二季度财报显示，中国市场销售额增长了 15%，已经恢复两位数的增长速度。2020 年净利润 130.27 亿美元，同比增加 258.48%，2020 年销售额是 2006 年以来最高的，其中中国市场为宝洁贡献了近 1/3 的营收增长。

资料来源：何亚彬．大品牌失灵时代，用户到底在追随什么｜宝洁进化论．(2019-03-02). https://mp.weixin.qq.com/s/RmPNX-HeERqEEsahBXlZ5Q；从公众号到抖音、小红书：与唐亮聊新媒介环境下的快消品创业．https://www.xiaoyuzhoufm.com/episode/64ca21b9e8176c3ff85645ed?s=eyJ1IjogIjYw；漫谈宝洁：隐藏在 186 年消费品王国里的规则和秘密．https://www.xiaoyuzhoufm.com/episode/65492316d4c94bc46a0041f3?s=eyJ1IjogIjYwYTliNzg3ZTBmNWU3MjNiYmMxNzhhMSJ9.

// 基本概念 //

新媒体	虚拟社会	网络社会	新媒体营销
种草	流量	私域流量	DTC 模式
去中介化	再中介化	碎片化	

// 讨论题 //

1. 在网络舆情中，时间轴的交错与往复还曾造成什么现象？品牌如何理解互联网社会的时间结构？

（参考答案：一方面，某一特定时间点的品牌事件会随着时间点的重合被重复提及，积极影响如肯德基疯狂星期四，每到星期四都会被人提及，给品牌带来正面的声量和传播；每到“双十一”，中国消费者就有购物的期待和行动。因此，需要注重品牌历史的沉淀，即使是已经发生的事情可能在当时没有造成大范围的影响，但在互联网的时间轴中随时可能再次被挖出来，与品牌现有舆情事件一起形成强大的舆论压力，破坏品牌声誉。）

2. 互联网逻辑和工业化逻辑并存给企业造成了哪些经营上的困难？

（参考答案：大量在互联网社会中兴起的新消费品牌在拓展线下市场时遭遇了线上线下的冲突，比如元气森林通过新媒体营销在起步阶段获得了快速的发展，但是当其进入线下渠道时，互联网思维和线下经销商的传统思维产生了分歧和矛盾，导致元气森林的线下市场开拓受挫。）

3. 碎片化给营销带来了哪些变化？

（参考答案：很难打造一个全国性的品牌。因为中心化媒体的消失，让全国消费者能形成基本共识的新品牌越来越少，这反而是传统品牌的优势，因为它们已经建立起全国性的共识。）

4. 营销在新媒体环境下不变的是什么？请结合生活中的案例进行讨论。

// 第2章 //

消费者的改变：网络社会中的消费者[①]

营销的本质是为消费者创造价值，因此，探讨营销问题总是要回到消费者这一根本，消费者的改变往往也是营销变革的根源。因此，本章主要介绍新媒体环境下消费者所发生的变化。

对于消费者的研究，经典的消费者行为学会从微观心理到宏观结构进行多方面的探讨；企业、市场研究机构则会更加关注一些重要的细分市场，如Z世代[②]、小镇青年、中等收入群体等。经典的消费者行为学理论和模型的适用性依旧强大，依然是营销人员必须掌握的基础知识；面向实践的消费者/用户研究也为企业带来新的机遇，有效地解决具体的营销问题。但本章重点不在于以上两方面，而是更关注互联网和移动互联网等数字技术因素对消费者的影响。

新媒体环境下，消费者日益以数字化的形态存在。1995年美国学者尼葛洛庞帝在《数字化生存》一书中提到，"计算不再只和计算机有关，它决定我们的生存"。消费者生存在一个由数字"比特"构成的世界里，各种产品和服务都可以转化为数字化形式。尼葛洛庞帝在书里所说的"数字化生存"，更多关注的是人们所享受的产品和服务的数字化，但对人自身如何以数字化形态存在、这种存在又会对人产生什么样的影响谈及不多。随着互联网的普及，我们对数字化生存有了越来越多的直接体验与领悟，它不仅与数字化的产品和服务有关，也与虚拟化存在、符号化互动、跨时空与多渠道并行的交流等新的生存形态及体验有关。

随着个人媒体设备的广泛使用和互联网的稳定连接，现在消费者可以在任何时间、任何地点立即查看媒体，这进一步拓宽了消费者接触各种复杂、沉浸式媒体的渠道，也在认知层面改变了消费者的信息接触方式、内容和范围，从而也会影响个体对周遭世界的看法和态度。

同时，新媒体技术带来了人们在信息连接效率、连接模式、连接性质上的变化，互联网的交互式传播结构解构了单向发布、路径可控的传统信息传播结构，信息传播从金字塔形、一对多的单向沟通转变为去中心化的、多对多的网状式多向沟通，进而改变了集体认知（社会舆论）的发生逻辑。

---

① 本章主要参考彭兰教授的《新媒体用户研究：节点化、媒介化、赛博格化的人》（中国人民大学出版社，2020）。

② 技术变化通常是以年轻人为先锋，新媒体环境下成长的Z世代是近年来市场极为关心的消费群体。一代人有一代人的生活方式，一代人有一代人的品牌，一代代人价值观、生活方式的更迭会带来市场关键成功因素的更迭，带来品牌的更迭。关于Z世代的特征分析详见本章末案例分析。

然而，正如第 1 章所提到的，新媒体技术不仅带来了信息获取和传播结构上的差异，更重要的是还构建了一个虚拟的互联网社会。这让消费者拥有了两个世界——现实世界和虚拟世界，两个生存平台——现实的自然平台和虚拟的数字平台。虚拟世界借助技术黏性重塑人们在市场交易、社会交往等方面的行为习惯。一旦由技术规则所决定的行为方式在虚拟世界被固定下来，即有可能与现实世界中的制度规范产生矛盾与冲突。① 在这个过程中，两个世界相互映射、相互交织、相互作用，对消费者行为造成一种双向的复杂影响。

虽然在本质上，人的欲望都是相似的，但满足需求的方式在不同的时空和技术可供性下，指向了不同的目标和行动。比如社交需求始终是人类最重要的需求之一，只是不同时代的要素组合带来满足社交需求的不同方案；追求“永生”这一终极需求亘古不变，但秦始皇选择寻求仙药，而特斯拉的创始人则在探索脑机接口的前沿科技。

因此，本章聚焦于新媒体环境下的消费者改变而不是经典消费者行为学的内容。虽然目前新媒体技术对消费者的影响仍有待探索，但整体而言，消费者在互联网社会成了信息传播的重要开关，是数字世界的基础节点；消费者也越来越以媒介和数字的形式生存。在互联网社会和现实社会的交织下，消费者在矛盾中不断摇摆，需求变幻莫测，进而改变了营销。

第 1 节　节点化的消费者

一、新媒体消费者的新角色：三重网络中的节点

传播学教授彭兰认为，新媒体技术与应用的发展，使得用户作为网络节点的地位日益突出。用户成为网络传播结构和网络社会结构中的基本要素，既体现为传播网络中的节点，也体现为社会网络和服务网络中的节点，如图 2-1 所示。作为节点的消费者，推动了新媒体在传播、社会、服务方面的演进，消费者在获得更多的权力，得以释放出更多能量的同时，受“人-内容”“人-人”“人-服务”等连接链条的影响甚至钳制也越来越深刻。②

二、以人为媒：作为传播网络节点的新媒体消费者

在传统媒体时代，消费者只是信息的接收者（终端），但在 Web 2.0 技术的推动下，消费者不仅是接收者，更是信息的生产者和“导体”。③ 当普通用户拥有了记录与传播信息的可能时，互联网作为一种全新的无处不在的数字媒介也带来了新的认识论。个体不再是媒介的被动使用者，而是追求成为信息的生产者甚至是掌控者。参与、分享成为互联网认识论的核心。

个体在利用自己在各种平台的账号构建个人门户的同时，也在编织自己的社会关系

---

① 张兆曙．互联网的社会向度与网络社会的核心逻辑：兼论社会学如何理解互联网．学术研究，2018（3）：51-58.

②③ 彭兰．新媒体用户研究：节点化、媒介化、赛博格化的人．北京：中国人民大学出版社，2020.

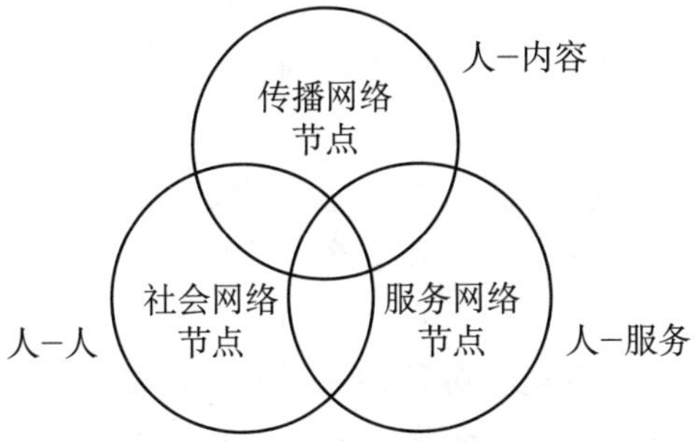

图 2-1　消费者成为三重网络中的节点

资料来源：彭兰．新媒体用户研究：节点化、媒介化、赛博格化的人．北京：中国人民大学出版社，2020.

网络，这就意味着个体是网络中的一个节点，成为传播结构中重要的基础单元。这种个体化的传播中心，将消费者个体作为信息的生产者、传播者与消费者的三种角色集成在一起，由此引发了传播机制的一系列变化。

1. 个体化节点与分布式内容生产

个体化节点能够以分布式方式参与内容生产，首先得益于各种社会化媒体技术及其平台的支持。在传统媒体和门户网站时代，内容生产都是集中式生产，拥有相关资质的媒体在内容生产和传播中处于绝对垄断地位。而社会化媒体允许个体用户拥有自媒体，对专业媒体构成的传统传播中心形成分权，这也是个体从内容消费者成为内容生产者的前提。

如今消费者参与的内容生产是在多主体协同下的一种分布式生产。个体可以通过自己这个节点来发布内容，每个节点都是一个自媒体。尽管自媒体的内容生产多数是非制度化的、碎片化的、随意的，但是它让个体有自我表达的权利。个体贡献的内容也影响着整个内容生态。比如快手短视频平台让大量下沉市场的用户有机会展示自己的生活和发出声音，而这在传统媒体中是较少能够看到的；乐乎（Lofter）的同人创作在延续和解构原作品的基础上，在文本“森林”中挪用内容组成新的文本，这种创作方式也被称为“文本盗猎”。

案例 2-1　从“造节日”到“造梗”，“疯四文学”如何俘获消费者的心

对于品牌来说，传统媒体时代企业的内容生产具有较高的垄断性和封闭性，导致了视野较为局限、形式凝固和内容价值挖掘不充分等问题。传统品牌广告通常以十几秒的电视广告的形式出现，创意生产往往外包给广告代理公司，品牌内容表达有限。而分布式生产意味着新媒体下的消费者可以按照自己的意愿而非媒体或企业的意志，从不同视角、层面来进行内容生产。比如在电视剧、电影等内容产业，消费者的二次创作（修图、剪辑、同人等）往往能够吸引更多的消费者，有时甚至超越原文本内容获得更大的成功，“同人二创”也成为影视宣发重要的组成部分。企业的营销传播亦是如此，原有基于企业视角的广告内容可能并不能完全洞察目标消费者的需求点，而在新媒体环境下，消费者个体、一些网络 KOL 对产品的解读和内容生产反而更可能击中消费者痛点，更具传播性或说服力。这种分布式内容生产意味着全民参与，行业壁垒被打破，专业与业余之间的界限被模糊化，传统媒体和企业的中心地位被淡化。

企业难以像在传统媒体时代那样掌控品牌的定义权，消费者价值共创的作用更加重要，品牌成为真正意义上的“基于消费者的品牌资产”（customer-based brand equity，CBBE）。[①]

此外，消费者参与也使得很多信息生产过程变成了开放式、“进行时”的生产，而不是传统的“完成时”的内容形态。这就要求企业实时关注消费者对品牌、产品评论，特别是有关企业或产品的舆情。因为在新媒体环境下，品牌舆情可预测性较低，企业难以掌控舆论风向，需要及时、灵活地应对各种情况，使以往以重要时点、电视广告为中心的营销传播活动，分解为日常化、精细化、敏捷化的营销动作。

同时，正因为内容生产是分布式的，所以大量的信息是碎片化的，这导致消费者对事物的认知可能是较为片面的。企业在做营销传播时面临更大的困难，信息的重复性与内容丰沛度等因素比在传统媒体时代更为重要。

2. 个体化节点与分布式内容传播

消费者个体不仅成为内容生产的基本单元，也成为内容传播的基本单元，是信息传播的媒介导体。甚至对于多数消费者来说，参与传播/转发是更常态的行为。个体节点在信息流动中扮演着“开关”和“中继器”的角色，对于符合自己需要的内容，个体会进行转发，这便是打开了开关和中继器，推动了信息的传播与扩散。在个体节点自发的、接力式的传播中，意见领袖、自组织等机制也会发挥作用。

因此，品牌如果希望自己的信息和内容能触达更多消费者，就需要研究个体作为信息传导的“开关”是如何决定信息是否被传导的，包括信息本身的传导性、消费者个体本身的传导性，以及两者的交互作用。作为单纯的信息消费者时，人们对内容的需求侧重于环境认知、社会归属、自我提升等方面。但作为信息导体时，人们会更多地考虑社交情境。人们在社交媒体上转发和分享内容，往往是出于自我的印象管理、归属、社交表演、情感互动等动机[②]，比如一些“爆款”文章多集中于情感润滑、实用利他、奇闻趣事、子女教育等。[③] 因此，品牌不能再像在传统媒体时代那样高高在上地进行告知性传播，而是要在内容中融入消费者的心理需求，比如社交、情绪等，才可以使信息得到更广泛的传播。

虽然新媒体中的信息传播受到个体的影响，个体对信息的转发或不转发是一场“全民投票”，但个体消费者的影响力并不相同，社交媒体 KOL 对信息流向的影响力显著高于普通人。关于 KOL 的作用，第 8 章将进一步分析。

3. 个体化节点与信息消费

消费者作为个体化节点，在新媒体环境中有了新的内容消费的可能。消费者以自己为中心，通过不同的方式来编织信息网络，这个信息网络里既有以社交关系为基础的信息筛选线索，也有以话题为核心的信息整合线索，还会有夹杂着平台、算法等的引导线索。消费者即使不使用任何新闻资讯客户端，也能获得来自媒体或他人的信息，这是因为他们的社交关系、兴趣以及平台算法扮演了信息源的角色。

---

① 凯文·凯勒．战略品牌管理：创建、评估和管理品牌资产：第 5 版．北京：中国人民大学出版社，2020.

② Berger J. Word of mouth and interpersonal communication：a review and directions for future research. *Journal of Consumer Psychology*，2014，24（4）：586－607.

③ 彭兰．新媒体用户研究：节点化、媒介化、赛博格化的人．北京：中国人民大学出版社，2020.

虽然个体在构建信息网络中具有一定的主动性，但很多时候他们也是被动的，这影响了他们获取信息的范围与深度。平台算法能在一定程度上减少消费者获得信息的成本，实现个性化的信息服务，但这也可能影响消费者的信息获取与态度认知，让消费者不能了解事情的全貌，不断巩固强化已有的偏见，造成信息茧房和回声室效应。

延伸阅读 2-1

信息茧房

“信息茧房”（information cocoons）的概念来自美国学者桑斯坦（Sunstein），他在《信息乌托邦：众人如何生产知识》（*Infotopia*）一书中指出，信息茧房意味着我们只听我们选择的和愉悦我们的东西。而他提出这一问题的主要背景是数字时代个性化信息服务的逐步兴起。虽然今天研究者对于信息茧房的定义并没达成共识，但基本上人们提到信息茧房时，都会涉及“信息偏食”导致的视野局限，以及“信息偏食”对观念、态度与决定等的影响。

早在20世纪90年代，美国学者尼葛洛庞帝就在他的《数字化生存》一书里预言了数字时代个性化信息服务的可能，并将之命名为“我的日报”（The Daily Me）。虽然在桑斯坦提出信息茧房概念时，“我的日报”尚未真正实现，但他已经对此产生了担忧。如今基于算法对用户与信息内容进行精准匹配的抖音短视频的兴盛，使陷入信息茧房成为一种普遍的担忧。

企业如果建立了信息茧房，就不可能兴盛，因为其决定不会受到内部充分的挑战。如果政治组织的成员或领导者生活在信息茧房里，他们就不可能考虑周全，因为他们的先入之见将逐渐根深蒂固。对于个人，一旦身处信息茧房，就再难接受异质化的信息和观点，甚至可能在不同群体、世代间竖起阻碍沟通的高墙……

在桑斯坦看来，人们之所以会陷入信息茧房，是因为对信息进行了选择与过滤。后来另一研究者提出的“过滤气泡”更是直接强调了信息过滤对用户的影响。“过滤气泡”的概念最早由互联网活动家帕里泽（Pariser）于2011年在其著作《过滤气泡：互联网没有告诉你的事》（*The Filter Bubble*：*What the Internet is Hiding from You*）中提出。他发现搜索引擎可以随时了解用户偏好，并过滤掉异质化信息，为用户打造个性化的信息世界，但同时也会筑起信息和观念的“隔离墙”，令用户身处一个“网络泡泡”中，阻碍多元化观点的交流。帕里泽将此称为“过滤气泡”。信息茧房与过滤气泡两者有相似性，国内研究者相对更多采用信息茧房这一提法。信息茧房和信息部落化、态度极化等概念也有关联。

在个性化内容推荐算法越来越普及的情况下，算法与信息茧房的关系成了一个研究热点。从学理上讲，信息茧房并不是理论，而是一种假设，因此研究者对其验证存在诸多的争论。有些人将算法视作导致信息茧房的主要原因，也有些人认为信息茧房存在但与算法无关，还有些人则认为信息茧房不存在。

资料来源：凯斯·桑斯坦．信息乌托邦：众人如何生产知识．北京：法律出版社，2008；彭兰．导致信息茧房的多重因素及“破茧”路径．新闻界，2020（1）：30-38，73；尼葛洛庞帝．数字化生存．海口：海南出版社，1996；郭小安，甘馨月．“戳掉你的泡泡”：算法推荐时代“过滤气泡”的形成及消解．全球传媒学刊，2018，5（2）：76-90；魏武挥．到底有没有信息茧房？．（2017-09-27）．https：//mp.weixin.qq.com/s/ymcGq8sGzk84Ltnoc2eznw.

消费者基于社交关系、内容或算法的连接和聚集，形成了新的细分市场，这对于企业来说有利有弊。一方面，很多新品牌往往可以在一个信息圈层很快获得消费者，获取他们的认知和认同，迅速成为一个小而美的品牌，分化传统大品牌的市场；另一方面，这些小而美的品牌在想要发展、获取大众的认知和认同时，需要不断破开不同圈层的壁垒。这并非易事，因为在信息消费的个性化趋势下，圈层市场之间的共识很难形成，而传统大品牌依赖于早期的中心化媒体已经建立起这种认知优势。

新媒体环境中的消费者在信息消费中还存在内容消费的碎片化特点。新媒体信息的消费，越来越多地发生在各种零散的时间段，媒体使用时间变得碎片化，人们更倾向于消费“短平快”的信息。为了适应消费者的变化，媒体和品牌的内容也变得碎片化。近几年兴起的短视频也使得视频的碎片化消费进入常态。

碎片化、快餐式的信息消费很多时候的确会让人们对很多信息“浅尝辄止”，人们可能变得更懒惰、更被动、更情绪化、更浅层化，但不代表人们不会对内容表现得更积极、更主动、更理性和更有深度。对于感兴趣或特别关注的话题，消费者反而能通过多元的、多层面的、碎片化的信息拼凑起“完整”的认知并逐步走向深度认识和深度思考。这导致企业一方面觉得自己的声音传播不出去，另一方面又不希望一些不想被知道的“黑历史”被消费者“挖”出来。

三、作为社会网络节点的新媒体消费者

新媒体消费者不仅是传播网络中的节点，也是社会网络中的节点，是互联网社会的基本单元。在传统工业化社会，消费者的社会连接主要是纵向的，而在互联网社会这个流动空间中，消费者的社会连接是纵横交织的、复杂的（见图 2-2），互联网特别是社会化媒体的发展以前所未有的方式带来了人与人的连接与汇聚，使个体集聚为群体。

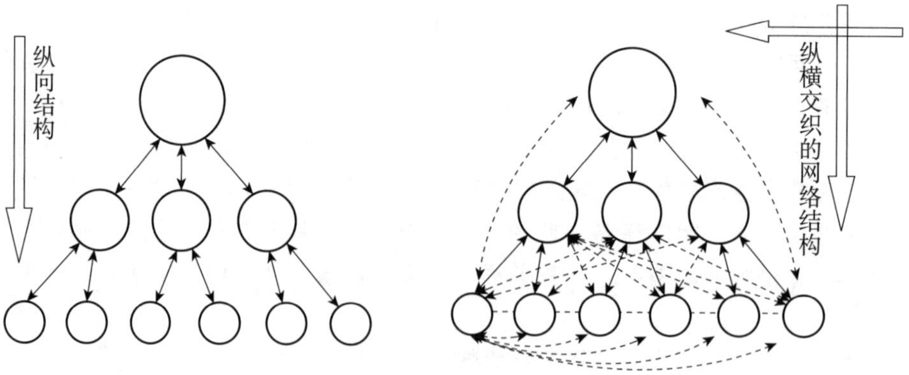

图 2-2　流动空间的网络性

资料来源：沈丽珍，甄峰，席广亮．解析信息社会流动空间的概念、属性与特征．人文地理，2012，27（4）：14-18.

新媒体在不断改变个体节点间连接和互动的模式、强度，激发网络的集体行动，催生共同体，也在推动人群的汇聚与分化，使得网络社会结构处于不断的运动中。

1. 连接：个体节点间多元关系的建立

在中国新媒体发展历程中，连接技术的演进导致了连接效率、人与人连接维度、连

接体验、连接模式等多方面的变化。

（1）连接效率的提高。过去较为常见的是异步互动，也就是用户的交流往往有时滞。而今天，通过互联网和数字终端设备，实时互动已成常态。

（2）人与人连接维度的丰富。目前，新媒体提供的是一种“个人展示＋多重关联”的模式。人们的关联主要包括：

社交关联：通过有意识的社交互动来建立和发展联系。

内容关联：通过对别人发出的内容进行评论、评价或转发，来与他人产生互动。

兴趣关联：共同的兴趣爱好可以把人们连接在一起，有些情况下，人们即使不主动进行互动，也会产生联系。

时间关联：人们在某一时间里的共同行为或特定时间节点引发的兴趣，也是人们产生关联的基础。

空间关联：以空间为基础来寻找人们的共同点，例如，抖音同城以空间为基础，使不同的人、商铺等之间建立起联系。

活动关联：通过某一活动如话题、调查、投票、游戏、比赛等来展示人们的共同点，使人们的连接得以强化。

产品关联：人们以产品或服务为中心/中介形成泛连接，如大众点评、淘宝等平台。人们针对某一个具体产品和服务进行点评或者互相提问，这种人与人之间的互动是为了分享体验，为其他人提供参考。以这些产品与服务为中心/中介，人与人之间产生了一种松散的、泛化的联系，从而形成了一个特殊的社群。

借助标签的隐性连接：以往的连接都是显性的，基于一定的平台功能实现。但在今天的个性化推荐平台，人们被算法打上的标签成为另一种隐性的连接线索。表面上看，标签只是人与内容连接的依据，人与人之间没有直接互动，但在某种意义上，标签也可以将具有共同兴趣、属性的人连接在一起，使以标签来区分人群甚至形成社群成为可能，并成为新媒体营销的重要工具。

（3）连接体验的变化。从图文阅读到视频观看再到如今通过 VR、AR 技术的内容进入。人与内容的关系从阅读、观看到进入，同时人与人的连接与互动模式也有所改变，基于虚拟现实技术的社交正在变为可能。

（4）连接模式的变化。连接模式有两种主要类型：以内容为纽带的群体互动，以及以社交为核心的一对一互动。

以内容为纽带的群体互动：不管是早期的新闻组（newsgroup）、网络论坛（BBS），后来出现的维基百科、知乎，还是如今的抖音、小红书，核心目标虽然都是连接人，但其纽带主要是内容。

新闻组通过一些特定的话题类别将人们联系在一起，人与人之间的互动只是围绕内容而展开；论坛也是以内容为纽带发展人与人之间的关系；维基百科上人与人之间所有的关系都是围绕词条展开的；知乎的连接纽带是提问和回答的内容；而抖音、小红书虽然通过中心化算法来进行内容分发，但其分发的核心还是内容而不是社交关系。

以内容为纽带的群体互动有助于内容交流的深入，相比之下，个体的社交活动和社交表演空间有限，人们的注意力会更多聚焦于内容而非人，个体的存在感相对较弱。

以社交为核心的一对一互动：从早期的聊天室、博客，到后来的社会性网络服务

(social networking service，SNS）社区、微博、微信，再到今天的快手，它们都是以社交为核心连接人与人，用户通过这些技术进行自我展示，并进行一对一、一对多、多对多的互动。

以社交为核心的一对一互动以个体为中心。每条博客、微博或是快手短视频，都是个人展示的舞台。每个用户都变成一个社交中心，可以根据自己的需要来组织社交圈子和内容。虽然在这种连接模式下用户同样生产内容，但人与人之间的连接是以社交为核心的，个体会更在意人而不是内容。比如微博和微信的内容分发主要依赖于社交关系链，关系是用户的关注点，也成为影响信息可见度的重要因素。对于个体来说，在利用这些新媒体技术进行交流和信息共享的同时，也在实现自己人脉资源的积累与扩张。

社会网络中的关系成为影响消费者行为和能力的重要因素，它在两个方面影响个体和营销。

其一，关系可以有效地放大个体的影响，尤其在微博、微信等社交媒体平台上。这意味着每个个体都拥有一个“引爆器”，如果具备“天时、地利、人和”，就可能迅速引起整个网络平台的“大爆炸”，引发舆论风暴。这对于品牌的危机公关、品牌战略及其配合承接来说是个新的挑战。个体事件引发品牌舆论危机的案例数不胜数，但对于个体事件如何成为品牌长期发展的契机的探讨还不够多，比如，2022 年 6 月，东方甄选直播间因为主播的一段解说词瞬间火爆整个网络，东方甄选如何承接这波流量爆炸将决定这一事件是一个短期热点还是一个长期的发展契机（如后续建设直播间矩阵、培育主播IP、整合供应链等)。企业如果对个体事件没有敏感度，没有预案，没有战略思考，可能会被新媒体的这种流量集中释放打得措手不及，即使是正面的影响，企业也难以充分抓住机会。

延伸阅读 2-2　为什么我们这么焦虑？社交网络中的社会比较

其二，关系可能对个体施加更多的社会影响。今天社会化媒体中的社会关系结构和信息传播结构，决定了作为社会网络节点的个体所受到的社会关系的约束与影响也更大。每一种社会关系都是社会压力的一条传导线路。对于个体来说，无论是有直接联系的用户，还是只有间接联系的用户，都有可能通过社会网络中的关系链条对其产生影响。如在传统社会中，社会比较的对象往往局限于身边的人，而在新媒体的社会网络中，社会比较的对象的距离可以无限远、数量可以无限多，从而放大了个体的焦虑等情绪。同时，社会网络中的群体互动也可以对个体产生影响。这些影响体现在情绪、心理状态、意见与态度、行为等多个方面。比如，以往消费者研究通常探讨社会和地域文化中的消费者，但在新媒体环境下，网络社群/圈子在互动中所形成的亚文化规范对消费者的影响可能更加直接。

2. 互动与汇聚：群体智慧还是群体性迷失

多重连接促成了个体与个体之间的网络互动，而互动又进一步形成了各种性质的人群聚合。互联网使人与人之间的互动扩大到前所未有的规模，个体可以与地理上远在天边的网友产生更深的认同，更加自主地选择自己所认同的社会文化，而不是仅限于与身边的群体互动。

人群的汇聚形成了集体行动。网络中的集体行动可以体现为协作，如对品牌的抵制、辟谣、众包式创作、人肉搜索[①]、网络民族主义等。在这些集体行动中，消费者间会形成自然的分工，不同消费者各自发挥特长，最终完成集体任务。

集体行动又推动人群的进一步汇聚。有些聚合结构是松散的，有些则更为紧密，有些人群是异质的，而有些人群则是同质的，甚至有些人群形成了共同意识，并具有一定的共同行动能力，形成了“凝聚子群”。

互联网促成的人群的汇聚带来的究竟是群体智慧还是群体性迷失？前有《乌合之众》（*The Crowd*）探讨群体性迷失，后有《失控：全人类的最终命运和结局》（*Out of Control*）等著作赞扬群体智慧。这两方观点虽有冲突，但从不同的方面启发我们对网络群体互动的结构、机制与效果进行更深入的思考。

（1）群体智慧。在关于互联网的各种研究成果中，有一种观点认为：网络尤其是社会化媒体，促成了群体智慧的形成，这种群体智慧成为社会进步的重要动力。

凯文·凯利（Kevin Kelly）在《失控：全人类的最终命运和结局》一书中用“群氓的智慧”来表达这样一种认识，他指出：“群体被看作一种自适应的技巧，适应于任何分布式的活系统，无论是有机的，还是人造的。”[②] 他以蜜蜂、蚂蚁、鸟群等动物的集体行为以及整个动物界的进化为依据，进一步揭示出这种自适应所带来的群体智慧的意义。

尼古拉斯·克里斯塔基斯（Nicholas A. Christakis）、詹姆斯·富勒（James H. Fowler）在《大连接：社会网络是如何形成的以及对人类现实行为的影响》（*Connected*）一书中更明确地指出：“社会网络可以表现出一种智慧，它可以让个体更有智慧，或者成为对个体智慧的补充。”[③] 与凯文·凯利一样，他们也从动物界找到了依据，而作为社会网络研究的专家，他们把群体智慧的产生主要归因于社会网络本身。这本书有专门章节论述互联网对于社会网络发展的推动作用，明确指出：“借助网络，人类可以收到‘总体大于部分之和’的功效。新的连接方式的出现，一定会增强我们的能量，让我们得到上天原本赋予我们的一切。”

《维基经济学：大规模协作如何改变一切》（*Wikinomics*）的两位作者则更多地从商业模式的角度来看群体协作涌现的智慧。他们认为：“新的大规模协作正在改变公司和社会利用知识和能力进行创新和价值创造的方式。这影响了社会的每个部门以及管理的方方面面。”[④]

群体智慧的来源首先是社会网络的连接性、对等性、开放性。这种对等性和开放性为个体的自由参与提供了基础，也为信息与智慧的自由流动提供了多种“路由”。一方面，一个连通性和稳定性很强的网络，对于信息的大规模传递是极为重要的，也是群体产生协同行动的基础。另一方面，正如《大连接：社会网络是如何形成的以及对人类现实行为的影响》一书中指出的，社会网络是“自退火”的，即它能够使自己身上出现的

---

① 人肉搜索不仅包括带来负面影响的人肉搜索，也包括中性的或具有积极意义的协作搜索。

② 凯文·凯利．失控：全人类的最终命运和结局．北京：电子工业出版社，2016.

③ 尼古拉斯·克里斯塔基斯，詹姆斯·富勒．大连接：社会网络是如何形成的以及对人类现实行为的影响．北京：中国人民大学出版社，2013.

④ 唐·泰普斯科特，安东尼·威廉姆斯．维基经济学：大规模协作如何改变一切．北京：中国青年出版社，2007.

间隙自动闭合，类似于伤口自我愈合的情形。它从结构上保证了网络的完整性。以开源项目为例，在一定程度上个体并不是最重要的，连接才是。尽管一个个作出贡献的个体可能在代码迭代过程中流失，但是个体间依旧能连接组织起来，使项目得以继续进行。

其次，个体的互补产生群体智慧。群体智慧优于个体智慧的乐观判断，甚至可以追溯到亚里士多德，他认为，当多样化的群体聚在一起参与协作时，一些人懂得一部分，一些人懂得另一部分，而所有人在一起就能够懂得一切。

桑斯坦在《信息乌托邦：众人如何生产知识》一书中解释协作群体能够运作并且产生良好的效果时，提到了三个机制：群体的表现可能等于其最好成员的表现、聚合（协作可以聚合信息和观念，使群体作为一个整体比其最好的成员知晓得更多、做得更好）、协同与学习（群体讨论中的贡献与索取将筛选信息和观点，使得群体形成解决问题的良好方案）。以上三个机制的核心都是个体的互补。当然，他强调这三个机制发挥作用需要一定的条件。在他观察的案例中，这三个机制常常未能导致积极的结果。① 但他提到的三个机制，往往也是支持群体智慧优于个体智慧这一判断的研究者所持的理由。

再次，群体互动有助于激发利他行为。克莱·舍基（Clay Shirky）认为，人在社会环境中的行为会有所节制，会表现得不那么自私。② 尽管这个判断不是在所有时候都适用，但是，在多数网络互动环境中，因为各种因素的影响，人们的自私行为会在一定程度上被抑制。当然，不那么自私并非意味着网络中的个体没有利己的动机，只是在互动环境下，他们往往会将利他与利己更好地结合起来，在利他的过程中也实现利己的满足感。如克莱·舍基所说："在反馈循环中，个人动机和社会动机可以互相放大。"分享行为在网络中如此普遍就充分说明了这一点，而分享也是群体智慧的一个源泉。

最后，自组织机制使群体聚合从混沌走向秩序。凯文·凯利等对于群体智慧形成的解释，就更多地是从自组织角度出发的。在《认知盈余：自由时间的力量》（*Cognitive Surplus*）一书中，克莱·舍基借用心理学家德西（Deci）的研究成果，把个体聚合成群体共同努力完成某个目标的动机总结为"自治和胜任感"，"自治"即决定自己能做什么和怎么做，"胜任感"指能够胜任自己所做的事。这两个动机可以从更深的层面解释自组织机制能够在网络中起作用的原因。

（2）群体性迷失。另一种观点则认为，在群体心理作用下，网络群体汇聚的结果可能是个体丧失理性，群体出现集体性的愚笨、疯狂、盲从现象。彭兰教授将其定义为群体性迷失。

桑斯坦在《信息乌托邦：众人如何生产知识》一书中提到了欧文·詹尼斯（Irving Janis）提出的"群体盲思"（group think）的概念，即群体可能助长轻率的一致以及危险的自我审查，因而不能综合信息、扩大讨论的范围。桑斯坦本人也在书里对群体智慧一定优于个体智慧的乐观看法进行了反思，指出了群体协作失灵或失败的种种可能及其原因，也谈到了"群体极化"③ 对于群体协作结果的影响。他指出，在群体极化现象中，协作群体的成员典型地选择与协作开始前他们的倾向一致的更为极端的立场。群体极化是协作群体的常态。因为人们会在群体互动中不断找到有利于自己观点的论据，或者当他

---

① 凯斯·桑斯坦．信息乌托邦：众人如何生产知识．北京：法律出版社，2008.

② 克莱·舍基．认知盈余：自由时间的力量．北京：中国人民大学出版社，2012.

③ 群体极化是指群体成员在群体互动中由于信息内容与群体规范等而出现强化原有观点的情况，并不简单地等同于群体意见的极端化，也不一定意味着消极结果。

人或群体对自己的观点表示认同时，会更强烈地进行表达，从而强化自己本来的观点。他们对情绪、情感、立场等的坚持，往往也会超过他们对事实与真相的关注。

从相关研究来看，对于网络中的群体性迷失现象的解释，主要集中在以下几个方面。

首先，法国心理学家古斯塔夫·勒庞（Gustave Le Bon）在《乌合之众》一书中的分析，往往成为支持这种观点的主要依据。其他研究者也从“沉默的螺旋”“从众心理”的理论中找到了解释网络群体性迷失的理由，即强调群体压力对个人心理产生的作用。

其次，信息遮蔽也会带来群体性迷失。从持有信息的角度来看，群体强调所有人或多数人持有的信息，而忽略少数或一人持有的信息。产生这种多数人的信息遮蔽少数人的信息的原因是多方面的，从信息传播过程来看，互联网特别是 Web 2.0 平台上的信息传播，很容易产生“马太效应”，使某些少数人的信息沉没或者被忽视。信息遮蔽还有一种可能是个体主动遮蔽自己不感兴趣或不利于自己的信息，选择性心理会使得人们依据个人的信息偏好来进行信息选择与传播，产生“信息茧房”。

无论是多数人的信息对少数人的信息的遮蔽，还是个体自己进行的信息遮蔽，都会使得人们在信息不完整的情况下作出判断、表达态度，也就难免会产生偏差。在群体中，一个个体的判断偏差可能会得到广泛的传播，影响到更多人。如果信息遮蔽发生在那些处于权力中心的人的身上，影响就会更大。

再次，群体性迷失可能来源于匿名效应。许多研究者将网络互动带来的盲目性与非理性归咎于网络的匿名效应。尽管网络中的匿名未必总是符合社会心理学中的匿名心理所要求的条件，但无论是事实上的还是自我感觉中的匿名，都会使某些个体的自我约束感下降，并在群体氛围的推动下产生冲动与盲目的言行。

最后，网络互动中的思维方式也可能造成群体性迷失。由于网络互动环境的影响，一些个体易被简单化二元对立思维主导，容易采取“贴标签”“站队”等方式，而没有进行理性判断与思考，这也是在信息不充分、不全面的情境下，人们作出的基于经验的直觉式的判断即“启发式判断”[①] 的一种表现。

（3）群体智慧产生的条件。在有关新媒体的社会影响的观察与思考中，上述两种观点始终共存。实际上，这两种观点并不是因为新媒体的产生而产生的，它们与整个人类群体行为的发展过程相伴随，之所以在今天备受关注，只是因为新媒体时代人的汇聚规模与互动频率达到了前所未有的程度。

从人类的发展历程来看，互联网所带来的空前规模的群体互动，使得个体智慧转化为群体智慧的可能性大大增加。尽管群体力量有被滥用的可能，但作为一个开放的不断进化的系统，互联网也为纠正这种滥用提供了可能。

从现有的案例来看，在以下两种互联网情境下，群体智慧更有可能被激发并发挥作用，当然这两种情境存在一定的交叉。

一是以简单任务为导向的情境。社会心理学家扎荣茨（Zajonc）认为，当他人在场时，会形成一种社会唤起效应，促进简单行为的发生，削弱复杂行为的发生。即在这种情况下，人们对于简单的事能做得更好，而对于复杂的事则会做得更差。这种心理现象

---

① 王小鹏，刘杰．情报分析中的直觉思维及其偏差防范：基于双加工理论的视角．情报杂志，2017，36（10）：26－30.

被称为“社会助长作用”。因此，在线索简单的任务实施过程中，网络群体更有可能发挥群体智慧，产生积极的结果。在面对简单任务时，网络群体中的个体还可以进一步分工，使自己的任务进一步简单化。例如，维基百科每一个词条都是一个明确的任务导向，是一个靶子。面对这样具体的目标，人们可以有的放矢，各得其所，各显其能。

研究者列举的网络激发群体智慧的许多案例都发生在这种情境下。除了维基百科，各种形式的“人肉搜索”也是如此。虽然从寻找线索的角度看，人肉搜索过程可以发挥群体的智慧，但从后果来看，人肉搜索导致的对个人隐私的侵犯等问题又提醒我们要警惕和防范群体智慧被滥用。

二是以创造和分享为导向的情境。如果群体互动的目标是创造某种新形态（如一个软件、一种网络文化产品），或生产、分享信息与知识，那么这样的互动往往有助于群体智慧的激发。互动促进了人们的互利，同时也会带来竞争，使人们的积极性进一步提高。如果有足够的社会回报（至少在精神层面），那么个体参与的持续度会得到更有效的加强。维基类应用、豆瓣书影音、电商网站中的点评等，都体现了这种互动的效果。尽管也有“水军”对群体智慧造成干扰，但不能将问题归咎于群体互动本身。

对于企业营销来说，可以设计活动以利用这两种情境促进消费者参与。比如，抖音的挑战赛就是发布简单任务，让平台用户进行创造和分享，并给予现金或流量奖励。

而在下列情境下，也许不能简单地期待群体智慧发挥作用。

首先，在公共意见的形成方面，群体智慧或许难以体现。公共意见的形成是不同个体意见的汇聚与博弈的过程，它既不是简单的个体意见的相加，也不一定是多数人意见的反映，甚至也不一定是意见的优化过程。公共意见的形成不存在绝对的对与错，因此也很难说这个过程究竟是发挥了群体智慧，还是被群体性迷失所误导。无论公共意见最终表现为什么，它都是社会现实的一种体现。

其次，在公共决定的形成过程中，群体智慧未必能形成。尽管以往很多研究认为多数人的决定也许会优于专家，这方面一个典型的应用就是陪审团制度，但也有许多研究者指出，在做决定时，多数人未必会导向正确的决定。桑斯坦认为，群体有两种汇聚方式，一种是统计性群体，一种是协作性群体。从做决定的角度看，统计性群体即是根据多数人的意见来做决定，但如果群体中每个个体犯错的概率都超过50%，那么这个群体犯错的概率有可能接近100%。而对于协作性群体而言，协作也未必能得到正确的结果，因为可能受到前文提到的信息遮蔽和群体压力的影响。

做决定是一个复杂行为，需要了解各种信息，对多方面情况进行判断，以及获取相应的知识做支持。在网络中，局面会更为复杂。因此，互动反倒可能削弱人们在应对复杂行为方面的能力。

在做公共决定时，往往涉及“说服”，即一部分人要说服另一部分人，以达成共识。心理学家佩蒂（Petty）和卡西奥普（Cacioppo）认为，人们在被说服时存在两种基本路径——中心路径和边缘路径。中心路径是指对观点加以权衡，对相关的事实或数据加以考虑，在对问题进行系统思考的基础上作出决定。而边缘路径则指没有经过深思熟虑，只是依据简单的、往往不太相关的线索对观点作出反应。① 在群体互动中，虽然也会有人

---

① 艾略特·阿伦森，乔舒亚·阿伦森．社会性动物：第12版．上海：华东师范大学出版社，2020.

基于中心路径来作出判断，但更多时候，人们会基于边缘路径来作出反应。

但即使如此，在做公共决定过程中所涌现出的丰富的信息与意见仍有参考价值，对于最终做决定的组织或个人来说，这些信息与意见是不容忽视的。

3. 分化：网络人群的圈子化与层级化

从长远来看，网络用户的汇聚与互动带来的另一个结果是人群的分化。传统大众传播的功能之一是社会整合，大众媒体通过具有公共价值的话题将各个社会群体连接在一起。但在新媒体时代，网络带来了关系重构的可能，一些突破传统关系的新关系圈子在网络中形成，而文化、技术等驱动力进一步推动了多重维度下人群的分化，从而产生了网络社群①、情感部落、网络圈子、网络圈层等，出现了新的社会分层，同时也形成了每个圈层的 KOL、社群规范、信息传播模式以及组织动员模式。

网络中大大小小、各种类型的圈子，常会形成相对封闭、自主的小世界，有些亚文化圈子甚至有其文化壁垒，人们轻易不会“出圈”。这些小圈子如同一个个碎片，使人们的社会观念也在趋向碎片化。② 抱团取暖、内外有别的特质，也会带来圈子之间的隔阂甚至是摩擦。这种分化给小而美的品牌创造了新的细分市场，也使得品牌触达消费者的方式更加碎片化。

对于“圈层化”这个概念，研究者大多没有严格的界定，也没有达成共识。多数时候，人们提到的圈层似乎只是社群或小群体的另一种表达。但从对网络用户聚集与分化模式的深层观察来看，圈层化既包括圈子化也包括层级化。圈层化既与用户本身的差异及其所处的现实社会结构有关，又因网络中各种类型、各种规模的互动而加剧。用户大多处于多个圈与层的交集之中，圈层交织也带来了网络人群的多重分化。

（1）圈子：人以群分。圈子是以情感、利益、兴趣等维系的具有特定关系模式的人群聚合。根据社会学者的研究，圈子内关系强度很高，关系持续很久，社会网络密度很大。此外，圈子往往容易发展出自我规范——可能是被社会认可的规范，也可能是“潜规则”③，圈子是情感和利益交融、圈内圈外交往规则有别的特殊社会网络。④ 比如“汉服圈”“洛丽塔圈”“JK 圈”等圈子，对于“山寨”持有高度敏感和排斥的态度。

在社会学研究领域，圈子这个概念被更多地应用于人的关系情境。一些研究者将圈子分为“血缘”“业缘”“趣缘”等类型。对于传统社会圈子的研究较多集中于血缘、业缘圈子的研究。进入网络时代，研究者对基于趣缘的网络亚文化圈关注较多。

网络圈子与网络社区、社群、群体等有相似性或交集，局部甚至会重合。网络圈子的一个典型就是亚文化圈子，作为一种新的社会结构，亚文化圈子虽然不能实质性地改变人们在现实社会中所属的群体，但在文化维度上带来了人群的新聚合模式，提

---

① 有学者认为网络社群和网络族群是不同的概念。网络社群是以互联网为媒介进行网络互动所形成的具有共同目标和网络群体意识的相对稳定的人群。而网络族群强调的是在互联网影响下，形成的具有共同心理、行为特征与文化属性的人群。网络族群中的人可以是分散的，但共同的文化趣味、行为特征等将他们连接在一起，他们整体上也会具有类似传统族群中的“风俗习惯”或独特语言。

② 李培林，李强，孙立平，等．中国社会分层．北京：社会科学文献出版社，2004.

③ 李智超，罗家德．中国人的社会行为与关系网络特质：一个社会网的观点．社会科学战线，2012（1）：159-164.

④ 龚虹波．论“关系”网络中的社会资本：一个中西方社会网络比较分析的视角．浙江社会科学，2013（12）：99-105，98，158.

供了新的文化实践场所与实践方式。在文化习性与趣味的培养上，它的作用不亚于甚至某些时候可能超过学校与家庭的作用。每个圈子的人群努力地打造出属于自己圈子的特定趣味，以标识圈子边界。亚文化与主流文化之间、不同亚文化之间的区隔，在一定程度上也是趣味的区隔。独有的趣味可能成为圈子成员满足感的一个来源，为其带来心理上文化资本的获得感与增强感。特别是对于年轻群体来说，进入某种网络亚文化圈子意味着被贴上相应的亚文化标签，从而进入网络文化中的特定层级。虽然很多网络亚文化在某些人群看来是非主流的，但是对于特定的年轻群体来说，这些亚文化恰恰是主流的。

很多网络亚文化人群有很强的内外有别的意识，但并非所有网络亚文化人群都能形成强烈的群体意识或集体行动。相比群体这个概念，或许圈子更能反映网络亚文化人群的聚合特点。当然，一个亚文化圈子还会分裂成一些子群体。人们通过亚文化构建一个特定的小世界，在获得文化消费、生产、归属感等满足的同时，也在追逐文化资本。

（2）层级化：现实群体与网络层级的交织。“层级”一词意味着，不同人群间不仅有差异与区隔，更有“高低落差”。网络中的“层级”既来源于现实的社会群体，又与网络中的各种因素相关。

新媒体的社会网络虽然对现实的社会关系、权力结构有一定体现，但并不是完全沿袭，甚至可能在很大程度上解构了现实的社会关系和权力结构，形成新的社会关系和权力结构。

个体所处的网络层级主要产生于两个来源。

一是代际差异。有社会学者指出，相比“数字化移民”一代，“数字化土著”一代垄断了对互联网络及其信息的话语权。原本在现实空间掌握着主动权的中老年人特别是老年人，在网络文化的理解与应用方面反倒成了弱势群体。能够想象的是，这种信息获取上的代际鸿沟，会对人的价值观、生活态度、人生视野、参与能力甚至生存机会产生难以估量的影响。[①]

二是网络应用能力的差异。体现在以下层面：第一，网络的消费能力，即获取、使用网络信息与服务方面的能力；第二，网络的生产能力，例如，参与贡献网络内容与服务的能力；第三，网络社会的互动、表达与参与能力，如网络交往、利用网络争取个人权利、进行社会参与的能力；第四，将网络应用转化为现实收益的能力，例如，通过网络应用提升工作和生活质量、提高社会地位等方面的能力。这些能力不仅影响使用者从网络中获益的程度以及对网络的贡献程度，也影响整个社会从网络中获益的程度。另有研究者认为网络应用素养与能力的差异取决于虚拟社会的接入情况、信息意识、信息伦理、政策供应、工具供应、信息供应、信息获取和信息利用八个指标。[②]

互联网社会结构在发展初期可能在一定程度上解构了原有的社会结构与社会关系，形成了一种扁平的、平等的社会结构。但是，当互联网社会发展到一定程度时，新的社会分层也会出现。这种分层并不完全基于现实社会的权力关系，它更多地基于技术的拥有与能力不均等所带来的权力落差，以及以网络互动为基础所形成的网络话语权力分化。

---

① 周晓虹．文化反哺与媒介影响的代际差异．江苏行政学院学报，2016（2）：63－70．

② 陈强，徐晓林．虚拟社会分层：动因、维度与趋势．情报杂志，2015，34（7）：202－207．

互联网社会也会出现精英群体，他们更多地表现为拥有话语上的权力，如意见领袖。互联网社会分层也带来了营销传播方式的变化。

与此同时，当互联网社会不断演进时，现实社会中的权力会开始渗透到互联网社会，对互联网社会形成干预。这些干预力量也可能受到互联网社会的抵抗，因此，在互联网社会成熟的过程中，它的结构更多的是网络自身的力量与现实力量博弈的结果。

延伸阅读 2－3　数字鸿沟

与现实社会不同的是，网络社会的权力结构处于不断的流动中，各种因素都可能导致某些精英群体成员或权力中心失去其地位，或者推动某些个体获得更大权力。虽然网络中的群体，不管是基于关系的群体还是基于立场态度的群体，都可能相对固定，但是权力结构是具有较大的流动性的。比如美妆圈的 KOL 总会随着时间推移和产品上新而快速更迭；粉丝群体中具有话语权的“大粉”也会因为一些言论或行为一夜之间被圈子群体排斥，失去影响力。

四、作为服务网络节点的新媒体消费者

消费者不仅是传播网络的节点、社会网络的节点，也是服务网络的节点。在服务网络中，消费者不仅是具有个性化需求的消费者，也是服务的引导者、资源的贡献者，甚至是主要的生产力。

新媒体环境中的消费者以四种方式成为服务网络的节点。

一是终端消费的协同生产者。包含两类，一类是共享经济中的协同生产者。共享经济的概念早在 20 世纪七八十年代就已经萌芽，但直到新媒体技术发展后，共享经济才真正兴起。共享经济带来了一种超越交易关系的新关系，即人们在不改变所有权的前提下基于资源共享的互补与合作。个体作为网络节点，建立点对点的服务，每个个体既可以是资源供给者又可以是资源使用者，节点用户（如滴滴司机、爱彼迎房东等）参与是共享经济得以运转的核心。另一类是商品流通中的重要渠道节点。个体成为商品流通零售环节的重要节点，如基于微信生态的微商以及社区团购中的团长。

二是社群经济生产力。社群的个体通过消费来进行生产，以满足个体需求和集体利益。个体对群体具有情感承诺[1]、工具性承诺[2]、规范性承诺[3]。社群的共同目标、高效率协作的工具和一致的行动形成了社群经济的基本动力。品牌社群、粉丝经济、众包等都属于社群经济，个体在其中发挥着重要的生产/消费节点作用。

三是场景经济的服务对象。在移动技术的支持下，以场景为出发点来理解个体消费者的行为与需求成为可能。移动时代将场景概念从社会场景拓展到更广阔的场景。大数据、移动设备、社交媒体、传感器、定位系统被罗伯特·斯考伯（Robert Scoble）和谢

---

① 情感承诺是指个体对群体怀有强烈信念和价值认定，愿意为群体的利益付出努力，看重自己的群体成员身份。

② 工具性承诺是指个体对群体作出承诺是出于对个人投入等代价的计算，以及对自己从中获得的地位、利益等的考量。

③ 规范性承诺是指个体在以符合群体目标和利益的方式来行动的规范压力下对群体作出的承诺。

尔·伊斯雷尔（Shel Israel）称为“场景五力”，这五力正在改变个体作为消费者、患者、观众或在线旅行者的体验，也同样正在改变大大小小的企业。它们将以往抽象的场景变成了今天具体的、可测量的场景。消费者的实时状态，包括自身数据、环境信息等的采集，在可穿戴设备出现后变成可能。对场景和个体进行分析的最终目标是提供特定场景下的适配信息或服务。这意味着企业不仅要理解特定场景中的消费者，还要能够迅速找到与其需求相适应的内容或服务，如基于地理位置的信息推送、打车类应用、地图类应用、O2O 服务等，并以合适的渠道与形式推送给他们。

四是数据的贡献者。无论是哪种模式的新经济，都需要以用户数据作为基础，有些数据是为了满足个性化服务的需要，有些则是为了满足整体市场分析的需要。消费者随时随地产生的数据可能成为重要的资源，成为服务提供者提供产品和服务的依据。目前消费者数据采集主要集中于社交网站、电商平台，但未来，数据将成为描述人的状态与环境的重要参数，物联网技术也会在消费者数据采集中扮演至关重要的角色。

作为节点，消费者同时位于传播、社会与服务三重网络中，消费者的身份变化迅速，他们有时是内容创造者，有时是参与者，有时是决策者，有时是分享者，有时是意见领袖，有时是服务的提供者，同时又是消费者。其角色转变非常快，或者是集多重角色于一身。

第 2 节　数字化生存的消费者

一、媒介化生存的消费者

如果说在传统媒体时代我们与媒介的关系是若即若离的，那么在当下，我们已经“住进”了媒介中，生存在媒介中。媒介化生存体现在三个方面：第一，消费者在媒介中停留的时间越来越长；第二，消费者越来越重视在新媒体中的可见性；第三，消费者对数字自我越来越认同。

1. 媒介停留时间越来越长

现实生活中，人们很难离开手机和移动网络。媒介实践与日常生活区隔的逐渐消失是媒介化生存最典型的症候。根据第 53 次《中国互联网络发展状况统计报告》，截至 2023 年 12 月，中国短视频用户规模达 10.53 亿人、网络购物用户规模达 9.15 亿人、网络直播用户规模达 8.16 亿人。并且消费者越来越长时间地停留在新媒体平台中。根据 QuestMobile，截至 2022 年 3 月，移动互联网用户日均使用时长达 5.5 小时，如图 2－3 所示。

移动互联网各赛道用户使用时长占比如图 2－4 所示，消费者在移动视频和移动社交两类应用上停留的时间最长。2022 年 5 月，移动视频用户使用时长占比达到 35 个百分点，同比提升 3 个百分点；移动社交用户使用时长占比达到 27%，同比下降 1 个百分点。

麦肯锡的调研显示，消费者不仅在这些新媒体中停留时间长，这些新媒体也对他们的购买决策产生了越来越重要的影响。2017—2019 年，社交及内容对消费者知晓产品/品牌、产生兴趣和购买的影响皆大幅提升，特别是在购买环节，影响力提升了 18 个百分点，如图 2－5 所示。

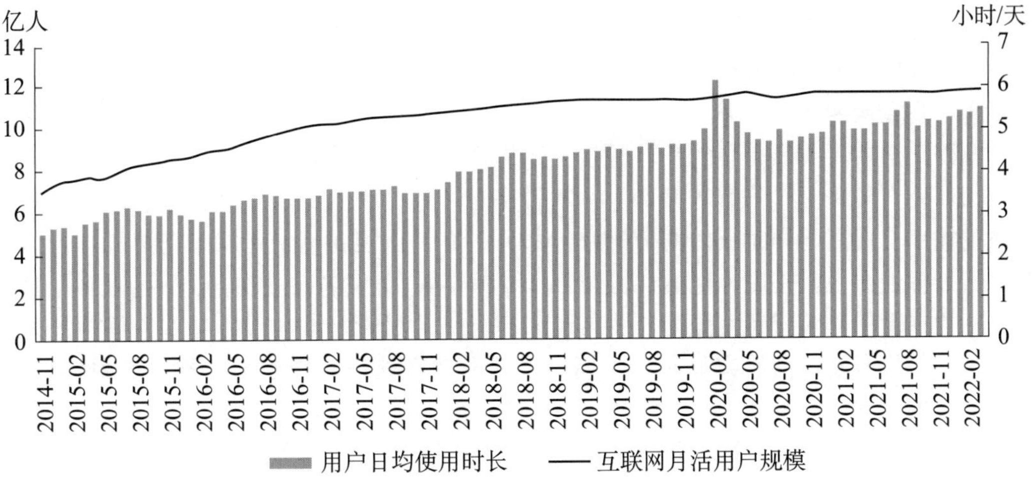

图 2－3　移动互联网月活用户规模和用户日均使用时长

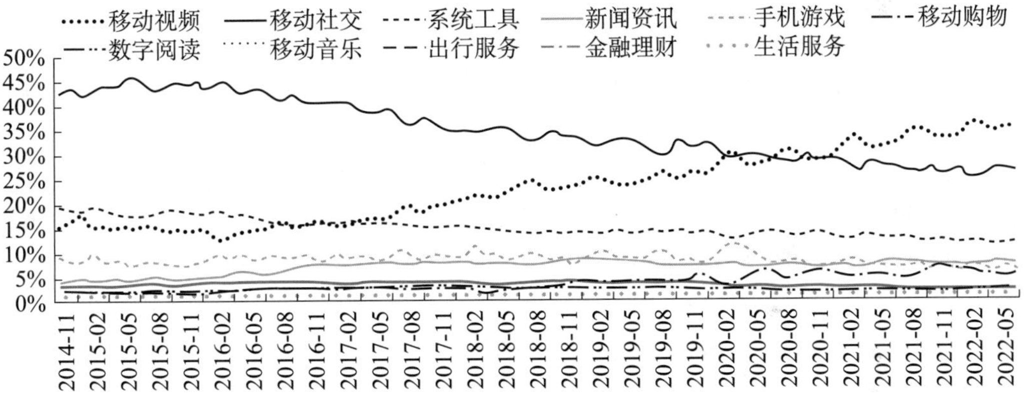

图 2－4　移动互联网各赛道用户使用时长占比

资料来源：广发证券．互联网传媒行业 2022 年中期策略：理性回归，聚焦长期价值锚．

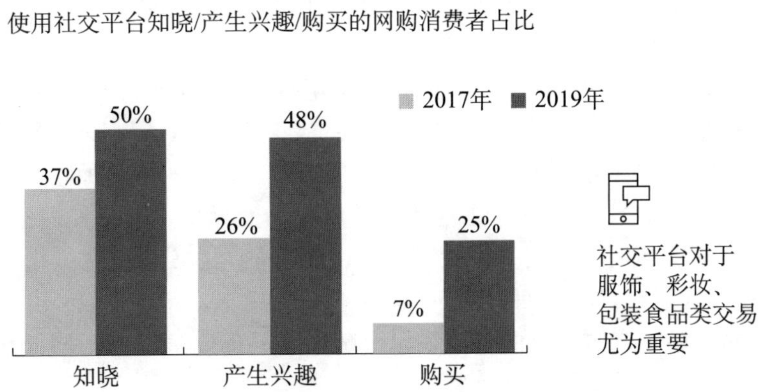

图 2－5　社交及内容对消费者决策流程的影响

资料来源：麦肯锡．2019 年中国数字消费者趋势：后电商时代，品牌商如何抓住增长机遇．

这些趋势仿佛印证了一句话：20 年之前，网络意味着新生活；而 20 年之后，网络变成了生活本身。[1] 虚拟生活成为消费者的重心，消费者沉浸在网络中，以人为中心连接了所有媒介形态，实现无时不在、无处不在、无所不能的连接与传播。每个媒介终端都是整个泛在网络的一个节点，人们可以在这个无边的网络中穿越时空，在虚拟与现实两个世界中自在漫游。

此外，消费者在媒介中的长时间停留还表现出另一个特点：对信息密度的追求。这一方面体现在消费者对倍速的偏好上，不管是音频还是视频，消费者越来越多选择加快播放的速率，提高同样时长内的信息密度；另一方面体现在消费者越来越擅长进行多任务并行处理上，也就是说，他们常常处于多线程[2]中。消费者一边刷剧、一边处理电脑文档、一边在微信聊天或者发微博等变得越来越常见。尽管短期内似乎有些个体的潜力会因此被进一步激发，但研究显示，长期的多任务并行处理可能使个体难以集中注意力，处理任务的效率反而下降，也可能削弱个体的记忆力。

对于营销人员来说，这也是一大挑战，虽然消费者在媒介中的停留时间越来越长，但营销人员需要在更大的信息密度中争夺空间，争夺某一时空下消费者大脑“多任务并行处理系统”中的有限资源，获得消费者脑力资源的挑战变得更大。

2. 媒介中的可见性越来越重要

除了停留时间越来越长，人们越来越多地以获得在媒介中的存在感为目标，现实生活反而变成了消费者在社交媒体中表演的“剧目”或“道具”。在早期互联网时代，现实生活为“因”，网络分享为“果”；如今，现实生活与网络分享的因果关系在很大程度上被颠倒。能够将所做的事、所拍的照片在网络上分享是“因”，现实生活是“果”，即消费者为了网络分享而设计、制造生活。如果要做的事情不能够被分享到社交媒体，那么消费者可能就没有做的动力。例如，火爆一时的“竹筒奶茶”，尽管价格高、味道平平无奇，但还是受到了消费者追捧，因为回头率高，而且发布在社交平台上能得到较多关注。

很多时候，人们想通过自拍来体现自己在某个空间的在场，但由于专注于拍摄行为，人们实际上又会忽略现实空间里的活动，从而形成一种在场的缺席。人们也会更在意“观众”对自己的“表演”的反应，社交关系对个体自我建构、自我认同的影响会进一步加深。例如，美国已经出现主打拍照打卡的健身房，Gymage 健身房在墙壁上安装了自拍杆，使用的灯光也是奢侈品零售店级别。自拍杆、灯光等软装都是为了方便会员拍摄自己的健身照，发布在 Instagram 和 TikTok 上。

此外，人们越来越多地从传播价值的视角来审视物理空间——它能否变成吸引人的照片或视频？取景框成为空间媒介化的一个重要“隐喻”。当人们在某个物理空间时，对这个物理空间的需求常常会包括“媒介化”及“创作”。举例来说，原本人们在旅游中拍照是为了记录看到的美景，现在则可能是为了在网络上晒出“打卡照”去到某个景点，而这个景点也可能只是在照片中看起来很美。例如，小红书上过度美化、修饰的景点“照骗”一度引发大量热议和负面舆论。

人们在虚拟空间生产与传播的信息，也会赋予不同的物理空间不同的显示度。有些

---

① 中国互联网20年 数字大革命与数字生活困境．(2018-10-25). https://www.bjnews.com.cn/detail/155153379314594.html.

② 线程是计算机操作系统中的术语，指操作系统所处理的进程中的一个执行单元。多线程是指从软件或者硬件上实现多个线程并发执行的技术。

物理空间成为“网红”并带来不断的打卡效应，因而变得更加醒目。这些空间也扮演了一种连接的角色，将原本没有关系的人连接在一起。保罗·亚当斯（Paul C. Adams）在《媒介与传播地理学》（*Geographies of Media and Communication*）一书里指出，媒介与空间或地方之间就是这种关系：传播既发生在地方之中，又创造着地方。网络用户对空间的传播，更是将这种创造推向了新的高潮。

3. 越来越认同数字自我

一些消费者甚至已经在新媒体中构建了数字自我，对其数字自我的认同可能不亚于对现实自我的认同。这种认同表现为其将在互联网中的账户、数字化身视为自我的重要组成部分，甚至对数字自我的投入超过对现实自我的投入。例如，一些人在现实中很节俭，却愿意为游戏中的数字自我花费不菲。

数字自我（digital self）有时也称为网络自我（cyber self）或虚拟自我（virtual self），指个体在计算机、网络、电子游戏以及其他虚拟和数字媒体环境的中介下，对自我的呈现或模拟。由于虚拟世界中数字化身的可塑性非常强，数字自我可能包含好的自我、坏的自我、渴望的自我、畏惧的自我、真实的自我、非我的自我、理想的自我、应然的自我、独立自我、关系自我等。

延伸阅读 2－4　小号——网络社会的必有财产

目前探讨最多的数字自我相关概念是游戏研究领域的虚拟化身（virtual avatar）。虚拟化身是玩家在视频游戏中的虚拟自我的呈现方式，通过操控虚拟化身，玩家可扮演不同的角色，并拥有新的身份。作为对现实自我的投射和展示，虚拟化身会影响个体的自我认同，并对生理、心理及社会行为等产生潜在的影响，带来现实自我的变化。虚拟化身的外表如性别、身高、体型、肤色、发型和服饰等特征，不仅展现了游戏角色的属性，而且影响了个体对自我概念的认知。比如女性化、有吸引力的虚拟化身会让人觉得自我概念具有更高的宜人性；邪恶的虚拟化身形象更容易使个体形成攻击性的自我概念。现实环境中对外貌的刻板印象也会影响虚拟化身对个体特质的认知。

虚拟化身不仅影响玩家对自己的认知，还会影响其线下的行为。数十项心理实验表明，人们只要拥有虚拟化身，哪怕时间很短，也会改变。比如，一个个子更高的虚拟化身会增强人们的信心，这种信心的增强会持续到现实世界；一个更有吸引力的虚拟化身会让人们表现得更热情、更擅于交际；一个更年长的虚拟化身会让人们更关注省钱；一个身材很好的虚拟化身则会让人们加强锻炼。这种现象被称为普罗透斯效应（Proteus effect）。心灵不仅是人们物理身体的具身心灵，现在也是人们虚拟化身的具身心灵。虚拟化身可能会彻底地融入现实生活，成为人们生命的一部分。

二、数据化生存的消费者

数字化生存的另一种形态是消费者的数据化生存。数据是新媒体营销的基础，而移动互联网的全面接入让消费者在数字世界中全面数据化。新生的数字技术体系，以发达的数据采集和传输系统为基础，使得将现实世界中越来越多的信息标准化为海量的二进制可编程数字信息成为可能。数据不仅支持着消费者的虚拟化生存，也强化了现实空间中的人与虚拟空间中的人的对应关系，甚至反过来影响现实空间中的消费者。

彭兰教授从六个方面呈现了消费者的全面数据化。从用户画像、身体、位置、行为到情绪与心理、关系，评价人的多个维度都有可能被数据化，甚至思维方式也在受到数据化的影响。①

1. 行为的数据化

在新媒体平台上，人们的内容生产与消费、社交活动、电子商务、劳动甚至日常活动等各方面的行为都被数据化了。人们的点赞、转发、评论、停留时间、点击、收藏、购买、观看等，都是典型的可被数据化、可被分析的行为。互动行为数据外化了人们的个性特征、态度观点以及人们之间的关系。搜索数据不仅反映了人们对信息的需求，也在一定程度上反映了人们的行为动向与现实状况，它可以辅助研究者进行舆情、消费趋势的分析。支付数据也是一种重要的行为数据，实体的钱越来越少出现在消费者的生活中，取而代之的是各种数字支付方式。数字支付带来了人们消费行为的一些变化，减弱了支出时的“痛感”。此外，支付数据不仅与消费相关，也与人们的活动场所、活动性质相关，是日常行为轨迹的数据化投射。

延伸阅读 2－5　钱只是数字?

消费者行为的全面数据化，使得传统的质性的用户画像变成了可量化、精细化的用户画像。用户画像这一概念最早源于交互设计/产品设计领域。用户画像的内涵主要包含三个要素：用户属性、用户特征、用户标签。② 传统时代用户画像往往是粗略和模糊的群像，通常是质性研究（如观察、焦点小组访谈）的产物。而在新技术的支持下，针对个体用户的精准的数据画像已经成为可能，数据画像能够揭示用户的自然属性、位置、个性特点、兴趣偏好、行为习惯、需求特征等。甚至有些用户画像还能揭示出个体的政治倾向、态度立场等。从目前的个性化服务来看，用户画像常常会以标签的方式呈现。个体被赋予的标签越多，意味着其形象越丰富立体，从而越有利于精准化的营销。

2. 身体的数据化

随着移动端、智能传感器等的发展，身体的数据化也开始变得普遍。可穿戴设备对身体状态的数据化将越来越普遍，健康、医疗领域对此已有一定的研究。

在数字空间的互动中数据化的身体也是一种普遍的表演手段，例如，人们通过照片或视频对身体进行记录和美化。关于自拍、美颜、表情包的研究试图探析这其中涉及的心理机制。

人的某个“元件”（如人脸、指纹、声音等）与其身体分离进入数字空间，亦是人的身体数据化的一种典型方式，比如目前导航软件普遍使用名人声音，一些软件可以实现逼真的“换脸”，AI 更是可以根据描述词生成真假难辨的新闻图片。对于普通个体来说，面部信息的采集也十分普遍。身体元件数据化能够帮助提升服务的便利性，对于识别与处置社会风险有一定意义，但也给个体、组织和品牌带来了隐私和安全风险。

---

① 彭兰．“数据化生存”：被量化、外化的人与人生．苏州大学学报（哲学社会科学版），2022，43（2）：154－163.

② 宋美琦，陈烨，张瑞．用户画像研究述评．情报科学，2019，37（4）：171－177.

3. 劳动的数据化

劳动的数据化是行为数据化中的一种特别情形，这一点在平台化的劳动中尤为突出，无论是对于内容生产这样的精神性劳动，还是对于送外卖、送快递、开网约车这样的物质性劳动。

一方面，数字平台对劳动者的成果进行数据化，使其成为可供传播和消费的产品与服务。另一方面，数字平台也实现了劳动过程的数据化，对劳动者的空间位置、运动轨迹、进度、时效、评价进行精准量化与监测。数据化也将普通消费者的行为转变为数字空间里的劳动，例如，消费者的阅读行为会被转换成流量数据，成为平台影响力的衡量指标，进而影响广告投放与平台收益。为了满足社会竞争，数据劳动也成为一种新的劳动行为，如粉丝为明星“打榜”“做数据”。

进一步地，建立在人们行为等数据基础上的算法会反过来控制、引导人们的行为。这意味着行为数据也成了一种控制人们行为的基础。在数字空间之外，现实空间无处不在的摄像头也将人们的现实活动转译成数据并进行存储和利用，这些数据记录了人们的相貌与行动轨迹，对人们的现实行为进行更为直接与完整的反映。商家、管理机构等对这些数据的应用以及基于数据对人们行为的控制，也逐渐深入。

4. 关系的数据化

人是复杂关系的总和，包括人与人、人与内容、人与服务、人与机器、人与环境的关系等。这些关系也被越来越多地以数据的方式描绘、衡量。社会网络分析方法是将关系数据化的一种典型方法，不仅可以反映关系的有无，还可以反映关系的方向，分析在关系基础上形成的权力结构、凝聚子群或社区等。同样以图论为基础，20 世纪末系统科学领域出现的复杂网络理论则侧重于网络动态学的研究，反映的是网络结构的演化、网络结构与网络行为的互动规律。这些研究方法也广泛应用于数字世界的关系描绘与分析。

在利用数据描绘关系的基础上，如今的算法能够发现、揭示潜在的关系。这不仅包括大数据分析方法常常强调的各种现象之间的相关关系，也包括其他方法揭示的人与商品、人与内容、人与人等的潜在关系。换言之，数据分析也在推动新关系的建立，例如，当内容与人具有同样的标签时，算法会将该内容推荐给对应的人，当不同的人具有同样的数据标签时，他们之间也会被标签连接起来。数据不仅可以显示关系的有无，还可以将关系的亲密程度、依赖程度、重视程度等过去相对模糊的属性用数据方式量化与公开，如朋友圈里的点赞数、评论数。人们基于数据对关系进行判断、权衡，并对关系维护策略进行动态调整。

5. 评价的数据化

在人被全面数据化的同时，数据化的评价机制——评分也在变得普遍。今天数字空间最典型的一类评价，是个体之间的相互评价。从电商卖家-买家、快递员-用户、外卖骑手-用户、网约车司机-乘客，到内容平台的创作者-消费者……相互评价制度越来越普及。个体间的相互评价打破了过去单一的组织评价机制，每个个体都拥有对他人进行评价的权力，每个个体得到的评价也来自多元的主体。评分制也使得评价结果更加明朗，易于判断、比较。

另一类典型的评价，是机构对个体的评价，如今这种评价也越来越多地以评分的形式呈现。管理机构用评分来进行社会治理，用人机构用评分来进行招聘，投资机构用评分来决定资金的投放。机构对个体的评分结果不仅是对人的状态、信用、能力的评定，也是权利、利益分配的基础。当无论对人还是对其他事物的评价都日趋数据化，“数字拜物教”就此盛行，这也是近年来受到越来越多关注的“内卷”的本质之一。[①] 基于简单的数据统计、比较，对各种工作、业绩进行考核，其结果往往带来数量上的水涨船高，使考核指标不断升级，从而不可避免地导致评分上的造假、作弊。而对评分权力的争夺与垄断，也会成为一些机构或平台的目标。

评价机制不仅会成为机构对个体的规范方式，也会成为个体间相互规范甚至自我规范的方式，算法技术的发展可以使个体成为其他数字化个体的观察者、监督者、裁决者。[②]

6. 思维方式的数据化

今天人的全面数据化，不仅是由于技术的发展，还由于“数据主义”的大背景。在数据主义者看来，数据取代物质成为世界新的“基质”。一切事物、人、人际关系、文化、价值都可以还原为不同算法模式下的数据。[③]

尽管数据主义受到学者的普遍批评，但在现实中，数据的应用仍在不断推进，渗透到社会生活的各个方面。人的数据化是这种渗透的典型写照。在这样的背景下，数据化思维也广泛存在于社会中，人们或多或少会受其影响。尽管数据化思维在很多方面具有独特的价值，也是对人的直觉、经验性思维的补充，但它需要较高的数据素养和严格的应用规程作支撑。将数据思维简化为数字思维、流量思维，或者试图以它完全取代人文思维，都会将人带向误区。今天，算法思维与数据思维结伴而行，在某些方面对人的思维造成限制与固化。比如，目前中国影视剧生产的相关决策过于注重数据指标，而轻视内容本身的质量，招致影视市场消费者的不满。

第3节　矛盾摇摆的新媒体消费者

新媒体中的消费者生存在现实社会和互联网社会交错的时空中，其行为并非单一的、固定的，他们常常会表现出矛盾的两面性。只有理解这种两面性，才能更好地理解新媒体消费者，以及新媒体对消费者的深层影响。

一、个性化还是社会化

追求个性还是追求归属，是人类面对的矛盾之一。新媒体在不同层面上迎合人们的需求，使网络信息消费的个性化与社会化两种趋向得以并存，并形成一种复杂的互动。

网络赋予用户表达与满足个性化需求的可能性，网络带来的连接却可能使用户在某些方面受到来自他人和群体的更多影响。在信息消费和产品消费的过程中，这种社会化影响也时常存在，由此形成了消费者个性化与社会化并存的现象。

首先，网络技术使消费者作为一个个体存在有了意义。如美国学者尼葛洛庞帝所说，

---

① 徐英瑾．数字拜物教：“内卷化”的本质．探索与争鸣，2021（3）：57－65，178.

② 虞青松．算法行政：社会信用体系治理范式及其法治化．法学论坛，2020，35（2）：36－49.

③ 林建武．数据主义与价值重估：数据化的价值判断．云南社会科学，2020（3）：45－51.

在数字化生存的情况下，我就是我，不是人口统计学中的一个子集。[①] 传统媒体的传播方式是点对面的，个体只是作为受众中的一员存在，任何一个组织都不会针对某个个体的特别需求进行传播。而网络使点对点传播成为可能，网站或客户端服务的提供者通过技术了解个体用户的需求偏好及行为特点，为他们推送符合需求的信息，移动端、大数据和算法在其中发挥的作用越来越显著。同时，消费者也会通过社会化媒体中的社会关系，即通过他人的筛选，帮助自己获得个性化信息。这些都让消费者变得越来越个性化。

其次，在网络环境下，信息消费的过程不仅是一个简单的信息获取与阅读的过程，还是一个与他人互动、融入社会的过程，即消费者的社会化。这体现在两方面：

第一，在传统媒体时代相对独立的个人信息消费行为，在网络中随时被集合成一种社会性的行为，能够与他人的行为集合形成强大的社会效应。如基于点击率、“转赞评”等指标形成衡量营销传播效果的标准，并反过来对企业的营销内容生产和分发形成持久的动态调节作用。网络还可以将个体能量聚合起来，产生强大的社会冲击波，这表现为频繁的网络事件、舆情，如宝洁的微信公众号曾因发布对女性不尊重的言论而引发较大的网络舆情，不仅损害了品牌声誉，还引起了消费者的消费抵制。这些聚合的社会能量甚至会改变社会生态和认知，如年轻人对于婚姻的态度等出现了明显的改变。

第二，网络中个体的信息消费行为往往不是基于个体的自主判断与选择，而是在社会化环境作用下的复杂过程。消费者之间对信息的生产和分享，形成了相互的信息引导。人们最终对信息的评价，往往不是基于自己的独立判断，而是与他人互动后形成的认识。这种认识甚至会超越某一信息，影响个体对更高层面事物的判断。因此，信息在个体身上发挥的作用，往往是在社会化环境的催化下产生的。人们会越来越多地在信息消费中失去个体的独立性，群体氛围也容易产生各种群体效应。

从一定意义上看，社会化的结果是人们实际上越来越没有个性，人们的个性化需求，只是外壳上的五彩斑斓，内核却是单调同质的。反过来，网络信息消费的个性化，不过是在加速人们信息消费的社会化，最终加速人们的趋同过程。

这种个性化导致社会化的过程，不仅体现在信息消费上，也体现在其他的消费行为上。年轻消费者偏爱体现个性特征的时尚品牌和服务，不管是彰显自己的社会地位、经济地位，还是展现生活情趣、个人喜好，都仅仅围绕自己来进行。他们甚至赋予服饰精神与文化的意象，借由汉服等特殊服饰体会文化、彰显兴趣。但这种个性化的追求在群体层面所体现出的其实是一种竞争性趋同。

二、主动与被动

新媒体技术以及在此基础上建立的传播模式的确赋予消费者更大的主动选择的权力，但消费者并非在所有时候都能利用这种权力，很多时候人性本身的懒惰使得消费者具有难以挣脱的被动性。

在新媒体环境中，消费者依然期望以最小成本获得最大回报。消费者往往愿意依赖他人、依赖平台算法、依赖自己的习惯、依赖自己的关系圈子，特别是在信息过载的情况下。以往消费者行为学中涉及的启发式思维（heuristic thinking）、刻板印象、动机等

---

① Negroponte N，Harrington R，McKay S R，et al. Being digital. Computers in Physics，1997，11（3）：261 - 262.

相关理论在今天依然发挥重要作用，因为它们能帮助消费者节省认知资源。比如，人们越来越依赖标签进行认知加工，人设和标签越来越重要；随着生活节奏日益加快，消费者自主比价的意识日趋淡薄，更加依赖熟人推荐、KOL 种草来选购商品，广告的重复投放依然具有强大效力；个性化的资讯推送让消费者沉浸在自己的小世界；平台的基础制度和信息捆绑让懒惰的消费者形成黏性，甚至不自觉地成为平台的数字化劳动力。

但在一些因素的推动下，消费者又会变得格外主动。例如，消费者会主动、精心地控制自己在新媒体环境中的表现，塑造自己良好的形象，以获得社会赞赏。消费者对于自己热爱的事物会格外主动地从多方面多层次获得信息。二次元爱好者、追星粉丝、电子狂热者会尽力搜集相关信息，进行深入的阅读、思考以及讨论，生产信息内容并强势参与相关内容、产品的生产过程，发挥自身或所属群体的影响力。消费者对于自己关心的话题，也会主动挖掘数字痕迹来拼凑完整的事实或历史。品牌一旦引发舆情，特别是价值观层面的冲突，消费者很有可能形成抵制联盟，并深究品牌负面历史，以推动舆情进一步激化。消费者不仅主动而且极具辨析能力，对品牌的话题引导也非常敏感，能娴熟地利用传播技巧与品牌对峙。品牌越来越需要以真诚、谦卑、高情商来获得新媒体消费者的真心认可。

三、情绪化与理性

随着社交平台的不断发展，消费者成为信息传递的节点，而这个节点的开关往往受到情绪的影响。大量热议事件在传播中含有强烈的情绪信息，如愤怒、敬畏等，不一定真实。“后真相”一词使社交平台的情绪化问题得到进一步关注。作为传播网络和社会网络节点的消费者，他是情绪化的还是理性的，不仅会影响信息的真实性，也会影响公共协商和公共治理的展开。对于企业来说，其舆论风险也更加凸显，需要时刻关注消费者的情绪化与理性在品牌传播中的作用。

在网络中，消费者同时存在习惯性质疑与无条件轻信。一方面，网络中信息发布者的多元化、信息源的不确定性，使得人们对于网络中的信息真伪失去判断力，质疑成为一种基本的防御姿态。人在未知情境中充满不安全感时会唤起警觉意识，使用过去的经验和直觉对陌生情境进行解释，使其可控。

但另一方面，新媒体消费者似乎又很容易轻信。很多谣言的传播就基于这种普遍的轻信。首先，从信息源的角度来看，社会化媒体是基于人际关系的传播，当人们从自己信任的人那里获取信息时，往往不假思索地选择相信。其次，对于一些专业知识和垂直领域的信息，如健康类信息，普通人没有能力判断，更容易轻信。最后，对于一些不与人们的利益、立场、态度或常识相违背的信息，人们不愿意花时间和精力求证，会自动相信这些信息。

在新媒体环境中，由于启发式思维的影响，消费者容易用贴标签、符号化的方式来简化复杂事物，这容易引发二元对立和“站队”。比如，将复杂的社会事件简化为强者与弱者、善与恶的对立，直接影响人们对信息真伪的判断和意见的表达。

四、遗忘与记忆

网络是有记忆的，网络又是没有记忆的。在不同的情境下，它们可能都是成立的。

前者主要指数据记录方面，后者则针对人的大脑与心理。这两者深刻地影响着营销发展的方向。

在数据记录方面，对于个体或者品牌来说，每一个当下的表达、营销内容都有可能以数据的方式被各种平台记录，成为难以抹去的痕迹。因而品牌所有营销活动和内容都可能沉淀为品牌历史的一部分，在特定节点被挖掘出来，成为品牌发展过程中的危机或契机。因此，品牌需要慎重地从道德层面、价值观层面考量营销内容的恰当性。

对于社会群体来说，保持对一个事件、话题以及一个品牌的持久关注并使之扎根在记忆里并不容易。这种记忆不是信息的留存，而是头脑与心理上的“记住”。

消费者的记忆衰退，一方面是由于新技术的发展，人们逐步改变记忆和保存信息的行为模式，即从人脑和手工记忆方式转向外脑（网络）记忆方式。因为对外存记忆的依赖，人脑的记忆能力或许会减弱。或者说人们不再记忆具体内容和信息，而是记忆能获取具体内容和信息的路径。

另一方面，虽然新媒体中时时刻刻都在涌现无数的信息，但绝大多数信息是转瞬即逝的，社交平台上的热点一波接一波不断涌动，每一个新热点的爆出都意味着旧热点被淹没。社会瞬息万变，人们也在记忆与遗忘之间不断切换。尼尔·波兹曼（Neil Postman）在《娱乐至死》（*Amusing Ourselves to Death*）一书中引用了 1980 年诺贝尔文学奖得主切斯瓦夫·米沃什（Czeslaw Milosz）的话：“我们这个时代的特征是拒绝记忆”[①]，以批评电视媒体信息传播模式的弊端，而今天，互联网社会的信息生产与传播方式使得记忆变得更加困难。

这种记忆困难给品牌工作者带来了新的难题。以往营销内容或活动的半衰期可以比较长，一个好的营销内容或活动能够被消费者谈论和记忆的时间很长。但在新媒体环境中，一个好的营销活动所带来的影响转瞬即逝，消费者需要不断的新刺激。

此外，新媒体导致的消费者决策链路的缩短，也让营销人员认为“被记住”可能不再是新媒体营销的重点。以直播电商的出现为例，抖音电商的崛起使传播媒介（短视频、直播）和销售渠道（电商）无缝连接在一起，消费者无须记住什么，只需要点击、下单。商业传播的目标也逐渐不再专注于让消费者记住，而是强调内容带来的销售转化。

这种做法在短期内可以改善销售效果，特别是在平台流量爆发期，可以让企业快速增长。但由于在传播信息时忽略贴合品牌战略，品牌的核心信息无法在消费者心智中沉淀形成能够被记忆的信息。一旦离开了平台的流量和 KOL 传播，品牌自身不能带来自然流量和复购，就会陷入流量困境。

案例分析

Z 世代及其消费偏好

从时间的维度来细分消费者有两个途径：一是按生理年龄，根据人生的不同阶段区分消费者；二是按世代，主要基于消费者出生的年代和成长背景的不同。前者注重消费者生理年龄造成的差异，后者注重消费者群体受外部环境（年代）影响的差异。

（1）Z 世代的成长背景。作为数字原住民，Z 世代是近年来市场最关心的消费群体之

① 尼尔·波兹曼．娱乐至死．北京：中信出版集团，2015.

一。世代是指具有相同的出生年代及成长背景（包含行为模式）的特定人群。在剧烈的社会经济变迁中成长的特定年代群体，因共同经历了一些重大的历史事件，形成了与之前世代不同的价值观念和行为方式，从而产生了独特的社会性格、生活形态、消费模式等。

一些欧美学者根据西方社会的重大社会变迁，划分过去几十年西方社会出现的“社会代”：出生于1946—1964年，在第二次世界大战后的经济繁荣和生育高峰中成长的婴儿潮一代（baby boomers）；出生于1965—1980年，在能源危机、经济衰退、持续高通货膨胀时期成长的X世代（generation X）；出生于1981—1996年，伴随互联网浪潮兴起，在“9·11”恐怖袭击和伊拉克战争阴影中成长且深受2008年金融危机影响的千禧一代（Millennial），也称Y世代；而当今的青年一代则被称为Z世代（generation Z），他们出生于1997—2012年，成长于移动设备普及、互联网通信技术快速推进、社交媒体迅猛发展的时代。中国的Z世代[①]约有2.64亿人，约占总人口的19%。

中国的Z世代作为一个整体受到三个核心重大历史事件的影响，这些事件分别是：改革开放、独生子女政策、互联网和移动互联的兴起，如图2-6所示。

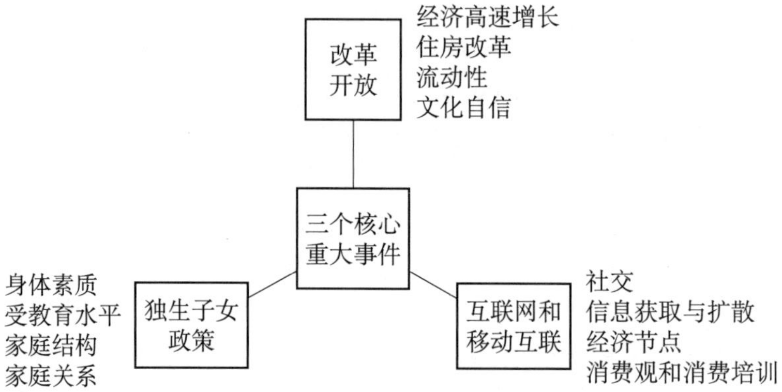

图2-6　影响中国Z世代的三个核心重大历史事件

改革开放带来的经济高速发展对Z世代具有很大影响，国家经济腾飞，国民拥有更好的生活条件与更高的消费能力。2020年城镇居民人均可支配收入为2000年的近7倍[②]，社会消费品零售总额达2000年的约11倍。经济的快速发展给Z世代提供了良好的成长环境，他们拥有更高的代际资源禀赋和更积极的消费意愿。并且经济发展带来的国家实力提升引发了民族自信心的代际质变，Z世代有更强的民族自信、文化自信。

独生子女政策对Z世代的影响也是巨大的，他们的父母是独生子女，他们自己也是独生子女，这是绝无仅有的。80后和90后独生子女的比例分别为19%和32%，00后人群中这一数值高达60%以上。独生子女政策改变了家庭结构和家庭关系，使得子女成为家庭的核心。家庭小型化和少子化趋势改变了传统中国家庭的代际关系和子女养育方式，父母与子女之间更加亲密与平等，子女的个性化需求和自主意识得到更多的尊重，亲子

---

① 对于Z世代的划分，不同研究机构有所差异。在美国Z世代的划分是出生于1996—2012年的人；麦肯锡在其多次针对Z世代的调研中将出生于1996—2010年的人划分为Z世代；在中国，青山资本的研究则根据中国历史上发生的重大事件将1998—2014年出生的人划分为Z世代。

② 根据国家统计局的数据，2000年我国城镇居民人均可支配收入为6 280元，2020年该数据为43 834元。

关系经历颠覆与重构。Z 世代在孩提时期就在家庭消费决策中占据重要的位置。

Z 世代的童年和青少年时期则伴随着互联网、移动互联的发展，他们带有数字原住民的特征。相对而言，互联网对于数字移民的 Y 世代只是改善现实生活的重要工具。互联网社会进一步助推 Z 世代从社会边缘位置走向社会中心位置，从单向的被管制教育者演变为新技术、新事物的传播者和教导者，从主流文化的反叛者转变为文化变迁潮流的引领者。

(2) Z 世代的消费偏好。随着经济发展和技术进步，消费者整体上呈现出一些变化趋势。一是便捷体验越来越重要。随着现代社会生活节奏加快，消费者因工作时间延长导致闲暇时间变少，越来越倾向于选择足不出户、方便快捷、简单直接的消费方式。在网上点外卖解决吃饭问题、用扫地机器人处理家务活、躺在床上刷手机购物等，是社会分工细化带来的必然现象。二是健康消费趋势。2020 年暴发的新冠疫情使消费者对于健康的认识达到了一个新高度。无论是在产品使用上还是在生活方式上，消费者普遍对带有健康、养生、安全、品质等属性的选项格外重视。

除了一些共性的变化外，Z 世代消费者的消费偏好还有一些世代形成的特征。

随时在消费。新一代消费者越来越多地在线上研究产品和完成交易，因此品牌有责任提供更顺畅的全渠道客户体验，打通线上线下的所有接触点，营造连贯无缝的消费感受。品牌加大线上线下渠道投资，如利用微信、小红书和抖音等平台进行端到端营销对于吸引 Z 世代十分必要。调查显示，70%的 Z 世代表示至少每月一次通过视频社交媒体获取新品牌信息，而 Y 世代（58%）和 X 世代（46%）的比例要低得多。

随着内容平台的电商化，线上零售的经营模式从货架线上化发展到全消费体验的线上化。抖音、快手等内容平台融入大量的消费场景，打通了种草的前链路和拔草的后链路，消费者可以在信息获取、娱乐的过程中进行嵌入式消费。Z 世代产生越来越多的即时的场景性消费，这也使得内容营销越来越多，销售渠道的融合性越来越高。

随性购买。年轻消费者更倾向于随性购买。中国消费者普遍比其他国家的同龄消费者更容易冲动购物。47%的受访者表示会随性购买，这一比例比 Y 世代高 5 个百分点，比 X 世代高 10 个百分点。就连中国 X 世代消费者也比其他国家 Z 世代更喜欢随性消费。

支撑这种消费行为的部分原因是中国 Z 世代消费者对未来收入增长的坚定信心，还可能是淘宝、抖音等平台通过“千人千面”、直播带货等新形式和新渠道不断引导消费者进行即时购买。而年轻消费者产生需求后，也乐于通过相关的专业内容被种草，以缩短购买决策链路。

个性化消费是自我表达的工具。改革开放带来了我国经济的市场化转型，同时也加快了工业化和城镇化进程，进入 2000 年后，中国城镇化进程突飞猛进，城镇化率从 2000 年的 36.1%提高到 2019 年末的 60.6%，部分发达省市的城镇化率已经接近甚至超过 70%。更多 Z 世代在城市中出生、成长，这使得基于传统社会的各种消费整体上在减少，而基于个体自我的消费在增加。

麦肯锡 2020 年的调研发现，Z 世代渴望独特的产品与服务。在中国 Z 世代消费者中，51%的消费者偏爱提供个性化产品的品牌，53%的消费者会选择提供定制服务的品牌。相比澳大利亚、日本或韩国的消费者，中国消费者更渴望彰显个性。这就使得需求被进一步细分，大量新的细分品类有机会快速赢得市场。

消费素养升级。对于商业内容，新一代消费者的关注度越来越高，大量制作精良的商业内容被消费者忽略。消费者识别广告和软文的能力越来越强，消费者每天接触的广告无数，但能形成认知和有效转化的可能很少。其实Z世代期望了解自己所购买的品牌，但他们反感打断他们体验的贴片广告或开屏“砸”在眼前的品牌页面。

消费决策越来越建立在充分透明的信息的基础上。Z世代看成分、看配料表、看测评、看参数等，行业信息和其他品牌的信息在网上高度透明，随着短视频、直播等媒介的发展，品牌与消费者的信息差越来越小，消费者升级速度甚至超过品牌升级速度。与之前盲从品牌、只看价格不同，Z世代消费者的消费心智成长迅速，在直播间购物时越来越理性，越来越看重自己的钱花得值不值得。

虽然大量的调查显示线上评论对Z世代消费者的影响超过传统的口碑和广告，但同时调查也显示84%的年轻消费者对网络达人的推荐和测评持怀疑态度，消费调研成了一项必修课。品牌越来越需要“费尽心机”来获得Z世代消费者的真心认可。

身份认同，忠于自己而不是忠于品牌。不管是互动、购买还是安利，Z世代并不是被品牌感召而形成品牌忠诚，他们只忠于自己。品牌如果能让他们有身份认同，能够帮助他们表达自我，则会被其视为自己的一部分，即品牌成为Z世代选择生活方式和构建“人设”的符号工具。

比如，Z世代更注重环保、公平正义等社会话题，因此开始追捧具有社会责任感的品牌。对于与其身份认同无关的品牌，他们只有利益忠诚而无品牌忠诚。如果品牌不符合他们的三观，那么他们不仅会愤而弃之，甚至会号召和联合其他消费者一起抵制品牌，传播品牌“黑历史”，使品牌陷入危机。

Z世代在消费中展现出更高的参与意愿，但其参与品牌或产品的设计、主导制造也并不是出于品牌忠诚，而是为了展现自己的影响力，解构传统权力范式。72%的中国受访者表示，他们经常或频繁给品牌提供反馈，而在全球这一比例平均只有40%。Z世代秉承“花出的每一分钱都是给这个世界的投票”的观念，通过消费来塑造和改变品牌，进而改变整个社会的认知，比如鸿星尔克捐款等。消费成了年轻人塑造理想世界的方式。

为爱花钱。Z世代愿意为在乎的事情花钱，他们认可虚拟产品带来的价值，也认可实体产品之外的精神价值。Z世代消费者购买产品不仅看重其实用功能，更看重其体验和情感，且这一趋势越来越明显。如果说Y世代还比较执着于务实的消费，那么经济环境更优渥的Z世代更愿意为了务虚的体验（如游戏皮肤、追星、线下演出等）花钱。

首先，这种对情绪价值的追求体现在对颜值的偏好上。Z世代更愿意为美付费。根据第一财经商业数据中心及天猫的数据，2020年，28%的95后消费者把高颜值作为选购小家电的前五因素。良好的审美能力成为企业重要的竞争力。

其次，情感消费还体现在对文化娱乐旅游等满足精神需求的消费上。Z世代对喜欢的内容产品有着比Y世代更高的付费意愿。不管是观看电影电视剧、阅读文章，还是使用软件，或是购买周边产品，Z世代都愿意为爱花钱。电竞、二次元、手办、盲盒、国风等消费类别的用户画像中，Z世代已经成为或正在迅速成长为重要力量。调查显示，在校大学生中，80%愿意为兴趣付费，95%认为为小众爱好花钱是值得的。

此外，Z世代一般不延迟满足，对于能立刻使自己获得快乐的产品和服务有最大的消费热情，比如喝奶茶、吃零食、在B站刷视频、去SPA养生会馆放松身心以及游戏充值。

最后，能够为 Z 世代消费者提供亲密关系的满足也成为重要的机会，如虚拟陪伴、虚拟情感、游戏社交、线下社交场景（音乐节、剧本杀等新一代场景）等。相比于 Y 世代，Z 世代的结婚意愿更低，但情感需求依然存在，只是更可能通过外置化的消费品来满足。

国货偏好。Z 世代成长于国家实力日益雄厚的环境中。Z 世代对载人航天、国产航母等各方面的发展有目共睹。因此中国 Z 世代具有强烈的民族自豪感和文化自信，调查显示 Z 世代的民族自豪感得分为 9.38 分（10 分制），高于其他世代的受访者。

民族自豪感和文化自信带来了 Z 世代对国货的偏好。Z 世代消费者有意识地淡化对品牌溢价的执着，对国货品牌的接受度越来越高。调查表明，78.5%的消费者更偏好选择中国品牌，其中 90 后、00 后贡献了 74%的“国潮”消费，许多 Z 世代消费者认为国货产品代表着潮流、时尚和个性。但真正能打动年轻人的，不是简单的国货标签、千篇一律的视觉元素拼接或对经典文化 IP 的重新包装，而是更高层次的审美、对文化的深度洞察以及更好的消费体验。

资料来源：《中国统计年鉴 2018》；麦肯锡．赢得“后浪”：亚太地区 Z 世代消费者研究；麦肯锡．中国消费者报告 2021．国泰民安．变革与创新，新消费时代．https：//finance. sina. com. cn/stock/stockzmt/2021 - 02 - 26/doc - ikftssap8801704. shtml；华兴资本：2021 中国创新经济报告．（2021 - 05 - 31）．http：//www. 199it. com/archives/1253927. html；麦肯锡．关于中国 Z 世代的真相：本土文化洞察白皮书．（2021 - 08 - 20）．https：www. sg-pjbg. com/baogao/49626. html；新华网联合得物 APP 发布《国潮年轻消费报告》：八成消费者为中国品牌实力撑腰，90 后消费占比 87%．（2022 - 06 - 16）．http：//www. xinhuanet. com/tech/20220616/25dcdd28f0884aba9bbf7b6e4756ea25/c. html.

// 基本概念 //

三重网络	信息茧房	群体智慧	群体性迷失
圈层	亚文化	趣缘	数字化生存
世代			

// 讨论题 //

1. 结合自身的新媒体使用经验，举例说明群体智慧的产生情境，以及群体性迷失的产生情境，探讨促进群体智慧产生的条件。
（参考答案：除了正文所提及的内容之外，网络中各种自组织存在一定的组织先进性，它们分工灵活，能够充分调动和发挥个体能动性；虽然进入和流失都更容易，但在强规则的约束下，自组织依然可以在流动中完成组织目标。但由于缺乏传统组织明确的权责归属和组织稳定性，网络自组织也会存在各行其是、难以达成共识、内部纷争等问题。）
2. 根据自身的新媒体使用经验，探讨所处的网络圈子和所处的层级。
（参考答案：学生是新媒体的重度使用者，往往会参与网络趣缘群体，形式上表现为参与超话、豆瓣小组等，可以请学生就自己的经历来谈谈所在圈子的一些规范、圈子内人与人的层级划分依赖于哪些标准等。）
3. 结合自身的新媒体使用经验和了解的情况，探讨小号的使用以及在各个数字平台的自我呈现、行为以及消费方面存在的差异。

4. 思维方式的数据化还有哪些表现？

（参考答案：人的价值衡量扁平化为一些简单的数据；营销人员视消费者为流量而不是一个个活生生的人；数据造假；数据女工。）

// 第 3 章 //

营销阵地的转移：数字平台

早期，学者将互联网理解为一种新兴媒体，视为传统媒体的发展和延伸。当时中国媒体也经历从传统媒体向新媒体的发展。之后，越来越多的学者逐渐认识到，仅从媒介的角度无法把握互联网的本质。

在从 PC 互联网到移动互联网的转变中，新媒体从一个传播媒介发展成为社交平台，到如今已经成为人类社会的基础设施，重塑了营销的产业生态。

首先，新媒体技术不断提升营销各个环节的效率。例如，不论是电视时代的“观众画像”还是移动互联网时代的“用户标签”（详见第 11 章），本质都是用技术提高消费者洞察的效率，基于精准的消费者定位制定更高效的传播投放策略；需求方平台（demand side platform，DSP）、供应方平台（supply side platform，SSP）以及结合用户标签的“千人千面”的程序化广告投放的出现，使得广告投放自动化、高效化（详见第 11 章）；AI 技术的快速发展使人工智能生成内容（artificial intelligence generated content，AIGC）成为营销的重要工具和助力，营销效率进一步提高，并变得更加智能化（详见第 7 章）。

其次，新媒体技术的升级改变了数字平台的行业格局，使营销阵地发生转移。PC 互联网时代的主流媒体为新浪、网易、腾讯等门户网站，移动互联网的出现使微信、微博、抖音、快手等平台崛起成为新一代主流媒体。互联网社会逐渐形成，微信、微博、抖音、快手、淘宝、京东、拼多多、小红书、B 站争夺着个体的线上生活。品牌不得不更加贴近消费者，进而导致了品牌和消费者建立关系的空间的转移，即营销阵地的转移。

再次，新媒体技术的发展使营销传播内容的设计和生产需要适应新的智能设备和新的分发逻辑。如今营销内容的设计不仅要把握口语化和书面化的程度，还需要关注目标消费者和产品价值，更需要考虑智能设备和智能算法。营销内容的设计需要与智能设备的特点，以及所在平台的技术可供性、算法逻辑和平台发展战略相匹配。

最后，为与新崛起的数字平台生态相适应，营销产业链也在不断升级重塑。例如，抖音、快手崛起后，新出现了多频道网络（multi-channel network，MCN）①、DP 服务商②等营销服务商。

因此，本章的关注点在于移动互联网环境下崛起的新的营销阵地——数字平台。首

---

① MCN 通常指的是在线视频平台上的内容创作者或频道的管理者和媒体公司。MCN 公司提供一系列服务，以帮助内容创作者管理在线视频内容、扩大用户群体、提高广告收入和监控视频表现等。

② DP 服务商指的是抖音代运营，经抖音官方认证，为品牌和商家提供抖音电商服务的企业。

先从数字平台的定义与分类开始，探讨数字平台经济呈现的三个典型特征；接下来关注数字平台在新媒体营销中的三种不同角色。关于中国目前影响力较大的几个数字平台的具体分析见本书末附录。

第 1 节　数字平台历史与平台经济

随着新媒体数字技术的发展与应用，基于数字技术体系的新经济形式日益庞大，如共享经济（sharing economy）、零工经济（gig economy）、数字资本主义（digital capitalism）、平台经济等，它们可以统称为数字经济。① 具体定义见表 3－1。

表 3－1　数字经济相关概念的定义

概念	定义
共享经济	指基于闲置资源共享利用、协同生产和社区互助的社会经济活动。[1]
零工经济	指数量众多的劳动者作为“独立承包人”，以互联网企业为中介自主地提供计件工作的经济形式。[2]
数字资本主义	指电脑网络空间“在拓展市场有效范围的同时……正在扩大资本主义经济中的社会与文化的范围”。[3]
平台经济	平台经济以敏感的数据采集和传输系统、发达的算力和功能强大的数据处理算法为基础，以数字平台为核心，可以跨时空、跨国界、跨部门地集成生产、分配、交换与消费活动的信息，促进社会生产与再生产过程顺利进行。

注：1. 参考 Benkler Y. Sharing nicely：on shareable goods and the emergence of sharing as a modality of economic production. The Yale Law Journal，2004，114（2）：273－358.

2. 参考 Friedman G. Workers without employers：shadow corporations and the rise of the gig economy. Review of Keynesian Economics，2014，2（2）：171－188.

3. 参考丹·希勒. 数字资本主义. 杨立平，译. 南昌：江西人民出版社，2001.

一、数字平台

1. 数字平台的定义

“平台”或“生态”的本质都是网络协同，核心机制就是连接和互动的不断演化与深化。数字平台是指可以收集、处理并传输生产、分配、交换与消费等经济活动信息的一般性数字化基础设施，它为数字化的人类生产与再生产活动提供基础性的算力、数据存储、工具和规则。② 那些运营和维护数字平台，并依赖数字平台参与社会经济运行的新型企业组织，称为平台组织。

这种新兴的组织形式在竞争中对社会生产和再生产活动进行了基于数字化逻辑的革命，除与平台直接相关的各种社会活动外，原有的产业和产业组织活动也会被重塑并整合纳入平台的运行逻辑。平台组织在经济发展过程中，与经济中的其他主体所形成的各种经济联系的总体，就是平台经济。

如果说工业革命进程中具有决定意义的事件是超大型组织、金融巨头、跨国集团的

① 曾鸣. 智能商业. 北京：中信出版集团，2018.

② 谢富胜，吴越，王生升. 平台经济全球化的政治经济学分析. 中国社会科学，2019（12）：62－81，200.

出现，那么数字经济发展中对应的则是平台组织的诞生。①

数字平台对人类社会有巨大影响，对于营销来说，数字平台不仅提供了品牌传播的新空间和新触点，也提供了产品销售的新渠道。更重要的是，不同平台由于平台算法、技术可供性和社区氛围的不同吸引了不同的消费者，形成了不同的消费生态，如抖音市场、快手市场、微博市场、小红书市场等，这些市场具有不同的需求偏好，甚至同一个消费者在不同平台上也表现出不同的心态和行为。而同一个平台也可以划分出不同圈层或不同品类的垂直市场，比如豆瓣书影音和豆瓣娱乐小组就是消费行为、文化偏好完全不同的市场。平台带来的市场差异与传统地理区域造成的市场差异一样具有重要性和显著性。这些市场的竞争规律、消费者形态与传统的线下市场既有所区别又有所映射。

日常生活中人们可以使用爱彼迎租房，使用 B 站、慕课平台搜索统计学课程，使用淘宝购物，使用高德地图、滴滴出行叫车，通过微信、微博随时阅读文章和新闻，使用美团、饿了么点外卖。这些平台提供个性化的服务，促进创新和经济增长，同时减少烦琐的规定和不必要的开支，使消费者省时省力省钱。

这些表明平台已经成为人们生产与生活实践中的基础设施，且实现了对社会制度及社会运行的较深渗透。荷兰学者何塞·范·迪克（José van Dijck）等人提出了“平台社会”（platform society）的概念，认为平台社会指的是一种社会生活，其社会经济流动越来越多地受到由算法和数据驱动的全球化在线平台生态系统的调节。其核心观点是，一些平台已经渗透到社会的核心并扰乱了市场和劳动的关系，它们绕过传统管理制度，改变社会和公民行为。

2. 数字平台的分类

数字平台有多种类型，且各个数字平台都在发展过程中不断扩张业务范围，因此界限分明地划分不太可能，也没有必要。这里介绍一些基本的分类方式。

何塞·范·迪克从中观层面将平台划分为两种类型：一类是基础设施平台，一类是行业型平台。腾讯、阿里巴巴等大型互联网公司属于基础设施平台，它们共同构成了组建其他平台与应用程序的生态系统。它们往往带有基础设施的特征：用户量巨大；对用户行为数据进行全面的捕捉、分析和运用；能满足用户衣食住行等各种需求；能提供社会服务，成为社会的连接器。行业型平台指的是正在平台化的社会行业，包括为市场和个人消费者服务的私营行业，比如专注房地产的贝壳找房、专注出行的滴滴出行；卡奥斯、航天云网、徐工汉云则是典型的工业互联网平台。

在实践中，美团联合创始人从互联网发展历史和核心能力差异的角度将数字平台分为三大类。（1）内容平台：供给和履约在线上，如邮箱、门户网站、微博、微信、短视频等；（2）商品平台：供给和履约在线下，线上基于 SKU 完成产品供给与需求的匹配，如电商；（3）服务平台：供给和履约在线下，线上基于地理位置来匹配服务消费供给与需求，如外卖、打车。

内容平台的核心竞争力体现在产品设计上，体现在用户理解上，体现在对于通信、

---

① 胡泳．元宇宙转向之际，重思平台的未来丨重新思考数字化之十．（2022－07－26）．https：//xueqiu.com/3502728586/226373026.

社交以及内容的把握上。信息匹配效率对于内容平台至关重要。商品平台的核心竞争力体现在对品类的理解、对供应链的理解、对定价的理解上。商品信息和需求的匹配效率、履约的效率对于商品平台非常重要。服务平台的核心竞争力体现在对地理位置的精确定位、大规模线下团队的管理和更高的履约效率上。

参考国家市场监督管理总局 2021 年发布的《互联网平台分类分级指南（征求意见稿)》中提出的数字平台分类方法，招商银行研究院根据平台连接属性将数字平台分成六大类 26 个子类，具体见图 3－1 和表 3－2。平台的连接属性指的是平台通过网络技术连接不同属性的对象，包括人与商品、人与服务、人与人、人与信息、人与资金、人与计算能力六大类连接。

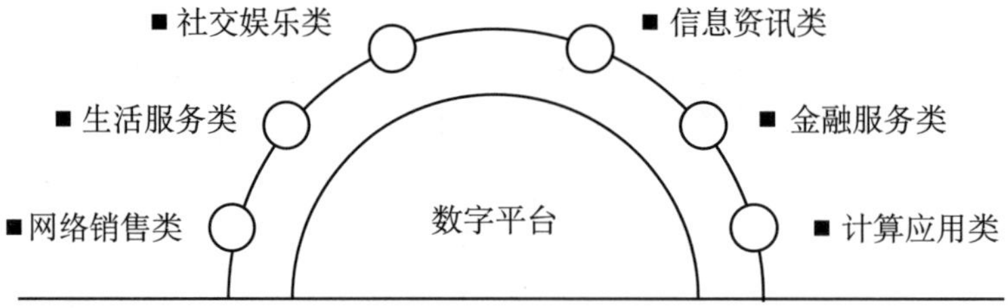

图 3－1　互联网行业根据平台连接属性的分类

资料来源：招商银行研究院．互联网行业发展规律及特性研究．

表 3－2　数字平台的六大类和 26 个子类

平台类别	连接属性	细分子类	典型公司或产品
网络销售类平台	人与商品	综合商品交易类	淘宝、京东
		垂直商品交易类	酒仙网、贝贝网、波奇宠物、唯品会、当当网、希音
		商超团购类	美团优选、多多买菜、兴盛优选
生活服务类平台	人与服务	出行服务类	滴滴出行、哈啰、高德地图
		旅游服务类	携程旅行、去哪儿
		配送服务类	美团外卖、货拉拉
		房屋经纪类	贝壳找房、安居客
		其他服务类	天鹅到家、途虎养车、鲁班到家
社交娱乐类平台	人与人	即时通信类	微信、QQ
		游戏休闲类	网易游戏、腾讯游戏
		UGC－直播视频类	虎牙、斗鱼
		UGC－短视频类	抖音、快手、微信视频号
		UGC－长视频类	B 站
		UGC－图文类	微博、公众号、小红书、豆瓣、知乎、起点中文网、雪球
信息资讯类平台	人与信息	新闻门户类	今日头条、网易、新浪、虎扑
		搜索引擎类	百度、谷歌
		视频资源类	爱奇艺、腾讯视频、优酷
		音频资源类	网易云音乐、QQ 音乐
信息资讯类平台	人与信息	图书资源类	微信读书、Kindle、喜马拉雅
		服务资讯类	大众点评、58 同城
		金融资讯类	万得、萝卜投资、新浪财经

续表

平台类别	连接属性	细分子类	典型公司或产品
金融服务类平台	人与资金	普惠金融类	度小满金融、网商银行、微众银行
		支付结算类	微信支付、支付宝、云闪付
		财富管理类	东方财富、同花顺、天天基金
计算应用类平台	人与计算能力	云计算类	阿里云、华为云、腾讯云
		工业互联网类	树根互联、蓝卓、卡奥斯

资料来源：招商银行研究院．互联网行业发展规律及特性研究．

二、数字平台发展历史

学界对网络传播和互联网技术、应用的认识，发生了巨大的变化。从一开始将网络视作信息革命技术的一种，认为其只是终端的连接（主要集中于 1994 年之前的研究），到认识到网络在内容连接、关系连接方面的巨大意义；从探究作为基础设施的网络，到研究现实空间与虚拟空间的不断融合；从单一描绘技术带来的社会现象，到展现整个网络社会。在此过程中，学界日益意识到互联网本身的复杂性，试图通过确立网络发展的里程碑，把握网络进化的逻辑，并尝试挖掘究竟是何种特性赋予了互联网及其相关应用在传播上的巨大力量。①

本部分将以信息的数据化以及需求与供给的高效匹配为主线，梳理互联网和数字平台近 40 年的发展历程以及未来的走向。②

首先，需要从信息和数据的流动性和可用性的角度区分信息和数据。数据是原始的、无组织的、可以被量化的事实或细节；数据是可数字化的，可以以数字形式存储、处理和传输，这种数字化特性，使其能够通过网络快速传输，无论传输的距离有多远。而信息是经过组织、解释或处理的数据，具有更高的价值和更强的实用性。信息通常涉及一个或多个含义，需要接收者去解码和理解。因此，信息的流动性不仅取决于物理传输速度，还取决于解码、理解和应用信息的过程。

如果信息能够被有效地数字化，那么它的流动性和可用性就会显著提高。因为数字化的信息可以被迅速广泛地传播，并且可以借助搜索引擎、算法等工具实现精准的匹配，从而更好地发挥价值。

从 Web 1.0 到 Web 2.0 的发展主线就是将文本数据化，并将其与消费者的需求进行更高效匹配的过程。互联网技术的进步使得大量的文本信息转化为可处理的数据。在数据化和信息分发的进程中，许多科技巨头乘势崛起，并在互联网领域取得了关键的突破和发展，文本数据化的发展历程如图 3－2 所示。

1. 文本数据化的逐渐深入

随着个人电脑的普及以及鼠标和键盘的广泛使用，人们开始将大量文本信息转化为文本数据。微软在这一过程中崭露头角，成为显著的推动者和受益者。微软的 Windows 操作系统和 Office 办公套件为人们提供了便捷的方式来处理文本数据化。

① 胡泳，陈磊．网络传播研究述略：从本体研究到规范研究．现代传播，2020，42（1）：143－152．

② 产业观察 4｜从鼠标键盘到 ChatGPT：与李丰聊文本数据化与互联网行业．https：//www. xiaoyuzhoufm. com/episode/642fd969a79cc81470de071c.

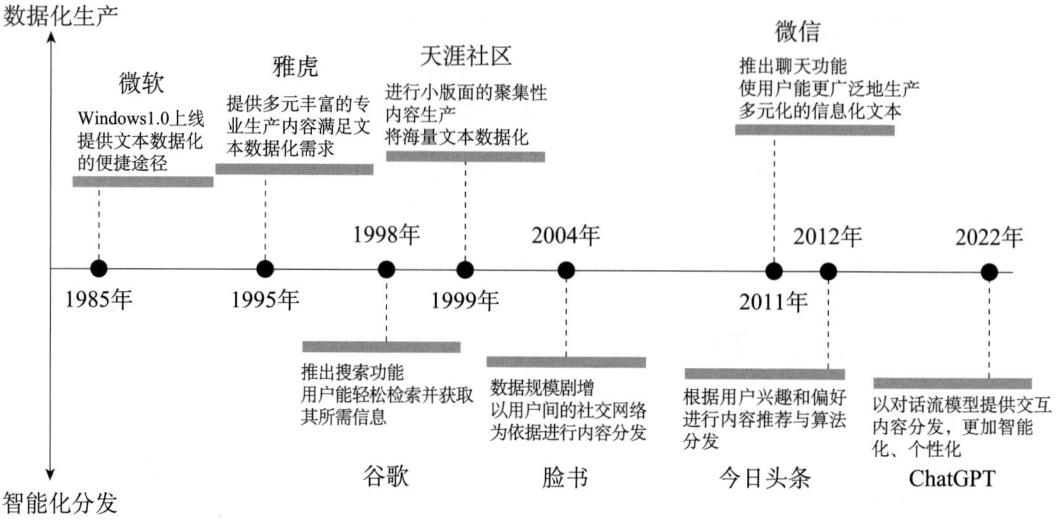

图 3-2　文本数据化的发展历程

随着互联网的快速发展，人们对文本信息的需求急剧增加。为了满足这一需求，涌现了许多门户网站，通过人工编辑的方式对文本数据进行编辑和分类，形成了各种栏目和排序方式（如按时间、受欢迎程度排序等）。门户网站包括雅虎、新浪、网易、搜狐等。消费者通过门户网站浏览文本信息，而人工编辑在提高文本内容的可见度方面扮演着重要角色。

随着互联网上的文本数据不断增多，单一大型网站已经无法满足需求，于是垂直门户网站应运而生。这些垂直门户网站具有专业性，以专业生成内容（professional generated content，PGC）来满足用户对各种文本信息的需求。

BBS论坛作为一种新型在线交流平台也崭露头角。这些论坛以小版面的形式聚集用户，促进了用户生成内容（UGC）的创作和分享。它们通过人工编辑的方式，整合和组织大量的文本信息，使用户能够方便地浏览和获取感兴趣的内容。

随着科技的不断进步，微信等文本数据化的移动社交平台陆续进入人们的生活，为用户提供即时聊天、语音通话、群组交流等功能，满足用户对即时联系和信息共享的需求，促使用户更广泛地创造和消费多元化的文本信息。微信的成功是推动文本数据化进程的重要动力之一，它不仅改变了人们的交流方式，还深刻地影响了社会和互联网商业领域的发展。

2. 从人工到智能的文本数据分发

文本数据化伴随着用户对文本信息的消费。面对浩如烟海的内容或商品，如何将最适合的内容、商品与消费者进行匹配是数字平台的核心工作，对数据分发效率提出了很高的要求。从互联网诞生至今，数据分发先后出现过四种主流模式：人工编辑、搜索、社交、算法，每种模式都对应新一代互联网巨头的诞生，如表 3-3 所示。

表 3-3　四种数据分发模式对应的互联网巨头

分发模式	中国		美国	
	代表公司	成立时间	代表公司	成立时间
人工编辑	新浪	1998 年	雅虎	1995 年
搜索	百度	2000 年	谷歌	1998 年

续表

分发模式	中国		美国	
	代表公司	成立时间	代表公司	成立时间
社交	腾讯	1998年	脸书	2004年
算法	字节跳动	2012年		

资料来源：浙商证券研究所。

早期的文本数据依赖人工编辑进行分发。然而，数据总量的爆炸式增长使得传统的人工编辑方式变得困难且低效，较难满足用户对文本信息的个性化需求。

在这种情况下，搜索逐渐成为越来越重要的数据分发方式。随着数据这一算法学习的主要对象开始激增，算法训练和提升的空间越来越大，需要更高效、更智能的技术来管理和提供文本数据。1998年谷歌推出了搜索服务，通过强大的搜索引擎和简洁的搜索框页面交互，把用户抽象的需求和思维转变为数据，以切词和相关性匹配的算法逻辑帮助用户轻松搜索、快速准确获取所需信息。

搜索虽然能够将数据和用户需求进行高效匹配，但数据规模的激增导致匹配效率开始下降。早期用户使用谷歌、百度等搜索引擎能够较快找到想要的数据内容，但随着关键词搜索结果页面越来越多，用户越来越难找到所需的信息，甄别信息的成本也开始上升。

在这一背景下，通过社交关系分发信息成为一种高效的匹配方式。社交媒体平台如脸书、推特和微博，以用户之间的社交连接为依据进行数据分发。用户能够发布内容，同时也能看到其关注的人所发出的信息，故每个个体成为信息传播和分发的节点。

之后，更加高效的算法分发开始成为数字平台分发数据的重要手段，它与社交分发的差异如图3-3所示。在不同关联规则的机器分发逻辑下，出现了今日头条、抖音等算法分发应用，它们利用模型计算并根据用户的兴趣和偏好进行内容推荐和分发。这些算法分发应用能在信息超载的环境下，帮助用户过滤和发现有价值的信息，提供更加精准化和个性化的数据分发服务。

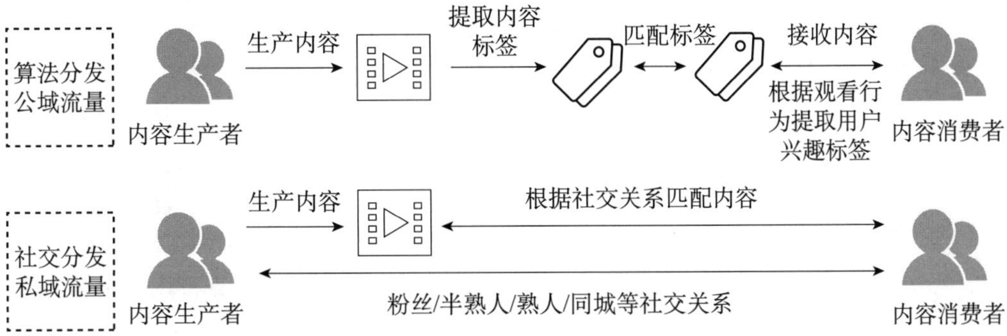

图3-3　算法分发和社交分发的差异

资料来源：国盛证券．短视频行业研究框架：从内容生产、分发、消费，看各平台异同与空间．

在数据分发模式的发展过程中，用户的主动性也发生了变化，如图3-4所示。用户更加被动地接收信息，不再花费大量时间精力主动寻找。

在算法分发模式下，AI通过对话流可以智能匹配用户的信息需求，用户可以提出问题、寻求建议或表达需求，而大型语言模型会提供相应的文本信息和答案，这使得文本

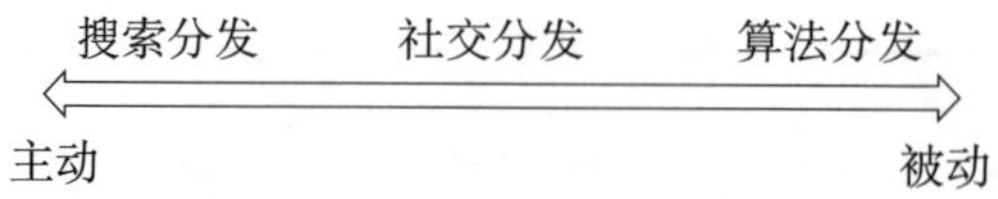

图 3－4　搜索分发、社交分发与算法分发中用户的主动性

内容的消费体验更加多元化、个性化和智能化。此外，像 ChatGPT 这样的人工智能模型还能通过深度学习和算法优化，准确地分析用户的兴趣、偏好和行为，从而根据个性化的数据模型为用户提供量身定制的内容。算法分发模式已成为当前文本内容分发领域最受认可、充满潜力的创新和突破之一。

3. 从文本数据化走向其他信息的数据化

互联网的发展还有一条线索，就是从文本数据化走向其他信息的数据化，包括视觉信息、声音信息、定位信息、商户信息、医疗信息等的数据化。信息数据化可以说是供需匹配能力的角逐，如图 3－5 所示。

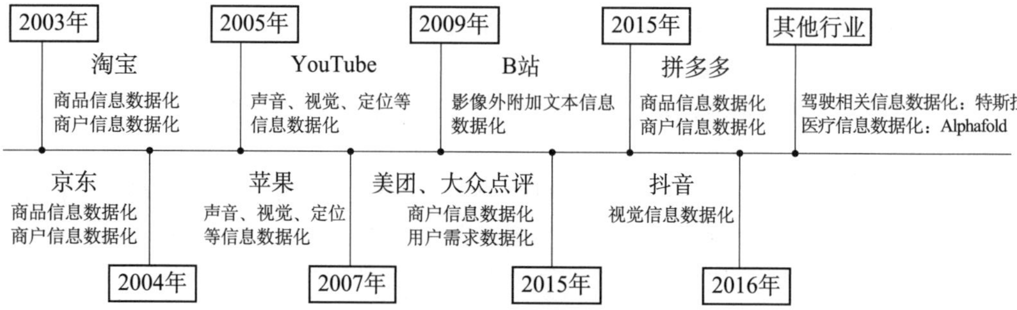

图 3－5　信息数据化：供需匹配能力的角逐

在文本数据化之外，更为丰富具体且需要高级的认知算法和处理模型的，是跟视觉有关的各类信息的数据化。苹果等移动互联网巨头以及微信、淘宝、美团、抖音等超级数字平台，通过将视觉相关信息纳入数据化的范畴，抓住了需求和供给激增的时代风口。

苹果是最先对声音、视觉、定位等各种信息进行高质量数据化的超级公司之一。2007 年，苹果公司创始人史蒂夫·乔布斯在数字世界博览会上推出了第一款 iPhone，这个事件被普遍认为是移动通信和消费电子产品历史上的一个重要里程碑，被称为“iPhone 时刻”，象征着一种深远影响和革命性的创新。iPhone 的发明引领了一场新的科技革命，彻底改变了人们对智能手机的认知，并由此拉开了移动互联网高潮的序幕。

延伸阅读 3－1　中国移动互联网发展简史

在此之后，淘宝、美团、微信、抖音等超级数字平台也在信息数据化的道路上越走越远。以 YouTube 为例，该应用支持用户上传并分享图像和视频内容，这种图像数据化的策略吸引了亿万用户的关注和参与，使其成为全球最大的视频分享平台之一。而在淘宝、京东、美团等电商平台上，商户将自身信息和各类商品信息数据化并放在互联网上，同时消费者将自己的需求数据化，从而实现了双向的供需匹配。微信除了使用文字输入，还凭借超高质量的通信和语音数据，实现了人与人之间高效的信息传递与匹配。抖音则通过将视觉信息转化为视觉数据，为消费者提供卓越的视觉体验和高效的内容供给。

医疗领域同样也在进行信息数据化。例如，在新药研发过程中可以利用基因测序仪将基因信息数据化，对其进行分类整理，收集更全面高效的信息，从而推动对复杂生理现象的深入理解。此外，通过可穿戴设备记录生命体征也是依靠信息数据化来推动行业发展的体现。自动驾驶领域同样沿用信息数据化的逻辑，通过车上装载的传感器将车况路况等大量信息数据化，依靠算法和算力在此基础上进行迭代，从而实现更高级别的自动驾驶。

延伸阅读3-2　数字平台监管引导平台健康发展

回顾移动互联网的信息数据化进程，这些超级公司或商业模式大多遵循“普及信息数据化的能力—提高供给能力—高效匹配需求与供给”的发展线索。未来，当某一行业或产业链几乎完全数据化时，信息匹配问题将不再是唯一的挑战，权益流动与交易问题可能浮出水面。因此，当数字货币的经济模式和 Web 3.0 的建设实现高度数字化闭环时，可能会出现全新的公司形态、先进的管理沟通方式以及难以想象的效率提升。

三、数字平台经济的特征

第 1 章和第 2 章讨论了互联网社会中时空的特殊性，这些特殊性使得数字平台经济具有一些区别于实体经济的特征。数字平台经济通常具有以下三个典型特征：边际成本趋于零、网络效应与双边市场效应、长尾效应。

1. 边际成本趋于零

边际成本（marginal cost）是指额外生产或消费一单位的产品或服务所需的成本，反映了生产成本随产量增加而发生的变化。对于企业来说，了解边际成本有助于作出生产规模和价格策略的决策。一般来说，当边际成本小于边际收益时，增加产量是有利可图的，因为总收益的增加幅度大总成本的增加幅度；而当边际成本大于边际收益时，增加产量将导致总成本的上升幅度大于总收益的上升幅度，这时就不再合理。

在农业、工业和数字产业三类产业中，其边际成本曲线有着显著的差异，如图 3－6 所示。

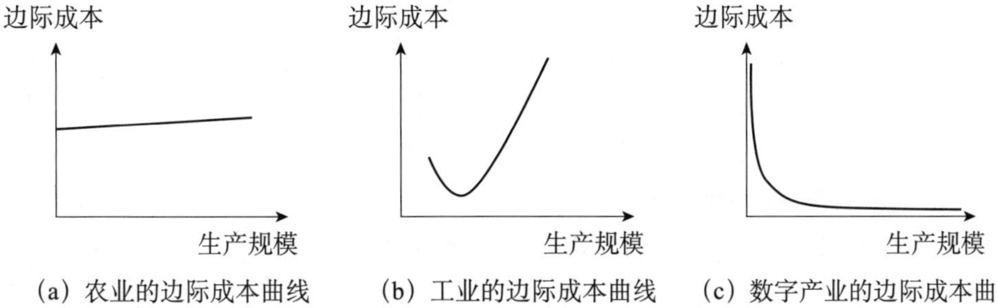

(a) 农业的边际成本曲线　(b) 工业的边际成本曲线　(c) 数字产业的边际成本曲线

图 3－6　农业、工业和数字产业的边际成本曲线

(1) 农业。传统农业的投入与产出之间有很强的线性关系，边际成本通常随着产量的增加而线性增加。举例来说，如果种 1 亩地需要 100 小时劳动、200 元种子和肥料，并且最终产出 100 千克粮食，那么要生产 1 000 千克粮食，就需要种 10 亩地，投入 1 000

小时劳动、2 000 元种子和肥料，边际成本基本不会减少。实际上，随着产量的增加，土地、水等资源的相对稀缺性导致生产要素的边际收益递减，而边际成本逐渐上升。

（2）工业。在工业生产中，边际成本曲线呈现先迅速下降后上升的趋势。在生产初期，由于存在规模经济，单位产品的生产成本随着产量的增加而降低。一方面大规模生产分摊了固定成本，另一方面生产规模的扩大导致更专业化的分工，提高了生产效率。还可能因为大规模采购能够获得更高的折扣，降低了原材料成本，使初期边际成本随着生产规模扩大迅速下降。

当产量增加到一定程度时，劳动力、原材料等的成本增加，导致边际成本上升，生产要素的投入效率逐渐下降。比如，仅生产 1 辆汽车的成本是极其高昂的，生产第 101 辆汽车的成本会降低，而生产第 10 000 辆汽车的成本可能更低。但生产第 10 001 辆汽车时，边际成本可能再次上升，因为产量增加到一定程度后，管理成本增加、生产线扩张等因素会显著增加总成本。

（3）数字产业。数字产业的边际成本曲线与前两者明显不同，是一条凸向原点的曲线。企业虽然需要承担固定成本，如研发、市场营销、基础设施建设等成本，但数字产品（如软件、音乐、电视剧、电子书等）和服务（如在线教育、云计算等）的复制和分发成本极低，使得边际成本几乎为零。例如，游戏开发的投入成本虽然较高，但开发完成后，每增加一个消费者，对于游戏运营方来说，其增加的成本几乎为零。同理，数字平台搭建好之后，在一定范围内，无论有多少用户/商家进入，其增加的成本也几乎为零，但边际收益并没有改变，甚至可能增加。如在直播带货中，一场直播的成本是固定的，每增加一个观看者，产生的边际成本几乎为零。因此，在数字产业中，越多人使用或消费数字产品/服务，企业收益就越大。

边际成本曲线的差异也导致一般消费品与数字产品的商业模式和发展规律存在明显差异。一般消费品企业若追求互联网企业的增长模式，可能会面临较大的风险。这是因为互联网企业在前期可以忽略盈利，甚至用免费或补贴策略来快速获得用户数量的增长，等到积累了一定数量的用户后，才开始考虑盈利。这一策略的成功离不开数字产业边际成本几乎为零的优势。

而一般消费品的边际成本不为零。通过补贴或购买流量来获得用户数量的增长，并不能弥补一般消费品企业的前期投入。企业每吸引一个新用户、每卖出一个产品都需要承担相应的边际成本。因此，除非一般消费品企业具备强大的品牌效应能够显著降低获客成本，并通过提高产品复购率、激发顾客支付溢价的意愿，以及延长客户生命周期等增加收益，否则难以从单纯的用户数量增长中获得较大的收益。

2. 网络效应与双边市场效应

数字平台通常对品牌无形资产的依赖较小，品牌塑造并不是其重点。这是因为在数字平台发展初期，其增长的第一驱动力和核心竞争壁垒并不依赖于品牌，而是依赖于网络效应与双边市场效应，也称为直接网络效应与跨边网络效应。数字平台享有同实体企业相似的规模经济，而巨大的网络效应与双边市场效应强化了这种规模经济，使数字平台更容易形成寡头或者垄断的市场格局。

（1）网络效应。网络效应（network effect）指的是某一产品或服务的使用者数量的增加，会提升其使用价值。这一概念最早由以太网的发明者罗伯特·梅特卡夫（Robert

Metcalfe）提出。20 世纪 90 年代乔治·吉尔德（George Gilder）提出了著名的梅特卡夫定律（Metcalfe's Law），即一个通信网络的价值与网络上用户数量的平方成正比。网络效应有很多种，包括数据网络效应、技术性能网络效应和社会网络效应等。举例来说，用户越多，微信就越能充当熟人社交的数字媒介。一些 QQ 用户出于工作需要，不得不改变自己的习惯，使用微信收发信息。这说明网络效应有时会强过产品自身的效用。通常而言，网络效应会强化规模经济，形成寡头或者垄断的市场格局。

下面简单介绍几种网络效应。

● 数据网络效应。产品的价值随用户数据的增多而提升，并且当产品的使用增多会产生更多的数据时，就会具有数据网络效应，如谷歌、大众点评网等。如果数据的确是产品给用户带来好处的关键，则该产品的数据网络效应就可能非常强。如果数据只是产品的边缘属性，则该产品的数据网络效应较弱。例如，作为内容平台，奈飞的数据网络效应较弱，而百度地图的数据网络效应较强。

● 技术性能网络效应。产品的用户越多，其底层技术迭代得就会越好，用户体验就越能得到提升。比如淘宝经历多年“双十一”处理千亿级交易额的淬炼，迭代出了强大的技术架构和技术支撑体系，使得用户的交易交互体验很顺畅。

● 社交网络效应。当产品的用户数量足够多，并且产生社交化互动时，用户黏性就会增加。因为用户之间互相提供信息、信心、情绪，为彼此增加价值。比如语言效应、信念效应等都属于社交网络效应。

（2）双边市场效应。双边市场效应指产品或服务的某一类使用者增多时，它对于其他类使用者的使用价值会提升。即某边参与者数量的增多，会提高另一边或另几边参与者的效用或收益。这一概念由让·查尔斯·罗谢（Jean Charles Rochet）和让·梯若尔（Jean Tirole）在论文 Platform Competition in Two-Sided Markets 中首次提出，该论文发表在《欧洲经济学会杂志》（*Journal of the European Economic Association*）上，是双边市场理论的奠基性研究。

许多数字平台都是典型的双边市场，即存在两组或多组交易主体（如司机与乘客，内容创作者、用户与广告主，如表 3－4 所示）；不同主体间存在网络效应（例如，某平台上的司机越多，乘客越容易在该平台上打到车；内容平台上的创作者越多，用户越多，广告主也越多）；需要中介参与（比如，共享经济的优步、爱彼迎等，其供需双方具有分散性、波动性、不稳定性，此时数字平台不仅是交易撮合者，还是生产过程的管理者及生产产出的控制者。分散性个体参与生产过程的特征仍然被保留并得到了最大限度的鼓励，但此时生产的组织性和稳定性在平台的控制和中介作用下得以提升和强化）。

表 3－4　部分数字平台交易主体示例

	生产者	消费者
淘宝、天猫	商家	买家
美团外卖	餐厅、骑手	买家
微博	内容创作者	读者
Boss 直聘	候选人	用人企业
满帮	司机	货主

资料来源：浙商证券．双边市场下的互联网平台竞争．

在多数生产者和消费者组成的双边市场中，生产者数量的增加可以提高消费者选择的丰富度，从而提高消费者的效用。而消费者数量的增加可以提高生产者的销量和收益。这种相互促进的良性循环使平台更容易形成规模经济，更容易出现垄断或寡头的局面。

双边市场的主要任务是把两边的参与者聚集到平台上，互相进行交易。双边市场运营时需要根据网络效应的类型来选择合适的运营策略，拉动合适的一边，这对互联网平台的运营策略产生了深刻的影响，决定了到底应该致力于吸引哪一边。比如作为内容平台，抖音的算法和政策更偏向内容消费者，而快手早期更偏向内容生产者；有的电商平台对卖家更友好，而有的对买家更友好，且它们在面临不同情况时的选择也会不同。

● 双边市场具有正外部性。市场的价值取决于其网络密度，用户越多，价值越大。需要快速建立足够高的网络密度，以提供较高的用户收益和建立较高的竞争门槛。建立双边市场时最重要的任务之一就是快速积累用户，提升网络密度。当达到一定的网络密度时，市场开始显现正外部性。简单来说，在技术、架构、运营策略一样的情况下，一个用户数量为 100 万人的平台，其用户收益远远高于用户数量为 10 万人的平台。当用户数量足够多时，平台本身就能建立起壁垒，因为其他竞争对手无法提供同等的用户收益。对于一个新的平台来说，为了快速提升网络密度，一个十分重要的手段就是补贴，这就是为什么外卖平台、打车应用、内容平台在发展初期频繁发生“补贴大战”。

● 不满足“价格中性”。当市场管理者向卖家和买家收费时，市场和价格的变化不仅受费用总额的影响，也受双方费用分配比例的影响。如电商平台通常通过向卖家收取费用（如佣金、广告费用、流量费用等）来盈利，而不会向买家收取费用。

3. 长尾效应

长尾效应（long tail effect）是克里斯·安德森（Chris Anderson）2004 年首次在发表于《连线》（*Wired*）杂志的一篇文章中提出的。安德森后来进一步阐述了这个概念，并出版了一本名为《长尾理论》（*The Long Tail*）的畅销书。长尾效应描述了一种经济现象，即在某些市场中，对小众产品和服务的总需求可能超过对主流产品和服务的需求，如图 3－7 所示。

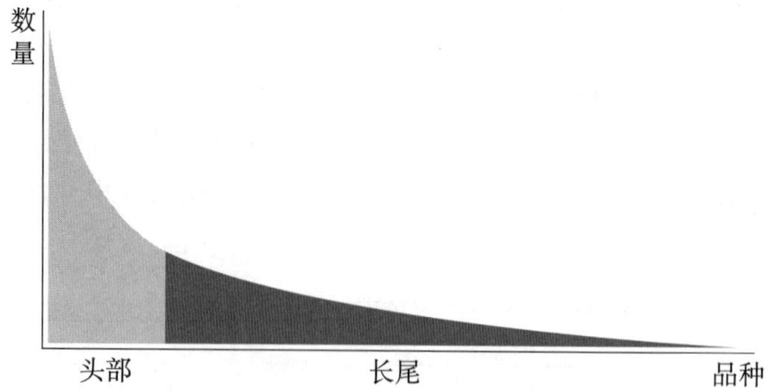

图 3－7　长尾效应示意图

长尾效应中涉及“头”（head）和“尾”（tail）两个统计学名词，正态分布的概率密度曲线中间凸起的部分是“头”，两边相对平缓的部分是“尾”。从需求的角度来看，大多数需求会集中在头部，称为主流需求或大众需求；分布在尾部的需求是个性化的、零散的少量需求，这些差异化的、少量的需求累加起来很大，会在需求曲线上形成一条长长的“尾巴”。长尾效应体现在数量上，所有小众需求市场累加起来可能会形成一个比主流市场更大的市场。比如对于音乐与书籍等品类的销售，畅销的热门产品的营业额高居前列，但是由于数字空间仓储的无限性和物流的便利性，那些相对冷门的产品也能创造出乎意料的营业额，在这些品类的销售收入中占很大的比重。

长尾效应挑战了传统的二八法则（80％的市场需求由 20％的主流产品满足）。在长尾效应的影响下，需求曲线呈现出扁平化趋势，小众产品和服务在市场中占据了重要地位。长尾效应的出现主要得益于互联网和数字技术的发展，它们降低了生产和分销成本，使企业能够提供多种产品和服务，满足消费者多样化的需求。此外，互联网提供了一个去中心化的平台，信息匹配效率的不断提高使得消费者更容易发现并获取这些小众产品和服务。

长尾效应的研究和应用涉及诸多领域，如电子商务、音乐产业、出版业等。在这些领域中，长尾效应对市场结构、竞争策略和消费者行为产生了深远的影响。例如，亚马逊和奈飞等公司的成功很大程度上归于它们善于利用长尾效应。亚马逊提供数百万种图书、电子产品和其他商品，满足消费者的不同需求；奈飞通过其丰富的电影和电视剧资源吸引大量的观众。网易云音乐的发展虽然受制于版权问题，但也通过聚合大量小众音乐在中国音乐市场中占据了一席之地。

第 2 节　数字平台市场

数字平台成为新媒体营销的重要阵地，品牌通常将其视为营销传播的重要渠道。随着电商平台和内容平台相互融合，数字平台越来越普及，也成为品牌直面消费者进行销售的渠道。但各个数字平台在连接方式、文化氛围、商业模式上存在差异，且消费者在不同平台呈现不同的特征，因此，每个数字平台也可以被看成是相对独立的新市场。

传统营销的主要阵地是媒体和销售渠道，企业主要关注电视、杂志、户外等媒体以及线下的货架空间。而对于新媒体营销，品牌的内容生产、传播分发、推销员和销售转化合为一体，特别是在内容平台电商化和电商平台内容化的趋势下，中国较为主流的数字平台基本上都完善了从营销内容生产到销售转化的全链条。图 3－8 展示了传统营销和新媒体营销下的数字平台矩阵。

图 3－8　数字平台矩阵

资料来源：茉莉数科集团。

一、数字平台作为传播媒介

微信、小红书、抖音等平台的快速发展，以及小米、完美日记、鸿星尔克、蜜雪冰城等品牌借助这些平台的迅速崛起，都显示了新媒体传播的力量。使用数字平台或数字技术传播营销信息，进而影响受众并实现品牌宣传、销售转化和用户沉淀，这已成为新媒体营销的主要方式。

数字平台作为传播媒介，其广告或营销内容投放形式主要包括门户及资讯广告、搜索引擎广告、电商广告、垂直行业广告、在线视频广告、社交广告、分类信息广告等。互联网广告增长的驱动力大致经历了门户及资讯广告、搜索引擎广告、电商广告和社交广告、短视频内容广告和 KOL 内容植入广告几个阶段，整体呈现出从硬广[①]向软广转变的趋势，这是因为传统打断式的广告会引起消费者的反感和回避，而沉浸式营销内容则是更好的选择。

1. 数字营销传播的分类

按营销传播的目的分类，数字营销传播可分为品牌广告和效果广告。品牌广告比较关注品牌曝光、价值主张的表达，而效果广告比较关注促成消费者行动。效果广告如电商广告、信息流、搜索广告等由于效果可量化，在市场中比较受欢迎，占比远超品牌广告。表 3－5 列出了新媒体广告的不同计价方式，可以看出计价方式更多衡量传播效果。但随着流量红利的逐渐衰退，单纯的效果广告也面临困境，品牌和平台开始重新重视品牌、内容的重要作用。

表 3－5　新媒体广告的不同计价方式

计价方式	具体含义
千次展示成本（cost per mille，CPM）	按照展示千次广告的价格计费，至于这些展示能否带来相应的收益，由广告主来估计和控制其中的风险。例如，某个广告位千次展示的价格为 10 元，即 CPM＝10 元。这是在传统营销时期就有的一种计价方式。
每次点击成本（cost per click，CPC）	按照每次广告点击的价格计费。如某个广告单次点击的价格为 1 元，则 CPC＝1 元。CPC 最早用于搜索广告，现在主要用于各种效果广告。CPC 计价方式可能存在竞争对手恶意点击的情况，但目前媒体方也有相应的手段来排除这些无效点击。
每次行动成本（cost per action，CPA）	按照每次转化行为的价格计费。如游戏厂商为单个付费用户设定的价格为 20 元，则 CPA＝20 元。也就是说只要没有转化行为（如付费），无论广告曝光了多少次或产生了多少次点击，都不计费；只有发生了转化行为，才按次计费。除此之外，还有按照安装数、销售订单等转化行为的计费方式。
展示时长计费（cost per time，CPT）	媒体将某个广告位以独占形式提供给某广告主，并按独占展示时长收取费用。如抖音 3～5 秒开屏视频广告产品的价格为 10 万元，则 CPT＝10 万元。这种计费方式适合具有强曝光属性、定制型的广告位。
播放次数计费（cost per view，CPV）	以每次观看为计费单位的广告付费方式。通常用于视频广告，用户每观看一次，广告主就要支付一定的费用。

① 硬广是指直接、明显地宣传或推广产品、服务、品牌等的广告形式。硬广通常不掩盖它的商业性质，明确地传递宣传对象的特点、优势、价格等信息，旨在引导受众购买。硬广常见于电视、广播、互联网、印刷媒体等渠道。与之相对的是软广，软广更加隐蔽，通常采用故事、情感、娱乐等手法，通过吸引受众的注意力来间接传递广告信息。硬广和软广在广告行业中有不同的营销策略和创意方法，用于达到不同的营销传播效果。

企业虽然借助数字技术能更便利地进行广告投放和更精确地衡量投放效果，但通过数字平台进行营销传播面临很多困难。传统营销通过传统媒体进行营销传播，主流媒体数量有限，且较为中心化，能够覆盖的人群数量、人群类型以及传播效果都有一定的保证。而在新媒体营销中，首先数字平台众多，即使是在主流的数字平台如微信、抖音、淘宝等上，可进行营销传播覆盖的 KOL、普通用户数量众多且分散，数字平台的传播工具也层出不穷、各不相同（如图 3－9 中抖音多样化的广告工具），导致营销传播的路径非常多样化和碎片化。其次数字平台上的内容分发主要基于搜索分发、社交分发、算法分发三种方式，三者交互共同构建了营销信息的传播方式，具有一定的不可控性。这就使得以往“买主流媒体广告位”相对简单的营销活动逐渐转变为如今复杂多样、传播路径多重、效果不确定的“粉尘化”营销传播。

	广告形式	计费	展现形式
	Top View	CPT/CPM/CPC	启动画面，前3秒全屏有声沉浸体验，后4~60秒无缝切换
	开屏广告	CPT	启动画面，3秒图像或3~5秒视频
信息流广告	One day max	CPT	用户每天刷视频的第4个视频位置
信息流广告	Brand premium	CPM	用户每天刷视频的第90至120个之间的视频
信息流广告	Reach& Frequency	CPM	用户每天刷视频的第120个之后的视频
	品牌挑战赛	CPC/CPM/oCPC	以品牌主题进行UGC创作并传播
	品牌贴纸	CPT	创建自己的品牌贴纸让用户可以放在录制的视频里

图示

图 3－9　抖音广告工具

资料来源：广发证券．广告营销行业系列深度：国内外互联网广告市场竞争格局及增长驱动力分析．

按照传播渠道不同，数字平台可以分为公共媒介、个体用户、企业自有媒介，如图 3－10 所示。

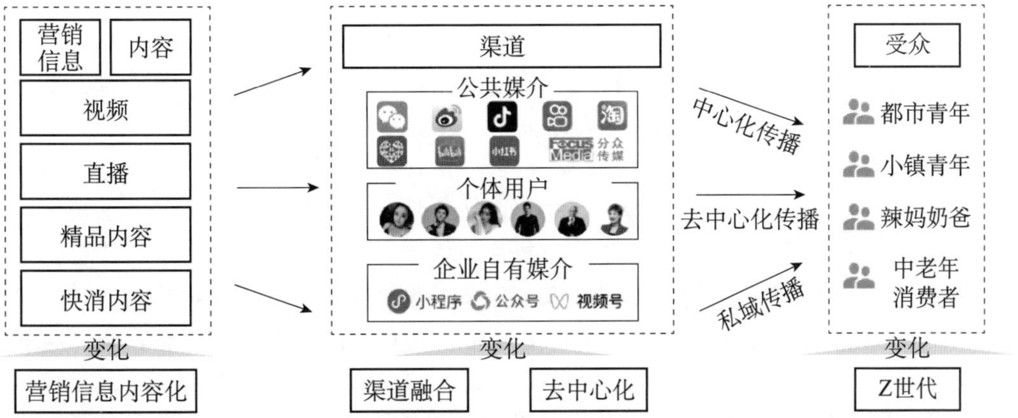

图 3－10　数字平台的变化

资料来源：平安证券．内容与渠道变迁，新型营销方式正当时：数字营销系列研究（一）．

（1）相对中心化的公共媒介。移动互联网打破了传统媒体的中心化地位，但也逐渐形成了数字世界中心化的数字平台，如微信、微博、抖音、快手、小红书等。数字平台以中心化分发形式使内容直接触达受众，这是最常见的营销方式之一，如短视频平台的开屏广告、信息流广告的投放等。但通常来说，数字平台的程序化广告有一定的人群定向，无法像传统媒体一样面向所有群体。即使是传统的电梯广告媒体如分众传媒，在数字技术的支持下，其广告投放也可以根据场景和人群进行细分和定向投放。

（2）去中心化的个体用户。中心化获客成本不断提升，去中心化分发方式逐渐崛起，企业越来越多地通过垂直领域或圈层的关键意见领袖（key opinion leader，KOL）进行品牌内容的共创和传播。早期的传播更重视 KOL 的作用，如今关键意见用户（key opinion customer，KOC）也成为重要的传播节点，企业通过这些更贴近普通消费者的个体进行社会化媒体营销（包括原生内容、软性植入（种草）、直播带货、广告投放等），可以更精细化、更有效地影响目标消费者，详见第 8 章。

（3）企业自有媒介。指企业通过官方网站、不同平台的官方账号如官方公众号、视频号等，以及在社交媒体组织起来的用户群组如微信群等，直接触达受众进行营销传播，通常和私域流量的概念联系在一起。相较于平台对公域流量的强掌控，企业自有媒介或者说私域具有流量免费、渠道可控、流量可复用的特点。企业利用私域可持续与用户沟通，传递品牌价值，也可通过直播电商等促进用户销售转化。目前，微信往往是中国企业首选的私域营销平台，该数字平台用户数量多、日打开频率高、受众真实度高，平台提供的私域营销工具（如微信群、公众号、小程序、视频号、直播等）能够和公域流量打通。

延伸阅读 3-3

互联网广告市场的发展

2015 年互联网超过电视，成为最主要的广告投放渠道之一，占比逐年持续提升。[①]广告收入也成为数字平台的主要收入。2019—2021 年，国内主要应用广告收入最多的为阿里系、字节系、腾讯系，其中阿里系与字节系占比之和超过一半。阿里系凭借电商广告收入大幅领先，但收入占比受短视频热潮挤占逐年下降，字节系持续推动商业化进程，2021 年收入占比提升至 24.59%。[②]

从营销传播的角度看，互联网广告市场的发展可以分为五个阶段。

第一阶段为 2006—2008 年。搜索引擎广告是这个阶段互联网广告增长的主要驱动力，百度收入迅速增长，持续从门户网站抢夺广告主的预算份额。

第二阶段为 2009—2012 年。2008 年金融危机，广告行业景气度下行。2011 年以后，国家调整经济发展战略，大力发展文化产业，陆续推出鼓励政策，广告行业回暖，收入上升。2012 年流量开始从 PC 端向移动端转移，视频广告、社交广告、电商广告持续分流，大型门户网站广告收入增速明显下滑。随着广告收入下滑，门户网站推动“去门户化”，搜狐和新浪分别依靠搜狗和微博踏上商业化之路，网易更加多元化，推出网易支付、网易有道、网易云音乐。

第三阶段为 2013—2016 年。零售线上化快速推进，品牌线上销售占比持续提升，品牌主需要在电商平台不断投放广告以增强品牌营销能力，电商广告占比提升。在此阶段，

① 广发证券．营销传播行业历史回眸与展望：不同经济周期下的广告产业变迁．

② 天风证券．互联网广告行业专题研究：中国互联网广告市场季度跟踪．

腾讯社交广告持续发力，微信作为国内最大的社交平台之一，凭借其流量规模以及流量价值快速抢占广告市场，自 2016 年开始成为腾讯主要的广告收入来源。在这个阶段，百度向移动端的转移稍有落后，广告收入增速趋缓。

第四阶段为 2017—2021 年。2017 年以来，短视频迅速兴起，流量规模以及用户使用时长随之快速提升。用户使用时长的延长意味着企业能够使用更丰富的内容表现形式、具有更多曝光信息的机会，从而能释放更多的广告库存。强碎片化、高沉浸感、高转化率的短视频成为信息流广告的全新展现形式，互联网广告从图文时代全面迈向短视频时代，短视频平台广告成为行业增长的驱动力。2019 年后随着经济增速放缓，广告需求下降，除了处于商业化加速期的平台外，许多头部互联网公司的广告收入均有放缓。2020 年之后，经历疫情以及互联网平台监管加严，国内互联网广告整体增速放缓。从不同互联网平台具体广告收入来看，2018 年以来，字节跳动广告收入迅速增长，2019 年超越百度和腾讯，并继续保持高增速，为互联网广告整体创造增量的同时也在一定程度上蚕食其他平台的份额（见图 3 - 11）。根据晚点（LatePost）的数据，2021 年字节跳动旗下抖音整体广告收入规模在 1 500 亿元左右，其中很大增量来源于抖音发展电商带来的品牌主广告投放增长。

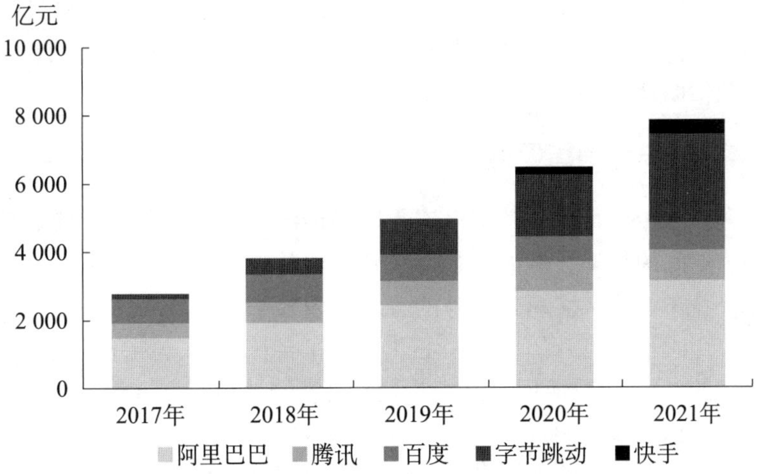

图 3 - 11　中国头部互联网平台广告收入数据

资料来源：广发证券．广告营销行业系列深度：国内外互联网广告市场竞争格局及增长驱动力分析．

第五阶段为 2022 年至今。2022 年之后短视频平台用户规模以及用户使用时长增速放缓，移动互联网的流量红利逐渐褪去，互联网平台进入存量竞争阶段。各个平台竞争加速，业务范围逐渐向交易转化端靠近，以期进一步获取品牌主的预算。

---

2. 新媒体营销基本投放策略

新媒体营销常用的投放策略更加精细化，有四种基本投放策略。

（1）根据营销目的确认目标人群，据此选择投放平台、KOL 等。需要对目标人群进行深入的分析，了解其兴趣、习惯、消费行为等。

● 根据目标人群的特点，选择最合适的新媒体平台。例如，年轻人可能更倾向于使用 B 站，而中年人可能更倾向于使用微信视频号。

● 选择与目标人群匹配的 KOL 或者明星代言。

● 定制内容，为所选的平台、KOL 等提供个性化内容，确保信息与平台的用户群体相匹配。

（2）选择流量上升的平台投放广告，充分利用平台流量红利期，提升营销投资回报率。

企业借助平台流量的上升趋势，如 2017 年之后的小红书、抖音，2020 年之后的微信视频号等平台，可以提升营销传播的效果。虽然目前中国数字平台的竞争格局相对稳定，但在一些垂直领域或数字平台的不同生态或圈层上依然存在流量红利，需要营销人员善于挖掘机会。

（3）根据产品不同发展阶段选择营销方案，进行产品全周期营销投放。

● 在产品早期通过小范围的 KOL 传播互动培养种子用户，获得核心目标人群的认可。

● 产品进入稳定期后，可借助平台信息流广告、电梯广告等相对中心化的媒介进行目标人群的扩展。

● 将消费者导入私域，深度互动，发掘客户全生命周期价值。

（4）有规模有实力有经验的企业，可以选择多平台全媒介进行营销传播的整合。

不局限于单一内容、媒介投放广告，而是根据不同内容、媒介优势进行多内容组合的全媒介营销。如抖音短视频种草＋直播拔草、小红书 KOL 培养种子用户＋抖音开屏广告扩展人群、微信朋友圈广告＋私域沉淀用户等。

二、数字平台作为销售渠道

数字平台融合了传播媒体和销售渠道。以往传统媒体只有营销传播的功能，销售渠道主要覆盖物理空间的货架。但如今数字平台不仅是内容生产和分发的空间，也是渠道分发的空间。受益于物流、移动支付等的普及，内容平台开始构建电商闭环；电商为了获得更多用户使用时长，也开始内构中心化内容平台。淘宝、抖音、微博、微信等几大平台以及平台中的 KOL、普通用户都能够完成内容传播和销售转化。数字平台的传播触点与销售触点越来越一体化。

目前国内电商平台主要提供信息匹配的服务，实物商品流、资金流的转移可以由第三方承担。和线下零售商相比，平台型电商的最大价值在于提升了信息传递效率，从而提升了商品流动效率，如图 3－12 所示。

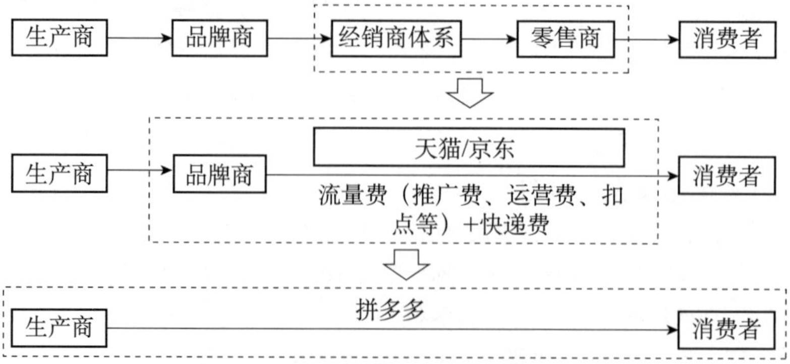

图 3－12　线下零售商与平台型电商的对比

资料来源：东吴证券．直播电商的本质、天花板及货币化率探讨．

经过多年的发展，中国线上市场已经成为全球线上消费最活跃的市场之一，2020 年中国实物商品网上零售额约 9.8 万亿元，占社会消费品零售总额的 24.2%，这一数据在 2022 年达到 26.2%，如图 3－13 所示。增速放缓说明在经过多年的快速成长后，线上零售开始步入成熟期。如今数字平台已经成为企业不可忽视的重要销售渠道。

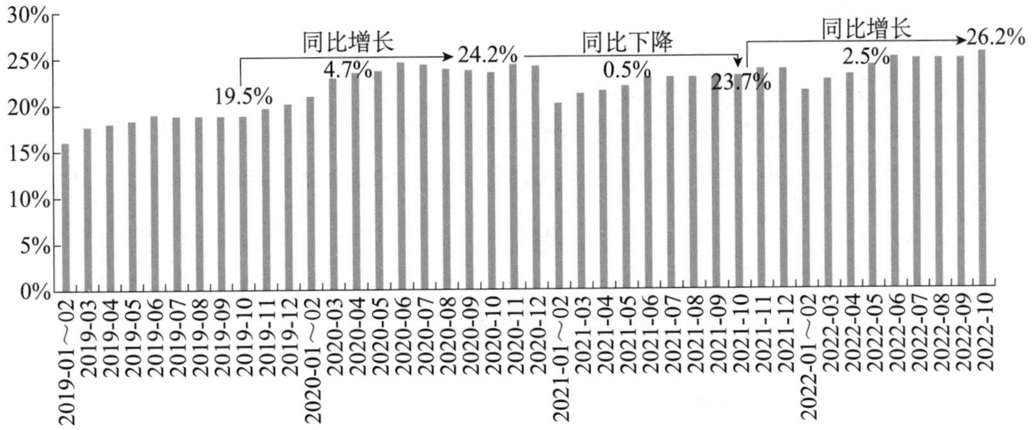

图 3－13　实物商品网上零售额占社会消费品零售总额的比重（累计值）

资料来源：中泰证券．互联网传媒・大电商年度策略报告 千帆侧过，万木始春．

早期，线上渠道并没有受到广泛的重视，随着大量的中小型商家在这一领域获得快速的增长，大量线上新品牌涌现，特别是 2010—2014 年，小米手机利用线上渠道获得市场成功，让传统线下品牌逐渐意识到数字平台的重要性。如今，数字平台作为销售渠道，不仅承接了消费从线下转移到线上所产生的替代性需求，还基于线上市场创造并满足了新的消费需求，如品质提升、品牌创新、选择多样化等。企业发现了数字平台中存在的大量机会，乘势而发，如图 3－14 所示。

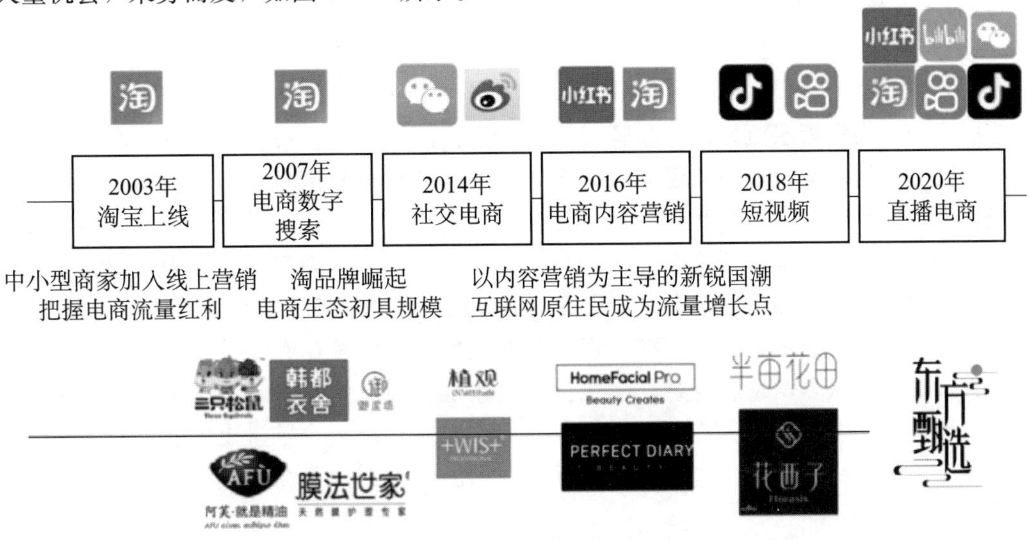

图 3－14　伴随不同数字平台的发展而崛起的企业代表

资料来源：茉莉数科集团。

根据消费者和商品信息匹配方式的不同，中国主流的数字平台可以分为“人找货”型和“货找人”型。“人找货”型，即消费者主动搜索产品的模式，也称为货架电商，更类似于在线下超市购物。“人找货”型数字平台主要承接计划性消费，即消费者打开 App 之前已经有一定的购买意向，有“买”的心智。“货找人”型数字平台有两种，一种是社交电商，通过社交关系匹配产品和消费者的需求，如早期拼多多通过社交关系的裂变快速扩张；另一种是内容电商，内容电商更类似于在线下庙会或百货商店购物，主要承接非计划性消费，即消费者在打开 App 之前并没有购买欲望，可能只是想要浏览一些内容资讯或娱乐，有“逛”的心智。企业或平台通过内容给消费者匹配相应的商品，消费者可能在浏览内容的过程中产生购买欲望和行为。

在此基础上，根据数字平台所依靠的比较优势可以进一步细分。根据数字平台依靠的是规模化优势还是多样化优势，可以把国内现有的数字平台分为四类，如图 3－15 所示。

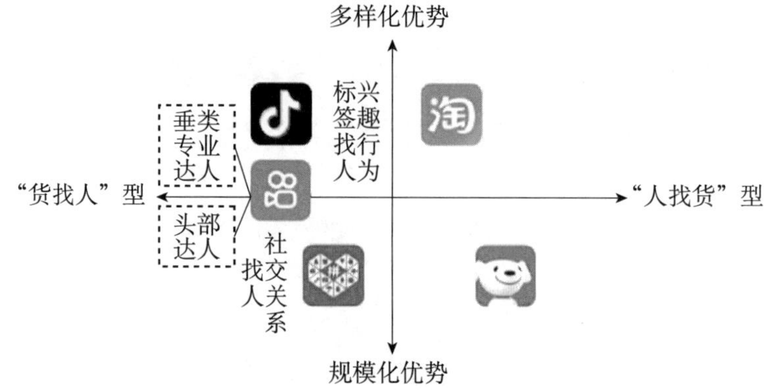

图 3－15　不同类型的数字平台

资料来源：东方证券．关于内容电商本质、价值和规模的思考：内容电商专题报告之一．

（1）“人找货”型且依靠规模化优势的数字平台：典型代表为京东。

（2）“人找货”型且依靠多样化优势的数字平台：典型代表为天猫/淘宝。

（3）“货找人”型且依靠规模化优势的数字平台：典型代表为拼多多。

（4）“货找人”型且依靠多样化优势的数字平台：典型代表为抖音、快手。

以京东作为销售渠道为例。品牌作为京东自营的供应商，后续的经营和交付由京东完成。大量已经在消费者心中建立起认知的品牌选择在京东进行销售，而新品牌很少选择把该平台作为建立品牌的起点。消费者在京东的购物也更偏向计划性消费，即已经有明确的购物目标，只是打开京东完成购物行为。相对来说，淘宝除了作为销售渠道，还承担平台内的营销传播功能，在一定程度上通过内容激发消费者对品牌的认知和兴趣。

数字平台作为销售渠道也存在销售模式的差异。特别是在大型数字平台中，用户数量巨大，参与者众多，生态复杂，往往会产生完全不同但同样有效的销售模式。举例来说，抖音作为 DAU 超过 6 亿的短视频平台，自 2020 年起大力推进电商业务，入驻平台的企业因为所处行业不同、对平台的理解和利用能力不同，逐渐形成了四种不同的销售模式。

（1）品牌直播。品牌建立自己的直播间在抖音直播，并采买流量助推直播销售。其功能和形态类似于线下的品牌旗舰店，适用于 SKU 丰富的品牌。

（2）品牌短视频投放。品牌利用制作的产品推广短视频、明星代言短视频、在头部 KOL 直播间的切片短视频，在抖音进行信息流广告投放并产生销售。适用于 SKU 不够丰富，但有核心强大单品的品牌。

（3）KOL 合作。品牌通过头部 KOL 和腰部 KOL 的短视频投放和直播带货，传播品牌和实现销售。数字平台中的 KOL 类似于线下渠道中大型连锁超市的角色。

（4）通过大量 KOC 进行大面积分销。品牌与大量体量较小的 KOC 合作，品牌提供产品和内容框架，KOC 进行短视频内容制作或直播进行销售，获取销售提成。在这种模式下，虽然单个 KOC 销量有限，但整体销售量可观且较为稳定，这种模式属于密集分销。这种模式下的 KOC 类似于线下渠道中大量的小型夫妻老婆店的角色。

同样地，京东、淘宝等平台也存在不同的销售模式，比如品牌自营、平台经营、经销商模式、直播等，企业需要根据自身情况选择合适的销售模式。

三、数字平台作为新的市场

各个数字平台由于产品的核心差异、算法的差异、创始人价值观的差异以及网络效应的差异，形成了独特气质的子市场，具有独特的文化氛围和对应的消费倾向，不能将所有数字平台视为一个整体的“线上市场”。

即使是同一个消费者，在不同的数字平台上也会在环境的影响下表现出不同的消费偏好和行为。接下来将探讨数字平台由于在不同方面的差异所形成的不同市场。

1. 核心价值差异形成的不同市场

目前中国有五大类核心的数字平台，分别构成了不同的市场基础，如图 3－16 所示。

图 3－16　中国数字平台分类

（1）社交媒体平台：以微博、微信为典型代表。其数据分发机制主要以社交分发为基础，辅以一定的算法分发。微博以弱连接社交为核心，以事件、兴趣圈层为连接点，形成难以被其他数字平台取代的公共讨论空间。而微信则以强连接社交为核心，熟人关系是形成连接的核心，是线下关系在线上较为完整的映射，其功能远远超过社交媒体，成为重要的数字基础设施。微信的用户数量、用户使用时长、用户打开频率处于领先地位。

（2）电商平台：以淘宝、京东、拼多多为典型代表。主要是传统的货架电商，搜索分发对于成交有很大的影响，算法分发对于实现千人千面的商品推荐也起到一定的作用。消费者使用这些平台一般是出于交易目的，交易效率较高。内嵌的直播电商也推动了平台在内容领域的延伸和尝试，是一种新的交易模式和工具。

（3）短视频平台：以抖音、快手为典型代表。视觉化的表达对消费者的吸引力更强，中心化的算法分发提高了用户行为上瘾的可能性，进而导致短视频平台的用户平均使用时长超过社交媒体，成为占据用户时间最长的数字平台。快手原本的社区属性不断减弱，数据分发机制从社交分发与算法分发并重转向更加中心化的算法分发机制。抖音和快手的强运营不断降低内容生产和消费的门槛，使短视频平台聚集了大量的用户。2019 年以来，抖音和快手两大短视频平台强势进入电商领域，建设平台内的成交闭环，线上成交额显著增长，电商收入甚至超过平台的广告收入。

（4）内容平台：以小红书、B 站、知乎、即刻、小宇宙等为典型代表。相对于前三类数字平台来说，内容平台的用户体量较小，内容的呈现杂糅了图文、视频、音频等多种方式。但其具有专业化、垂直化的用户群体，社区机制也利于用户产生多样的互动，形成了较高的用户黏性和信任，因此内容平台往往是品牌种草的重要或有潜力的场域。比如品牌在小红书、知乎、B 站的内容投入往往能带来较高的销售转化。

（5）本地生活平台：以美团、滴滴出行为典型代表。这类数字平台是线下生活服务的数字化整合与重新匹配。美团的主要业务是外卖，这是餐饮企业和本地用户之间更高效的匹配；滴滴出行的主要业务是打车，是司机端和用户端的高效匹配。这类数字平台主要解决的是零工就业、稳定生产输出以及匹配本地用户需求的问题。

首先，不同数字平台提供的核心价值存在差异，其中的内容创作者、商家、广告主都有所不同，吸引的用户群体也不同，用户在不同平台上的使用目标和体验也存在差异。这些生态成员的差异使得企业进入不同平台时，需要在市场定位、消费需求、产品价格、交易路径和交易模式等方面进行针对性的设计。

其次，不同平台的内容形式和交互模式存在差异，使得企业在面向不同数字平台时，需要将内容和技术进行合理匹配。抖音是一个视觉化的平台，企业使用抖音进行营销需要能够视觉化呈现产品的独特卖点（unique selling proposition，USP），幸福西饼针对抖音平台专门开发出“爆浆”系列产品，充分利用视觉冲击力展示产品价值点，从而激发起消费者的购买欲望。小红书上的内容是双列呈现，标题和首图会直接影响用户是否打开内容，因此企业在小红书上呈现产品内容时需要精心设计标题、首图。

再次，不同平台有不同的品牌形象和价值观，这会影响用户对平台的认同和信任程度，进而影响用户对品牌的认同和信任。比如，相对来说，快手更适合白牌产品，抖音更适合潮流产品，京东则更适合中高端品牌产品。早期消费者对拼多多的信任度并不高，其通过长期的大力度补贴才逐渐改变了消费者认知。

最后，不同平台的商业模式存在差异，这会影响企业的市场策略。数字平台往往采用不同的商业模式来盈利，如赚取广告收入、交易佣金、订阅费等。对于以广告收入为主的数字平台，如微博、早期的抖音等，企业会更多将其作为传播媒介。对于商业化较谨慎的数字平台，如微信和 B 站，其商业化运营的服务提供商也较为有限，企业需要花费更大精力探索经营模式。

2. 用户心理预期差异形成的不同市场

用户会受到平台可供性、算法分发、使用目的的差异的影响，因此用户在使用不同的数字平台时，有着不同的心理预期和行为偏好。这种用户心理预期差异和平台算法、价值观交织，演化出不同的平台文化或平台氛围，进而形成不同的市场，类似于线下基于社会生态环境差异形成的不同地域的消费市场。

从用户心理预期来看，数字平台之间存在较大的差异。比如，对于短视频平台，用户带着内容消费、娱乐或社交的需求进入平台，但没有明确的消费目的，虽然离最终成交很远，但是用户使用时长很长。数据显示，2020—2021 年“即时通信＋短视频＋在线视频”的用户使用时长占移动互联网用户使用总时长的 50%～60%。而对于电商平台，用户产生购物需求才会进入平台。用户购物需求持续的时间有限，2020—2021 年，电商平台的用户使用时长占比基本不超过 5%。

即使是同一个消费者，对不同数字平台的心理预期、行为偏好也会存在差异。用户心理预期塑造着平台，同时平台也在塑造着用户心理预期。不同数字平台的价值观或战略也存在差异，从而营造出不同的社区文化氛围。比如，快手强调“拥抱每一种生活”（公平普惠），会对头部内容限流，愿意给中小内容生产者更多的流量倾斜，加强内容生产者与粉丝之间的关系，逐渐形成了平台特有的新型关系；而抖音强调“记录美好生活”，愿意推荐更多人喜欢的内容，给予头部内容更多曝光机会；B 站强调“你感兴趣的视频”，赋予互动率和完播率更高的算法权重，对视频内容质量的强调也使得 B 站更加重视观看时长而不是播放量①；小红书强调“2 亿人的生活经验”，重视信息搜索功能，鼓励各种实用的、即时的信息，用户原创热情高涨。关于主要数字平台的具体分析，详见本书末附录。

此外，每个数字平台都有独特的连接和算法规则，使得某些信息和产品在特定平台上更容易被用户发现。抖音更接近中心化分发，内容的可见性取决于标签的匹配度。以内容为核心的算法分发使得粉丝和内容生产者之间没有强连接，因此抖音的用户有着强烈的娱乐心态，评论大胆，社交顾忌很少。而微博是以传统的社交分发为主，内容生产者和粉丝之间具有强连接，用户对“人”的关注甚至会超过对“内容”的关注。人与人之间的互动中形成了大量的网络社会规范，使得用户在微博上的互动更加谨慎。微信则是基于熟人的社交平台，线下的交往规范被“复制”到线上，因此用户会非常重视印象管理，而微博用户更多地是与陌生人互动，相对并不太在意印象管理。

用户与数字平台的互动具有偶然性，技术的发明者或算法的开发者也不能完全控制这个进程或预测结果。中国的新媒体不仅变化快速，而且发展很不平衡。技术变革、政策环境、经济结构对数字平台的影响激烈且迅猛，使平台内部的规则不断调整和改变，所以企业经常会面对不同数字平台的不同发展周期、战略周期的叠加和复杂规则。企业将数字平台视作新的、不同的市场，需要充分了解和利用平台的算法、生态体系、交易模式、用户信任和认同程度、核心功能、社群效应、竞争环境、监管政策、技术特性、文化属性、商业模式和合作伙伴等多方面因素。对于企业来说，有针对性地运用数字平台扩展市场实属不易。中小型企业可以选择一两个数字平台深耕，积累经验，再逐步扩展到其他平台。

案例分析

一线从业人员眼中的中国主流数字平台的特点

在平台从事内容生产的 KOL 通常对各个平台有更深入的了解，特别是那些粉丝量较大的 KOL，他们积累了与用户、广告主以及平台互动的丰富经验。本案例将通过一位跨平台大型 KOL 的自述，深入探讨中国主流数字平台（包括抖音、小红书、微博、B 站以

① 采访实录丨陈睿谈 B 站的商业模式、驱动力及信仰．（2021－03－29）．https：//m.21jingji.com/article/20210329/herald/7a779a1cccdb59fc05ca0131df34ac0c.html.

及新兴的微信视频号）在用户心理预期、平台博主内容生产的体验、平台商业化程度等方面的特点。

1. 抖音

当提到短视频时，许多人首先想到的就是抖音。抖音是一个高度碎片化的平台，主要满足用户打发空闲碎片时间的需求，如等地铁、等餐时的碎片时间。因此，整体上抖音的内容缺乏深度，大部分都是娱乐性质的碎片化内容，时长也较短。

抖音用户通常为了放松、找乐子而浏览内容，较少是为了寻求知识或深入探讨社会话题，这也导致用户对广告的宽容度很高。

抖音的算法强大，能够迅速为用户推荐其感兴趣的内容，但很容易形成信息茧房。抖音的推送方式是连续播放，单手滑动的交互方式使得内容分发的效率极高，用户更为被动，选择权更少，更容易只接收到自己感兴趣的内容。

抖音已经成为商业化推广的主战场。2018 年，来自抖音的营销内容投放订单只占该 KOL 总订单的 10%～20%，而 2023 年这个比例已经上升到 79%～80%。

2. 小红书

虽然小红书难以在市场规模和用户数量上超越抖音，但它的目标用户是城市中的特定人群，具有独特的价值。小红书的用户呈现出对物质消费和生活品质的浓厚兴趣，用户使用小红书通常是为了探索物质世界，如购物、饮食和装修等，其对物质的高度敏感使其非常容易接受广告或营销内容并积极参与消费，因此小红书的商业化非常成功。

在小红书上，用户更多地寻求明确的结果和建议，比如购买什么品牌的冰箱或选择什么款式的沙发。用户更加关心结果，较少关心比较的过程。因此小红书的内容往往只提供简单的说明，不深入介绍制作过程。

此外，小红书的工具属性很强，类似于搜索引擎，用户在小红书上能够快速找到关于商品、餐饮、装修等方面的信息。相比之下，抖音、微博和 B 站更偏向于内容平台，用户使用这些平台更多地是为了浏览内容。越来越多的用户把小红书作为主要的信息搜索工具，对其他搜索平台的依赖减弱。

与其他平台相比，小红书为博主提供了更友好的环境，使他们更容易积累粉丝和进行商业合作。小红书采用去中心化的算法分发机制，内容能否被大量用户看到并不依赖于特定的中心化节点的转发，而是基于算法对内容有用性的分析。这使得小博主的内容也可能得到大量曝光。在 B 站、微博、抖音等平台上，拥有两三千粉丝的博主很难受到关注，影响力较小，而在小红书上，拥有两三千粉丝就可以被视为 KOC，能够赚取收入。此外，博主在小红书上分享消费型内容也能得到用户的热烈响应，如当博主分享物质商品时，评论中经常会有用户询问购买方式。

3. 微博

微博是一个舆论场，新闻、明星动态或社会事件都会迅速在此被大众讨论。对于许多用户而言，微博不仅仅是发表内容的平台，更是与网友互动、参与社会讨论的平台。

微博的热搜更是在抢占用户心智上超越了其他平台的热榜，具有更高的价值，登上“热搜”成了事件具有关注度、影响力的象征。对于短视频创作者，微博的数据（如播放量、点赞、转发等）可能并不是其主要关注点，但热搜功能是一个关键关注点。

此外，微博平台对粉丝数量多的名人、大 V 等博主更友好，内容可见性取决于是否被这些中心化节点转发。一些缺乏社交关系的新博主较难在微博获得大量反馈。

微博也是许多社会先进观念的推进器。微博能加速对女性议题、青少年议题等热门议题的讨论，推动社会更加健康地发展和进步。

4. B 站

B 站用户相对更年轻、更加理想化，希望通过平台做有意义的事情，而不仅仅是追求商业利益。这种理想化的价值观一方面为创作者和用户提供了一个注重质量和交流的环境，另一方面也可能在商业化方面带来一定的挑战。

B 站上的内容通常具有一定的深度，质量较高。许多创作者为创作出优质内容投入了大量精力，进行深入的调研、脚本编写以及专业的拍摄和后期处理。B 站的视频通常较长，可以达到 10 分钟以上，内容层次更丰富。B 站用户经常会以“时长感人”来称赞博主，说明用户更期待完整和有深度的内容。

B 站用户观看视频的心理预期是节约时间。用户通常希望在短时间内了解热议的社会事件、历史议题或专业领域的问题，并分享自己的观点。虽然都希望节约时间，但 B 站用户与小红书用户不同，他们更多地关注过程，如数码产品的使用过程、游戏的实际体验等，而不仅仅是结果。

B 站用户的理想化给商业化带来了挑战。首先，用户对于广告的接受度较低，一些博主可能不愿意在 B 站做广告，因为他们担心收到用户的差评。其次，B 站用户在评论互动方面往往更为积极和直接，可能对内容要求很高并作出批判性评价，使得商业化相对困难。

5. 微信视频号

微信视频号是微信内的社交媒体平台，近年来逐渐崭露头角。它的用户群体年龄跨度较大，目前以年长用户居多。这导致该平台的文化氛围相对保守、传统。

微信视频号拥有强大的私域属性，允许用户查看好友的动态并转发到朋友圈或微信群，为商业化提供了较大的可能性，尤其对于广告投放而言，企业可以更精准地定位目标受众，提高广告的效益。因此，微信视频号有机会成为企业与用户互动和传播信息的有力工具。

资料来源：抖音、B 站、小红书，中国主流短视频平台都有什么特点，一线从业人员来聊聊 . https: //www. xiaoyuzhoufm. com/episode/64a835afb21ecc647d9f3b32? s=eyJ1IjoiNjBhOWI3ODdlMGY1ZTcyM2JiYzE3OGExIiwiZCI6MX0%3D.

// 基本概念 //

数字平台	零工经济	数字资本主义	共享经济
信息	数据	社交分发	算法分发
网络效应	双边市场效应	长尾效应	技术可供性
CPT	CPM	CPA	

// 讨论题 //

1. 你经常使用哪几个数字平台？你了解这些平台的发展现状及商业模式吗？你怎么看待这些平台的未来发展前景？

2. 网络效应和双边市场效应是否会带来一些负面影响？

（参考答案：虽然这两者会让成功者更快成功，但也会使失败者更快失败，马太效应明显。垄断也会带来一些负面效应，如数据隐私、消费者权益等方面的问题。）

3. 你消费的品牌中，是否有通过新媒体数字平台知晓和购买的？你是如何被打动的？

4. 根据你的使用经验，讨论数字平台的差异。

（参考答案：可以从消费者的角度讨论差异，也可以从内容生产者的角度讨论差异，以及讨论每个平台商业化做法和商业化程度上的差异。）

// 第 4 章 //
经典营销知识框架

正如菲利普·科特勒在《营销 4.0》中强调的，新媒体营销与传统营销并非替代关系，而是相互补充和协同的关系。经典营销理论搭建了营销的基本知识框架，是新媒体营销的理论基础。大量的基础概念、营销共识、基础理论模型在新媒体环境下依然有重要的指导作用，经典营销知识框架构成了新媒体营销的基础。

首先，新媒体营销与传统营销共享核心基础概念，如需求、顾客价值、市场细分、品牌、价值定位、4P 等。这些概念在新媒体环境下仍然适用，只是形式可能发生了变化。顾客价值的塑造依然是营销最本质和最核心的关注点，抢占消费者心智和渠道分销依然是企业营销的基本功。

其次，在新媒体环境下，一些新锐品牌通过切入细分市场或抓住平台变化带来的流量红利，短时间内获得了成功。然而，随着流量红利逐渐消失，规模不断扩大的新品牌要获得持续的成功，往往需要采用新媒体营销与传统营销相结合的策略，整合线上市场和线下市场，平衡与管理产品组合、渠道组合、传播组合等。企业面对的不只是单一市场或品牌，需要关注营销全链条，如营销战略、4P、顾客关系管理、供应链管理、品牌塑造等。忽视营销基本功的企业，即使在某一单点如新媒体传播和销售方面有优势，也不可能长久发展。同时，新媒体营销直面消费者，可以更好地捕捉消费者需求，反向促使企业优化渠道、供应链和研发能力。

最后，新媒体构建的互联网社会和线下社会形成一种相互映射和相互影响的关系。经典营销的理论和工具在新媒体环境下有时会产生意想不到的应用。比如抖音等短视频平台逐渐形成一种类似于线下夫妻老婆店的密集分销模式（见第 3 章），使得线下渠道拓展和团队管理的经验成为线上运营的重要知识。因此，大量经典营销理论和工具依然是营销人员需要学习和修炼的。

本章首先简要回顾 3C＋STP＋4P 的经典营销知识框架；其次，鉴于顾客价值在营销中的核心位置，以及品牌战略对于中国本土企业发展的重要性，本章在经典营销知识框架的基础上，重点介绍顾客价值和品牌战略的相关理论和工具。

第 1 节　了解营销知识框架

一、营销的定义

许多机构、学者都认为营销是一个经营体系，而不只是做广告和传播。

● 麦肯锡认为营销是企业选择价值、定义价值、传递价值等一系列活动的组合。

● 美国市场营销协会（American Marketing Association，AMA）认为营销是企业创造客户价值组合的战略性工作，所有的工作围绕价值创造展开；营销围绕目标客户的细分、定位以及营销组合 4P，是包括市场细分、目标市场选择、市场定位，以及相关的价格、渠道、促销和产品策略的工作组合。

● 菲利普·科特勒在《营销学原理》中将营销定义为通过为客户创造价值和从客户获得价值来建立有价值的客户关系的过程。他在《营销学原理》第 17 版中对这一定义作了补充，认为营销是通过为客户创造价值和从客户获得价值以融合客户并建立可持续的客户关系的过程，格外强调客户参与、客户融合、长期客户关系的重要性。在菲利普·科特勒的《营销管理》第 16 版中，营销被定义为选择目标市场并通过创造、传递和沟通卓越的客户价值来获取、维持和发展客户的艺术和科学。

无论是在传统时代还是在现在的数字时代，营销的本质没有变化，需求管理、建立差异化价值、建立持续交易的基础依然是有效营销、可持续营销的核心。

二、营销发展历程

战略性的营销思想在过去几十年里发生了巨大的变化，“营销之父”菲利普·科特勒将其中标志性的思想贡献与西方市场的演进相结合，把营销发展历程分为以下七个阶段：战后时期（20 世纪 50 年代）、高速增长时期（20 世纪 60 年代）、市场动荡时期（20 世纪 70 年代）、市场混沌时期（20 世纪 80 年代）、一对一时期（20 世纪 90 年代）、价值驱动时期（21 世纪 00 年代）以及价值观与大数据时期（21 世纪 10 年代）。他列出了不同时期重要的营销概念，如图 4－1 所示。

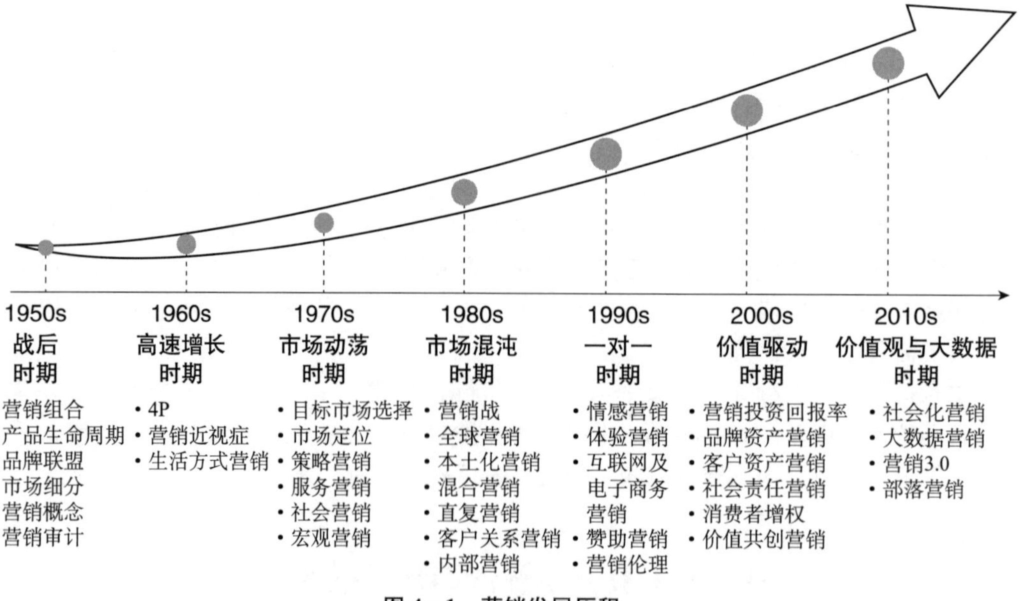

图 4－1　营销发展历程

资料来源：曹虎，王赛，乔林，等．数字时代的营销战略．北京：机械工业出版社，2017.

首先，从营销思想进化的路径来看，营销具有的战略功能越来越明显，逐渐发展成为企业发展战略中最重要和最核心的一环，帮助企业建立持续的客户基础，建立差异化的竞争优势，并实现盈利；其次，营销发展历程也是客户价值逐渐前移的过程，客户从以前被当作价值捕捉、实现销售收入与利润的对象逐渐变成企业最重要的资产，和企业共创价值，企业与客户变成一个共生的整体；最后，营销与科技、数据的连接越来越紧密，企业设置营销技术官、数字营销官岗位，使得相应的人才炙手可热，这些营销人才既要懂营销，又要懂社交媒体，还要懂如何处理数据、应用数据、洞察数据，并了解如何应用新兴技术升级传统营销。

在这个过程中，营销战略导向也发生了转变。菲利普·科特勒从企业实践的角度，把营销战略导向分为产品导向、客户导向、品牌导向、价值导向以及价值观与共创导向，如图 4-2 所示。

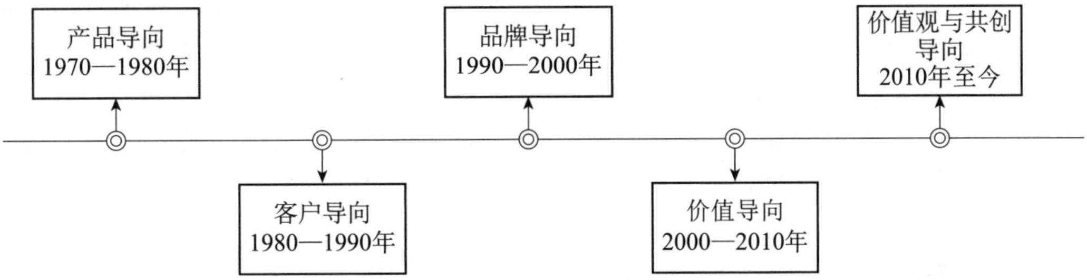

图 4-2　营销战略导向的变化

资料来源：曹虎，王赛，乔林，等．数字时代的营销战略．北京：机械工业出版社，2017.

产品导向将产品本身作为营销战略的核心，它的前提假设是企业的核心工作是产品开发，产品的功能和质量是企业的核心竞争力。产品导向在卖方市场下较为有效合理。然而，专注于产品和技术往往会忽略消费者的需求，对产品和技术的提升可能和消费者需求相悖。比如，一味提高手机后置摄像头的像素并不能满足消费者需求，消费者需要的是更优的自拍性能。

产品导向由于割裂了消费者需求与产品之间的关系，在 20 世纪 80 年代逐渐被客户导向替代。客户导向是指企业以满足客户需求、提高客户价值为经营出发点。营销不是短期战术，而是贯穿价值识别、价值选择、价值沟通和价值再续的长期战略，产品必须以消费者需求为基础，才有可能获得市场成功。OPPO 和 vivo 在中国手机市场的成功一定程度上取决于它们对于中国消费者需求的洞察和满足。

品牌导向强调在与目标客户持续互动的过程中进行品牌的创造、发展及保护，以获得竞争优势。苹果是实行品牌导向的典型例子。

价值导向将消费者与竞争者看作一个整体，针对消费者需求形成与竞争者具有差异化的价值。这一阶段加入了对竞争者的考量，而不仅仅考虑消费者。

2010 年后，菲利普·科特勒认为营销战略已经进入价值观与共创导向阶段，以价值观为引导的、实现消费者价值共创的企业成为新时代先锋，小米是其中的典型例子。

三、营销知识框架

菲利普·科特勒系统构建了 3C+STP+4P 的营销知识框架，此部分内容在第 1 章已有述及，此处不再赘述。

营销知识框架分析涉及对企业内外部环境的认知。相关理论工具有行业规模分析、

PEST 分析、五力分析模型、价值链分析、竞品分析、波士顿矩阵、用户研究、客户旅程等。这些工具是经典营销理论的基础，本书虽不详细介绍，但它们的重要性不言而喻。企业对内外部环境的认知越清晰越深刻，越能够在战略层面作出正确的决策。

现代营销管理可分为两个阶段。第一阶段是分析与战略，即 3C＋STP 阶段，是价值识别、价值选择的过程。

延伸阅读 4－1 需要、欲望和需求

第二阶段是计划与执行，即营销 4P，是创造价值、捕捉价值、沟通价值和传递价值的过程。4P 营销策略的执行过程涉及众多理论和分析工具。产品策略，涉及产品整体概念的层级分析、产品组合分析、产品生命周期理论、新产品开发流程、新技术接受曲线以及跨越鸿沟理论。价格策略，涉及价格弹性理论、行为经济学的非理性行为理论（如前景理论、锚定效应、对比效应、折中效应、心理账户等）、定价策略（成本加成定价、竞争导向定价和顾客导向定价）、渠道层级定价策略以及价格战等内容。促销策略，涉及对媒介特性的了解、传播内容的设计以及整合营销传播的相关理论，目的是提高获客效率，建立消费者认知，降低获客成本。渠道策略，涉及渠道策略的选择（如渠道长度、宽度与产品类型、定位的匹配等）、渠道成员的选择和考核、渠道成员的管理和激励、渠道冲突管理等内容。

菲利普·科特勒将 4P 拓展为 7T，即产品、服务、价格、激励（促销）、沟通、分销、品牌。虽然有所拓展，但其本质上依然是营销策略的执行过程，也是沟通价值、传递价值和再续价值的过程。

营销是完整的经营系统，而不只是单点的传播或者产品策略，3C＋STP＋4P 的经典营销知识框架在新媒体时代依然有效，仍然是企业应具备的基本功。新媒体营销的有效性建立在经典营销知识框架的基础之上，对新媒体营销的学习不能脱离对经典营销理论的理解。

第 2 节　新媒体环境下营销知识框架的升级

新媒体环境下，经典营销知识框架也随着技术的发展而升级。这种升级并不是对传统营销理论和工具的替代，而是对其的补充和优化。比如，虽然大数据分析和 A/B 测试逐渐超越传统的调研方法成为行业研究、消费者研究的主流工具，但一些传统制造业出于技术以及保密等原因，还是需要采取传统的调研方法；广告依然是进行营销沟通必不可少的组成部分，特别是在户外、电梯等广告空间，传统广告依然有效；场景细分虽然成为市场细分中最流行的细分变量，但传统的人口统计学变量、地理区域变量等对于细分市场依然有基础作用。新媒体环境下营销知识框架的升级没有否定传统营销理论和工具的有效性，而是提供了新的营销思路并完善了营销工具。

在新媒体环境下，营销所采用的工具和实现的形式发生了很大的变化。本部分对这些变化进行简要介绍。同样需要注意的是，变化并不意味着完全取代。比如价格策略中出现了免费和补贴的新形式，这两种形式在互联网企业获取市场时起到了重要作用，但这并不意味着传统的价格弹性、渠道定价、锚定效应等不再起作用。

一、新媒体营销对 3C 营销战略的升级

关于 3C 中顾客即消费者的变化详见第 2 章。

传统调研往往通过深度访谈、焦点小组访谈、调查问卷和人类学观察等方式获取市场信息。数字时代的市场调研发生了很大变化，如图 4－3 所示。由于数字技术的发展，市场调研变得更容易。比如大数据行业动态分析、用户画像的精准描绘、用户行为跟踪、A/B 测试、基于网络文本的情绪监测与分析等，使得市场调研的时效性提高、成本下降、准确性提高。当然，数字时代也面临许多营销伦理风险，需要企业和消费者关注。

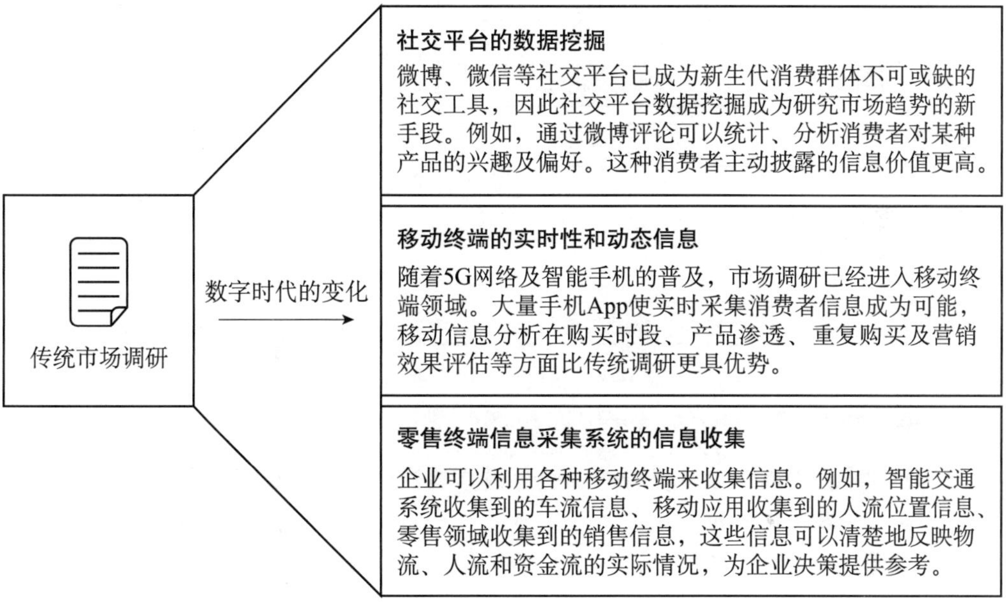

图 4－3　市场调研进入数字时代

资料来源：曹虎，王赛，乔林，等．数字时代的营销战略．北京：机械工业出版社，2017.

虽然目前的市场调研越来越大数据化，但对这些数据的洞察和解读更需要行业经验和营销智慧，这反而使得基于消费者个体的田野调查、民族志研究、访谈等调研方法比以往更加重要。

二、新媒体时代对 STP 营销战略的升级

1. 市场细分：精细化、场景化、圈层化

市场细分是营销的核心环节，基于特定群体的共同需求把市场划分成多个小市场，提供解决方案，并围绕最合适的触点完成产品触达和信息触达。自 20 世纪 50 年代以来，营销学中的市场细分概念不断发展，细分标准经历了多次演变，从 20 世纪 50 年代的人口统计学特征、20 世纪 60 年代的区域人口统计学与行为特征、20 世纪七八十年代的心理统计学特征（个性与生活方式）、20 世纪 90 年代的客户忠诚度与收益，演变至目前的精准用户画像。

新媒体时代，市场细分变得更加重要，出现的变化体现在两个方面，一是市场细分

更加精细化；二是细分标准更关注消费场景变量和消费者圈层。

首先，市场细分更加精细化归功于技术进步。营销人员可以利用位置信息、行为互动和行为指标、移动搜索和浏览数据、社交媒体文本、用户评论等重新定位营销目标群体。精准营销甚至是一对一营销，在数据挖掘工具的支持下可以得到最大程度的实现，结合细分模型与市场调研可以对细分客户群进行精准描述（见图 4－4）。

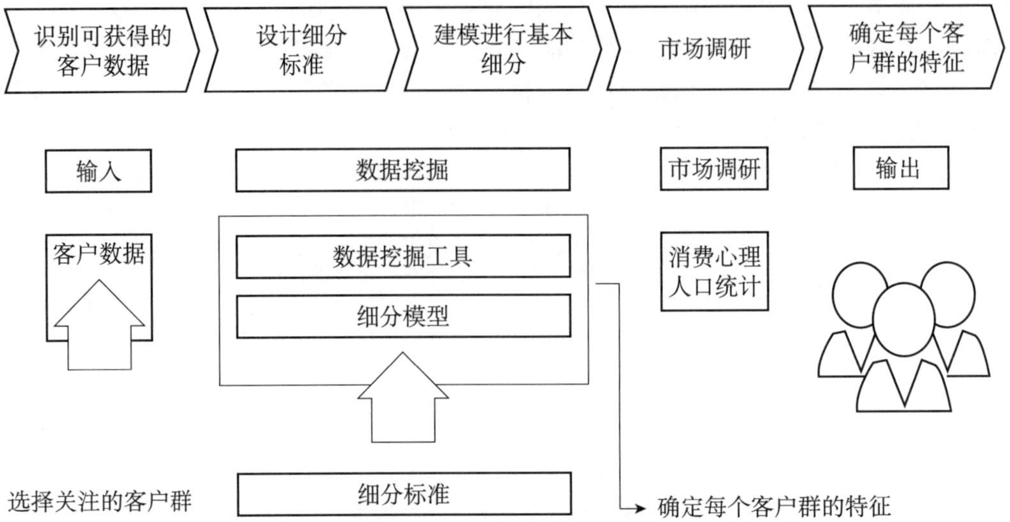

图 4－4　新媒体时代的市场细分

资料来源：曹虎，王赛，乔林，等．数字时代的营销战略．北京：机械工业出版社，2017.

淘宝的“千人千面”以及抖音的算法分发是典型的一对一营销。例如，一个买家喜欢波希米亚蕾丝花边连衣裙，当该买家来到某平台定向推广页面时，系统就会在连衣裙类目里选出具有波希米亚风格、蕾丝花边特征的商品呈现给该买家。关于用户画像的具体内容，详见第 11 章。

其次，细分标准的变化离不开新媒体技术加持。传统营销限于技术，往往采用较为简便的地理区域变量或人口统计学变量进行细分。在新媒体技术的推进下，基于内隐的心理变量、场景变量等进行市场细分得以实现。其中场景变量和消费者圈层（即在社交媒体上基于共同兴趣或情感而连接在一起的消费者群体）如今变得更加重要。

场景变量是新媒体时代最受重视的细分变量之一。场景是理解消费者行为模式的框架，包含空间、时间、消费者实时状态、社交氛围。传统的线下消费是“守株待兔式”的，需求在时间和空间上是分散的；而在移动互联网中，只要构建一个合适的场景（时间、空间、事件）就可以集中需求。场景细分会考虑消费者在什么时间会使用企业的产品，在什么情境下会使用企业的产品，企业的产品在消费者生活的场景中充当什么角色。比如 2023 年 9 月花西子“79 元眉笔”事件引发一系列舆论反应，导致消费者一时之间对传统国货品牌如蜂花、郁美净等产生了极大的购买意愿。这一特定时间和社会环境下的小事件，却使得物美价廉的传统国货突然爆火。小红书有意识地利用场景变量，在暑期旅游的目的地景点及交通工具周围设置大量带有旅游攻略性质的户外广告，达到了非常好的吸引消费者的效果并引发消费者行动；在雨天场景下，滴滴出行的打车需求会猛增；晚上 10～12 点的场景中，消费者的购物需求会集中爆发。

消费者圈层也逐渐成为新媒体时代重要的细分变量。圈层就是某一类具有相似的经济条件、生活形态、艺术品位的人在互相联系中所形成的一个小圈子。进入一个圈层意味着可以高效链接大量有着类似需求的潜在消费者，数字技术在其中发挥了重要作用。比如，以前体育用品店往往开设在大学或体育馆附近，以靠近消费者；而在新媒体环境下，经营体育用品的品牌可以直接通过共同的兴趣超话、贴吧主题、话题标签、兴趣论坛来接触消费者，甚至将自己打造成为某一体育运动领域的KOL，连接大量有相同兴趣的消费者。例如，健身软件Keep早期通过在各大体育健身论坛输出健身知识获取了大量用户。

消费者圈层细分具有以下优势：第一，有效传递品牌信息和扩展目标群体；第二，借助口碑使得品牌认知度更趋于一致；第三，作为一种顾客维系手段促进消费者长期多次购买。企业要把原有的“点”交易上升到“线”关系和“面”效率，通过拥有良好使用体验的消费者对其周边购物人群形成有效影响，即营销模式从“B2C”转化为“$B2C2C^n$”。

2. 目标市场：向小众市场演进

传统营销时代，企业在进行目标市场选择时的一个重要指标是市场规模的足量性，即细分市场的规模是否足够大，企业能否在该细分市场中获得生存和成长的空间。因此，大众市场往往是企业的优先选择，因为大众市场意味着大量的需求和企业可以获得规模效应。随着供给的不断增加，消费者的各类基本需求几乎都能得到及时的满足，一些派生性的细分需求开始凸显。此外，新媒体技术也使得细分需求的聚集和供给成本大大降低。因此，企业在进行目标市场选择时，开始逐渐将目光投向小众市场。还有一些企业通过在小众市场的渗透实现突破，从而进入大众市场，比如蔚来汽车。

相比而言，小众市场的营销更贴近消费者，企业要缩短与消费者之间的距离，以降低成本，通过与消费者对话、让消费者参与来扩大企业的边界，以消费者增长取代以前的市场扩张。有机构将小众营销的战略实施框架分为七步：目标客群、快速连接、产品众创、圈层推介、跨群扩散、分项衍生、附加盈利（见图4-5）。

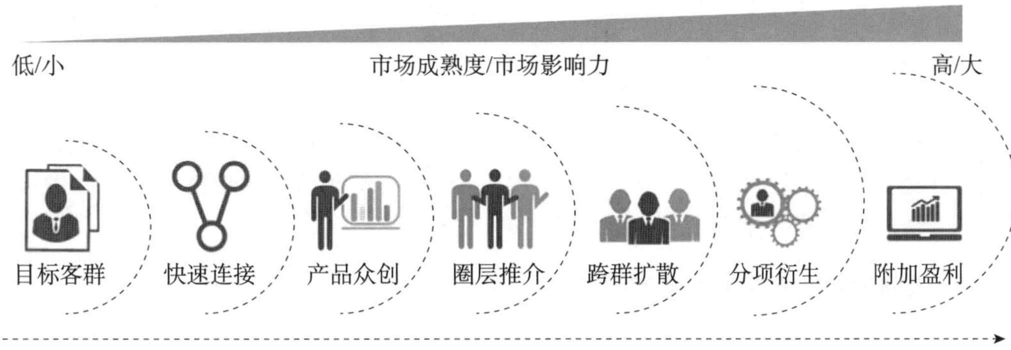

图4-5 小众营销的战略实施框架

资料来源：曹虎，王赛，乔林，等．数字时代的营销战略．北京：机械工业出版社，2017.

（1）目标客群。小众营销的第一步是要找到目标客群。

（2）快速连接。找到目标客群后，企业要充分利用移动互联网连接目标客群，迅速形成可以与目标客群进行持续交流与交易的社区。企业可以通过多种渠道迅速实现快速连接，比如进入“水平鱼塘”，即从其他具有同样诉求的社区中寻找客户，也可以自建社区，还可以通过搭载平台建立自身的社群。

（3）产品众创。目标客群越精准，企业在实现快速连接后就越容易实施产品众创。企业只要能形成与目标客群进行持续交流与交易的社区，后期就能通过多种方式将消费者（consumer）变成产销者（prosumer）。

（4）圈层推介。圈层推介可能和产品众创同步开展，也可能在产品众创之后进行。从某种意义上讲，产品众创的参与感本身就是圈层推介的一种手段。在移动互联网时代，营销战略的一大变化在于次序性策略中一步接一步进行的环节可能同时开展。圈层推介的核心目的在于最大化小众产品对目标客群的渗透率，即深度占有客户，获得客户的深度认同和高客户推荐度。同时，圈层推介是实现从小众市场到大众市场的一个过渡，很多企业先通过小众营销切入目标客群的生活场景，然后逐步扩张。例如，小米手机最开始的定位是“为发烧而生”，在小众市场获得影响力后，逐步扩大品牌影响，占领大众市场。

（5）跨群扩散。虽然并非所有的小众营销都需要走向大众，但仍有许多企业希望跨越多个群体扩大影响力。

（6）分项衍生。无论是否从小众营销走向大众营销，分项衍生都是企业需要考虑的战略布局。企业的产品或服务对客户需求的满足程度越深，营销越窄众，就越需要通过创新增加衍生产品的供给来扩大企业的供给规模，以扩大企业的获利空间。当然，分项衍生存在风险，如果品类关联范围过大，原有小众客群就会质疑原有的价值观连接，造成核心客群流失。

（7）附加盈利。附加盈利是小众营销战略实施的最后一步，要在连接小众群体并为其提供产品或服务的基础上，通过分项衍生产品或者构建更广泛的生态圈形成附加盈利。附加盈利是建立在小众生态圈基础上的盈利，而非提供原有的产品或服务所获得的利润。

3. 市场定位：顾客价值主张

定位是营销中最常见也最易被混用的概念之一。市场定位的概念从早期的“心智定位”逐渐演化为“价值主张”。心智定位更强调通过设计企业的产品和形象，在目标市场中占据独特的地位，实现区隔化，目标是使品牌留在消费者的心中，以实现企业的潜在利益最大化。价值主张则更强调从消费者需求出发，考虑产品能给消费者提供什么价值，即给出目标客群会购买这种产品的理由。顾客价值在新媒体环境下并没有太多变化，只是随着社会变迁和消费者变化，在功能价值之外出现了情感价值。更能帮助消费者进行价值观表达的顾客价值主张会更受到消费者的偏爱。

三、新媒体时代对 4P 策略的升级①

1. 新媒体时代对产品策略的升级

（1）MVP 的产品思维。硅谷产品管理奉行精益创业（lean startup）的产品思维。精益创业的本质是强调市场测试而不是细致的策划，强调顾客的反馈而不是企业自己的感觉，强调反复的设计和改进而不是前期大而全的产品开发，在产品开发时强调最小可行

---

① 曹虎，王赛，乔林，等．数字时代的营销战略．北京：机械工业出版社，2017.

性产品（minimum viable product，MVP）。美剧的制作和播出其实就是典型的 MVP 模式，根据市场反应调整播出策略。

MVP 的产品思维帮助企业先验证市场，再做产品开发与调整，以提高产品成功的概率，颠覆了以前从商业计划书到产品开发、产品上市的思维。

（2）产品边界扩展，变成“产品＋社群”。单点的产品功能价值并不能获得消费者的拥护。如今的产品超越了产品本身的边界，逐渐变成“产品＋社群”。产品差异化的维度不仅限于产品本身，还扩大到相关服务，产品和服务之间的边界模糊。企业通过产品聚合社群，社群互动增强消费者黏性，使企业持续获利。案例 4－1 介绍了社群营销相关内容。

案例 4－1 社群营销：与用户交朋友

（3）产品服务化：从拥有到共享。从狭义上讲，共享经济是指以获得一定报酬为主要目的，基于陌生人关系且存在物品使用权暂时转移的一种商业模式。共享经济是对沉没闲置资源的社会化再利用，是将熟人之间的共享关系推向陌生人关系的经济形式。零边际成本、商业化信任和社会化互联是共享经济的三大驱动要素。

虽然共享经济的尝试热度在中国市场逐渐褪去，但共享单车、共享充电宝等共享经济模式还是使市场和消费者习惯发生了巨大的改变。中国的共享经济企业可能成为大型数字平台的场景入口，如哈罗单车之于阿里巴巴。基于位置服务（location based service，LBS）、动态算法与定价、双方互评体系、移动支付、大型数字平台接入等技术与机制的应用，使得供给方与需求方可以通过数字平台进行交易。

2. 新媒体时代对价格策略的升级

（1）从收费到免费的价格策略。在传统的价格策略之外，新媒体时代出现了免费和补贴的价格策略。

免费经济学是由《长尾理论》的作者克里斯·安德森提出的，20 世纪 90 年代被硅谷大量的互联网科技企业应用。安德森把企业可以使用的“免费”价格策略分为六种模式：免费增值（freemium）模式、广告（advertisement）模式、交叉补助（cross-subsidies）模式、零边际成本（zero marginal cost）模式、劳务交换（labor exchange）模式以及礼品经济（gift economy）模式。例如，QQ 采用免费增值模式，对全体用户免费，但对所提供的增值服务（如 QQ 秀）收费；采用广告模式的典型企业包括谷歌、百度、腾讯、字节跳动，它们收取注意力经济的费用或点击费；采用交叉补助模式的典型企业是吉列，其以成本价卖出剃须刀架，而依靠刀片盈利。

互联网企业边际成本接近于零的特性，使得“三级火箭”的商业模式成为可能，如图 4－6 所示。“免费”的价格策略可以很好地吸引用户，一旦用户数量积累到一定数量级，就可以通过广告或免费增值等模式产生盈利。比如对于 IT 行业，硬件趋向低盈利甚至没有盈利，而以附件加软件作为高盈利点。

（2）从无差别定价到动态定价。在传统的价格策略中，往往由企业依据内部定价政策单方面设定价格，价格具有一定的固定性和无差别性。随着数字技术的发展，为了应对复杂的需求变化，出现了更多样化的价格策略。由于移动互联网的随时可触性，“动态

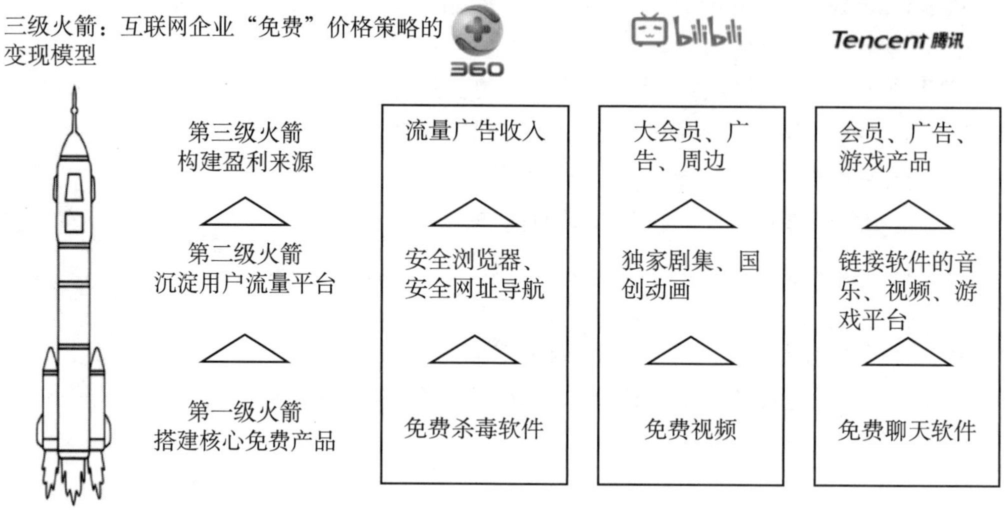

图 4-6　三级火箭商业模式

定价＋场景定价”成为价格策略的新模式。

2012 年年初，优步研究发现，每到周末凌晨便会出现大量的未满足需求，这是因为此时大部分司机已退出系统，而恰好有一批刚结束周末狂欢的用户准备回家，供求不平衡导致用户在需要用车的时候叫不到车。为了应对这类问题，优步尝试在特定时间段适当提高服务单价，不久就得到了正向反馈，特定时间段的服务供应量增加了 70%～80%，几乎满足了 2/3 的未满足需求，这说明出行服务的供给价格弹性非常大。此后，优步将动态定价（surge pricing）正式应用在高峰时段。

动态定价最重要的一个升级在于，它兼顾时间、空间、天气、路况等多重场景维度的变化，通过提取大量数据、高速加工数据、建立计量经济模型和数据库，让价格作出实时反应，从而实现不同场景下的“量身定价”。

3. 新媒体时代对渠道策略的升级

（1）触点与渠道合一。如果说传统营销注重的是渠道的选择，那么新媒体营销更关注如何获得更多与消费者接触的触点。在新媒体环境下，销售渠道成为传播触点中的一部分，二者渐渐合二为一。这意味着所有能够让消费者接触到品牌的传播触点都可以直接变成购买触点；所有传播触点，无论是户外广告、短视频、直播还是“大 V”的微博、二维码，都可以成为直接的销售渠道。消费者对品牌、产品、价格、口碑等信息的获取，可以在不同时间、不同地点进行，可以不受限制地选择线上、线下或者采取“并存和双跳”的方式，这打破了线下实体店、线上网店单行单选的状况。消费者决策路径变得更加丰富和动态。社群触动、线下体验、线上搜索、社交种草、口碑验证等环节都有支持无缝链接、多向互转的基础设施，能够进一步培养消费者的消费习惯。消费者只需要做一件事：决定在哪个环节或场景下单。场景即渠道，触点即渠道，新媒体营销的渠道策略要保证与消费者接触点的畅通。

（2）渠道管理。单渠道策略是选择一条销售渠道，将产品和服务从某一销售者手中转移到消费者手中。单渠道策略通常被认为是窄渠道策略，是以渠道宽度衡量，而不考虑渠道类型。一些新品牌或小企业可以通过单渠道策略存活下来。例如，传统营销下洗衣机的销售遵循“工厂——一级批发—二级批发—三级批发—零售店—消费者”的单渠道策略。

对于规模较大的企业，多渠道或跨渠道策略成为必然的选择。多渠道策略是指企业采用两条及以上完整的销售渠道进行销售活动，但消费者一般在一条渠道完成整个购买过程或活动。跨渠道策略指的是企业通过多种渠道交互完成销售流程，通常每条渠道仅完成销售的部分环节。以线上和线下渠道的互动合作为例，消费者在线下渠道了解产品，在线上渠道订购，然后通过线下店铺自提或者快递完成购买。

全国性的企业面临更大的挑战，对渠道管理能力有很高的要求。如今，中国企业面临多个货架空间，包括平台电商、兴趣电商/内容电商、社交电商/私域电商、线下传统零售和新零售、即时零售、社区团购等，未来随着技术的发展，还可能有更多新的渠道。全渠道、多渠道设计其实并不难，真正的难点在于如何协调不同渠道之间的利益。如何整合、平衡、管理线上线下的多重渠道是目前企业渠道管理面临的最大问题。如何统一经营，如何平衡线上和线下渠道之间的结构，如何协调企业不同品类和品牌的供给渠道，如何定价以获取市场并平衡渠道利益，如何理顺并协调不同的传播触点，如何在渠道管理时不丧失品牌聚焦且不冲淡品牌核心价值，等等，这些问题需要企业不断探索解决方案。

目前，渠道管理有四种实践：

第一种是基于渠道产品异化（channel-specific assortments）的区隔。所谓产品异化，指的是不同渠道提供有区隔性的产品，防止消费者对产品进行直接对比，从而产生严重的渠道冲突乃至渠道迁移。通常情况下，线下渠道销售热门商品，线上渠道销售线下商品的补充类别，而不是与线下渠道进行竞争。企业的产品异化供应有多种表现形式，比如产品供应节奏不同步、产品供应型号或品类有差异等。从策略上看，基于渠道产品异化的区隔本质是通过使渠道不对称来回避冲突，多被渠道层级较多的企业采用。

第二种是基于购物体验/消费附加值（in-store experience / value-added）的区隔。企业需要对渠道之间的价格差异，给消费者充分的理由和价值补偿。比如，线下渠道若要锁定消费者并直接推动交易，就要提供与线上渠道不同的购物体验，提供消费附加值。这种附加值可以是“消费者即时拥有”的情感价值，也可以是线下会员俱乐部、增值服务的理性价值。从策略上看，基于购物体验/消费附加值的区隔的本质是用即时体验助推即时交易。比如，苹果电脑在线上、线下渠道的价格差异为5%～8%，但是线下渠道销售仍然强劲，原因就在于线下渠道提供相应的配套服务。对于消费者而言，高质量和个性化的服务体验是很有价值的，能大大提高购买的可能性。

第三种是基于方便可达（convenient accessibility）的区隔。虽然固定面积和位置的实体店具有一定的地域局限性，但基于地理位置的线下渠道也能够在合适的场景提供方便，如基于地理位置的本地生活/即时零售渠道能为消费者提供方便可达的价值。

第四种是基于渠道功能互动的融合（omni-channel integration）。基于渠道功能互动的融合是指把所有渠道的功能结合起来，以提供更集中、更全面的消费者体验。以前企业普遍对渠道区分运营，如今也有一些企业走向全渠道融合。比如，盒马的线下渠道为线上渠道提供体验，促进消费者数量的增长；线上渠道为线下渠道带来流量和购买转化。

渠道管理真正的难点是利益调节，即渠道和模式背后的利益分割。对于自己拥有零售渠道的企业，面对的问题包括线上线下渠道融合如何保证经销商的利益，如何设置合理的考核体系，如何设置价格体系等。这些问题牵一发而动全身，涉及企业资源配置与机制调整的转型。

4. 新媒体时代对促销策略的升级

（1）从硬性广告（又称硬广）到内容营销与数据营销。在内容营销层面，在信息泛滥的时代，受众可以接受并消化的信息是有限的，传统自上而下的信息传播方式已经难以打动消费者，而“讲好故事”、内容营销、将社交媒体的热点与品牌信息进行“拼合”的能力显得尤为重要。因此，定位策略的重要性凸显。定位理论的产生源于一个核心假设：在工业化时代信息爆炸、信息单向传播的背景下，企业要强化自己在消费者心中的地位。它假设企业是传播主体，定位策略就是通过不断地重复单一化的信息，随着时间的推移在消费者的心智中形成独特的定位。

而在新媒体时代，很多信息是消费者自身生产的，也可能来自特殊时点与企业不相关的事件，而专业的营销人员能将这些信息应用于企业的传播互动，形成企业自身的魅力点。例如，奥迪巧妙地利用索契冬奥会开幕式上的“五环乌龙”来传播品牌。小米会让员工讨论有哪些新的话题可以使消费者联想到小米品牌。新媒体时代，“联想管理”是提升企业魅力、打造企业差异化竞争优势的重要手段。

在数据营销层面，广告投放决策开始从经验驱动向算法驱动过渡。以前广告投放决策的关键在于预算分配和进程管理，广告媒介的购买大多依赖于经验和单一数据。如今，大数据技术开始全面进入展示广告领域，实时竞价（real time bidding，RTB）、私有市场（private marketplace，PMP）、需求方平台开始出现，机器学习和数据算法逐渐取代经验。营销人员可以建立模型，并用逻辑回归模型进行预测，利用机器学习对模型进行参数调优和升级。建立数据管理平台（data management platform，DMP）和需求方平台后，企业只要输入需求和预算，系统就可以自动进行程序化购买。当然，大数据程序化购买产业在中国兴起的时间较短，在质量上还存在一定的问题，未来需要进一步改进算法与提升质量。

（2）从宣传到对话。传统营销中的促销策略主要是一对多的大众传播，企业单方面进行内容输出。新媒体促销策略的核心则从宣传转移到与消费者对话上。企业更加关注如何接触到消费者，如何与之建立联系并顺畅交流，从而更加了解消费者的需求。

在传统营销的促销策略中，企业占据主导地位，而在新媒体时代，脸书、微博等数字平台使得消费者可以横向连接企业，对企业讨价还价的能力大幅提高，甚至可以联合起来对抗企业，企业地位有所下降，需要更多倾听消费者的声音。

很多企业进行的新媒体促销就是发微博、发短视频，效果欠佳，因为它们在提供服务与传播品牌信息时没有与消费者“对话”。由此可见，传统营销向新媒体营销转型的关键是营销角色的转变——从影响消费者到帮助消费者表达，从品牌主体生成内容到用户生成内容。能够让消费者参与“对话”是重要的品牌沟通能力。比如老乡鸡的微博运营较为擅长与消费者对话，通过“咯咯哒”搞笑内容和老乡鸡老总的微博互怼，引发大量用户的参与和讨论。一些品牌构建“私域”，有专门的客服人员回应和关注微信群中消费者的反馈和意见，与消费者建立起长期的关系。

第 3 节　顾客价值

无论传统营销还是新媒体营销，顾客价值都是核心。大众对于营销的理解较为片面，认为企业擅长做广告和传播就是营销做得好。实际上，营销真正做得好的企业，不一定在网络上声量很高，但一定擅长创造顾客价值。它们会通过系统经营，紧紧盯住顾客的需求，为顾客创造能满足其需要的产品，为产品制定合适的价格，通过沟通让顾客了解产品并促成购买，然后通过渠道交付产品。

顾客价值是指顾客从某一特定产品/服务/品牌中获得的一系列利益。具体来说，顾客价值是向顾客提供的供应品的价值，取决于顾客对供应品满足其需要的程度的评估。供应品为顾客创造的价值基于三个主要因素：顾客的需要（needs）、顾客获得的利益和在购买供应品时产生的成本，以及顾客从用来满足其需要的替代品即竞争性供应品中获得的利益和需要负担的成本。因此，顾客价值主张应该能够解释为什么目标顾客会选择公司的供应品而不是其替代品。① 顾客的消费是寻找意义和价值的过程，也就是寻找顾客价值的过程。通常顾客会有满足功利（utilitarian）需要与享乐（hedonic）需要的动机，产品客观的有形属性能满足功利需要，而享乐需要则是主观且经验性的，要由产品的无形属性来满足。

// 案例 4－2 //

什么是真正的顾客价值

互联网金融是基于互联网技术开展金融业务的服务模式。其中，互联网理财产品用户规模增长迅速。2013 年余额宝的诞生开启了互联网金融的新篇章，激活了金融行业的技术创新。2017 年，余额宝用户规模达到 4.74 亿人，创下历史新高，平均每人持有 3 329.57 元。艾媒咨询数据显示，中国互联网理财用户自 2015 年以来持续增加，从 2.4 亿人增加至 2021 年的 6.3 亿人，增长超 1.6 倍。

投资机构有知有行的创始人认为借助人性弱点带来的消费者数量的增长并不能帮助消费者真正实现自我目标，也不能带来更好的社会效益，没有真正创造价值。创始人孟岩的三段创业经历帮助有知有行洞察互联网金融市场中消费者的真正痛点和内心需要。从帮助统计收益的财帮子，到站在用户一边的基金交易软件且慢，再到关注投资者教育的有知有行，团队对于用户价值的理解越来越深入。

1. 财帮子：借助人性弱点带来的用户黏性不等于用户价值

2005 年，孟岩观察到其父母每天晚上都会在电脑前计算基金收益。于是他发现了对于基金用户来说一个重要的刚需：更新各家基金的净值，并统计每日收益。在对这一需求的洞察下，他创立了财帮子网站。其核心功能就是录入用户的基金和股票份额，统计收益。再结合当时流行的 Web 2.0 的概念，财帮子从工具需求切入，开辟面向“股民”和“基民”的用户互动社区。这个产品在 6 个月的时间内注册用户达到 100 万人，并在

① 菲利普·科特勒．营销管理：第 16 版．北京：中信出版集团，2022.

上线不久后获得了风险投资。

但高的用户增长和黏性带来的并不是财帮子的成功，财帮子也没有让用户在市场上赚到更多钱。2008 年股灾来临时，上证指数下跌了 70%，用户不断亏损，逐渐不再打开财帮子，财帮子的活跃用户数量急速下降。

财帮子不仅没有为用户带来投资收益，反倒因为网站设计的黏性功能无形中助长了投资用户的非理性情绪。投资本身应该是一个兼具耐心和智慧的事情，急于求成、对市场的过度关注反而会被市场情绪误导。

2. 且慢 & 有知有行：理性投资，让投资使用户的生活变得更好

吸取财帮子的教训，2015 年，且慢 App 诞生了。相比市面上强调“多快好省”的基金交易软件，且慢从名称、UI 到交互都让人感到平静、理性。且慢试图向用户传递长期投资理念，即好资产＋好价格＋长期持有。这种长期投资理念也传递着一种关注当下的生活哲学：投资只是生活的一部分，是帮助你生活变得更好的工具，你应该把时间花到自己的生活上。

站在用户一边的且慢把传递用户价值摆在第一位，所以它的产品功能都在宣导着长期投资理念，帮助用户在投资过程中保持长远视角和理性思考，在各种与用户接触的触点中，它都会给出投资提示。比如，为了让用户获得最优惠的买入渠道，且慢为某只打折的基金设置了非常清晰的用户提醒，甚至提供了跳转链接，用户可以直接到这只基金的官网进行购买。同时，针对在且慢已经购入基金的大额用户，会电话通知他们可以撤单，去更便宜的地方买。这样做且慢会损失大量销售佣金，但用户的利益得到了保障。

这种考虑用户价值的方式给且慢带来了意想不到的结果，用户对且慢产生了极大的信任。长期来看，用户与品牌培养了一种更和谐的关系。尽管短期收入减少，但长期可能会产生更大的收入。2019 年，且慢和管理资金规模都发展得很好，并拿到了证监会的基金投顾的牌照。

单纯贯彻长期投资理念是不够的，由于缺乏金融素养，下沉人群投资效果相对较差。真正亟须做的是让用户在认知层面彻底理解为什么以及怎么做长期投资，否则他们并不会真正改变自己的投资理念。因此，投资者教育成为新的问题焦点，2020 年，有知有行 App 应运而生。

有知是指个人认知的提升，抛弃焦虑的情绪，重视当下的生活；有行是指认知的实践，即把认知转换为生活的一部分，去成为更好的自己。这两个词与且慢倡导的长期投资理念一脉相承，比起投资的焦虑，用户更需要的是投资的知识，并且去进行投资实践。

从长远和宏观的角度来看，互联网金融市场的真正痛点是市场情绪与股市波动，这是大部分投资者在逐利的本能下难以意识到的。有知有行通过投资者教育的方式让用户摒弃跟着市场情绪走的投资方式，去了解投资的底层逻辑，用好价格买到好资产，并长期持有。

参考资料：我的十年小目标：降低中国股市的波动，让更多人赚到钱（有知有行创始人孟岩）.（2021－06－07）. https：//mp. weixin. qq. com/s/exu2umQAttCRAL5UCS9WwQ. 快科技 . 余额宝发布 2017 年年度报告：总规模 1. 58 万亿几乎翻倍！.（2018－04－01）. https：//baijiahao. baidu. com/s? id＝15965039471567 18665&wfr＝spider&for＝pc. 米乎财经 . 新经济行业数据分析：2021 年中国互联网理财用户规模达 6. 3 亿人 .（2022－03－11）. https：//baijiahao. baidu. com/s? id＝1726998536273325072&wfr＝spider&for＝pc.

本节想要通过三个理论工具回答三个问题，一是产品为顾客提供哪些价值，顾客为什么会购买；二是企业如何选择差异化的顾客价值；三是对于品牌塑造来说，产品属性或功能性价值如何与抽象的精神价值关联起来。

一、S-N-G 模型：产品为顾客提供哪些价值

希斯（Sheth）、纽曼（Newman）和格罗斯（Gross）在 1991 年提出了 S-N-G 模型，认为产品为顾客提供了五类价值（见图 4－7），S-N-G 模型用于解释顾客为什么选择某一产品或服务而不是其他选项。[①]

功能价值（functional value）：这是与产品或服务的实用性和功能性有关的价值。

社交价值（social value）：这是与顾客如何通过使用产品或服务来改善社交状态有关的价值。

情感价值（emotional value）：这是与产品或服务在满足顾客情感需求方面（如娱乐、心理奖励等）的能力有关的价值。

认知价值（epistemic value）：这是与产品或服务所提供的新信息或知识有关的价值，通常在顾客尝试新事物或寻求产品多样性时更为重要。

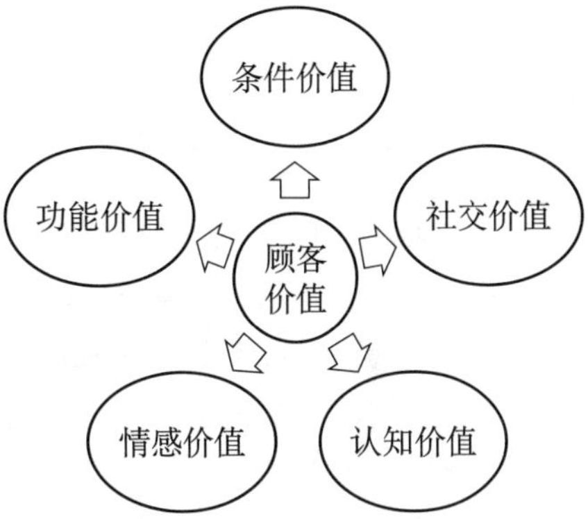

图 4－7　五类顾客价值

条件价值（conditional value）：这是在特定情境下产品或服务所具有的价值，与产品季节性、稀缺性等有关。

S-N-G 模型提供了一个全面的框架，解释顾客为什么选择某一产品或服务，以及企业如何通过提供多维度的价值来吸引和留住顾客。

此外，也有学者提出，体验价值已成为消费者行为新的驱动力。以消费者体验价值为核心的营销体验和品牌体验在新媒体营销中备受关注，这是新媒体时代消费者行为领域中最重要的新趋势之一。

体验（experience）是人们响应某些刺激（stimulus）的个体事件（private event）。体验通常是消费者亲自参与或直接观察某事件所产生的，不论事件是真实的还是虚拟的。体验既涉及消费者的感官、情感、情绪等感性因素，也涉及知识、智力、思考等理性因素，还会受到物理活动的影响。比如对于迪士尼乐园，体验价值是核心的顾客价值。

二、DRP 模型：如何选择差异化的顾客价值

DRP 模型是凯文·凯勒在其《战略品牌管理：创建、评估和管理品牌资产》中提出的一种选择差异化的顾客价值的方法，如图 4－8 所示。这个模型具有一定的竞争视角，认为在确定目标客群之后，并不是直接开始选择差异化的顾客价值，而是需要首先确定一个竞争参照系（competitive frame of reference）。通常这个竞争参照系的选择是对品类市场的选择，对于一些产品来说，在不同的品类市场竞争，其发展上限有差异，竞争力

① Sheth J N，Newman B I，Gross B L. Why we buy what we buy：a theory of consumption values. Journal of Business Research，1991，22（2）：159－170.

也不同。珍珠饰品企业是在珠宝市场还是在时尚配饰市场与其他品牌竞争，决定了其品牌塑造方向和营销策略。

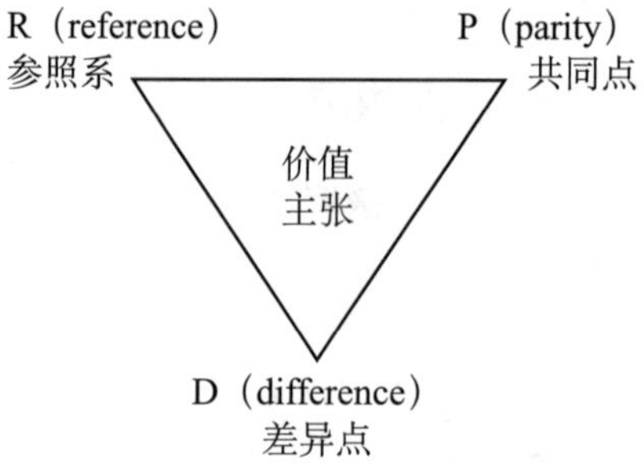

图 4－8　DRP 模型

资料来源：凯文·凯勒．战略品牌管理：创建、评估和管理品牌资产：第 5 版．北京：中国人民大学出版社，2020.

日本索尼 AIBO 机器狗在进入美国市场时，就面临选择竞争参照系的问题，是选择工作机器人品类市场还是娱乐机器狗品类市场？由于当时的技术水平有限，开发团队无法创造出一个能做具体工作的机器人，于是决定另辟蹊径，做一个能陪人聊天、让人开心的娱乐机器狗，进军娱乐机器狗品类市场。这个产品受到了市场的欢迎，消费者将它当成真正的小狗，迅速将它接纳为家庭的一分子。即使因为技术原因导致机器狗有时对指令没有反应，消费者也会觉得它像真正的小狗一样有脾气从而更加喜欢它，原本的技术缺陷反而变成了优点。如果是在工作机器人品类市场，技术缺陷毫无疑问会引发消费者的不满和质疑。可见在不同的品类市场，消费者的心理期望和标准是有差异的，使得产品或品牌在不同竞争参照系内的竞争力是有差异的。品牌应该选择对自己最有利的竞争参照系。

合适的竞争参照系是选择差异化的顾客价值的基础，之后还需要打造适当的差异点和共同点的品牌联想。

（1）共同点联想（points-of-parity（POP）association）是指那些实际上不为品牌所独有而是与其他品牌共享的联想。共同点联想有三类基本形式：品类共同点联想、竞争性共同点联想、相关性共同点联想。

品类共同点联想，即在某一特定产品品类中消费者认为任何一个合理的、可信的产品所必须具有的属性的联想。这些属性的联想至少存在于一般产品层次，也可能存在于期望产品层次。比如凉茶作为饮料，至少需要具有解渴的基本产品功能；空调品类竞争中的差异化属性层出不穷，如静音、节能、负离子等，但如果丧失了制冷这一品类基本属性，消费者就不会认可它是空调。品类共同点联想是让消费者将品牌放入相应竞争参照系的门槛。

竞争性共同点联想，即一方面可以用于抵消竞争者差异点的品牌联想，比如 A 手机品牌的差异点是拍照清晰，B 手机品牌则宣传自己的产品也有同一功能，同时还具有充电快的优势；另一方面也可以通过比附定位[①]来获得竞争优势。

① 比附定位是通过与竞争品牌的比较来确定自身市场地位的一种定位策略。比如明确承认自己是某产品品类市场中的第二，典型案例是汽车租赁公司安飞士（Avis）的广告语“因为我们是第二，所以我们更努力”；或是通过借势其他品类中的成功品牌来介绍自己，典型案例是玛尔仕（Marvis）牙膏的广告语“牙膏中的爱马仕”；或是通过将自己归入某个成功的品牌群体，强调自己是该群体的一员来提高自己的形象地位，如“本品牌属于中国三大汽车公司之一”等的营销策略。

相关性共同点联想，即源于品牌的其他潜在的负面联想。因为构成共同点或差异点的许多属性或利益存在相反关系，比如廉价往往和劣质联系在一起，所以如何消除其中的负面联想是使得品牌差异点更具吸引力的关键。

（2）差异点联想（points-of-difference（POD）association）是指消费者对与品牌相关的属性具有积极、正面的评价，并且认为竞争性品牌无法达到相同的程度的联想。差异点可以是功能、性能或者抽象的品牌形象。二维象限法、价值曲线、手段-目的链等工具都可以辅助差异点的寻找。

DRP 模型的贡献在于其不仅关注差异点的寻找，还扩展了视野，从品类这个更大的概念出发选择差异化的顾客价值，对于企业来说更具实用性。

三、手段-目的链模型：如何连接产品属性与品牌价值

品牌研究和营销实践存在两种取向，前者轻实重虚，后者轻虚重实。

一方面，品牌研究存在轻实重虚的取向，导致出现了轻视乃至偏离产品这一核心的"空心化"现象。在品牌理论发展方面，品牌研究的建立是为了在产品之外理解品牌的意义并强调从非产品方面来塑造品牌。从 20 世纪 50 年代建立品牌形象概念理解消费者的品牌认知开始，品牌研究对品牌的象征性、体验性的重视超过其功能性。进入 20 世纪 90 年代，品牌研究从针对产品有形、具体的属性全面转向了无形、抽象的非产品属性，这被认为是品牌研究的重要突破。自此，轻实重虚的品牌研究取向在品牌理论发展中越来越普遍。当代标志性的品牌研究成就，如品牌个性、品牌关系、品牌社区等，主要是在非产品属性方面取得的。[①]

品牌研究轻实重虚带来的问题是，产品相关的属性、功能等品牌认知及其在品牌塑造中的作用被严重忽视。

另一方面，随着互联网和移动互联网的发展，大量应用新技术的数字平台、App 被开发出来。在此背景下，营销实践对产品的重视超过对品牌的重视，出现了一种轻虚重实的取向。由于网络效应的存在，品牌的作用并不明显，而产品功能开发与交互设计会直接影响用户体验和活跃度，产品运营会显著影响用户的增长与留存。因此产品本身被不断强调，品牌的重要性不断降低。

营销实践轻虚重实带来的问题是，产品的竞争越来越同质化，企业之间无法形成差异化的竞争优势；消费者虽然有时不得不使用产品，但对企业没有情感连接，导致企业在面临舆论危机时得不到消费者的包容和帮助。特别是在面对全球市场竞争时，中国本土企业得益于制造业的发达和互联网技术的创新，在产品层面具有"实"的优势，但在品牌层面和国际同类品牌仍有一定差距，"虚"的能力有待提高。

实际上，消费者的心智空间总是存在两个层面的竞争。任何品牌在消费者心智中都具有二元价值：一个是品牌在物质层面的价值（物理属性、功能卖点）；另一个是品牌在精神层面的价值（文化形象、精神资源）。品牌的二元价值交替推动品牌与消费者的认知互动。[②] 产品属性本身能够推动消费者对品牌的认知，而对品牌的认知同时也会影响消费

---

① 蒋廉雄，冯睿，朱辉煌，等．利用产品塑造品牌：品牌的产品意义及其理论发展．管理世界，2012（5）：88－108，188.

② 唐十三．品类十三律．北京：机械工业出版社，2022.

者的产品使用体验。

品牌在物质层面和精神层面的价值互相支撑、推动上升，两者之间需要形成有机的逻辑联系，而不应该是断裂的。

手段-目的链（means-end chain，MEC）模型能够连接产品物质价值和品牌精神价值。该模型建立在消费者通过购买和使用产品或服务来实现其目的的假设基础之上。这些目的通常是抽象的顾客价值需要，如安全感、自由、幸福等。为了实现这些目的，消费者会选择具有特定属性的产品或服务。古特曼（Gutman）把价值观影响消费者行为的作用形容为一条手段-目的链，顾客价值的实现是消费的目的（end），产品属性是获取价值的手段（means），而消费结果是联系这两者的中间环节，三者构成等级结构的手段目的链，即属性—结果—价值（见图 4-9）。

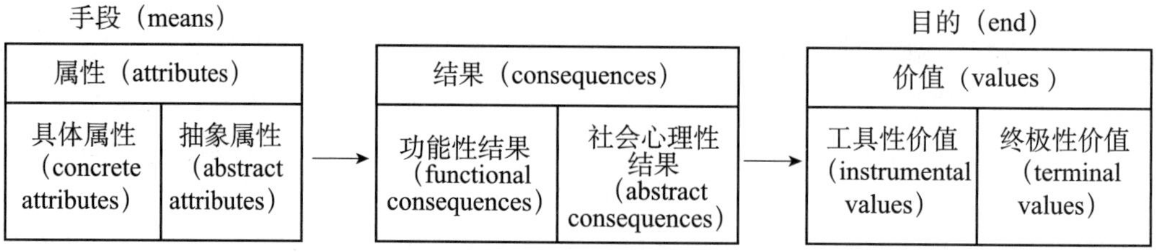

图 4-9　手段-目的链模型

资料来源：胡洁，张进辅．基于消费者价值观的手段目标链模型．心理科学进展，2008，16（3）：504-512.

手段-目的链的经典案例是佳洁士早期含氟牙膏系列的广告。该广告宣传的使用牙膏的结果是更少出现蛀牙。广告中的妈妈希望孩子的蛀牙少一些，因为这表明孩子健康，并且财务结果是节省看牙开支。同时，孩子健康证明孩子的妈妈很称职。该广告里隐含的手段-目的链如图 4-10 所示。

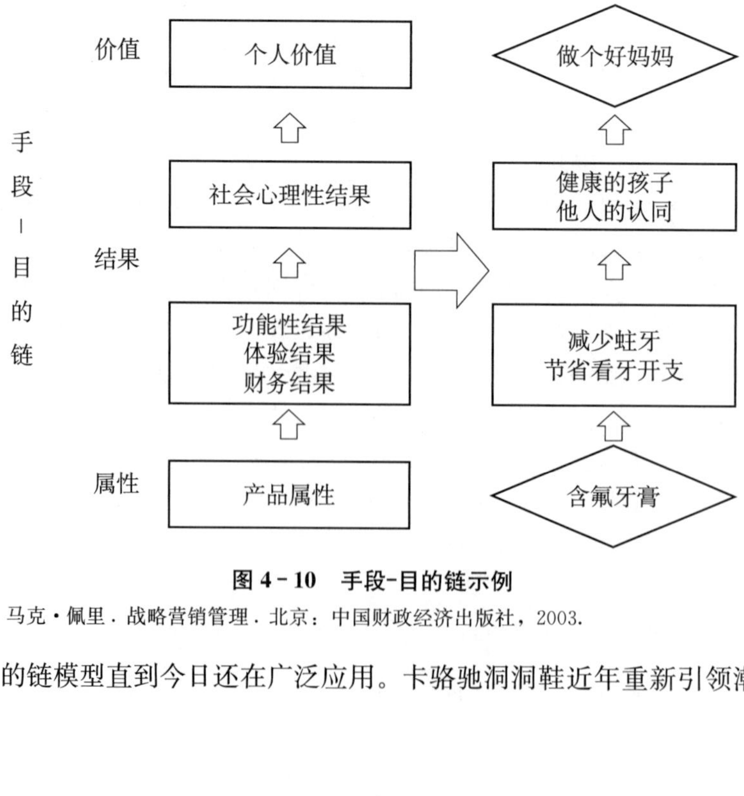

图 4-10　手段-目的链示例

资料来源：马克·佩里．战略营销管理．北京：中国财政经济出版社，2003.

手段-目的链模型直到今日还在广泛应用。卡骆驰洞洞鞋近年重新引领潮流，其成功因素之一就是在手段-目的链上扩展了品牌理念。卡骆驰早期获得市场的认可主要是由于其产品属性（材料柔软而透气、洞洞的特殊设计）及提供的结果即利益（通风、透气性防水、方便穿脱、舒适），是单纯的工具鞋。但关于卡骆驰洞洞鞋的“美丑之争”持续不断，因此早期卡骆驰洞洞鞋无法从产品工具性价值向外拓展到终极性价值。

卡骆驰洞洞鞋在近年迎来爆发有多方面的原因，其中一个重要的原因是品牌通过其特别的洞洞设计踏足时尚圈，为品牌贴上了潮流的标签，并且在品牌理念上放弃对鞋子“美丑”的争执，转而强调“接纳自我和保持真我”（come as you are）。这就让品牌原有的功能性结果拓展到社会心理性结果（潮流、群体认同），凸显个人价值（接纳自我）。配合跨界联名和明星宣传以及配件 DIY，卡骆驰在社交媒体上持续发酵。2022 年，卡骆驰实现营业收入 35.5 亿美元，大幅上涨 53.7%，创历史新高。①

研究发现，在市场竞争初级阶段，对于具备工具性价值的产品，其在物质层面上的价值总是能够在消费者与产品接触时产生较强的销售促进作用，品牌与品质的关联更为密切。因此，品牌在该阶段强调产品的具体属性对工具性价值提供支撑，是为了能够获取消费者在产品物质层面的心智资源，可以把在精神层面的心智资源作为传播的基础背书。

在市场竞争成熟阶段，产品同质化程度较高，精神层面的品牌终极性价值会成为消费者购买的理由。在这一阶段，产品品质作为竞争基础，而精神层面关于消费者个人终极性价值心智资源的获取则成为竞争的核心。

此外，研究发现不同消费者的关注点存在差异。初次购买者较重视产品属性，非经常购买者重视结果，经常购买者则重视价值。产品之间也存在差异，消费者低介入度的产品往往在价值层面并不重要，如大多数食品。这类产品的手段-目的链结构比较简单，链条数较少，大多集中在结果层面。②

手段-目的链模型不仅为企业提供了一个挖掘消费者需求的工具，也使得企业在进行品牌塑造时能够有一条自下而上的主线，稳步建立产品基础和提升品牌理念，同时也为不同阶段的广告传播内容指引了方向。

第 4 节　品牌战略

2014 年 5 月 10 日，习近平总书记在河南考察中铁工程装备集团有限公司时提出“推动中国制造向中国创造转变、中国速度向中国质量转变、中国产品向中国品牌转变”，为推动我国产业结构转型升级、打造中国品牌指明了方向。自 2017 年起，我国将每年 5 月 10 日定为“中国品牌日”。

2022 年 7 月，国家发展改革委联合有关部门印发了《关于新时代推进品牌建设的指导意见》，强调加快构建适宜品牌发展的产业生态和制度环境，健全品牌发展法律法规，完善市场监管。不断完善品牌建设支持政策，鼓励企业加大品牌建设投入、建立品牌管

---

① 从亏损 1.85 亿到毛利 18 亿，丑鞋如何拿捏中产．(2023-08-24)．https://www.bilibili.com/video/BV1A94y167M9/?spm_id_from=333.880.my_history.

② 胡洁，张进辅．基于消费者价值观的手段目标链模型．心理科学进展，2008，16（3）：504-512.

理体系、提高品牌培育能力。鼓励重点行业和领域企业开展品牌建设行动，培育一批重点行业和领域精品品牌，打造世界知名品牌企业和品牌产品。①

中国是制造大国，但是与制造能力相比，制造业品牌建设滞后，世界级知名品牌较少，品牌附加值、国际影响力仍然较低。加强品牌建设，让更多制造企业从贴牌生产转向建设自主品牌，生产具有自主知识产权的品牌产品，打造更多享誉世界的“中国制造”品牌，是我国制造业向全球产业链与价值链中高端攀升、实现高质量发展的必由之路。

品牌是生产者和消费者共同的追求，是供给侧和需求侧升级的方向，是企业乃至国家综合竞争力的重要体现。加强品牌建设，有利于推动经济大国向经济强国转变，有利于满足人们更高层次的物质文化需求，有利于弘扬中华文化、提升中国形象。近年来，中国品牌相关建设已经小有成就，涌现了一大批适应市场的消费品品牌，消费者对中国品牌的关注度也在提高，如图 4-11 所示。

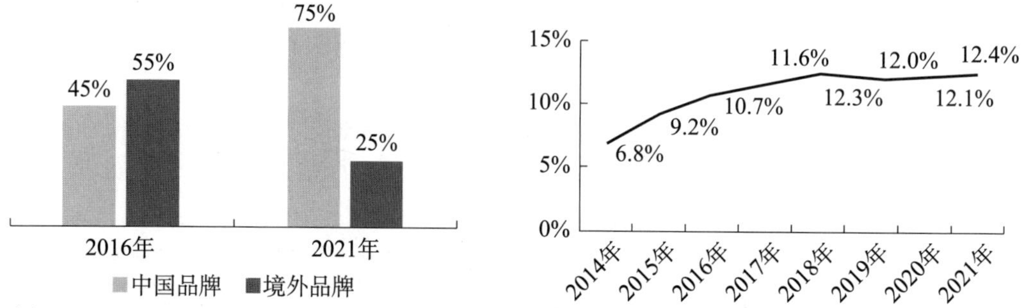

(a) 2016—2021年中国品牌和境外品牌关注度　　(b) 核心国货品牌市场占有率

图 4-11　中国品牌变化

资料来源：东兴证券．珀莱雅（603605）：正确战略指引国货美妆龙头一往无前．

但是，中国企业在品牌塑造上仍然任重而道远。新媒体环境下一些新品牌的成长往往是由于在早期抓住了平台变化的流量红利，或者是在巨头企业无暇顾及的一些细分市场通过社交媒体“种草”获利，不断优化品牌内容和流量投放。很多时候，这些品牌的主要竞争力在于旗下的大单品或“爆品”或者是对平台规则的熟悉和利用，还没有真正成为消费者反复购买、消费者偏爱、融入消费者生活、能影响消费者的品牌。

社交媒体“种草”的效果确实立竿见影，但移动互联网的整体流量红利逐渐消失之后，单纯碎片化的“种草”和依赖流量撬动市场的模式的投资回报率越来越低。企业陷入一种“不投资流量/KOL 就卖不动货，投资流量/KOL 就会被吃掉利润”的恶性循环。

品牌这种需要长期投资的模式开始逐渐受到营销人员的重视。但是会做短视频、会做内容运营和真正的品牌管理、品牌运营有着巨大的鸿沟。投资 KOL、拍短视频是具体的执行，是单点的突破；而品牌则要融入消费者生活的所有触点，让消费者强烈感受到自己的生活与价值主张和品牌联系在一起。

美国营销协会对于品牌的定义是“用以识别一个或一群产品或服务的名称、术语、

① 国家发展改革委等部门关于新时代推进品牌建设的指导意见．（2022-07-29）．https：//www.gov.cn/zhengce/zhengceku/2022-08/25/content_5706856.htm.

象征、记号或设计及其组合，以和其他竞争者的产品或服务相区别”，这一定义较为注重品牌元素层面的内容。品牌专家戴维·阿克（David Aaker）认为品牌产权是“一组与品牌的名字及符号相连的品牌资产与负债，它能增加或减扣某产品、服务所带给该企业或其顾客的价值”，该定义较为重视品牌对于企业的价值。凯勒提出基于消费者的品牌资产研究，认为“品牌是一种承诺，是人们与企业互动的所有经验的总和，品牌的力量就体现在顾客因具有的品牌认知不同而引起的对该品牌营销的不同反应”。这些定义显著强调品牌无形层面的内容，将品牌与产品区分开来，如图 4－12 所示。

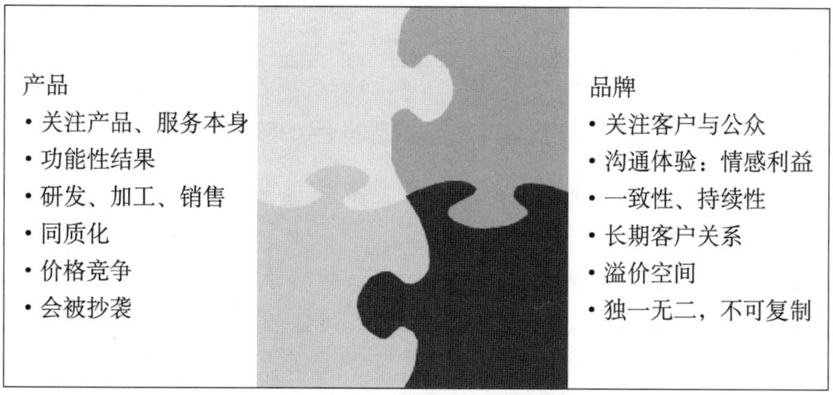

图 4－12　产品与品牌的区别

菲利普·科特勒在演讲中强调了强大的品牌的五个特质。

B（believable）：代表可信，即对品牌的评价是可信的；

R（relevant）：代表相关性，即品牌对于消费者来说很有意义；

A（adaptable）：代表品牌适应时代；

N（narrative）：代表品牌由故事驱动，即品牌有一个关于其起源和如何回应消费者的故事；

D（differentiated）：代表品牌与其他品牌不同，因此是出色的品牌。

对于企业而言，花费在生产和销售产品上的费用，不应该被认为是开支，而应该视作投资，即在消费者的品牌认知和品牌体验上进行投资。但如果企业没有对品牌投资进行妥当设计和执行，不能在消费者心智中形成正确的品牌认知结构，这些花费就可能不是很好的投资。

理论上，有四种品牌塑造模式。20 世纪 70 年代，营销人员较为依赖于品牌塑造的认知模式，即消费者心理占有率式品牌塑造模式。20 世纪 90 年代，一些学者认为该模式忽视了品牌塑造的情感和关系，于是提出一种新的品牌塑造模式，即情感式品牌塑造模式。随着互联网的兴起，病毒式品牌塑造模式也开始流行。21 世纪初，道格拉斯·霍尔特（Douglas B. Holt）提出文化式品牌塑造模式，用于打造如苹果、麦当劳这类文化偶像式的品牌。这四种品牌塑造模式基本上涵盖了营销人员创建品牌的手段，在实践中通常被综合使用。

一、消费者心理占有率式品牌塑造模式

消费者心理占有率式品牌塑造模式基于一个假设：品牌要在消费者头脑的有限领域

中“攻城略地”。其根源可以追溯到独特的销售主张（unique sell proposition，USP）这一概念，该概念源于 20 世纪 50 年代，强调每种产品必须就一种独特利益点不断与消费者沟通，形成消费者购买的理由。这一思想随后在 20 世纪 70 年代被艾·里斯（Al Ries）和杰克·特劳特（Jack Trout）发展为著名的定位理论，随后逐渐发展为品牌塑造的模式。产品或服务居于核心地位，消费者对产品或服务产生的各种主观的联想成为品牌资产的来源，这些联想包括产品利益、用户特征、情感、个性、形象等等。消费者心理占有率式品牌塑造模式被广泛应用于宝洁等公司，依然被科特勒、阿克、凯勒和萨尔特曼（Zaltman）等学者所宣扬。

延伸阅读 4－2

品牌究竟应该率先建立哪些品牌核心联想

当你要理解或者描述一个品牌的时候，你总要使用一些词，脑海里面总会浮现出一些画面。这些词或者画面就是你的联想和你怎么样去看待这个品牌的一种体现。每一个被你用来描述一个品牌的词，其实都是你对这个品牌的品牌联想。

联想代表认知。对于品牌而言，应该率先建立哪些品牌核心联想？

第一，品类联想。品类明确地告诉消费者品牌是什么。比如雀巢咖啡等于速溶三合一，不是现磨咖啡；王老吉是凉茶饮料；欧莱雅是护肤美妆品。

第二，场景联想。消费者在什么时候使用一个品牌的产品也非常的重要。比如，消费者晚上加班想要冲一杯速溶咖啡，此时他想到了雀巢的速溶咖啡，这就是一个场景联想。

第三，关键利益点联想。当消费者已经非常清楚在某个场景、某个需求下，需要一个品类来解决自己的问题时，某个品牌跟其他品牌相比有多大的区别，品牌差异化的关键利益点是什么，消费者为什么会选择该品牌而不是其他品牌，这些问题涉及品牌的关键利益点联想。比如，有减肥需求的消费者可能需要生酮咖啡，此时他们就不会选择雀巢，而会选择其他品牌。

对于大多数功能性的消费品，品类联想、场景联想、关键利益点联想是最重要的三个联想，是品牌率先要去夯实的三个联想，品牌需要重点投入甚至投放大量的重复性广告来建立这三个联想。如果品牌没有在消费者心智中建立起这三个联想，那么价值观联想、品牌调性联想、品牌情感联想等的作用都会受限。

当然，对于品类属于情感消费类或时尚类的品牌，品牌调性、品牌态度或品牌价值观本身就是关键利益点联想，需要把这一联想放在第一位来建立。

在这三个核心联想之外，品牌也可以建立一些次级联想以丰富消费者对品牌的整体认知，比如产地、公司品牌、员工、代言人、销售渠道、品牌联名和 IP 授权等联想。但核心联想还是需要品牌通过广告/内容或品牌的官方行为去慢慢建立，并跟消费者不断沟通。

资料来源：凯文·凯勒．战略品牌管理：创建、评估和管理品牌资产：第 5 版．北京：中国人民大学出版社，2020；想到它，想起啥？品牌联想与认知的重要性．(2021－12－29)．https：//www.bilibili.com/video/BV1Fb4y1i7FL/？spm_id_from=333.880.my_history.

二、情感式品牌塑造模式

情感式品牌塑造模式可以视为对消费者心理占有率式品牌塑造模式的扩展。在情感式品牌塑造模式中，消费者心理占有率式品牌塑造模式的基本假设不变，即品牌是由一系列抽象意义所组成的，而且随着时间的推移，在各种品牌经营活动中，这些抽象意义应持久地得到保持。但情感式品牌塑造模式强调应该把品牌的情感诉求注入品牌建设，以此推动建立与核心消费者的情感关系。

延伸阅读 4－3　品牌拟人化

这一模式强调要用更多的情感和体验取代过去沿用的硬性认知。品牌营销时会继续宣扬品牌的独特联想，但需要突出品牌个性，建立一种与消费者的亲密关系。品牌个性（brand personality）、品牌关系（brand relationship）、品牌崇拜（brand admiration）、品牌纽带（brand attachment）、品牌钟爱（brand love）、品牌拟人化（brand anthropomorphism）都是这一模式中的重要概念。

凯文·凯勒将认知和情感两个路径组合，构建了品牌共鸣金字塔（见图 4－13）。传统的品牌建立逻辑是从金字塔的底部走向顶部。但新媒体时代的品牌建立逻辑往往是先在小众细分市场获得消费者的深度认可、共鸣，然后向下扩大消费者基数，即从顶部走向底部[①]，大量的品牌控制权被转移给消费者。

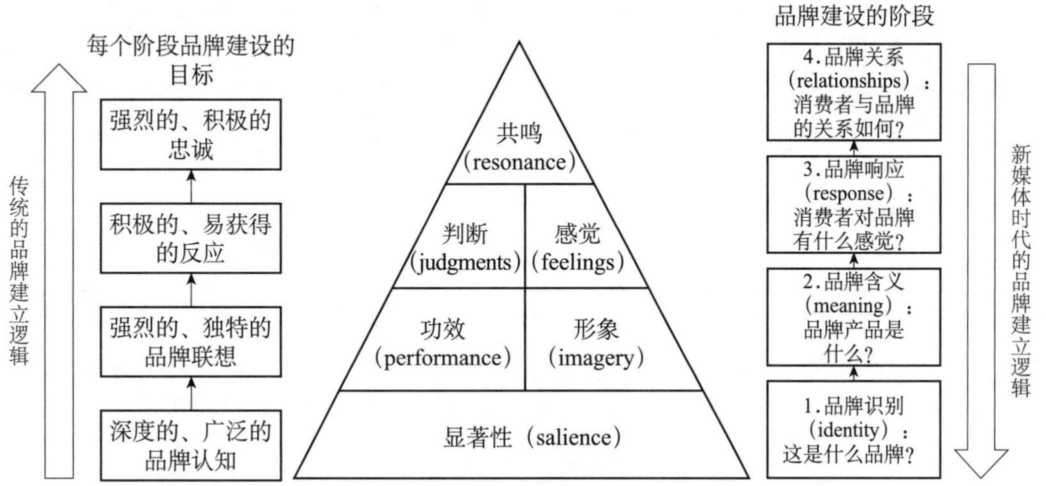

图 4－13　品牌共鸣金字塔

资料来源：凯文·凯勒．战略品牌管理：创建、评估和管理品牌资产：第 5 版．北京：中国人民大学出版社，2020.

三、病毒式品牌塑造模式

病毒式品牌塑造模式关注企业外的普通个体如何影响消费者对品牌的评价，其思想涉及创新的传播、口碑传播和公共关系。病毒式品牌塑造模式认为消费者而不是企业对品牌塑造的影响最重要，可以称之为开源品牌化（open source branding）模式。该模式

---

① 何佳讯．品牌的逻辑．北京：机械工业出版社，2017.

的基本观点是，企业应该让一些有影响力的人使用品牌、定义品牌，让这个品牌易于被人们谈论，因为他们对于这个品牌的兴趣能够通过他们的社会关系迅速传播开来，就像病毒传播一样。病毒式品牌塑造模式使得隐蔽的公共关系成为品牌塑造的核心。在该模式下，品牌控制管理成为品牌风险管理，品牌舆情监测成为日常工作。

病毒式品牌塑造模式一般适用于潮流式的品牌。这种模式使得品牌可以在发展早期快速获得知名度，但其致命缺陷是品牌资产依赖于时尚潮流的涨落，随着热点或潮流的转移，品牌的吸引力会很快枯竭，从而被消费者抛弃。

如今病毒式品牌塑造模式多被整合到消费者心理占有率式品牌塑造模式中，在新媒体环境下，成为辅助品牌认知维护和强化的工具之一。

四、文化式品牌塑造模式

文化式品牌塑造模式假设消费者购买产品是为了体验产品中蕴含的故事和文化，而不仅是产品的功能性利益。产品只是体现品牌故事或品牌文化的一个渠道。当消费者喝可口可乐、吃麦当劳汉堡包时，他们享受的不仅仅是饮料和食物，还有其中沉淀的身份概念。有效的文化式品牌塑造模式可以创造有故事的产品，这种产品具有鲜明的品牌特质，消费者可以借由这些特质体验蕴含在其中的身份概念。在这种模式下，品牌成为文化偶像（cultural icon）。

文化式品牌塑造模式与消费者心理占有率式品牌塑造模式的不同在于，对于后者，广告的目的是影响消费者对品牌的认知、联想和态度，沟通应该达到最好的劝说效果；广告内容是工具，本身不是目的。但对于前者，广告或内容本身就是目的，品牌的价值存在于品牌的文化表达中；文化品牌的竞争不在于产品的功能，而在于概念，品牌能够创造概念以解决文化冲突是其核心竞争力；品牌往往能够把握时代脉搏，和电影、音乐、书籍等概念市场上的竞争品竞争。

四种品牌塑造模式的对比见表 4-1。

表 4-1　四种品牌塑造模式

	消费者心理占有率式	情感式	病毒式	文化式
关键词	品牌的核心价值、品牌精髓、品牌定位	品牌个性、体验式品牌塑造、品牌信仰、体验经济	寻找“酷”元素、模因、共鸣	文化偶像、偶像品牌
品牌是什么	一系列抽象的联想的总和	关系伙伴，是消费者一系列经验的总和	交流的元素	身份概念/价值观的演绎者和载体
品牌塑造的核心	构建消费者的品牌认知和品牌联想	与消费者互动并建立关系	通过有影响力的消费者传播品牌	塑造和演绎概念；有前瞻性，文化先锋
成功品牌必备能力	品牌前后一致的表达，形成一致的联想	深层次的人际关系	品牌病毒式的大范围传播	品牌所演绎的概念能够缓解社会矛盾
最适合的产品类别	功能性、低介入度的复杂产品	服务、零售、专卖品	新时尚、新技术	身份类产品

续表

	消费者心理占有率式	情感式	病毒式	文化式
企业的角色	维护管理者，确保品牌推广活动中传播的品牌核心价值的一致性（通过不断重复突出产品/品牌利益点）	消费者的朋友	幕后操纵者，鼓励特定的消费者群体为品牌做宣传	社会脉搏的识别者、概念的打造者
消费者价值的来源	简化决策、确定性感知	与品牌的关系	感觉时尚、新潮	身份支撑、自我构建
消费者的角色	购买或使用产品时体验到产品利益	与品牌互动；建立个人关系	探索品牌，DIY；口碑相传	使品牌概念与个体经历相统一；使用产品时通过仪式性的行为体验品牌概念
代表性著作	凯文·凯勒的《战略品牌管理》	惠恩·帕克（C. Whan Park）的《品牌崇拜》（*Brand Admiration*）	马尔科姆·格拉德威尔（Malcolm Gladwell）的《引爆点》（*Tipping Point*）；乔纳·伯杰（Jonah Berger）的《疯传》（*Contagious*）	道格拉斯·霍尔特的《品牌如何成为偶像》（*How Brands Become Icons*）
典型品牌	欧莱雅、宝洁、茅台、周大福、晨光文具	环球影城、海底捞	抖音、戴森、五菱宏光、椰树	故宫、苹果、华为、特斯拉

案例分析

珀莱雅：成就与瑕疵

珀莱雅于2003年在杭州诞生，不久后投资建造自己的生产基地，主攻线下渠道。得益于创始人丰富的渠道代理经验，2004年珀莱雅的销售额就已经达到4 000万元。到2007年，珀莱雅建立了至少4 000个线下网点。在电商渠道高速增长的背景下，珀莱雅也开始进入线上市场，早期延续线下代理的模式，主要通过给天猫上的大量专营店、专卖店供货来进行市场渗透。2018—2019年，珀莱雅转变经营思路，开始在线上渠道发力，2019年投入大量资源通过社交媒体的KOL和UGC模式带货，许多年轻用户从小红书、微博等新媒体平台认识了珀莱雅。借助社交媒体“种草”，珀莱雅快速发展，2021年市场占有率位居中国护肤品市场前十，同时是前十品牌里唯二持续增长的国产品牌[①]。到2023年，珀莱雅已经从一个以前完全靠分销成长的品牌转变为DTC强直营的品牌，该品牌在天猫90%以上的销量都是通过自营旗舰店实现的。

珀莱雅快速发展的重要原因之一是品牌对外部变化、消费者变化非常敏锐，且能快速响应。珀莱雅的组织结构更接近于互联网企业的项目制，根据项目需要从各个职能部门抽

① 另一个是薇诺娜。

调人手，形成 MVP 迭代小组，加上公司决策扁平化，使得品牌对外部变化的响应速度非常快。正是这种快速响应机制，使得珀莱雅可以抓住一些营销热点和机会，借力成长。

珀莱雅在线上市场的一次重要腾飞是通过抖音。2019 年 7 月，珀莱雅推出黑海盐泡泡面膜，以抖音为主阵地进行广告投放和推广，当月销售量超过 100 万盒，并拿下“抖音美容护肤榜”等多个榜单榜首。随后，珀莱雅联合抖音定制“摇摇泡泡舞”贴纸互动页面，并与热门综艺《热血街舞团》合作，在抖音发起舞蹈挑战赛，活动参与人数超过 15 万，访问次数超过 5 亿，成绩极佳。

珀莱雅的另一次发展契机是快速占据“早 C 晚 A”的概念，把双抗精华和红宝石精华两大单品捆绑组合。“早 C 晚 A”的护肤理念来自一些国外护肤博主，在国内真正开始流行是在 2020 年年初。当时，小红书作为消费风潮的引领者，也对该概念词条做了大量的平台推广，但并没有品牌抢占这个话题。珀莱雅迅速出击，捆绑组合自己的双抗精华与红宝石精华两个产品，主打“早 C 晚 A、抗糖抗老”的概念，宣称“效果 1＋1＞2，但价格 1＋1＜2”。在“早 C 晚 A”概念的加持下，品牌市场越做越大，2021 年双抗精华和红宝石精华已经成为品牌的两大单品，销售额占比在整个品牌中超过 25％，“早 C 晚 A”也成了珀莱雅品牌的一个重要标签。

珀莱雅的优势正是品牌对市场的敏锐捕捉和快速反应。2021 年珀莱雅推出了自己的源力精华，产品推出初期主打保湿补水的概念。但当时“敏感肌”的市场突然大爆发，于是珀莱雅马上把产品的销售卖点调整为“敏感肌修复”。抖音电商崛起后，创始人迅速决定让整个公司的组织架构根据抖音的架构调整，以适应品牌在抖音的业务发展。

珀莱雅还开始投入资源进行品牌塑造。在与女性相关的节日场景如妇女节、母亲节、“5·20”还有七夕节等，珀莱雅做了很多关于女性主义的品牌营销活动，强调女性独立、女性成长、女性自我提升、性别平等等。

珀莱雅能够有意识地打造品牌，在品牌塑造上大胆投入，坚持做品牌价值观方面的内容，但其品牌塑造也存在一些问题。珀莱雅的产品属性、反映品牌价值主张的品牌标语以及品牌广告内容取向之间是脱节的。品牌的行为很难不断强化珀莱雅的品牌核心联想，因此较难转化为品牌资产，造成了一定的浪费。

首先，产品属性和品牌标语没有建立关联。珀莱雅的品牌标语是“趁年轻去发现”，这个品牌标语并没有直接提供一个顾客价值，也无法体现这个价值主张和珀莱雅产品属性（抗老）之间的关系。

其次，品牌广告内容取向“性别不是边界线”和品牌标语“趁年轻去发现”之间的关联较弱。主打女性议题的内容取向没有着力帮助消费者理解“趁年轻去发现”这个品牌标语的价值主张，品牌标语也没有对品牌广告内容取向形成点睛。“性别不是边界线”的主题及其发展的故事内容确实能令其目标群体产生共鸣，但并没有与其“趁年轻去发现”的标语形成有机联系。特别是由于大量品牌都在做女性议题的内容，如果核心内容取向和品牌之间的联系不强，往往会造成消费者记得住广告内容但记不住品牌的结果。

最后，品牌广告内容取向略显分散。虽然内容取向是“性别不是边界线”，但涉及女性独立、女性权益、性别平等等多类内容。议题分散，往往是追逐舆论热点导致的。在当今的市场环境中，消费者每天接收的媒介信息非常多，如果品牌广告内容取向不够聚焦且未不断重复，那么受众即使有共鸣、产生了认同，也难以记住品牌。产品属性、品牌标语以及品牌广告内容取向之间的强关联建立不起来，就会阻碍品牌的营销动作转化为品牌联想，导致品牌定位模糊。

总的来说，珀莱雅的品牌塑造目前还处于摸索期。在品牌塑造上，包括品牌元素完善、品牌价值观打造、品牌故事讲述、产品改进等方面，珀莱雅都做得不错，但还没有形成每个方面彼此之间的有机联结。

一些优秀的品牌往往有好的品牌广告内容取向，有清晰反映品牌价值的品牌标语，并且产品属性、品牌标语和品牌广告内容取向之间存在非常紧密的逻辑关系，如SK-II。珀莱雅在这方面仍有待提升，应致力于使品牌的每个营销动作都能转化为对消费者品牌认知的深化，从而积累品牌资产。

资料来源：东兴证券．珀莱雅（603605）：正确战略指引国货美妆龙头一往无前；从60亿破局到600亿困局，盘点珀莱雅集团过去20年．https：//www.xiaoyuzhoufm.com/episode/64ec863ee490c5dee5ad6e11？s=eyJ1IjogIjYw.

// 基本概念 //

STP	4P	顾客价值	S-N-G模型
DRP模型	手段-目的链	品牌	品牌拟人化
品牌共鸣金字塔	消费者心理占有率式塑造模式		情感式品牌塑造模式
病毒式品牌塑造模式	文化式品牌塑造模式		

// 讨论题 //

1. 新技术和新产品想要被大众主流市场所接纳，需要跨越“鸿沟”，即早期采用者和早期大众之间的鸿沟，请你结合一些成功案例（如新能源电动车、AI、iPhone等）和失败案例（谷歌眼镜）来讨论应该如何跨越鸿沟。

   （参考答案：可参考杰弗里·摩尔的《跨越鸿沟》。）

2. 在新媒体营销中，场景作为细分变量变得重要，可否以火腿肠或是其他具体品类为对象，探讨其使用和购买场景，以及如何根据场景进行市场细分。

   （参考答案：如火腿肠的食用场景有两类，一类是传统在家中食用场景，主要的消费群体是儿童及其家长；另一类是在旅行途中食用的场景，主要消费群体是需要便捷餐饮的旅行者，这一类场景还可以拓展，如学生在课间饥饿的时候或是白领加班期间。对应这些场景，火腿肠可以根据不同人群的需求进行产品创新和升级，如在学生的课间场景，火腿肠在和其他零食竞争，更高的营养和更方便的包装可能是消费者选购时需要考虑的；而在白领加班的场景，虽然需要一些食品来补充体力，但还有健身塑形方面的需求，因此低脂、低糖、高蛋白可能是产品创新的方向。）

3. 可否举一个曾经消费或听说过的以圈层营销获取市场的品牌案例？这个品牌是怎么做的？

   （参考答案：“这就是街舞”“中国有嘻哈”“乐队的夏天”都是从小众圈层市场开始，链接大众，从而获得较大范围的市场成功的。）

4. 请分析如何通过中国品牌“讲好中国故事”。

   （参考答案：国潮国风国货品牌的塑造；文化融入品牌塑造，即本章关于文化式品牌塑造模式的内容。）

// 第 5 章 //

新媒体营销的新框架：链路模型

随着数字技术的发展，以消费者决策路径为中心的链路模型成为新媒体营销的核心框架。这主要是因为：第一，随着互联网和智能设备的普及，消费者的购买行为和决策过程发生了显著变化。他们在购买前会通过各种线上渠道进行信息搜索、比较、评价和分享。链路模型关注消费者在这些渠道中的行为和互动，有助于企业更好地了解消费者的需求和偏好，从而制定更精准的营销策略。第二，从供求关系来看，消费者的时间份额、钱包份额都是有限的，而企业的供给是无限的。倒挂的供求关系迫使企业建立与消费者直接沟通的渠道，这与对消费者需求、消费者决策点进行管理的能力一起成为数字时代企业的重要能力。第三，链路模型的核心是关注消费者的决策过程，这使得它具有很强的灵活性和适应性。在新媒体环境中，市场和技术的变化非常迅速，链路模型能够帮助企业快速适应这些变化，实现敏捷的营销决策。第四，新媒体营销涉及众多线上渠道，如社交媒体、搜索引擎、内容平台、电商平台等。链路模型以消费者决策为主线，建立一个整合的框架，帮助企业以消费者决策为中心建立起各个渠道间的信息流通和资源共享，有助于实现无缝的消费者体验，提高企业营销生产力。第五，链路模型提供了一个评估营销效果的框架。通过对比不同环节的数据指标，如点击率、转化率、留存率等，企业可以了解各个环节的表现，从而有针对性地改进营销策略。

新媒体营销以链路模型为主体框架帮助企业决策，内容营销和数据分析则成为推动链路营销的两个关键支柱，如图 5－1 所示。

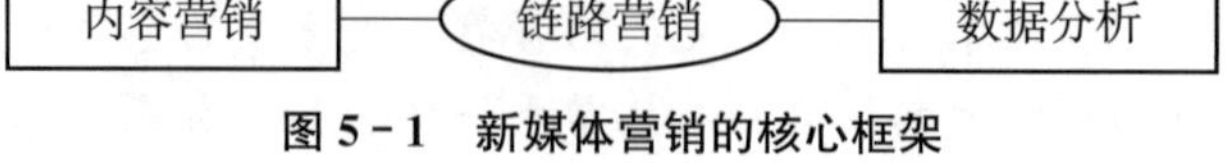

图 5－1　新媒体营销的核心框架

本章首先介绍链路模型的类型和变迁。链路模型有多个，本章主要介绍菲利普・科特勒在《营销革命 4.0》中提出的 5A 模型及其在中国市场上的应用。之后会介绍常用的营销生产力指标和不同模式的产业原型。

第 1 节　链路模型的类型和变迁

新媒体营销更加精细化，关键变化在于从以消费者为中心转向以消费者决策路径为中心。[1] 新媒体营销需要精细化到能够探测和推动消费者在决策路径上的心理与行为变化。因此，数字营销链路理论的整合应用成为新媒体营销的核心理论模型。代表性的链路模型有菲利普・科特勒在《营销革命 4.0》中提出的 5A 模型以及互联网运营界广泛流传的增长黑客模型。

一、基于消费者决策路径的链路模型

链路模型是继整合营销传播（integrated marketing communication，IMC）之后，近年来在营销传播领域最炙手可热的新概念之一。这一概念源自 AIDA 模型，并被数字技术赋予了新的活力和应用场景。

AIDA 即引起注意（attention）、诱发兴趣（interest）、刺激欲望（desire）、促成购买（action），AIDA 模型是最早被广泛使用的描述消费者决策路径的模型。AIDA 模型是由销售和广告先驱圣埃尔莫・刘易斯（E. St. Elmo Lewis）创建的，并首先应用于广告和销售领域。它是一种简单的提醒和清单工具，用于帮助广告从业者设计广告，帮助销售人员推销产品。同营销策略组合 4P 一样，AIDA 模型也经历了多次修正和拓展。

来自凯洛格商学院（Kellogg School of Management）的德里克・拉克（Derek Rucker）对 AIDA 模型进行了修改，称为 4A 模型，4A 即了解（aware）、态度（attitude）、行为（act）、再购买（act again）。在 4A 模型中，兴趣和欲望被整合成态度，并加入了新的环节——再购买。4A 模型旨在跟进购买后的消费者行为，统计消费者留存情况，将再购买视为消费者忠诚度的重要体现。

4A 模型描述了消费者在评价品牌时的漏斗状思维进程：消费者知晓品牌（了解）、产生好恶（态度）、决定是否购买（行为）、决定是否再次购买（再购买）。漏斗状意味着消费者数量随着进程持续而不断减少。喜欢品牌的人需要先对品牌有所了解；购买产品的人需要先喜欢这个品牌。与此相似，在此进程中，留下的品牌数量也呈漏斗状减少。

4A 模型也影响个人的购买决策过程，消费者在购买决策过程中受到的主要影响来自企业的触点（比如知晓阶段的电视广告、行动阶段的销售人员、再购买阶段的客服中心），这些触点都在企业的掌控之中。

在当下互联互通的时代，直接而个体化的 4A 模型需要变革。新的消费者决策路径必须能够适应新媒体所带来的改变。

首先，在新媒体时代之前，个体消费者自己就能决定对品牌的态度；而在新媒体时代，消费者对品牌的第一印象受到周围社群的影响，最终印象也会受到影响。许多看似自己作出的决定其实是受社会影响的，新的消费者决策路径应该反映出这种社会影响的增强。

其次，在新媒体时代之前，消费者忠诚度体现在消费者留存和再购买上；而在新媒体时代，消费者忠诚度最终体现在消费者对品牌的拥护上，包括成为品牌粉丝（关注各平台品牌账号）、持续与品牌互动、向他人分享或推荐品牌内容和活动、与品牌共创内容以及再购买等。新的消费者决策路径应该结合消费者忠诚度的新定义。

---

① 菲利普・科特勒，何麻温・卡塔加雅，伊万・塞蒂亚万．营销革命 4.0：从传统到数字．北京：机械工业出版社，2018.

最后，在新媒体时代，消费者积极地彼此联系，构建“问询-拥护”的关系，进而了解品牌信息，这其中网民又有着格外高的活跃度。消费者需要信息时，就会搜索信息或咨询掌握更多知识的人，而这种对话会促使消费者联系增强或者削弱品牌原有的影响力。新的消费者决策路径应该意识到消费者之间存在的联系。

基于这些改变，消费者决策链路模型被菲利普·科特勒修改为5A模型，5A即知晓（aware）、吸引（appeal）、问询（ask）、行动（act）和拥护（advocate）。5A模型描述了一个典型的新媒体时代消费者被动接受信息、激发兴趣、主动获取信息、购买和再传播的全外部行为过程，如图5-2所示。

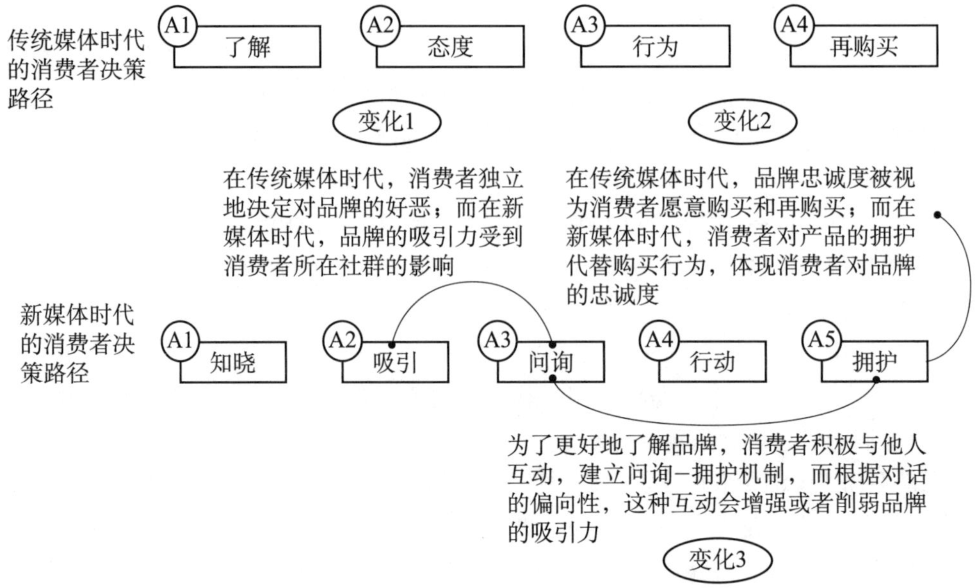

图5-2　新媒体时代全新的消费者决策路径

对5A模型每个阶段的消费者决策路径的具体介绍如图5-3所示。

A1知晓阶段是消费者认识品牌或产品的阶段。企业的广告和其他消费者的口碑是品牌认知度的主要来源，有过品牌使用经历的消费者也往往更容易记住或者认出这个品牌。总之，此阶段消费者被动地接受来自过去的经验、营销互动和他人体验等多方面的产品信息。

A2吸引阶段是消费者开始感兴趣，想要认知品牌或产品的阶段。由于品牌的营销活动引发了消费者的兴趣，消费者可能与品牌进行一系列的互动，或是进一步查看品牌内容。有惊叹元素的品牌更容易被记住，也更可能留存在消费者的心仪列表里。吸引阶段消费者的主动性还不够强，介入度也不够高，往往是品牌在作出大量努力，让消费者对品牌产生进一步的认知或兴趣。有的群体比其他群体更容易受到品牌的吸引，比如年轻群体往往是最先作出回应的。因此，品牌可能更重视年轻群体，他们往往是新技术或新产品的最早使用者。

A3问询阶段，消费者受到好奇心的驱使，积极地跟进那些吸引他们的品牌，主动从数字平台、家人和朋友、KOL，甚至直接从品牌那里了解更多信息。这一阶段消费者的主动性提高了，他们可能会从亲友那里了解信息，也可能进一步搜索网上的使用评价，或者通过电商平台咨询客服，还可能比较价格或到实体店试用。新媒体时代，问询结合

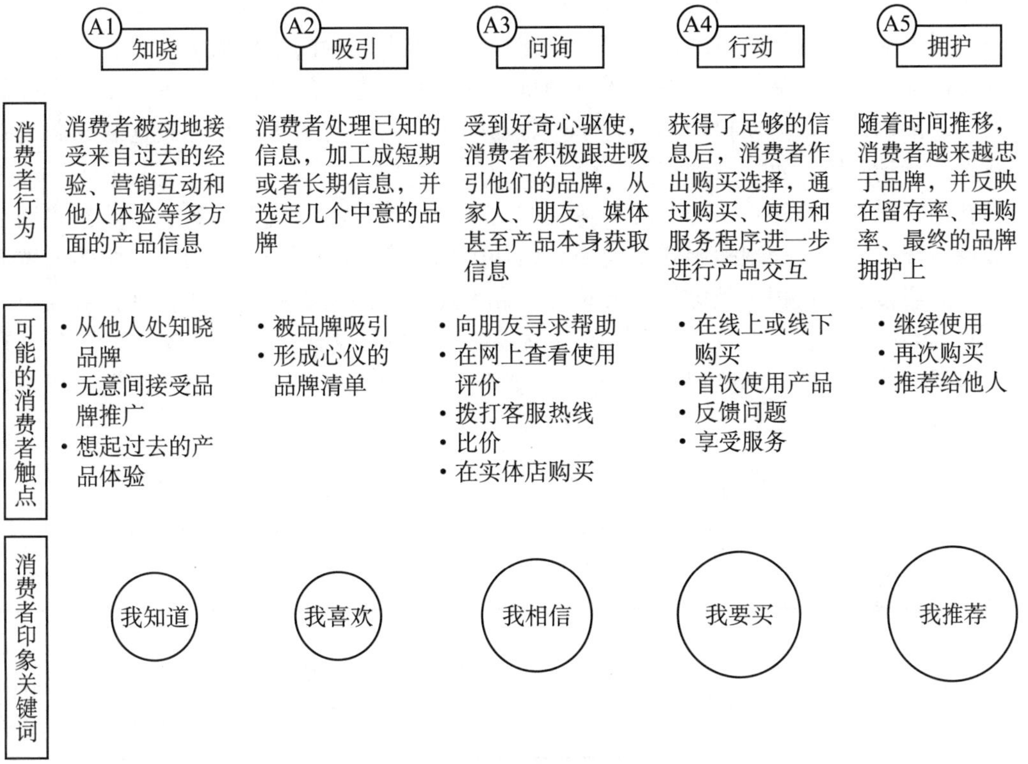

图 5－3　5A 模型的消费者决策路径

了线上数字世界和线下现实世界。消费者可以一边在店内浏览商品，一边在手机上搜索商品信息。由于消费者获取信息渠道的多样性增加，企业必须在较为热门的渠道中提高自己的存在感，比如很多护肤品牌需要在小红书进行一定的内容投放，以便消费者对品牌或产品感兴趣进行搜索时，能找到相关内容。

在问询阶段，消费者决策路径从以个人决策为主转向以社会影响为主。消费者的购物决定取决于他们在问询的过程中获得了什么，即使品牌的广告投放成绩卓越，但如果在社交媒体平台上有一些消费者关于品牌的负面内容，那么前期的广告投放效果也将大打折扣。这就是为什么品牌越来越重视内容平台“种草”。

A4 行动阶段是消费者决定购买的阶段。消费者一旦在问询阶段确认了足够的信息，就会进入行动阶段（决定购买）。品牌期待的消费者行为不仅仅局限于购买等行为，还有消费者在消费、使用以及售后服务中更深入地与品牌产生互动。品牌需要让消费者有参与感，确保他们有良好的拥有感和消费者体验。当消费者抱怨有问题存在时，品牌需要及时注意并确保问题得到有效解决。

A5 拥护阶段是随着时间推移，消费者会对品牌产生强烈的认同和忠诚，这反映在留存率、再购买率和推荐分享上。活跃的品牌拥护者不需要他人问起就会主动推荐，讲述品牌故事，做品牌的“传道者”。他们可能成为品牌的粉丝，进入品牌的私域社群进行更密切的互动，理解和包容品牌的一些错误，以及在品牌出现负面谣言时维护品牌形象。

5A 模型中的各个阶段并非严格的直线型，当消费者的精力不足时，他们可能跳过其中的某一阶段。举例来说，消费者可能最开始对品牌不感兴趣，但是朋友的推荐可能会让他决定购买。这意味着消费者跳过了产生好恶的吸引阶段，直接从知晓阶段到达行动阶段。很多消费者可能跳过问询阶段，仅凭在知晓和吸引阶段获得的信息或在优惠券的诱惑下冲动地买下产品。对于一些稀有和抢手的商品，忠实的品牌拥护者未必是实际的购买者。举例来说，特斯拉产品一直享受着非购买者的“自来水”推广，这意味着消费者跳过了行动阶段，直接来到拥护阶段。

新的消费者决策路径未必呈现漏斗状的消费者结构，若消费者回到上一阶段，则会形成反馈环形结构，呈现螺旋式的消费者结构。如图 5－4 所示，A3 问询阶段的消费者 A 在询问或搜索的过程中既可能把新的汽车品牌加入“了解清单”，也可能转而寻找更有吸引力的品牌；消费者 B 在 A2 吸引阶段可能由于小事打岔而忘记了品牌，30 天后又在另一个平台看到该产品的测评从而重新燃起兴趣，或是在 A4 行动阶段的试用过程中遇到了问题，对比思考之后再决定是否购买。

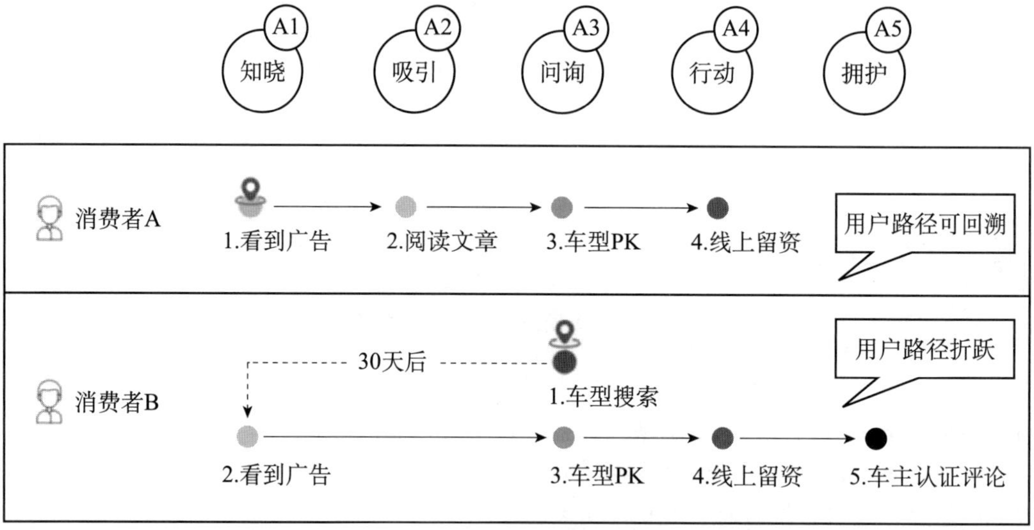

图 5－4　5A 模型反馈环形结构

由于这种跳跃式和螺旋式的消费者决策路径的存在，消费者从知晓到拥护品牌的路径也会随之变短或者延长。

消费者在购买过程中花费的时间也因他们对商品重要性的认识不同而有所区别。比如对于日常消费品，知晓和吸引可能同时发生，因此如果在消费者知晓品牌时未能产生对等的品牌吸引力，那么最后往往无法产生购买行动。而对于房产和汽车这样的大件商品，消费者会愿意花费更多时间，多方打听，仔细考虑，然后再决定购买。

延伸阅读 5－1

中国各大数字平台的链路模型

许多互联网公司（如腾讯、阿里巴巴、抖音、小红书等）都基于自身的数字平台，提出基于自身链路的营销传播方法论。几乎每个新媒体平台都有根据业务模式和人群洞察迭代的新媒体营销链路模型。这些模型对传统时代的品牌投入模式有所升级，但是不同数字平台的数据维度不同、在消费者决策路径中扮演的角色不同，使得链路模型各有特色。链路模型作为一个整体性方法论指导企业对消费者决策行为的洞察、媒介的布局、产品和传播内容的优化以及营销效率的度量。

谷歌提出的微时刻（micro-moments）模型是国际互联网企业比较有代表性的链路模型。谷歌将消费者决策路径分为四种时刻：好奇时刻（I-want-to-know moments）、探索时刻（I-want-to-go moments）、行动时刻（I-want-to-do moments）、血拼时刻（I-want-to-buy moments）。①

在中国，较有影响力的链路模型包括阿里巴巴的 AIPL 模型和字节跳动基于 5A 模型形成的 O－5A 模型。分众传媒创始人江南春提出链路模型更本土化的口诀：认识—认知—认可—认购—认同。实际上，这些不同模型的含义是类似的。

阿里巴巴基于消费者行为数据提出 AIPL 模型来对消费者分群，如图 5－5 所示。A（awareness）代表品牌认知人群，包括被品牌触达和搜索品类词的人；I（interest）代表品牌兴趣人群，包括点击广告、浏览品牌/店铺主页、参与品牌互动、浏览产品详情页、搜索品牌词、领取试用、订阅/关注/入会、加购收藏的人；P（purchase）代表品牌购买人群，指购买过品牌商品的人，针对新客户；L（loyalty）代表品牌忠诚人群，包括复购、评论和分享商品等的人，针对老客户。

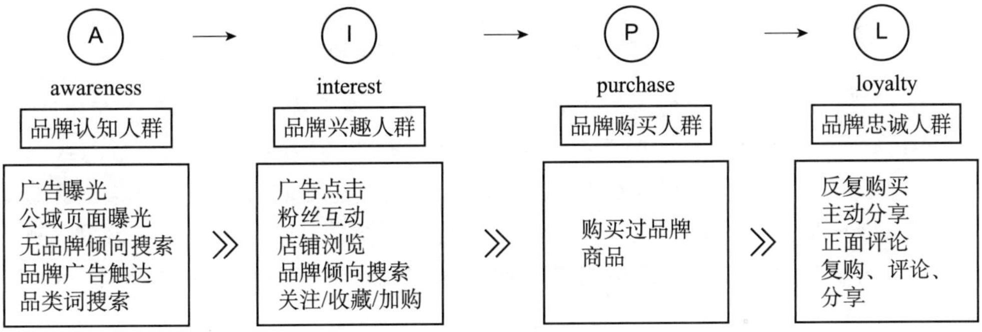

图 5－5　阿里巴巴 AIPL 模型

字节跳动基于 5A 模型提出了 O－5A 模型（见图 5－6）。O－5A 模型在 5A 模型基础

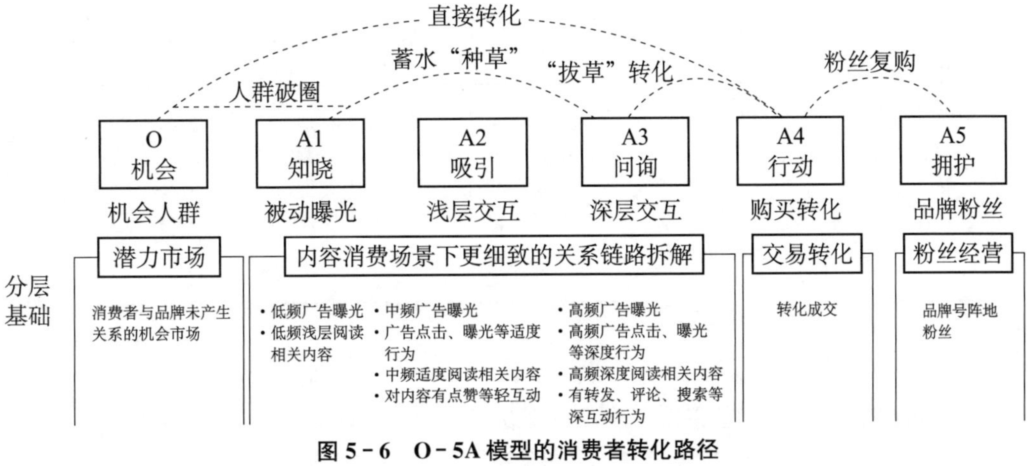

图 5－6　O－5A 模型的消费者转化路径

① 王赛．数字化时代的五条营销链路：再看品牌广告 VS 流量广告．（2021－06－25）．https：//mp. weixin. qq. com/s/NMt358Zr9XipM0e0skhAYA.

上加入了 O（opportunity）人群，即机会人群，指在关注本品牌的 5A 人群以外潜在的机会人群。在 O-5A 模型中，消费者可能在不同的阶段走向销售转化，内容“种草”在其中起到了重要作用。

爱奇艺基于其视频广告提出 AACAR 营销链路模型，包括引起注意（attention）、产生联想（association）、共鸣共识（consensus）、购买行为（action）、口碑分享（reputation），如图 5-7 所示。

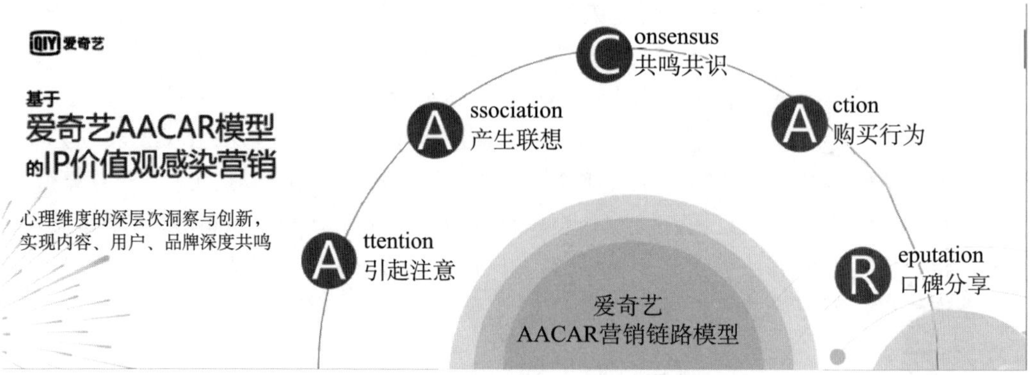

图 5-7　爱奇艺的 AACAR 营销链路模型

总的来说，在中国市场的实践中，消费者决策链路可以整体分为前链路和后链路，如图 5-8 所示。前链路包括知晓产品/品牌、产生兴趣、获取决策支持的信息或验证备选方案，在业界实践中通常被称为“种草”的过程；后链路则包括购买下单、复购以及分享推荐，即被称为“拔草”/转化的过程。前链路主要是对消费者心智的影响，强调消费者对信息的收集和思考、对品牌或产品的认知过程；后链路主要关注消费者的行为，强调消费者的购买、推荐等具体行为的发生。

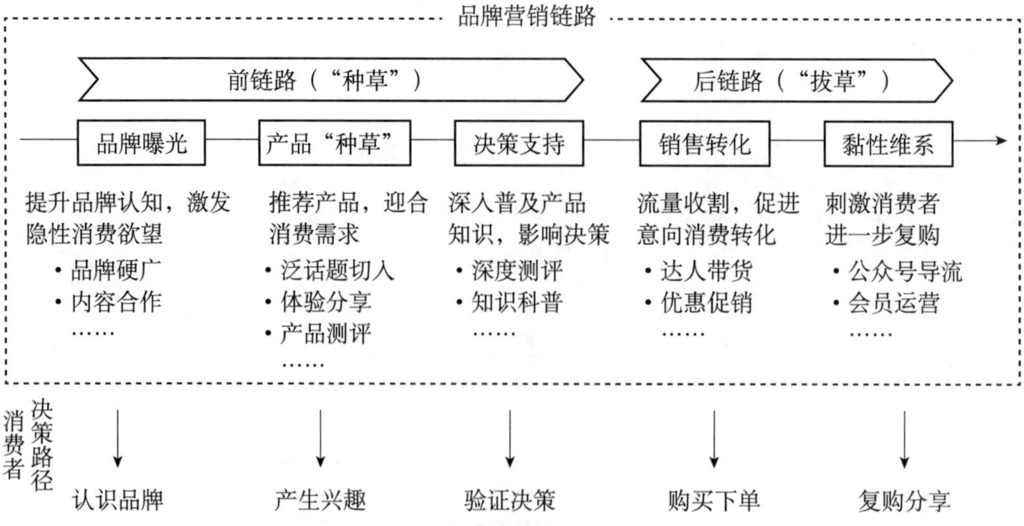

图 5-8　消费者决策链路中的前链路和后链路

资料来源：艾瑞咨询．2021 年种草内容平台营销价值白皮书．（2021-11-15）．https：//report.iresearch.cn/report/202111/3879.shtml.

二、基于企业行为视角的增长黑客模型

除了基于消费者决策路径的链路模型外，还有基于企业行为视角的链路模型。增长黑客模型在互联网运营界流传颇广，它是一个站在企业行为视角探讨业务增长路径的方法论。

“增长黑客”这一说法源于硅谷，最早在 2010 年由 Qualaroo 的创始人兼首席执行官肖恩·埃利斯（Sean Ellis）提出。但它真正引起业界广泛关注与交流，是因为安德鲁·陈（Andrew Chen）在 2012 年发表的《增长黑客是新的市场部副总裁》（Growth Hacker is the new VP Marketing）一文。① 在中国，范冰所著的《增长黑客》一书是较早介绍这一模型的著作，也引发了该模型在中国互联网企业中的广泛应用，滴滴出行、瑞幸等互联网新品牌的快速发展都离不开对增长黑客模型的运用。

“增长黑客”早期是指既了解技术又深谙消费者心理的员工，他们擅长发挥创意、绕过限制，通过低成本的手段解决初创企业早期产品增长的问题，类似于极客、发明家和广告狂人的结合体。他们的职责与专门为初创企业设立的市场推广部门的职责相似，但因为缺乏用于营销的大笔经费，他们只好将更多的注意力聚焦在产品策略本身带来的自发增长上。

案例 5－1　瑞幸咖啡的 AARRR

增长黑客模型之所以应用广泛，是因为它是从企业行为视角提出的目标式链路模型。根据不同阶段用户参与行为的深度和类型，可以将增长目标拆分并概括为 AARRR，即获客（acquisition）、激活（activation）、留存（retention）、变现（revenue）、传播（referral），如图 5－9 所示。在这个模型中，被导入的一部分用户会在某个阶段流失，而剩下的那部分用户则在继续使用中抵达下一阶段，在层层深入中实现最终转化。该模型每个阶段的目标都有可以量化衡量的系列指标，帮助企业判断和决策并形成自己的数据库。此外，该模型不仅关注用户量的累加，还囊括了产品生命周期各个阶段的重要指标。

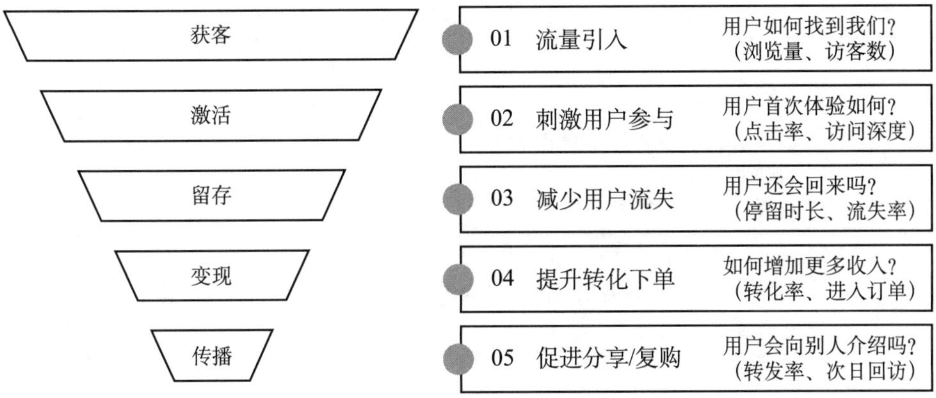

图 5－9　增长黑客模型

① 范冰. 增长黑客：创业公司的用户与收入增长秘籍. 北京：电子工业出版社，2015.

第 2 节　基于链路模型的营销管理

菲利普·科特勒提出的 5A 模型是一种适用于所有产业的灵活工具，用于描述消费者行为时，它能更真实地反应消费者决策路径；作为营销工具时，它可以通过量化指标衡量消费者所处的阶段，有针对性地投放营销内容，同时也能够帮助企业排查出营销问题所在。5A 模型具有灵活性，可以适应不同行业、市场和商业模式，也可以对不同行业进行比较，并由此揭示行业的特征；能够展示各竞争企业与消费者之间的关系；能够根据企业的发展阶段提供不同的链路发展侧重点。

此外，链路模型也不仅用于前台的用户运营。营销本身是一个系统，前台传播和销售的变化会传导到后台的企业组织与管理。传统营销环节单一，负责品牌、内容、媒介等的各个部门或小团队的工作目标、策略打法、时间节奏都是独立与割裂的，而链路模型下的营销必须打破组织内部的“墙”，按照营销效率测量链路，使每个职能部门背负不同阶段的细分指标，重组垂直作业流程，形成内容制作、媒介选择、投放、优化、用户转化与连接、用户复购与运营环环相扣、互相配合的新流程。

一、通过 5A 模型进行消费者管理

5A 模型从关注消费者心智（A1～A3）逐渐过渡到关注消费者行为（A4～A5）。其中有一个隐含的假设：基于心理和情绪的驱动，消费者会作出一系列相应的外显行为，这些行为可以被企业直接观察和管理。在数字时代，消费者外显行为可以被更加细致和全面地记录、分析和管理。

5A 模型提供了一个全面且有条理的方法来跟踪和分析消费者行为，帮助营销人员了解消费者所处的阶段，以便量身定制营销策略，有效地针对和吸引每个阶段的消费者。该模型以消费者为中心，每个阶段都有一些可衡量的指标（见表 5－1）及明确的目标，通过数据反馈不断调整和改进策略，从而实现更有效的营销活动。

表 5－1　5A 模型每个阶段可衡量的指标示例

阶段	可衡量的指标示例
1. 知晓	网站/账号流量 社交媒体覆盖和曝光展示次数 品牌提及 相关关键词的搜索引擎排名
2. 吸引	广告、电子邮件或社交媒体帖子的点击通过率（click-through-rate，CTR） 在网站/账号上花费的时间以及内容参与度（如点赞、分享、评论） 登录页面的转化率 消费者的反馈和评论
3. 问询	电子邮件打开率、优惠券使用率和 CTR 相关关键词在数字平台（如淘宝、小红书、抖音等）的搜索次数和上升幅度 线上线下品牌客服接到咨询或要求提供更多信息的次数 实时品牌直播/聊天参与度

续表

阶段	可衡量的指标示例
4. 行动	留下销售线索、个人资料 销售数据 关键页面（如产品页面或结账页面）的转化率 产品收藏率、加入购物车率/清除购物车率 平均订单价值和每位访客的收入
5. 拥护	净推荐值（net promoter score，NPS） 消费者评论和评分 消费者推荐和推荐率 消费者分享和提及品牌或产品的社交媒体 介绍品牌或产品特色的用户生成内容

注：点击通过率是互联网广告常用的术语，指网络广告（图片广告/文字广告/关键词广告/排名广告/视频广告等）的点击到达率，即该广告的实际点击次数与广告展示量的比值。

由于数字平台的差异和行业的差异，可衡量的指标在具体实践中可能存在细节的差异。以汽车营销为例，一些数字平台将近 21 天内接受广告曝光的消费者定义为 A1 知晓人群，将近 21 天内点击广告的消费者定义为 A2 吸引人群。具体可见章末案例“全链条数字化转型——5A 模型在汽车产业的应用”。

案例 5－2

打出“组合拳”，波司登让“种草”真正落地

目前，越来越多的品牌开始追求品效协同，着眼于长远布局，致力于长期的“种收”平衡。按照 O－5A 模型，A3 问询人群被重新定义为“种草人群”。种草人群处在承前启后的关键位置，是所有品牌都非常关注的高潜用户，也是最有可能实现转化的人群。根据 5A 模型，在“种草”阶段，品牌需要扩大人群入口，做好拉新和从 A1 人群、A2 人群到 A3 人群的流转，扩大 A3 人群规模，为后续转化“蓄水”；在“收草”阶段，品牌则通过提高 A3 人群至 A4 人群的流转率，使“拔草”更高效。借助 5A 模型，波司登在短期内实现了全网曝光 7.5 亿次，5A 人群资产增长 631%，其中 A3 人群资产增长 251%，品牌商品交易总额（GMV）超 8 000 万元，新品风衣羽绒服交易额超 3 000 万元，品牌店铺新增粉丝 17.8 万人。

2021 年 10 月，波司登联合博柏利（Burberry）前设计总监推出了一款高端风衣羽绒服新品，计划利用抖音平台进行“种草”营销，同步实现品效合一双突破，既在高端市场具有品牌声量，又有良好的新品销量和投放回报。但羽绒服是标品，难以实现差异化。因此，波司登选择了以 A3 人群为轴心的“组合拳”策略：在前链路广泛“种草”，让更多 A1、A2 人群转化为 A3 人群，充分进行人群“蓄水”；在后链路精心策划，让更多 A3 人群转化为 A4 人群，实现购买转化。

在前链路，波司登利用抖音对机会人群和 A1、A2 人群进行大规模“种草”，积累 A3 人群。首先，波司登在直播间高频讲解高转化率的商品，积累高价值人群。直播间的流量一半是自然流量，一半来自定制化投放。定制化投放是基于调研数据、竞品公开数据、巨量云图的三维数据，确定新品目标人群画像及内容偏好，找出高端、商务、都市、

白领四大核心人群，尤其是基于历史投放表现，抓取那些付费意愿高、转化率高、与服装产品特点相匹配，以及对合作明星有好感的人群，对其中的机会人群和 A1、A2 人群大规模“种草”。其次，利用抖音信息流对新品内容进行强曝光，提升话题互动度。品牌官方发布“明星代言人”“首创风衣羽绒服”等精品内容，通过赢富（TopView）进行投放，实现最大范围曝光，吸引新品兴趣人群。最后，波司登利用达人短视频进行深度“种草”和话题传播。波司登发起“风羽时刻，趣味贴纸挑战赛”活动，用大量达人短视频配合强调风衣羽绒服“显瘦”的特性，再迅速上线“什么是对降温的基本尊重”“节日气氛到位了”等话题，为品牌沉淀 A1、A2 人群。

在 A1、A2 人群向 A3 人群转化的阶段，波司登利用明星、达人进行全方位“种草”，高效引流直播间。品牌筛选明星素材进行信息流投放，邀请近 70 位达人接力花式“种草”，全方位展现新品风衣羽绒服的使用场景和卖点等，扩大 A3 人群规模。

在后链路，波司登利用明星、达人直播拉动销量，并利用短视频素材持续传播撬动转化。一方面，品牌开启达人直播专场，将前期品牌积累的 A3 人群吸引进直播间，加速“种草”人群向购买人群转化。另一方面，将完播率高的内容素材通过竞价广告投放，拉长深度互动。

与波司登做法类似，越来越多的品牌在抖音通过“强曝光加速品牌认知—引流直播间促成转化—混剪短视频复投撬动持续转化”这一路径，以诊断品牌关系资产为起点，帮助品牌制定营销策略，构建品效合一的经营链路，最终达到理想成绩。

资料来源：秦朔．在巨量引擎用 A3 种草，让种草真正落地．(2023-02-27)．https：//mp.weixin.qq.com/s/_0cfU6EIN-ESvrFtceilIQ.

二、通过 5A 模型进行传播管理

5A 模型也是营销人员进行媒介投放管理的工具。虽然链路模型各异，但对于品牌来说，这些模型本质上是以不同的视角解决传播和运营的三个核心问题：

- 碎片化时代，如何让更多的潜在消费者看到和知晓品牌？（信息广度）
- 如何进一步让消费者对品牌感兴趣？如与品牌产生互动和进一步问询产品信息？（信息深度）
- 如何让更多的新用户购买？如何让老用户复购和推荐？（行动和关系）

这三个问题反映了企业在实践中最关心的营销传播核心目标——品、效、销——的有机结合和相互协同。

（1）品：品牌精髓、调性、核心价值的展示，这是品牌方的动作，为的是扩大潜在消费人群规模以及沟通品牌价值。对应 5A 模型中的 A1 知晓阶段。

（2）效：消费者受到品牌内容的影响产生一定的互动行为，从被动的浏览（完播）到主动的点击、搜索、关注、转发、留资等行为。对应 5A 模型中的 A2 吸引阶段和 A3 问询阶段。这实际上正是菲利普·科特勒在《市场营销原理》中提出并在其他著作中不断强调的顾客参与（customer engagement）。

（3）销：购买、复购、推荐的行为。对应 A5 模型中的 A4 行动阶段和 A5 拥护阶段。“销”的重点在于转化的效率，提高效率的方法一是打通链路，尽量减少从认知到购买之间的障碍（如减少二次跳转等）；二是进行私域流量的顾客关系管理。两种方法可以双管齐下。但如果没有前期的人群“蓄水”，提高转化效率对品牌的贡献将会受限。

基于新媒体营销的传播思路就是需要拓宽消费者对品牌的认知广度、激发互动兴趣以提高消费者对品牌的认知深度，以及推动消费者销售转化和裂变。2022 年营销风向标调研发现，91%的首席市场官（chief marketing officer，CMO，主要负责市场推广的工作）认为“品、效、销”能力的整合是营销的必经之路。链路模型结合数据与算法，记录、分析和影响消费者从前链路的知晓、吸引（如“种草”）、问询到后链路的行动和拥护的全流程，在品牌传播、互动效果、销量转化三者之间寻找到了实现“三位一体”的路径。

为实现品、效、销的有机结合和相互协同，企业通过 5A 模型进行传播管理可以考虑的媒介投放方式如表 5－2 所示。

表 5－2　通过 5A 模型进行传播管理可选的媒介投放方式

阶段	媒介投放方式
知晓	高覆盖率和可见性的渠道 搜索引擎、社交媒体平台、展示广告、KOL 营销
吸引	吸引人的内容 文章、视频和社交媒体帖子、原生广告、内容营销
问询	提供咨询或获取信息的机会 搜索引擎 社交媒体的内容 KOL 的测评 官方在线客服
行动	鼓励消费者采取行动的广告 电子邮件、短信 KA 卖场的布置/门店的购买点广告/货架堆头设计 电商旗舰店的设计、产品页面的描述 销售话术 优惠券 直播间及其相关工具
拥护	带有二维码的产品包装 包裹卡 社交媒体上的用户生成内容、客户评论、推荐和推荐计划

在知晓阶段，让消费者注意到品牌是关键。因此，采用高覆盖率的媒体平台是较好的选择，如微信、抖音等社交平台，央视等较为中心化的传统媒体以及头部明星和 KOL。

在吸引阶段，进一步提升消费者对品牌的价值认知是媒介投放的目标，因此，更有趣、更有深度的内容成为更重要的传播载体，如通过一些 KOL 的内容植入和互动性强的广告引导消费者参与。

在问询阶段，消费者可能将品牌与竞争者进行比较，也可能参考其他消费者的评价，因此搜索引擎、KOL 的测评、专家的证言、小红书的“种草”、问答网站的回答、品牌官方账号、品牌店铺成为重要的传播触点。

在行动阶段，传播的目标是促进行动，因此 KA 卖场的布置/门店的购买点（point of purchasing，POP）广告、电商旗舰店的设计、产品页面描述、销售话术、电子邮件、优惠券、直播间及其相关工具等成为重要的传播触点。

在拥护阶段，传播的目标是消费者留存和消费者分享，因此带有二维码的产品包装、包裹卡成为传播触点，能吸引消费者评价以及关注品牌、成为品牌粉丝、进入品牌的社群，品牌还可以在社交媒体上发起消费者的评价分享和体验分享等活动。

5A 模型为传播内容和载体提供了结构框架，并为传播效果的衡量制定了相应的指标，如图 5－10 所示。在知晓阶段，重点关注品牌内容可见性，以内容浏览人数作为衡量效果的关键指标；在吸引阶段，品牌内容吸引力至关重要，因此内容互动人数成为衡量效果的关键，可以具体评估点击率；在问询阶段，关注品牌内容引流力，衡量效果的关键指标包括引导进店人数，可以具体评估点击率、搜索量、店铺进入率等因素；在行动阶段，关注品牌内容获客力，因此引导收藏加购人数等成为关键指标；最后，在拥护阶段，关注内容转粉力，因此各个传播渠道的新增粉丝数成为衡量效果的关键指标，还可以关注消费者的活跃程度，例如与其他消费者进行交流、分享、试用评测、评价以及推荐等行为的活跃度。

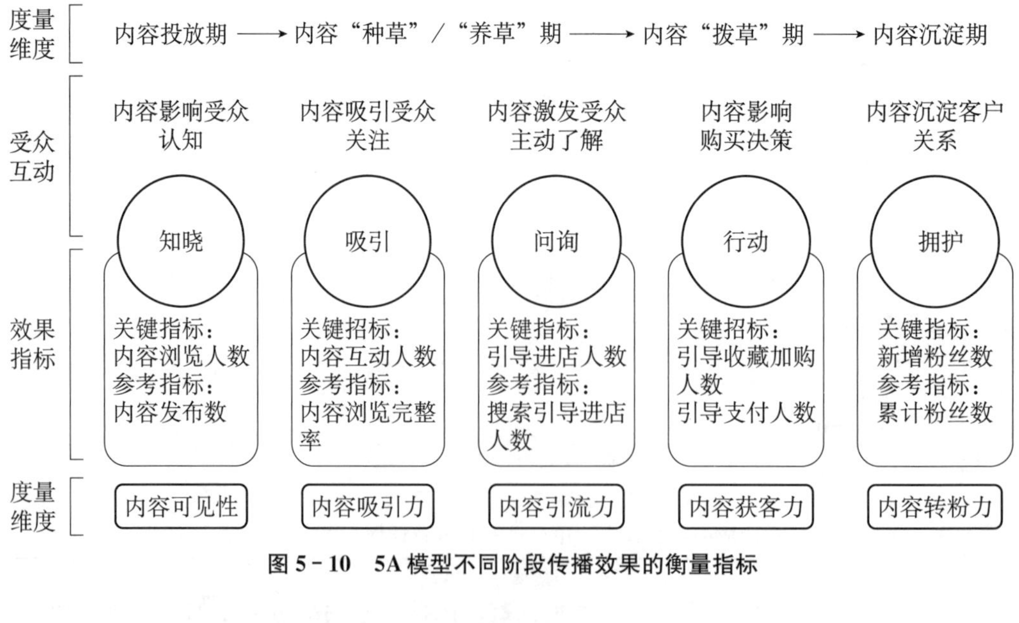

图 5－10　5A 模型不同阶段传播效果的衡量指标

三、通过 5A 模型确定企业的链路重心

按企业生命周期来分，企业发展可以分为初创期、成长期（前期、后期）、成熟期和衰退期。在应用 5A 模型时，营销人员应考虑品牌的发展阶段，从而设置不同的链路重心，以更好地发展品牌，图 5－11 列出了企业从初创期到成熟期的目标与策略。

首先，企业在初创期会面临生存考验，这一阶段的核心问题是为了企业的存续，如何高效将流量转化为销量。其链路重点为 A3 问询人群向 A4 行动人群的转化及 A4 行动人群向 A5 拥护人群的转化。其目标是鼓励消费者购买，产生初始收入以维持业务发展；鼓励消费者分享，以低成本带来新顾客。

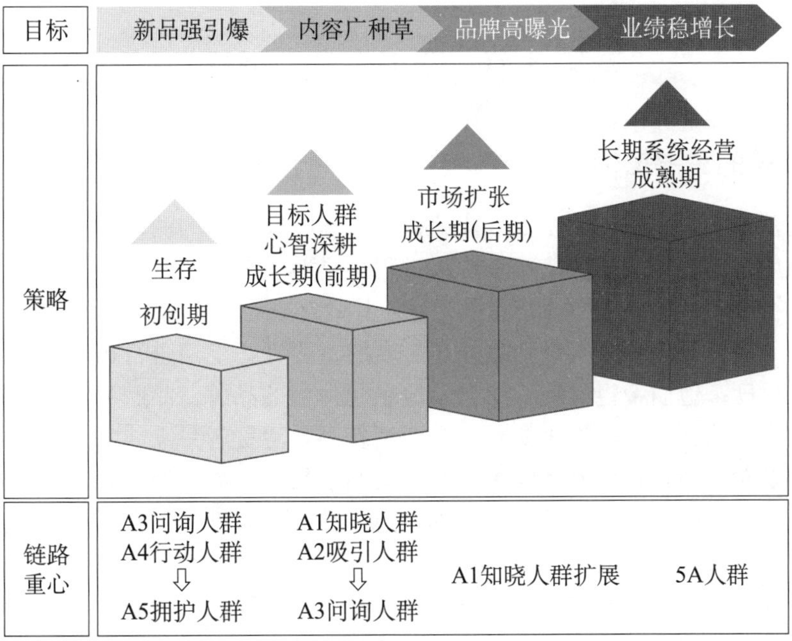

图 5－11　5A 模型不同阶段的目标与策略

资料来源：巨量引擎．新消费品牌 STEP 增长方法论．

其次，企业在成长期前期可能经历了一个高速发展期，这一阶段的核心问题是如何深度影响消费者的心智。其链路重心为 A1 知晓人群和 A2 吸引人群向 A3 问询人群的转化。其目标是吸引初步知晓和对品牌有兴趣的潜在消费者，并将他们转化为 A3 问询人群，扩大品牌覆盖的消费群体。

企业在成长期后期已经获得一定的市场成功，需要进一步扩张，比如可能从地方性品牌向全国性品牌扩张，或者从行业跟随者向行业领导者转变。这时的核心问题是如何进一步扩大市场、扩大消费群体。其链路重点为 A1 知晓人群的扩展，目标是接触更多的潜在消费者，破圈扩大消费者池子，并提高消费者留存率。

最后，企业在成熟期需要维持优势地位，长期稳定发展，如行业领导者品牌欧莱雅、宝洁就处于成熟期。该阶段的核心问题是如何使品牌持续稳定增长。链路重心为 5A 模型全链路管理，优化 A1～A5 的融合和效果。其目标是保持品牌知名度，与消费者在整个消费者决策路径中保持互动，确保品牌长期可持续运营。企业需要不断投资品牌知名度推广活动，创作引人入胜的内容，提供卓越的客户服务，促进购买行为，将满意的消费者变成品牌拥护者。通过有效管理 5A 模型全链路，企业可以维持领先地位，获得长期成功。

总之，在使用 5A 模型时，营销人员应考虑品牌的发展阶段，以有效地量身定制营销策略。企业在不同阶段需要关注不同的重点，以满足品牌的特定需求和实现相应的目标。通过了解不同阶段的链路重心，营销人员可以更好地分配资源，开展更具影响力的营销活动。这有助于确保品牌在各个阶段都能取得成功，从而实现可持续的业务增长。同时，这也有助于提高资源利用效率，实现更高的投资回报率。

第3节　营销生产力指标

一、传统的营销指标

在传统营销中，企业会关注多个营销指标，其中最核心的两个指标是品牌知名度和消费者满意度。品牌知名度在消费者购买过程中具有重要意义，营销人员通常致力于提高品牌第一提及率，从而吸引消费者购买并使其最终成为忠实粉丝。

一方面，品牌经理充分认识到品牌知名度的重要性，定期进行市场调查，研究品牌知晓度和认可度，他们希望消费者能自发地想起他们的品牌。品牌第一提及率被认为是衡量市场占有率的良好指标，比如对于生活消费品，消费者只需要知道产品，就有可能去购买。但是对于消费者介入度较高、购买周期较长的产品，消费者对产品或品牌的认知只是第一步。品牌经理前期投入大量资金建立品牌知名度，但在后期往往忽略对消费者的购买过程进行持续干预。

另一方面，客服经理密切关注消费者满意度和忠诚度。一般来说，消费者满意度越高，其忠诚度也就越高。消费者对产品的忠诚被定义为愿意推荐产品和品牌的行为。因此，营销的最终目标是让消费者更愿意推荐和支持品牌。

然而，这两个指标存在一个共同的缺陷：它们关注的是营销结果而非营销过程。尽管企业利用这些指标可以有效地跟踪品牌营销进展并衡量营销人员的工作成效，但并不知道采取什么营销行动以改善品牌在消费者决策过程中的认知波动。

此外，品牌经理和客服经理一般分属不同的部门，他们在进行调研和分析时可能缺乏沟通，导致对两个指标的组合使用不够充分。这种组织结构上的问题导致企业难以发现品牌知名度和消费者满意度之间的关联。

二、购买行动率和品牌推荐率

为了解决上述问题，需要跟踪营销过程的有效性和效率，新媒体营销引入了一系列细化的营销生产力指标。菲利普·科特勒认为有两个指标值得关注，分别是购买行动率（purchase action ratio，PAR）和品牌推荐率（brand advocate ratio，BAR）。购买行动率衡量企业将品牌认知转化为购买行为的能力；品牌推荐率衡量企业将品牌认知转化为品牌拥护的能力。计算这两个指标需要获得A1知晓阶段到A5拥护阶段的消费者数量数据（见图5-12）。

举例来说，市场上有100个消费者，其中90个会自发想起X品牌，在这90个消费者中只有18人最后会购买产品，而只有9人会主动地推荐该品牌。因此X品牌的品牌认知度是0.9（90/100），购买行动率是0.2（18/90），而品牌推荐率是0.1（9/90）。看起来X品牌的前景不错，因为其品牌认知度很高，但其实际表现不够好，因为它没有将80%知晓这个品牌的消费者转化成最后的购买者。

购买行动率和品牌推荐率这两个指标经过加工和复用可以帮助营销人员了解资金的产出效果，尤其是在扩大品牌知名度方面。购买行动率和品牌推荐率对于研究营销投资回报率（return on marketing investment，ROMI）有重要作用。对于大多数行业来说，

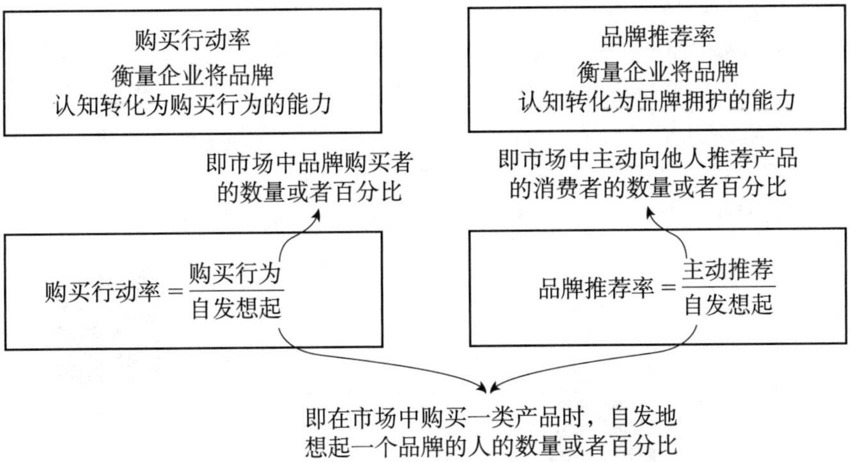

图 5－12　新媒体营销的营销生产力指标：购买行动率和品牌推荐率

大部分营销开支都用于通过广告扩大品牌知名度。因此在测算 ROMI 时，可以用品牌知名度表示营销投资；而回报既包括能直接转化为销量的购买行为，也包括不能直接转化的消费者品牌拥护。

三、分解购买行动率和品牌推荐率

购买行动率和品牌推荐率的价值不止于此，企业在计算从品牌知晓到品牌拥护的转化率时，还可以回答营销中极为重要的一个问题——企业如何作出有效的营销干预，进而增加忠实消费者的数量。

将购买行动率和品牌推荐率两个指标进行拆分能获得更多信息。首先来看购买行动率的分解。根据品牌认知度分割市场份额就能计算购买行动率，而根据品牌认知度，营销人员可以预测产品未来的市场份额增长。

举例来说，X 品牌希望增加营销开支使品牌认知度提高 1%。已知 X 品牌的购买行动率是 0.5，这意味着 X 品牌有一半的营销投入浪费在扩大市场份额的过程中。因此当其他条件相同时，X 品牌的期望市场份额增量应该为 0.5%。尽管这只是一个预测值，但能够帮助营销人员更合理地分配支出（见图 5－13）。

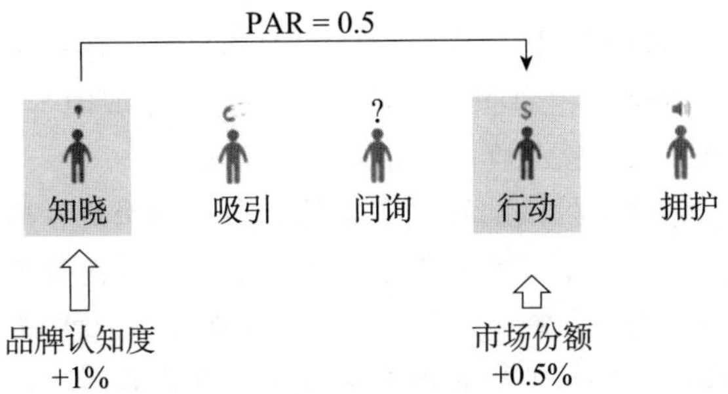

图 5－13　分解购买行动率的应用

再来看品牌推荐率的分解。赢得消费者忠诚度是一个长期的螺旋式进程，涉及 5A 模型全链路。理想状态下，与品牌互动的每一个消费者都可以顺利完成 5A 的进程，每一个知晓品牌的消费者最后都会推荐并拥护这一品牌，即品牌推荐率的理想值为 1。但在现实中，品牌推荐率为 1 的情况凤毛麟角。通常情况下，相当一部分消费者“半途而废”。

虽然品牌推荐率几乎不可能为 1，但从图 5－14 品牌推荐率的分解中可以看出，营销人员借助大数据，可以利用 5A 模型全面诊断营销问题，相对精准地识别问题环节，并深入分析原因与对策。从而在每个阶段提高转化率，提高营销生产力。

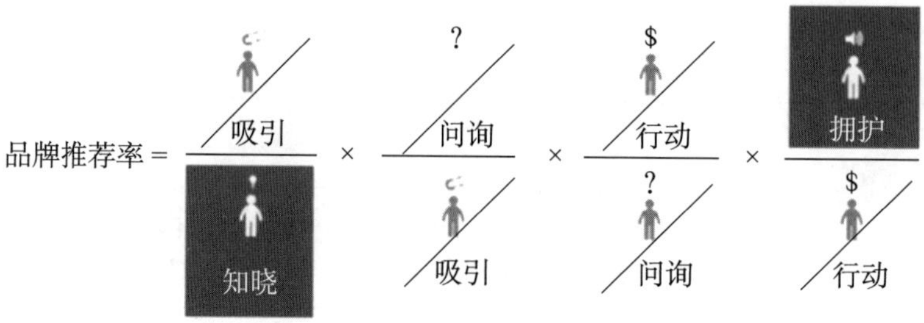

图 5－14　品牌推荐率的分解

（1）在知晓阶段，如果知晓品牌的消费群体较为有限，企业需要考虑是否存在品牌内容触达问题。原因可能是媒体投放量不足、投放的媒体/平台不符合目标受众的媒介接触习惯等。在这种情况下，企业需要调整媒体策略以提高品牌知名度。

（2）如果知晓阶段到吸引阶段的转化率较低，则可能原因是品牌定位和内容取向没有击中消费者的需求痛点；或者产品吸引力不足，无法使消费者认同产品能够满足其需求。在这种情况下，企业需要重新审视品牌价值主张和内容战略，或优化产品相关属性以增强说服力。

（3）如果吸引阶段到问询阶段的转化率较低，则可能表明消费者不愿深入了解品牌。这可能是因为企业无法展开有效对话并促进信息分享。反之，如果转化率过高，则说明消费者感兴趣但有很多疑问，这表明品牌提供的信息不足或难以理解。在这种情况下，企业需要改进沟通策略，提供更清晰易懂的信息。

（4）如果问询阶段到行动阶段的转化率较低，则表明消费者虽然关注或搜索品牌，但并未购买。原因可能是品牌的社交影响力不足，比如 KOL 和口碑评价不好，或者在社交平台上几乎没有关于品牌的内容，消费者在搜索后选择放弃；或者消费者在产品试用中发现产品有问题、价格过高、销售人员专业能力不足等；还可能是分销渠道不畅，如线下渠道的网点不够、货架占领面积不足或线上渠道与品牌内容没有进行很好的衔接、线上渠道布局不足导致无法承接品牌内容带来的流量等。

（5）如果行动阶段到拥护阶段的转化率较低，则表明消费者购买后很少会向他人推荐，原因可能是消费者满意度不高或品牌亲和力不足。如果消费者重复购买产品但不推荐，则说明其对产品较为满意但缺少推荐动机。那么企业可以增加一些分享推荐的助推，或是给予一定的物质激励。如果消费者没有重复购买和推荐行为，则可能是因为产品表现一般、存在售后服务的问题或消费者存在购后认知失调。企业可以通过提升产品质量、改善售后服务、购后持续释放品牌内容等手段，有针对性地提高消费者满意度和品牌口碑。

图 5－15 对上述不同阶段的转化分析进行了总结，概括了企业如何利用 5A 模型全链

路排查营销问题。

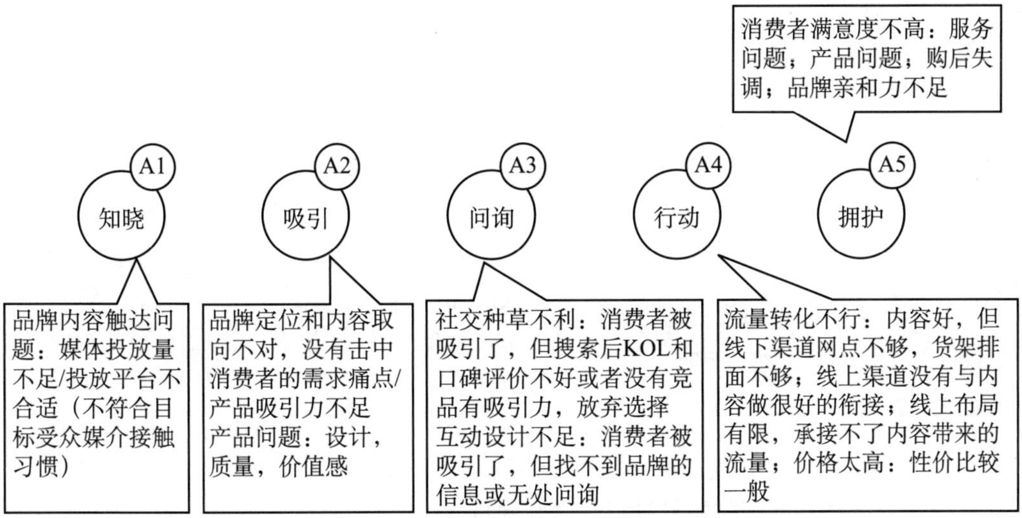

图 5－15　5A 模型全链路排查营销问题

5A 模型中任何阶段出现较低的转化率都可能造成营销瓶颈，降低整体产出。营销人员可以通过找出这些瓶颈，定位并解决导致购买行动率、品牌推荐率下降的问题。通过这种排查，营销人员能明确如何在不同阶段介入。营销人员可以将更多精力投到更有意义的方面。改善瓶颈触点，会使购买行动率和品牌推荐率更加接近于 1，提高营销生产力，避免不必要的开支浪费（见图 5－16）。

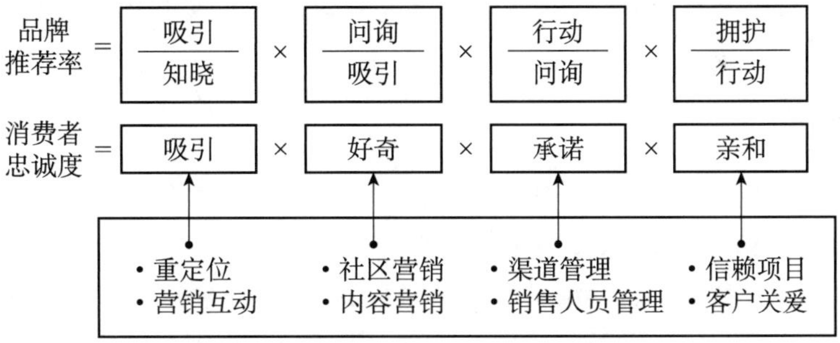

图 5－16　企业提高转化率可能采用的策略

四、提高营销生产力

除了从传播等策略执行层面分解消费者决策路径中可能存在的问题，链路模型也能帮助营销人员思考如何从战略层面克服 5A 模型全链路中存在的潜在瓶颈。虽然大范围的营销推广能够带来更多的品牌曝光，让更多人认识品牌，使品牌得到更多的拥护和推荐，但这种方法成本高昂，要求企业用高额的营销投资在市场中争得一席之地。那么营销人员如何能够在不显著增加营销投资的前提下提高品牌认知度？

1. 提高品牌吸引力

如果大多数知晓品牌的消费者都不认为品牌具有吸引力，那么品牌就存在吸引力的问题。吸引力问题可能来自品牌或者产品本身。比如，若产品的实际价值吸引力不足，那么品牌营销即使策划得再好、投入再多，效果也很有限；若产品的实际价值很高，但是品牌营销的执行力不足，那么品牌吸引力也会不足。

那么在今天，品牌吸引力是如何形成的？在数字时代，消费者的科技交互程度很高，能带来情感价值的、人性化的品牌能为消费者带来平等的交互体验，往往更具吸引力。

消费者可能偏好那些社会和环境价值更大的品牌，因为它们能为消费者带来良好的获得感。品牌价值观越来越成为品牌能否得到消费者青睐的重要标准。运动品牌巴塔哥尼亚（Patagonia）的成功与其创始人的价值观和生活方式息息相关，见案例 5－3。

案例 5－3　价值观品牌：巴塔哥尼亚

消费者也可能被试验性或者代表特定生活方式的品牌所吸引。这些品牌的经营策略出其不意，被部分消费者认为很吸引人、很酷。特斯拉就是一个吸引力很强的代表独特生活方式的品牌。品牌讲述了一个引人入胜的、有关汽车未来和可持续能源前景的故事。品牌为消费者提供了展示自我的舞台，特斯拉车主能在拥有极佳驾驶体验的同时彰显自我身份和地位。

消费者还可能偏好那些拥有个性化产品和服务、满足消费者具体需求的品牌。当今世界的需求多种多样，市场也千差万别。在技术的辅助下，品牌可以更好地锚定更加细分化的市场或者进行定制化。品牌可以用大数据分析个体消费者的行为和偏好，从而在合适的时间和地点为消费者提供其想要的产品和服务。

2. 激发好奇心

卡内基梅隆大学（Carnegie Mellon University）的乔治·勒文施泰因（George Loewenstein）给好奇心下了一个十分简单的定义：好奇心是已知和想知之间存在的信息隔阂所导致的缺失感。

在营销中，好奇心的作用是带给消费者适当却不过量的信息，因此，想要激发消费者的好奇心，通常需要进行内容营销。

有时，品牌本身会带来内容。比如通用电气带来有关科技的内容；银行在其 App 以及各大平台上提供有关财务规划、生活方式的有用内容。

有时，消费者在数字平台上浏览和搜索时会发现有趣的内容，进一步探索就会发现内容背后隐藏的品牌，并可能最终选择该品牌。比如一些品牌在抖音平台上与大量 KOL 合作生产内容，并融入产品或品牌的信息。消费者在娱乐的同时，被品牌润物细无声地打动。关于内容营销和 KOL，详见第 6～8 章。

激发消费者的好奇心还可以通过营销活动游戏化，即品牌交互应用游戏机制来实现。游戏具有趣味性、沉迷性和说服性，能让消费者自发地感到好奇甚至作出购买行为，大量的互动类广告试图通过增加游戏性的体验来与消费者互动。

3. 增大购买可能性

营销人员需要确保消费者最后会购买和使用他们的产品。这要求品牌内容有说服力并且消费者能够方便地进行购买。如果内容说服力不足，消费者的购买动机就不会太强；如果购买方式不够便捷，消费者行动的可能性也会大大降低。想象一下，消费者在线上渠道看见了一个品牌，想要购买产品时却发现需要去实体店购买或需要等待 10 天，那么消费者很可能选择放弃购买。在这种情况下，品牌无法保证产品供给，消费者决策路径就会终止。类似地，在线下渠道，当消费者在实体店的体验，包括物质环境、促销活动和销售人员服务质量，无法满足其期望时，消费者决策路径也会终止。因此，增大消费者购买可能性取决于渠道的可行性和改善消费者体验的能力。

由于不同的渠道是不同的人怀着不同的目标在不同的预算下进行管理的，想要实现消费者的无缝体验，就要连接组织的“孤岛”，而这通常需要解决渠道间的摩擦问题。营销人员需要改变他们的孤立状态，站在消费者的角度思考；他们需要用完整的视角分析消费者决策路径，确定不同渠道的作用，以说服消费者购买。在这种情况下，渠道管理应该从市场专家（服务于特定市场的人）和产品专家（售卖特定产品的人）的手中，转入活动专家（在消费者决策路径上扮演重要角色的人）的手中。

渠道的作用各不相同，但它们通常能独自带来一次完整的购买行为。梅西百货（Macy's）就是一个很好的例子，梅西百货发现了其线上和线下活动之间的关系：在搜索引擎优化上每投入 1 美元，实体店内的收入就会增加 6 美元。因此，梅西百货尝试整合线上和线下的活动，消费者可以选择直接在网站上购买梅西百货的产品，也可以到最近的实体店购买。

4. 提高品牌亲和力

优秀的营销人员将购买完成视为更重要的潜在关系的起点，以及建立消费者品牌拥护的关键点。对于大多数消费者来说，售后体验包括使用情况和售后服务，是对产品和服务的表现是否符合营销人员作出的售前承诺的衡量。如果实际表现符合甚至超过承诺，消费者就会和品牌建立起亲密关系，可能成为忠实的拥护者，品牌则可以获得消费者长时间的喜爱和认可。

为了改善售后体验，营销人员可以扩大触点，打破常规，为消费者带来更多的互动机会。营销人员还可以增加消费者可以参与的活动，如邀请消费者参与改善产品性能和服务体验的活动。

随着品牌的人性化程度提高，顾客参与也变得越来越重要，它打破了企业和消费者之间的界限，让它们之间的沟通更顺畅。在数字时代，根据消费者的不同特征，营销人员应该平衡高接触和高科技之间的关系，提供更多形式的交互，包括不同的消费者服务界面、社交媒体交互、游戏机制等。

社交媒体也是企业与消费者建立亲密关系的有效工具。通过即时信息软件和社交工具进行交流十分便捷，消费者往往不会刻意寻找品牌的客服电话或其他联系方式，而会在社交媒体上发表意见，比如在自己的微博账号上抱怨某次不愉快的消费经历，在雪球等更为垂直的数字平台上进行消费评价。企业如果能够及时回应，则能够适时地留住消费者和创造良好的口碑。这种方式由于不需要消费者作出额外的努力而备受青睐，君迪（J. D. Power）的一项调查表明，67％的美国消费者使用社交媒体接受企业的售后服务。

5. 善用消费者之间的信息交流杠杆

新媒体的连通性带来的一大好处就是可以通过引发消费者之间的对话，扩大品牌知名度，让参与对话的消费者最终对品牌产生印象。

营销人员应该把消费者之间的信息交流视为杠杆。“杠杆”一词常见于财务领域，债务带来杠杆，杠杆既可能给企业带来额外的收益，也可能造成额外的损失。

在新媒体营销中，消费者之间的信息交流提供了杠杆，让品牌无须过于依赖广告就能低成本地扩大品牌认知度。但风险也会被放大，消费者之间的信息交流难以把控，企业无法控制对话的内容：当消费者之间交流的是关于品牌的积极信息时，品牌资本就会被放大；当消费者之间交流的是关于品牌的消极信息时，品牌资产就会受到损害。品牌的“生杀大权”很大程度上交给了消费者（关于品牌的舆情管理，详见第9章）。有些品类或品牌所具有的独特特点往往能让消费者之间的信息交流更为频繁和积极，如美妆类产品往往比家电更具讨论性，苹果、华为也远比其他手机品牌更具讨论性。

围绕品牌展开对话对品牌有一定助益，企业能够减少效果不佳的广告并提高营销生产力。但任何品牌都不能仅仅依靠消费者之间的信息交流，品牌必须适时地进行广告宣传活动，也需要从外部影响对话的进程和方向。比如中国的日用品品牌“蜂花”以物美价廉著称，曾经由于快递包装不足，临时调用了其他品牌的快递包装。这一做法被消费者解读为“蜂花”为维持较低价格而降低成本的行为。这一解读一时在社交媒体上被热议，并引发大量消费者对品牌产生好感和购买支持。这一“杠杆”确实在短时间内大幅提高了品牌的业绩和美誉度，但如果品牌任其发展，那么“穷”“低价”的标签将进一步深化，对品牌的长远发展不一定有利，可能限制品牌将来进行价格调整或进入中高端市场。因此，企业需要用自己的力量从外部影响对话的进程和方向。

第4节　产业原型和最佳营销手段

基于消费者决策路径的5A模型有广泛的适用性，但现实中消费者决策路径各不相同且很复杂，可能涉及多种传统媒体和新媒体。品牌所属品类决定了消费者决策路径的复杂程度，对于价格较低、购买方便而风险较低的商品，消费者决策路径往往较简单；而对于购买风险较大的商品，通常消费者参与度较高，消费者决策路径往往较复杂。此外，同一品类在不同地区也存在消费者决策路径的区别。

而即使在同一地区、属于同一品类，不同品牌的消费者决策路径也不尽相同。大品牌通常有更多的触点，消费者可以获得多种不同的交互体验；而小品牌通常更贴近消费者。品牌目标消费群体的不同和品牌定位策略的不同也会导致消费者决策路径的差异。

菲利普·科特勒提出5A模型后，提出了四大产业原型。不同产业在5A模型不同阶段的关键特征存在一定的差异，借此能够了解其所面临的挑战，也能有针对性地优化消费者决策路径。

一、四大产业原型

通过直观地对比5A模型不同阶段的转化率，营销人员可以更好地研究不同产业的关键特征。菲利普·科特勒总结出四种主要的产业模式——门把手式、金鱼式、喇叭式和漏斗式，每一种模式都代表着一种独特的产业原型，并对应一种特殊的消费者行为模式和一系列的产业特征（见图5-17）。

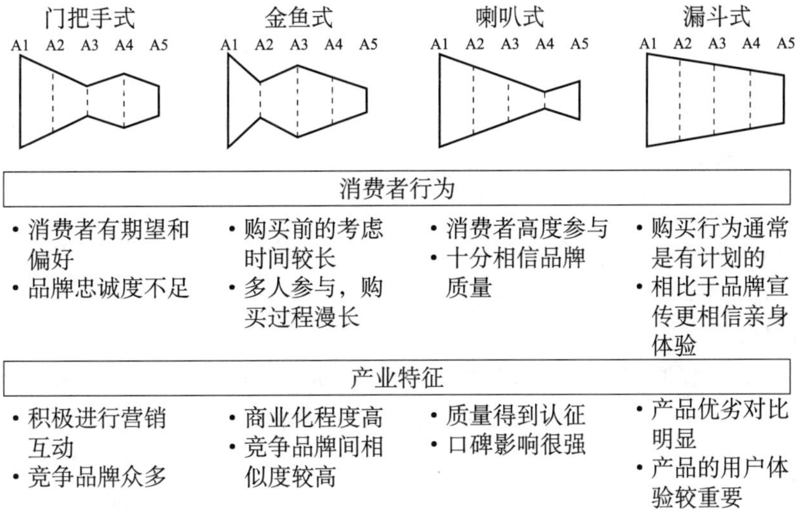

图 5－17　四大产业原型示意图

1. 门把手式

最主要也最常见的一种产业模式是门把手式，其 A3 人群规模很小，说明消费者的问询较少，他们较少纠结，很容易说服，购买冲动（A4）比较大。但同时因为消费者不太在意品牌，所以 A5 人群规模很小，消费者与品牌建立长期关系、向他人推荐的可能性较低。门把手式的典型产业是快消品产业。

门把手式产业模式具有以下特征。首先，消费者购买冲动大。消费者不会花费时间调查并比较不同的商品选择，因为商品价格一般较低，消费者认为没必要了解太多。此外，消费者决策路径较短。购买行为通常是高频率的、习惯性的，消费者基于过去的经验对于特定的品牌有自己的期望和偏好。品牌知晓和行动之间的链条短，提供更便捷的下单方式和更快的履约方式可以帮助品牌获得更大的市场。

其次，门把手式产业通常有大量的消费群体，也有大量的竞争品牌。消费者由于有情感上的偏好，会在心里对同一类别的产品作出比较，比如饮料、零食等产品。

再次，消费者对于研究品牌的兴趣不高。许多已购买产品的消费者不愿意推荐品牌，也没有和品牌建立长期关系的需求。而由于消费者花费较少，承担风险较少，品牌的营销优惠力度又很大，因此消费者忠诚度较低。

最后，由于消费者购买具有及时性和冲动性，购买动因往往是产品的低价和促销，因此品牌在竞争时会采用积极的营销活动或促销优惠吸引消费者，其营销花费也相当多。这使得各大品牌为了扩大自己的市场份额而展开激烈竞争。另外，消费者购买门把手式产业的产品的决定性因素通常是产品的供给和渠道铺货，消费者购买产品时可能对品牌不感兴趣，但别无选择。

对于门把手式产业，营销目标主要在于品牌曝光，企业通常会选择流量大的数字平台，比如抖音、淘宝等。企业适合采用趣味性强的营销内容（如剧情类短视频、幽默搞笑的内容等），如果涉及高价值的产品或新的概念，可以借助科普或成分解读类的内容来建立消费者信任。

2. 金鱼式

金鱼式产业模式最独特的特点之一是消费者的好奇度较高（问询＞吸引）。品牌直觉营销的效果不明显，消费者较少受广告的影响，更重视其他消费者的反馈和口碑评价。该模式常见于B2B产业，在B2C产业如教育、旅游产业中也比较常见。

金鱼式产业模式具有以下特征。首先，消费者在购买前的考虑时间较长。消费者通常会先提问，从第三方获取建议，并和竞争品牌产生很多交流，最后才决定购买。在许多情况下，相互竞争的品牌都处在“广告没作用、吸引力水平低”的高度商业化产业中，品牌通常无法展现并突出自己的与众不同，即使是大品牌也不例外。因此，消费者通常会花费大量时间对比产品，作出最佳选择。

其次，购买过程通常较长，参与者的利益需求也不尽相同。大多数情况下，买家是复杂的组织购买者，有产品知识储备丰富、采购能力强的团队，因此它们在问询阶段所做的研究和对比通常十分彻底。品牌亲和力、客户服务通常是最后的考虑因素。

金鱼式产业模式的例子比较少，主要见于B2C产业，尤其是那些参与度高、价格高、商业化程度高的B2C产业。比如旅游业，在家庭旅游时，购买决策由家长和孩子等多人参与，会收集信息，考虑许多因素，过程较长。

3. 喇叭式

喇叭式产业模式的显著特征是拥护者比实际购买者多（拥护＞行动）。这种模式的独特性在于其高度的品牌亲和力，购买喇叭式产业的产品的消费者通常信任品牌的质量，因此即使在不购买和不使用产品的时候，他们也会推荐和拥护品牌。典型产品包括豪车、名表、名牌手袋等奢侈品。

在购买喇叭式产业的产品时，消费者高度参与购买决策的进程，但他们的对比和评价过程相对简单，因为这些品牌通常已经有良好的质量认证或独特的品牌特质。这种质量认证或品牌特质通常是从长期的较好口碑中获得的。喜爱特定品牌的人通常属于某个社群，他们也在通过社群影响潜在的购买者。

由于喇叭式产业的产品价格高昂，许多爱好者负担不起但仍然对其十分感兴趣，他们愿意向他人推荐这些品牌。这一类产品通常具有稀有性，即使有钱也未必买得到，这种稀有性吸引了潜在的消费者。因此营销人员通常不会把重点放在扩展渠道上。

尽管大多数的快消品属于门把手式的，但非处方药通常属于喇叭式。非购买者愿意在目前不购买的情况下推荐他们信赖的品牌。同属喇叭式，非处方药和奢侈品的区别在于消费者不购买的原因。对于后者，原因主要是负担不起或买不到；而对于前者，原因可能是暂时不需要，但是消费者会有较强的潜在购买意愿。

4. 漏斗式

传统的漏斗式产业模式的显著特征是消费者决策路径最完整，其他模式都有跳过或颠倒某些阶段的情况。比如门把手式可能直接跳过问询阶段进入行动阶段；金鱼式可能颠倒问询阶段和吸引阶段。漏斗式遍历5A模型的所有阶段，每一个触点都会产生影响，既有可能引来消费者也有可能失去消费者。漏斗式产业模式常见于耐用品和服务产业，比如房地产业、大型家电产业、家具产业以及破坏性创新产业，特别是运用新兴科技的创新产业，因为科技创新产品更应该注重消费者体验。

由于消费者会经历 5A 模型的所有阶段，也可能在任何一个阶段退出，因此消费者体验变得十分重要。这也是为什么门把手式产业的产品/品牌定位可能比较简单，而漏斗式产业的产品/品牌定位必须深植于消费者体验中。品牌必须协调好广告和内容（知晓和吸引）、网站和客服热线及社交媒体交互（问询）、销售渠道（行动）和售后服务（拥护）等多个环节之间的整合和衔接。

漏斗式产业的产品通常难以形成快速的直接销售转化。品牌要通过前期的泛话题、泛内容和品类话题下的兴趣扩散和曝光，逐渐积累消费者对产品或品牌的认知；通过关键的新品发布、电商大促节点带动销售转化。针对消费者主动浏览和搜索产品的场景，社交媒体的内容往往更偏向产品测评和使用攻略，强调专业性，有助于促成已有意向的消费者进行购买。

消费者一般不会频繁更换品牌，但一旦有几次较差的体验，就可能考虑其他品牌。由于消费者不断追求更好的体验，这类品牌也更容易受到技术创新的影响，所以这类品牌应该关注满足消费者期望和消费者体验的变化。

5. 理想模式：领结式

四种产业模式各有优缺点。一种理想的产业模式结合了上述模式的优点，即领结式产业模式（见图 5-18）。

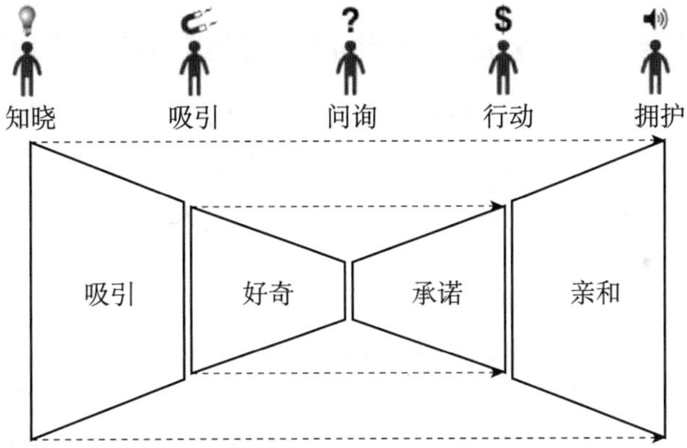

图 5-18　理想的领结式产业模式

该模式体现了完美品牌应该具有的关键要素。知晓品牌的人基于品牌悠久的良好声誉愿意推荐和拥护品牌。这意味着品牌推荐率为 1（知晓＝拥护）。此外，品牌影响力很大，慕名而来的人最终都愿意购买（知晓＝行动），即购买行动率为 1。被品牌吸引的人不会都进入问询阶段，这与品牌定位的精准程度和激发消费者好奇的程度相关。门把手式、金鱼式、喇叭式、漏斗式产业模式应该努力缩小与理想模式间的差距。

基于领结式分析其他产业原型，就能发现其他原型的不足和改进方向，如图 5-19 所示。许多门把手式的品牌面临消费者“朝三暮四”的困境，可以通过建立售后参与机制提高品牌亲和力。喇叭式的品牌需要让更多消费者负担得起，拓宽销售渠道，如特斯拉等品牌。漏斗式的品牌，如许多耐用品和服务品牌需要改善购买承诺状况及品牌亲和力，平衡销售和售后服务。而金鱼式的品牌不仅要让更多消费者承诺购买，提高品牌亲和力，还要吸引更多消费者，如 B2B 商务的营销人员面对的往往是懂行的消费者，他们面临的挑战往往更大。

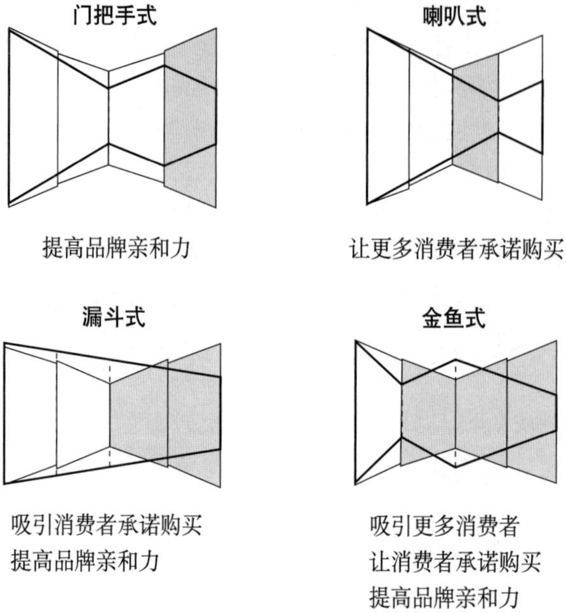

图 5-19 四大产业原型的改进方向

二、基于品牌推荐率划分的四种产业模式及其最佳营销手段

品牌推荐率代表消费者愿意推荐品牌的程度，营销人员可以根据品牌推荐率区分产业模式。在品牌推荐率较低的产业，消费者通常不愿意推荐品牌，口碑营销和社交媒体营销难以发挥作用；在品牌推荐率较高的产业，消费者更愿意推荐产品或品牌，口碑营销和社交媒体营销效果显著。

品牌推荐率范围指品牌推荐率最大值和最小值之间的区间。品牌推荐率范围越宽，品牌口碑优势就越大。品牌推荐率高的品牌有较好的声誉，更容易被消费者考虑在内，其优势十分明显，这种情况下“拉”的营销手段效率很高。而品牌推荐率低的品牌具有品牌竞争劣势，这种情况下“推”的营销手段效率更高。值得注意的是，品牌推荐率所反映的市场占有率不总是反映在市场份额上。

可以根据品牌推荐率中位数和波动程度（方差）将产业分为四种模式，四种产业模式对应的最佳营销手段如图 5-20 所示。

（1）品牌推荐率中位数大且波动程度大的产业，即品牌推荐率整体较高但品牌之间的品牌推荐率差别很大的产业。消费者通常愿意推荐产业领先的品牌。在这种情况下，品牌成功的关键就是品牌管理，即良好的品牌定位及执行。快消产业是这类产业的代表，营销人员可以向宝洁和欧莱雅这样的领先品牌学习先进的品牌管理经验。

（2）品牌推荐率中位数较大且波动程度较小的产业，即品牌推荐率整体较高且品牌之间差别不大的产业。即使并非遥遥领先，消费者也愿意推荐特定的品牌。这类产业中的品牌通常是本地特色品牌或者是高度碎片化的市场里同样具有较强竞争力的品牌。关键市场的渠道便捷性和产品可供性往往是品牌获得成功的关键，因此，品牌要做好渠道管理，为消费者提供全面的渠道，促进购买。这类产业的代表是零售业，百货商店、专卖店、电商网站往往能受到消费者的大力拥护。

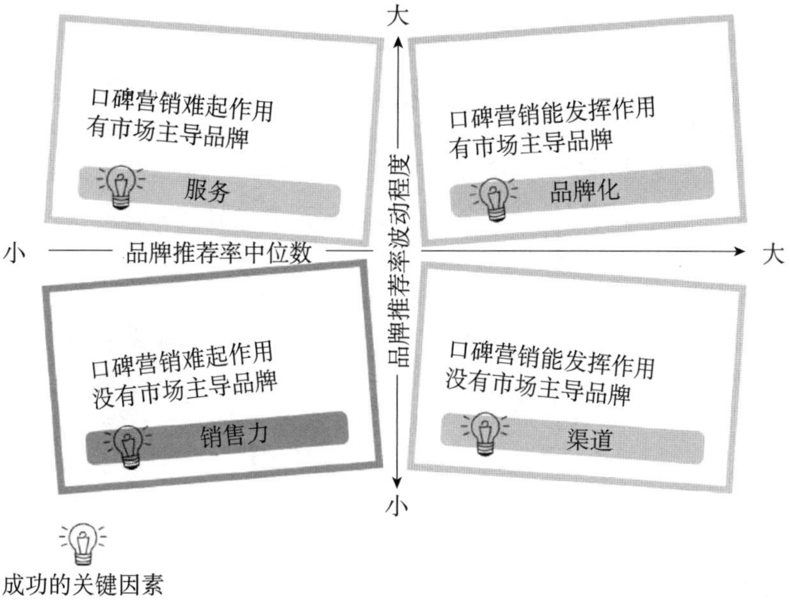

图 5-20　四种产业模式的最佳营销手段

（3）品牌推荐率中位数较小且波动程度较大的产业，即品牌整体的品牌推荐率较低且品牌之间差异很大的产业。消费者有时会拥护领先品牌，却通常不会推荐该类品牌。消费者通常较少关注品牌，较少在意品牌体验。领先品牌通常比其他品牌提供更优质的服务、具有更高的品牌亲和力。航空产业就是这类产业的典型。在 Skytrax 咨询调查公司给出的世界十大航空公司中，卡塔尔航空公司（Qatar Airways）和新加坡航空公司（Singapore Airlines）能提供独特的服务，它们成功的关键正是服务管理，即优化服务过程、管理服务人员、改善服务实体。

（4）品牌推荐率中位数较小且品牌推荐率波动程度较小的产业，即整体品牌推荐率较低且品牌之间差异较小的产业。这些产业中竞争很激烈，消费者也很少会向他人推荐品牌。由于口碑营销在这类产业中基本不发挥作用，品牌必须努力把产品和服务推向市场。因此品牌成功的关键就在于销售能力管理，即管理销售人员的销售行为并推进有效的销售活动。

这种划分方式不是静态的，随着技术融合和创新驱动，产业之间的“高墙”逐渐瓦解。营销人员需要时刻关注产业的发展浪潮，并随之调整营销策略。

案例分析

全链路数字化转型——5A 模型在汽车产业的应用

汽车产业在数字化营销方面面临着越来越多的困难。一方面，由于人口红利的衰减，以往粗放式的获客方式的效果逐渐减弱。随着单客经济崛起，消费者主动权提升，汽车产业急需更精细的数字化模型辅助消费者运营，以更好地触达、影响和沟通消费者，促进行动转化和消费者推荐。另一方面，在存量减少的同时，行业竞争也在加剧。2021 年，拥有互联网背景的造车新势力（如理想汽车、小鹏汽车、蔚来、小米、华为等）利用其数字化优势不断涌入汽车产业，汽车产业对企业数字化营销能力的要求越来越高。

新势力也许暂时缺乏成熟的造车技术，但拥有更强的消费者触达和运营能力。在当前以消费者为核心的营销大趋势下，这种能力不可小觑。

利用5A模型，汽车企业可以拨开数字化营销的迷雾，直击问题的核心——消费者正处于5A模型中的哪一阶段，他们在该阶段呈现出哪些需求和行为特点，应该重点关注哪些问题，如何寻找解决方案。对这些问题的回答决定了营销策略的具体制定，即选择哪些媒介或渠道、传播者和接触者是谁、传递什么形式的什么信息、保持怎样的营销频率、如何根据效果调整营销策略等。

1. 5A模型在汽车产业中的定义及优势

购买汽车的决策周期长、考虑因素多，随着消费者对品牌印象的强化、对产品信息的不断深入了解，消费者会经历5A模型中的各个阶段：从知晓到被吸引，进而主动问询，最终采取行动甚至成为拥护者。5A模型在汽车产业中的定义和消费者行为如图5-21所示。

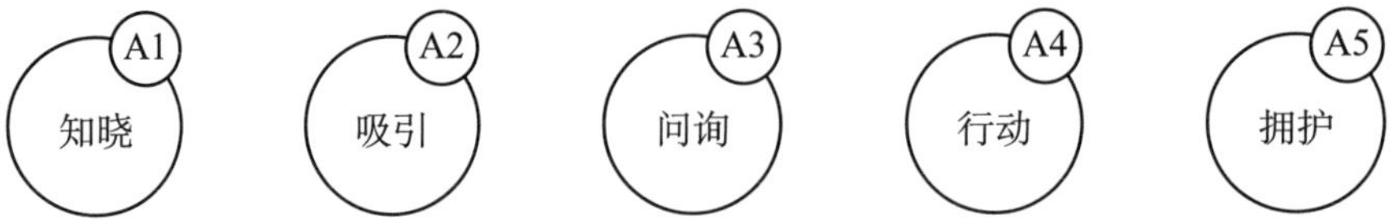

定义	我知道这个品牌/车型	我对这个品牌/车型感兴趣	我询问车型的细节	我留下线索/到店/成交	我成为拥护者
客户生命周期价值	品牌国民基础	品牌吸引力/好感度/话题性	潜在消费群体	运营成果的商业变现	口碑营销阵地
消费者行为	近21天内被商业广告曝光；浏览/观看品牌相关内容/直播	近21天内点击商业广告；收藏、点赞、分享、有效阅读/观看品牌相关内容/直播	近30天内主动搜索、咨询；进入车型页了解价格、经销商；进入车型车友圈发布提问/回答	近90天内留下线索、到店、成交	成为车主后发表非负面评论、推荐

图5-21 汽车产业的5A模型

相较于传统模型，5A模型主要有以下优势。第一，流量收益模式转变为消费者运营模式。在存量减少、流量红利见顶的环境下，5A模型以消费者运营为目标，更加注重转化质量，通过5A模型沉淀消费者和量化消费者流转，提高消费者的转化效率。第二，由静态计数转变为动态计数。5A模型的每一个阶段都有其特定的时间窗口，它既描述了消费者在经历过某一特定时间段内的流转后的终态，也记录了在这一时间段内消费者的流入流出以及在各阶段之间流转的情况，所以相对于静态切片式计数模式，5A模型能更直观地洞察消费者动态。第三，由阶段相互包含转变为阶段完全独立不重复。5A模型各阶段完全独立，严格去重，精确衡量特定时间段内的消费者流效果，最终呈现停留在各阶段的消费者真实体量，从而能助力针对性营销策略的制定并最终实现精准触达。第四，从单一路径转化到适配消费者折越的路径。5A模型可以准确地回溯消费者的流转路径及最终到达的阶段，从而能更精准地制定助力营销提效的策略。第五，5A模型增加对口碑收益的衡量。传统模型没有口碑推荐环节，无法衡量由口碑带来的影响。而5A模型在拥护阶段是不设时间窗口的，即所有的品牌认证车主，不管拥车年限多久，他针对品牌的口碑影响都可以被衡量。

2. 5A模型在汽车产业中的应用

5A模型在汽车产业中的应用是多方面的，具体来讲，5A模型可以应用于品牌诊断，从消费者运营、营销效率与品牌心智出发，帮助企业更加清晰地了解其品牌/车型与消费者关系的远近和流转递进效率。更重要的是，企业利用5A模型可以更好地进行精细化消费者运营，即准确地找出最容易对品牌产生好感的人（锁定目标消费者），在最容易遇到他们的地方（传播渠道）、在他们最常出现的时间（投放时机）制造一场精心策划的"偶遇"，说恰到好处的话（品牌心智沟通内容），送合其心意的礼物（品牌利益点），从而使双方的感情不断升华并得以维持（客户生命周期价值管理）。5A模型还能够从品牌收益、消费者收益、转化收益出发，对营销价值进行衡量。我们主要以传播渠道的策略为例，说明5A模型在汽车产业中的具体应用。

制定营销策略时的一个重要环节是流转路径及触点交叉分析，输出媒介组合策略。第一步是进行消费者结构诊断。以某品牌为例，该品牌消费者分布结构为金鱼式，拟尝试的推荐结构为糖果式，如图5－22所示。即品牌一方面需要促进A1、A2人群向A3、A4人群的转化，增加A3、A4人群体量；另一方面要着重拓展A5人群。

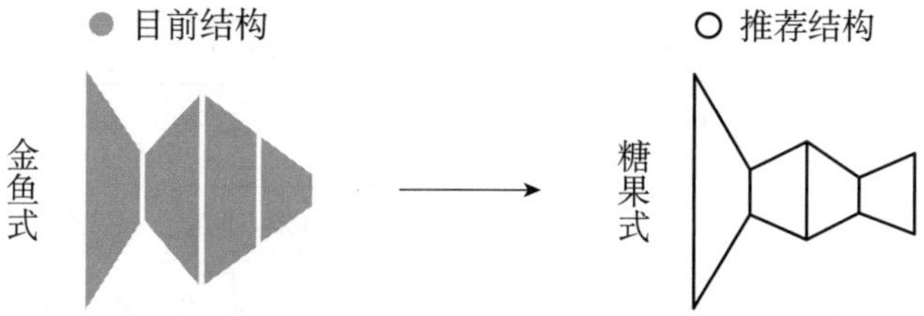

图5－22　某品牌消费者结构诊断

第二步，在对消费者结构进行分析后，分析A1～A5连接消费者的触点分布，了解各阶段人群从何而来。同样以该汽车品牌为例，其A4行动人群主要的品牌触点为车型库，尤其是价格、图形/视频及配置方面。而A5拥护人群主要触点为内容运营的信息，例如购车、用车、养车分享方面。

第三步，分析机会人群向5A人群流转的原因，筛选高增长率的触点组合。例如A3问询人群的转化主要受到内容运营、直播及商业产品的影响。而A4行动人群的转化主要是受到车友圈、搜索以及车型库的影响。

基于三步分析中发现的消费者体量与结构问题，企业可以采取针对性的媒体策略，快速补足消费者运营短板。对于不同阶段的缺口，通过组合不同的媒体形式，更高效地达到预期中理想的消费者体量与结构。比如，针对知晓阶段的消费者缺口，企业可以考虑将预算向开屏广告、热门搜索等对于消费者知晓拉动力大的媒体形式倾斜；针对问询阶段的消费者缺口，则可以考虑竞品拦截、设计搜索关键词及口碑内容等方式。根据历史数据，将不同媒体对于消费者连接状态的拉动力作出评估，具体情况如图5－23所示。

总之，消费者的品牌阵地建设、精细化运营，将是存量时代汽车企业重要的竞争力。而更精准、更具时效性、可回溯的5A模型，将助力汽车品牌在全新的赛道驶向新的未来。

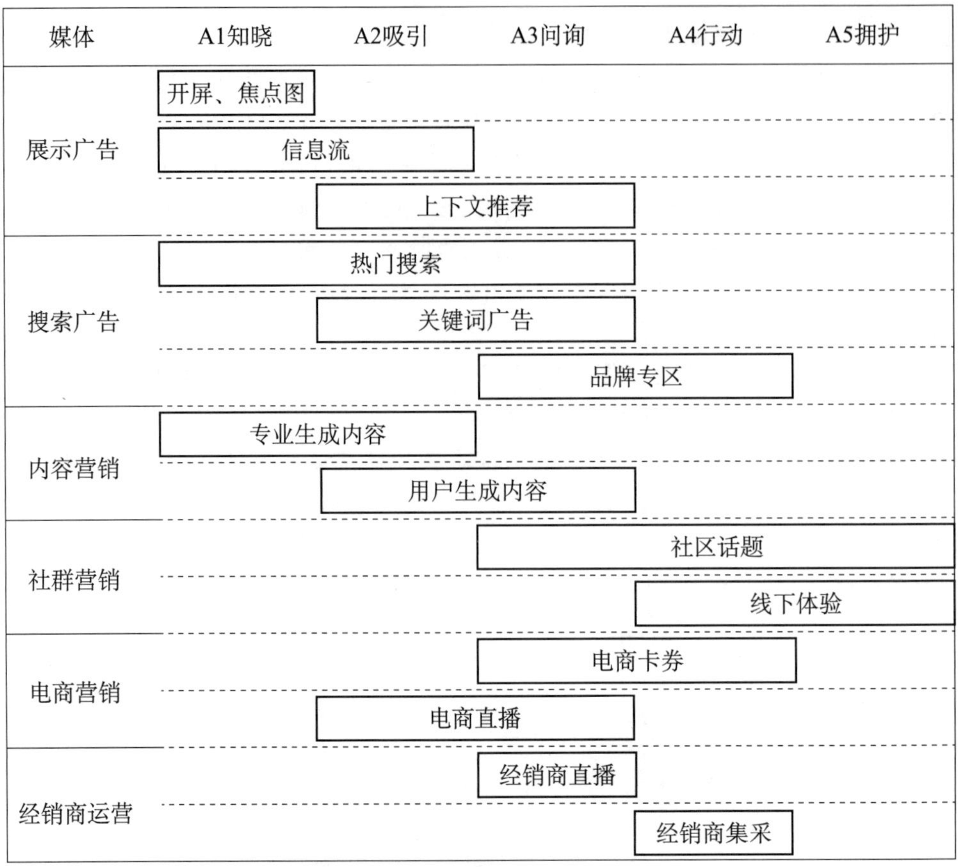

图 5-23　5A 阶段对应的不同媒体形式

资料来源：懂车帝．汽车数字营销新度量衡．

// 基本概念 //

链路模型　　AIPL 模型　　5A 模型　　增长黑客模型

购买行动率　　品牌推荐率　　净推荐率（NPS）　　客户终身价值（LTV）

四大产业原型

// 讨论题 //

1. 基于 5A 模型，讨论奥利奥品牌在社交媒体上进行的营销努力。

（参考答案：奥利奥在 A1～A2 阶段进行知名综艺的深度植入，和“密室大逃脱”的情节发展紧密绑定；在 A3 阶段做了大量的小红书和抖音的内容“种草”。）

2. AARRR 模型和 5A 模型的联系与区别是什么？

（参考答案：AARRR 模型更偏向企业行动管理的视角，而 5A 模型更偏向消费者从心理到行为的过程。滴滴出行应用 AARRR 模型快速扩张市场。）

3. 传统品牌和新兴品牌在应用 5A 模型时应该侧重哪些阶段？

（参考答案：传统线下品牌在 A1 知晓阶段有较好的基础，但在 A2 吸引、A3 问询阶段有待提高，应当增加和消费者的互动，进入消费者的日常生活，防止品牌老化；而新兴品牌还没有建立起自己的品牌用户基础，需要在 A3 问询到 A4 行动的转化上下功夫，验证产品的市场接受度，然后再扩大 A1/A2 人群。）

4. 在淘宝如何通过 AIPL 模型运营店铺和品牌？

（参考答案：可借鉴阿里巴巴公开的一些运营手册进行讨论。）

5. 整合营销传播的理念和 5A 模型的理念有什么差异？

（参考答案：整合营销传播强调品牌传播核心内容的统一性以及传播媒介的相互配合性，但 5A 模型不仅管理传播行动，更是消费者资产管理、数据分析的基础。）

// 第6章 //

基于链路模型的内容营销

新媒体环境下，内容生产成为品牌的核心竞争力。消费者对于广告已经进化出屏蔽能力，要么视而不见，要么避之不及，通过跳过、屏蔽、关闭甚至付费来回避广告。广告之所以使人厌烦，是因为它的内容纯粹是骚扰性的而没有提供任何价值。根本的解决方法是让广告提供有价值的内容，以保证在内容消费市场上具有一定的竞争力，避免在数字平台上被消费者屏蔽。"让广告提供有价值的内容"成为新媒体时代品牌的必修课。

一方面，品牌可以让产品或品牌的信息出现在有需求的消费者面前，即通过消费者洞察，在其有需求的场景中展示产品或品牌的信息，此时，即使是纯粹的产品信息也不会让消费者厌烦，这需要大数据以及智能算法的辅助。另一方面，把营销信息融入消费者正在消费的内容。品牌的广告内容要成为消费者内容消费"菜肴"里的"食材"而不是"沙子"，这样才不会被消费者扔掉，这也是为什么很多广告正在朝着越来越不像广告的方向努力。

相比传统营销的"宣导式推广"，内容营销的本质还是"沟通"，内容营销信息量更丰富，更具娱乐性、社交性、知识性，更加精准，内容营销对消费者心智的塑造更加"润物细无声"。

内容营销对消费者决策的影响力攀升。2022年巨量引擎的数据显示，90%的中国消费者认为，好的内容会影响自己对商品的看法，68%的消费者认为，好的内容会影响自己的商品选择和购买决策。如今内容平台不再只是流量和内容的场域，更是消费者日常生活以及企业经营的场域。超过80%的中国企业认为，所有的营销都需要内容化，70%以上的企业计划增加对内容平台的预算投入。①

在国际市场上也是一样。根据美国内容营销协会（Content Marketing Institute，CMI）的数据，2019年，约90%的美国B2B市场和B2C市场使用内容营销推广产品或服务。本奇卡彭（Bench-Capon）的报告发现，德国有超过2/3的营销人员计划在未来扩大内容营销活动。

内容营销不仅适用于消费品，其在B2B市场中也被反复提及。战略咨询公司罗兰贝格（Roland Berger）的报告《B2B销售的数字化未来》指出，在与销售人员第一次接触

---

① 引擎大会2022·ONE营销｜发挥流量协同效益，驱动全量增长.（2022-01-07）. https：//cn.chinadaily.com.cn/a/202201/07/WS61d804daa3107be497a01400.html.

之前，组织购买者自己就已经完成整个购买过程的近 57%，90%的 B2B 买家会在网上搜索关键词，70%的 B2B 买家会在线观看相关视频内容。

内容营销是一种战略性的营销方法，是塑造消费者感知价值和驱动消费者在 5A 模型的链路中不断前进的关键引擎。内容营销在短期和长期发挥作用，通过提高品牌知名度、声誉、可信度以及消费者参与度、忠诚度、转化率、留存率等[①]，使品牌受益。在短期，内容营销会激发消费者对产品的兴趣，利于引流和提高销量；在长期，内容营销能够带来品牌资产沉淀，一方面使品牌核心价值被更多消费群体所认知，另一方面通过内容完成与消费者的深度互动和连接。目前，越来越多的营销人员认识到，品牌资产沉淀和提高销量两者并不冲突，好的内容营销应该两者并重。

然而需要注意，产品生产和内容生产并非一回事。产品生产通常是标准化过程，这一过程可复制，效率很高；而内容生产则是高度非标准化过程，具有竞争壁垒，难以模仿。企业可以较快学习和复制一个新产品或新技术，但即使有资金、有流量也难以复制好内容的成功。内容营销的不确定性极强，令一些企业望而生畏。不过，新媒体营销使内容生产的门槛和成本大大降低，企业应大胆尝试内容营销。

本章先介绍内容营销的定义和发展以及对消费者行为的影响，之后介绍内容营销的四类内容，以及如何基于链路模型来布局营销。需要强调的是，内容营销可以降低首次购买的沟通成本，驱动消费者尝试下单，但复购依然取决于产品本身能否解决消费者的问题，能否给消费者带来价值。

第 1 节　内容营销的定义和发展

一、内容营销的定义

内容营销一词是由约翰·奥佩达尔（John F. Oppedahl）在 1996 年的一次新闻会议上提出的[②]，这一概念和广告、社交媒体营销等概念存在一定的交叉。不同的学者和从业者从不同角度对其进行界定。汉德利（Handley）认为，内容营销是个人或组织为讲述他们的故事而创造或分享的一切，内容营销强调提供有价值和有意义的内容，而不是单纯地宣传产品或服务。美国内容营销专家普立兹（Pulizzi）认为，内容营销是提供目标消费者感兴趣的信息，通过吸引他们关注这些信息，以达到使消费者关注产品和服务的目的。[③] 雅维宁（Jarvinen）和泰米宁（Taiminen）认为内容营销是指创建和提供内容（如文本、图片、视频、动画等）以增加价值并使目标人群与企业建立关系的过程，强调参与性。此外，不管是业界还是学术界，对内容营销的定义和描述往往与数字媒体相联系，并强调双向沟通和互动的特点。2021 年德国营销协会的报告显示，高达 70%的营销人员使用社交媒体平台如脸书、推特和 Instagram，向目标人群传递内容营销信息。双向沟通

---

① Beard F，Petrotta B，Dischner L. A history of content marketing. Journal of Historical Research in Marketing，2021，13（2）：139－158.

② Beard F，Petrotta B，Dischner L. A history of content marketing. Journal of Historical Research in Marketing，2021，13（2）：139－158.

③ 乔·普立兹．自营销互联网方法：内容营销之父手册．北京：机械工业出版社，2015.

使得营销人员和消费者能够共同创造内容和互相提供价值。

本书采用美国内容营销协会的定义，即内容营销是一种战略营销方法，侧重于通过创造和传播有价值的、相关性强的和持续性的内容，吸引并留住明确的目标人群，并最终推动目标人群采取对企业有利的行动，促成商业转化。

这个定义表明了内容营销的四个特征：有价值、相关性强、持续性和促成商业转化。

（1）有价值。内容本身对于目标人群来说是有价值或有内在效用的，要么能帮助消费者解决问题，要么能引发情感共鸣。内容不能局限于产品本身，而需要以目标人群为中心思考内容的价值。企业的内容其实是在整个内容市场上与其他非商业内容进行竞争的。

（2）相关性强。学者和营销人员都认为，内容应当与消费者相关。企业的内容和目标人群有实际的联系，比如使用同一套话语体系。相关性不一定表现在产品层面，也可能表现在情感层面。

（3）持续性。内容营销不是短期行为，打造出一个爆品内容并不是特别困难，当然也受到运气因素的影响。但企业持续产出好内容并非易事，需要培养长周期内容营销策略的制定能力以及内容生产能力。一些企业的内容营销策略只是把自媒体、KOL 或平台当作宣传渠道，而不是一个与消费者建立亲密关系、建立社交连接的渠道。在内容发布的频次上，一些企业往往只是根据需要发布广告，而没有持续固定的输出以与消费者建立社交连接。内容营销应该有持续性，既有日常的内容运营，也有以内容作为核心推广素材的活动，前者是线状的，后者是点状的，两者缺一不可。日常的内容运营是为了让消费者保持黏度和形成订阅习惯；活动则是通过大量投入带来规模化的曝光和转化，以新颖的内容和创意制造新鲜感，吸引更多关注，为拉新、促活服务。内容发布的节奏和频次需要根据具体的业务特性和使用场景来设计。

（4）促成商业转化。内容归根结底需要为营销活动服务，需要能够对营销的短期和长期目标的实现作出正向的推动，带来收益。

从具体渠道来看，内容营销包括品牌娱乐和原生广告，会使用多种渠道，如博客、播客、视频、社交媒体、电子邮件、网络研讨会、电子书、白皮书、案例研究、信息图表等。内容营销依靠数据分析来衡量和优化其效果和影响。通常来说，B2C 营销人员常用的内容营销形式包括社交媒体内容（94%）、博客/短文（80%）、电子邮件（74%）；而 B2B 营销人员常用展会、行业白皮书来树立品牌地位，如艾瑞咨询、麦肯锡等会定期发布一些行业数据或洞察来建立品牌认知和行业地位。

需要注意的是，内容营销不仅是创造内容，还需要对所创造的内容进行推广。企业常常陷入一个误区，即认为内容营销比广告投放更省钱，依赖内容的自然传播能够提高产品销量和沉淀品牌资产。但内容本身其实也是有价值的，也需要推广，使其被更多的人看到。根据美国内容营销协会和 MarketingProfs 的研究，一般来说，企业花费在内容传播上的资金是花费在内容创造上的资金的 3.5 倍，且这一数字会随着企业规模的扩大而增加。因此，很多"刷屏"内容的背后是企业对社会趋势的把握、对消费者需求的揣摩、对内容的策划和雕琢，以及更重要的对内容推广（如渠道建设、KOL 选择、微博热搜投入等）的斟酌等，这些叠加在一起造就了消费者看到的结果——刷屏和流行。

二、传统广告和内容营销的差异

从广义上来说，广告也属于内容营销的一部分，目的都是更好地促进消费者对品牌/产品的认知，都是对消费者认知和心智的管理。消费者的认知决定了一个品牌的价值，而品牌/产品的价值又会反过来影响消费者的认知。但传统的广告和新媒体内容营销在营销策略、发布媒体和效果方面存在一些差异。

广告是一种推式策略，通过打断消费者的思考或感官体验来强制性地传递信息。[①] 它通常是企业付费请消费者看他们并不想看的内容。广告主要遵循企业的营销意愿，旨在在短期内改变消费者的认知或态度，并促使他们采取特定的行动。

内容营销是一种拉式策略，将内容作为品牌营销的载体，借助具有娱乐性、话题性的内容产品，达到宣传品牌、赋予品牌额外价值的目的。它通过向消费者提供有价值的信息来满足他们的需求，从而降低消费者对广告的厌恶感。内容营销专注于为消费者提供有用、有趣的内容，更注重与消费者的沟通和互动[②]，强调与消费者的内容消费过程相融合，而不是干扰他们。内容营销强调通过对消费者进行理性的、长期的内容教育来建立信任和品牌忠诚度，同时也追求对消费者行为的促进和改变。

值得注意的是，传统广告和新媒体内容营销并不是相互排斥的概念，而是可以相互结合和共同应用的营销手段。企业可以根据自身的需求和目标，综合运用两者来实现最佳的营销效果。

在新媒体环境下，广告和内容营销之间的边界逐渐模糊。为了在信息噪声中引起目标人群的注意，并且更好地触动消费者，广告越来越内容化，或者具有越来越强的社交属性，希望能提供引起话题、可互动、可分享的内容，而不是简单地告知信息。原生广告（native advertising）[③] 的概念逐渐深入人心，成为内容营销的重要组成部分。

三、内容营销的发展

以前，企业要想做营销推广，需要借助广告公司来产出创意、制作内容，再通过媒体代理公司进行媒体采购和投放，这一过程是低效且昂贵的。拥有自己的媒体，更是难度大、受限多且成本很高。只有依法设立的期刊单位才有资格出版杂志，因此企业若要发行刊物，须向上申报，获得国内统一连续出版物号（即刊号），领取期刊出版许可证。企业参与广播、电视剧的制作更是难上加难。

但是，伴随移动互联网和智能终端的发展，内容得以更低成本、更高效地被分发。社交媒体的兴起，更是让内容营销从过去大企业的游戏，变成小企业也可以应用的低成本营销利器。在新媒体时代，“再小的个体，也有自己的品牌”。企业可以建立官网，在

---

① Lieb R. Content marketing：think like a publisher-how to use content to market online and in social media. Hoboken：Que Publishing，2011.

② Hudson S，Hudson D. Branded entertainment：a new advertising technique or product placement in disguise?. Journal of Marketing Management，2006，22（5）：489－504.

③ 原生广告是一种与媒体内容风格和形式相吻合的广告形式。它与周围的内容相似，融入性好、不引人注目。原生广告旨在提供有趣、有价值的信息，以引起消费者的兴趣和参与，但仍然带有商业目的。它可以在文章、新闻、社交媒体或应用程序中以与周围内容相似的样式和布局展示。比如信息流广告就属于原生广告，品牌定制的综艺节目或纪录片也属于原生广告。

微博、微信开设官方账号，在喜马拉雅开设自己的电台，在视频网站拥有自己的栏目。企业不仅不需要媒体采购，更不需要刊号，只需要通过媒体平台的审核。小企业也可以开通自己的账号，以图文、音频、视频等各种形式发布自己的内容，用自己的媒体经营“粉丝”。

互联网不仅使得企业建立自己的媒体渠道变得容易，而且使内容发布的成本大大降低。以企业以前发行刊物进行宣传为例，杂志的印刷费用是许多企业难以承受的，更不必说仓储费用和物流费用。所以，许多企业取消了原来可以直达消费者的直邮（direct mail，DM）广告形式，而采用电子邮件营销（email direct marketing，EDM）形式，即通过推荐消费者填写电子邮箱，向其发送电子邮件的广告形式。

在这一背景下，一些企业开始创建自己的媒体工作室和新媒体部门，尝试利用自己的渠道讲述品牌故事，与消费者直接对话，甚至直接通过社会化电商销售商品。可见，企业媒体化已是大势所趋。

内容营销在新媒体环境下成为主流的营销方式，但其历史其实非常久远。弗雷德·比尔德（Fred Beard）等学者在关于内容营销发展和实践的学术史的论文中提到，中国商人早在清朝时就认识到了内容营销的重要性并将其用于茶叶的营销。19 世纪末，随着定制出版的广泛使用，内容营销的第一个黄金时代到来。随着社交媒体和 Web 2.0 的发展，大量的自媒体应运而生，这也为内容营销的发展创造了条件。随着科技和媒介的发展，内容营销的形式不断扩大，包括从文字到影像的多种形式。

内容营销的发展历程中有一些值得注意的重要事件。

1. 印刷时代

1895 年，约翰迪尔（John Deere）发行了杂志《耕》（*The Furrow*），向读者提供农业技巧和故事并展示其农业设备，这是西方最早的内容营销案例之一。

米其林集团的《米其林指南》大概是印刷时代最知名的内容营销案例之一。1900 年，为了推动汽车业的发展，同时也为了促进米其林集团的成长，米其林创始人安德烈·米其林（Andre Michelin）与爱德华·米其林（Edouard Michelin）出版了世界上第一版《米其林指南》（*Guide Michelin*）（见图 6-1）。指南中收录了大量实用信息，免费提供给驾驶者，向其提供旅游和餐饮建议，同时在 20 世纪增加了消费者对汽车和轮胎的需求信息。《米其林指南》的总发行量超过 150 万册，是全球发行历史最久的观光旅游与美食餐饮评鉴指南之一。

2. 电视时代

1983 年，日本玩具公司特佳丽（TAKARA）推出了两种可变形机器人玩具。此后，美国的玩具厂商孩之宝（Hasbro）把特佳丽的可变形机器人玩具引入美国，这两种玩具在美国市场获得了空前好评，销量也十分可观。为了配合玩具的销售，孩之宝还和美国的漫画巨头漫威合作，开发相关的漫画产品——后来家喻户晓的“变形金刚”。孩之宝为变形金刚制作了三集的商业动画片（见图 6-2），并付费作为商业广告在电视上播出，而漫威的系列漫画也同时发售。该动画片一经播出就成为美国当时收视率最高的动画片，玩具自然也大受追捧，使孩之宝获利颇丰。孩之宝因此启动了动画连续剧的拍摄，为长达 30 多年的变形金刚传奇拉开了序幕。在中国也有一些类似的内容营销例子，如《海尔兄弟》对海尔品牌的推广大有助益；广东奥迪玩具实业有限公司作为玩具厂商起家，通

图 6-1　《米其林指南》

过引入《四驱小子》和举办全国的四驱车比赛意识到内容营销对产品销售的重要作用，从而将产业延伸至动画产业，成立奥飞娱乐，通过《火力少年王》《巴啦啦小魔仙》等动画片带动旗下玩具销售。

图 6-2　《变形金刚》的海报

3. 互联网时代

PC 互联网时代，红牛成立了自己的媒体工作室“红牛媒体之家”（RedBull Media House）。这个工作室拥有杂志、网站、电台、电视台、唱片公司、电影制作公司，为红牛提供包括平面广告与电视广告、线上和线下等多种形式的内容营销。红牛的产品定位是功能饮料，因此它与大量体育明星签约，策划并赞助跑酷、跳伞、滑板、漂移、冲浪、自由式山地车等一系列极限运动项目。值得借鉴的是，红牛用照片或视频的形式记录这些项目，创造出令人赞叹的品牌故事。同时红牛在 21 世纪初将其能量饮料与生活方式品牌联系起来。[①]

微博和微信快速发展时期，小米等品牌乘势崛起。小米公司抓住新浪微博快速发展的红利期，秉持“为发烧而生”的品牌理念，通过自建产品论坛、社交媒体发展种子用户，再通过传播种子用户生产的UGC向外部扩大圈层，以性价比超高的手机和“饥饿营销”以及有奖转发等微博营销和微信互动，在4年内成为国内主流的手机和智能硬件品牌。“米粉”的狂热甚至引发了备受行业内外关注、讨论和效仿的“粉丝经济”。

在小红书、抖音等内容平台发展时期，完美日记等品牌快速发展。完美日记成为借势小红书崛起的新国货品牌，也被称为“小红书新品牌第一股”。作为一个彩妆品牌，完美日记的目标人群具有年轻、爱美、时尚、女性等标签，因此70%的用户是90后、近80%的用户为女性的小红书成了最适合的平台。2018年2月，完美日记开始将小红书作为重点渠道运营。完美日记将产品发售和大促预热集中在一个节点，安排大量笔记投放；每个节点集中关注2个产品，打造爆款；通过后续“大促”快速冲刺销量。除了“人海战术”，完美日记还通过“头部主播制造声量+腰部和尾部主播口碑传播”的方式，提升消费者购买转化率。2018年“双十一”，完美日记成为天猫美妆销售第一的国货品牌；2020年11月，其母公司逸仙电商在纽约证券交易所上市，成为中国首个美股上市的美妆集团。[②]

约2019年之后，新的社交媒体流量红利转向了抖音。依靠精准的算法推荐和对内容生态的投入，抖音通过打造社交媒体KOL和热门模板，创造了多个现象级的短视频，成为新的内容平台巨头。东方甄选是借势抖音平台快速崛起的品牌之一。在教育培训行业遭受冲击的背景下，新东方开始业务转型，将目光转向抖音平台与农产品直播，东方甄选是新东方教育集团旗下的直播新业务。2021年12月，东方甄选首次于抖音平台开播，但由于选品与定价的问题，一直不温不火。经过调整，东方甄选的商品以食品和生鲜为主，价格也更加合理，主打甄选品质，吸引中高端客群。2022年6月，东方甄选凭借主播的双语带货吸引了大量流量，随后，东方甄选主打“知识型直播带货”模式，继续推出其他新东方教师主播。背靠抖音庞大的日活流量池和精准的算法匹配机制，东方甄选直播间爆火，销售额节节攀升。2022年6月，东方甄选成功拔得抖音带货头筹。[③]

结合上述互联网时代内容营销的发展历程来看，我国的新媒体技术和内容营销是交织发展的，如图6-3所示。

在新媒体时代，内容营销面临的挑战和机遇并存。企业应该创造能从令人眼花缭乱的内容中脱颖而出的高质量内容，找到正确的渠道和平台来分发和推广内容，衡量内容营销的投资回报率，以及跟上消费者期望和偏好的变化等。

四、内容营销的价值

1. 对企业或品牌的价值

新媒体时代，内容营销的重要性日益凸显。传统时代，“渠道为王”是普遍观念。进

---

① Beard F, Petrotta B, Dischner L. A history of content marketing. Journal of Historical Research in Marketing, 2021, 13 (2): 139-158.

② 小红书正在助推更多「完美日记」.(2020-11-25). https://36kr.com/p/983502336400004.

③ 吴志.一个月卖了6亿!东方甄选做起户外直播，画风魔幻，自营烤肠销售额超2 000万.(2022-07-26). https://news.stcn.com/sd/202207/t20220726_4761709.html.

图 6-3　中国新媒体技术和内容营销交织发展

入新媒体时代，“流量为王”成为获取市场的关键。在之前的流量红利期，整体流量规模持续增长，因此只要投入资金购买流量，比如横幅广告、信息流广告或是贴片广告等，企业就能获得较好的品牌曝光和用户转化效果，因此对内容的重视度相对较低。但随着流量红利逐渐消失，营销模式亟待升级，单纯依赖渠道和流量已经不够，企业必须更加注重品牌曝光和沟通渠道的内容呈现，通过创意内容赋予流量更大的价值（见图 6-4）。内容变成了核心，而流量变成了工具。在长期竞争的泛广告行业，创意仍然是关键，无论是以前的平面广告、影视广告、户外广告还是现在的内容种草广告、互动广告、信息流广告，都需要通过内容来吸引和打动消费者。

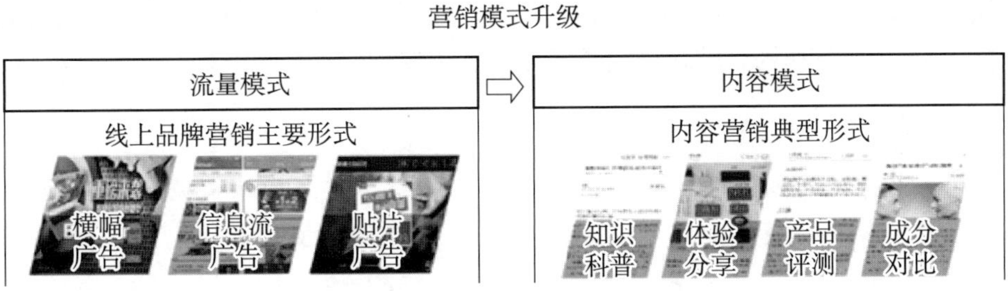

图 6-4　新媒体营销模式的升级

资料来源：艾瑞咨询。

这种营销模式升级的原因主要有以下几点。

首先，在新媒体时代，内容营销可以更精准地吸引特定的消费者并提高销售转化率。相较于传统的广告，内容广告具有更高的曝光质量和更好的进店表现。根据图 6-5 中的平台数据，从消费者对品牌有认知到有兴趣，内容广告的引流转化率可以高达 20%，从有兴趣到购买的销售转化率约为 3%；同等情况下，效果广告的引流转化率只有 2%，销售转化率则只有 1%。2020 年“双十一”淘宝平台数据显示，商家进行内容营销后，消费者数量整体增长了 450%，内容引流可以占到总流量的 3%～16%，内容广告带来的购买转化率则是效果广告的 3～6 倍。

其次，内容营销能够较好解决品、效、销协同这一关键营销问题。早期新媒体营销被简化为流量运营，认为做品牌就是买流量，这在流量红利期效果确实立竿见影，但随着流量成本迅速攀升，企业负担不起买流量，而没有流量就没有销量，再坚持流量模式

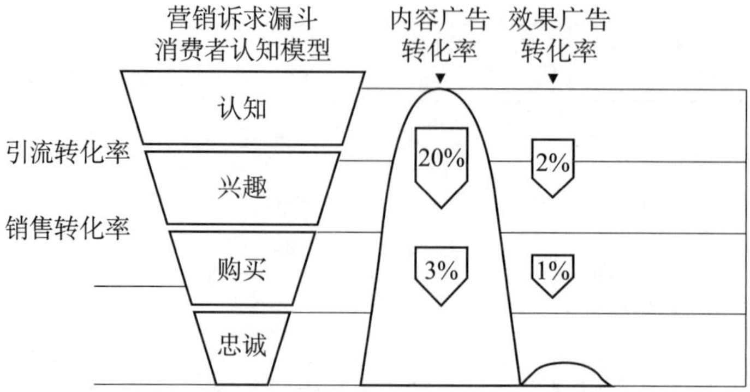

图 6-5　内容广告曝光的质量和进店表现更佳

资料来源：茉莉数科集团。

无异于饮鸩止渴。内容营销一方面可以通过内容获取流量，也能够提升流量价值和销量，另一方面又可以通过流量放大内容的效果。在好内容的影响下，短期可以提升销售转化率，长期可以积累品牌关系和品牌认知，实现品、效、销合一的营销模式。内容成为品牌最好的蓄水池，而逐渐建立起来的品牌本身则成为企业最宝贵的流量池。

再次，内容营销有助于企业实现多方面的营销目标。商业情报公司 Advertiser Perceptions 2018 年报告显示，34%的营销人员认为内容营销的目标是品牌知名度，其次是潜在客户的培养（24%）、顾客忠诚度（17%）、概念引领（13%）以及品牌亲和力和价值观的放大（12%）。① 中国市场内容营销的目标则更关注提升效果转化（70.6%）、获取私域流量（58.8%）、强化品牌形象（58.8%），如图 6-6 所示。由此可见，内容营销在品牌建立、顾客参与和销售转化全链条都能发挥重要作用。

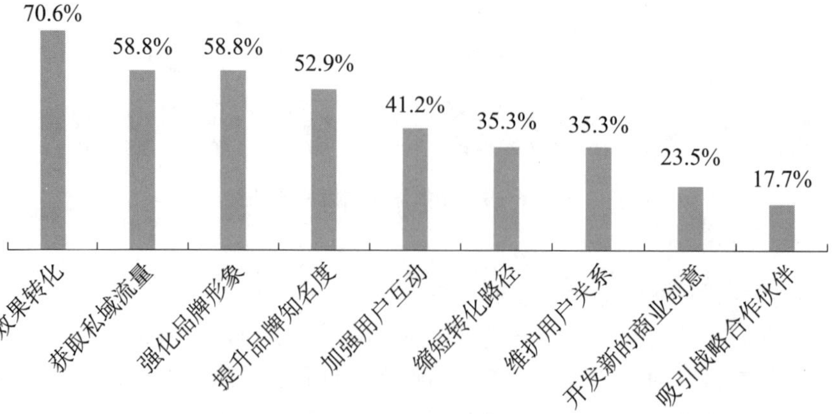

图 6-6　中国市场内容营销的目标

资料来源：《中国内容营销十年趋势报告》重磅发布.（2022-01-19）. https：//www.adquan.com/post-2-310912.html.

最后，消费者对于产品的价值追求逐渐从功能走向情感。在物质较为匮乏的时代，消费者更重视产品的功能性，信息告知类的广告就足够有效。而在物质极大丰富的时代，消费者越来越追求直达内心并能引起共鸣的产品，追求能创造美好的情感、体验和仪式

① Beard F，Petrotta B，Dischner L. A history of content marketing. Journal of Historical Research in Marketing，2021，13（2）：139-158.

感的产品。因此，内容对于产品情感价值的赋予也越来越重要。随着消费者对于产品的价值追求从功能向情感转变，内容营销可以通过赋予产品情感价值及引起共鸣来满足消费者的需求，提升消费者对品牌的认知、认同和认购。

2. 对消费者的价值

内容营销能为消费者带来非常多样的价值，这里主要介绍以下几种。

（1）知识/教育价值。品牌可以提供教育性的内容，帮助消费者了解特定的信息、主题、知识、产品或服务。这种内容通常以指南、教程、研究报告或者深度文章的形式存在。① 例如，化妆品品牌可能分享如何正确护肤的文章，健身品牌可能发布一系列关于如何正确健身的教程，2B 品牌（即面向企业或组织的品牌）可能提供有关员工培训的指南。此外，将合适的广告推送给急需相关信息作出消费决策的消费者，本身就有信息价值。内容营销可以通过精准的推送实现这种价值匹配。

（2）娱乐价值。品牌可以通过制作有趣、吸引人的内容来吸引消费者，如搞笑视频、游戏、竞赛等。这种内容可以增强消费者对品牌的好感度，从而提高品牌忠诚度。②

（3）启发价值。品牌可以提供启发性的内容，激发消费者思考或鼓励他们采取行动。③ 例如，户外装备品牌可能分享一些户外探险故事，启发消费者去尝试新的户外活动。

（4）社交价值。品牌可以通过制作具有社交价值的内容，鼓励消费者之间进行互动和分享。④ 例如，品牌可以创建一个社区，让消费者分享他们使用产品的经验；品牌也可以打造一些可以在社交媒体上分享的内容，如引人入胜的图片或短视频。

（5）实用价值。品牌可以提供具有实用价值的内容，帮助消费者解决实际问题。⑤ 例如，家电品牌可能提供一些维修和保养家电的技巧，食品品牌可能分享一些美食食谱。

除了上述五种价值，还有审美价值和情感价值。⑥ 通常来说，娱乐价值、审美价值、情感价值要基于社会群体洞察来考虑；知识/教育价值由于往往是与消费品类或产品直接相关的知识，所以一般源自消费群体洞察；社交价值则主要与参与群体洞察有关。

这些价值并不是相互独立的，而是可以相互结合，产生更大的效果。例如，品牌可以在一篇具有教育价值的文章中包含有实用价值的建议，可以在一个有娱乐价值的视频中激发消费者思考（启发价值）。

重要的是，品牌的内容营销不仅要提供价值，还要与品牌的核心价值观和品牌定位相一致，这样才能在满足消费者需求的同时，提高消费者的品牌认知度和品牌忠诚度。

---

① Pulizzi J. Epic content marketing：how to tell a different story，break through the clutter，and win more customers by marketing less. New York：McGraw-Hill Education，2013.

② Berger J，Milkman K L. What makes online content viral? . Journal of Marketing Research，2012，49（2）：192－205.

③ Heath C，Heath D. Made to stick：why some ideas survive and others die. New York：Random House，2007.

④ Hanna R，Rohm A，Crittenden V L. We're all connected：the power of the social media ecosystem. Business Horizons，2011，54（3）：265－273.

⑤ Jansen B J，Zhang M，Sobel K，et al. Twitter power：tweets as electronic word of mouth. Journal of the American Society for Information Science and Technology，2009，60（11）：2169－2188.

⑥ 东东枪．文案的基本修养．北京：中信出版集团，2019.

五、主体不同的三类营销内容

品牌在进行内容营销时要考虑多渠道、多主体、多角度发声，形成对消费者的网状多触点沟通，以便在消费者日常闲逛或有明确购物目的的场景中，提高消费者的品牌认知度。

要想持续输出内容，企业需要培养自己的内容生产能力，但并不是每个品牌都能形成特有的完整的内容生产能力。进一步来看，企业培养内容生产能力的核心目标在于通过优质的内容来实现营销转化。

根据生成内容的主体不同，营销内容主要可分为三类：品牌生成内容、专业生成内容和用户生成内容。相应地，内容营销也有所差异。

（1）品牌生成内容（brand generated content，BGC）。值得注意的是，这里的品牌指的是整个公司，而不只是市场部门。一个误区是内容营销属于市场部门，市场部门应该全权负责所有事情，但实际上只有市场部门参与内容营销是不够的。很多企业的市场部门规模有限，且对其他部门的工作内容缺乏了解。例如，医疗器械公司的市场部门可能不了解研发部门某项医疗技术的细节，从而难以产出对于普通消费者通俗易懂的内容。因此，BGC 要求企业建立起跨部门的内容营销协作机制，以及对应的奖励机制。这样企业才能让合适的人生成有效的内容，优化内容营销效果；同时从物质和精神层面为维持机制的运作提供基本保障。

（2）专业生成内容（professional generated content，PGC）。PGC 的创作者可能是专业人士（如媒体记者、平台编辑、行业内专家）或者是特定圈子里的 KOL，他们依靠自己的内容创作能力，为不同的品牌提供有偿服务。对于这些专业个体，品牌无须额外培养他们，只要能提供合理的报酬，就能长期获得一些优质内容。PGC 的创作者还可能是专业组织即专业创作内容的第三方供应商，如广告公司、MCN 机构或一些传媒公司等。企业和专业组织的合作通常是外包某一类型或者某一周期内的所有内容创作，确保内容生成效率以及整体输出效果的一致性。另外，专业组织的能力也有所不同，有的执行能力强，但缺乏创意；有的极富创意，爆款率高，但是缺乏对于特定行业的基本认知。因此品牌需要了解不同专业组织的能力，统筹内容创作安排并进行专业把控。

（3）用户生成内容（user generated content，UGC）。UGC 的创作者一般是消费者，这种方式在互联网行业比较常见，例如，小米的运营团队借助小米论坛能够获得很多 UGC，这些内容通过合理的授权或二次创作会重新形成内容，陆续发布在“小米之家”等渠道。企业也可以通过维护和筛选目标消费者，主动寻找一些对品牌友好、愿意提供内容的成长型消费者，由其来生产内容。

对于企业来说，仅仅做到这些还不够，如果目标消费者仅仅是偶尔或者是一次性参与，可能难以满足企业对于内容“量”的需求，所以企业应该继续深挖这部分成长型消费者，筛选出那些专业能力强、有内容创作能力、愿意长期合作的人，即“专业用户”，由他们产出的内容称为专业用户生成内容（professional user generated content，PUGC）。

三类营销内容在信息传播上的比较如图 6－7 所示。三类营销内容各有优势。BGC 和 PGC 由企业主导，覆盖面广、可控性强；而半专业化的 PUGC 和 UGC 在获取消费者信任和口碑上有一定的优势。但无论如何，BGC、PGC、UGC 应保持传递一致的品牌心智

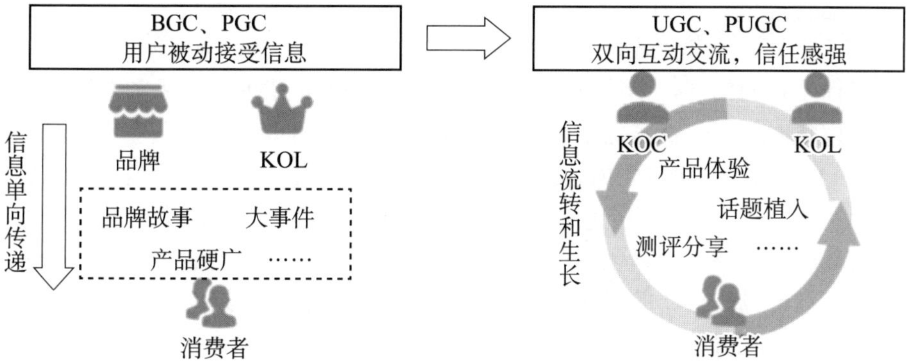

图 6-7　BGC、PGC 与 UGC 的信息传播

信息，通过体系化沟通积累口碑效应和品牌资产。

处在不同发展阶段的企业，需根据内容营销目标进行相应的内容组合搭配。对于初创企业，应该重点关注 BGC。品牌要抢占消费者心智，就要先明确要抢占哪些消费者的心智、用哪些核心语言去抢占心智，然后不断调整测试内容直至能够有效打动目标消费者。而对于处于快速成长期或成熟期的企业，充分利用好 PGC、UGC 则更为重要。

BGC、PGC、UGC 营销不止于内容生成，还包含多主体、多层次的内容分发。三类营销内容的分发与互动能够产生营销信息的扩散效应；不同主体的账号矩阵通过不同平台、不同触点传达品牌的独特价值和个性，实现目标消费者的破圈效应；三类营销内容之间也有协同效应，能够给目标消费者营造出一种舆论氛围，共同推动消费者的品牌认知、认同和认购，如图 6-8 所示。

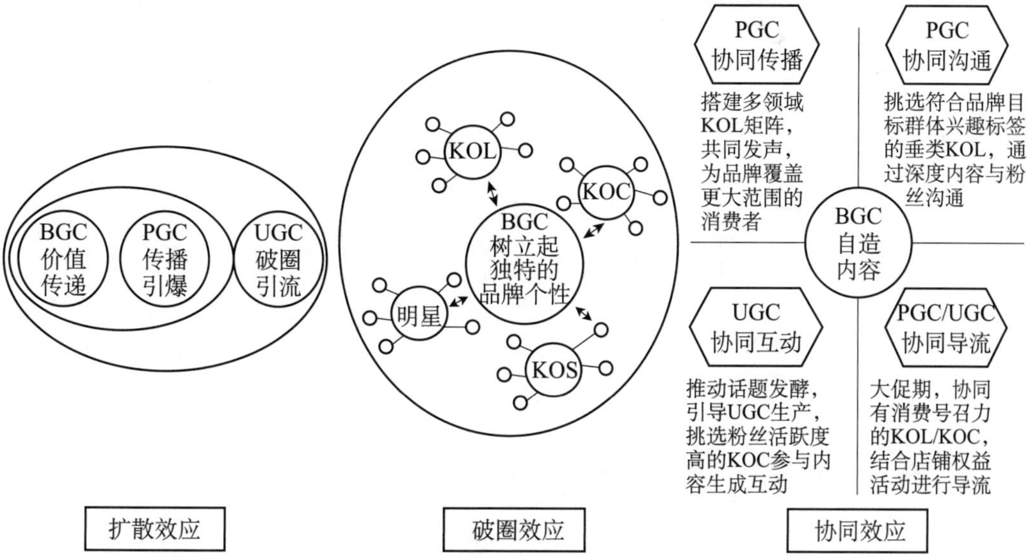

图 6-8　结合 BGC、PGC、UGC 的内容营销

资料来源：天猫联合多家优质生态伙伴发布的《天猫数字化内容营销航海指南》。

除了原创内容，已有内容的转载也是营销内容的重要来源。通过正规合法的方法对信息进行筛选和集合也能够给目标消费者带来价值。比如一些 B2B 品牌的公众号定位可能就是“搬运工”，帮助消费者持续挑选并汇总行业里的一线信息，为消费者提供独特的价值。

六、内容分发渠道

社交媒体平台的出现，使得每个人、每一个品牌都可以在社交平台上发布信息，这改变了传统媒体时代广告发布的格局。

从图 6－9 所示的中国市场内容营销生态来看，内容分发渠道包括内容资讯媒体、社交媒体、长视频、短视频、综合电商、垂直电商、搜索引擎、直播平台等。除了内容分发渠道，内容营销生态还包括创意内容生产方，如传统的广告传播巨头、营销类/内容类/电商类 MCN 以及基于 AI 的程序化创意平台等；还包括一些提供技术支持的公司或平台、监测效果的第三方公司等。

图 6－9　2022 年中国内容营销生态图

如图 6－10 所示，按照是否付费可以把内容分发渠道分为三类：付费媒体（paid media）；自有媒体（owned media），如自媒体；赢得媒体（earned media），是指因为好的内容或者品牌的创新，获得其他媒体主动报道和传播的媒体。除此之外，消费者也可能出于对品牌和传播内容的认同而自发传播，这些消费者类似于赢得媒体。当然，消费者也可能发表负面评价，对此企业需要格外重视，及时跟进，给予消费者回应和反馈。

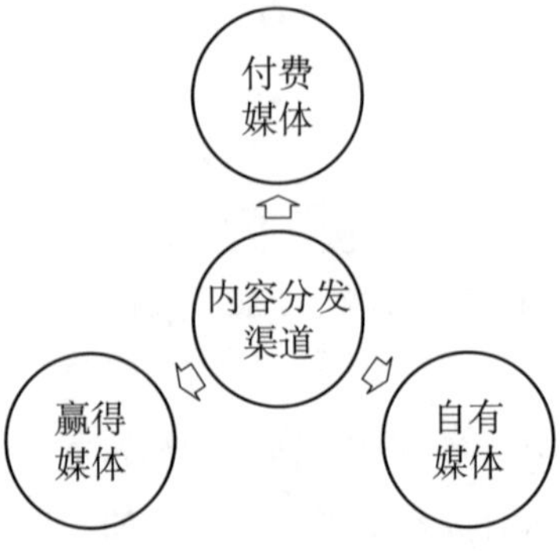

图 6－10　内容分发渠道

第 2 节　面对内容时消费者行为的变化

内容营销通常将产品或品牌的信息融入消费者在内容平台的信息消费过程，例如，消费者可能在抖音、小红书平台刷娱乐视频和分享图文时接触到内容中包含的产品信息。在这种场景中，消费者的思维模式和在电商平台购物的场景中是不一样的。消费者进入淘宝、京东等电商平台时通常已有购物需求或倾向，只需通过搜索进入产品页面、比较不同的产品和价格、选择购买。而消费者进入小红书、抖音等内容平台时通常并没有明确的购物倾向，只是浏览信息或者娱乐，在此过程中“无意识”地接收品牌或产品的信息。

消费者在这两类场景中的思维模式、整体偏好、选择标准和决策方式即消费者行为有所差异，这些差异主要体现在以下四个方面①，使得内容营销具有不同的价值。

一、联合评估 vs. 单独评估

联合评估（joint evaluation）和单独评估（separate evaluation）是消费者进行消费决策时使用的两种不同的评估策略。联合评估是指消费者在进行消费决策时，将多个产品或服务的各个属性进行比较，以便作出最佳选择。单独评估是指消费者在进行消费决策时，只关注单个产品或服务的各个属性，而不将其与其他产品或服务进行比较。在单独评估中，消费者对某一属性的重视程度可能影响其最终决策。②

消费者对在内容平台浏览到产品的信息，一般会进行单独评估。比如产品作为情节的道具出现在剧情类的短视频中，可能会引发消费者的兴趣。此时消费者会进行单独评估，即只关注这一产品以及自己（未拥有这个产品）的现状。消费者会评估产品本身的属性和价格及其能带来的利益，从而决定是否购买；消费者也可能一时受到鼓舞而冲动消费。

而在电商平台，消费者通常会进行联合评估。比如消费者在淘宝搜索一个产品时通常能在一个页面看到多个相关产品。消费者自然而然会进行联合评估，主要的关注点不再是产品本身和自己的现状，而是众多产品中哪个最好。消费者可能比较产品销量、产品价格、产品在不同价格阶梯之间的差异等，从而择优购买；消费者甚至可能因为选择太多、信息过载而最终放弃购买。

对于同一个产品，评估方式不同（单独评估或联合评估），消费者行为可能有很大不同。以选择标准为例，在进行联合评估时，消费者更关注产品属性之间的差异，更容易对易量化的属性进行评估，可能赋予具有更高区分度的属性更大的权重，比如销量、品牌知名度等，从而影响其购买决策。由于理性的产品线索更直观，消费者更偏好在“数据”和“参数”上表现更好的产品，且其价格敏感性也更高。因此在电商平台，“拼属

---

① 李靖．内容电商时代，不得不了解“消费者偏好”的 4 种变化．（2016－06－08）．https：//mp. weixin. qq. com/s/SYMxESBXeen_rwB7jLzY5Q.

② Hsee C K. The evaluability hypothesis：an explanation for preference reversals between joint and separate evaluations of alternatives. Organizational Behavior and Human Decision Processes，1996，67（3）：247－257.

性、拼价格、拼数据”的产品相比于在设计感、原创性上具有优势的产品，更可能赢得消费者。

而在进行单独评估时，消费者对属性赋予的权重可能受到其他因素的影响，如情感、经验等。[①] 消费者的思维模式往往不是“计算模式”而是“感觉模式”，更容易受到感性线索的影响，重视对产品的主观感受，因此一些设计独特、具有独特情感体验的产品可能脱颖而出。特别是对于一些不熟悉的产品，由于没有价格的锚点效应，消费者会失去对“贵贱”的感知。[②] 因此在内容平台，一些新奇的产品、设计师品牌产品、小众品牌较易获得消费者的青睐。

二、主动搜索 vs. 被动接受

消费者在电商平台浏览内容时通常有购物意向，一般会进行主动搜索，对可能购买的产品信息更加敏感，而对无关信息不那么敏感，可能忽略自己已有认知以外的相关产品信息。例如，消费者搜索“爽肤水”，只浏览爽肤水产品，而不关心其他可能具有同样功效的护肤品品类。消费者在主动搜索时更加关心直接与任务相关的信息，而过滤掉与任务无关的信息，这导致在电商平台，一些新奇创新的产品或品类不容易被消费者纳入考虑范围。

而消费者在内容平台上浏览内容时通常漫无目的，对于内容中夹带的一些产品信息（如 KOL 的推荐）是被动接受的。例如，消费者在观看护肤博主的 vlog 时，比较容易注意和接受其所介绍的使用新技术的护肤产品或者创新产品。因此，在内容平台，一些新奇的、有创意的产品更容易被消费者接受。

三、补偿性决策规则 vs. 非补偿性决策规则

补偿性决策规则（compensatory decision rules）和非补偿性决策规则（non-compensatory decision rules）是两种不同的消费者决策方法。[③]

补偿性决策规则是指消费者在进行购买决策时，如果产品某一属性的优势可以弥补其他属性的劣势，则可能购买该产品。这种决策方法关注产品各属性之间的权衡，寻求综合表现最佳的产品。常见的补偿性决策规则有加权和模型（weighted sum model）及加权乘积模型（weighted product model）。

非补偿性决策规则是指消费者在进行购买决策时，产品某些属性的优势无法抵消其他属性的劣势，即消费者在购买决策中对某些属性有严格的要求。常见的非补偿性决策规则包括有序消除偏好法（ordered elimination by aspects，OEA）和最佳特性法（maximin or minimax rule）。

---

① Hsee C K，Zhang J. Distinction bias：misprediction and mischoice due to joint evaluation. Journal of Personality and Social Psychology，2004，86（5）：680－695.

② Tversky A，Kahneman D. Judgment under uncertainty：heuristics and biases. Science，1974，185（4157）：1124－1131.

③ Bettman J R，Luce M F，Payne J W. Constructive consumer choice processes. Journal of Consumer Research，1998，25（3）：187－217.

在电商平台上，所有信息都为了促进成交，消费者警惕心理比较强，一般采取非补偿性决策规则，更加关注产品的缺点、消费者差评，产品的缺点无法被优点弥补，单一属性的劣势或一条差评就可能让消费者放弃购买。

在内容平台上，消费者的媒体素养越来越高，对硬性广告的识别能力越来越强，但整体而言，消费者对内容广告的分辨能力、警惕性还不够。由于内容具有价值，或对KOL有好感，消费者甚至会主动欢迎广告，对产品的优点、独特性更加关注，一般采取补偿性决策规则，对产品或品牌的综合属性进行评估。

四、认知闭合需求

认知闭合需求（need for cognitive closure，NFCC）是指个体对于消除不确定性、降低歧义以及迅速形成和坚持信念的心理需求[①]，即人想给模糊性的问题找到一个明确答案的欲望。具有较高认知闭合需求的个体往往希望迅速地得出结论，以消除不确定性，而具有较低认知闭合需求的个体则更愿意在决策过程中保持开放和灵活的态度。

具有较高认知闭合需求的消费者往往会更快地作出购物决策，而具有较低认知闭合需求的消费者则可能花费更多的时间来比较和权衡不同的选择。[②]

具有较高认知闭合需求的消费者更倾向于对某一品牌保持忠诚，因为这有助于降低决策中的不确定性。相反，具有较低认知闭合需求的消费者更倾向于尝试不同的品牌和产品。[③]

具有较高认知闭合需求的消费者可能更容易受到广告和营销策略的影响，因为它们能帮助消费者简化决策过程。相反，具有较低认知闭合需求的消费者可能对广告保持更为审慎的态度。[④]

在电商平台，消费决策对于消费者来说是一个任务，消费者具有较高认知闭合需求，不断地寻找有助于迅速作出购买决策的线索。因此，传统大品牌、熟悉的品类、销量高的产品等更容易受到消费者的青睐，而创新品类、新技术、新品牌等需要消费者搜索更多复杂信息，因此较难被其接受。

而在内容平台，消费者没有消费决策的任务，具有较低认知闭合需求。因此消费者愿意搜索并能够接受相对复杂的信息，比如，消费者可能在B站观看一个关于电动车技术分析的直播，对这种新技术产生兴趣，从而购买新能源汽车。内容营销使消费者更容易接受复杂的决策信息，从而使其愿意购买复杂的、不熟悉的、难以比较的产品。

---

① Kruglanski A W，Webster D M. Motivated closing of the mind："seizing" and "freezing". Psychological Review，1996，103 (2)：263-283.

② Roets A，Van Hiel A. Individual differences in need for cognitive closure and decision-making strategies among undergraduate students：implications for the ecology of social cognition. Thinking & Reasoning，2011，17 (3)：260-278.

③ Vermeir I，Van Kenhove P. The influence of need for closure and perceived time pressure on search time and search depth during consumer decision making. Psychology & Marketing，2005，22 (1)：71-95.

④ Visser P S，Mirabile R R. Attitudes in the social context：the impact of social network composition on individual-level attitude strength. Journal of Personality and Social Psychology，2004，87 (6)：779-795.

第3节　内容营销讲什么：四类内容

在社交媒体时代，企业和品牌逐渐变得“媒体化”，内容团队好似“编辑部”，负责“议程设置”。如果说在传统媒体时代，每年主要围绕一两条商业电视广告创意进行多媒体的品牌重复传播是主要营销手段，那么在新媒体时代，这种依赖于大创意（big idea）的模式已不够，内容的丰沛度对于传递品牌核心价值越来越重要。品牌需要调整内容以适应不同的数字平台，而且需要持续更新。从文字到影像，内容营销的核心仍在于内容本身，而非形式。不管是何种形式，内容营销强调传递本身有价值、有娱乐性的产品或品牌信息，激发消费者参与并在互动过程中引导购买，以及建立和完善品牌形象。

成效较好的内容可以分为四个类型：持续性内容、节日/重要事件内容、热点性内容、促销性内容。

一、持续性内容

持续性内容不受时间和热点更替的影响，是长期有效、有价值的内容。这是企业内容营销中最常规的内容类型，通常占整体内容产出的70%左右。打造持续性内容的主要目标是希望通过提供有价值的信息教育消费者，帮助企业建立起消费者对品牌的忠诚度，留住老客户、开发新客户，并打造出强势品牌，在未来促进消费者购买。

持续性内容的第一原则就是有价值，对现有消费者以及潜在消费者有价值。因此，持续性内容必须是与产品相关的、有说服力的、有趣的内容；必须能够持续生产和提供，从而维系或改变消费者行为。以下六类内容适宜作为持续性内容。

1. 产品的故事

内容营销经常强调“讲故事”。不管技术如何发展，内容形式如何变化，“讲故事”是企业内容营销永恒的内核。

产品是品牌的承载物，也是消费者体验最核心的部分。讲述产品故事这一策略，适用于大多数产品主导型的企业，如运动服饰类的阿迪达斯、耐克，手机类的苹果、小米和vivo等，它们在社交媒体平台上发布的主要的持续性内容几乎都是围绕产品展开的。

日常内容可以围绕产品的特性、卖点、解决什么痛点入手。在社交媒体平台持续输出产品的使用场景、问题情境、技术测评、工艺等内容也是极为有用的。

给产品属性构建一些富有吸引力的概念，更能给消费者带来精神上的触动。比如，干邑（一种葡萄酒）在生产过程中需要经过橡木桶陈酿，这个环节会使得干邑逐渐失去一些酒精，相当于每年超过2 000万瓶酒消失在大自然中，品牌将这诗意地称为“天使的享用”。“天使的享用”这个概念非常有画面感并富含遐想，能够很快对消费者产生吸引力。

对于不断迭代的产品，企业可以持续地更新产品升级的亮点、新功能等。此外，企业推出的新产品和其他品牌的联名款等本身也能构成持续性内容，如星巴克的猫爪杯、李宁的国潮服饰、奥利奥饼干、可口可乐瓶身、爱彼迎上的酒店等。产品本身构成丰富的内容和故事，承担品牌创新的使命，成为企业增长的动力源。

2. 品牌的故事

如果产品本身变化很小，那么企业可以通过讲述品牌故事、输出持续性内容打造强势的品牌文化。比如，可口可乐、百事的产品变化较小，就要靠品牌故事的更新来实现品牌保鲜，因此“红蓝大战”给消费者创造了数不清的经典广告。

再如红牛饮料，作为一款功能饮料，其产品本身的功能卖点并非“取之不尽，用之不竭”的。所以红牛通过“你的能量，超乎你想象”的品牌定位，塑造出一种极限运动精神，通过赞助的运动、赞助的极限运动员的故事，源源不断地产出红牛品牌故事。

案例 6 - 1　时代在改变，椰树永不变

3. 品牌活动内容

活动是鼓励消费者参与、提升品牌黏性的必不可少的手段，也是讲好产品和品牌故事的很好的形式。活动与单纯的内容推送相比，最大的魅力在于增加了与消费者深入互动和接触的机会。比如免单活动、马拉松活动、品牌主题快闪店、晚会等，以曝光和吸引潜在消费者参与为主，但核心在于活动内容在线上的传播曝光，活动中品牌的展现、产品的植入等都会带来一定的曝光和销售转化，而线上的曝光也吸引人们到线下参与活动，实现从线上到线下（online to offline）的流量转化。而且活动可以周期性频繁开展，持续产出内容，帮助企业保持活跃的状态。典型的活动内容营销如网易“丧茶”、知乎诊所快闪店、老乡鸡全国性免费活动等。

4. 与其他品牌、IP 联名合作的内容

联名合作是一种很好的丰富品牌内涵的方式，其他品牌和 IP 的影响力可以帮助品牌和产品获得更高的好感度与渗透率。比如优衣库的 T 恤系列产品经常与各大 IP 合作，在社交媒体平台和电商平台上持续创造热度和内容。咖啡品牌“永璞”也擅长用联名合作来撬动品牌曝光和内容输出，永璞在 6 年内开展了超过 400 次联名合作，即平均每周上线一款新的联名产品，联名对象横跨艺术、快消、文创、内容、互联网等多个领域，其中既有 MOODY、北鼎、塔卡沙这类新锐品牌，也不乏日食记、网易云音乐、QQ 音乐、小红书、史努比等知名度颇高的品牌/IP。奈雪的茶也在不断加快进行 IP 联名合作的速度，其联名对象以热播影视剧居多，如《武林外传》《中国奇谭》等。瑞幸咖啡和茅台联名合作的酱香拿铁是内容营销近期的火爆案例（见图 6 - 11），根据瑞幸咖啡官方发布的数据，酱香拿铁首日销量突破 542 万杯，单品首日销售额突破 1 亿元，并在多个社交媒体平台被“刷屏”热议。

5. 消费者的故事

企业通过挖掘和展现典型消费者以及与明星合作展示其使用场景来讲述品牌故事，也是常见的内容营销手段。对消费者使用场景的展现能使其他潜在消费者有更好的代入感，也能增强宣传的真实感和可信度。

消费者可能在社交媒体平台发布自己使用品牌或产品的故事，这些内容具有持续性，因此品牌需要具有较强的倾听能力，积极鼓励并给予消费者自述故事更多的曝光。

6. 创始人或员工的故事

消费者不仅关心品牌的产品，还在意品牌表达了什么，甚至关注品牌的创始人，他们的言行传达了品牌的态度。消费者对此的支持或吐槽，不仅是对品牌话题度的贡献，

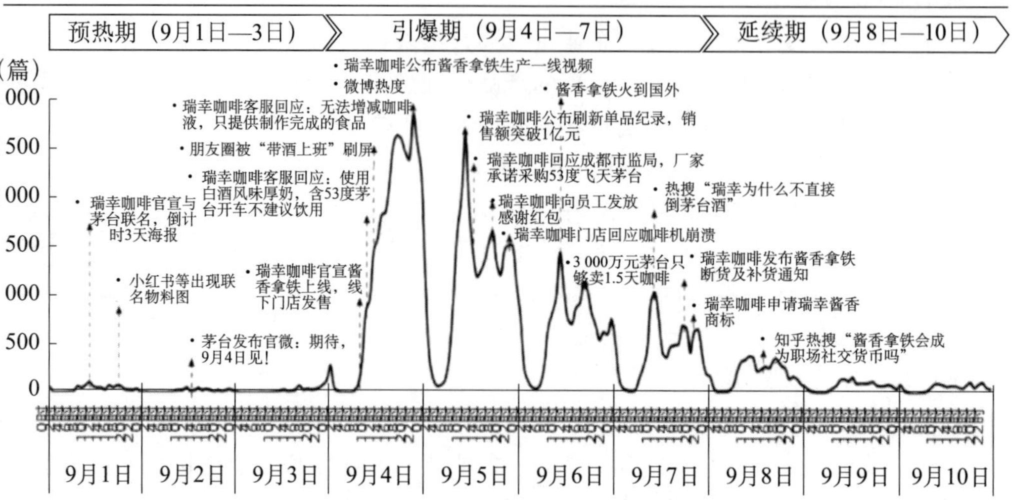

图 6-11　瑞幸咖啡与茅台联名合作营销趋势

注：趋势图数据来自网媒（含客户端自媒体）、微博（原创）、微信平台；部分网站不提供时间维度上的小时指标，故系统输出时间默认为 0 时，会对各天 0 时的情况产生一定影响，仅做适度参考。

资料来源：营销复盘：瑞幸×茅台，“酱香拿铁”的顶流之路．(2023-09-15). https://www.thepaper.cn/newsDetail_forward_24609547.

也是对品牌共建的深度参与。雷军、罗永浩等创始人的言行往往会受到行业和消费者非常高的关注，也给品牌带来了大量的曝光。由于创始人的故事可以不断挖掘，因此也是内容营销的重要形式。

此外，品牌员工的故事也可以成为内容的很好来源，特别是对于服务行业，可以通过感人的服务背后的故事，加强消费者对该品牌服务的理解和认可程度，同时形成更广泛的口碑传播。比如海底捞的员工服务故事在社交媒体平台上的流传对其品牌资产有很大的积极影响。

京东也利用员工故事打起“情怀牌”。京东对其快递人员的真实服务故事进行内容营销（见图 6-12），不仅展现了京东员工的服务精神，更体现了京东物流在电商平台上的差异化优势。

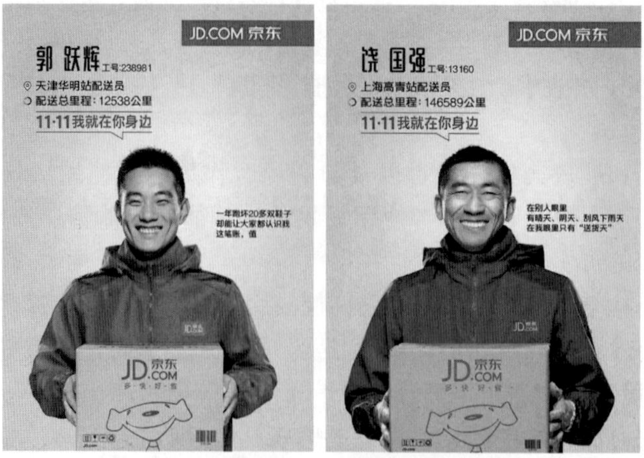

图 6-12　京东基于员工故事的内容营销

持续性内容最大的意义在于它是企业吸引和维系消费者的日常内容，其在生成和发布之后，不会随着热点的更替和时间的流逝而失去价值，而是会在互联网上继续发挥价值。潜在消费者可能因为在小红书、微信或知乎上搜索到很久以前关于产品或品牌的内容，从而作出购买决策。

此外，围绕产品、品牌等方面的内容会提前占据一些品类关键词，提高品牌搜索可见度并构筑内容壁垒。围绕品牌价值定位的多样化内容还有助于在消费者心中建立起清晰的品牌形象。

二、节日/重要事件内容

节日是一种被赋予特殊社会文化意义的时间点，凝聚了社会共识和文化认同。不论是传统节日如春节，还是人造节日如"双十一"，对于内容营销都有重要意义。

对节日/重要事件所具有的共识和认同，使其成为重要的内容营销契机，例如，"618""双十一""双十二"等人造节日，妇女节、春节等传统节日，冬奥会、世博会等重要事件。

新媒体时代大量的传播其实是基于目标群体的"小众传播"，但借力一些节日/重要事件的内容很可能形成"大众传播"。传统媒体时代的电视是绝对中心化的流量媒介，但现在因为传播触点过于分散，很难说哪一个媒介是中心化渠道。因此现在从时间/事件维度理解中心化流量比从媒介的角度更合适，会发现"中心化流量"依然存在，比如春节、奥运会、世界杯等全民关注的节日/重要事件就是相对的中心化流量，可以形成大众传播。不管是长期提升品牌形象，还是短期产品促销、提高曝光率，都离不开在合适的时间节点进行内容营销。

新媒体时代品牌的市场部门越来越像媒体的编辑部，在年初设计好一份详细、周密的营销日历，列出该年所有可能的节日/重要事件。基于这份营销日历，可以横向形成全年关键节点的内容营销话题规划。

制作这份营销日历有几个好处。一是企业不容易遗漏重要的话题，而且能够提前做好准备，输出精品内容，不再仓促上阵。二是有利于与消费者建立关联性并重复出现在消费者面前，提高对消费者的信息可及性。三是营销日历上的节日/重要事件通常是能引发热烈讨论的话题，品牌输出相关内容也是一种社交参与，有利于保持品牌新鲜度。

在这类内容中，有些是有周密计划的，有些是需要根据具体事件以及社交媒体的舆论进行即时性调整的。以围绕奥运会或者世界杯等重要事件进行的实时营销为例，赛事的结果具有不确定性，品牌往往会做多种预案，根据实时结果从不同角度产出符合品牌价值观的内容。如耐克著名的"活出你的伟大"的实时内容营销是一次针对 2012 年伦敦奥运会的实时营销活动，以营销主题"活出你的伟大"契合奥运会的热点赛事话题，第一时间产出社交内容进行传播。该内容营销的成功，很大程度上源于在刘翔退赛时快速而机智的反应。凭借有力量的文案和刘翔的故事，诠释耐克品牌对于伟大的定义和理解，引发热议，为品牌带来极大的曝光度。

三、热点性内容

热点性内容，即基于社交热点产出的内容，主要是为了获取短期的关注度和流量。

热点往往是一些即时性突发事件，对热点的快速跟进离不开品牌日常的周密准备，这样才能在热点出现时即时表达一定的态度或者产出相关内容。

热点性内容能够提高品牌或产品在消费者心里的可及性。可及性（accessibility）是指个体脑海中某些信息、观念、感觉或者思考的容易获取程度。可及性是一个非常重要的概念，因为它直接影响个体的思考、决策和行为。1997 年糖果公司玛氏（Mars）注意到其巧克力条的销量惊人，这是公司始料未及的，因为玛氏并没有改变市场定位，也没有进行任何的广告宣传，更没有改变产品的价格，甚至连促销活动都没有。后来发现原因与“火星探路者”成功登陆火星（Mars）有关。两个相同的名词对消费者起到了强烈的购买提醒的作用。[①]

目前许多品牌的热点性内容营销做得不够好，当某个热点引发广泛关注时，品牌“一窝蜂”地抛出各种热点内容，但极少有对热点运用得当的。主要原因是热点性内容缺乏对品牌自身定位的呼应，也未能建立起品牌与事件的连接点；品牌面对热点不加选择，模糊了品牌定位。盲目追逐热点收效甚微，对品牌资产的长期积累没有起到正面作用。只有当热点性内容与品牌产品或服务相关时，消费者才会被触动，才会愿意去了解、喜欢和信任品牌，从而在未来购买或使用其产品和服务。建立起连接点是品牌热点性内容营销的关键，否则可能适得其反。而这种寻找和建立连接点的能力需要品牌长期培养。

案例 6-2

摸鱼被罚？网易云音乐推出摸鱼计算器

2021 年 11 月 16 日，国美集团一份《关于违反员工行为规范的处罚通报》在网络上引发热议，并登上多个社交媒体平台的热搜。其中一项违规行为就是上班使用网易云音乐听歌。2 天后，网易云音乐借势上线“摸鱼计算器”H5，并推出一个“摸鱼流量”计算公式。

$$GB_{\text{流量}}^{\text{摸鱼}}=\frac{\text{上班听歌时间/天}}{\text{工作时间/天}}\times\text{全年工作时间}\times\text{听歌流量}$$

基于正常工作时间段内的听歌数据，用户可一键生成当年的“摸鱼流量”以及自己的“摸鱼等级”。依据摸鱼流量的大小，用户可能获得鱼刺、小丑鱼、大白鲨、鲸鱼等具象化的摸鱼等级结果。这激发了用户的对比和猎奇心理，引发了在社交圈内的裂变分享，活动上线当天就引爆全网各大社交媒体平台。在零推广成本下实现微博热搜最高第 6 位，“网易云音乐推出摸鱼计算器”话题总计曝光 1.3 亿次。数百家蓝 V 行业媒体自发报道，包括人民日报、新华网、虎嗅、36 氪等。此外该活动在知乎、微信、抖音、今日头条以及各新闻资讯类站点均得到持续性的扩散传播。

网易云音乐通过相对轻松有趣的方式，消解了热点舆论中不利的一面（上班听歌＝摸鱼），同时借势完成品牌正向价值观的输出，即听歌是“打工人”缓解压力的常见且合乎情理的方式，提升了网易云音乐的用户口碑。

资料来源：网易云音乐《摸鱼计算器》H5：快看你今年摸了多大一条鱼？. https：//www.digitaling.com/projects/187452.html.

---

① 乔纳·伯杰．疯传：让你的产品、思想、行为像病毒一样入侵．北京：电子工业出版社，2014.

四、促销性内容

促销性内容，即为企业促销活动服务的时效性内容，特别是针对一些特殊节点进行的促销内容。通常来说，电商平台的重要时间节点（如“618”、“双十一”、超级品类日等）、传统节日节点（如妇女节、春节等）、全社会关注的重要事件（如冬奥会、世界杯等）、内容破圈节点（蜜雪冰城主题曲破圈等）、与头部 KOL 的合作，都可能成为发布促销内容的契机。

品牌对于上述四类内容需要有所侧重。例如，持续性内容是品牌内容营销的基础内容，需要长期投入，花费更多精力；而热点性内容的效果具有不确定性，品牌应将其视为“锦上添花”，不应投入太多精力。

可口可乐曾经提出其品牌内容营销的投资法则，如图 6－13 所示。

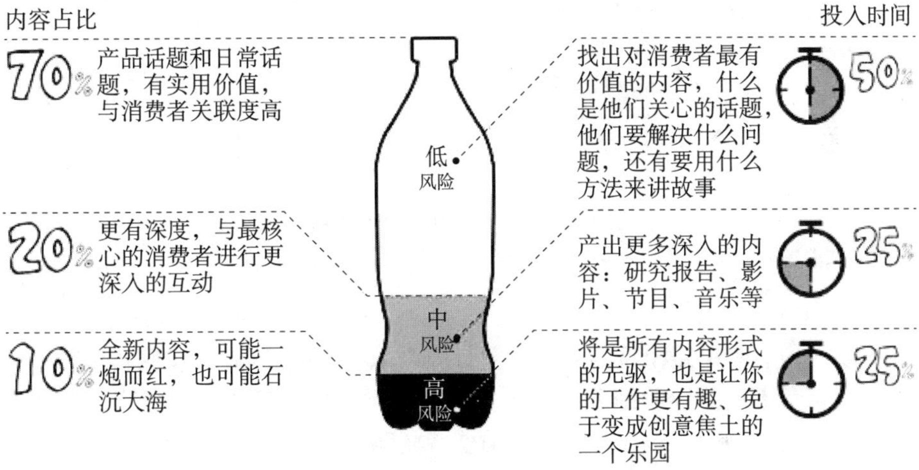

图 6－13 可口可乐内容营销的投资法则

- 70％的基础内容是产品话题和日常话题，即有实用价值或者与消费者关联度高的内容。这部分内容风险较低，需要投入约 50％的时间。
- 20％的内容是深度话题，以此与最核心的消费者进行更深入的互动，产出一些研究报告、影片、节目、音乐等。这部分内容风险中等，需要投入约 25％的时间。
- 10％的内容是新奇的全新内容，有可能一炮而红也有可能石沉大海。这部分内容风险较高，热点性内容也属于这部分，需要投入约 25％的时间。

虽然内容丰沛度很重要，但是品牌核心价值的持续加强也很重要。品牌应该根据自身的品牌调性产出具有独特基因的内容，在不同专项、不同平台的营销活动中进行针对性内容输出，并通过品类词、舆情监测等手段，根据消费者的反馈调整内容营销策略，进行长期的内容精细化优化和运营。

五、建立起内容运营团队

大量营销内容的产出需要企业组织结构的支持。以前，营销环节单一，品牌、内容、媒介等各个小团队的工作目标、策略打法、时间节奏都是独立与割裂的。现在，企业内部介入内容营销的部门和人员越来越广泛，内容营销和其他业务的配合也越来越紧密，多部门协作变得越来越普遍（见图 6－14）。这种紧密协作甚至形成了岗位职能的融合，比如，一个市场活动往往需要相应的运营活动承接外部流量，进行转化；运营活动也正在运用一些市场化手段寻找产品能够触达消费者的场景和运营位，通过内容和活动的设置来进行消费者转化与留存的工作，这使得市场岗位职能正在与产品运营岗位职能深度融合。

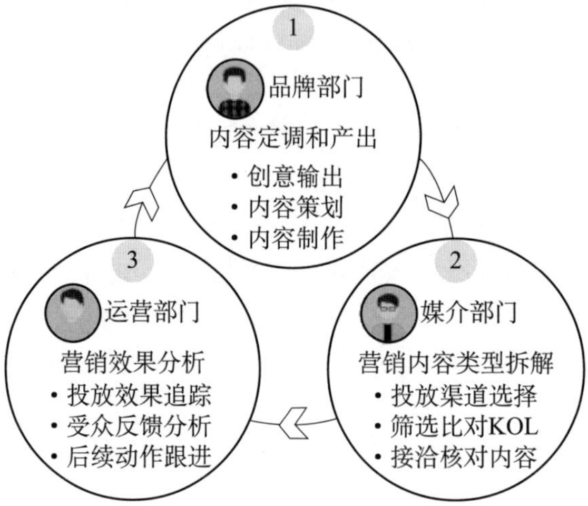

图 6－14　多部门协作共创内容

资料来源：艾瑞咨询 . 2021 年种草内容平台营销价值白皮书 .（2021－11－15）. https：//report. iresearch. cn/report/202111/3879. shtml.

因此，基于内容和链路模型的营销必须打破组织内部的“墙”，按照营销效率测量链路使不同职能背负不同阶段的细分指标，重组过去垂直作业流程，形成内容制作、媒介选择、投放、优化、消费者转化与连接、消费者复购与运营环环相扣互相配合的新流程。内容把市场、运营及产品整合成一个有机的整体，而真正能打通市场、运营和产品的关键因素正是消费者行为。消费者可能被市场讲的故事吸引，被运营的活动内容触动，然后开始体验产品，体验之后可能吐槽产品，如果造成较大的负面影响，则需要公关部门出面解决；也可能分享推荐产品，此时增长团队或市场运营设计的裂变活动就有了用武之地。企业需要打破品牌创意、公关、自媒体运营、顾客关系管理和电商管理的界限，核心是要建构以消费者为中心的移动营销体系。这样企业才能够把自身积累的消费者关系进行充分变现和持续经营，同时把营销投入与消费者价值紧密结合起来。

第 4 节　以链路模型布局内容营销

如果说传统营销更注重品牌对消费者的单方面价值主张传递，那么内容营销其实是更从消费者决策路径出发，激发消费者需求、抢占消费者心智的营销方式。因此要做好内容营销，需要对目标消费者的决策路径有充分的理解，进行更多元化的触点矩阵布局，多方位、多层次、多频次覆盖消费者。

数字技术使得消费者行为几乎都能够留下数据痕迹，当消费者从链路模型中的 A1 知晓到 A5 拥护的每一步都能被量化时，企业就有了对每个阶段进行干预的可能性。

企业干预的主要工具就是内容和数据，内容推动消费者在决策路径上前进，每个触点都是一次链接和推进消费者的机会。无论是从人出发还是从货出发，都需要用科学的数据挖掘能与产品和人群进行最佳匹配的卖点信息，搭建关键触点。内容营销正是围绕消费者决策路径上的关键环节进行场景化、有针对性的信息释放，逐步加深消费者对品牌的认知，推动消费者作出购买决策。

在线学习平台 Smart Insights 开发了内容营销矩阵，如图 6－15 所示。该矩阵以消费者从知晓到购买的决策路径为横轴，以消费者感性和理性程度为纵轴，把内容营销的具体策略划分成四个象限——教育、娱乐、激发灵感、说服，列举了常用的 27 种内容营销的内容形式。

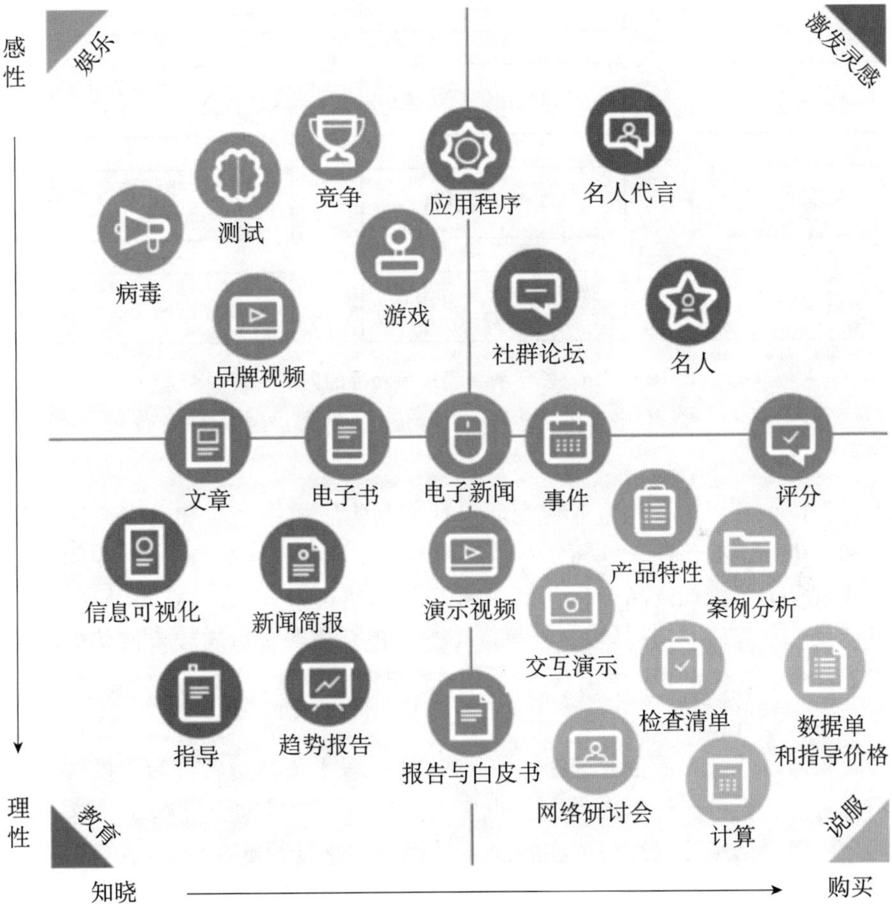

图 6－15　内容营销矩阵

戴夫·查菲（Dave Chaffey）和菲奥纳·埃利斯-查德威克（Fiona Ellis-Chadwick）在其《数字营销：战略、实施与实践》(*Digital Marketing*：*Strategy*，*Implimentation and Practice*）一书中，也提出了基于消费者决策路径进行内容营销，并展示了市场实践中内容营销的数字渠道，如图 6－16 所示。

需要注意的是，由于数字平台、消费群体偏好、内容形式、创作者风格等存在差异，不同企业采用的内容营销的形式和载体有所差异。比如直播是一些中国企业广泛应用的内容营销形式，但西方企业还没有普遍接受直播带货。不同企业在使用名人代言进行内

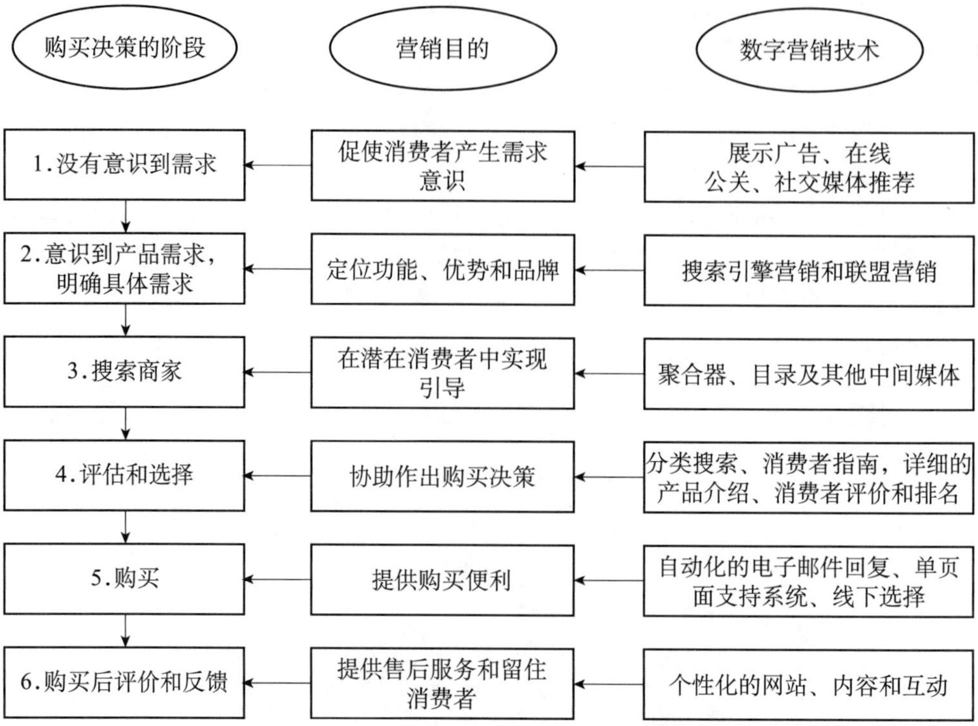

图 6-16　基于消费者决策路径的内容营销

资料来源：戴夫·查菲，菲奥纳·埃利斯-查德威克．数字营销：战略、实施与实践：第 7 版．北京：清华大学出版社，2022.

容营销上存在巨大差异。一些企业使用明星代言是为了扩大品牌知名度，让消费者快速认识品牌和产生一定的信任，这通常在链路模型的早期阶段（A1、A2）使用；一些企业使用明星代言是为了推动产品销售（A4）和提高网络声量（A3、A5）。使用一些新兴的“流量明星”代言是品牌打开其粉丝社群的关键，也是消费者与品牌价值共创的核心连接点①，如欧莱雅、肯德基经常使用新兴的“流量明星”代言，设立购买链接和网络话题，吸引其粉丝购买和宣传。

在传统媒体时代，大量企业选择在 A1 和 A4 阶段干预消费者行为：投放大量电视广告影响消费者心智，再通过店内的购买点广告（POP）和导购引导购买。这一模式随着数字化的全面渗透已经几近瓦解。在新媒体时代，企业更看重在 A2、A3、A5 阶段与消费者建立更紧密的联系。

中国企业的内容营销做得较为精细化，在不同阶段有不同新媒体发挥作用（见图 6-17）。从 5A 模型来看，消费者在行动之前要经历知晓、吸引、问询 3 个阶段，品牌要加深与消费者的关系，就需要不断推进每一阶段的消费者向下一阶段流转，因此企业在不同阶段选择的 KOL 之间需保持一定关联度，根据 5A 模型的不同阶段，结合应用场景、信息深度进行内容营销布局。

---

① 周懿瑾，白玫佳黛．明星代言的价值共创新机制：基于多个粉丝社群的网络民族志研究．外国经济与管理，2021，43（1）：3-22.

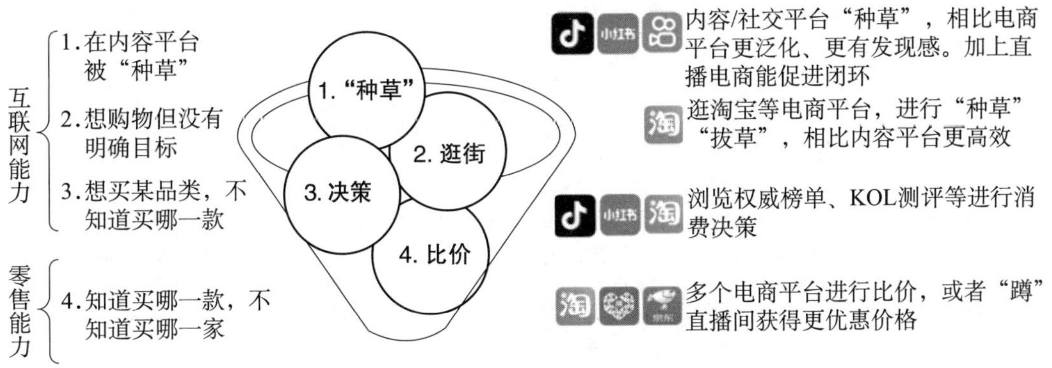

图 6－17　影响消费者决策路径的新媒体

在 A1 知晓阶段，内容重点在于品牌理念；在 A2 吸引阶段，内容重点在于产品优势；在 A3 问询阶段，品牌通常会通过 KOL 产品测评深化信息深度；在 A4 行动阶段，品牌往往通过 KOL 分发营销信息促进消费者购买。这种逐渐深入的认知引导不仅可以推动消费转化，还可以防止消费者接收的营销信息过于分散而导致认知偏差，如图 6－18 所示。

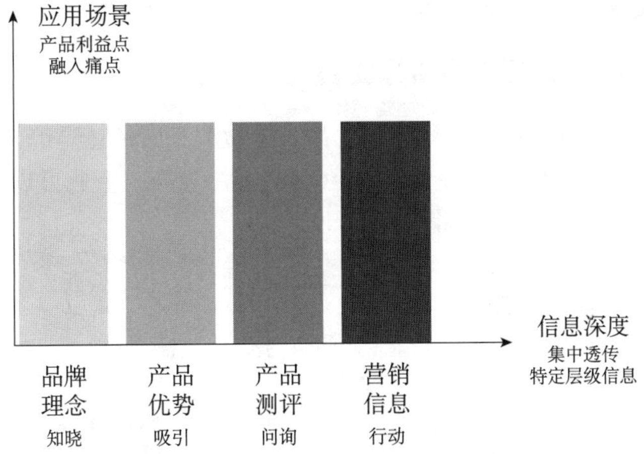

图 6－18　根据 5A 模型布向内容营销

资料来源：巨量引擎。

根据不同的营销目标，企业为处于 5A 模型不同阶段的消费者所提供的内容应当是有差异的、有针对性的。相对于传统营销，内容营销的具体执行更精细化，需要考虑什么时间、什么场景对处在什么阶段的什么消费者展示什么内容。这部分内容在第 5 章已述及，本部分介绍企业如何根据 5A 模型在媒体组合、内容传播工具、社交媒体 KOL 以及流量采买和运营四个方面进行内容布局。

一、根据 5A 模型进行媒体组合

尽管新媒体营销风头正盛，但传统广告投放依然有影响力，尤其是一些传统媒体在某些时刻依然具有强大的覆盖能力和较高的推广效率，是无可取代的营销形式。因此企业在营销时仍需根据消费者在 5A 模型中所处的不同阶段选择媒体平台（见图 6－19）。比如在 A1 和 A2 阶段，传统营销理论和工具依然有效：尽可能通过中心化媒介/时间节点/事件做广泛的传播；尽可能抓住大众的注意力；尽可能在短时间内将品牌核心价值嵌入消费者心智；

等等。这些策略对于产品已经经过市场验证且预算充裕的企业来说，仍是非常好的选择。

图 6-19　根据消费者在 5A 模型中所处的不同阶段选择媒体

在 A2 和 A3 阶段，新媒体平台如微博、微信、抖音、快手、B 站、小红书等更能够发挥作用。而在 A4 阶段，企业需要通过电商平台和线下零售店进行内容投放。在 A5 阶段，企业适合在有影响力的媒体平台与粉丝建立更紧密的关系，并通过微信私域运营进行更有效的顾客关系管理，因此微信平台又成为重要的媒体平台。

二、根据 5A 模型选择内容传播工具

营销人员可以利用的传播工具很多，比如，是做节日营销还是综艺植入，是请 KOL 推广还是做直播带货，是做价格促销还是免费试用，等等。企业可以根据消费者在 5A 模型中所处的阶段来进行选择，如图 6-20 所示。

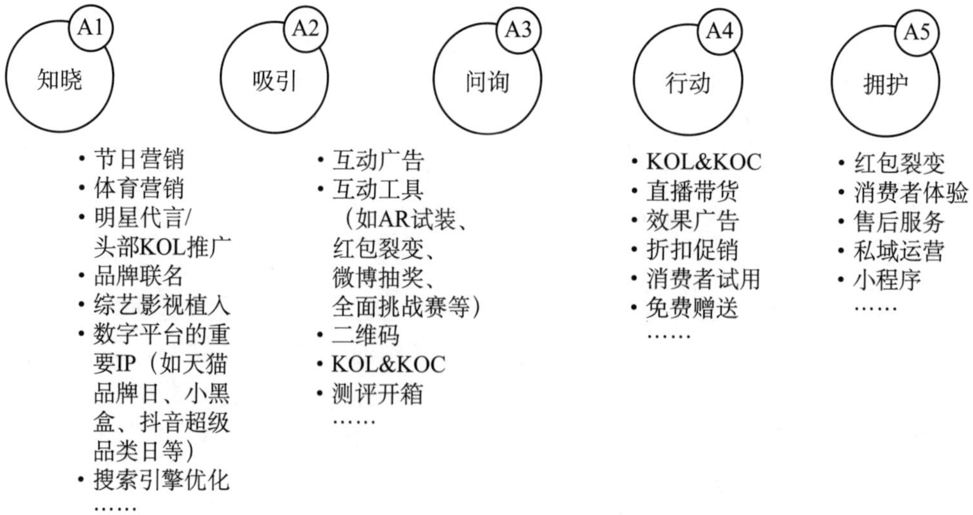

图 6-20　根据消费者在 5A 模型中所处的阶段选择内容传播工具

延伸阅读 6-1　二维码

消费者的触点分散化且购买决策路径迂回，使得品牌需要跨触点、跨场景、多频次、多层次地触达消费者，这样才能够营造出消费者个体的感知舆论氛围，推动消费者注意产品和产生兴趣。根据第三方的数据，消费者在进行消

费决策前所接触的媒介触点平均至少有 20 个，最多可能超过 500 个。[①] 多频次重复触达消费者对于内容营销非常重要，一般来说，多触点的组合投放能使企业的内容投放转化效果得到大幅的提升。例如，“品牌广告＋KOL 种草＋效果广告”这种跨触点、多频次的内容组合投放，相较于单一形式的内容投放，对企业销售转化的拉升效果可以翻倍。企业可以在其主导的所有内容中都附上店铺或产品购买页面的二维码；配合打通营销邮件、提醒短信、购买落地页/各平台的数字店铺以及直播电商等，使每个触点投放的内容之间形成合力，推动消费者在决策路径上前进。

三、根据 5A 模型选择社交媒体 KOL

社交媒体 KOL 是新媒体营销重要的传播和销售中介。品牌需要配比头部、腰部、尾部 KOL 的内容合作以最佳影响消费者心智。KOL 的选择和内容生产同样可以依据 5A 模型，如图 6－21 所示。品牌如果想要更多的曝光，则使用头部 KOL，中腰部 KOL 在 A2/A3/A4 阶段更能发挥作用。

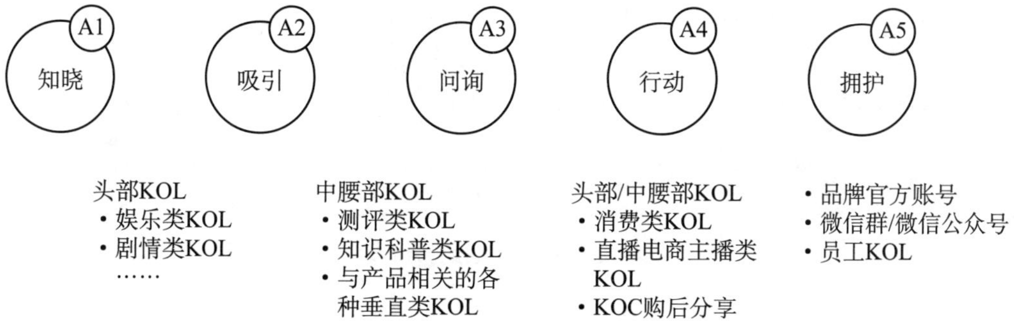

图 6－21　依据 5A 模型选择 KOL

在 KOL 的内容布局方面，以美妆品牌为例，社交媒体 KOL 的短视频或图文往往可以根据 5A 模型的不同阶段，从信息深度、场景、消费者需求痛点三个维度考虑制作内容，逐渐引导消费者形成较为深入的认知和促进行动（见图 6－22）。比如，在 A1 阶段，KOL 可以从品牌理念切入，对产品优势进行一个简单的介绍；在 A3 阶段，KOL 可能从日常护肤的场景出发，分析产品成分如何解决消费者需求痛点等。图 6－23 也呈现了某品牌蛋黄酥与不同 KOL 合作内容的主要目标。

四、根据 5A 模型进行流量采买和运营

流量采买，也称为流量投放，是新媒体营销的必修课。流量采买是通过购买数字平台的广告投放产品（如淘宝的直通车、千川平台等），获得付费流量，让自己的产品、短视频或直播间获得更多曝光，以影响消费者的决策。每个平台都有自己的流量采买工具，甚至会有多个流量采买工具，每个工具都有其特征和适用范围。因此企业需要付出一定的探索成本才能找到适合品牌的流量采买工具。优秀的流量采买人员需要从大量投放中积累经验。

通常来说，品牌可以把已有用户人群作为种子人群，根据对种子人群购买行为、兴

① 2022 引擎大会全场回顾，巨量引擎发布全量增长方案 . https：//zhuanlan. zhihu. com/p/454163040.

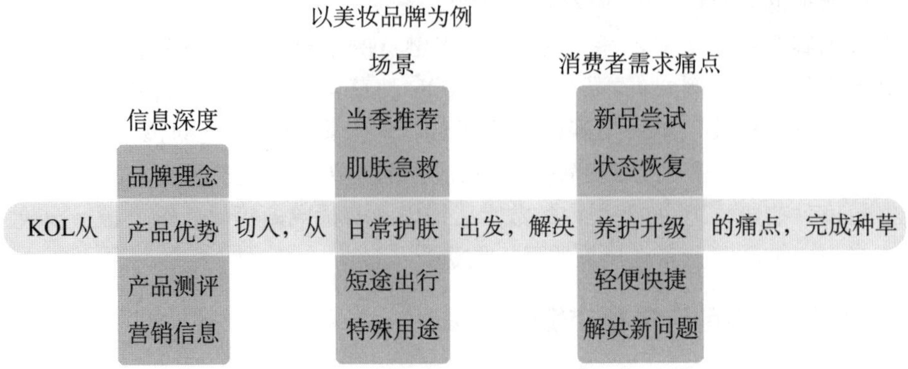

图 6-22　结合信息深度、场景和消费者需求痛点三个维度布局内容

资料来源：巨量引擎，巨量星图星智投营销通案，2021.

图 6-23　与社交媒体 KOL 合作内容示例

资料来源：巨量引擎，巨量星图星智投营销通案，2021.

趣场景、内容浏览习惯、品牌偏好等维度的分析来明确目标人群和拓展人群的标签，从而在购买付费流量时能够兼顾匹配性和拓展性。此外，竞品人群、替代品人群、行业人群的数据可以作为流量采买的参考，帮助营销人员确认投放标签的优先级。

企业要明确品牌流量采买要解决的问题：是人群拓展，加深和潜在消费者的互动，还是促进 A2 人群和 A3 人群的销售转化。不同的品牌起点不同，流量采买的方法也可能有差异。流量采买需要根据消费者决策路径不断推进和循环。流量采买之后，企业则需要根据数据反馈不断优化和沉淀数据，为下一次流量采买积累标签和经验。总体来说，企业需要根据品牌的现状和目标，以及目标消费者所处的阶段来设置流量采买的起点，尽可能形成良性循环。

案例分析

讲道理不如讲故事——如何用戏剧创作的经典故事模型做好品牌营销

品牌故事（brand storytelling）是指一个包含品牌理念、历史、愿景、使命和价值观的叙事体，它以一种引人入胜的方式描述品牌的发展历程和独特性（Signorelli，2018）。品牌故事可以有效地与消费者进行情感连接，建立品牌认同感和忠诚度（Woodside，2010）。在过去的几十年中，随着社交媒体和数字化的发展，品牌故事变得越来越重要。现代消费者对于品牌的期待已经超越了产品，他们更加关注品牌的意义、价值观和背后的故事（Escalas & Stern，2003）。

品牌故事有多种类型，常见的类型主要有以下三种。

● 创业故事。创业故事讲述品牌的诞生和发展历程，以及创始人的理念和品牌的使命。例如，褚橙讲述了创始人不凡的创业经历，让品牌和这种励志精神融为一体，使品牌得到了升华。

● 产品故事。产品故事聚焦品牌的产品或服务，讲述产品或服务如何改变消费者的生活。例如，耐克讲述了消费者使用耐克产品不断突破自我的故事，并用“Just do it”广告语引起共鸣。

● 消费者故事。消费者故事讲述消费者如何使用品牌的产品或服务，以及这些产品或服务如何改变他们的生活。例如，运动相机品牌GoPro将消费者使用其产品拍摄的精彩生活片段作为营销内容。

打造一个有影响力的品牌故事需要以下几个步骤：

(1) 确定品牌的核心价值观。品牌的核心价值观是品牌故事的基础，它决定了品牌的定位和品牌想要传达的信息（Kapferer，2012）。

(2) 了解目标受众。成功的品牌故事需要根据目标受众的需求和兴趣来讲述。了解受众的文化背景、兴趣和需求可以帮助品牌打造更有吸引力的故事（Delgado-Ballester & Fernández Sabiote，2016）。

(3) 创造引人入胜的情节。品牌故事需要有引人入胜的情节，可以是关于创始人的奋斗历程，也可以是关于产品如何改变世界的故事（McKee & Fryer，2003）。

(4) 保持一致性。品牌故事需要在所有的品牌触点上保持一致性，包括广告、社交媒体、网站和实体店等。一致的品牌故事可以提高品牌的识别度和影响力（Aaker，2012）。

(5) 引发情感共鸣。好的品牌故事能够引发消费者的情感共鸣，无论是快乐、激动，还是悲伤、怀旧等情绪。情感共鸣可以加深消费者对品牌的记忆和喜爱（Bagozzi，Gopinath & Nyer，1999）。

然而，大多数企业讲述的并不是真正的品牌故事，提供的只是平淡的品牌介绍。消费者期待的品牌故事应该有栩栩如生的英雄人物、跌宕起伏的剧情、扣人心弦的情节、令人意外和拍案叫绝的结局。这和戏剧创作有着异曲同工之处，品牌可以借鉴戏剧创作中归纳的经典故事模型讲好自己的品牌故事。

戏剧创作领域有几个经典故事模型：三幕结构、英雄之旅、女英雄的旅程、七点式结构与弗赖塔格金字塔。

(1) 三幕结构。三幕结构是一种很常见且极具影响力的故事模型，被广泛应用于电影、电视剧、小说和戏剧等各种形式的叙事中。这个模型将一个故事大致分为三个主要的部分或“幕”。之宝（Zippo）打火机的品牌故事就是典型的三幕结构（见表6-1）。

表6-1 之宝品牌故事的三幕结构

三幕结构组成	说明	之宝品牌故事
第一幕“设定”	故事的开头部分，主要是介绍人物、设置主要的冲突或问题。通常在结束时有一个转折点，推动故事进入第二幕。	1932年，主角乔治·布雷斯代（George Blaisdell）与朋友在乡村俱乐部闲聊，朋友用一个廉价打火机点烟，并说它实用。布雷斯代受到启发，拿下了这种廉价打火机的分销权，但生意不尽如人意。

续表

三幕结构组成	说明	之宝品牌故事
第二幕“对抗”	故事的中间部分，主角开始尝试解决问题，但遇到各种难题和挑战。在这一幕，故事的冲突通常会变得更加复杂，主角的情况可能会变得更加艰难。第二幕通常占据故事的较大篇幅，并在其结束时达到高潮。	面对惨淡的销售额，布雷斯代并未气馁，他尝试设计了一个结构简单、不受气压和低温影响的打火机，并受当时另一个伟大的发明——拉链（zipper）的启发，以“实用”为宗旨而给这款打火机起名为“Zippo”。
第三幕“解决”	故事的结尾部分，主角最终解决了问题，解决了故事的主要冲突。在这一幕，故事的所有主要线索和问题通常都会得到解决，给观众或读者一个满意的结局。	经过漫长的等待，之宝成功地获得了美国政府的专利权，乔治·布雷斯代对它的原始结构进行重新设计与改进，创造出耐用、防风、简洁美观、实用的打火机。

三幕结构提供了一个清晰、有组织的框架来打造故事。按照这个框架来设计故事的各个部分，有助于保证故事的节奏和流动性。不过，也有人认为这个模型过于刻板和公式化，可能限制故事的创新和多样性。

（2）英雄之旅。英雄之旅是约瑟夫·坎贝尔（Joseph Campbell）在他的著作《千面英雄》（*The Hero with a Thousand Faces*）中提出的一个故事模型，它在电影、小说、电视剧和其他故事叙述形式中有广泛的应用。

这个模型描述了许多神话和故事中的英雄都会经历的一次基本旅程或冒险。“英雄之旅”划分为12个阶段：平凡世界—冒险的召唤—拒绝召唤—遇见导师—跨越第一道门槛—试炼、盟友、敌人—进逼深层洞穴—严酷的考验—获得奖赏—回归—重生—满载而归，如图6－24所示。

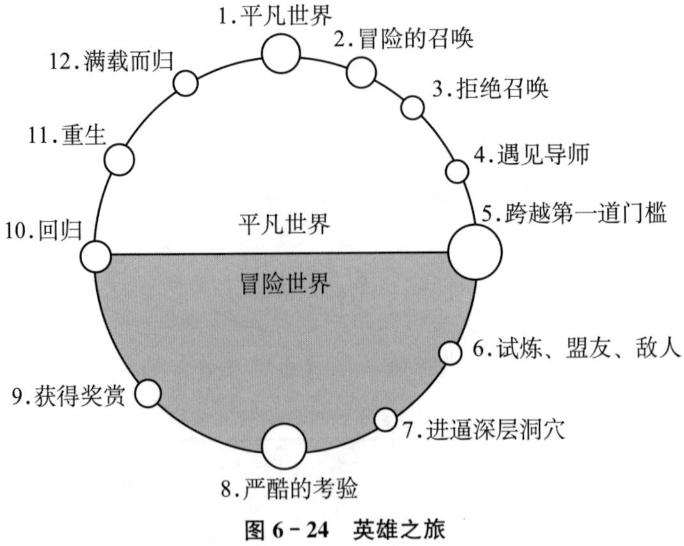

图6－24　英雄之旅

英雄之旅模型提供了一个基本的故事结构，但每个故事的具体细节和发展都会有所不同，创作者可以在这个基本结构的框架下，根据自己的故事需要和创作意图来进行调整。

添柏岚（Timberland）的品牌故事就采用了“英雄之旅”的故事模型，将“大黄靴”拟人化进行品牌故事讲述。虽然强调产品，但没有淡化人的属性，它的品牌故事就是消费者穿着添柏岚鞋子“跨出别人指定的路线，到达别人到不了的地方”“走向现实，走向高不可攀的山巅、走向遥不可及的溪谷、走向自由、走向爱”的英雄之旅。如广告中极具代表性的文案：“我走的时候叫 Timberland，回来时才叫踢不烂”，消费者就是英雄主角，在冒险的过程中获得了内在的成长。

此外，褚橙的品牌故事、罗永浩的个人故事都属于典型的英雄之旅的叙事结构，也获得了大量消费者的共鸣。

（3）女英雄的旅程。虽然“英雄之旅”模型被广泛应用，但它也受到了一些批评。例如，有人批评这个模型过于男性中心，而忽视了女性的视角和经验。茉琳·莫德克（Maureen Murdock）针对这一问题，在其著作《女英雄的旅程》（*The Heroine's Journey*）中提出了一个从女性视角出发的故事模型，如图6-25所示。故事的主角是女性，她的旅程主要涉及从社会期望的角色中自我解放，寻求自我独立，并和自己的女性身份重新建立联系。SK-Ⅱ以“改变女性命运”为核心主题的品牌故事视频往往遵循这一模型。

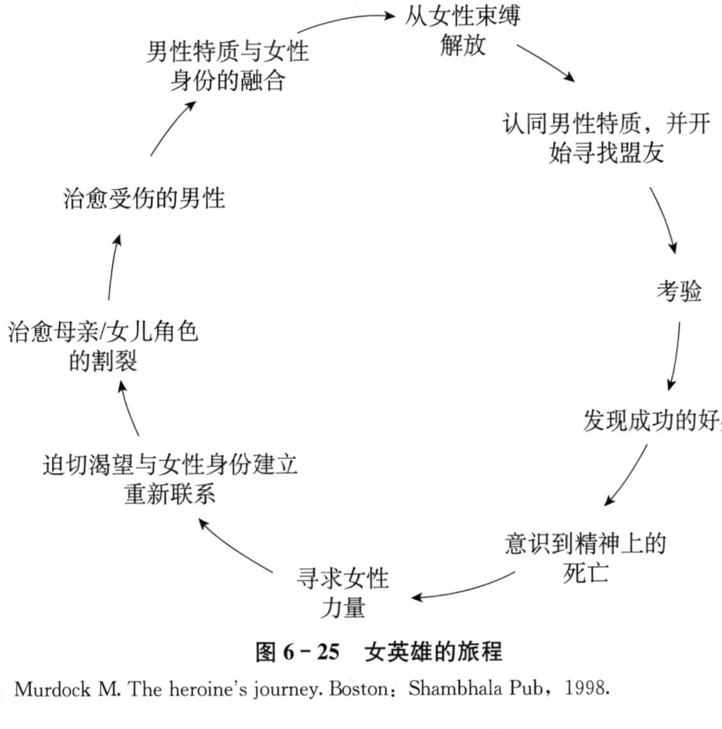

图6-25 女英雄的旅程

资料来源：Murdock M. The heroine's journey. Boston：Shambhala Pub，1998.

这种从自我不认同走向自我认同的故事，会带来情感上的共鸣。联合利华的多芬在2013年创作了“真美素描”故事短片，目的在于使女性认可自己的自然美。这个在营销传播历史上很有影响力的短片采用的就是女英雄的旅程故事模式，如图6-26所示。

除此之外，源自知名的科幻和恐怖小说作家丹·威尔斯（Dan Wells）的七点式结构以及19世纪德国剧作家古斯塔夫·弗赖塔格（Gustav Freytag）的弗赖塔格金字塔模型也是广泛应用的故事模型。美国著名编剧克雷格·麦辛（Craig Mazin）也分享过他的故事创作技巧：相对于故事情节，他更关注人物，他认为一个好的故事是关于人如何因为

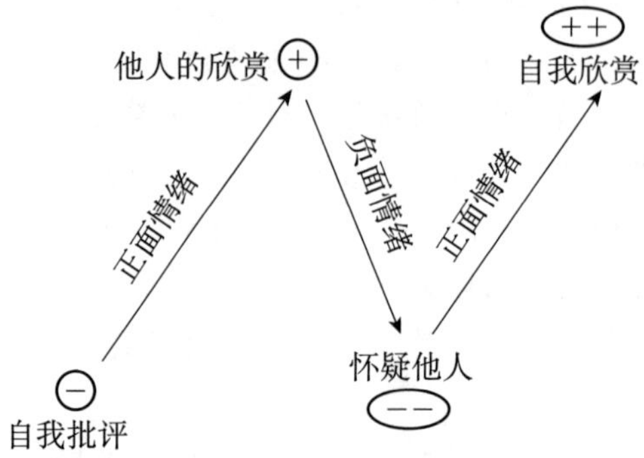

图 6－26　多芬“真美素描”的情感动态轨迹

资料来源：罗伯特·麦基，托马斯·格雷斯．故事经济学．天津：天津人民出版社，2018.

经历而改变的。

在企业越来越“媒体化”的今天，这些源自内容创作领域的经验能够为品牌内容营销提供重要借鉴。

资料来源：Aaker D A. Building strong brands. New York：Simon & Schuster，2012；Bagozzi R P，Gopinath M，Nyer P U. The role of emotions in marketing. Journal of the Academy of Marketing Science，1999，27（2）：184－206；Bucher J. Storytelling for virtual reality：methods and principles for crafting immersive narratives. New York：Routledge，2017；Delgado-Ballester E，Fernández-Sabiote E. “Once upon a brand”：storytelling practices by Spanish brands. Spanish Journal of Marketing-ESIC，2016，20（2）：115－131；Escalas J E，Stern B B. Sympathy and empathy：emotional responses to advertising dramas. Journal of Consumer Research，2003，29（4）：566－578；Kapferer J N. The new strategic brand management：advanced insights and strategic thinking. London：Kogan Page，2012；McKee R，Fryer B. Storytelling that moves people. Harvard Business Review，2003，81（6）：51－55；Woodside A. Brand-consumer storytelling theory and research：introduction to a Psychology & Marketing special issue. Psychology & Marketing，2010，27（6）：531－540；品牌 30 讲之 12 ｜ 品牌故事．（2022－09－26）．https：//mp. weixin. qq. com/s/SEyGCZ9GSMRTswhYzSTPzQ；藏锋．品牌故事｜到底该怎么写？．（2021－05－06）．https：//mp. weixin. qq. com/s/zaqw9erL5hYWxWf-EDqyMw；罗伯特·麦基，托马斯·格雷斯．故事经济学．天津：天津人民出版社，2018.

// 基本概念 //

内容营销	BGC	PGC	UGC
联合评估	单独评估	补偿性决策规则	非补偿性决策规则
认知闭合需求	品牌故事	IP 联名	热点
流量采买			

// 讨论题 //

1. 结合自身的经历探讨内容对消费者行为的影响，你是如何知道一个品牌，以及在何时决定购买的？
2. 以图书/影视或其他具体品类/行业为例，分析如何通过内容进行传播和销售。
   （参考答案：不同行业的消费者聚集地可能有差异，比如图书营销需要重视豆瓣，而电影宣发需要注重抖音和微博。在内容上需要适应平台和用户的差异，制作内容、选择平台 KOL 来进行推广活动。内容的生产一样要遵循营销的差异化顾客价值的理念，比如《孤注一掷》的内容宣发，前期在抖音上测试了大量的内容方向，最终发现以

"多一个人看片，少一个人被骗"为主题更能引起平台受众的共鸣和引发购票行为，促销活动也主要面向下沉市场进行传播和销售。而《封神》的早期内容宣发方向为消费者所不喜，传播渠道也较为陈旧，反应迟钝，引发大量不满，后期依靠 UGC 得到广泛传播才挽救了票房。）

3. 你觉得椰树直播间的营销是成功的还是失败的？如何评价？

（参考答案：椰树直播间更多在 A2 阶段更新了品牌形象，让品牌褪去老旧的标签，带上了"年轻""土潮"等标签，品牌和消费者之间形成互动和情感呼应，扩大了 A3 人群的规模。但如果从销量的角度来看，直播间并没有直接指向产品销售。）

// 第 7 章 //

品牌生成内容：生产和传播

在传统媒体时代，企业采购广告的能力是进行营销的关键，获得高性价比的媒介资源能提高营销成功的可能性。因此，在电视媒体时代，企业激烈竞争黄金时段的广告位，以实现良好的营销成绩。随着创意时代的来临，大创意成了营销部门的重要关注点。在社交媒体时代，热点持续时间很短，企业营销成功的关键是打造完整的内容生成能力和体系，吸引社交媒体上的注意力。

品牌生成内容（BGC）传递品牌/产品的正确价值，是品牌内容营销的重心。但品牌在输出 BGC 时不能过于主观，应始终坚持以目标消费者为核心，基于消费者偏好进行内容的生产制作，提升和消费者的沟通效率。一些企业拥有自己的新媒体部门，在抖音、微信、微博等数字平台开设企业的官方自媒体账号，投入不菲，但其内容的阅读量和传播度仍然非常低。这是因为大部分内容对于消费者来说没有价值，仅仅是企业单方面想要传播的信息，如董事长讲话、新产品上市、生产线革新等。企业的一个误区是 BGC 就是产品介绍，比如对于酒类产品，企业往往生成生产工艺、原料等内容，但消费者未必关心这些内容，他们可能更关心产品能否满足自己的需求，比如一个牌子的酒是否好喝。

内容营销更强调内容的产品化，即设计出本身就能给消费者带来价值的品牌相关内容，以至于他们不会回避甚至主动接受这些营销内容和产品/品牌。内容营销首先强调不破坏消费者体验，甚至注重融入或提升消费者体验，进一步地做到影响消费者认知、促进销售转化和推动自发传播。内容营销对企业的营销能力提出了更高的要求，是企业新媒体营销的关键。

虽然在新媒体时代，不是所有关于品牌的内容都是由品牌生产的，但品牌必须成为内容的主要生产者，并基于品牌战略把控内容的方向。聆听消费者的声音或网络舆论当然非常重要，品牌需要随时根据消费者的反馈进行一定的内容调整，但这种调整是有选择性的，品牌需要对自身有清醒的认知，坚定 BGC 的核心，并影响和引导 PGC 及 UGC 的方向。

本章介绍 BGC 的生产和传播，第 1 节和第 2 节探讨如何基于品类的差异设计 BGC 以及 BGC 的生产流程，第 3 节和第 4 节讨论 BGC 传播的相关内容。

第 1 节　BGC 与广告的关系

BGC 的概念多源于新媒体，它涉及品牌直接创造和分享的内容，目标是吸引消费者、促进消费者参与和保留消费者。BGC 有多种形式，如博客文章、社交媒体帖子、视频、播客、图表等。BGC 通常不是关于产品或服务的直接推广，而是更有价值、教育意义或娱乐性的信息，以便与消费者建立长期关系。①

一、传统广告和 BGC 的对比

广告的历史可以追溯到几千年前，最早的形式可能是古罗马和古希腊的墙壁涂鸦广告。然而直到 19 世纪工业革命时期，新兴的大规模生产企业需要找到一种方式来大规模推广产品，现代广告才开始兴起。② 随着 20 世纪电视和广播的兴起，广告进一步发展，企业可以将它们的信息传达给更广泛的受众。为了便于理解和区分，本部分将传统媒体时代的广告称为传统广告。

传统广告旨在通过各种媒体渠道（如电视、广播、报纸、杂志、户外广告等）向广大受众推广产品或服务，通常由品牌或广告代理机构创作，并采用直接的方式传达品牌的信息，以吸引潜在的消费者并促进销售。③

从概念上来看，BGC 和传统广告有一定的重叠，但二者并不相同，它们也在许多方面存在差异。

1. 传统广告和 BGC 的相同之处

传统广告和 BGC 在以下方面具有相同之处。

（1）最终目标。二者的最终目标都是建立强大的品牌形象，吸引消费者，影响消费者的认知和感受，促进销售并保留消费者。

（2）目标受众洞察。无论是传统广告还是 BGC 的创作，都需要对目标受众有深入的洞察，包括他们的需求、喜好、行为模式、消费习惯等，这些洞察是制定有效的广告或内容营销策略的基础。洞察是指发现内在的内容或意义，强调把握内在本质、原委。传统广告和 BCG 中需要洞察的信息，通常是与消费者生活以及产品/品牌/品类有关的一些不易被察觉的真相，比如未被采用过的思考角度、未被满足的需求、未说出的心声、未被关注的感受、未被实现的期望等。洞察通常来自两个“缝隙”（gap）：一是事情真相与人们的认知之间的缝隙——人们没有意识到事情真相或本质；二是来自人们的认知与表达之间的缝隙——人们有感受和认知，但表达不够准确。④

---

① Pulizzi J. The rise of storytelling as the new marketing. Publishing Research Quarterly，2012，28（2）：116 - 123.

② Presbrey F. The history and development of advertising. New York：Doubleday，1929.

③ Tellis G J. Effective advertising：understanding when，how，and why advertising works. London：Sage Publications，2003.

④ 东东枪．文案的基本修养．北京：中信出版集团，2019.

案例 7-1

真相与认知之间的缝隙：奥妙“dirt is good”（脏是好的）

奥妙的全球品牌文本“dirt is good”（脏是好的），是在广告行业内公认具有“目标受众洞察”的经典案例。

对于洗衣粉、洗衣液这类洗涤用品，核心消费者是父母，他们经常为孩子的脏衣服而感到头疼。但孩子在成长探索过程中弄脏衣服是不可避免的。于是奥妙打出广告：脏是好的。让孩子尽情去玩耍，大胆地去探索世界，衣服脏了有奥妙。

在奥妙非常经典的一则电视广告中，一群孩子穿好运动服准备去户外打排球，出门却发现大雪纷飞，球场已被厚厚的积雪覆盖。但他们没有放弃，而是一起将球场清理干净，然后在泥泞的球场上开心地打排球。虽然他们的运动服被弄脏了，但他们收获了欢乐和成长。

而在奥妙投放的另一则微信朋友圈广告中，一个衣着干净的小男孩远远看着三个“小泥猴”在大树下玩泥巴，带着一脸的羡慕和落寞。广告文案是“也许，这是一个最遗憾的童年……”奥妙也使用广告语倡导让孩子“释放玩耍天性”，来表明“脏是好的”。

此外，奥妙还有一则宣扬品牌价值观的电视广告。广告中展示了很多新生儿出生时的场景，每个婴儿出生时身上都是脏的。广告最后，奥妙说出：“No one comes into this world perfectly clean.”（没有人是干干净净来到这个世上的。）所以，脏是好的。

奥妙通过这些广告传达了品牌的核心文本和品牌价值观。它的洞察来源于真相与认知之间的缝隙，即“脏”对于孩子的成长来说是正面的、积极的，而不是有害的。奥妙的洞察倡导的是一种生活方式和教育理念。

好的洞察有时候是非常自然和生活化的，是不需要花哨修辞的。比如舒肤佳的“洗手吃饭”，就将“洗手”自然而然地与一个饱含情感和仪式感的生活场景“吃饭”结合在一起，使得舒肤佳在消费者生活场景中找到了位置，在培养消费者行为习惯的同时强化了品牌理念。飞鹤的“更适合中国宝宝体质的奶粉”，农夫山泉的“有点甜”“大自然的搬运工”等广告，都是基于质朴但有效的目标受众洞察。

资料来源：东东枪．文案的基本修养．北京：中信出版集团，2019；大数据时代，洞察已死？.https：//www.xiaoyuzhoufm.com/episode/63e0c9470d7e8eaa7208c5b9?s=eyJ1IjogIjYwYTliNzg3ZTBmNWU3MjNiYmMxNzhhMSJ9.

案例 7-2　认知与表达之间的缝隙：SK-Ⅱ《她最后去了相亲角》

（3）创新和创意。在传统广告和 BGC 中，创新和创意都是极为重要的。这包括寻找新颖的方法来吸引和保留消费者，如设计独特的视觉元素、创作引人入胜的故事。

（4）文案写作。良好的文案写作技巧在传统广告和 BGC 中都是必要的。无论是制作广告标语、撰写博客文章，还是编辑社交媒体帖子、回复消费者，都需要清晰、有吸引力、有说服力的表达，并在其中融入品牌的信息。

（5）效果衡量和优化。无论是传统广告还是 BGC，都需要衡量其效果，然后根据反馈进行优化。这可能涉及分析各种关键绩效指标（key performance index，KPI），如参与度、点击率、转化率等。

新媒体虽然带来了大量的内容空间、新颖的广告形态和样式，但内容创作的基本原理是相通的。无论是传统广告还是 BGC，都依赖于对目标受众的深入理解，需要创意以及引人入胜的文案。在 BGC 的生产中，尤其是在消费者洞察、内容生产流程以及文案写作等方面，许多传统广告和传播的基础理论依然适用。

在可预见的未来，能承载传播目标的创意内容会越来越重要。即便需求、媒介、消费者以及内容生产的工作模式和整个行业都在发生变化，传播策略、创意内容的产出能力仍然是不可或缺的。

不容忽视的是，新媒体时代也出现了新的载体和变化，例如，对内容形式的多样化需求、对洞察的细分、内容的产品化、强调充分利用新媒体技术、重视顾客参与，以及数据在决策中的关键作用越来越突出等。这些都需要企业在 BGC 生产过程中特别关注。

2. 传统广告和 BGC 的不同之处

随着互联网和社交媒体的普及，消费者不再满足于被动接受广告信息，他们可能通过技术屏蔽广告，也可能期望与品牌进行更深层次的互动，甚至可能期望自己能够影响品牌，单向的传统广告并不能满足这些新诉求。这就使得内容营销成为一种重要的营销策略。而互联网为品牌提供了直接创作和分享内容的机会，使 BGC 成为内容营销的重要工具。

虽然传统广告和 BGC 都是为了实现相同的最终目标，但实现的方式有所不同。这种不同不仅仅表现在使用的媒体上，还具体表现在以下方面。

（1）表达空间。传统广告的表达空间和时间都有限，需要在有限的空间（如一张海报、1/4 杂志版面等）和时间（如 7.5 秒、15 秒等）内传达产品或品牌的核心价值，因此广告通常与产品或品牌的核心价值直接相关。相较之下，在新媒体时代，数字社会的时空理论上可以无限延展，消费者处于数字化生存的状态，接触的数字平台异常丰富，这使得 BGC 的数量、长度、场景、形式发生了重大变化。比如，品牌在直播时可以花费 3～5 分钟介绍一个产品，需要准备较丰富的内容而不像传统广告一样只展示简短的广告词；BGC 往往嵌入消费者观看的短视频的信息流，以免被消费者回避。因此 BGC 未必与产品或品牌有很强的相关性，可能融入数字社会的触点，潜移默化影响消费者的认知。

（2）创意内容生产的商业模式。传统广告主要服务于企业需求，由广告代理机构生产和投放，本质上是一个 B2B 的商业模式。而 BGC 的生产者往往直接面向消费者，即 DTC 的商业模式，消费者对内容的接受程度会直接反馈给 BGC 生产者。

（3）互动性。传统广告通常是单向传播，而 BGC 更强调互动性。在新媒体时代，消费者可以直接对 BGC 作出回应，如通过评论、点赞、转发等方式。这种互动性让品牌可以更好地了解和满足其目标受众。此外，消费者作为传播网络的节点，拥有传播话语权。BGC 如果不能够与消费者建立互动、形成共振，就很难有放大效应。因此企业在生产 BGC 时，需要考虑目标受众的互动动机、传播动机，并给予一定的引导。

（4）个性化。由于新媒体时代数据的可获得性大大提高，BGC 可以根据目标受众的具体特征、需求和行为来定制内容，内容的分发也能够更加个性化、精准化，从而更能吸引和促进消费者参与。相比之下，传统广告通常更加统一和标准化。

（5）内容创作参与方。传统广告的内容通常由市场部门人员或专业的广告人员创作。

而 BGC 的创作可能涉及更广泛的参与方，例如，可能由数据分析师分析目标受众的需求，由内容生产者撰写文章或制作视频，由社交媒体部门发布和推广内容，以及由企业的技术工程师回答专业问题等。

（6）成本。传统广告通常需要较高的前期成本，如汽车电视广告的拍摄成本可能需要几百万元，广告媒介投放的成本甚至更高。而 BGC 的生产成本较低，如一条抖音短视频的生产成本可以低至几千元，对于企业来说门槛较低。虽然 BGC 进行流量推广的成本往往远超内容生产成本，但这部分成本具有一定的灵活性，门槛也不高。不过，BGC 需要更长期和更持续的投入，内容的更新频率比传统广告更高，因为品牌需要在社交媒体上保持内容敏锐度和丰沛度以提高品牌可见性。

（7）效果衡量。传统广告的效果通常比较难以衡量，除非进行特定的跟踪研究。而 BGC 的效果可以更直接和精确地衡量，如通过查看点击率、参与度、分享数、评论数等指标。因此，品牌可以更好地了解 BGC 的效果，并根据反馈进行优化。这虽然提高了营销传播的效率，但过度追求数据“好看”也带来了一些缺陷，比如重视短期销售效益而忽略长期品牌投资。

（8）信任度。由于 BGC 更注重提供有价值的内容，而不仅仅是推销产品，消费者可能会对 BGC 的内容产生更高的信任度。相比之下，消费者可能对传统广告保持一定的怀疑态度。

（9）目标受众的角色。在面对传统广告时，消费者通常是被动的接受者。而在面对 BGC 时，消费者的角色更加积极。他们可以参与内容的创作和分享，例如，通过生产 UGC 或者在社交媒体平台上评论和分享来参与品牌对话。

二、 BGC 设计的影响因素

传统媒体的广告理念和新媒体的内容理念交织在一起，让营销人员难以适应。重复性的告知广告是否还有效？是品牌广告有效还是 KOL 传播有效？营销沟通的重点是否应该放在口碑内容上？做有趣、有态度的品牌内容是不是新媒体营销的标配？……

企业在思考 BGC 设计的整体策略时，应该根据品类差异、消费者差异和传播目标差异来进行大方向上的取舍。下面介绍三个思考视角。

1. 影响力组合模型

伊塔玛·西蒙森（Itamar Simonson）和伊曼纽尔·罗森（Emanuel Rosen）于 2014 年提出了影响力组合模型，如图 7－1 所示，探讨口碑与传统营销力量对消费者购买决策的影响。

他们认为，影响消费者购买决策的因素有三个。

（1）消费者固有的喜好、观念和经验（prior preferences，beliefs and experiences，简称 P）。即自我影响，自我影响来自消费者自身，来自过去与品牌的互动和体验、品牌的个人评价、品牌的个人偏好。

（2）商家的营销活动（marketers，简称 M）。品牌通过广告和其他营销手段有目的地进行的活动，也可能是销售人员或客服人员与消费者的互动。这一因素是品牌可以管控的，信息内容、媒体选择和促销频率等都是可以计划的。尽管消费者反馈很大程度上取决于消费者体验的好坏，但整体的消费者触点还是品牌可设计和可影响的。

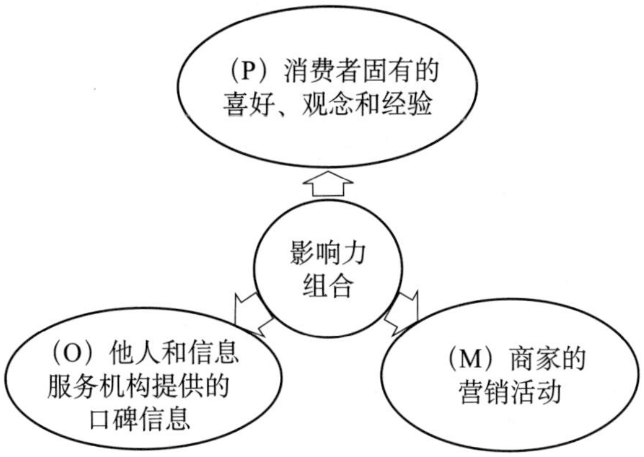

图 7-1　影响力组合模型

资料来源：伊塔玛·西蒙森，伊曼纽尔·罗森．社交媒体颠覆“妥协效应”．(2014-01-07)．https：//www.hbr-caijing.com/#/article/detail？id=476060.

(3) 他人和信息服务机构提供的口碑信息（other people，简称 O)。他人的影响通常是指亲友圈子及消费者所在的更大的网络社群对产品的口碑。例如，消费者可能受到社交媒体上信息的影响，或者被豆瓣或大众点评上的评分影响。在这一因素中，不同群体影响力不同。年轻人、女性和网民通常影响力较强，他们带来的影响往往是消费者最终购买的决定性因素。品牌难以把控他人影响的产出方向，但可以诉诸社群营销，企业虽然无法直接控制社群内的对话，但可以在忠实消费者或 KOL 的帮助下间接改变对话。

上述三个因素构成产品或品牌的影响力，三者之间是一种零和博弈的关系：消费者对其中一个因素的依赖性越强，对其他两个因素的依赖性则越弱。比如购买油盐酱醋时，P 可能是最重要的影响因素；而购买零食饮料时，M 可能是最重要的影响因素。

消费者通常会受到三个因素的影响，尽管影响程度可能各不相同。有的消费者好恶分明，不容易受到广告（M）或者朋友推荐（O）的影响；有的消费者十分依赖他人推荐(O)；而有的消费者则更愿意相信广告（M)。比如相比于自我影响（P）和营销活动(M)，今天的消费者更依赖于他人影响（O)。根据麦肯锡咨询公司发布的《洞悉中国消费者：全球增长引擎》，线上评论（如淘宝、小红书的产品体验）以及亲朋好友在社交媒体上的评论，是影响中国消费者的重要信息源，超 3/4 的受访者表示线上评论是影响其购买决策的重要因素。[①] 艾媒咨询的数据也显示，超六成中国消费者会受 KOL/达人/博主的测评视频以及带货推广影响而被“种草”商品。[②]

消费者购买经验也会决定上述三个因素的影响程度。第一次买某类产品的消费者通常会完成 5A 模型的全部阶段，且极大地依赖外界影响（M)，此时企业的营销沟通就非

---

① 麦肯锡中国消费者特刊 | 中国 Z 世代初长成，如何俘获他们的心？．(2020-11-26)．https：//www.mckinsey.com.cn/%e9%ba%a6%e8%82%af%e9%94%a1%e4%b8%ad%e5%9b%bd%e6%b6%88%e8%b4%b9%e8%80%85%e7%89%b9%e5%88%8a-%e4%b8%ad%e5%9b%bdz%e4%b8%96%e4%bb%a3%e5%88%9d%e9%95%bf%e6%88%90%ef%bc%8c%e5%a6%82%e4%bd%95%e4%bf%98/.

② 新经济行业数据：超六成消费者受 KOL/达人/博主影响种草商品．(2022-03-24)．https：//www.iimedia.cn/c1061/84299.html .

常重要，因为这些消费者往往会购买品牌提及率最高的产品。在购买几次后，消费者的经验更丰富，可能跳过吸引阶段或者更换品牌，此时一些 KOL 的内容、亲友的建议（O）可能起到较大作用。最有经验的消费者通常有很强的自我偏好（P），一旦找到自己喜欢的品牌，就会一直选择这个品牌，直到这个品牌令他们不满意。

影响力组合模型是营销人员优化营销策略的有效工具，如果能明确这三个因素的作用情况，营销人员就能确定工作的重点。当营销活动（M）因素最重要时，企业营销的重点就在广告投放、流量采买、互动/事件活动、促销优惠等上；而当他人影响（O）最重要时，营销可能更依赖于 KOL 推广、内容“种草”、社群营销等手段；当自我影响（P）最重要时，营销则应该致力于提供良好的全链路体验，比如加强渠道铺货以便于消费者购买，或改善售后服务体验等。

2. 介入度与 BGC 设计

影响力组合模型决定了企业是否应该将 BGC 作为营销活动的重点，而消费者介入度则决定了 BGC 设计的整体策略。

介入度（involvement）可以定义为“一个人基于内在需要、价值观和兴趣而感知到的与课题的关联性”。它影响消费者在搜索、处理商品相关信息时所愿意花费的时间和消费者有意识地处理商品相关信息和广告时所愿意花费的精力，它决定消费者遴选信息类别和作出购买决策的过程。对于介入度低的产品，消费者通常根据惯性购买，品牌忠诚度低，容易受到广告、促销、第三人推荐等因素的影响转换品牌；对于介入度高的产品，消费者通常会在意情感价值，品牌忠诚度也较高。

企业应该努力提升介入度，这样才能够更好地进行营销沟通。企业可以考虑以下三种形式的介入。[①]

（1）产品介入。消费者关注或愿意了解产品的生产或制造等关于产品的信息，比如消费者会对手机/美妆/时尚等产品的产品属性/技术/使用等方面进行讨论。

（2）信息反应介入。指品牌向消费者传递信息时，消费者愿意花费多少时间和精力接受信息（广告）。综艺节目赞助和娱乐营销能够很好地提高信息反应介入度。在观看综艺节目时，消费者沉浸其中，此时对于相关的且符合内容情境的产品信息，消费者会更愿意接受。从这个角度来看，2023 年上映的电影《芭比》（*Barbie*）可以视作美泰公司（Mattel）的原生广告，提高了消费者对芭比和美泰品牌的了解和认同。

（3）购买情境介入。指在消费者处于一种购买情境下主动和消费者发生联系，从而促成购买行为。比如消费者在线下超市购物时，可能会在货架前纠结选择宝洁还是联合利华，这时促销员就可以和消费者发生联系，询问其具体需求，然后推荐相应的产品。企业在线上购物则可以采用千人千面的推送方式，比如转盘抽奖、开红包等，增加消费者与产品的互动。

根据产品介入度的不同，企业可以在 BGC 设计上采取不同的策略（见图 7-2），以提高内容营销效率。

（1）针对介入度低的产品的 BGC 设计策略。[②] 针对介入度低的产品和品类（如米面

---

① 迈克尔・所罗门，消费者行为学：第 12 版．北京：中国人民大学出版社，2018.

② 「消费者介入度」是什么？聊聊营销教材里的那些概念．（2021-01-02）．https：//www. bilibili. com/video/BV1Uf4y1C7VN/？spm_id_from=333. 999. 0. 0.

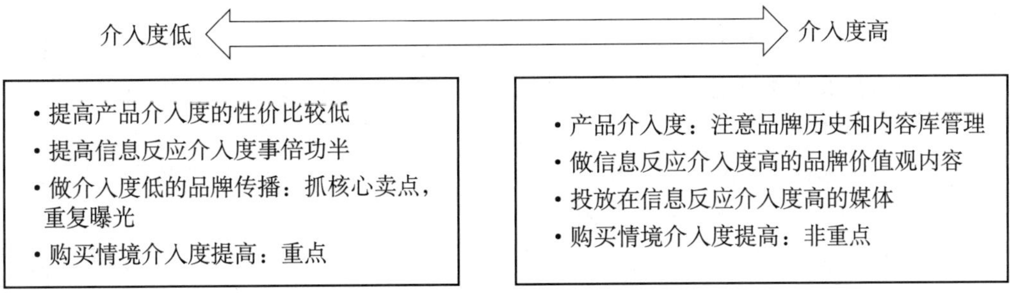

图 7-2　介入度与 BGC 设计

粮油、日用品等），提高产品介入度对于企业来说性价比较低。比如，定制化通常可以提高产品介入度，但消费者对于介入度较低的产品的定制化需求并不强烈。除了少数像可口可乐这样具有强大品牌影响力和一定社交价值的品牌，大部分介入度低的品牌在定制化方面的实际需求相对模糊，且成本远大于收益，没有必要对供应链作出调整。

针对介入度低的产品，提高信息反应介入度通常事倍功半，有效的传播策略是直接明了地传达产品特点和选择理由，并确保广告曝光，传统广告的内容策略依然很有效。例如，瓜子二手车的广告投放在电梯媒体，电梯媒体属于被动媒体，介入度较低。但该广告对于“没有中间商赚差价”的核心价值提炼得非常易懂明了，对消费者来说有价值，在不断重复曝光下取得了非常好的营销效果。“BOSS 直聘”的地铁广告、电梯广告、节目口播等也取得了很好的营销效果。而社交媒体时代带有情绪、态度、品牌价值观的品牌内容对此类产品没有太大作用，社交媒体“种草”、测评的影响也不大。在媒介选择上此类产品更偏向广告媒介而不是内容媒介，如电视广告、户外广告、电梯广告等。

对于介入度低的产品和品牌，购买情境介入尤为关键。渠道覆盖率、终端陈列、促销员技巧、产品卖点的提炼以及信息流广告的设计细节都可以影响销售转化。直截了当的产品诉求结合强大的渠道推广，是确保品牌长期存在的核心竞争力。对于此类产品，直播带货是很有效的一种销售方式，能够极大地提高购买情境介入度。直播带货主播的作用和线下的导购员、促销员是类似的，有与消费者的互动、“一对一”的对话，而且虚拟时空的特性能够放大导购的作用。

对介入度低的产品和品牌，只有在产品有优势和渠道力稳固的情况下，添加创意和内容营销才有意义。

（2）针对介入度高的产品的 BGC 设计策略。对于介入度高的产品（如手机数码、美容美妆、服装时尚产品等），情况截然不同。

对于介入度高的产品，消费者在购买前往往会做很多信息查找、对比的工作。品牌需要管理好自己的品牌历史和内容库，以免消费者“挖”出负面因素，从而对产品丧失信任。好的内容长久不衰，优秀的 BGC 会在较长时间内（如 3～5 年甚至更久）持续对产品或品牌产生作用。

此外，此类产品的定制化需要更巧妙，降低定制门槛，提高社交媒体讨论度。例如，微软的模块化组装个人电脑的定制服务并没有获得预期的成功，而苹果通过免费刻字服务引起了广泛关注。社交传播也能对介入度高的产品发挥重要作用，比如卡骆驰洞洞鞋的鞋花 DIY。

对于介入度高的产品，需要强调信息反应介入，因为消费者愿意花费时间主动了解产品。例如，小红书能够提供产品的深度测评和消费者体验分享，是能提高信息反应介入度的典型平台，适合介入度较高的品类。比如，护肤品、美妆品等是小红书上热门的品类，它们的介入度比较高。小红书上推荐的零食是消费者平时在普通渠道里不常见的新奇零食。

因此在媒介选择上，介入度高的产品应该选择内容媒介更胜于广告媒介。比如产品测评和文章比 5 秒开屏广告更有效。在传播内容上，可以更多地讲述品牌故事、愿景和价值观，激发消费者产生情感共鸣。这种情感导向的内容对于介入度高的产品尤为重要。

购买情境介入对于介入度高的产品则非关键。由于消费者在购买前会花费很多的时间和精力了解产品，因此购买决策往往在购买前就已经形成，最后的购买过程并非关键。企业只要确保消费者对线下和线上的体验基本满意，虽然更好的体验可以提升消费者对品牌的好感度，但这对于消费者来说通常影响不大。

3. BGC 的三个目标：注意力、传播力、说服力

新媒体时代，品牌内容的观看者、品牌或产品的消费者、媒介平台或整个传播链路的参与者这三个身份已经开始分化。企业应该对这三个身份的人群区分对待。

观看者与消费者是不同的人群。看到广告的人未必是购买产品或服务的人，例如，女性用品广告也会被男性看到，豪车广告也会被低收入的人看到。[①] 精准的广告投放虽然可以瞄准目标消费者，但过于精准也意味着目标消费者的规模被严格限制，从而阻碍品牌扩大市场。

消费者与参与者是不同的人群。例如，某款奢侈品发布一条“转发抽奖”的微博，参与转发的人中可能只有一小部分负担得起这款奢侈品；参与品牌短视频挑战的人也不一定购买品牌的产品。

但观看者和参与者都是不容忽视的。观看者有可能转化为消费者，参与者有可能使广告内容触达更多消费者，他们都有助于影响品牌的消费者。有研究者提出，基于这三类人群（也有可能是一群人的三种不同身份），企业应该在内容营销中分别考虑运用三种不同的洞察，即消费群体洞察、社会群体洞察、参与群体洞察。

消费群体洞察是与消费决策和消费者行为有关的认知或行为共性，它的作用是影响消费者认知，实现更有效的转化。社会群体洞察是广泛大众或某一大众社会群体的认知或行为共性，它可以吸引更广泛的关注。参与群体洞察则是与消费者行为和传播媒介有关的认知和行为共性，可以带来更积极的互动，这个洞察又必须和数字平台的机制结合起来分析。因为在不同的数字平台中，信息分发、互动机制是有很大差异的。并且因为用户链接和聚合的方式不同、文化不同，同一个消费者在不同数字平台的行为和认知也不完全一致，从而形成了不同的群体动力。以上原因使得参与群体洞察需要结合平台人群和平台机制。

区分这三种洞察后，就可以发现 BGC 的三个目标：注意力、传播力、说服力。[②] 图 7－3 是结合 5A 模型对 BGC 三个目标的分析。

---

① 虽然新的技术可能减少这种状况的发生，但追求完全的精准也会导致负面的后果。比如，如果奢侈品的内容只有其目标消费者能看到，那么非消费者群体就不会对品牌产生认知以及向往，这就使得奢侈品的消费者难以从品牌中获取社会地位方面的价值。

② 东东枪．文案的基本修养．北京：中信出版集团，2019.

图 7-3　结合 5A 模型分析 BGC 的三个目标

市场总体注意力的获取通常基于社会群体洞察。企业会选择整个市场或者是整个数字平台用户注意力的最大公约数，在 BGC 中反映目标受众普遍关心的问题，如经济形势、运动与健康、性别平等、明星娱乐等。

平台内容传播力的强化通常基于参与群体洞察。企业通常会利用数字平台的技术可供性，理解平台人群的参与动机、连接机制等，扩大参与 BGC 互动的消费者规模。一方面，参与群体是重要的传播节点，是信息是否被传导的开关，因此需要洞察数字平台或某一社群的用户心理；另一方面，不同数字平台的技术可供性和平台氛围有显著差异。新的媒介可能带来一些便利和新的可能，因为每个媒介都有可以利用的一些独特手段和技术，当然，也可能带来一些束缚。数字平台和参与群体的互动，导致 BGC 的传播路径由静态的转变为动态的，虽然具有一定的不可控性，但合理使用可以使内容传播力得到极大的强化。

内容说服力的提高通常基于消费群体洞察。BGC 可以从认知方面改变目标消费者对产品或品牌的属性、功能、利益、价值的认识或判断权重，也可以从感性方面影响目标消费者的情绪、情感体验等。

案例 7-3　从注意力到传播力：同一创意主题在新旧媒介环境中的运用

第 2 节　如何打造有效的 BGC

在新媒体环境下，打造有效的 BGC 在产出流程上和传统的营销传播没有太大的差异，依然需要遵循内容生产的基本规律，但也需要考虑新媒体环境下的一些特殊因素，如实时性、互动性、UGC 以及数据驱动的决策制定等。

本节首先回顾 BGC 的产出流程，然后探讨内容测试及 AIGC 对内容营销的影响。

一、 BGC 的产出流程

如何产出 BGC?“百万文案”“爆款视频”只是最后呈现出来的结果，相当于“台上一分钟”，而 BGC 产出背后的大量努力则是“台下十年功”。

从 BGC 的产出流程来看，每一流程的产出都应以上一流程的产出为依据，并且对上一流程的产出负责。实践中可能存在颠倒流程的现象，内容生产者可能先有一个创意，然后“包装”成为消费者洞察和传播策略。但这种做法不专业，也不能持续稳定地产生优质的内容。专业的 BGC 产出应该先思考清楚营销战略和营销目标，据此制定传播策略，根据传播策略产出创意，再通过内容表达进行传播，如图 7-4 所示。

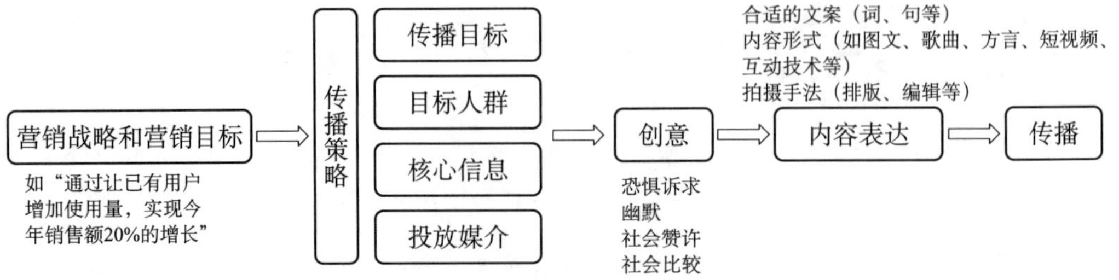

图 7－4　BGC 的产出流程

资料来源：东东枪．文案的基本修养．北京：中信出版集团，2019.

1. 营销战略和营销目标

BGC 的生产和传播，其整体目标源于公司整体的营销战略，根植于公司的营销目标。营销战略（marketing strategy）的核心三要素分别是市场细分、目标市场选择、市场定位。营销目标（marketing objectives）是指在一定时期内总体市场营销活动应该完成的任务。[①] 这两者概括了企业想要通过何种战略途径实现市场目标。例如，通过低成本战略扩展三四线市场，实现今年销售量 10 万台，市场份额提升 10%；通过引入新产品及打造新的品牌形象，加大社交媒体运营投入，提高年轻消费者对品牌的认同；通过让已有用户增加使用量，实现今年销售额 20%的增长；通过扩展和管理经销商，实现今年 10 亿元的销售额；等等。传播目标需要依据营销战略和营销目标来制定，并服务于营销战略和营销目标。

2. 传播策略

传播策略是指为了落实营销战略和营销目标，内容生产者需要说什么（what to say），让目标受众产生什么感受或认知，或者改变认知或感受。在同样的营销战略和营销目标下，传播策略的差异会带来传播效果的差异。

“说什么”这件事情需要综合考虑传播目标、目标人群、核心信息、投放媒介等。

（1）传播目标。传播目标是营销人员希望受众看过广告之后的反应。比如企业希望消费者看到内容后认同品牌是一个高端且安全的品牌。营销战略和营销目标与传播目标不是一一对应的关系，因为不同的人解决同一个问题可能有无数种不同的方法。并且在 BGC 产出中，传播目标可能更加具体化和细节化（见图 7－5），如提高品牌回想率、回应竞争对手、促销活动提醒等，不一定与营销战略和营销目标完全一致。但传播目标与营销战略和营销目标应该有因果关系，一旦消费者有了特定认知和感受上的改变（传播目标），他的行为就会有相应的改变（营销战略和营销目标）。

（2）目标人群。营销战略和营销目标中已经包含对于目标市场的选择，但这种选择往往只能决定大体方向，还需要进一步定义和描述目标人群，并对其消费心理、行为、参与动机进行深入的洞察。

（3）核心信息。核心信息的产生通常基于目标人群的需求点，也需要参考竞争品牌的内容策略，形成差异化价值，并且能够和投放媒介相契合。

传统广告由于时长限制，会特别强调在 7～15 秒内体现出差异化的顾客价值、核心

① 乔治，贝尔奇，迈克尔．贝尔奇．广告与促销：整合营销传播视角．北京：中国人民大学出版社，2006.

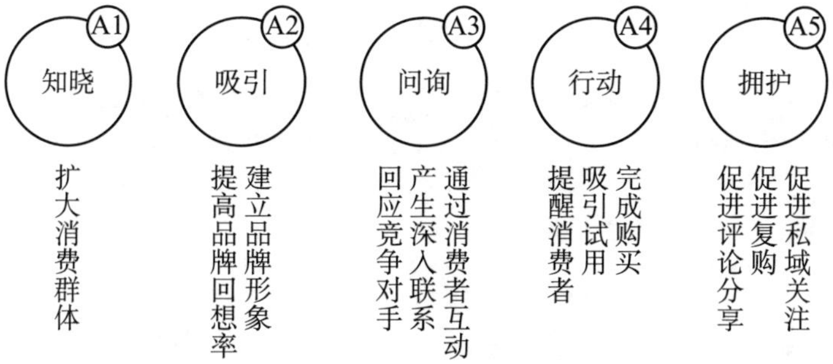

图 7－5　传播目标举例

利益点、核心体验，即独特销售主张（USP）。但在新媒体环境下，没有时空的限制，BGC 的丰沛度很重要，品牌需要在聚焦核心内容的前提下，尽可能将 USP 场景化和丰富化。

（4）投放媒介。在确定传播目标和目标人群后，企业需要考虑在哪些媒介上进行 BGC 投放可能产生最好的效果，BGC 和媒介的契合度如何，平台文化适合什么样的内容等。企业与消费者进行有效的沟通和传达信息，需要配合媒介的特性。

案例 7－4　噢麦力日常营销策略：核心信息的重复

3. 创意

为了让消费者产生特定的感受或认知，内容生产者需要什么方面的创意（how to say）？比如，是通过恐惧诉求还是社会赞许，是通过指出竞争者的不足还是强调消费者值得更优质的产品等。创意往往是传统广告工作者的激情所在，这部分内容在众多广告教材和相关书籍中已有涉及，此处不再赘述。

4. 内容表达

内容表达是通过合适的文案（词、句等）、内容形式（如图文、歌曲、方言、短视频、互动技术等）和表现手法（排版、编排、拍摄手法和元素、交互设计等）把创意表达出来。

内容表达会影响目标人群对内容质量的认知。例如，同样的文案通过精妙的视觉听觉加工能得到更大范围的传播和关注。

此外，需要注意到新媒体环境下内容表达的模式需要根据用户观看的心理变化进行调整。传统媒体中观众被动观看内容，通常遵循“峰终定律”，把精华放在视频结尾。但是在当下短视频泛滥的快节奏时代，观众随时都可以“跳过/划走”视频，在最开始迅速吸引观众的注意力尤为重要。这就是为什么如今一些内容生产策略特别强调前 3 秒的吸引力，因为这往往决定了用户的观看时长和完播率以及说服效果，如图 7－6 所示。

在社交媒体的具体场景中，BGC 在内容表达上有一些需要注意的“通病”。

（1）标题或图片缺乏吸引力。很多 BGC 的标题或头图缺乏创意和吸引力，无法在前 3 秒内吸引消费者眼球，引发点击，这会导致失去许多潜在的消费者。

（2）内容无法使消费者信服。一些品牌会在其 BGC 中使用夸大其词、虚假宣传或不准确的陈述，导致消费者产生怀疑。这种缺乏真实性和可信度的内容往往会使消费者对品牌声誉和产品产生质疑。

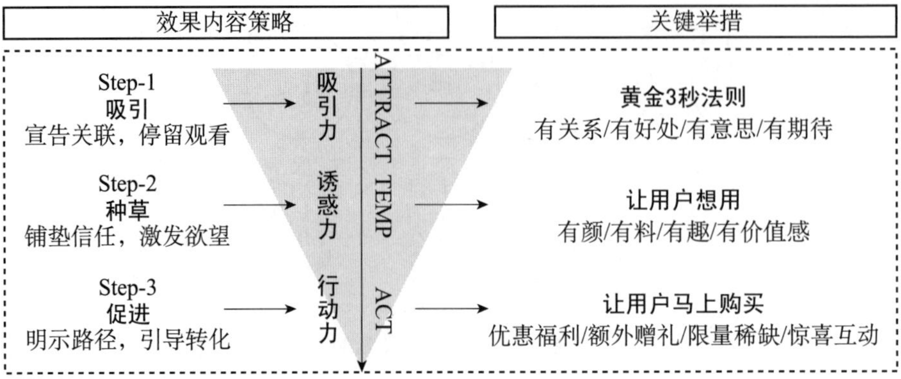

图 7－6　短视频内容生产策略示例

资料来源：茉莉数科集团。

（3）语言过于抽象、华丽而无法与消费者产生共鸣。品牌在 BGC 中使用过于抽象、华丽的语言可能会让消费者感到困惑和有距离感，无法让消费者产生共鸣。消费者更倾向于直接、简洁且与他们的日常生活相关的语言。

案例 7－5　理解传播策略、创意和内容表达

（4）无法解决消费者的顾虑，消费者对购买产生犹豫。消费者在考虑购买时常常会有各种疑虑和担忧，如产品质量、售后服务、退款政策等。如果 BGC 不能提供足够的信息和信心，消费者很可能犹豫不决，最终放弃下单。

二、 内容测试

数字营销的即时反馈可以帮助营销人员在进行大规模投放前，对内容进行小范围的测试，不断迭代，通过数据对比确定更优方案。品牌在内容生产时也会通过测试来验证创意的可行性，并筛选出更具潜力的素材，在后续传播中给更优质的内容投入更多的资源和预算。这种内容测试通常会多次开展（见图 7－7）。

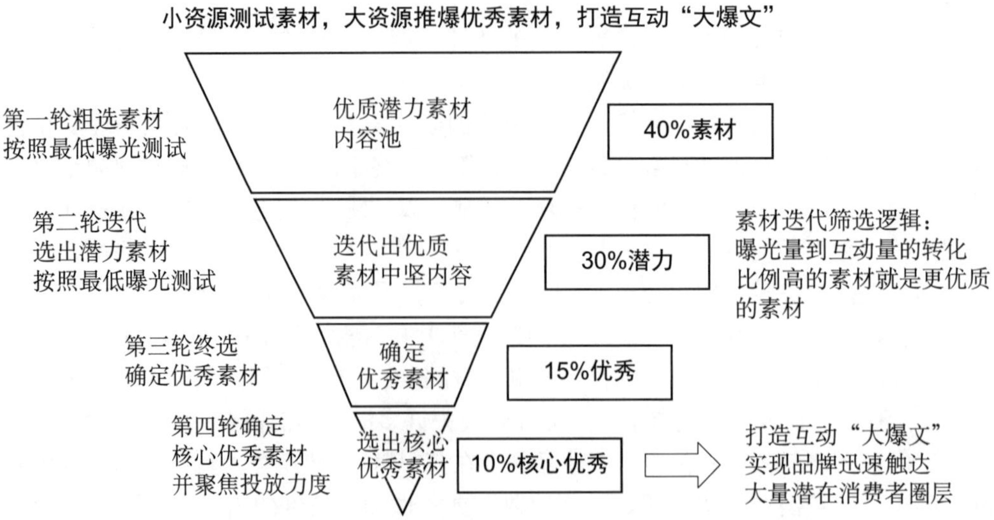

图 7－7　内容测试（非精确数据）

第一轮粗选素材。先把众多内容素材按照最低曝光推送给特定的目标受众，收集相关数据和反馈意见，从中选出一批优质的潜力素材进入内容池。

第二轮迭代选出潜力素材。依旧按照最低曝光对潜力素材进行小范围测试，根据曝光量到互动量的转化比例等相关指标，筛选出 30%左右相对优质的中坚内容。

第三轮终选确定优秀素材。根据前期反馈进行内容调整和迭代，再次进行曝光测试，根据反馈数据确定优秀的内容素材。品牌一旦确定了这些优秀素材，就可以加大投入力度将其推向更广泛的受众群体。

第四轮确定核心优秀素材并聚焦投放力度。从上一轮中确定的素材中选出核心优秀素材作为重点投放对象，投入更多的资源和预算，如更广泛的媒体渠道、社交媒体广告、合作伙伴推广等，以及采取多种策略来促进与目标受众的互动，在短时间内打造互动“大爆文”，引发目标受众的广泛关注和参与，进一步扩大品牌的影响力和曝光度，实现品牌对大量潜在消费者圈层的触达。

三、 AIGC 对内容营销的影响

人工智能生成内容（AI generated content，AIGC），是利用 AI 技术的新型内容创作方式，可以在创意、表现力、迭代、传播、个性化等方面充分发挥技术优势，打造新的数字内容生成与交互形态。

AIGC 有望应用于产品定位到售后服务的多个环节。

（1）产品定位环节。AI 可以处理和分析大量数据，提供有价值的洞察，帮助企业了解目标消费者的需求、行为和喜好，实现个性化定位与推荐。比如 ChatGPT 等 AI 系统在处理和分析自然语言数据时，能够帮助企业更深入地洞察市场，为自己的产品和服务作出更符合市场的定位。

（2）电商内容营销环节。AIGC 可以生成文本类、图片类、视频类广告，广泛应用于社交媒体等多种场景。目前国外相对成熟的广告营销应用如 Midjourney（图片生成）、Runway（视频生成）、Jasper（文案生成）等，已经逐渐应用于电商内容营销，不仅可以缩短内容制作时间，还可以持续提升优质内容的传播效果。我国一些广告公关公司已经大范围使用 AIGC 来生产营销内容。

AIGC 在内容生成方面的应用不局限于内容形式，还可以生成个性化的广告。基于消费者的数据标签，如性别、年龄、地理位置、购买历史、浏览行为等，AIGC 能生成高度个性化的广告。以跨境女装电商为例，在投放女装广告时，电商需要考虑不同国家消费者对于模特图试穿效果的直观感受，这也是很多品牌聘请不同国家的模特展示同一款衣服的原因之一。而使用 AIGC 可以快速生成不同国家虚拟模特的试穿效果图，从而节约成本及时间。除了人口统计学变量上的差异导致的内容差异外，AIGC 还能够根据消费者的行为习惯，识别出他们的心理趋向是“防范型”还是“促进型”，然后生成对应的广告。对于防范型的消费者，AIGC 会强调产品的安全性、低风险；而对于促进型的消费者，AIGC 则会强调产品带来的预期效果、美好体验。这种高度个性化的广告设计，不仅可以提升消费者的购买意愿，也有助于提高消费者对品牌的好感度和忠诚度。

（3）商品展示环节。AIGC 可以通过直接展示图片或者视频，极大提升信息展示的效率；同时 AIGC 也可以提供三维建模，在电商营销中进行商品展示和虚拟试用，改善线上购物体验。AI 可以基于商品在不同角度下的拍摄图像，利用视觉算法生成商品的三维模型和纹理，辅以线上虚拟试用，提供贴近实物的差异化网购体验，助力品牌高效完成销售转化。例如，2023 年 6 月，谷歌发布了 TryOnDiffusion 虚拟试衣 AI 模型，为消费者提供不同肤色、不同体型、不同发型模特的多套示意图。AI 也可以提供售前的导购咨询，2023 年 9 月，淘宝 AI 大模型应用“淘宝问问”开启内测，通过问答功能和指令功能与消费者开展 AI 对话交互及 AI 智能搜索，帮助消费者解决购物、出行、生活等跨领域场景的更复杂的需求，辅助消费者高效作出消费决策。

（4）主播打造环节。AIGC 助力打造虚拟主播，提高直播带货的效率。第一，虚拟主播不会疲劳，能填补真人主播的直播间隙；第二，虚拟主播能加速品牌年轻化进程，拉近与新消费群体的距离；第三，虚拟主播更稳定可控，虚拟主播的人设、言行等均由品牌掌握，比真人主播具有更强的可控性、安全性。例如，2022—2023 年，抖音进行“本地生活”的业务开拓，使用大量“数字人”进行直播，解决了真人直播成本高、不稳定的问题，取得了较好的效果。此外，京东的言犀虚拟主播已服务超过 4 000 个品牌，带动 GMV 超过 10 亿元，助力联想品牌平均每小时 GMV 达到真人主播的 35%左右；使蔓迪的直播销售转化率提高了 16 个百分点，平均每小时 GMV 达到真人主播的 25%，直播成本则降低了 15%。①

（5）交易场景环节。AIGC 赋能线上和线下场景加速演变，为消费者提供全新的购物场景。目前的技术已经可以实现在二维图像中重建场景的三维几何结构，做到快速、低成本、大批量地构建虚拟货场，这样即可有效降低商家搭建虚拟购物空间的门槛及成本，为高度依赖线下门店的行业打开了线上线下融合的虚拟空间，又能为消费者提供新的消费体验。一些品牌已经开始在此领域积极尝试与探索。

（6）售后服务环节。AIGC 助力提高电商的客户服务质量。面对当下电商因为客服回应不及时或者处理不当等情况导致消费者不满意的问题，AIGC 可以更加及时地处理消费者的查询和问题，并提供准确的回复，缩短消费者的等待时间和处理时间，提高消费者满意度、消费者忠诚度和回购率。

第 3 节　媒体计划制订

新媒体的出现让业界和学术界开始关注人际传播动机、内容的社交货币化以及关键人物法则等，试图让内容自行引发传播和流行。但目前能够自行引发热点和关注的 BGC 还是少数。

BGC 的传播需要考虑一些常规性问题，比如要使用哪些媒介，每个媒介的作用是什么，品牌目前是什么状况，匹配的媒介有哪些，品牌的内容如何在不同的媒介平台分发，什么时候应该用广告、什么时候应该用 KOL、什么时候应该用公关，应该以什么节奏传播，如何进行流量投放，等等。

在前期的传播策略指导下，需要确定具体的媒介投放目标。比如“在 6 个月内，利

① 开源证券．大模型不断升级，全面拥抱 AI 应用：传媒互联网行业 2024 年度投资策略．

用某数字平台触达目标受众至少 3 次”“在 1 个月内扩大品牌认知人群的规模，通过某数字平台达到 80%的人群覆盖，为‘双十一’销售蓄量”等。

在确定媒介投放目标后，营销人员需要考虑为实现目标如何制订媒体计划，如表 7-1 所示。

表 7-1　制订媒体计划的考虑因素

考虑因素	具体解释
媒体组合	使用哪个数字平台，或多个数字平台的组合，或线上线下的媒介组合
目标市场覆盖率	浪费最小的同时尽可能覆盖更多的目标受众
地理覆盖面	消费的区域性或阶段性重点市场
媒体投放排期	持续式、起伏式、脉冲式的媒体投放；不同媒介之间的时间衔接
到达率与接触频率	权衡是让更多人接触到品牌内容（到达率）还是让少数人更频繁接触到品牌内容（接触频率）
灵活性	由于环境和市场的快速变化，策略甚至创意内容可能需要调整，媒体计划要有灵活性
成本	平衡效果和成本，尽可能以最低成本和最少浪费把信息顺利传递给目标受众

资料来源：乔治·贝尔奇，迈克尔·贝尔奇．广告与促销：整合营销传播视角：第 11 版．北京：中国人民大学出版社，2019.

媒体组合的相关内容在第 6 章已有提及，本节重点介绍媒介投放排期、到达率与接触频率两个因素，以及自然流量和付费流量。

一、媒介投放排期

品牌内容持续出现在消费者面前能不断提醒消费者注意品牌，但在实际中这不可能也没有必要。媒介投放排期的基本目标是合理安排传播时间，使它与购买决策过程以及购买周期相匹配。年度的媒介投放有三种典型的排期方式（见图 7-8）。

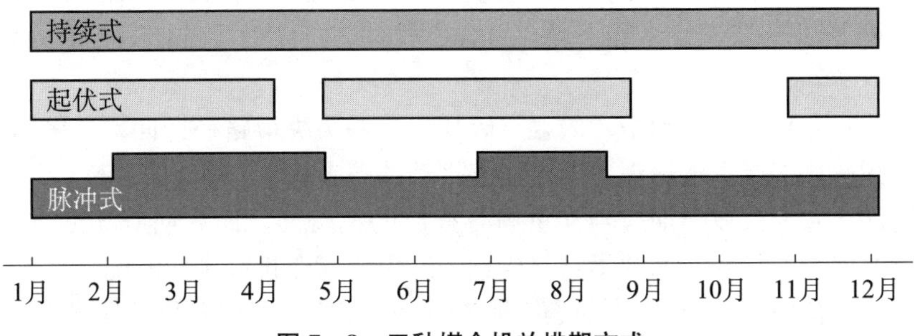

图 7-8　三种媒介投放排期方式

资料来源：乔治·贝尔奇，迈克尔·贝尔奇．广告与促销：整合营销传播视角：第 11 版．北京：中国人民大学出版社，2019.

- 持续式（continuity）是指每天、每周或者每月持续不断地进行传播。其关键在于采取一种规律的连续的形式，而不是间歇的或者某段时间没有传播。这种排期方式适用于食品、洗衣粉，或者无季节性、可以连续消费的产品。
- 起伏式（flighting）是指采用一些较不规律的时间安排方法进行传播，排期呈现间歇状。在某一时间段内集中投放大量的营销内容，而在另一时间段则可能没有开展任何传播活动。

● 脉冲式（pulsing）是上述两种排期方式的结合。在脉冲式排期方式中，持续式排期方式仍被保留，但在特定情况下会进一步加大传播力度。比如在啤酒行业，内容投放贯穿全年，但在节假日会加大投放力度。

三种排期方式主要由营销目标、购买周期、广告预算等决定。如表 7 - 2 所示，每一种排期方式都有其优缺点。一项综合性研究认为，当消费者准备作出购买决策时，使信息尽可能快地传递给消费者是非常重要的，在这个假设的基础上，该研究认为广告主应该尽可能不间断地每周作出广告安排，关键在于持久。在预算充足的时候，持续式是较好的选择。

表 7 - 2　三种媒介投放排期方式的优缺点

排期方式	优点	缺点
持续式	可以经常提醒消费者 覆盖整个购买周期 可以获得媒体优势（数量折扣、优越的位置等）	成本较高 可能过度曝光 媒体分配可能性受限
起伏式	可以降低成本，在购买周期内集中投放 在有限的预算内可以采用一种或多种媒介	比竞争对手提供更高的接触频率易产生过度的广告覆盖 可能增加消费者厌烦感 消费者在非广告期间缺乏对促销信息的认知、兴趣和记忆 在非广告期间相对于竞争者表现较弱
脉冲式	包含前两种方法的优点	不适用于季节性产品（或其他周期性产品）

资料来源：乔治·贝尔奇，迈克尔·贝尔奇．广告与促销：整合营销传播视角：第 11 版．北京：中国人民大学出版社，2019.

在执行营销传播活动时，也需要注意统筹媒介投放时间的配合和衔接。特别是在跨数字平台、跨 KOL，甚至线上线下媒介组合投放时，媒介投放排期对传播效果的影响是显著的。

在目前的媒介环境中，消费者的触点碎片化且购买决策路径迂回，品牌需要跨触点、跨场景、多频次、多层次触达消费者才能够推动消费者从 A1 知晓阶段逐渐转变到 A4 行动阶段。因此，媒介投放早期应当注重内容投放的覆盖面，而后期应该注重内容投放的深度，多方面展示品牌和产品的卖点与概念。这需要媒介投放排期的配合。

在新媒体传播中，品牌经常需要借助 KOL 的力量，在媒介投放早期如果能与头部 KOL 合作，除了有更高的到达率，还能形成对品牌的背书，降低后期中腰部 KOL 媒介投放排期的阻力。这也需要营销人员对媒介排期进行合理筹划。

此外，多层次、多样化触达消费者还能够创造出消费者个体的舆论气候，即个体感知的舆论氛围。品牌如果只投放大量品牌广告，确实可以短时间内多次触达消费者，但消费者可能毫不在意；而如果只和 KOL 合作生产内容，又会比较分散，难以形成舆论场域。如果两者兼顾，在与 KOL 矩阵进行合作时，配合平台的产品投放做大曝光，一起发力，则往往可以产生更好的效果。

二、到达率与接触频率

企业有各种各样的传播目标，但受到预算的约束，通常需要在到达率和接触频率之间权衡。即决定是让更多人接触到品牌内容（到达率）还是让少数人更频繁接触到品牌内容（接触频率）。关于到达率与接触频率的效果见表 7－3。

表 7－3　到达率与接触频率的效果

1. 如果在一个购买周期内只接触目标受众一次，那么在大多数情况下这种接触是无效的
2. 鉴于只接触一次通常是无效的，因此有效的媒体计划重心应该放在提高接触频率上，而不是到达率上
3. 有证据证明，一个购买周期内接触两次是有效的
4. 在一个品牌购买周期内或者 4 周或 8 周的时间内接触频率超过 3 次时，接触频率的增加对广告效果的强化作用的增速放缓，但没有证据表明作用下降
5. 尽管一般的规律显示接触频率和广告效果有一定的关系，但品牌差异的影响是相当重要的
6. 没有有关接触频率的反应规律随媒体变化而变化的证据
7. 有充分的数据证明厌烦并不是接触频率过高的结果，而是创意或者文案的问题

资料来源：乔治·贝尔奇，迈克尔·贝尔奇．广告与促销：整合营销传播视角：第 11 版．北京：中国人民大学出版社，2019.

从 5A 模型的视角来看，知晓阶段的人越多，进入下一阶段的人就越多。要提高品牌或产品的知晓度就必须实现一定的到达率，也就是让潜在消费者接触到品牌。新的产品或品牌需要非常高的到达率。

接触频率通常指在一段特定时间内（如 13 周）消费者接触到品牌内容的次数。在传统媒体时代，一些实践数据表明 3～10 次的接触频率是较为有效的，接触频率过低是无效曝光，过高则是过度曝光，易造成消费者反感。苏珊妮·施密特（Susanne Schmidt）和马丁·森德（Martin Send）在发表于《广告杂志》（*Journal of Advertising*）的一篇研究文章中重点探讨了影响品牌回忆和品牌态度所必需的曝光次数，研究结果表明，10 次曝光是态度最大化所必需的，而品牌回忆则随曝光次数增加而线性增加。研究者还指出消费者介入度和曝光时间等因素也会产生影响。在新媒体时代，这个数字可能更加夸张，第三方的数据显示，中国消费者在进行消费决策前，平均接触到的媒介触点最少是 20 个，最多可能超过 500 个。[①] 一些平台的品牌合作测试发现，通过多触点增加触达频率的组合投放，品牌的转化效果会得到大幅提升。总的来说，有效的接触频率需要综合考虑营销因素、信息和创意因素、媒体因素（见表 7－4）。

表 7－4　有效的接触频率需要考虑的重要因素

营销因素
品牌历史：品牌是新的还是已有的？一般新品牌需要更高的接触频率。
品牌份额：品牌的市场份额和接触频率存在负相关关系。市场份额越高，所需的接触频率越低。
品牌忠诚度：品牌忠诚度和接触频率存在负相关关系。品牌忠诚度越高，所需的接触频率越低。

① 引擎大会 2022·ONE 营销｜发挥流量协同效益，驱动全量增长．(2022－01－07). https://cn.chinadaily.com.cn/a/202201/07/WS61d804daa3107be497a01400.html.

续表

购买周期：购买周期越短，维持品牌认知所需的接触频率就越高。
使用周期：经常使用的产品需要很快替换，所以需要较高的接触频率。
竞争对手的广告声量份额：当存在许多竞争对手并且企业的目标是迎战或击败对手时，就需要更高的接触频率。
目标受众：目标受众的学习与记忆信息的能力直接影响接触频率。
信息和创意因素
信息的复杂性：信息越简单，所需的接触频率越低。
信息的独特性：信息越独特，所需的接触频率越低。
新的与延续性的广告活动：新的广告活动需要更高的接触频率来传递信息。
形象与产品销售：创造一个新的形象比销售一个具体的产品需要更高的接触频率。
信息的多样性：单一形式的信息只需要较低的接触频率，多样的信息则需要更高的接触频率。
厌烦感：高的接触频率可能导致厌烦感。必须对这种影响加以研究并评估有效接触频率。
广告单元：较大的广告单元比较小的广告单元要求更低的接触频率。
媒体因素
干扰：媒体中各种广告越多，就需要越高的接触频率来克服这种干扰。
编辑环境：广告与编辑环境一致性越强，所需的接触频率越低。
关注程度：媒介载体所获得的关注程度越高，所需的接触频率越低。
媒体投放排期：与起伏式或脉冲式排期方式相比，持续式排期方式需要的接触频率较低。
所用媒体的数量：所用媒体越少，所需的接触频率就越低。
重复曝光：允许出现重复次数越高的媒体（如月刊），所需要的接触频率越低。

资料来源：乔治·贝尔奇，迈克尔·贝尔奇．广告与促销：整合营销传播视角：第11版．北京：中国人民大学出版社，2019.

对于到达率与接触频率的权衡非常关键，需要将很多因素纳入考虑范围，没有绝对适用的具体规则。即使有数据的辅助，这一决策也更像一门艺术而不是科学，因此难度很大。

三、 自然流量和付费流量

无论在哪个数字平台，企业获取的流量主要有两种形式：自然流量和付费流量。

自然流量也称为免费流量，是指企业在数字平台上发布内容，平台会根据内容的标签将其推荐给可能感兴趣的用户所自然产生的流量。如果内容吸引了用户的兴趣，带来了较高的互动数据，平台则可能给予该内容更大的流量，这些流量是内容本身带来的，企业无须花费任何费用。

付费流量是指企业通过数字平台的广告产品，为要投放的内容设置一定的目标受众标签、预算、时间等参数，付费给数字平台所获得的流量。平台将企业的内容以广告的形式呈现在用户面前。

自然流量和付费流量各有优势和劣势，企业需要根据传播目标和自身资源选择合适的形式。一般来说，自然流量节约成本，有利于提高品牌认知度和口碑，但是企业需要花费更多的时间和精力制作高质量、有创意、符合用户喜好的内容，并且结果不可控。付费流量快速获得曝光，触达效率高，覆盖面大，能够提高转化率和销售额，但是企业需要花费更多的资金，制定合理的流量采买策略，并且需要持续优化和调整策略，以提高效果和降低成本。

优质的内容往往能够获得更多的自然流量，即使购买付费流量，投入产出比也更高。因此，选择合适的内容或产品，优化内容的标题、封面、标签等，提高内容的表现力，做好数据测试和分析，都有助于提高流量曝光的回报。可以说，优质内容是流量曝光的前提。

但是，内容再好，如果没有曝光，也是徒劳。如今内容市场竞争激烈，即使是不错的内容也不一定能够拉动足够的自然流量。流量作为辅助内容的工具，能够为优质内容附加"乘数"。

自然流量和付费流量交叉作用，既通过高质量内容最大限度发挥自然流量的效果，也通过付费流量放大内容的影响力，从而促进内容的自然流量和付费流量的联合转化。高效合理的流量投放是强大的助力，最核心的还是消费者所看到、听到的终端展示的内容物料。内容和流量缺一不可，一环薄弱就会导致效果惨淡。

第 4 节　单次营销传播活动的流程

营销传播活动是企业与消费者沟通的主要方式。对于营销人员来说，一次营销传播活动涉及非常多的问题，如在开展活动前要考虑企业的营销传播活动目标是曝光还是销售，目标受众是谁，目标受众有什么特征，如何在有限的预算内最大化地触达目标受众，有效的接触频率是怎样的，物料风格是什么，该营销传播活动的预估效果是怎样的，链路如何衔接，等等。在活动进行过程中，企业要考虑怎么监测项目效果，项目不达标怎么跟数字平台或 KOL 谈判，怎么防止数据作假，怎么判断项目是否达标，等等。

品牌主导的营销传播活动需要有整合性，这在传统媒体时代和新媒体时代都是一样的。整合性的重点在于把握空间上的"整合"与时间上的"节奏"。投放在不同数字平台、触点的营销内容可以形式多样，但核心内容要有一致性，并形成呼应或互补。在投放的时间节奏上，需要"一波未平一波又起"，从预热到爆发之间前后衔接，每一个时间点上的内容投放都需要服务于推动消费者在决策路经上前进。整场营销传播活动需要非常好地控制节奏，配合好各个板块的时间与内容，且能在有限的时间内完成全部过程，促成转化。

通常，单次营销传播活动的流程包含以下几个步骤，如图 7－9 所示。

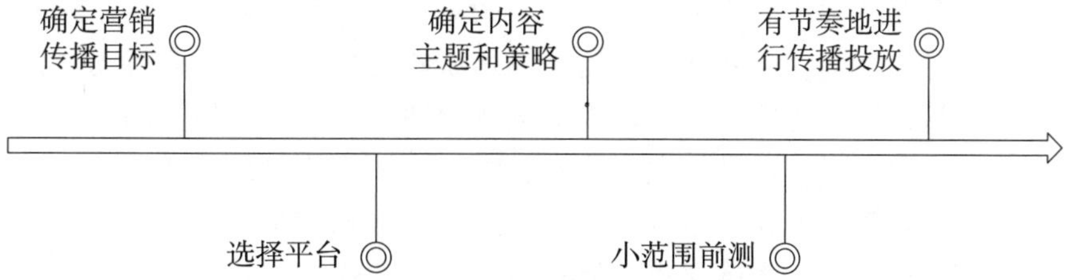

图 7－9　单次营销传播活动的流程

品牌营销需要整合多平台的品牌内容和效果转化，使各个平台互相辅助配合。比如付费流量快速导流和转化，品牌内容做好用户承接以及舆论引导，电商平台承接销售等。能否集中资源在关键节点、大型活动、新品发布会上发力，关键在于企业营销人员的整合能力。

一、 确定营销传播目标

通常来说，品牌的营销战略和营销目标在不同阶段会有所差异。比如小品牌面临生存考验，因此会以提升销售转化为核心营销传播目标，即提高 A3 问询阶段到 A4 行动阶段的转化率。而中型品牌或已经平稳发展的品牌可能以进一步扩展人群或消费场景为营销传播目标。

将营销战略和营销目标进行拆解，可能形成三类营销传播目标：扩大产品或品牌信息的触达人群；激发目标受众的兴趣从而参与互动；提升销售转化率。这三类目标侧重不同，但营销人员通常希望单次营销传播活动可以实现三类营销传播目标，也即品、效、销合一。

具体到不同产品和平台的单次营销传播活动，一些营销传播目标会聚焦于打造爆品，集中力量将一款产品推向尽可能广的人群从而大幅提高销量，以某一款爆品来建立品牌知名度或者后续带动其他产品的销售；一些营销传播目标聚焦“双十一”等重要节点，完成年度的销售任务等。

不同的营销传播目标和预算可能影响品牌整合营销传播的平台选择、内容策略、传播节奏等。比如针对年轻女性的时尚、彩妆、个护、旅行等细分领域，目前大多需要在小红书上有所布局，实现多维度多场景的营销传播。而希望提高销量的品牌则离不开在淘宝、京东或者抖音上的运营及对其工具的使用，如短视频展示、直播转化、活动参与等。

二、 选择平台

目前我国数字化基础设施建设的市场格局基本稳定，主要的流量平台也进入发展成熟期，早期某一个平台的崛起会给进入的企业/个体带来巨大流量红利的时代不复存在。虽然营销人员依然需要关注可能存在的流量“洼地”，但品牌需要根据市场的普遍规律、自己产品的特色、品牌的核心价值和发展阶段，配合平台的“玩法”，开发出最适合自己的整合营销传播策略。因为数字平台和企业的利益不是完全一致的，所以企业不能仅用好一个平台，还要组合多个平台去分散风险。

品牌在选择平台时需要厘清以下问题。

（1）每个平台在品牌营销传播活动中扮演的角色，以及活动中的传播路径是如何配合的。品牌要思考在某个平台做什么传播，触达哪些用户，触发什么行动。比如品牌要在微博平台做舆论话题，要抢占热搜，就要预测微博用户看完广告后的讨论点，把话题点提前植入广告内容。抖音则是与大众流行相关，使用得当能创造爆款。B 站是年轻文化社区，重点在于弹幕与二次创作再加工，因此选择该平台时要考虑内容里的画面可被再加工的空间。微信更偏重媒体报道，但有独一无二的构建品牌私域的优势。而小红书的重点在于多场景“种草”、用户证言以及引发的电商平台的搜索和转化，故选择该平台时需要在内容中提前预设产品昵称、关键词等。

（2）选择一个平台作为主战场。品牌通常根据营销传播目标选择一个合适的大众平台作为主阵地（如微博、微信、抖音、快手、小红书、淘宝），其他平台进行辅助配合，因此要明确平台的不同作用。品牌在主平台完成大部分的传播和销售转化路径，并与平台方、平台 KOL、平台用户进行深度捆绑融合。如果品牌的传播与销售转化不在同一个平台进行，那么需要确定主传播平台和主销售平台，并做好两者之间的承接。

通常来说，初创期的品牌在选择平台时需要考虑平台用户结构与品牌之间的契合度，选择进入门槛低、能够快速带来曝光并有较强转化能力的平台。这类品牌在不同平台上的策略也会有差异。比如在微博平台，品牌如果已经有比较好的粉丝基础，那么可以通过早期种子用户完成产品迭代，在商业模型验证成功之后，后期在用户规模更大的平台进行大范围投放，扩大市场规模。品牌也可以在微博借用明星力量创造话题，短期内实现话题引爆。在小红书平台，一些初创期的品牌通过场景式图文“种草”提供产品使用的代入感，从而带动产品转化和品牌认知。在抖音平台，一些初创期的品牌通过短视频、号店一体、直播等方式促进用户快速转化。总之，选择一个合适的平台深耕、重视转化，对于初创期的品牌来说可能是较为经济的选择。

对于成长期的品牌，在选择平台时需要关注平台链路的完整性、用户跳转的体验，以及平台的内容质量能否承载品牌较为专业的深化产品和品牌认知的科普类内容。同时平台的整体流量采买的投资回报率表现也是成长期品牌选择平台时需要考虑的。

对于成熟期的品牌，选择平台时需要考虑以下几个方面。一是平台公信力，即能否建立用户对品牌的信任；二是平台能否引流至品牌私域或助力品牌私域运营；三是内容在平台上是否具有长效的价值；四是平台流量能否给予品牌稳定的曝光和增长。成熟期的品牌可以进行多平台运营，构建品牌的平台矩阵，功能互补，同时也能在平台建立品牌矩阵。品牌官方本身逐渐成为重要的流量节点或者 IP，线下和线上逐渐形成互动和互相引流。

三、 确定内容主题和策略

在营销传播活动中，传播策略和创意都很重要。单次营销传播活动中的内容创意需要结合五个方面考量。

（1）目标消费者的痛点/关注点。

（2）此次营销传播活动的主要目标。

（3）竞品的内容营销策略。

（4）与投放时间节点的契合度。

（5）与平台的契合度和传播点预设，尽可能使品牌的产品卖点内容化、场景化和丰富化。

七度空间的营销传播活动以“七度女神”派送“姨顺百顺”的好运符为主题。在内容上结合了女性“月经焦虑”、社交媒体上流行的“好运转发”“新年祈福”习俗三重消费者洞察。品牌结合本身的虚拟 IP 歌姬“元七七”，加深时尚定位的品牌认知。这一活动主题配合多平台多样化的话题共振，最终取得了非常好的传播效果。这是在目标消费者洞察基础上直击痛点产生的内容创意。

有些营销传播活动则会重点考虑竞品的内容营销策略，从而有针对性地设计品牌的内容营销方向。传统营销的竞品分析往往是面向品牌整体和市场的，但在新媒体营销中，对竞品及其内容营销策略的分析必须细化落实到每一个平台，包括平台内行业整体的现状数据、店铺的基础信息和成交量、内容存量、主要内容方向、投放思路等。通过对相关数据和内容的分析，结合消费者需求和自身产品的独特卖点，制定适合的差异化营销传播策略，找出内容关键词和场景，形成内容和店铺的建设思路。

比如，品牌通过对小红书上相关词条的搜索和统计，以及对小红书后台、千瓜数据等第三方公司的数据的分析，可以看到“品牌+产品名”的词条数据、近一年的新增笔记数据、总互动数据、品牌的搜索数据、产品的搜索数据、产品昵称（如“小白瓶”）的搜索数据、相关的产品测评内容数据，以及内容是否占据产品或产品昵称相关搜索词条的前列等信息，了解竞品或自身在小红书上的内容营销现状。从竞品的内容营销分析可以获得产品/品牌在小红书平台上的基本投放状况和消费者反馈，并对竞品或自身的内容营销状况作出基本的评价，如：

> 某品牌系列笔记近一年新增少于300篇，总互动少于2万人次，说明品牌相关产品内容沉淀数量少，口碑认知浅；搜索相关产品词条发现出现的内容杂乱、笔记陈旧，并且主要以手持、摆拍图为主，曝光形式比较生硬，存在一定的负面评论和对产品的差评，图片内容中还出现了相关竞品等。这说明品牌在平台的运营能力较弱，没有有意识地激发正向口碑，广告太生硬不利于对用户产生影响，不利于留存主动搜索的用户。

品牌根据这一初步的数据诊断，可以确定内容营销方向。

四、 小范围前测

品牌在前期的分析中明确了内容和产品的投放思路，接下来应该进行小范围前测，以确认思路是否需要调整。这是一个必不可少的环节。

新媒体营销的即时数据反馈可以帮助品牌在进行大规模投放前，对产品和内容素材进行小范围的测试，不断迭代，通过数据对比确定更优方案。比如，在小范围前测阶段，品牌可以用尾部KOL来进行小范围的市场验证，测试选品或内容素材的方向，同时将其作为口碑发酵的种子。通过不断迭代测试，在互动和调整中发现关键内容点，比如A卖点可以得出B评价、X人群具有Y痛点，以便在后续大规模投放中事半功倍。

五、 有节奏地进行传播投放

品牌单次营销传播活动可以按时间划分为不同阶段，品牌应把握好传播投放节奏，使活动效果最大化（见图7-10）。

1. 预热期

单次营销传播活动通常要有预热期，特别是一些重要节点的营销传播活动，如“双十一”、春节以及平台的一些营销IP活动。

节点投放通常是为了借助大流量获得更高的销售转化，如果没有前期的预热和蓄水，品牌很难在节点获得足够的用户，也难以让用户在节点立刻形成转化。即使是一次直播，效果好坏也不仅仅取决于直播的几个小时，还依赖于前期充分的预热（短视频宣传、微

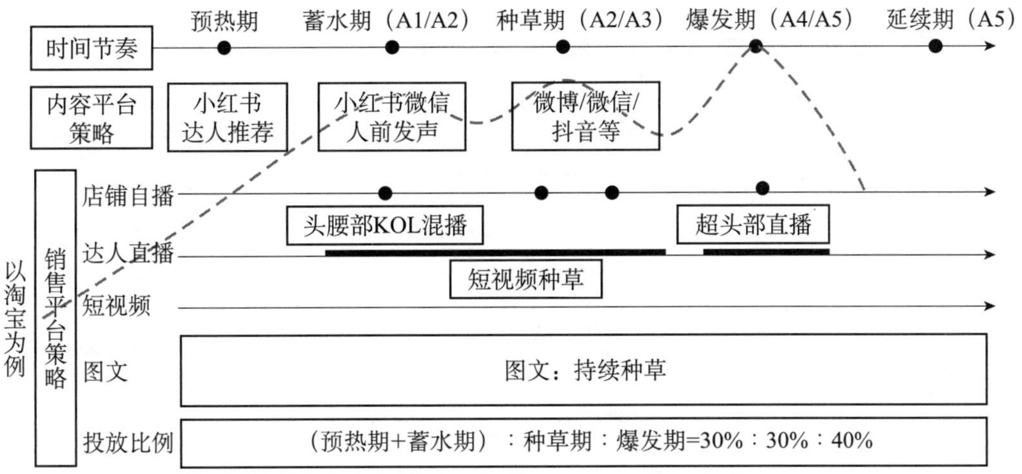

图 7－10　传播投放节奏（非精确值，根据品牌和活动而调整）

资料来源：茉莉数科集团。

博预告等）来保证直播获得足够的流量和转化。对于大型的营销活动，更需要提前进行预热、种草，尽可能在活动正式开始前获得更多潜在用户的注意，并使其对品牌形成一定的认知。这样才可能在活动当天引爆话题，尽可能提高成交转化率。

预热期往往是以投放一些尾部 KOL 或“素人”账号为主，比如在小红书以素人好物分享和合集为主。预热期有时候会和产品、内容素材的小规模前测重叠，核心是建立一个口碑试验场，对产品概念、内容主题和目标人群进行小规模的测试。

2. 蓄水期

品牌在蓄水期需要选择影响力更大的 KOL 来配合平台流量的投放（如 Dou＋、淘宝直通车等）。这个阶段最核心的目标不是提高转化率，而在于全面提升曝光度。品牌尽可能占据更多的内容流量入口，面向更多新客进行品牌曝光，吸引新客关注品牌官方账号或店铺。比如“双十一”的蓄水期一般在预售之前（约 9 月）就开始了。这个阶段消费者的购买意愿较低，主要是广泛浏览、评估购买方案。此时的流量投放（如直通车、钻展）和内容多场景种草（达人矩阵）以积累更多的潜在消费者为主，为潜在消费者打上标签。在营销传播活动的重要节点来临之前，品牌也在直播间对不同人群进行引流测试，找到最适合品牌的人群画像，为重要节点保驾护航，让整个营销传播活动的效果更具有可控性。

预热期和蓄水期两个阶段的投放比例大概占整体的 30%。

3. 种草期

在经历预热期和蓄水期后，品牌已沉淀一定的潜在消费者和标签，接下来则进入深度种草期。这个阶段品牌可采用密集的投放节奏，加大中腰部和初级达人的投放力度，主要投放能够引起话题的种草型内容，比如多场景的产品使用、测评、开箱、预告活动等。这一阶段的活动形式和话题要更具灵活性和多样性，在线上话题传播的基础上，尝试创新内容形式，如线上线下联动等；打造热点话题，注重挖掘话题点的互动性和可创造性，提高其二次传播价值；品牌、KOL 和粉丝加大互动，既可以提高粉丝黏性，还可以在一定程度上帮助内容获取更多的流量。这一阶段，品牌在销售平台多激励粉丝加购收藏、付定金等。

种草期的投放比例大概占整体的 30%。零度可口可乐在这一阶段的传播投放节奏可以作为参考示例（见图 7－11）。

阶段	种草期				拔草期		
日期	第1周（9/06—08）	第2周（9/09—15）	第3周（9/16—22）	第4周（9/23—29）	第5周（9/30—10/6）	第6周（10/07—13）	第7周（10/14—20）
目标人群	爱吃爱秀人群						
产品沟通点	新品上市，建立产品网红属性		宣传产品利益点：在保持口感的同时，富含膳食纤维，不含糖		强化产品使用场景		
传播目的	引起消费者兴趣 关注明星同款/网红饮品		促进消费者了解产品功效 种草购买欲望		多渠道催化消费者 拔草欲望		
核心创意	预热事件明星日常探秘	白日梦病毒视频发布	明星晒夜宵代言人同款 高颜值网红必备晒图	明星视频拍摄花絮揭秘 种草天团全面安利	GQ实验室引爆中产健康饮食场景话题	明星直播	晒美食配可乐赢大众点评餐厅试吃券
传播途径	□ 明星微博发布 □ 官方微博转发 □ 娱乐类大号扩散 □ 娱乐KOL爆料		□ 明星微博发布 □ 官方微博转发 □ 网红KOL全平台种草 □ 种草天团小红书安利拔草		□ GQ实验室微信发布 □ 官方微博发布活动，抽奖 □ 明星口袋48App直播 □ 明星粉丝后援会微博扩散		

图 7－11　零度可口可乐新媒体营销传播活动的传播投放节奏示例

4. 爆发期

在需要快速爆发的关键节点，流量投放效果广告是最佳选择。经过蓄水期和种草期的日常化沉淀目标消费者后，品牌进入爆发期，流量主要投向头部网红/明星，配合效果广告和品牌广告，带来大范围的品牌渗透和口碑传播；并在成交环节将流量投向大量的 KOC 和淘客①，向潜在消费者（而不是新客）投放内容和促销信息，促成转化。

这个阶段强调销售转化而不是内容种草。品牌通过店铺自播和头部 KOL 直播的配合以及各种促销策略，引导消费者成交。企业需要在事前以小时甚至分钟为单位精细打磨直播当日的内容规划、货品组合、服务机制以及流量投放计划，并在当日根据现场情况灵活应变，抓住机会促成销量爆发。如果爆发节点的流量不够，比如店铺访客/直播观看人数不足，品牌则需要实时加大优惠力度或调整投放策略。2021 年，韩国的护肤品牌后（Whoo）通过头部大 V 和抖音超级品牌日的资源聚合，实现了单场超 3 亿元、单品 2.89 亿元的惊人战绩。为了给超级品牌日的销量爆发做好准备，后与头部大 V 在此之前进行了长期多次的带货合作，测试出效果最好的单品，并提前 1 个月做好备货准备。在正式活动前，通过多条短视频内容配合广告投放，进行大范围的宣发预热。活动当日，直播间、广告投放、客服、物流等多个部门通力协作，确保销量爆发。活动结束后，当日主推爆款产品“天气丹”也成了全平台热议的产品，帮助打开后续与更多 KOL 合作的

① 淘客是一种推广者，主要职责是将淘宝卖家的商品分享推广出去，如果有人从淘客的分享链接进入并成交，淘宝商家就会付佣金给淘客。淘客模式其实是一种广告模式，计费方法主要为按成交计费（CPS）。

通道。

爆发期的投放比例大概占整体的 40%。

5. 延续期

延续期是爆发期后的下一个种草环节，可以根据整个营销传播活动中反映出来的问题，有针对性地进行调整，重新产出内容。比如通过专家科普提高可信度、回应争议等，缓解消费者购后的心理失调；也可以后续与活动期间转化到品牌私域的消费者进行互动和开展关系营销。

图 7-12 综合上述几个阶段的分析，展示了配合传播投放节奏的 KOL 投放策略。

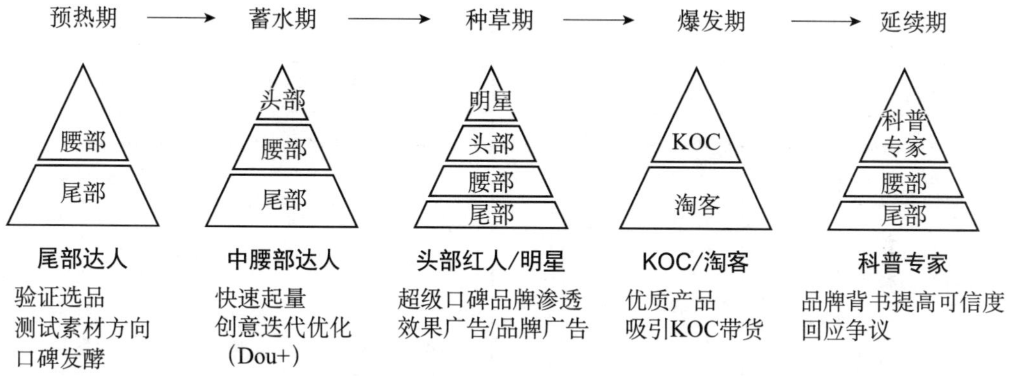

图 7-12　配合传播投放节奏的 KOL 投放策略示例

资料来源：茉莉数科集团。

需要注意的是，在实践中，要完成一次营销传播活动，即内容生产—传播—效果反馈，需要一整套的数据监控系统。这种数据监控系统的主要作用是对不同平台内容的综合传播和转化效果进行量化立体呈现，让营销决策者能够在活动开展的第一时间，实时动态地了解此次活动的全貌。这里的全貌包括：具体投放平台的传播效果，如页面浏览量（PV）/独立访客数（UV）、点赞/评论/留言数等直观的数据信息；具体执行流程节点信号，是否到达流程上下承接的节点时刻（以时间、结果、数据反馈等多种形式反馈）；策略的执行效果数据，包括是否符合设置的基本目标等。

六、内容概念整合和节奏配合

值得一再强调的是，在整个营销传播活动中，品牌核心信息需要一以贯之。每个营销传播活动和每个内容都在积累“品牌历史”，因此需要不断沉淀品牌核心价值。

也就是说，在营销传播活动中，内容、卖点、品牌展示的形式可以多元化，但核心概念、品牌理念需要保持一致。不同阶段的 KOL 内容之间需保持一定的关联度和承接度，以免消费者接收到的营销信息过于分散甚至有偏差，导致品牌认知模糊。多元化的内容之间需要彼此联系，反复强调核心概念和品牌理念，以形成合力推动消费者购买，并形成一定的品牌资产沉淀。

从预热期到爆发期，KOL 提供 PGC 进行场景化展示与引导，发动消费者产出 UGC，使品牌从公域流量导入私域流量，并及时有效地进行效果转化。整个活动要一气呵成，将不同平台的各个资源有效串联起来，不疾不徐，这需要营销人员高度专业、经验丰富，对活动持续优化。组织一次多平台营销传播活动需要资源、能力、想象力与执行经验。无论是传统品牌还是新锐品牌都可以运用抖音、小红书、微博、淘宝等平台来与消费者沟通和进行销量转化，但效果如何取决于对各个平台资源的认知能力、利用能力以及对整体资源联动、搭配和节奏的掌控。

案例分析

天猫的内容营销指南

2022年5月，天猫发布《天猫数字化内容营销航海指南》（以下简称《指南》），详细介绍如何通过内容力指标体系提升品牌和电商团队内容运营水平及评估效果。其内容营销模型如图7-13所示。

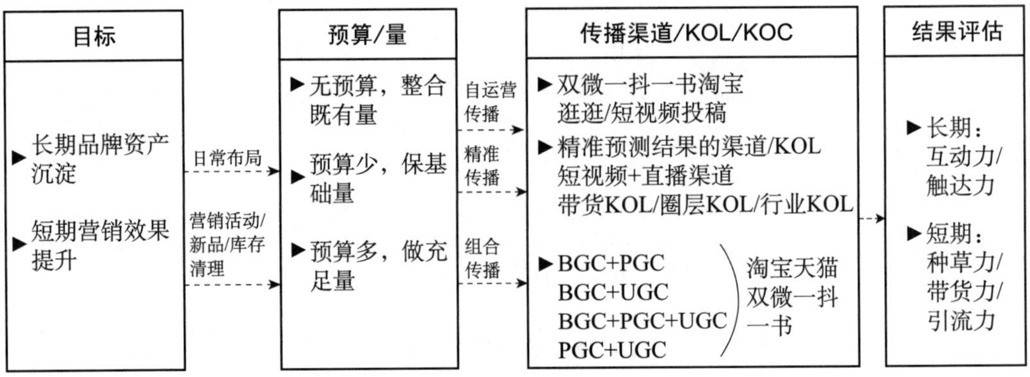

图7-13　天猫内容营销模型

该《指南》认为，好的内容营销作用于短期业绩增长的同时也能帮助品牌沉淀人群资产。短期而言，内容可以助力单品被消费者种草，可以为店铺带来更多流量，甚至可以直接带来商品成交；长期而言，品牌相关内容的扩散意味着品牌曝光度和知晓度的提升，品牌通过内容不断地与消费者形成交互，保持和巩固品牌与消费者的关系以及品牌热度。

在数字媒体技术的帮助下，内容营销的短期、长期价值都可以被精准地记录、归一和跟踪。这为营销团队评估和进一步改进内容营销的效果提供了决策依据。

1. START内容营销评估指标体系

《指南》提出了START内容营销评估指标体系（见图7-14），旨在全面反映企业整体内容营销的声量、质量和效果。同时，从内容引导的长期品牌资产沉淀和短期营销效果提升两个角度出发，START也是一套为品牌量化短视频投入价值的模型（见图7-15）。

电商团队可以重点关注种草力、带货力、引流力三项指标。

（1）种草力。指短视频给商品带来的种草效果，衡量的是店铺内所有带商品短视频带来的商品种草效果的平均水平，它综合测算了平均每条带商品短视频的完播率和引导商品加购收藏的系数。

（2）带货力。指短视频直接带货成交的效果，衡量的是店铺内所有带商品短视频在播放后直接引导成交的平均水平，它测算了平均每条带商品短视频当日播放后直接引导成交的人数。

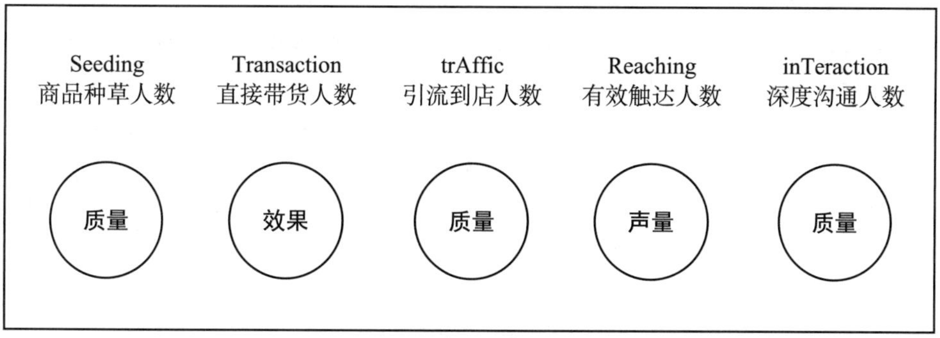

图 7-14　START 内容营销评估指标体系

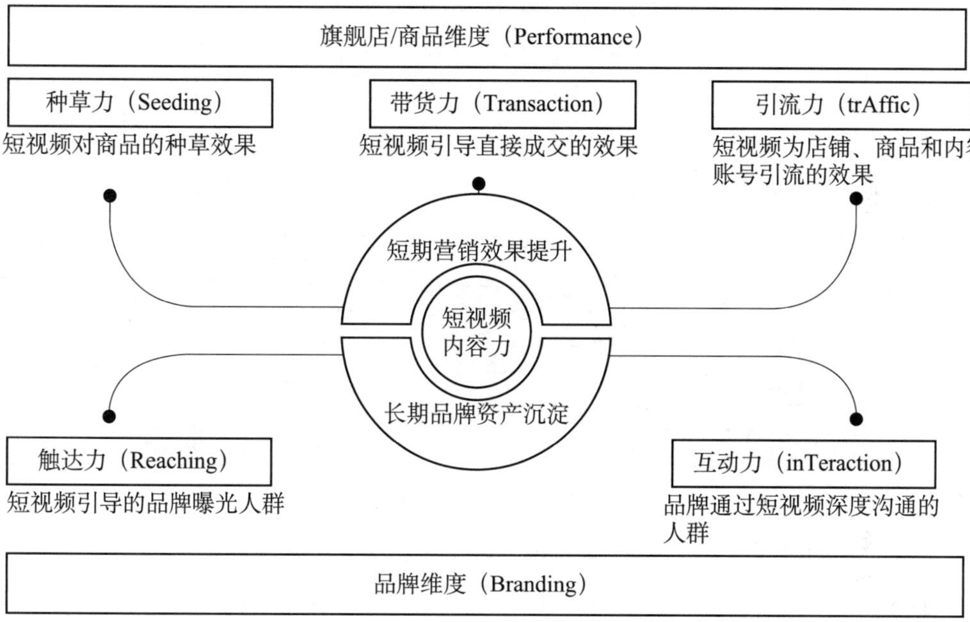

图 7-15　短视频投入价值量化模型

（3）引流力。指短视频将消费者引导到店铺、引导到商品详情页和引导到店铺内容账号“加粉”的能力，衡量的是短视频为店铺、商品和店铺内容账号引流的情况，它综合测算了短视频引导到店、引导到品和引导到内容账号加粉的人群总量。

品牌和市场营销部门可以重点关注触达力和互动力两项指标。

（4）触达力。指短视频有效触达[①]人群的能力，衡量品牌通过短视频完成有效曝光的能力，它测算的是较长一段时间内所有品牌相关短视频被有效播放的人群去重总量。

（5）互动力。指短视频有效传递品牌内涵的能力，衡量品牌通过短视频这一载体完成与目标人群深度沟通、有效互动的情况，它测算的是较长一段时间内所有品牌相关短视频深度沟通和有效互动的人群总量（包括深度播放、点赞、评价、转发）。

“互动力＋”指标帮助品牌定制化测算其品牌心智资产沉淀情况，基于品牌提供的特定关键词测算被品牌相关短视频曝光过的人群在未来一段时间内在搜索渠道主动搜索该

①　短视频有效触达指用户看短视频 3 秒以上。

关键词的情况。品牌的内容力不仅仅是打造爆款内容的能力，从长期、综合的角度去看，商家内容营销整体的声量、质量和直接带货效果是最能反映品牌内容营销综合水平的。

2. 短视频内容的规划与生产

在数字化内容趋势的背景下，品牌对消费者获取信息的全链路有了更深的洞察，即消费者在O/A－I－P－L链路加深的过程（见图7－16）。品牌以数据研究为出发点，搭建品牌经营策略，明确人群定位，匹配商品与内容，并利用以短视频为核心的内容形式赋能拉新、种草，最终实现转化和人群资产沉淀。

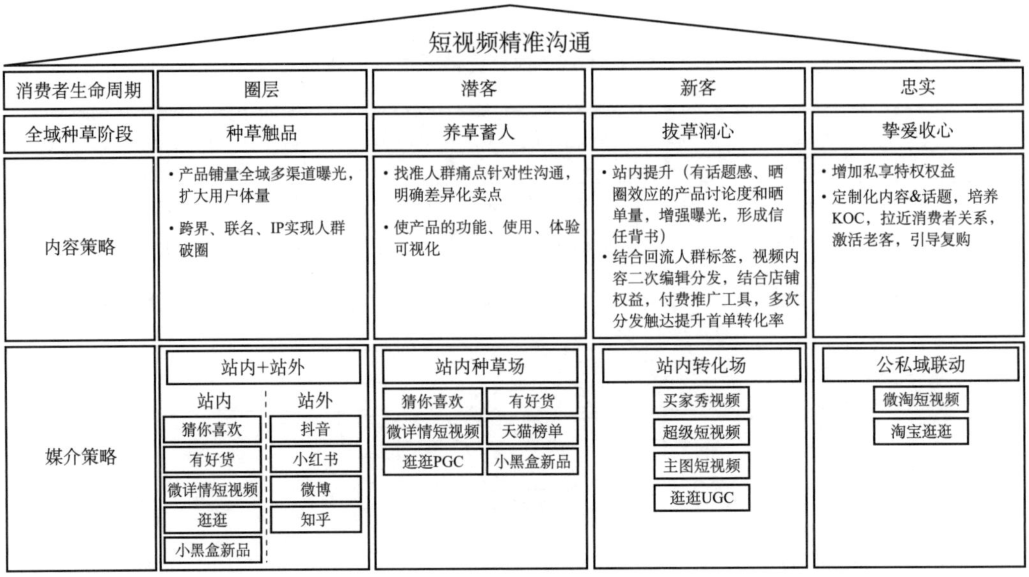

图7－16　O/A-I-P-L链路模型

3. 通过START内容营销评估指标体系指导内容生产

START内容营销指标体系不仅能分析消费者对内容的反应，也可以用于内容的裂变生产，指导内容创意、选题，快速高效完成内容生产，让消费者有更多了解品牌的机会。

种草力：挖掘消费者兴趣点，用多样化的场景去展现同一个故事。

带货力：讲述产品卖点、产品优惠信息、产品使用效果、产品评测，撬动用户的购买欲望。

引流力：热点话题或疑问句都是能够引导消费者直达商品/店铺的有效方式。

触达力：有趣、有料的内容更有看点，更能吸引消费者观看，根据平台算法推送曝光给更多的人。

互动力：通过目标消费者与商品卖点在内容偏好上的深度洞察，找到更能完成深度沟通的方式，让消费者有更多了解品牌的机会。

短视频内容裂变生产的思路如图7－17所示。

下面以美妆行业为例，介绍短视频内容裂变生产可遵循的生产链路五步法。

第一步：需要清楚知道每个SKU最终生产多少条短视频内容，是否需要搭建场景、使用模特等。

第二步：从产品的不同维度做内容拆分，如产品卖点、使用场景、产品评测等。

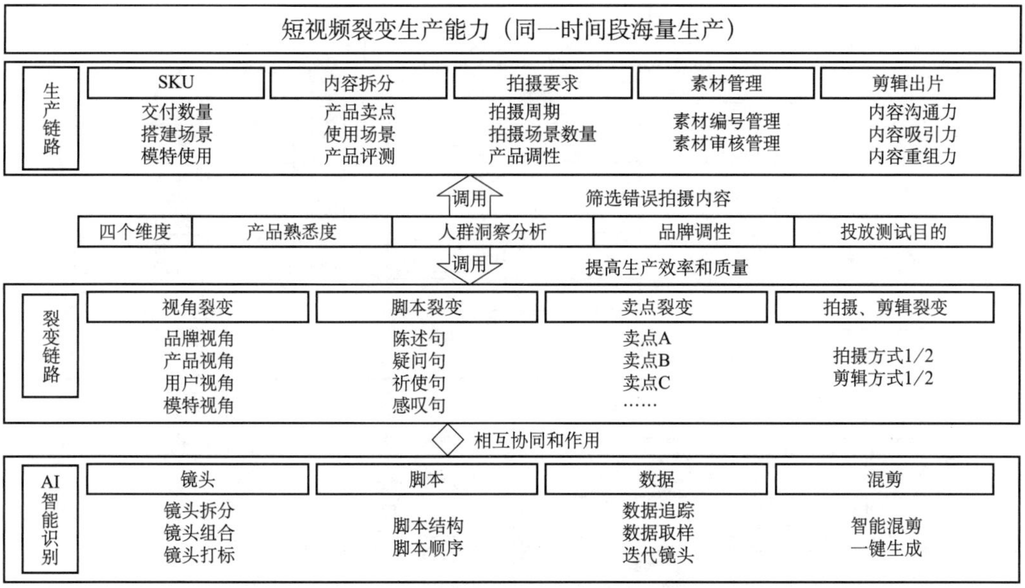

图7－17　短视频内容裂变生产的思路

第三步：确定拍摄周期、拍摄场景数量和产品调性。

第四步：拍摄素材并交付。

第五步：开始剪辑并提交对应数量的视频。

在这五步之后，品牌根据目标进行内容裂变，提高内容的丰沛度。

第一次裂变主要围绕品牌视角、产品视角、用户视角和模特视角进行多样化的内容生产。第二次裂变主要落在脚本的表现形式上，用陈述句、疑问句、祈使句、感叹句跟消费者沟通，结果会有很大差异。第三次裂变落在产品卖点的沟通上。第四次裂变主要体现在拍摄方式和剪辑方式上。

4. 内容测试与迭代

品牌在短视频制作中既有单平台独有素材，也有投放在全域多平台的共用素材。如何对多样的、可重复利用的、可多端利用的素材进行整合管理和分析十分重要。在实际操作中，前期测试能最大化单素材的使用价值，沉淀定量数据并明确优化迭代方向，测试采用全域轻投放测试—素材效果监控—分平台素材锚定—全周期监控及内容分解优化—二次运营全域提效不断循环的模式，旨在匹配全域优秀内容共性，用测试的思维做投放，通过对投放结果的反复验证，形成有迹可循适合自身品牌的内容营销打法，如图7－18所示。

内容素材是品牌资产之一，且这种资产并非一次性买卖，而是可循环利用的。品牌在短视频生产环节就可以开始搭建内容资产库，对存量视频、素材、标签等进行有效循环利用，品牌可根据自身运营需求对视频素材进行分类，通常从商品、时间、发布平台、发布主体、素材类型五个维度进行归档，方便后期调用时能快速检索到需要的视频素材，如图7－19所示。

短视频资产复用是品牌在短视频赛道降本提效的主要手段之一。聚合素材—重新剪辑—再次投放的操作模式，大大降低了商家在短视频赛道的人力、物力和时间成本。

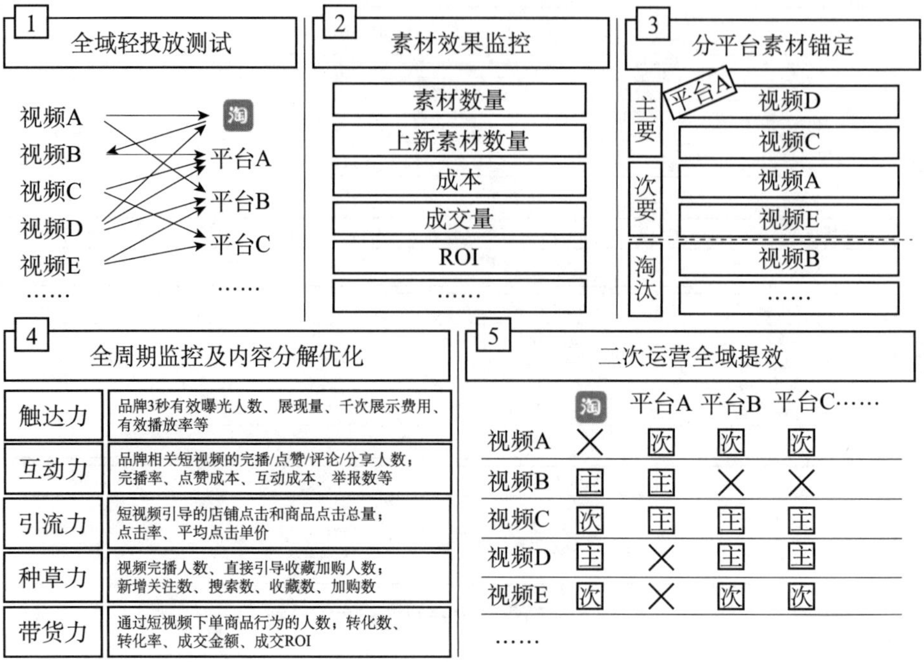

图 7-18　内容测试与迭代

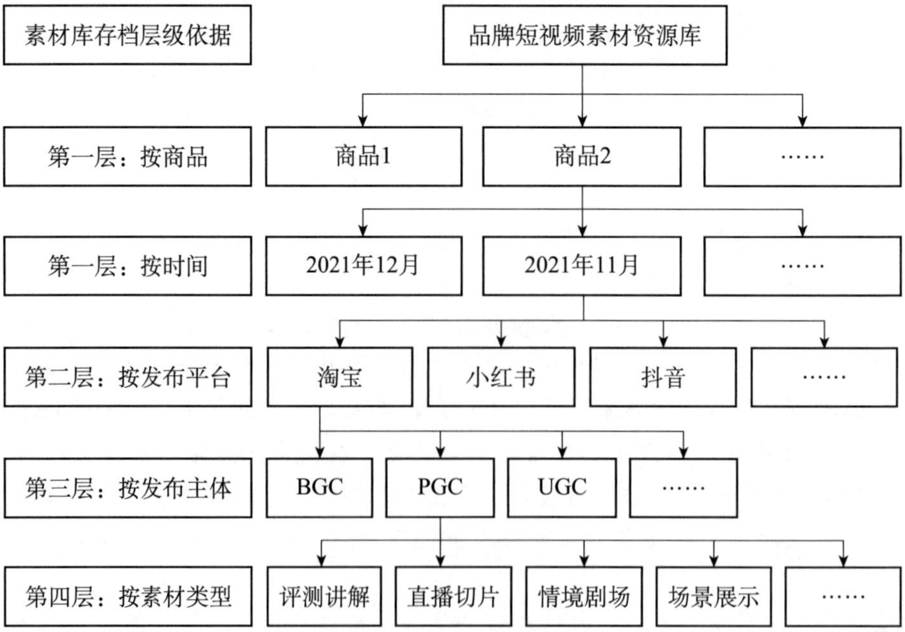

图 7-19　内容素材分类管理示例

在重新剪辑视频时，商家需要注意两点。一是视频风格平台化，不同平台有自己的内容特色，短视频重新剪辑时需要根据平台的内容特色进行脚本编辑，再利用现有素材完成剪辑；二是视频要求平台化，不同平台的短视频审核标准是不同的，短视频重新剪辑时应该以100%审核通过率为目标，进行素材的混剪。

视频素材复用虽然能够帮助品牌降本提效，但并不代表品牌可以大大减少在短视频上的投入。很多平台对内容会有“去重”要求，即当 2 条或多条视频素材的画面重复率达到一定比例时，平台会判定视频重复并进行限流处理。所以持续性的原始素材投放和积累是必不可少的。

资料来源：天猫联合多家优质生态伙伴发布的《天猫数字化内容营销航海指南》。

// 基本概念 //

影响力组合模型	介入度	传播策略	创意
内容表达	AIGC	媒介投放排期	到达率
接触频率			

// 讨论题 //

1. 整理一些品牌内容（如海报、微博、冠名的口播、广告片），判断品牌的意图，包括营销目标、传播目标、目标人群、核心价值，以及你认为这些内容能否达到其目标。

   （参考答案：参见 B 站 UP 主“品牌经理——张师傅”对产品海报的分析，以及对奇葩说中各个品牌口播效果的分析。参照这些分析思路，可以引入身边即时出现的一些品牌内容进行讨论。）

2. 大数据环境下，消费者洞察还有用吗？

   （参考答案：数据呈现消费者行为，A/B 测试可以帮助我们通过低成本测试选出最优内容，但对消费者的理解依然重要，依然是品牌传播和创意的根本。）

// 第8章 //
社交媒体 KOL

今天的新媒体营销无论如何绕不开社交媒体 KOL（social media key opinion leader，也称为影响者（influencer））。无论是促进销售还是推广品牌，社交媒体 KOL 都是品牌营销的主要工具之一。互联网塑造了大量新型群体关系，比如在同一个话题下发表评论的用户、使用同一社交平台的用户。在这些群体关系中，营销信息的传播者可以是消费者过去完全不熟悉且不具备地域接近性的个体。在数字时代，KOL 主要来源的边界逐渐模糊，出现了介于“同伴”与“明星”之间的新型 KOL。这些基于社交媒体内容互动而逐渐成长起来的 KOL 通常也是内容创作者，他们构成各大平台内容生产的主体，吸引大量的用户，产生大量的流量和互动，成为品牌接触消费者最直接的渠道之一。KOL 创造的内容可以划分为 PGC 或 PUGC，这些内容在小红书、抖音以及淘宝有很大的影响力。

我国市场的社交媒体 KOL 营销模式十分成功，无论是国际品牌如欧莱雅、宝洁等，还是本土品牌如完美日记、珀莱雅，抑或是中国出海品牌希音（Shein）等，都在积极地与社交媒体 KOL 合作以拓展中国和国际市场。调查显示，2021 年中国社交媒体 KOL 整体数量增加 15%，KOL 推广以 67%的占比超越短视频成为 2022 年品牌社会化营销的首选渠道。[①] 抖音兴趣电商也将“社交媒体 KOL 矩阵”视为其 FACT 电商方法论的核心组成部分，其平台数据显示，商家业绩往往随着与其合作的 KOL 能力的提高和数量的增加而快速成长。美国市场中，社交媒体 KOL 也有巨大的力量，超过 75%的营销人员计划将资源投入社交媒体 KOL 营销，2022 年底相关支出约 164 亿美元。[②]

社交媒体 KOL 代表在社交媒体上有影响力的人，在不同语境和数字平台上，这一名称也有差异。国内常用的称呼有博主、自媒体人、UP 主、大 V、达人、主播等；而欧美市场对其的认识则从网络意见领袖、微名人（micro-celebrity）转变为影响者以及创作者（creator）。

2003 年至今，社交媒体 KOL 的研究论文数量呈爆炸式增长，这意味着越来越多的

---

① 2022 中国数字营销趋势报告．（2021 - 12 - 15）．https：//ambchina.com/data/upload/image/20220226/2022%E4%B8%AD%E5%9B%BD%E6%95%B0%E5%AD%97%E8%90%A5%E9%94%80%E8%B6%8B%E5%8A%BF%E6%8A%A5%E5%91%8A.pdf.

② Geyser W. The state of influencer marketing 2020：benchmark report. https：//influencermarketinghub.com/influencer-marketing-benchmark-report - 2020/.

学者开始关注这一新兴的研究领域。目前许多文献评估了品牌通过社交媒体和社交媒体KOL 与消费者接触所获得的众多好处，包括视觉、情感和信息诉求[①]、客户忠诚度和留存率[②]、点对点口碑推荐[③]和关系发展[④]等策略的使用增加。

第 1 节　了解社交媒体 KOL

一、 社交媒体 KOL 及其相关概念

意见领袖（opinion leader）的概念最早见于政治学领域，传统的意见领袖通常在特定的社区或群体中具有影响力，而在互联网社会中，意见领袖的影响力主要在在线空间。如今的社交媒体 KOL 的概念已经和最初政治学领域的“意见领袖”的概念产生了很大的差异。社交媒体 KOL 首先是一个内容生成器，是在特定领域拥有专业知识的人，通过定期在社交媒体上生产有价值的内容，培养了相当数量的追随者，对品牌具有营销价值。[⑤]关于 KOL 相关概念的定义有很多，具体见表 8 - 1。

表 8 - 1　KOL 相关概念及其定义、特点

概念	定义	来源	特点
意见领袖（opinion leader）	人际关系网络中为他人提供信息、对他人施加影响的个体，他们将信息传递给受众，形成信息的“两级传播”	Lazarsfeld，Berelson & Gaudet（1944）	通常在社区或社会群体中具有较高的地位或权威，经常为他人提供信息、观点或建议并对他人施加个人影响，他们的观点和行为往往能影响群体内的其他成员
关键意见领袖（key opinion leader，KOL）	在社区或社会系统中对新观念、新产品或实践的接受过程起到重要作用的个体	Rogers（1962）	强调关键个体在信息传播和决策过程中的重要性和中心地位
网络意见领袖（web-KOL）	不仅仅是社区或社会群体中的权威，还具有众多的在线关注者并与他们保持高频率的在线互动	Kozinets et al.（2010）	影响力主要在网络空间内展现，如博客、微博、YouTube 等平台

① Rietveld R，Van Dolen W，Mazloom M，et al. What you feel，is what you like influence of message appeals on customer engagement on Instagram. Journal of Interactive Marketing，2020，49（1）：20 - 53.

② Kamboj S，Rahman Z. The influence of user participation in social media-based brand communities on brand loyalty：age and gender as moderators. Journal of Brand Management，2016，23：679 - 700.

③ Chu S C，Kim Y. Determinants of consumer engagement in electronic word-of-mouth（eWOM）in social networking sites. International Journal of Advertising，2011，30（1）：47 - 75.

④ Labrecque L I. Fostering consumer-brand relationships in social media environments：the role of parasocial interaction. Journal of Interactive Marketing，2014，28（2）：134 - 148.

⑤ Lou C，Yuan S. Influencer marketing：how message value and credibility affect consumer trust of branded content on social media. Journal of Interactive Advertising，2019，19（1）：58 - 73.

续表

概念	定义	来源	特点
网红（internet celebrity）	在网络社区特别是社交媒体平台上积累了大量粉丝或关注者的人。他们可能因为自己的才华、知识、创新能力或者是提供的娱乐性内容而受到关注	Marwick（2015）	概念可以覆盖微名人和影响者，但与微名人和影响者相比，网红更加强调娱乐性和流行文化
微名人（micro-celebrity）	通过自我营销和自我展示，在社交媒体平台上积累了大量粉丝的人	Senft（2008）	影响力主要来源于他们的个人品牌，而不仅仅是他们的专业知识或权威
影响者（influencer）	在社交媒体中由于知识、经验或专业性，而被大众认为有影响力的个体。一些学者也认为影响者是在社交媒体平台上拥有大量关注者，能够影响他人购买决策的个体	Djafarova & Rushworth（2017）	在概念上与微名人、网红有一定的重叠。影响者可能包括专业人士、名人、公众人物，也可能是普通的社交媒体用户。他们的影响力主要来自他们的粉丝群体和他们与粉丝的互动

上述概念之间的联系和区别主要体现在影响力来源、作用领域和互动方式上。微名人和影响者在社交媒体平台上通过与粉丝互动来建立和维持影响力，而网红可能更多地通过提供娱乐性的内容来吸引粉丝。

与线下意见领袖类似，社交媒体 KOL 在工作和沟通中是积极的参与者，他们的社会网络不仅庞大而且发展良好。在一个或多个特殊话题中，其他人相信他们，并把他们当作可以信赖的信息源。KOL 的形成和发展是一个动态的过程。KOL 并不是正式任命的，他们通常是在与社群成员的互动过程中产生的，而且成为 KOL 并不意味着该个体会永远保持这种地位。随着社群的发展，一些 KOL 可能继续保持其在社会群体中的这种地位，而另一些则可能变回普通成员。①

有研究表明，KOL 在社群舆论的形成中扮演着重要的角色。在中国的网络平台发展过程中，社交媒体 KOL 成为重要的信息关键节点，早期更偏向群体和大众传播的属性。里昂（Lyons）和亨德森（Henderson）指出社交媒体 KOL 相对于其他人明显处于优势地位，尤其是在创新性、对相关事物的自身感知、持久性涉入和开拓性行为方面。他们天生对信息敏感，这使得他们易于获得新的信息。② 在网络信息互动的过程中，网络成员之间由于知识贡献、信息的有用性等不同而具有不同的地位，社交媒体 KOL 通常具有高可信度和良好声誉。毫无疑问，一些拥有数百万粉丝的微博用户比那些只有少数粉丝的用户更有影响力，他们有更大的可能性影响他人的意见。

现阶段，社交媒体 KOL 的影响力不仅存在于舆论领域，还存在于商业领域。社交媒体 KOL 被企业雇用，以影响和指导消费者的购买行为。③ 这也被称为“影响者营销”

① Xiong Y，Cheng Z C，Liang E，et al. Accumulation mechanism of opinion leaders' social interaction ties in virtual communities：empirical evidence from China. Computers in Human Behavior，2018，82：81－93.

② Lyons B，Henderson K. Opinion leadership in a computer-mediated environment. Journal of Consumer Behaviour，2005，4（5）：319－329.

③ 同①.

(influencer marketing)，即利用社会化媒体影响者的优势来推广品牌或使消费者认可品牌产品和服务的营销战略。① 与传统意见领袖不同的是，数字世界的 KOL 可以是虚拟的，如虚拟偶像 Imma、完美日记的“小完子”等。社交媒体 KOL 营销的定义见表 8－2。

表 8－2　社交媒体 KOL 营销的定义

定义	来源
通过对顾客及潜在顾客有影响力的个体来制定及实施营销战略与活动，社会化媒体是全新的影响力推动者	Brown & Hayes (2008)
利用关键个体或意见领袖的影响力提升消费者品牌认知或促进消费者作出购买决定的营销战略，新媒体环境下电视等大众媒体渠道被社会化媒体渠道所取代	Lou & yuan (2019)
利用社会化媒体 KOL 等主要影响者的优势推广或背书品牌产品或服务的实践	Ki & Kim (2019)
补偿个体在社会化媒体上发布有关产品或服务信息的实践	Campbell & Farrell (2020)
利用社交媒体 KOL 来培养粉丝（消费者）对品牌的正面态度和行为。可以由社交媒体 KOL 在平台上发布帖子，也可以让 KOL 和粉丝参与社会化媒体上的品牌形象共创活动	Martinez-Lopez et al. (2020)

资料来源：贾微微，别永越．网红经济视域下的影响者营销：研究述评与展望．外国经济与管理，2021，43 (1)：23－43.

二、社交媒体 KOL 的价值

早期研究者从传播学的视角对 KOL 作出定义，而后在营销领域和公共问题领域探索 KOL 的影响，有很多研究认为 KOL 对人们的态度和行为的影响超越了新闻和广告所产生的影响。

社交媒体 KOL 在营销中的作用和代言人代言有类似之处，但也有其独特之处。在学术研究中，很多关于代言人代言的传统研究结论也同样适用于 KOL 营销（如可信度、准社会互动、情感认同、信任等）。与传统的代言人不同的是，社交媒体 KOL 通常是普通人，使用易于获得的日常产品②，他们通过努力获得粉丝/追随者，以个性或是其他魅力以及在社交媒体上生成病毒式内容的能力而闻名，粉丝规模大小不一，并通过品牌合作、付费赞助、销售佣金等方式赚钱。他们比传统的代言人更可信、更容易引起共鸣。③ 代言人的普通人身份减弱了受众的防御心理，使受众将其发布的内容或信息视为朋友之间的“可信共享”，而不是促销信息。此外，KOL 能够通过专注于特定的领域，如时尚/化妆、游戏和旅游领域来增强这种信任。提高人们对 KOL 的信任水平④，不仅会促进购买，还有助于建立情感纽

① 贾微微，别永越．网红经济视域下的影响者营销：研究述评与展望．外国经济与管理，2021，43 (1)：23－43.

② McCracken G. Who is the celebrity endorser? Cultural foundations of the endorsement process. Journal of Consumer Research，1989，16 (3)：310－321.

③ Djafarova E，Rushworth C. Exploring the credibility of online celebrities' Instagram profiles in influencing the purchase decisions of young female users. Computers in Human Behavior，2017，68：1－7.

④ Swant M. Twitter says users now trust influencers nearly as much as their friends. https：//www.adweek.com/performance-marketing/twitter-saysusers-now-trust-influencers-nearly-much-their-friends-171367/.

带，鼓励受众持续地参与。社交媒体 KOL 的特征和价值如表8－3 所示。

表 8－3　社交媒体 KOL 的特征和价值

特征	具体描述	对企业的价值	代表性文献
有影响力	粉丝规模较大（受欢迎程度的标志）	大量粉丝意味着更大的（商业）信息传播范围，并且可以充分利用口碑的力量	De Veirman et al.(2017)
	具有较高可信度的信息源	社交媒体 KOL 代言可以提高企业信息可信度，帮助企业实施更有效的营销策略	Lou 和 Yuan（2019）
	通常专攻某一特定领域，并在该领域内建立影响力	企业通过与社交媒体 KOL 合作，可以与大量目标消费者沟通；社交媒体 KOL 与个人专业领域对应的品牌合作时，消费者更可能接受或信任社交媒体 KOL 的意见	Torres et al.（2019）
感知真实性	社交媒体 KOL 展现出真实性，并保持与品牌的一致性；社交媒体 KOL 在社会化媒体上通过分享与品牌匹配的个人生活细节及透明化战略等塑造可信的人设	当消费者感知到社交媒体 KOL 是开放的、自我呈现的、真实的时，他们对社交媒体 KOL 产生更高程度的信任，更可能信任其所传递的品牌信息	Duffy（2017）；Audrezet et al.（2020）；Wellman et al.（2020）
多重身份	社交媒体 KOL 是内容生成者，他们通过社会化媒体平台在线分享自己创作的内容，并以此吸引消费者	在影响消费者购买决策方面，社交媒体 KOL 创作的内容比企业传递的信息更可靠和更有效	Ge & Gretzel（2018）
	社交媒体 KOL 具有与传统 KOL 类似的传播者角色；他们与新事物保持同步，通过社交网络分享信息	社交媒体 KOL 在信息传播中起着关键作用，是营销传播中必不可少的元素，对消费者的态度、决策和购买行为均有重要影响	Casal et al.（2018）；Ki & Kim（2019）
	社交媒体 KOL 具有名人身份，他们在社会化媒体中依靠自我打造的人设而出名，被视为“微名人”	相对于传统名人来说，社交媒体 KOL 和消费者距离更近，通常被认为比传统名人更值得信任	Schouten et al.（2019）
	社交媒体 KOL 也具有消费者身份，同样会购买产品、表明态度	社交媒体 KOL 传递的信息不会被轻易地感知为受商业利益驱动，往往被认为更加可靠和有效	Shan et al.（2020）

资料来源：贾微微，别永越．网红经济视域下的影响者营销：研究述评与展望．外国经济与管理，2021，43（1）：23－43.

社交媒体 KOL 的社会影响与其和受众的关系密不可分，这是其与明星的主要区别，他们通过互动塑造高度感知真实性（authenticity）和可信赖性。明星和社交媒体 KOL 在品牌营销中发挥不同的作用，通常视传播目的不同进行选择。比如，社交媒体 KOL 比较容易引发受众的购买行动，受众也更容易相信其内容和信息。而明星代言往往和品牌的长期形象挂钩，明星形象与品牌内涵的匹配是比短期销量和网络声量更重要的选择标准。

当然这两类营销资源并不互斥，品牌可以同时运用。

1. 对企业/品牌的价值

（1）提高品牌认知度。社交媒体 KOL 通常拥有大量的粉丝或关注者，他们的推荐可以使品牌接触到更广泛的受众群，从而提高品牌的可见性和认知度。

（2）树立品牌形象。消费者通常信任他们关注的影响者，可能将这种信任转移到影响者推荐的品牌上，因此社交媒体 KOL 的推荐可以树立品牌的形象和声誉。

（3）提高销量和收入。社交媒体 KOL 可以直接推动销售，驱动消费者作出购买决策，提高转化率，从而增加企业的收入。

案例 8－1　“桃花源”与“伊甸园”——李子柒视频为何能成功“出海”

（4）打造创新内容。社交媒体 KOL 可以为品牌创造独特和有吸引力的内容，有助于品牌开展营销活动。

2. 对消费者的价值

（1）信息来源。消费者可以通过社交媒体 KOL 获取关于产品或服务的信息。

（2）提供有价值的内容。社交媒体 KOL 通常会提供有价值的内容，如产品评测、使用技巧等，这些内容可以帮助消费者更好地了解和使用产品，也可以帮助其在众多产品和服务中作出选择。

（3）优化消费体验。社交媒体 KOL 通常能为其推荐的产品提供一定的优惠折扣或与品牌合作推出定制化的产品、周边等，优化消费者的消费体验。

（4）营造归属感。社交媒体 KOL 通常会以自身为中心建立一个社区，消费者可以在这个社区中找到归属感。

第 2 节　社交媒体 KOL 的类型

一、传统消费者行为学对于 KOL 的分类

在传统媒体时代，消费者行为研究中所指的 KOL 主要来源于两类群体，一是与消费者具有同质性的群体成员，如消费者见多识广的同伴；二是拥有一定社会地位、受教育程度较高或是具有社会威望的参照群体成员，如明星、名人。第一类群体的传播力量小、范围小，还需要具备地域上的接近性，以使信息触达消费者。比如研究报告显示，三四线城市中的消费者很容易受到现实社交圈中的朋友影响。

许多关于 KOL 的研究指出 KOL 具有领域性，即 KOL 是对于某一范围而言的，美妆领域的 KOL 不一定是手机领域的 KOL。相关研究也发现 KOL 具有一些共同特征，如社交能力强、信息渠道丰富、产品卷入度高、时代感强、乐于沟通等。此外，开放性高、亲和性高、责任心强和神经质程度低的用户易于形成牢固的网络关系，更可能成为 KOL。因为这类用户能从频繁的交流中获得关于他人的知识和信息，减少预测他人行为的不确定性。频繁的交流还能激发积极的情绪，产生关系凝聚力，从而激发承诺行为，比如保持交流关系、互相赠送象征性的礼物，以及购买对方推荐的产品等，这种关系凝

聚力有助于个体获得更多朋友。①

在传统消费者行为学中，KOL 还包括市场行家和代理消费者。

市场行家（market maven）是积极传播各类市场信息的人。他们不一定对某些特定产品感兴趣，也不一定是产品的早期购买者，但他们了解市场动态。新媒体时代也有市场行家，比如在微博上“薅羊毛”的博主（也被称为“淘客”），他们频繁发布优惠券和促销信息，是市场行家的一种变体。

除了对他人的购买决策有影响力的人，还有一类营销中介称为代理消费者（surrogate consumer），即被消费者雇用为其购买决策提供信息的人，比如室内装修设计师、股票经纪人、留学中介等。

延伸阅读 8－1　真人网红 vs. 虚拟网红：令人讨厌的“拟人化”

二、社交媒体 KOL 的分类

科学的社交媒体 KOL 分类标准有利于营销人员进行社交媒体 KOL 选择和影响力评估，甚至能够帮助营销人员挖掘有潜力的社交媒体 KOL，带来高性价比的品牌推广效果。

近年来，受到平台助推和品牌需求的影响，社交媒体 KOL 的数量增长很快。目前市场实践大多按照 KOL 的影响力来对 KOL 分类。

按照影响力大小，社交媒体 KOL 通常被分为头部 KOL、腰部 KOL、尾部 KOL 三类。

- 头部 KOL 是指粉丝量大、影响力大的 KOL。头部 KOL 通常数量较少，但影响范围广。如在直播电商领域，东方甄选就属于头部 KOL。
- 腰部 KOL 是指有中等水平粉丝量和影响力的 KOL。腰部 KOL 数量较多，影响力没有那么大且覆盖范围不全面，但往往在某个垂直领域（如美妆或手机等领域）有较大的影响力。
- 尾部 KOL 则是指粉丝量小、影响力有限的小 KOL。尾部 KOL 数量最为庞大。

粉丝量级会受到平台的影响，不同平台上的粉丝量级往往代表不同的价值，比如在抖音上拥有 10 万粉丝的 KOL 属于尾部 KOL，影响力有限；但在小红书上拥有 10 万粉丝的 KOL 则是影响力较大的腰部 KOL。此外，随着“购买粉丝”变成社交媒体 KOL 经营自己的手段，粉丝数的参考性逐渐下降。

除了粉丝量级，在线受欢迎程度的相关指标（如点赞、评论、转发、互动率）也可以衡量社交媒体 KOL 的影响力。研究发现，粉丝量级越小，粉丝互动率越高（互动率＝互动次数/关注人数）。这也是营销活动往往会采取不同量级社交媒体 KOL 矩阵进行传播的原因之一。

巴克（Bakker）参考信源有效性模型 VisCAP（visibility，credibility，attractiveness，power）提出，一个社交媒体 KOL 需要广为人知（可见性，即有影响力）、被视为某个领域的专家（可信性，即具备专业知识和客观性）、被认为与目标群体有相似性（吸引力，即受欢迎和有相似点）并对该目标群体的消费决策有重要影响（说服力）。

---

① 迈克尔·所罗门，卢泰宏，杨晓燕．消费者行为学：第 10 版．北京：中国人民大学出版社，2014．

在特定领域中，社交媒体 KOL 的分类与此类似。维德曼（Wiedmann）等人通过研究时尚领域的社交媒体 KOL 类型，发现识别社交媒体 KOL 的核心因素包括“他是谁、他知道什么、谁知道他”，前两项由社交媒体 KOL 的个人资本维度（个性、知识、技能和能力）决定，第三项由社交媒体 KOL 的社会资本维度（个体在社会网络中的关系）决定。通过这两个维度可以将社交媒体 KOL 划分为三类：时尚超级传播者、传播时尚专家、时尚伙伴。时尚超级传播者不认为自己是知识渊博的专家，个人资本较弱，但他们与粉丝保持密切的关系，社会资本较强。传播时尚专家知识渊博，也喜欢与粉丝互动，具有较高的人格魅力和合群性，个人资本与社会资本都比较强。时尚伙伴乐于助人，他们不具备很丰富的知识，个人资本相对中等，社交圈子小，社会资本相对较弱。

然而，上述分类方式在实践中相对烦琐。格罗斯（Gross）采取了另外一种分类方法，从粉丝的感知出发，通过社交存在（social presence，即社交媒体 KOL 与他人互动和交换信息的意愿）和领域广度（domain breadth，即涉及的内容范围与深度）将社交媒体 KOL 分为刺探者（snoopers）、告知者（informers）、娱乐者（entertainers）、娱乐专家（infotainers）。刺探者的内在动机是认为传播信息（比如小道消息）是一件有趣的事情；告知者的内在动机则是分享知识和信息，为粉丝提供建议；娱乐者的动机是提供趣味的内容；娱乐专家是某些领域的专业人士并且他们提供的内容具有很高的娱乐价值。

主要的几种社交媒体分类方式如表 8－4 所示。

表 8－4　社交媒体 KOL 的主要分类方式

提出者	分类标准	具体分类
Ruiz－Gomez	粉丝量级	超级 KOL（mega influencer）：粉丝量≥100 万 宏观 KOL（macro influencer）：10 万≤粉丝量＜100 万 微观 KOL（micro influencer）：1 000≤粉丝量＜10 万 纳米级 KOL（nano influencer）：粉丝量＜1 000，往往影响本地人群
Ruiz－Gomez	走红方式	意外走红的网络名人（accidental internet celebrity）； 名人的“卫星”或“寄生虫”（satellite or parasite）：依靠名人的名气走红的人，如名人的亲友 模仿者/垂涎者（wannabe）：复制名人成功之路的人
Wiedmann	个人资本与社会资本	时尚超级传播者（fashion super－spreader）：个人资本弱，社会资本强 传播时尚专家（narrative fashion expert）：个人资本强，社会资本强 时尚伙伴（helpful friend）：个人资本中等，社会资本弱
Gross	社交存在和领域广度	刺探者（snoopers）：传播内部信息/小道消息的人 告知者（informers）：分享优质知识和信息的人 娱乐者（entertainers）：传播趣味段子的人 娱乐专家（infotainers）：提供专业性强的娱乐内容的人

资料来源：Ouvrein G，Pabian S，Giles D，et al. The web of influencers：a marketing-audience classification of (potential) social media influencers. Journal of Marketing Management，2021，37 (13/14)：1313－1342.

学者乌夫雷恩（Ouvrein）提出一种结合 KOL 动机和受众感知的整合分类方法。他认为，现有的社交媒体 KOL 分类标准几乎都是从局外人的角度出发，利用客观的数据和评分衡量，难以洞察社交媒体 KOL 的潜在社会影响力。社交媒体 KOL 的潜在社会影响力受到社交媒体 KOL 本人的目标和动机、粉丝的互动和体验两个方面的影响，这两方面之间存在一个匹配度，即社交媒体 KOL 呈现出的社交媒体形象与粉丝自身理想自我形象感知之间的匹配度，能对品牌有效传播产生积极影响。

他认为可以从激情、线上崇拜、社交媒体商业化动机三个维度对社交媒体 KOL 进行划分。

首先，激情（passion）是区分社交媒体 KOL 和非社交媒体 KOL 的首要标准。激情一方面反映的是个体对特定领域的情感和努力目标；另一方面也是对特定领域的参与度和投入度的体现，能够驱动 KOL 积累相关知识和技能。当粉丝相信社交媒体 KOL 是真正热爱、重视和体验过某一产品或者品牌时，这些 KOL 对品牌的营销效果会更有效。当然，社交媒体 KOL 并不一定是某个领域的专家和“发烧友”，但创业激情可能驱动他们在社交媒体上持续进行内容生产，并利用社交媒体影响力赋能其他事业。从具有激情这个条件来看，意外走红者不属于社交媒体 KOL，因为他们的影响力不是源于激情。

其次，线上崇拜（online admiration）是区分顶级社交媒体 KOL 与潜在社交媒体 KOL 的要素。除了名人，大多数社交媒体 KOL 是从零开始培养自己的线上崇拜的，这要求其不断提高自己的技能、专业知识水平或者打造有趣的形象。当社交媒体 KOL 的发布动机是受激情即个人的内在动机驱动时，受众会将社交媒体 KOL 本人的成就归于其个人的努力，从而对社交媒体 KOL 本人产生线上崇拜，进而更容易接受他推荐的产品。如果一个社交媒体 KOL 具有激情而尚未拥有线上崇拜，则他可能是一个潜在社交媒体 KOL。

最后，社交媒体商业化动机（social media entrepreneurship）会影响社交媒体 KOL 采取不同的经营策略。拥有社交媒体商业化动机的社交媒体 KOL 往往具备较强的创业激情，他们会有策略地提高自身的影响力，并制订商业化计划。拥有线上崇拜的社交媒体 KOL 根据是否有商业化动机分为激情商业型社交媒体 KOL 和激情创作型社交媒体 KOL。潜在社交媒体 KOL 根据是否有商业化动机分为梦想创业者和激情热爱者。

结合 KOL 动机和受众感知的社交媒体 KOL 分类及其在影响力、真实性、收入三个方面的差异如表 8-5 所示。

表 8-5　结合 KOL 动机和受众感知的社交媒体 KOL 分类

		顶级社交媒体 KOL			潜在社交媒体 KOL		其他
		激情商业型	激情创作型	名人型	梦想创业者	激情热爱者	意外走红者
关键要素	激情	有	有	有	有	有	无
	线上崇拜	有	有	有	无	无	无
	社交媒体商业化动机	有	无	有	有	无	无
影响力		较大	中等	较大	较小	较小	
真实性		中等	高度	较低	中等	高度	
收入		较高	中等	较高	较低	较低	

同样是拥有线上崇拜并且有激情和商业化动机，名人型和激情商业型社交媒体 KOL 有何不同呢？仅凭粉丝量级难以对两者进行划分，不如回到社交媒体 KOL 与粉丝的关系上。当粉丝量级较大时，社交媒体 KOL 难以与每个粉丝进行一对一的社会性互动，只能进行准社会互动（parasocial interaction），尽管后者也能带来亲密关系和互惠价值，但必然会损失一定的真实性。名人型和激情商业型社交媒体 KOL 的不同之处就在于真实性。

真实性包含两个维度——感知相似性（perceived similarity）和感知现实性（perceived realism）。社会影响理论指出，更高的感知相似性能够带来更高的遵从。而感知现实性是指当社交媒体 KOL 作为事件的亲身经历者时，其所传递的信息对于粉丝会有更高的可用性。通过准社会互动，激情商业型社交媒体 KOL 相对于名人型社交媒体 KOL 在真实性上更有优势，他们更能向粉丝传达一种亲密感和熟悉感，以"朋友"的身份对粉丝产生影响，收获粉丝的认同。

五类社交媒体 KOL 的收入受到粉丝量级和激情的影响，存在一定的差异。对于有激情和商业化动机的社交媒体 KOL，赚取收入是其核心驱动力之一；对于"为爱发电"的激情创作者，其运营动机是给粉丝带来良好的引导，会谨慎考虑品牌合作，因此收入往往较低。因此，在顶级社交媒体 KOL 中，激情商业型社交媒体 KOL 和名人型社交媒体 KOL 的收入往往高于激情创作型社交媒体 KOL。而潜在社交媒体 KOL 本身没有足够的能够变现的"线上崇拜"，因此他们通过运营与创作往往只能获得较低的收入。

这一社交媒体 KOL 分类标准最大的贡献是提供了一种发掘潜在社交媒体 KOL 的方法。虽然潜在社交媒体 KOL 暂时未获得足够的关注和线上崇拜，但他们热爱的领域和相关背景可能与品牌产品存在很高的匹配度，如果受到营销人员适当的引导，潜在社交媒体 KOL 可能在 6 个月内飞速成长为顶级社交媒体 KOL。这启发品牌，与其选择"红利消退"的头部 KOL，不如选择匹配度更高的潜在社交媒体 KOL 进行合作，通过长期合作，借助其爆发式增长获得更高的品牌曝光、品牌信任和品牌转化。这对于品牌和潜力社交媒体 KOL 来说是一种双赢。特别是对于预算有限的品牌，这是一种性价比很高的尝试。

案例 8-2　完美日记：精细化 KOL 营销

三、数字平台对社交媒体 KOL 的影响

在传统媒体时代，信息传播通常为一对一、一对多的模式，网络使多对多的传播模式成为常态，传播关系呈现网状。在新媒体时代，消费者接受产品信息的渠道更加丰富，且消费者为了作出更明智的购物决策，也会自主通过多渠道多平台多信源搜寻相关信息，因此不仅社交媒体 KOL 拥有多个追随者，普通消费者也会关注多个社交媒体 KOL。在多次信息比对中，若消费者获取的信息一致，则能规避认知失衡，从而作出购买决策。

社交媒体 KOL 若希望提升自身的影响力，则需要拓宽与消费者接触的渠道，增加与消费者接触的频次，从而强化自身对消费者的影响。因此，社交媒体 KOL 大多是全平台运营的。

由于数字平台各有特色、资源不同，其目标用户不一样，功能定位和语言风格也不同，因此社交媒体 KOL 会根据平台来调整自己输出的内容。例如，微信公众号注重文本表达和故事的深度叙述，文化类和教育类内容发布在公众号最具有优势。淘宝直播侧重于产品使用感受分享，淘宝上美搭美妆美食的占比之和高达 70%。B 站 KOL 更多是将产

品的卖点融入视频内容，或通过开箱测评、脑洞视频等方式进行传播，内容展现形式比较多元。

延伸阅读 8-2

内容种草平台的发展历程

“种草”是一个兴起于中国本土营销实践的概念，艾瑞咨询将其定义为将品牌和产品信息承载在内容上并影响消费者心智的过程，这一过程可以通过多种信息渠道实现。内容平台具有天然种草能力。

内容种草可以是在平台内容的基础上加入品牌或产品信息，也可以是将相关信息包装为内容供用户讨论和再生产。具体来看，不同的内容有不同的内容种草呈现形式，共同构成了丰富的内容种草生态。内容种草平台的发展历程如图 8-1 所示。

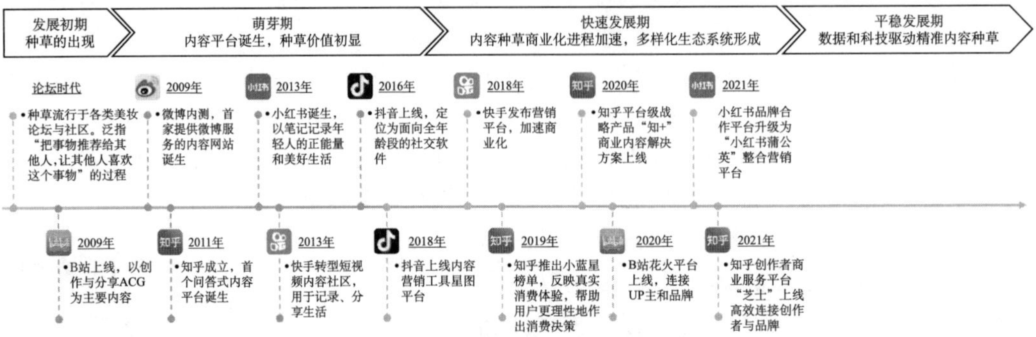

图 8-1 内容种草平台的发展历程

发展初期：种草的出现。随着社交媒体的发展，用户开始积极分享生活点滴和消费体验，掀起了内容传播的浪潮。知乎、微博、小红书等社交媒体平台成为用户分享购物心得、品牌感受的重要场所。虽然在这一阶段种草概念尚未成形，但用户对品牌和产品的推荐已经成为购买决策的重要参考。

萌芽期：内容平台诞生，种草价值初显。在这一阶段用户开始创作更多有关生活方式、美妆、时尚、健康等方面的内容，这些内容创作者因其内容的真实性和专业性吸引了更多的关注。品牌注意到这些内容创作者的影响力，开始与他们合作，在其内容中融入品牌和产品信息。

快速发展期：内容种草商业化进程加速，多样化生态系统形成。在这一阶段，内容种草开始在各类平台上蓬勃发展，并形成了多样化生态系统。2018 年，抖音上线内容营销工具星图，快手发布营销平台；2020 年，知乎推出“知+”，B 站正式上线花火平台连接 UP 主和品牌；2021 年，小红书也将合作平台升级为“小红书蒲公英”整合营销平台。除了社交媒体和垂直领域平台，视频分享平台、短视频平台等也逐渐涌现，并成为品牌推广的重要渠道。品牌和内容创作者之间的合作变得更加紧密，不仅有付费推广，还有更多有创意的合作形式，如联名设计、限量发售、挑战赛等。

平稳发展期：数据和科技驱动精准内容种草。随着人工智能和大数据技术的不断发展，星图、蒲公英等内容平台的种草变得更加精准和高效。品牌可以通过分析用户数据和行为模式，找到潜在的种草目标，精准投放推广内容。同时，内容创作者也可以更好地了解自己的受众，从而创作出更具有吸引力的内容，实现双赢。

在内容种草平台的发展历程中，从自发性的 UGC 到内容种草已经极大程度地被商业化，成为品牌推广的有效手段，成为影响用户心智的重要方式，并且在不断创新和发展中形成了丰富多样的商业生态系统。

品牌在多场景下均可布局内容实现曝光和种草。随着垂直细分领域内容和分发机制的完善迭代，用户对平台的体验感和信任感日益增强，内容对用户心智的影响进一步加深。创造品牌触点，就是创造或利用好场景，或者洞察和有效利用接触用户的场景，把握住每一次触达机会，通过内容和互动与用户沟通。可口可乐的场景营销战略做到围绕消费者平均每天 15 次的饮用时刻，建立合适的触达机会。这是典型的基于需求场景来创造品牌触点的方式。

随着后链路转化重要性的提升，转化路径成为品牌进行平台选择和考量的重要因素。从用户体验的角度出发，品牌希望简短、顺畅的跳转链路，从而带来更高效的转化，避免体验不佳造成用户流失。此外，能够支持更多样的链路跳转也有利于品牌的精细化运营。效果的可监测和可量化也驱动着品牌更积极的投放意愿。

消费者习惯通过不同数字内容平台的信息组合辅助自己完成最终的决策，这对品牌的内容精细化运营和多元化内容布局提出了更高的要求。品牌应基于不同的平台调性、内容形式、创作者风格和用户偏好等方面的考量，覆盖多种类型的内容，在不同的场景拦截目标消费者，如图 8－2 所示。

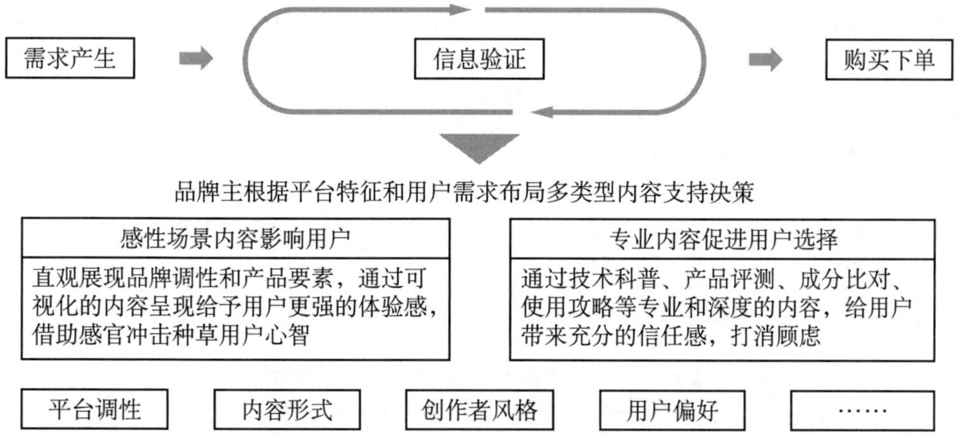

图 8－2　消费者习惯在内容平台获取信息、进行专业验证

资料来源：艾瑞咨询 . 2021 年种草内容平台营销价值白皮书 .（2021－11－15）. https://report.iresearch.cn/report/202111/3879.shtml.

第 3 节　社交媒体 KOL 对消费者行为的影响

社交媒体 KOL 与受众之间是一种动态的社会影响的接收关系。社会影响会使个体的思想、情感、态度或行为改变，具体包括信息性社会影响（informational social influence）和规范性社会影响（normative social influence）。信息性社会影响通过增加受众的知识来施加影响，是一个内化的过程，受众由于社交媒体 KOL 本人的可信度和专业性，以及传递的信息符合其价值观，而接受信息的影响。规范性社会影响通过提供一种“人应该如何行动”的期望来施加影响，是一种遵从（compliance）或认同（identification）的过程，基于社会学习理论（social learning theory），个体（粉丝）通过观察并学习他人（社交媒体 KOL）来形成自己的态度和行为意向。这种学习的意愿受到社交媒体 KOL 与粉丝关系的亲密程度、社交媒体 KOL 的地位和受欢迎程度的影响。

一、 社交媒体 KOL 的消费影响力

KOL 对消费者行为的影响力与 KOL 本身的社会影响力有着紧密的联系，因此，明星、专家等具有社会地位或权威的 KOL 往往能对消费者行为产生更大的影响。

在新媒体时代，KOL 营销凭借社会化媒体的高速发展及信息的病毒式传播，成为一种高效的新型营销手段，成为信息传播的新范式。消费者能自由挑选信息和社交媒体 KOL，因而对他们的要求也不断提高，社交媒体 KOL 的知名度不再是决定因素，他们的产品介入度、能被感知到的专业性和交互性对消费者的信任产生直接影响，进而成为 KOL 影响力的重要影响因素。这也解释了为何一些垂直领域的 KOL 能比明星产生更好的带货效果。在某个领域拥有专业知识、能够对消费者心理有敏锐感知的社交媒体 KOL，是目前消费者能便捷接触到的、最符合期望的消费意见领袖。

与传统意义上的名人相比，社交媒体 KOL 具有更高的产品介入度，在社交平台上传递信息就是支持其 KOL 身份的重要方式。社交媒体 KOL 推荐的产品通常与其传播的信息的所属领域相关或接近，例如，美妆博主推荐彩妆用品，穿搭潮人分享服装包饰，从而保障其专业性。而社交平台使消费者能够与社交媒体 KOL 实时交流，消费者也能实时针对社交媒体 KOL 传播的信息进行互动。

在新媒体时代，社交媒体 KOL 的影响力更具可衡量性，通过数据监控软件，可以实时监控 KOL 传播内容的点击率、曝光率、转化率，这既对社交媒体 KOL 的影响力提出了更高要求，也使得社交媒体 KOL 的身份逐渐职业化。

不同领域关于社交媒体 KOL 对消费者行为的影响的研究观点如表 8-6 所示。

表 8-6 社交媒体 KOL 对消费者行为的影响

领域		主要观点	营销关注点
广告营销	Djafarova & Rushworth (2017)	社交媒体 KOL 与产品的相关性是广告成功的重要因素	购买决策
	Breves et al. (2019)	社交媒体 KOL 来源可信度、专业知识、品牌评价影响消费者行为意愿、社交媒体 KOL 与品牌的契合度对社交媒体 KOL 形象及广告效果有正向影响	广告效果
	Hu et al. (2020)	当使用社交媒体 KOL 作为 App 代言人时，消费者对社交媒体 KOL 的信任延伸至其代言的 App	信任构建
	Ki & Kim (2019)	模仿社交媒体 KOL 的渴望激发消费者消费产品或服务的意愿	购买意愿
	Schouten et al. (2019)	社交媒体 KOL 代言比名人代言更有效，更利于提升消费者购买倾向	购买决策

续表

领域		主要观点	营销关注点
品牌管理	De Veirman et al.(2017)	拥有更多粉丝会提高社交媒体 KOL 的受欢迎程度，但一味追求粉丝数量会降低品牌感知独特性	品牌态度
	Lou & Yuan (2019)	消费者将社交媒体 KOL 视为高质量信息提供者，基于社交媒体 KOL 的信息价值培养品牌信任及考虑购买	品牌态度 购买意愿
	Torres et al. (2019)	社交媒体 KOL 营销是提升品牌态度和增强购买意愿的有效途径，品牌态度和购买意愿受社交媒体 KOL 吸引力和社交媒体 KOL 与品牌一致性的影响	品牌态度 购买意愿
	Jin & Muqaddam (2019)	社交媒体 KOL 通过准社会互动增强消费者信任，提升品牌可信度	品牌信任
	Shan et al. (2020)	社交媒体 KOL 形象与消费者理想自我形象的一致性、社会认同、动机怀疑影响品牌背书效果	品牌背书
口碑营销	Schwemmer & Ziewiecki (2018)	社交媒体 KOL 利用其影响力在社交媒体上推荐产品	口碑推荐
	Jimenez-Castillo 和 Sanchez-Fernandez (2019)	社交媒体 KOL 通过网络口碑进行品牌推荐，提高消费者对品牌的预期价值，进而提升其购买意愿	用户契合 购买意愿
	Hwang & Zhang (2018)	社交媒体 KOL 与粉丝的准社会关系影响消费者网络口碑推荐意愿	用户关系 顾客推荐
顾客关系管理	Hughes et al. (2019)	社交媒体 KOL 营销可以推动品牌在线参与	顾客参与 用户契合
	Berne-Manero & Marzo-Navarro (2020)	社交媒体 KOL 营销可以促进顾客参与，维护客户关系，提升企业可持续发展能力	客户关系 可持续发展
	Delbaere et al. (2020)	消费者与社交媒体 KOL 之间存在信任关系，消费者通过社交媒体 KOL 创建的内容与品牌进行互动，社交媒体 KOL 营销是顾客参与的重要途径	顾客参与

资料来源：贾微微，别永越．网红经济视域下的影响者营销：研究述评与展望．外国经济与管理，2021，43(1)：23-43.

二、社交媒体 KOL 对消费者行为的影响机制

随着网络技术的发展，对 KOL 的研究越来越深入，关于 KOL 发挥作用的内在机制的研究也越来越多（见表 8-7）。早期，政治学领域 KOL 的探讨主要基于二级传播理论、社会资本理论；营销学和传播学领域对于 KOL 的探讨，主要关注信任和认同的因素。如今准社会关系理论也被引入以阐释社交媒体 KOL 对消费者行为的影响机制。本部分介绍三个影响机制。

表 8-7 社交媒体 KOL 对消费者行为的影响机制的研究

研究重点	主要贡献	理论基础	代表性文献
概念提出	揭示 KOL 崛起的原因与过程，提出 KOL、KOL 营销相关概念	二级传播理论 社会资本理论	Freberg et al.（2011）； Uzunoglu & Kip（2014）； Khamis et al.（2016）
可信度研究	KOL 作为信息源对消费者信息接受性产生影响，从消费者认知角度揭示了信任在 KOL 营销中的重要地位	信源理论 来源可信度理论	DeVeirman et al.（2017）； Djafarova & Rushworth（2017）； Xiao et al.（2018）
认同感研究	探索 KOL 与消费者的相似度、形象一致性等因素引发的认同感对消费者品牌态度、购买行为等变量的影响，弥补了之前可信度研究中消费者与社交媒体 KOL 间情感因素的缺失，为后续研究提供了新的思路和见解	社会影响理论 自我形象理论 匹配假设 意义迁移理论	Xu & Pratt（2018）； Schouten et al.（2019）； Shan et al.（2020）
准社会关系	引入准社会互动理论、准社会关系理论等传播学理论来从整体上解释 KOL 与消费者的关系，研究这种关系如何影响消费者决策，弥补了认同对 KOL 与消费者之间关系描述不充分的不足	准社会互动理论 准社会关系理论	Hu et al.（2020）； Jin & Ryu（2020）； Reinikainen et al.（2020）； Sokolova & Kefi（2020）

1. 消费者信任感知机制

很多学者认为，信任是社交媒体 KOL 产生消费影响力的重要因素之一。来源可信度理论目前广泛应用于对社交媒体 KOL 的研究中，用于确定信息发送者或信息来源是否具有说服力。而来源可信度取决于信息源的专业性、可靠性、吸引力、互动性等。

除了来源可信度，社交媒体 KOL 生产内容的信息价值、消费者的信息参与度，也是影响信息可信度的重要因素，比如信息的实用价值有利于消费者对信息可靠性作出有效判断，而娱乐价值则能提升消费者对信息的接受程度与接受意愿。消费者的信息参与度越高，其信息处理过程就越细致，反之，其对评估信息可信度的投入就越小，如图 8-3 所示。

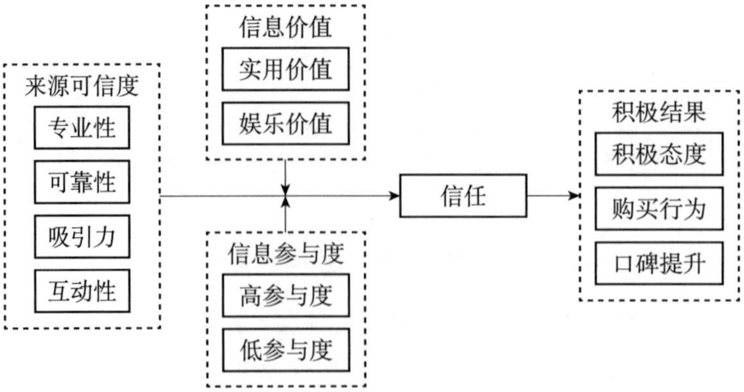

图 8-3 消费者信任感知机制

资料来源：贾微微，别永越．网红经济视域下的影响者营销：研究述评与展望．外国经济与管理，2021，43（1）：23-43.

2. 消费者认同机制

消费者认同是社交媒体KOL发挥作用的一个重要影响因素。社会影响理论认为，个体会为了改变个人感知或与KOL之间的关系而采取KOL所倡导的态度或行为，包括顺从、认同和内化三个方面。

其中，认同是指个体为从模仿或“成为”另一个个体中获得满足而使自己符合另一个个体所倡导的态度或行为的过程。现有研究认为认同的产生主要有两种情况：第一，当消费者认为他们与KOL的形象存在相似性（感知相似性），如存在共同的兴趣、价值观和特征时，就会从实际的相似性和感知到的相似性中产生认同，从而更有可能采用KOL的态度和行为；第二，当KOL的形象满足消费者对自己理想形象的期望（理想形象一致性）时，消费者就会渴望变成KOL那样的人，这是个体认同另一个个体的表现，而这种认同感又会对消费者的后续行为产生影响，如图8-4所示。

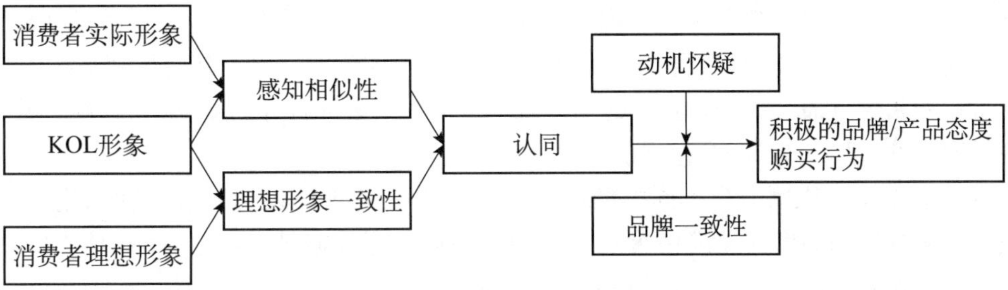

图8-4 消费者认同机制

资料来源：贾微微，别永越．网红经济视域下的影响者营销：研究述评与展望．外国经济与管理，2021，43（1）：23-43.

需要注意的是，当消费者思考为什么KOL会认可某一产品或品牌时，他们可能会产生更多怀疑，可能会认为KOL的背书掺杂了商业利益，这会对KOL的影响力产生负面作用。

3. 基于准社会互动及准社会关系的作用机制

围绕信任与认同的模型虽然有一定的解释力，但没有涉及KOL与消费者之间建立关系的过程。一些学者开始尝试引入准社会互动、准社会关系等概念来探索这一过程。准社会互动指消费者与KOL互动而产生了陪伴感或友谊幻觉，这种互动包括想象中的互动和真实互动。在KOL营销中，消费者能与KOL进行角色互动，消费者会对KOL发布的内容作出反馈，交流自己的想法和感受，包括点赞、评论、转发等。准社会关系指消费者和KOL间的亲密关系，当个体不断地暴露在KOL所营造的情境中，发展出对KOL的亲密感时，准社会关系就会产生。

社交媒体平台作为消费者与KOL沟通的主要平台，打破了时间和空间限制，提高了消费者和KOL互动的频率，为培养两者之间的准社会关系提供了基础。消费者与KOL之间的关系进一步影响消费者接受KOL所发布的广告的意愿及对KOL所背书产品的态度和行为。

第4节　如何搭建社交媒体 KOL 矩阵

社交媒体 KOL 的本质是媒介。品牌的营销投入越来越向 KOL 营销倾斜，品牌对于社交媒体 KOL 的需求不断增加，但社交媒体 KOL 供给端的质量参差不齐、多元化程度高，有较大提升空间，并且存在社交媒体 KOL 同质化、低俗化、高风险等问题。品牌需要有一套搭建社交媒体 KOL 矩阵的认知和策略。

一、搭建社交媒体 KOL 矩阵的必要性

社交媒体 KOL 处在内容营销的中心，往往能得到更多的资源，越来越多的品牌开始参与 KOL 营销，KOL 营销已经成为品牌社会化营销的首选方式。① 聚美丽发布的《2021 中国化妆品行业社媒营销全景调研报告》也显示，几乎所有的受访品牌都做过社交媒体推广，而社交媒体 KOL 种草合作是美妆企业最常见的营销方式②，其次是社交媒体 KOL 直播带货和品牌自播。如今，我们的消费观与价值观被各式各样的 KOL 所影响，甚至可以说，KOL 在塑造年轻人的生活方式。

以一定规模和比例组合不同类型 KOL 的 KOL 矩阵能够迅速扩大品牌的流量供给，快速建立品牌的知名度并提高销售收入。抖音兴趣电商数据显示，企业的销售收入往往随着与其合作的 KOL 能力的提升和数量的增加而快速增长。

更重要的是，不同 KOL 的营销专长不一样，对企业的价值也不同（见表 8－8）。这就使得企业不可能只与一两个 KOL 合作。合理的 KOL 矩阵包含各个细分垂直领域的各具特色的 KOL，可以兼顾大量曝光、深度拓展、场景转化等不同目标，让品牌的人群资产更庞大，使品牌与消费者的联系更紧密。与 KOL 矩阵长期持续合作则有可能将 KOL 粉丝转化为品牌粉丝。

表 8－8　社交媒体 KOL 矩阵

KOL 的核心价值	KOL 的角色	功能类比	KOL 的特点	专长	适用对象	适用场景
流量价值（大量曝光，让更多消费者看到）	聚集流量的免费产品	百度、360 等免费流量入口工具	营销号，即没有人格化、没有线上崇拜、没有深度内容聚焦、没有垂直人群聚焦，单纯具有大量的关注和流量	解决品牌曝光展示不足的问题	低介入度/低价值产品，如 SKU 多的快消品；享乐品，如巧克力、手链、游戏等；知名品牌的提示性广告	引流广告

① Rietveld R, Van Dolen W, Mazloom M, et al. What you feel, is what you like influence of message appeals on customer engagement on Instagram. Journal of Interactive Marketing, 2020, 49 (1): 20－53.

② 聚美丽．抖音小红书成标配，200＋美妆品牌社媒营销现状汇总．(2021－07－23). https://36kr.com/p/1323227113065218.

续表

KOL 的核心价值	KOL 的角色	功能类比	KOL 的特点	专长	适用对象	适用场景
心理唤起价值（通过场景短暂地改变消费者的心理状态）	场景刺激	线下导购	强烈的人格化，持续发布类似的内容，内容能引起受众的高介入度（深度阅读）	以场景化产品/品牌，唤起消费者不同的心理状态，改变消费者习惯	新品牌、新产品；高价值产品；指向销售而不是品牌广告	销售或引导下载第三方产品，不适用于提示性广告
认知价值（当消费者不了解产品，不能有效鉴别产品时，KOL 能够通过普及知识让消费者对产品或品牌有更深入的理解）	知识分享者	行业白皮书，第三方消费指南	在某个垂直领域具有专业性	教育消费者，促进消费者对产品/品牌的理解、信任和购买（主要是通过增强对消费者的控制从而促进购买）	有需求但决策难度较大的产品或服务，如家具、装修等；需要专业知识的产品，如专业骑行类产品、茶叶、翡翠、文玩等；新品类，如智能硬件等；新品牌	直接销售第三方产品；自创品牌
品牌背书价值（很多 KOL 形成了个人品牌，能够反向背书产品或品牌）	品牌/IP	品牌联名	个人品牌定位清晰，人群聚焦，并且成为品类代表	解决缺乏信任、定位不明的问题	和个人品牌匹配的实物或虚拟产品；存在高度不对称的行业，如医美、保险、理财行业；缺乏有价值定位的行业，如服装、化妆品行业	自创品牌联名；直接销售第三方产品
支持价值（消费者免费看 KOL 的内容，产生感激心理或互惠心理，作为回报，他们购买 KOL 推荐的产品、点击 KOL 的广告或者直接打赏付费）	互惠的对象	亲朋好友	引发粉丝强烈的共鸣或感激	销售；情感连接的载体（消费者本身并不需要这个产品，但把购买该产品当成表示支持和感激的方式）	低价值、低介入度的产品，如零食，快消品等；初次尝试困难，但购买使用后转换成本较高的产品，如银行存款、保险、社交 App、工作软件等	直接销售第三方产品；不适合自创品牌

续表

KOL 的核心价值	KOL 的角色	功能类比	KOL 的特点	专长	适用对象	适用场景
模仿价值（引发他人的模仿）	偶像	明星、时尚杂志、巴黎时装周	引发别人的模仿，如时尚潮流博主等	制造潮流；销售	潮流产品及热销品，如服饰、化妆品、旅游目的地等	导购；自创品牌；品牌合作
号召价值（号召消费者参与）	社群组织者	社团、商会等	崇尚个人成长；专注某个领域	创造某种生活方式	活动或仪式必需品如书籍、茶叶、蒲团、健身器械等	创造活动、仪式或生活方式，然后销售其中的必需品，如瑜伽服饰、“100 天阅读训练营”用书

资料来源：认知价值，决定网红商业模式．（2016－05－18）．https：//www.woshipm.com/it/340004.html.

此外，合理的 KOL 矩阵还有一个重要价值——确定性。当品牌只与一两个 KOL 合作时（即使是头部 KOL），会存在依赖程度过高、波动过大的风险。而当品牌合作的 KOL 矩阵扩展到 2 000 人或 5 000 人时，则会形成较为稳定的流量，投入和收益都在一定程度上可预期、可控制，品牌也拥有更大的自主性，不会受制于个别 KOL。通过 KOL 矩阵的组合筹划，品牌经营的风险系数会变得更小。

二、 KOL 的选择策略

调研显示，广告主对社交媒体 KOL 的产品种草目标更加明确，54%的广告主的首要目标就是产品种草，30%的广告主希望带来直接的销售转化，27%的广告主希望助益品牌传播。[1] 可见社交媒体 KOL 在营销全链路起到重要作用，能够完成品、效、销合一的品牌营销目标。

延伸阅读 8－3　中国的 MCN 机构

然而，品牌在社交媒体 KOL 营销中也面临一些问题，例如，KOL 的质量和稳定性难以保证、整个生态非常复杂多元且分散、效果很难评估等。品牌选择 KOL 面临较大的困难，一方面，贸然投放会造成预算浪费；另一方面，矩阵搭建要求将 KOL 分散的流量有效地组织成规模化和体系化的流量，是对品牌能力的考验。有人认为，品牌可以通过依托 MCN 机构或者第三方机构来更新社交媒体 KOL 数据库，但这只适用于初期摸索阶段的品牌，或想在中后期补充新 KOL 的品牌。品牌自身不能丧失 KOL 投放的自主权，应在投放实践中不断调整 KOL 的选择策略。

目前较为成功的 KOL 矩阵营销实践大致遵循以下三种选择策略，以实现整合不同体

① 秒针系统，中国广告协会．2022 KOL 营销趋势白皮书．（2022－01－13）．https：//www.100ec.cn/detail/__6606206.html.

量和类型的 KOL、搭建有机联动矩阵、最大化营销效果。

1. 多平台，全链路

内容平台在 5A 模型的每个阶段均发挥重要作用，因此多平台、全链路选择优质 KOL 并进行有机结合是营销效果的保障。由于消费者决策会经历前链路的品牌认知（A1 知晓）、内容种草（A2 吸引）、信息验证（A3 问询）到后链路的购买转化（A4 行动），因此品牌需要在不同阶段选择合适的平台、合适的 KOL 实现相应的营销目标。

从平台选择的角度来看，不同平台在内容形态和互动形式上有所不同，其擅长的营销策略也有差异。例如，抖音和微博上的内容能够快速曝光，适用于想要快速触达大量用户的品牌；B 站上的内容具有明显的精致化和娱乐化特征，用户在多元兴趣圈层中有着很高的黏性，适合想要精准触达目标群体的品牌；小红书上的内容侧重于向用户传播品牌理念，引导生活方式的种草，适用于想要保留长尾流量的品牌。以元气森林为例，其在微博上借用明星力量制造话题，短期内快速实现话题引爆；在抖音上选择美食、好物分享类的头腰部 KOL 进行内容创作，撬动更多流量，带来更多销售转化。品牌如果预算有限，也可以选择深耕特定平台、其他平台辅助布局的模式，特别是对于一些初创品牌。例如，三顿半早期主打小红书，选择文艺、宠物类社交媒体 KOL，在微博上偏好选择一些设计师、插画师等博主辅助进行内容投放。

基于 5A 模型选择 KOL 在第 6 章中已有介绍。此外，在不同阶段，不同类型社交媒体 KOL 的传播效率也有所差异。

（1）在 A1 知晓阶段，品牌需要加大产品信息的覆盖范围，给消费者留下初步印象，此时短视频平台上的明星类/剧情类 KOL 是较为合适的选择，因为这类 KOL 的受众范围较广，产品可以在沉浸式的内容体验中作为道具顺畅自然地植入。这类 KOL 虽然对销售转化的影响较小，但曝光范围大，CPM 相对较低。

（2）在 A2 吸引和 A3 问询阶段，品牌需要进一步引发消费者兴趣并证实产品功效，需要在曝光的基础上进行互动。生活类 KOL 在生活化的场景中使用、展示产品或详解产品优势能够有效调动潜在消费者的兴趣，结合热点讨论产品也能激发其兴趣。此外，测评类、专家类等垂直领域的 KOL 更有说服力。总之，在这两个阶段，品牌应该选择能够引发较多互动和讨论的 KOL。

（3）在 A4 行动阶段，体验分享类 KOL 能带来更好的完播率和互动效果，销售转化率也更高；泛生活类 KOL 或一些垂直领域的 KOL 在不同使用场景植入产品也更能激起消费者的购买意愿。在直播电商兴起后，品牌选择合适的 KOL 进行直播带货也能较好地推动消费者的购买行为。

（4）在 A5 拥护阶段，品牌需要进一步加强与消费者的关系，留住并引导消费者分享和复购，选择公众号、蓝 V 等官方账号以及员工 KOL 较为合适。

综上，品牌在不同阶段具有不同目标，需要选择多个平台和 KOL 共同实现目标。

2. 多圈层，稳调性

选择多圈层的 KOL 能有效扩大覆盖面和提高转化率。数字世界的消费者往往归属于不同的圈层，同一个消费者可能在多个平台和多个圈层拥有多重的碎片化自我。相应地，品牌在选择 KOL 时也需要考虑多圈层投放，以覆盖更多垂直领域内的不同消费者群体并形成多次触达。比如，品牌选择 GQ 的目的是宣传时尚气质与覆盖时尚群体；品牌选择年糕妈妈，目的是获得母婴群体的信任。各平台的社交媒体 KOL 已经进入垂直领域专业竞争的赛道，品牌通过垂直领域的 KOL 来触达目标人群更加精准，效率也更高，这些社交媒体 KOL 实际上起到了筛选的作用。

而且，不同类型的 KOL 有不同的专长，比如，明星类 KOL 更适合话题引爆，垂直类 KOL 更适合深度内容解读，泛娱乐类 KOL 更适合营销信息的分发传播。

投放多圈层的 KOL 一方面能够有效增大品牌内容的触达广度和深度，形成品牌认知的社会氛围；另一方面能覆盖同一消费者的多个催化场景，形成个体的舆论氛围感知，巩固目标消费者的认知，达成深度触达和消费转化。例如，宝洁在推广其除味喷雾风倍清（Febreze）时，选择美食类、时尚类、运动类、母婴类等社交媒体 KOL，针对料理达人、时尚潮人、运动达人、母婴群体等多个圈层群体投放内容，强调产品的核心卖点“除菌、除味”，使产品从清洁洗涤产品中脱颖而出，成为家居清洁爆品。

但品牌在选择多圈层的 KOL 时不能只关注一时的流量而忽视质量。品牌应该思考长期的品牌资产和品牌调性，兼顾两种契合度，即 KOL 粉丝与品牌目标用户的契合度以及 KOL 内容与品牌调性的契合度，如图 8－5 所示。

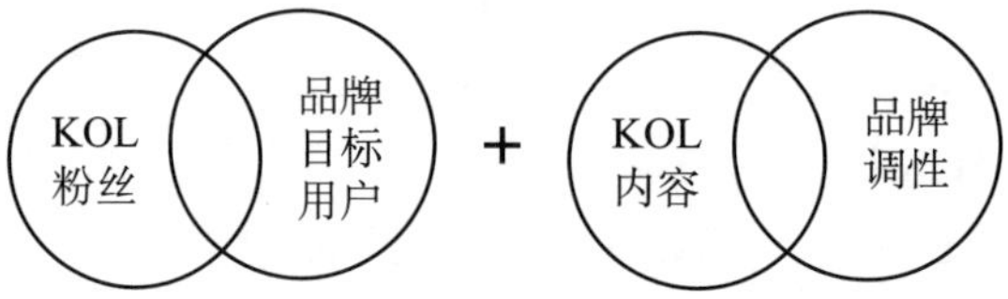

图 8－5　多圈层社交媒体 KOL 选择时的两种契合度

具体来说，首先，KOL 本身影响的人群（KOL 粉丝）要与品牌需要影响的人群（品牌目标用户）具有一定的契合度。这是为了保证投放的精准有效性，同时根据预算也要容许一定程度的不契合，以帮助品牌破圈，形成大众的品牌认知。其次，KOL 输出的内容属性要与品牌调性有一定的契合度。这是为了平衡内容多样性与品牌气质稳定性。品牌要打造自身的品牌气质与核心价值，比如同是婴儿奶粉品牌，雅培专注树立品牌的专家形象，惠氏重视明星口碑，美素佳儿则强调原产地。品牌应当把自己一以贯之的品牌调性在与多圈层 KOL 的内容合作中有机地体现出来。

由于不同垂直圈层的 KOL 差异明显，因此品牌内容的形式与表达在 KOL 端可以更加灵活和个性化，有效避免消费者出现信息疲劳和防卫心理。但品牌同时也要注重维持自身核心价值和调性的稳定性与一致性。比如，HFP 品牌在社交媒体 KOL 内容营销方面十分严格（见图 8－6），品牌先根据内部的“精致内容工匠小组”确定标准化的核心内容，然后分发给 KOL。HFP 通常会让 KOL“照搬”品牌提供的内容，或者要求 KOL 就整体要求、内容框架、话题方向、数字呈现、句式、画面等制作出细致的简报，指导 KOL 按照“最佳标准”来生产内容，这种对品牌定位和价值表达的严格把控有利于使消费者对 HFP 品牌概念形成一致的认知。①

---

① 聚美丽．起底 HomeFacialPro! 2 年 10 亿爆红是如何炼成的？（深度长文）．（2018－10－25）．https://www.sohu.com/a/271296677_146342.

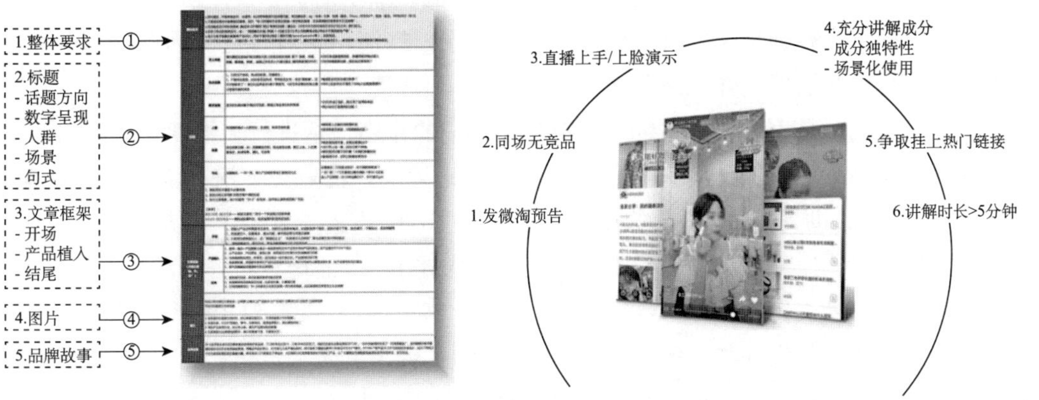

图 8－6　社交媒体 KOL 内容营销标准化示例：严格把控品牌调性

3. 金字塔，立标准

不同量级的 KOL 对于营销的作用与角色不同。头部 KOL 引流价值更大、合作价格更高，腰部 KOL 性价比更高，尾部 KOL 在内容分发和扩散上更有优势，而 KOC 虽然量级较小但更易获得消费者信任从而形成转化。

品牌在不同量级的 KOL 投放上，一般是金字塔式，图 8－7 以某品牌在小红书上的 KOL 营销为例对此进行介绍。金字塔的顶端是少量头部 KOL，如明星、头部主播等，品牌与其合作的主要目的在于制造话题、引发关注、扩大曝光度，快速引爆品牌/产品。这部分内容占比可能只有 2%左右，但会带来大约 20%的影响力。广告预算充足的品牌会大力投放头部 KOL，利用他们对品牌的背书作用积累品牌资产。而新品牌或预算有限的品牌选择头部 KOL 则更多期待以此撬动和说服大量中小 KOL 合作，从而引爆市场。

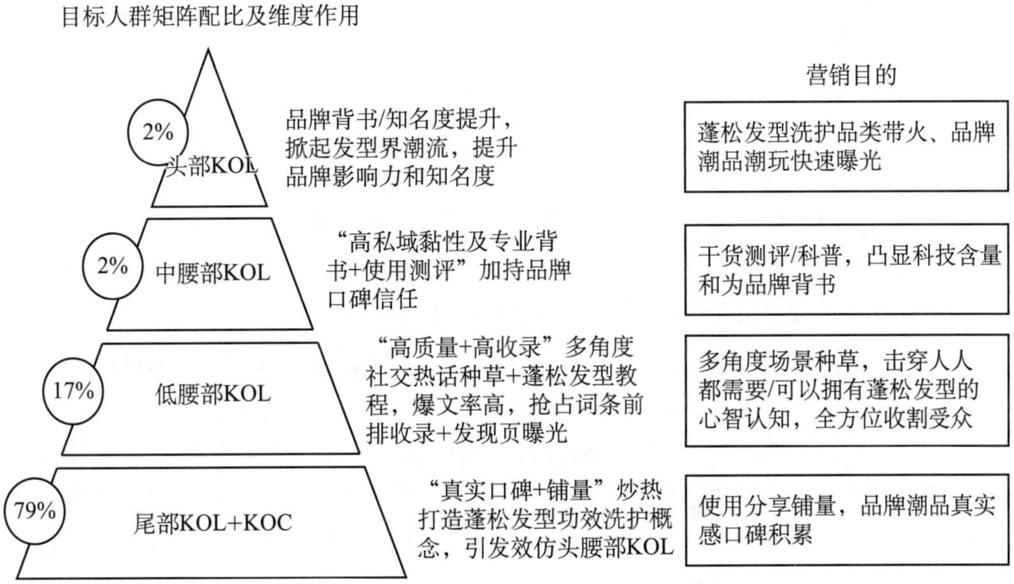

图 8－7　社交媒体 KOL 矩阵的金字塔式配比示例

资料来源：茉莉数科集团。

中腰部 KOL 能起到较好的转化和说服作用。他们基于消费者视角对产品进行深度解读和场景化种草，有利于品牌打入核心用户的圈层，打消消费者疑虑。因此这部分 KOL 的主要作用是说服消费者并加深其产品认知。

金字塔的底部是大量尾部 KOL 和 KOC，他们的作用包括进行多维度的互动和种草、晒图好评、背书品牌、提升口碑等，营造一种舆论氛围，覆盖更多潜在消费者并带动购买，这部分 KOL 助力品牌/产品的长尾扩散。在 KOL 的选择策略上，大量实践表明金字塔式行之有效。通过互动话题和不同类别社交媒体 KOL 的排兵布阵，品牌可以实现全网扩散甚至是病毒式传播。

必须注意的是，头部与中腰部 KOL 的价值除了带来曝光和转化，还能带动大量普通消费者自发参与进行产品反馈。长期品牌资产的积累归根结底要靠过硬的产品和大量普通消费者的反馈。不管社交媒体 KOL 矩阵搭建得如何巧妙、效果多么好，如果产品不能提供相应的价值，那么普通消费者的评价可能不会太好，而这又是影响长期销量和品牌资产的关键因素，不受品牌控制，只能通过 KOL 矩阵进行引导。

品牌还需要对合作的 KOL 进行动态监控，建立评价标准，形成自己的“社交媒体 KOL 库”。通过内容星级（更新速度和质量）、配合度、数据表现（如流量获取能力、转化率等）、价格、粉丝数增长速度、风险程度等指标评价 KOL，据此调整后续合作。

通过评价和考核建立自己的社交媒体 KOL 库对于品牌非常有必要。此时品牌和 KOL 的合作不再是偶尔的，而是长期、深入的。通过与优质的 KOL 深度合作，品牌可以更深入地触达 KOL 的粉丝，使其更深入地感知品牌产品，同时 KOL 也不再只是单纯地做一次广告，而是与品牌共创商业内容，共同成长，实现双赢。

建立社交媒体 KOL 评价标准也是为了不断优化投放效果。比如，对于各方面表现良好的 KOL，品牌应当加大合作力度；而对于体量小但成长快的潜力股 KOL，品牌应当持续培养和加深合作。一些 KOL 可能在某些指标上有所不足，如配合度不高、数据表现不稳定等，品牌可以持续观察并予以指导。而对于各方面指标都不合格或在下降的 KOL，品牌可以从社交媒体 KOL 库中剔除。

此外，品牌也可以通过社交媒体 KOL 的数据进行策略调整。比如，当转化率整体较低时，品牌可能需要提高产品与社交媒体 KOL 的匹配度；当内容不错但整体流量不理想时，品牌可以考虑通过付费流量提高社交媒体 KOL 的转化能力。

总之，社交媒体 KOL 的选择策略需要考虑模式特征、目标设定、效果反馈、合作方式等，并在合作中进行动态调整以适应千变万化的市场环境，甚至在每一次营销活动的进程中，都可能有不同的细节调整，品牌可以借助精益的算法模型获得最大的投入产出比。而整个过程中的数字化、数据化沉淀以及对于合作社交媒体 KOL 的效果评估，则是下一次品牌合作的重要参考和依据。内容营销活动处在一个数字化运作体系中，品牌的决策依据来自真实的市场数据反馈。

案例分析

KOC作为分销渠道

抖音2020年建立电商部门，2022年抖音电商成交额达到1.5万亿元，跻身中国电商前列，成为中国网络零售的重要角色。新兴渠道为品牌带来了新增用户，许多品牌进驻抖音以获得新的增长。

品牌在抖音主要有以下三种销售方式：

- 品牌直播：品牌建设自己的直播间并在抖音开播，采买流量助推直播销售，这种方式适用于SKU丰富的品牌，其功能和形态类似于线下渠道中的品牌旗舰店。
- 品牌短视频投放：品牌对自己制作的短视频、明星代言短视频、头部KOL直播间的切片短视频中的优质内容进行信息流广告投放并产生销售，这种方式适用于SKU不够丰富，但有核心大单品的品牌。
- KOL合作：通过头部KOL和中腰部KOL的短视频投放和直播带货，形成传播和销售，KOL的角色类似于线下渠道中大型超市的角色。

前两种方式是品牌自主宣传或在流量平台投放广告，以扩大规模、增加销量，但试错成本和平台的广告费用高昂，不适用于利润较低的行业。第三种方式是品牌与知名主播或KOL合作，推广费用和短视频平台的合作成本较高，这是新兴消费趋势，但也存在效果/销量不稳定的风险。

数字平台如今也演化出了一些新的销售方式。其中能够以较低成本撬动较为稳定的回报的方式是通过大量KOC进行密集分销。

品牌与大量体量较小的KOC合作，品牌提供产品和内容框架，KOC制作短视频内容或直播进行销售，获取销售提成。品牌的销售团队需要规模化地建立这种纯佣合作，形成密集分销。虽然单个KOC销量有限，但整体销量可观且较为稳定。此时KOC的角色类似于线下渠道中的小型夫妻老婆店。典型案例如叮叮懒人菜，该公司在2021年6月开始采用抖音KOC策略进行带货，半年后月销售收入突破5 000万元，2021年抖音带货总额达到8.8亿元。松鲜鲜、肉敢当等品牌从零开始，通过采用KOC策略快速崛起。

一方面，KOC分销具有如下优点：

- 渠道规模大。以“蚂蚁雄兵”的姿态铺设众多小型单点渠道带货，能够以较低费用实现较大范围的覆盖，而且试错成本也较低，小团队甚至可以在数月内不断测试产品的市场潜力和进行产品与内容的迭代。
- 信任度高。KOC作为小型内容生产者，更容易被用户当作热衷分享的消费者而不是专业营销人员，其内容更多强调亲身体验，更像是一种分享而不是广告，因此亲和力较强、可信度较高。
- 业务波动小。KOC不需要像KOL那样去竞争坑位，少量KOC的波动对整体影响不大，KOC的不断培养和涌现使得整体营销体系能够持续运作，具有较高的可持续性和销售稳定性。品牌一旦建立起规模化的KOC合作，就可以迅速扩大产品的销售规模，显著提高产品的市场渗透率。

另一方面，KOC分销也有一定的操作难度。KOC分销的能力可以分为三个等级。第一级是给用户带来好产品，即给用户带来满足其需求的价值。第二级是在给用户带来好产品的基础上带来好内容，比如打磨不同场景下的内容框架、直播话术逻辑等。第三级是帮助 KOC 运营账号，即帮助 KOC 掌握平台生态、内容创作等方面的特点和技巧，实现粉丝和销量的增长。

在好产品的选择上，品牌需要思考具体用户人群、使用场景和待解决的痛点。总体而言，食品、大健康、美妆护肤等品类是较易开拓的领域，但需要结合具体目标人群、场景进行产品的打磨，比如午餐肉的消费场景通常是在家里，但肉敢当品牌将场景拓展到孩子在学校的课间休息和午餐时间，并相应调整包装形态。

在好内容的打磨上，当前 KOC 分销的核心是做短视频，通过短视频产生销售，当前行业内有两种短视频模板的形成路径。

第一种是迭代路径，即通过铺量的方式先选出一个 60 分的模板，然后从 60 分到 100 分不断迭代。比如，品牌每天跟 30 个 KOC 合作让其自由创作短视频，那么一个月能产出约 1 000 个短视频。在经营逻辑正确的情况下，大概率可选出能出单的视频，将其当作一个 60 分的基础模板。然后由其他 KOC 模仿创作出约 1 000 个短视频，再从中择优，如此反复，直到选出转化效果最好、出单最高、效率最高的视频模板，最后提供给旗下所有 KOC。

第二种是创作路径，即销售团队自己创作模板，然后提供给 KOC 进行模仿创作，这种路径对团队的要求很高。它的本质是组建一个优秀的短视频内容团队，让外部达人成为这个团队的直播间。芭比波朗（Bobbi Brown）采用的就是这一路径。芭比波朗在抖音有一个非常强大的美妆品牌短视频团队，自己拍视频、做直播，效率非常高，能在新品上线时用非常快的速度完成短视频单日 100 万和直播单日 100 万的突破。然后他们把自己的短视频框架和直播框架提供给合作的 KOC，助力 KOC 迅速涨粉，因此这种路径也深受 KOC 欢迎。

KOC 分销巧妙地将个人网络和共创的想法结合在一起，形成了一种非常有效的、可用于建立品牌兴趣和推动销售的工具。在 KOL 数量少、价格高的环境下，具有特殊性的大量 KOC 可能是进行新媒体营销的另一条路径。

资料来源：半年从 0－月销 1000w！揭秘闷声大发财的抖音 koc 矩阵打法 ｜ 对谈食光创始人元秀．https：//www.xiaoyuzhoufm.com/episode/64637fcc306513184c220eb7? s = eyJ1IjoiNjBhOWI3ODdlMGY1ZTcyM2JiYzE3OGExIiwiZCI6MX0%3D；新品牌为何一定要做 KOC 分销．(2023－10－10)．https：//www.foodaily.com/articles/34359.

// 基本概念 //

意见领袖	社交媒体 KOL	社交媒体 KOL 营销	KOC
感知真实性	来源可信度	社会资本理论	品牌背书
准社会互动	准社会关系		

// 讨论题 //

1. 你有喜欢的 KOL 吗？你如何看待 KOL“恰饭”？

（参考答案：“恰饭”指 KOL 接广告，有些用户很反感，有些用户能接受。这和平台有一定的关系，比如对于抖音、小红书的 KOL 恰饭，一般没有太多反对的声音，但 B 站 UP 主恰饭会招致较多的批评。此外，有些用户将 KOL 恰饭视为一种互惠，所以不会反感；有些用户视之为背叛和欺骗，所以会反感，可以讨论这些心理出现的原因。)

2. 你看到过哪些不合适的 KOL 带货？为什么不合适？

(参考答案：比如一些男性 KOL 推荐女性用品；一些比较“接地气”的 KOL 推荐昂贵点心等。)

3. 你觉得 KOL 营销有发展前景吗？当用户都知道 KOL 是在“恰饭”，他们的内容还能够取信用户吗？

(参考答案：碎片化的传播方式还会持续，未来可能在形式上有所变化。合适的 KOL 带货是双赢，KOL 起到了信息筛选器的作用，也起到了团购的聚合器的作用。不合适的 KOL 则是双输。)

4. 当你喜欢的 KOL 从一个垂直领域开始做一些泛生活化的内容或其他领域的内容，你会更喜欢他还是觉得他失去了价值？为什么？

(平台是引导 KOL 更加专注垂直内容的，但这对 KOL 的内容生产和长期发展并不利。因此有很多 KOL 想要拓展自己的内容领域获得新的粉丝，但这种尝试有时会导致老粉丝反感同时也没有获得新粉丝，有时则是成功拓展到了其他内容领域，KOL 和粉丝之间形成了更紧密的关系。比如在内容领域，做具有工具属性的内容如知识科普、科技测评、财经分析等的 KOL 较难扩展，因为粉丝原本在意的是 KOL 的工具属性；而做具有情感属性的内容如娱乐类、个人成长类、情感分析类的 KOL 可能在展现专业之外利用个人特质反而会获得更高的喜爱度。)

// 第 9 章 //

用户生成内容与品牌舆情管理

新媒体时代消费者成为品牌内容营销重要的合作伙伴。与消费者共同创造、共同设计以及共同营销内容是营销人员的必备技能。传统媒体时代，营销人员习惯于将内容润色至完美，但新媒体时代，品牌需要在内容中给用户留有发挥的空间，激发用户参与，并且给予其尊重和合理的待遇。

用户生成内容（UGC）是由用户而非传统的内容创作者或者品牌自己创作的内容。UGC 可以成为一种“赢得媒体”（earned media）①，给品牌提供免费的传播，带来更广泛的品牌/产品认知，甚至带来转化。

UGC 不只是用户口碑，还包含用户的个人经验分享，以及与产品相关的图文、视频等形式的内容创作。但现有关于 UGC 的营销研究主要以数字口碑及其传播为主，而涉及其他内容形式的 UGC 探讨，主要是对传播学、文化研究中关于产消者的二次创作、模因等方面的探讨。

UGC 对于品牌或企业来说，既有积极影响也有消极影响。

从积极影响方面来看，第一，UGC 可以增强用户参与度，鼓励用户积极参与品牌活动，从而增强他们与品牌的联系并提高忠诚度；第二，提升品牌信任度，UGC 通常被认为比品牌自己的宣传更加真实可信；第三，免费营销，UGC 为品牌提供了大量免费的营销内容，如用户在社交媒体上分享的关于品牌的图片和评论可以被其他用户看到，从而起到宣传的效果；第四，获取用户反馈，品牌可以通过 UGC 直接获取用户对于产品或服务的反馈，从而更好地了解用户的需求和期望，以改进产品或服务。

从消极影响方面来看，第一，品牌形象控制困难，由于 UGC 是由用户生成的，品牌很难控制其内容，如果 UGC 对品牌形象造成损害，那么品牌可能无法及时采取有效的措施；第二，可能引发舆论危机，如果 UGC 包含对品牌的负面评价，则可能引发舆论危机，影响品牌的声誉；第三，内容质量不一，UGC 的质量难以保证，高质量的内容可能被低质量的内容淹没，从而影响品牌形象；第四，难以管理和监控，由于 UGC 数量很多，品牌可能很难有效地管理和监控这些内容。

因此，本章一方面介绍品牌应如何激励促进正面 UGC 的生产，另一方面帮助营销人

---

① 赢得媒体也被称为免费赢得的口碑媒体报道，既不属于品牌，也没有付费的自发媒体传播。比如，企业的公益活动广受好评，引来新闻媒体的自发报道；产品质量很好，使得消费者自愿发朋友圈分享。

员理解用户为何会生成负面 UGC，以及如何应对随之而来的品牌舆论危机。

第 1 节　UGC 的定义和相关概念

一、UGC 的定义

用户生成内容（UGC）是一个广义的概念，指的是用户自发生成并在网络上分享的各种类型的内容，包括文字、图片、视频、音频等形式。UGC 可以包括产品评价、经验分享、创意作品、故事讲述等，涉及产品、品牌、公司、事件等多种主题。例如，用户在社交媒体上发布的关于某款产品使用体验的帖子，或者在视频网站上分享的 DIY 教程，都属于 UGC。

UGC 可以分为以下几种类型，各有其特定的传播特性和影响效果。

（1）评价和评论：用户对产品或服务的评价、评论和建议，包括在线评分、评论、口碑分享等。

（2）创意内容：用户创作的有关品牌或产品的内容，如图片、视频、音乐等，包括用户自主生产的和用户在品牌的组织下在线上比赛或活动中提交的内容。

（3）故事分享：用户分享有关自己与品牌或产品相关的故事、经历和见解。

（4）社交媒体互动：用户在社交媒体平台上与品牌进行的互动、转发、提及或标记。

二、与 UGC 相关的其他概念

1. 产消者

“产消者”（prosumer）的概念源于 20 世纪 80 年代美国未来学家阿尔文·托夫勒（Alvin Toffler）的作品《第三次浪潮》（*The Third Wave*），原意是指消费者同时也是生产者，是生产者（producer）和消费者（consumer）的组合。例如，在百度百科平台上，用户既是信息的消费者，也是信息的生产者，他们通过编写和编辑条目，积极参与知识的上传和分享。

在信息传播过程中，产消者既是接收者也是发送者。例如，在社交媒体上，用户不仅接收来自其他用户或平台的信息，同时也自己创造并分享内容。这打破了传统的信息传播模式，使信息传播的互动性增强，变得更加开放。

在文化研究中，产消者反映了一个新兴的社会现象，即个体不再仅仅是被动的消费者，也成为信息、文化产品的主动生产者。例如，网络上的许多博客、视频创作者，他们不仅消费网络内容，同时也创作并生产内容，供其他人消费。这种现象改变了对消费者和生产者的传统认知，提供了一个更丰富多元的文化互动空间。

从市场营销的角度看，产消者是具有积极参与性的消费者，他们参与产品或服务的创建、推广和反馈过程。例如，某些软件公司在产品开发阶段邀请用户参与并提供反馈和建议，这些用户就是产消者，他们的参与为公司提供了直接、有效的市场反馈，帮助公司改进产品，满足市场需求。

越来越多的用户通过二次创造、重塑文本的方式，掌握了消费选择和产品生产的主动权。有人使用“数据库消费”这一概念，描述网络用户如何在海量的数字化内容中选择消费对象、消费方式，并且成为积极的交互者。随着新生代数字消费者在数量上的增加和在消费能力上的不断提升，“数据库消费”直接影响流行文化产业形态的塑造。

从文化研究领域提出“积极受众”，到对“文本盗猎者”“参与式文化”等概念的探讨，受众通过集体智慧积极创作附加文本、参与媒介生产的重要性在新媒体时代愈加显著。①

2. 文本盗猎者

“文本盗猎者”（textual poacher）是亨利·詹金斯（Henry Jenkins）在其著作《文本盗猎者：电视粉丝与参与式文化》（*Textual Poachers*：*Television Fans and Participatory Culture*）中提出的概念。这个概念主要用于描述粉丝文化中的一种消费和创作行为。粉丝将流行文化作品（如电影、电视剧、小说等）作为“文本”，并从中“盗猎”元素，进行二次创作和解释，形成新的意义和文化产品。

在文化研究领域，文本盗猎者被理解为对主流文化进行二次创作的文化消费者。他们解构、重组和改写流行文化文本，以此表达自我认同和社区认同，挑战主流文化的权威和规范。互联网受众不仅能够通过制作、发送“弹幕”完成文本的叠加，直接改变其他受众的观影体验，还能够通过大量二次创作，如同人小说、剧集解读、二次创作的音乐和视频等，在一定程度上放大或改写原文本中的隐性线索或元素，表达自己的理解和想象。文本盗猎者对接收到的信息和意义进行再构造，通过自己的解读和再创作，改变信息的流向和意义。例如，一些电影或电视剧的影评人会从自己的角度出发，对剧情进行解读和评论，进而影响其他观众的理解和感受。

产消者和文本盗猎者都强调了消费者的主动性和创新性，但是，产消者侧重于消费者在生产和消费过程中的角色，而文本盗猎者侧重于消费者对流行文化的解读和再创作。

3. 模因

“模因”（meme）一词源于理查德·道金斯（Richard Dawkins）1976 年的著作《自私的基因》。道金斯提出“模因”这个概念，用来描述文化信息的传播方式。他借鉴了生物学中基因（gene）的概念，认为文化中的想法、行为、风格等信息单元能够在人类社会中复制和传播，形成一种文化进化的机制。在这个意义上，模因可以理解为一种文化基因。

在互联网文化中，模因的含义发生了扩展和转变。现在，模因通常指的是在网络上广泛传播的，包含某种特定含义或者“梗”的图片、视频、文字等内容。模因的特点是形式简单、易于复制和改编、具有娱乐性和讽刺性。例如，一张带有特定文字的图片，经过网络用户的分享和改编，可以在短时间内传播到网络的各个角落，成为一种模因。

有些模因是在特定的社会、文化环境中自然产生的。例如，某个人在社交媒体上分享的一张有趣图片，或者发布的一条富有创意的语句，由于具有较高的识别度、趣味性或者共鸣性，而被大量转发、修改、模仿，逐渐形成模因。

有些模因则是被有意识地创建并推广的，目的可能是宣传某种观点、理念，或者推广某个产品、品牌。一些组织可能会设计并推广一些富有创意的广告语、标志、故事等，

---

① 伊曼纽尔·罗森，伊塔玛·西蒙森．社交媒体颠覆“妥协效应”．(2023-08-04). https://www.hbrchina.org/2014-01-07/1759.html.

通过网络传播以提高知名度和影响力，比如肯德基的“疯狂星期四 V 我 50”。

模因是网络文化的重要组成部分，展示了网络用户的创造性、互动性和群体行为。它不仅是一种网络现象，也是一种文化现象。

不论是偶然产生还是有意为之，模因的关键在于在网络用户中引发共鸣，如果一个模因能够反映出公众的情绪、观点、经验，或者以一种新颖、有趣的方式表达出某种普遍的现象或观念，那么它更有可能被广大用户接受、模仿、传播。因此，模因的传播过程既包括个体的主观创造，也包括集体的互动和共享。

模因的传播受到社会和文化环境的影响。不同的社群、平台可能有不同的文化习惯和交流规则，这会影响模因的传播效果。同时，时事、热点事件等也会影响模因的传播。

在社交媒体平台上，推荐算法也会影响模因的传播。平台的推荐算法可能会考虑用户的行为、兴趣等因素，从而影响模因的传播范围和速度。

虽然营销人员可以通过设计富有创意的内容，利用社交媒体工具，甚至运用营销策略等手段，来推动模因的产生和传播，但是模因能否成功传播、传播效果如何，很大程度上是由公众的接受度、社会文化环境以及网络环境等多种因素共同决定的，这些因素往往复杂多变且难以完全控制。

第 2 节　口碑对消费者的影响

在对于 UGC 的研究中，关于口碑的研究是比较充分的，其形式、分类以及对消费者的影响被大量地探讨。口碑可以视为评价类 UGC 的一种，是 UGC 的一种特定形式，指的是用户在网络上对产品或服务的评价和推荐。口碑通常表现为文字形式，如电商平台上的商品评价、论坛或社交媒体上的产品推荐帖子等。口碑是消费者作出购买决策的重要信息来源，对产品的销售和评价影响较大。

伊塔玛·西蒙森（Itamar Simonson）与心理学家阿莫斯·特沃斯基（Amos Tversky）合作，研究产品组合方式对购买决策的影响。实验中，第一组参与者要在标价 169 美元和 239 美元的两个相机中选择一个；第二组参与者多了一个标价 469 美元的相机的选择。结果在第二组中，239 美元的相机比 169 美元的相机更受欢迎。这项实验体现了妥协效应，即在产品组合中增加一个价格更高的产品选项，人们会倾向于消费更多。2012 年，西蒙森和塔利·赖希（Taly Reich）修改了实验：参与者仍要在三个价格不同的相机中选择一个，但可参考亚马逊上的评论。结果显示，妥协效应消失了，购买决策与用户评论高度相关，三个相机的价格和功能对比对消费心理影响不大。

综上，口碑能够影响消费者个体的决策模式，对潜在购买决策影响很大，降低了营销人员对消费者的影响，权力从营销人员手中向消费者手中转移。

一、口碑的概念及其发展历史

口碑（word of mouth，WOM）最初是由人们口口相传的一种评价信息。在传统媒体时代，口碑往往产生于强关系人群的人际交流中。随着互联网的普及和社交媒体的发展，人们的信息创造与获取方式发生了重大的变化，口碑频繁出现在线上，且不再仅限于强关系之间。网络口碑或电子口碑（electronic word of mouth，E-WOM）是指基于互联网进行传播的评价信息，显示出更大的影响力，成为学界与业界共同关注的焦点。

过去，消费者容易被营销人员主导的品牌传播所影响，现在，网上的用户评论和社交媒体丰富了消费者的信息来源，通过朋友建议、专家测评、陌生人的产品评价，消费者可以对产品作出更准确的预判。消费者一旦体验到网上的丰富信息，就不容易再被传统的营销因素左右。谷歌的一项研究发现，消费者在购买前参考的信息来源平均为 10.4 个；另一项调查发现 30%的美国消费者在网购之前会参考亚马逊上的产品信息和评论。波士顿咨询公司 2011 年的调查表明，在 20 个受访国家中，中国消费者发表的在线评论数量最多，同时阅读在线评论也最频繁，中国消费者对线上信息源的信任程度要远远高于对电视广告的信任程度。① 目前学术研究的结果也显示出口碑的巨大威力：线上口碑影响个人的购买意愿、信任和忠诚水平、消费者参与，从而也影响企业的产品销售、收入以及股票价格。②③

从线下的人际口碑传播到线上的网络口碑传播经历了三个阶段的进化发展④，如图 9-1 所示。

1. 消费者间有机影响模型

早期的学术研究确定了口碑是一种重要的社会力量。比如赖安（Ryan）和格罗斯（Gross）的扩散研究表明，在采用决策上，消费者之间的沟通比营销传播更重要。消费者之间会就产品和品牌产生自然沟通，这种沟通不受品牌的激励和直接影响。这种口碑传播的动机是帮助别人，比如提醒他人一些产品和服务较差，或者想显示自身地位。

2. 营销者线性影响模型

随着营销理论和实践的进步，口碑传播开始强调特别有影响力的个体即 KOL 在其中的重要性。识别并试图影响这些有影响力的、受人尊敬的、可信的 KOL 能够更好地影响普通消费者的决策。营销者通过传统手段如广告和促销，一方面直接影响普通消费者，另一方面通过影响 KOL 间接影响普通消费者。

3. 网络合作生产模型

在数字世界中，口碑传播发生了较大的改变。其影响范围扩大了，超出了原本人际影响的范围。因此，营销者已经开始直接管理口碑。通过有针对性地培育和购买商业性和职业化的 KOL 或者寻找 KOC 进行传播，或者营销者产出具有黏性和“病毒性”的内容，引发消费者的网络传播。此时，口碑是在消费者网络中相互交换、共振产出的。

---

① 江晓东．什么样的产品评论最有用？——在线评论数量特征和文本特征对其有用性的影响研究．外国经济与管理，2015，37（4）：41-55.

② King R A，Racherla P，Bush V D. What we know and don't know about online word-of-mouth：a review and synthesis of the literature. Journal of Interactive Marketing，2014，28（3）：167-183.

③ Berger J. Word of mouth and interpersonal communication：a review and directions for future research. Journal of Consumer Psychology，2014，24（4）：586-607.

④ Kozinets R V，De Valck K，Wojnicki A C，et al. Networked narratives：understanding word-of-mouth marketing in online communities. Journal of Marketing，2010，74（2）：71-89.

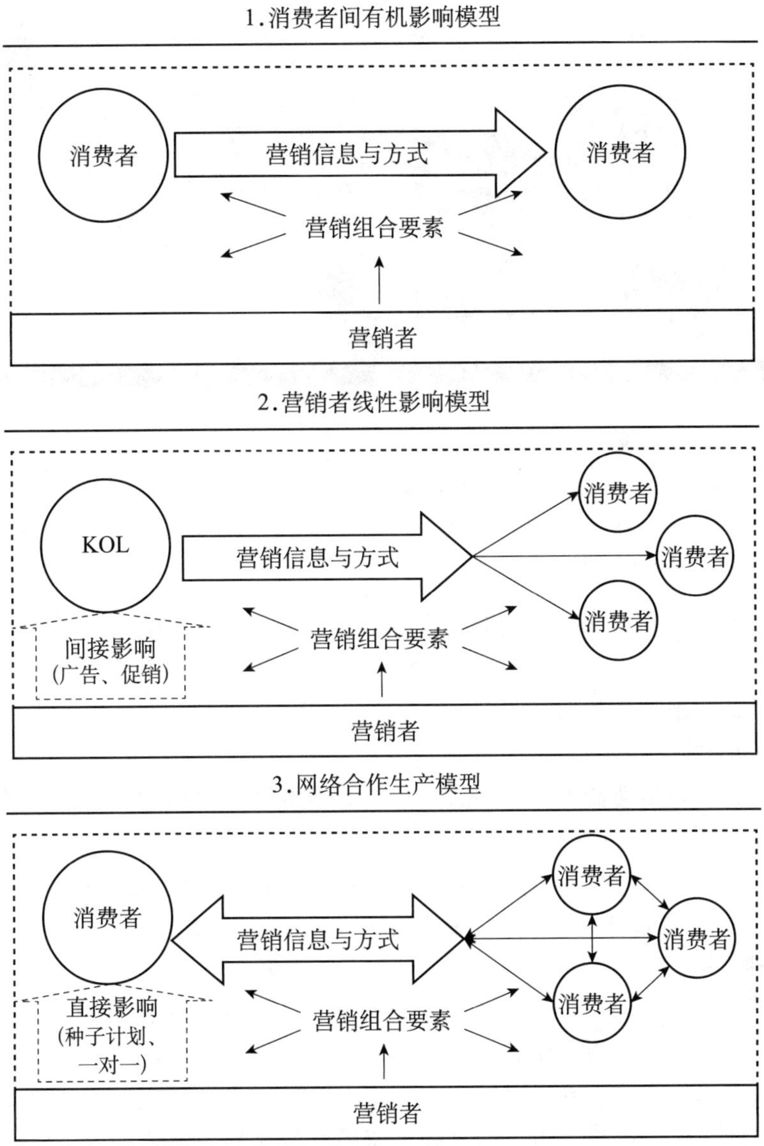

图 9-1 口碑传播进化发展的三个阶段模型

资料来源：Kozinets R V，De Valck K，Wojnicki A C，et al. Networked narratives：understanding word-of-mouth marketing in online communities. Journal of Marketing，2010，74（2）：71-89.

二、口碑对消费者行为的影响

不是所有的产品或品牌都依赖于口碑。正如第 7 章提到的影响力组合模型，口碑属于 O 因素。想了解消费者在购物时对 O 因素（他人的影响）的依赖程度，企业可以参考 O 连续体：产品越靠近横轴上“相关”的一端，越易受口碑的影响（见图 9-2）。比如，介入度高的产品更容易受到口碑的影响。

此外，研究发现，在产品特征上，可试用性和易于观察这两个因素会降低消费者对口碑的依赖。可试用性的优势在于，在购买前为消费者提供真实的使用体验，方便消费者判断产品是否满足自己的需求。当消费者无法通过试用的方法来获取产品信息时，其

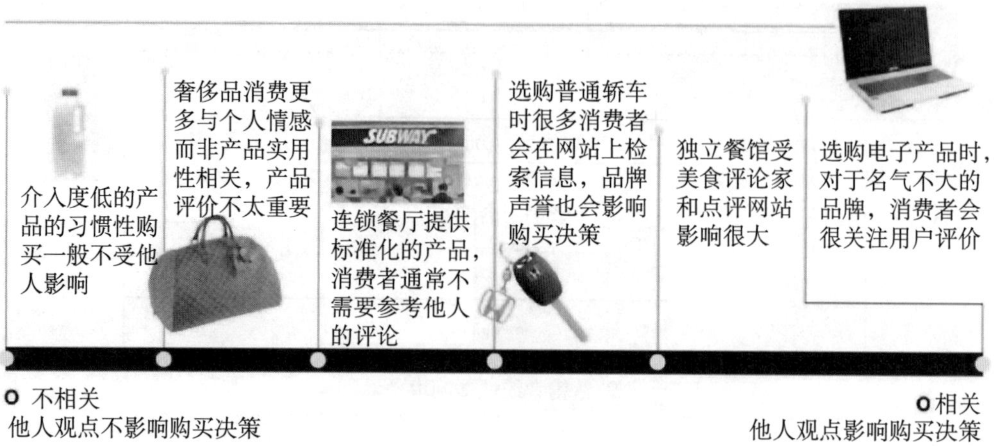

图 9-2　O 连续体

资料来源：伊塔玛·西蒙森，伊曼纽尔·罗森．社交媒体颠覆“妥协效应”．（2014-01-07）. https://www.hbr-caijing.com/#/article/detail? id=476060.

对口碑的需求便会大幅提升，希望借此作出正确决策，规避风险。对于私密性较强的产品或服务，消费者既难以获知身边有多少人也在使用它，也不能亲眼观察其使用表现，因此只能借助口碑来进行判断。

1. 口碑的形式

广义来说，只要是消费者传播的品牌相关的信息都是口碑的一种。狭义来说，口碑的形式分为在线评级和评论两大类。

在线评级（如五星评级）是由使用过产品或服务的用户对体验进行打分，往往一星代表糟糕体验，五星代表优质体验。这些评级会被网站聚合并直观地展示给潜在用户。展示给用户的在线评级在呈现方式上可能有所不同，比如互联网电影资料库（IMDB)、淘宝等网站通常使用平均值，而豆瓣不仅报告平均值，还会显示每个星级的评分数量即评分的分布情况。

在线评级对消费者行为有显著的影响，虽然在线评级是主观的，但是很方便，能低成本地为消费者提供参考。在其他条件相同的情况下，消费者更偏好评级较高的产品。评级的呈现方式也会有影响，由于信息处理流畅性的作用，即使评级一样，以平均值方式呈现的评级会比分布式的评级更有利于提高消费者的购买意愿。

2. 口碑数量

口碑数量（volume）指的是消费者针对某一产品或服务发布的评论总数，代表网络口碑的总体规模。口碑数量对销售的预示作用主要源于网络口碑的知晓效应（awareness effect)，其作用大小受到信源、产品性质等方面的影响。在信源方面，当口碑具备较高的信源专业度时，口碑数量更有助于拉动耐用品如电冰箱、汽车、电视机、机械设备等的销售。耐用品的口碑数量越多，提供给消费者的信息就越充分，也就越有利于销售。[①]此外，口碑数量与电影的票房收入也呈现显著正相关，通常讨论得越多，电影的票房收入也越高。书籍的销量与口碑数量也存在类似的关系。

---

① Babić Rosario A, Sotgiu F, De Valck K, et al. The effect of electronic word of mouth on sales: a meta-analytic review of platform, product, and metric factors. Journal of Marketing Research, 2016, 53 (3): 297-318.

3. 口碑效价

口碑效价（valence）指消费者对产品或服务评价的好/坏（正面/负面），一般用评价分数的平均值或者正负面评论的比例如五星评价的百分比来衡量。与口碑数量的影响机制不同，口碑效价对产品销量的影响往往源于说服效应（persuasive effect），产品或服务的评价越好，越容易引发其他消费者态度的转变，从而说服他们接受和购买该产品。口碑效价对销售的影响远远大于口碑数量的影响。

许多人认为，正面口碑能够提高销量，而负面口碑会降低销量。但研究表明这种认识是不全面的。整体而言，正面口碑对销量的影响更大。但口碑效价对销量的影响因产品性质而异，比如除了成熟产品和低财务风险产品（如书籍等），负面口碑与其他品类特别是体验品的销量下降之间并无联系。此外，如果口碑发布者与接收者之间存在强关系，则有助于口碑发挥更大的作用。

4. 口碑差异

口碑差异（variance）指消费者所发布的评论信息存在的差异或不一致，反映了消费者对于产品或服务在态度和观点上的分歧，通常采用评级的方差或标准差来度量。比如同样是豆瓣 7 分的两部电影，电影 A 的评级集中在五星和一星（口碑差异大），而电影 B 的评级集中在三星和四星（口碑差异小）。

总的来说，口碑评价的一致性越高，越能降低消费者对购买风险的感知，从而提升其购买倾向。但口碑差异对销量的影响根据产品性质的不同而不同，对于服务、享乐品、成熟产品和低财务风险产品来说，口碑差异对销量变化的解释力较小。诸如电影类的产品，其口碑差异越大，反而越能提升购买倾向。

5. 口碑有用性

口碑有用性是一个信息质量特征，被定义为顾客感知到的产品评论对其购买决策过程的助益。一些电商网站如亚马逊的评级系统除了显示每条评论的内容和评论者之外，还会显示有多少人认为这条评论是有用的。研究发现，发表高质量评论和经常发表评论的评论者会引起较多的关注和回复，且他们发表的评论会对销量产生显著的影响。那些发表低质量评论或是较少评论的评论者所发表的观点很容易被忽视。

口碑有用性的影响因素涉及评论的客观性、可信度、可诊断性、字数（长度）、及时性以及文本特征等。一般来说，在产品评论中，包含客观事实、观点明确的口碑有用性更大，能对消费者购买决策产生更大的影响。

对多年口碑研究的元分析显示，最具影响力的影响变量之一是专家评论，其次是第三方信源、评论的效价。在线产品评论对销量的影响在以下情况下最大：口碑是专家撰写的，发布在非卖方的第三方网站上，并且在评价中包含正面或负面的有用信息。

6. 其他因素

从平台特征来看，独立的第三方发布平台有助于口碑数量和口碑效价发挥更大的销售推动作用。独立性是第三方发布平台的立足之本，同时也是外界对在独立网站发布口碑的用户的印象，认为他们的行为由利他主义驱动。但这部分平台目前逐渐被商业利益侵蚀。

产品所在行业的竞争情况也会影响口碑对销售的作用。行业竞争激烈时，品牌为了抢夺宝贵的资源会使尽浑身解数来吸引关注，消费者所接收到的信息、所面临的选择就会剧增。对于行业竞争激烈的产品来说，口碑可能反倒给消费者带来更多负担，不仅无法帮助其作出决策，还会使其推迟购买行为。

第 3 节　如何促进 UGC 的生产和传播

企业希望在产品营销过程中，消费者能更多地产出 UGC，实现更多传播。企业可以通过以下方式激励更多的消费者讨论品牌或产品，促进 UGC 的生产。

（1）创造有趣和引人注目的内容。通过提供独特、有趣、引人注目的品牌内容，激发消费者生产 UGC 的欲望。有创意、有趣的内容更容易引发消费者的共鸣和参与。

（2）提供有吸引力的激励措施。如提供现金奖励、抽奖、礼品或者流量，以鼓励消费者创作和分享 UGC。这些激励可以提高消费者的参与度和积极性。

（3）与消费者互动和参与。积极参与消费者的 UGC，回复评论、提供反馈，并表达对消费者创作的欣赏和认可。

举例来说，蔚来的内容社区很受欢迎，被称为“汽车品牌 App 里的小红书”。分享是社区创作的热门方向，用户对于蔚来内容社区的定位很明确，就是传递愉悦生活方式的生活圈。蔚来通过积分与蔚来值，吸引用户围观、创作，这种玩法并不新鲜，但蔚来作出了小小的改变，让积分成为平台内具有流通性的资产。

创作出优质内容的用户，得到的不只有精神奖励的点赞，也有物质奖励的打赏。相对于充值式打赏，蔚来内容社区的积分除了购车赠送，大部分要通过互动、日常用车、推荐购车等具有用户参与感的行动才能获得。对于高净值人群而言，用自己的行动成果来打赏好友比直接付钱更有仪式感。

在积分之外，蔚来还设计了蔚来值作为第二价值曲线。蔚来值相当于一种延时奖励，日常互动会带来较小分值的变动，但是要让蔚来值发挥作用与价值，用户必须成为内容社区中的精英用户。对于本身希望彰显精英身份的蔚来用户而言，与推荐相关的体验分享、牛屋打卡、花式荐车等成为 UGC 创作的重要的话题板块，鼓励生产具有强烈吸引性和互动性的话题，能够让围观者通过互动满足创作者，从而形成高质量创作的正向循环。

在现有研究中，有两种主要的激励方式可以促进消费者的 UGC 生产：经济激励和非经济激励。

一、经济激励

从短期来看，经济激励能同时提升积极用户和消极用户的参与度，增加贡献频次，丰富评论主题，但对评论长度没有影响，对口碑有用性和贡献者的努力程度反而起到负面作用。

用户在社区中的朋友数量、实施经济激励前用户生产内容的自愿程度也会影响经济激励的效果。经济激励对朋友数量少的用户的评论行为起到激励作用，但使朋友数量多的用户失去动力，更重要的是，取消经济激励后，之前自愿、积极生产的用户反而变得不积极，因此经济激励要区分积极用户和消极用户。产生以上结果的主要原因是经济激励降低了贡献者的利他主义和内部动机，使其产生“交易思维”，即用最低的努力成本获得单位激励，最终导致长期的过度合理化效应。

经济激励不仅影响用户生产内容的频率及努力程度，还影响其他用户对口碑可信性、有趣性的感知，从而降低口碑对购买决策的影响力。当前监管机构和主要的在线平台（如亚马逊）认为付费评论可能是一种虚假的广告形式，付费评论也会导致互惠的偏见，因此品牌应尽量避免和限制付费评论。

二、非经济激励

除了直接的经济奖励，平台还通过游戏化设计、声誉系统等其他非经济激励促进用户贡献内容，如向贡献者提供不同的荣誉称号、排行榜等。非经济激励利用贡献者的利他主义或者追求名声的动机，内化其收益，以实现激励的目的。

1. 设置积分系统

积分系统中包含级别设定，达到某一级别需要一定的积分并能解锁相应的徽章，用于激励用户贡献更多内容。但用户在贡献内容时具有选择性，倾向于贡献积分高的内容。在设置积分系统的平台上，用户可以分为三类：追求最高等级的用户、致力于排名前十的用户和关注下一级别的用户。三类用户贡献内容的动机不同，前两者的主要动机是获得荣誉，而第三种用户仅为获得积分这种外部奖励，积分系统对三类用户的激励效果不同。

目标梯度假设（指越接近目标的最终状态，越能坚持）在积分系统中对用户贡献内容行为的作用显著，小范围假设（指除了行动的实际进程，人们会把已完成的和未完成的两部分进行比较，而人们的动机受其中较小部分的影响更大，因为人们更关注较小的部分）也会产生一定的影响。积分计算方式、获得规则、获得徽章的人数和徽章的价值影响积分系统的激励效果。比如，若内容贡献者得到的积分是基于从该内容获益的用户的某个函数来计算的（积分＝f(从该内容获益的用户的社会影响))，则积分系统体现了互惠激励，这种方式比基于成就的激励更受用户喜爱。

使用积分系统激励的积极作用体现在，在达到既定的目标之前，不管是较低层次还是较高层次的目标，基于荣誉的奖励都能激励用户加速贡献内容；在即将获得徽章时，用户不断问、答；在解锁徽章当天，问答量达到峰值。但它的负面影响也较明显，首先用户实现目标后，贡献水平显著下降；其次随着用户身份提升，内容的平均质量不断下降，即基于荣誉的激励的累计效果是短暂的，并且随时间而下降。不过关于用户实现目标后贡献下降的速度，学者有不同的看法。有学者认为用户刚获得一个新徽章时，短期内会增加贡献的内容；也有研究表明用户获得徽章几天内，问答量下降得最明显。这种负面影响在关注下一级别的用户中体现最明显。

根据以上分析，平台在设置积分系统时，不同级别之间的差距要合理，若下一级别的目标太难实现，则用户可能展现出损失规避，放弃贡献内容。另外，最高级别目标的设置也要慎重，因为用户可能产生自满效用，即当达到最高级别身份时，单纯追求地位的用户可能不再有动机贡献内容。

2. 设置排名系统和同伴反馈系统

百科全书、评级系统中常能见到贡献者排名，比如，消费者可以通过亚马逊的评论者排名系统查看评论者的排名、评论总数、有用票数等数据。排名系统的存在加剧了评论者关注度、注意力的竞争，评论者会作出许多战略性评论行为，一方面，评论者会避免评论拥挤度高的产品，以求降低关注度的竞争；另一方面，评论者倾向于选择评论流行度较高的产品，这导致了评价的差异化。同伴认可是激励用户自愿贡献内容的重要动机，评分、评价的评论、有用性投票等同伴反馈系统正向影响用户评论频率、连续性和质量。

3. 可视化声誉

（1）显示状态标记。显示状态标记包括显示与内容相关（如喜欢该内容的人数）或与贡献者相关（如关注者数量）的状态标记等。亨宁-图劳（Henning-Thurau）等认为声誉（如“我的贡献向其他人表明我是一个聪明的顾客”）能激励用户贡献内容。正是因为用户追求声誉，有时少量的经济激励才会适得其反。只要用户可以看到自己的关注者，哪怕关注者是沉默的即不与用户产生互动，也能产生激励作用。关注代表关注者对用户具有一定程度的信任，关注者的存在（即使是沉默的）和信任两个因素，影响用户贡献内容的行为。保罗（Paulo）等在实验中也发现当贡献者变得有人气时，他们会增加贡献内容的频次，这对关注者较少的贡献者比对关注者较多的贡献者的作用更强。从内容质量来看，当贡献者具有更大规模的关注者时，他们的评论会更加客观。

显示状态标记能同时激励追求名声和追求内在效益的用户，且对于大多数非商业用户，名声比内在效益的激励作用更大。微博的粉丝数量、社区的订阅者或关注者数量，都是表明用户影响力的一种有效信号。追求名声的用户虽然并不直接从发布内容中获得效用，但新增关注者可以产生激励作用，而发布内容是吸引新关注者、获得更多关注的一种方式。如果用户贡献内容的行为不能影响关注者数量，则其发布内容的频率会下降。而对于出于社会效益而贡献内容的用户，会因有许多关注者查看发布的内容而受到激励，因此随着关注者数量的增多，这类用户会更多地发布内容。

（2）公开贡献者信息。可视化声誉的另一种方式是公开贡献者的信息，福尔曼（Forman）验证了公开贡献者信息使 UGC 更有用，这是因为在线用户愿意公开信息可能是希望获得社区的身份认同或者获得其他社区成员的认可，因此贡献有用内容的动机更强烈。

4. 提供标准

（1）提供社会标准。社会标准指相关群体中某一行为的流行性，如告知购买某产品的用户已经撰写评论的用户数。社会标准可以影响用户行为，因为了解其他人做了什么相当于提供了既定背景下的社会标准信息。根据社会比较理论，人们经常通过与其他人的比较来评价自己、决定正确的行为。在电商平台和评分网站中，告知用户其他用户的评价数和评分中位数，会使评论数量和评论长度都有所增加，评分也会上升。社会标准与用户的内部动机相关，因此提供社会标准会提高贡献者的努力程度。

（2）提供外部标准。外部标准指对成员坚持标准或者作出贡献以实现共同目标的请求，外部标准与社会标准相比，激励效果较差。加内菲尔德（Garnefeld）等向问答社区用户发送规范的请求以激励用户，如“请帮助我们成为德国最大的问答社区，为了实现这个目标，我们需要超过 100 000 个回答者，请回答您选择的问题以帮助我们”，结果表明这种请求只能提高活跃用户发布内容的短期意愿，对不活跃用户的贡献行为并无显著影响。

除了上述常用的非经济激励方式，学者们还探讨了社会关系对用户生成内容行为的影响、社区中内容响应的积极性对新用户未来贡献行为的影响。平台的社交性对吸引用户和维持用户的贡献有很大影响，因此平台要充分开发利用其社交功能；而为了激励新用户在社区内积极贡献，平台管理者要鼓励其他用户回复新用户的问题，以使其获得积极反馈。

5. 联合激励

单纯使用经济激励存在许多问题，因此有学者提出采用经济激励和非经济激励相结合的联合激励方式。贝奇（Burtch）等通过实验发现，采用联合激励的方式不仅能激励用户贡献更多的评论，而且能增加评论长度。这是因为经济激励可能削弱用户贡献内容的努力程度，但是非经济激励使用户认为撰写评论是正确、合理的行为，而不是为了获得报酬，同时联合激励能增加用户贡献内容的概率，但不会降低其贡献内容的努力程度。

案例 9－1　UGC——抖音挑战赛

联合激励还可以分阶段进行。阿尔托宁（Aaltonen）和塞勒（Seiler）发现在维基百科中，文章越长，其被编辑的次数越多，文章的质量也越高，即内容贡献具有累计增长效应。因此，初期可以用经济激励鼓励用户生成更多内容，后期使用非经济激励等方式鼓励用户积极参与。比如品牌发售新产品时，开始时采用经济激励鼓励用户撰写评论，随后转向利用非经济激励鼓励其持续地贡献长评论，最终谋求更高质量的内容。

表 9－1 对上述 UGC 生产激励方式的优缺点进行了总结。

表 9－1　UGC 生产激励方式的优缺点

激励方式		用户动机	优点	缺点
经济激励		获得物质奖励	短期内增加用户的参与频次和评论数 丰富评论中涉及的主题 提升众包平台中解决方案的数量和质量	对评论长度没有影响 产生挤出效应，评论的有用性、贡献者的努力程度降低，削弱了关注者数量多的贡献者的贡献动力 产生过度合理化效应，取消后，原来的积极用户变得不积极 影响其他用户对 UGC 可信性的感知 奖励的小额增长会降低众包平台中用户的努力程度 得到的产品评论有偏差
非经济激励	设置积分系统	外部奖励、荣誉、互惠、利他性	激励用户贡献更多内容 接近既定目标时，能激励用户加速贡献内容 激励作用持续时间更长 积分获得方式灵活，平台可以利用用户的多种动机实现激励	激励效果具有阶段性，实现既定目标后，用户贡献频次降低 随着身份的提升，内容的平均质量不断下降 基于荣誉的激励的累计效果是短暂的，并且随时间而下降

续表

激励方式		用户动机	优点	缺点
非经济激励	设置排名系统和同伴反馈系统	同伴认可、注意力、社会比较	正向影响用户的贡献量和贡献的持续时间 能产生更多差异化的评价	评论者会有许多战略性评论行为，级别高的评论者更愿意发布中等评论，并避免极端评价
	可视化声誉	声誉、利他性、自我形象、同伴认可、内在效益	沉默的关注者也对贡献频次和内容质量产生激励 正向影响用户的贡献量，且持续时间较长 当带有评论者个人信息时，评论更加正面 当关注者规模较大时，用户发表的评论会更加客观	对于追求声誉的用户，当发布的内容不能影响关注者数量时，其发布内容的频率会下降
	提供标准	主观规范、社会比较	评论数、评论质量和评分中位数都受社会标准影响	提供外部标准对不活跃用户的贡献行为无显著影响
	联合激励	获得物质奖励和主观规范	弥补了经济激励的缺点，用户不仅贡献更多的评论，而且更努力	经济激励和非经济激励如何联合还需深入探讨

资料来源：秦芬，李扬．用户生成内容激励机制研究综述及展望．外国经济与管理，2018，40（8）：141－152.

三、内容的黏性

除了 UGC 的生产，企业也希望能够得到用户对品牌或产品信息的自发传播。除了经济激励和非经济激励，企业本身的内容黏性也会影响其传播范围。乔纳·伯杰总结出让产品得到消费者自发传播的内容策略——STEPPS，即社交货币（social currency）、诱因（triggers）、情绪（emotion）、公共性（public）、实用价值（practical value）、故事（stories）。①

人们熟悉的质量、价格和广告并不能解释所有流行的行为，或者不是流行的全部原因。要想真正发起流行，传播者“应该创建一个有社交货币的、具有诱因的、富含情绪的、公共性的、有实用价值的故事，并确保你要传播的信息牢牢地嵌在人们谈论的故事中，这样才能广泛地传播开来”②。

（1）社交货币（S）。从某种意义上讲，能够传播的内容是富有流通价值的社交货币。人们之所以会主动跟身边的人谈论物质上的和观念上的话题，是因为人们认为这会给自己“加分”，无论是显得更聪明、更富裕、更时尚还是更博学。乔纳·伯杰认为：“人们是否共享一条信息，主要是看这条信息能否给他们带来面子和别人的尊重。人们之所以分享更多积极的信息，是因为人们希望通过这种分享让自己在朋友面前显得更加积极、更加阳光并富有活力。”这种观点体现了人们的印象管理动机。比如，品牌贵宾卡是一种有形且可视化的标志，它可以展示出持卡人与众不同的优越地位。还有一种创造社交货币的方式是营造稀缺性。“假如某些产品难以购买，那么它们就会引起人们的注意，人们

① 乔纳·伯杰．疯传：让你的产品、思想、行为像病毒一样入侵．北京：电子工业出版社，2014.

② 同①.

会相信值得购买……只要人们感知到产品有稀缺性，他们就会认为产品有价值，并将此消息传递给其他人。”①

（2）诱因（T）。人们会谈论那些正好出现在脑海中的事情，因此，企业可以借助一些刺激物激发人们的记忆，让他们想到企业想传播的相关内容。企业可以利用一个出现更加频繁或更容易被想到的东西去激发人们对其产品的联想。比如每到周四人们就会想起肯德基“疯狂星期四”。

（3）情绪（E）。情绪也会促使人们去转发、评论和谈论。在众多情绪中，容易促进信息传播的情绪有敬畏、生气、担忧、兴奋和快乐。因此，营销人员应该想办法获得消费者的情感投入。高唤起的情绪如愤怒、兴奋能够助推内容的分享和互动，而低唤起的情绪如悲伤、满足则会减弱人们的行动力。

（4）公共性（P）。让产品或内容更可见有助于传播。人们会模仿他人的行为，但无法模仿那些看不见的行为。驱使人们分享的关键要素就是公共可视性。对于一个产品而言，要想流行起来，就得提高它的外在可视性。比如，在用 iPhone 手机回复邮件时，手机会自动显示“发自 iPhone”的字样，这会让原本不可见的消费变得可见，提高人们消费、传播该产品的欲望。设计一个具有公共（可视）性的产品对于小微组织来说是非常有价值的战略，因为这能实现自我传播，不需要为宣传花费额外的资源。

（5）实用价值（P）。人们更喜欢谈论实用的信息。为什么“养生宝典”“10 个收纳技巧”之类的标题往往能得到较多分享？因为这些总结性和功能性的内容可能为消费者提供价值。因此，只要企业能够证明自己的产品或理念能够帮助人们节约时间或金钱，人们就可能进行自发传播。

（6）故事（S）。故事是古老的、深受喜爱的信息传播方式。人们不会留意宣讲式的广告或是产品功能列表，但会记住并传播故事。有关故事的介绍详见第 6 章章末的案例分析。

第 4 节　品牌舆情管理

UGC 也可能引发舆论危机，这可能源自一次不满意的消费体验评价、一个病毒式的负面抱怨和恶搞视频，也可能源于一个关于品牌的谣言，或者源于大众对 BGC 或 PGC 涉及的价值观的反感……这些来自消费者的“星星之火”，可能发酵升级形成“燎原”之势，引发舆论危机，影响品牌的声誉。近年来此类品牌舆论危机层出不穷，一方面要求品牌更加审慎地反省自身的价值观和管理执行，另一方面也要求品牌提高对 UGC 的关注，增强灵活性和敏感性，提高舆情管理能力。

进入互联网时代，信息以极低的成本被轻易复制和快速传播，“好事不出门，坏事传千里”依然是一条铁律。企业对于想要推广的内容煞费苦心，而想要压下的负面信息却不胫而走、引得议论纷纷。

---

① 乔纳·伯杰．疯传：让你的产品、思想、行为像病毒一样入侵．北京：电子工业出版社，2014.

一、新媒体环境下的品牌舆论

1. 舆论的定义

"舆论"的定义一直存在争议，但也有一些共识。在不同的研究情境和视角下，舆论的定义有所差别，但共识是舆论至少包括四个因素：一是必须有一个问题；二是必须有多数人对这个问题发表意见；三是这些意见至少要有某种一致性；四是一致的意见会直接或间接地产生影响。总体来说，舆论是人们对于一个公关事件关注的表达与聚集，其三大特征为：有能量、公开性与集合性。

舆论是一种关注。关注的聚集是舆论场各种力量的聚集。它们的共同点就是对同一个事件的关注，至于关注的态度可能有所不同。大多数情况下，关注的聚集是各种声音的"大杂烩"，极端、偏激、无知杂陈其间。法国的吉拉尔在《公共舆论》中论述，公共舆论不是个人意见的总数，而是其混合物，它从来就不是一致的，更不是同质的。

舆论是需要表达的。能量通过表达才能够释放，舆论的表达能够更准确地描述舆论的能量。一个事件，无须他人表明态度或意见，只要曝光，就足以形成舆论。舆论作为一种能量，其大小和受关注程度相关。个人的单一关注形不成舆论，舆论是靠关注的聚集而形成的。

延伸阅读 9-1　网络环境中沉默的螺旋

社交媒体上的品牌舆论被定义为用户、消费者或公众在社交媒体上生成的对品牌、产品和服务的观点、评价、情感表达等集体态度。[①]品牌舆论包含用户的个体观点，也包含集体的、大规模的对品牌的态度和感知。社交媒体上的舆论是集体的、公开的，并且可以借助大数据技术进行量化分析。

2. 新媒体环境下的品牌舆论挑战

随着新媒体尤其是社交媒体的普及，品牌舆论危机的源头和形式发生了显著变化，UGC 可能给品牌带来巨大的危机，品牌面临着一系列独特和复杂的舆论挑战。

（1）源头的变化。在传统媒体时代，品牌舆论危机通常源于新闻报道、专家评论或者消费者投诉。这些信息的发布和传播都有一定的门槛，需要通过媒体机构的筛选和审核。然而在新媒体时代，信息发布的门槛大大降低，任何人都可以在社交媒体上发布信息，使得消费者或者普通用户也能成为舆论危机的源头。一条负面的推文或者一篇不满意的产品评价甚至一则谣言，都有可能引发大规模的品牌负面反应，甚至对品牌的声誉造成严重损害。消费者对舆论的影响力大大提高。

（2）传播速度和范围的变化。在传统媒体时代，信息的传播速度和范围受到媒体覆盖面和发布频率的限制。而社交媒体提供了一个与他人跨时空的交流空间，一则信息从出现到受众对它的注意力达到顶峰可能仅仅需要几个小时。当信息包含对品牌的负面评价或指责时，个体可以轻易地接触到大量观点相同的人并对品牌表示不满，从而导致舆论的急剧极化，对品牌声誉产生负面影响。新媒体时代，舆论危机可能在很短的时间内

---

① Asur S, Huberman B A. Predicting the future with social media. 2010 IEEE/WIC/ACM International Conference on Web Intelligence and Intelligent Agent Technology, Toronto, ON, Canada, 2010: 492-499.

升级，给品牌的舆情管理带来更大的挑战。

（3）情感的重要性超过事实信息。“情感”成为舆论危机传播与新媒体之间互动关系研究中的一个重要概念。社交网络中，情感表达与信息传输具有同等重要的地位，甚至以“情感压倒事实”为特征的“后真相”（post-truth）成为舆论走向的主导性因素。[①] 研究表明，在危机爆发时，公众诉诸新媒体平台的主要原因在于其独特的情感支撑作用，而“情感”这一变量在对危机情境的分析和对组织责任的归因中显示出愈来愈重要的作用。

（4）舆论的复杂性。在社交媒体上，品牌需要关注的舆论信息更加多样和复杂，不仅包括对品牌自身的评论和评价，还包括各种社会问题和事件对品牌的影响。比如，品牌可能需要对社会问题表态，或者应对消费者对品牌的社会责任的关注。此外，一些社会动态如消费者的价值观变化、民族主义、环保意识等，都可以通过社交媒体快速地影响舆论。这使得品牌不仅需要关注自己的产品或服务，还需要关注这些社会动态，以预防和应对可能的舆论危机。

延伸阅读 9－2 网络寻衅

新媒体时代的品牌舆论危机更加复杂、不可预测和不可控制，品牌需要有更高的灵活性和敏感性，以及更强的危机应对能力。

二、品牌舆论危机应对

新媒体环境下，品牌舆论危机频发，舆情管理和危机应对成为企业的必修课。公关事件引发的较大的品牌舆论危机一般受到以下因素的影响。

- 事件的重要性：这个事件是否关系消费者的切身利益？对公众来说有多重要？是否与当今社会心理趋势相契合？
- 参与门槛：个体或机构能否在讨论中发表意见，参与门槛是高还是低？
- 媒体的参与：是否有重要的媒体推波助澜？
- 持续的讨论和新消息输出：是否持续有讨论和新消息输出以保持事件的热度？
- 信息透明度：是否存在信息不透明从而导致谣言滋生？

如果事件重要且信息不透明、参与门槛低、有重要媒体参与、持续有新信息出现，那么事件的影响就会越来越大。

品牌舆论危机应对分为两大部分：舆论危机预防和舆论危机处理。很多企业等到舆论危机出现时才会思考如何应对，但实际上，最重要的工作是在危机预防阶段。危机预警制度、危机分级管理制度就如同企业的“消防系统”，只有建立起“消防系统”，才能在需要“灭火”的危机处理时刻理性高效地应对。

1. 舆论危机预防

舆论危机管理的大部分工作集中在舆论危机预防方面。舆论危机预防包括舆论危机风险点预测、舆论危机预案制定、舆情监测、舆论危机管理团队建立和关系网络建立。

（1）舆论危机风险点预测。舆论危机管理的第一步是评估潜在的风险和威胁。通过

① 史安斌，邱伟怡．社交媒体时代政府部门的危机传播与情感引导：以深圳滑坡事故为例．现代传播（中国传媒大学学报），2018，40（4）：34－41．

识别可能的舆论危机来源，组织可以采取预防措施，减少潜在危害的发生。比如在年初、年终、公司发布重大事项、高层职位变动或新业务发布前等时刻，相关部门应与公关团队一同预测可能的风险点。舆论危机风险点预测涉及产品、人才、商誉、财务、政策、关系①等多个层面，比如生产型企业的舆论危机风险点可能涉及生产安全、员工心态和政策反馈等。

（2）舆论危机预案制定。组织应该制定详细的舆论危机预案，预案应该包括各种可能的危机场景及其应对策略和步骤。为之前预测的风险点制定相应的预案是舆论危机预防的一项关键工作，需要在这一环节明确舆论危机管理团队的职责和应对程序。

（3）舆情监测。舆情监测是指不断收集、监测与组织工作目标相关的信息，如市场信息、公关舆论、媒体报道、行业状况等，察觉不正常的苗头和可能导致舆论危机的因素。这一环节要做三件事情：信息收集、信息通报和信息研判。

（4）舆论危机管理团队建立。组织应该组建一支专门的舆论危机管理团队，负责日常的舆情研判，以及在舆论危机发生时迅速作出反应。这个团队通常包括高级管理人员、专业公关人员、法务顾问等，要能够形成畅通的沟通机制。一些外部的咨询系统如顾问小组、多元化的行业专家等也必不可少，因为舆论危机往往比较复杂，需要具有更丰富的知识背景和实践经验的团队来解读和决策。

（5）关系网络建立。舆论危机预防的一项重要工作是建立包含政府部门、企业、行业团体、科研机构、传统媒体、社交媒体 KOL 和社会第三方组织等多元主体的关系网络。各方通过关系网络能够在舆论危机预警阶段共享信息、相互提示，在危机发生时合作互助，以及更好地传递企业的立场。

在社交媒体时代，为了更好地预防舆论危机，企业可能需要通过社交媒体监测工具来实时跟踪舆论的变化，以便及时发现并处理可能的危机。社交媒体舆情监测主要涉及以下步骤。

- 设定监测目标。首先，企业需要明确想要监测的是什么。这可能包括品牌名、产品或服务、竞争对手，或者是与行业或市场相关的关键词。
- 选择合适的工具/第三方机构。企业可以选择很多工具来进行社交媒体舆情监测，也可以委托第三方舆情监测机构。企业需要比较不同的工具或第三方机构的功能、价格和用户评价，以作出最佳选择。
- 设置监测参数。企业需要在监测工具中设置监测参数，如关键词、地理位置、语言等；也需要设定想要监测的社交媒体平台。
- 收集和分析数据。企业需要对收集的数据进行分析，以了解公众对品牌或产品的看法以及舆论的趋势。
- 响应舆论。基于分析结果，企业需要制定适当的策略来响应舆论。例如，企业如果发现一个负面趋势，则可能需要采取行动来解决问题，如发布一份声明，或者直接回应消费者的问题或疑虑。
- 定期评估和调整。舆情监测是一个持续的过程，企业需要定期评估监测效果，并根据需要调整监测目标和参数。

---

① 张宁．危机传播．北京：高等教育出版社，2015.

上述步骤只是社交媒体舆情监测的大致框架，具体操作会根据企业的具体情况和需求而有所不同。但无论如何，有效的社交媒体舆情监测是舆论危机预防的一个重要部分，可以帮助企业了解公众对品牌的看法，发现潜在的问题，以及及时有效地回应舆论。

2. 舆论危机处理

舆论危机处理是舆论危机发生后的应对程序，具体包括从舆论危机评估与分级到舆论危机应对和总结。首先需要强调的是，舆论危机处理的目标是降低负面舆论对企业的损害，而不是颠倒黑白，舆论危机处理无法改变事实，但可以改变利益相关者的态度。当舆论危机发生时，企业需要评估舆论危机的性质和关注对象，考虑传播范围以及利益相关者的反应，并制定相应的沟通策略。

（1）舆论危机评估与分级。企业一般会根据舆论危机的严重程度进行舆论危机评估与分级，以确定在不同情况下应该选择何种公关资源和策略进行应对。

舆论危机评估是指将组织可能面对的所有舆论危机按风险等级进行排序，并且对不同等级的舆论危机启动不同程度的应急预案，做到有针对性、有计划性地面对危机。这个排序的过程也是厘清对组织而言最紧急、最核心的目标的过程。舆论危机往往可以划分为致命（A 级）、严重（B 级）、较重（C 级）、较轻（D 级）和轻微（E 级）五级①，对它的分级涉及多因子的判别和综合，通常会考虑以下因素。

- 事件的性质。事件是否会对企业/品牌构成致命打击，比如食品企业的食品安全问题或汽车企业的发动机问题都是 A 级的舆论危机。
- 利益相关者。危机是否涉及企业最关键/最大的利益相关者。如果不涉及，就是 B 级危机。
- 舆论危机的传播范围。关注这个事件的个体数量是否庞大？传播范围越大，舆论危机等级越高。
- 利益相关者的反应和传播实力。利益相关者的传播影响力有多大？它们主要有哪些反应？重要的官方媒体是否已介入？

确定舆论危机等级后，企业选择相应的预案进行应对。通常 A 级、B 级舆论危机由核心领导层直接处理，C 级、D 级由中级领导层处理、而 E 级由三级部门直接处理，并将结果汇总上报。此外，要注意舆论危机评估与分级是动态的，需要不断修正，以适应社会、市场的需求变化。

（2）舆论危机应对和总结。舆论危机发生后，公关从业者从市场实践中总结出了舆论危机处理的 5S 原则，包括速度第一原则、承担责任原则、真诚沟通原则、系统运行原则和权威证言原则，如图 9－3 所示。

- 速度第一原则。舆论危机发生之后，企业要在最短时间内对舆论作出认识并制定相应的传播策略，24 小时之内对外进行回应。在新媒体时代，信息传播速度之快对企业应对舆论危机的速度提出了更高的要求，原来的 24 小时反应时间需要缩短至 1 小时甚至半小时，否则可能跟不上舆论的发酵速度。
- 承担责任原则。舆论危机发生后，公众会关心两方面的问题：一方面是利益问

① 张宁．危机传播．北京：高等教育出版社，2015.

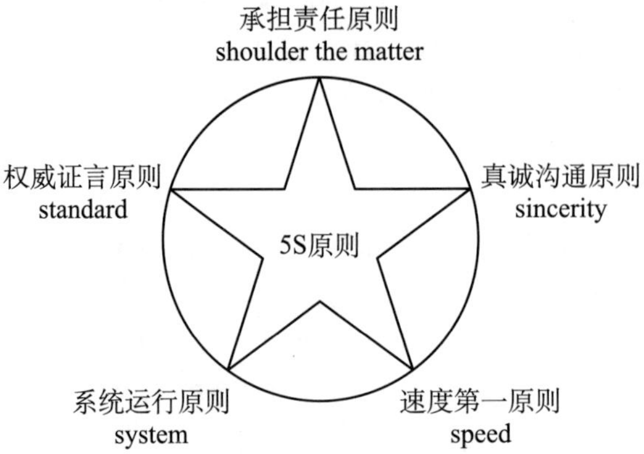

图 9-3　舆论危机处理的 5S 原则

题，另一方面是情感问题。企业应该勇于承担责任，并通过解释谣言、误读和小范围事件来处理问题，不要推卸责任，避免与公众形成对抗。

● 真诚沟通原则。企业处于舆论危机漩涡中时，是公众和媒介的焦点，不要企图蒙混过关，而应该主动与公众沟通，说明事件真相，促使双方互相理解，消除公众的疑虑与不安。企业在沟通时要有诚意，诚恳、诚实。

● 系统运行原则。企业要在内部迅速统一观点，对舆论危机要有清醒认识。要对利益相关者进行全面的梳理和沟通，不要轻易漏掉利益相关者。企业内部也需要由上至下系统地应对危机，而不只是公关部门单打独斗。

● 权威证言原则。企业需要有权威的第三方人士或机构来帮助解读事件，提供第三方观点，使消费者解除警戒心理，重获他们的信任。比如委托第三方机构提供权威的检验报告，提供第三方测评、事件分析解读等。

延伸阅读 9-3

议程设置理论

议程设置理论是一种理论假说，是由马克斯韦尔·麦库姆斯（Maxwell McCombs）和唐纳德·肖（Donald Shaw）于 1972 年在论文《大众传媒的议程设置功能》中提出的。该理论认为，在公众对社会公共事务中重要问题的认识和判断与传播媒介的报道活动之间，存在一种高度对应关系，即传播媒介作为“大事”加以报道的问题，同样也作为大事反映在公众的意识中；传播媒介强调得越多，公众对该问题的重视程度也越高。

议程设置理论自面世以来引起了学术界的高度关注，在此之后经历了丰富和发展的多个阶段。最初，学者强调媒体对议程显著性所产生的强大影响，但随着研究深入，学者发现议程设置对公众的价值判断也具有同样强大的影响力。因此，1997 年麦库姆斯和肖提出了属性议程设置理论，将其作为议程设置理论的第二层次，即大众媒体不仅能告诉公众“想什么”，也能成功地告诉公众“怎么想”。议程设置理论第三层的提出是在互联网改写大众传播图景的背景下，当时信息生产众包化、信息来源多元化、信息消费碎片化等特点使得信息的流动和获取从传统媒体时代的线性模式向网状模式转变。而且，越来越多的研究表明人的认知结构并非线性而是近似于网状结构。面对上述挑战，郭蕾和麦库姆斯等学者借鉴了网络分析的理论框架，提出了议程设置理论的第三层次网络议程设置理论。其核心观点是，影响公众的不是单个的议题或者属性，而是一系列议题所组成的认知网络；新闻媒体不仅告诉我们“想什么”或者“怎么想”，同时还决定了我们如何将不同的信息碎片联系起来，从而构建出对社会现实的认知和判断。

议程设置理论认为，大众媒体通过有选择性地编辑和提供信息，能够对公众议程和舆论产生决定性的影响。因此，在传统媒体时代，具有信息资源的主流新闻媒介承担起了议程设置功能，左右公众的关注点和思考点。一方面，媒介影响公众对于社会热点事件的看法。主流媒体通过对热点问题的设置，吸引受众关注热点事件的某一方面，从而起到舆论引导的作用。另一方面，媒介影响公众对于社会热点事件的思考方式。主流媒体通过固有的传播内容和传播方式，逐步影响公众对于这类事件的判断方式，进而深刻影响公众对于外部社会的认识方式。

随着时代的发展，以互联网为主体的新媒体时代将媒介议程设置引入更为复杂多变的媒介环境。在新媒体时代中，议程设置的主体和渠道日益多元化。在新媒体时代，普通民众也可以利用手中的自媒体如微博、微信等发布信息。同时，在网络环境下，社群也成为多元议程设置的主体之一，发挥重要功能。此外，网络名人也可以被当作社群议程设置的另一种表现。随着新媒体传播速度的进一步提升和传播权力的下放，社会议题呈现出更加多样的类型，不同类型议题可以视实际需要而随时转化。在这种背景下，有学者将新媒体时代的大众媒介议程解读为个体议程、社群议程和媒体议程的融合，提出由“个体议程—社群议程—媒体议程—公众议程—政策议程……”多向非闭合过程，代替议程设置的“媒体议程—公众议程—政策议程”单向闭合过程。因此，新媒体时代的信息传播不仅应该着重于议程的设置，还应该巧妙地利用新媒体的优势，关注受众的需求、社群的需求，以此促使政府议程、媒介议程、公众议程的互动融合，进而提升传播影响力。

那么，在企业公关活动中，如何应用议程设置呢？以格力和奥克斯的公关战为例，2019年“618”前夕，格力发布《关于奥克斯空调股份有限公司生产销售不合格空调产品的举报信》，明确指出奥克斯涉嫌生产销售不合格产品。在这起公关战中，格力首先进行了议程设置，以消费者权益为重点，让消费者关注到奥克斯空调的质量问题。根据微博网友的评论，这一时段评论的高频词为“价格”“售后”“电费”等。可见，此时网友的注意力被集中到奥克斯空调“虚标”“能耗”问题、“能效”是否“合格”、奥克斯“安装”“售后”服务如何等问题。奥克斯紧接回应，表明格力的控诉全属“子虚乌有”，是一场蓄谋已久的诬陷。但是在议程设置时，奥克斯并未将全部重点放在“质量”“能耗”等问题上，而多用“国外竞品”“中国产品”“中国制造业”“世界的尊重”这类词语，认为格力在中美贸易摩擦之际“起内讧”是“置民族大义不顾”，为了一己私利枉顾“大义”。在这场大战中，格力绑定了“消费者权益”这一议题，以为消费者维权的姿态和奥克斯开战。面对危机，奥克斯则巧妙地借助“中美贸易摩擦”这一国内外关注的社会议题转移群众关注的焦点，模糊格力的指控，企图避免企业的舆论危机。在这场公关战之中，格力运用“议程设置”打击了奥克斯，奥克斯也利用“议程设置”一定程度上转移了危机，这成为议程设置理论在企业公关活动中应用的一个范例。

总之，尽管议程设置理念来源于传统的大众传播时代，但随着理论的丰富和发展，在移动互联网时代，这个传播理念依旧拥有鲜活的生命力，并在各种新型传播媒介和方式的助力下，深刻影响着个体、企业等生产生活的方方面面。

资料来源：李青青．新媒体时代媒介议程设置理论嬗变与发展．中国出版，2021（16）：28－31；涂博文，吴玉兰．新媒体时代主题宣传的创新策略：基于议程设置理论视角．学习与实践，2021（3）：111－117；赵昆．浅析新媒体议程设置功能的新趋势与新特点．传媒，2018（20）：91－93；史安斌，王沛楠．议程设置理论与研究50年：溯源·演进·前景．新闻与传播研究，2017，24（10）：13－28，127；李永凤，赵战花．"议程设置"的理论发展脉络．新闻知识，2014（9）：3－5；格力与奥克斯两场舆论战：从影响力、传播、公关效果看起．（2019－09－05）．https：//mp. weixin. qq. com/s/B9kdhFM37QZ3MyJVgzvMGA.

3. 舆论危机传播

国外学术界对于舆论危机传播的研究开展较早，形成了一些有实践指导意义的理论，下面具体介绍一些重要理论的主要观点。

（1）形象修复理论。形象修复理论（image repair theory）由班尼特（Benoit）提出，该理论基于辩解理论，注重舆论危机发生后对受损组织形象的捍卫和修复。班尼特假设组织最重要的资产是它的声誉，因此认为舆论危机发生后最需要维护的就是组织的声誉，这也是舆论危机应对的主要目标和战略出发点。

形象修复理论提出了一系列维护组织形象的微观措施，突出了修辞学、语义学的视角，形成了恢复形象的五大策略——否认（denial）、推诿（evading of responsibility）、降低攻击性（reducing offensiveness）、纠偏行动（corrective action）、表达歉意（mortification），及其子项目，如表 9－2 所示。

表 9－2　形象修复策略

策略	界定	子项目	界定
否认	否认，不承认某种危机行为与自己有关	否认、不承认	简单否认受批评行为的发生
		转移批评目标	指明应该受批评的主体
推诿	减轻自己的责任	正当防卫	声明他人做错，自己只是正当回应
		无力控制	声明自己无力挽回局面，心有余而力不足
		意外行为	意外行为，无法控制
		动机良善	强调出发点是好的，但是结果无法挽回
降低攻击性	减弱公众对自己的负面印象	展示优点	过去的成就成果，组织的优点优势
		淡化损失	后果其实没有那么严重
		区分问题	将公众批评的行为与其他关联负面行为区分开
		转换框架	引导公众将批评的焦点放在另外一个相对好的语境中
		进行反击	批评指控者的错误之处
		给予补偿	补偿受害者，抵消其消极感受
纠偏行动	承诺改正问题，不再犯	—	—
表达歉意	承认自己所犯的错误	—	—

资料来源：张宁．危机传播．北京：高等教育出版社，2015.

企业应用这一策略时需要注意：第一，不要急于否认、撇清责任，如果真的是企业的错误，就应该勇于承认错误、承担责任；第二，纠偏行动要尽早、及时，错过恰当的时机就无法挽回公众的信心；第三，要用行动表达歉意，而不能只是嘴上功夫。

（2）情境危机传播理论。美国学者库姆斯（Coombs）于 1995 年开始从事危机对组织声誉影响的研究，并提出了情境危机传播理论（situational crisis communication theory，SCCT），他主张通过归因的方式分析不同情境下的危机类型，针对不同的危机类型和情境来设计危机传播策略。他提出危机情境的五个变量，即组织的内在控制程度、危机中组织承担的责任、组织的声誉和形象、危机的严重程度和组织的发展史（尤其是组织的关系和危机历史）。他认为媒体和公众对危机责任归属方的判断，在很大程度上影响组织应该通过何种方式处理危机，而危机责任归属的判断与组织内在控制程度和组织过去的历史有较大关系。[①] SCCT 理论经过不断完善，已发展成为危机传播领域的权威理论。

SCCT 理论包括以下主要元素：

● 危机类型。根据危机的性质和原因，可以将危机分为三类：突发性危机、可控制危机和不可控制危机。每种类型的危机都可能要求不同的沟通策略。突发性危机往往是由自然灾害或突发事件引发的，是组织不可控的。在处理这类危机时，组织通常会强调对危机的无法预测性，并采取及时的、合理的行动来应对。可控制危机是由组织内部的决策、操作或管理不当引发的，如产品缺陷、管理失误、违规行为等。可控制危机通常是可以预测和在一定程度上可控制的。在这种情况下，组织需要承担责任，并采取积极措施如道歉和弥补措施来解决问题。不可控制危机是由外部因素引发的，如竞争者的行为、政策变化等，组织被视为受害者，无法通过内部行动完全解决问题。在这种情况下，危机沟通策略可能包括强调受害者身份、对事件的强烈谴责以及与相关方合作共同应对危机。

● 公众对危机责任的认知和评价。组织习惯基于自身对危机责任的认知来应对危机，这是不恰当的。公众如何认定危机责任才是最重要的。

● 危机历史。如果组织曾经发生过危机，这次危机处理的成败会像历史一样被公众记住，在下一次危机发生时，上一次的“历史”也会给组织带来挑战。

● 沟通策略。根据危机类型和公众对危机责任的认知和评价，组织可以选择不同的沟通策略，包括否认、弱化、道歉、责备等，具体取决于情境。在否认策略中，组织会否认危机的存在或严重性。若否认与后续事实不符，则可能对组织的声誉造成负面影响。在弱化策略中，组织会试图降低危机的严重性或影响范围。弱化的方式可能包括减轻责任、强调危机的个体性或将其与其他事件相对比。这种策略的目的是降低公众的关注并减轻其担忧，但过度的弱化可能导致信任丧失。道歉策略包括承认危机的存在、表达歉意，并可能承担责任。这种策略适用于组织明确对危机负有责任的情况。道歉有助于恢复公众信任，但必须态度真诚并伴有实际行动来改善状况。在责备策略中，组织会试图将责任推向其他人或机构，甚至攻击危机的始作俑者。这种策略可能在企业感到受到不公平待遇或信息被歪曲时采用。然而，责备策略可能导致公众对组织持负面看法，特别

---

① Coombs W T. The protective powers of crisis response strategies: managing reputational assets during a crisis. Journal of Promotion Management, 2006, 12 (3-4): 241-260.

是在责备显得不合理或不诚实时。

- 危机沟通的后果。组织的沟通策略将对危机的后果产生影响，包括品牌声誉、公众信任、公众态度等方面的短期影响，市场份额损失、客户流失、员工士气下降等长期影响。

（3）ICM 理论。卡梅伦（Cameron）等在库姆斯 SCCT 理论的基础之上，发展出了一套较为成熟的整合危机图示（integrated crisis mapping，ICM）理论，旨在揭示社交媒体生态中情感是如何影响公众对危机情境的解读的。

在危机中，当公众与组织之间的冲突升级时，情绪是公众对正在发生、变化和形成的事件进行解释的锚点之一。从情感的角度来制定危机应对措施是一种更具普遍性和系统性的方法，即了解参与危机的公众可能经历哪些情绪波动，从而使组织能够简化战略，满足他们的特定需求。

通过大量的实证研究，ICM 理论提炼出了社交媒体上在危机传播中占主导地位的四种情感：愤怒、伤心、恐惧和焦虑，如图 9－4 所示。研究表明，这四种情感在很大程度上影响公众对政府、企业等利益相关者所采取的危机传播策略的接纳度和偏好度。

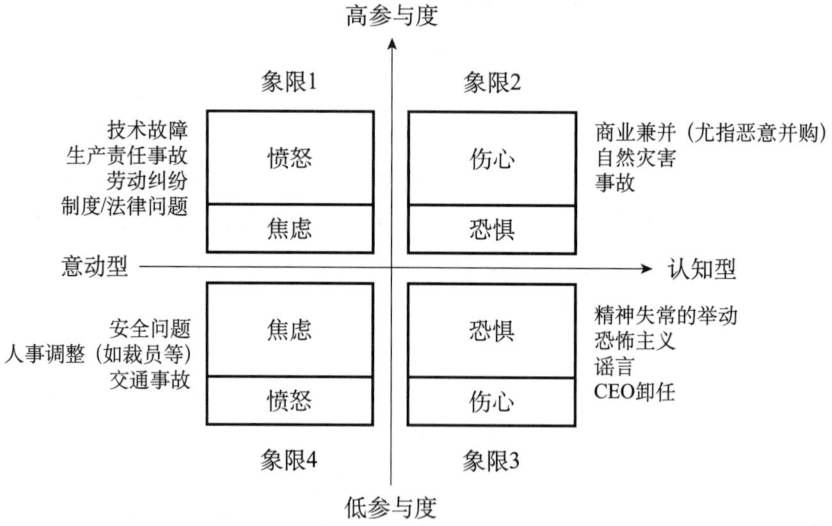

图 9－4　ICM 理论模型

资料来源：史安斌，邱伟怡．社交媒体环境下危机传播的新趋势新路径：以“美联航逐客门”为例．新闻大学，2018（2）：122－130，154；Jin Y，Pang A. Future directions of crisis communication research：emotions in crisis－the next frontier//The handbook of crisis communication 2010.

“危机管理的参与度”（纵轴）和“危机传播策略”（横轴）是评估社交化、情感化趋势下危机传播效果的重要依据。当危机发生时，组织的高参与度意味着紧密、统一和持续的投入，低参与度则意味着相对较少的资源和精力投入。从危机传播策略来看，以问题为导向的意动型（conative）策略旨在改变公众与组织之间的关系，而认知型（cognitive）策略则旨在改变公众对组织的态度。①

① Jin Y，Pang G，Cameron G T. Toward a public-driven，emotion-based conceptualization in crisis communication：unearthing dominant emotions in multi-staged testing the integrated crisis mapping（ICM）model. Journal of Public Relations Research，2012，24（3）：266－298.

在ICM理论中，结合互联网和社交媒体的具体情境，金燕等通过实验的方法，将公众在危机传播中表达的情感归纳为三类：与归因无关的情感，如焦虑、伤心、顾忌等，此类情感往往不具有指向性；与归因有关的情感，如愤怒、厌恶、蔑视等，此类情感往往针对危机的责任主体；自我归因的情感，如尴尬、内疚和羞耻等，此类情感往往针对公众自身，与危机的责任主体关联不大。①

4. 舆论危机处理的常见错误

在舆论危机处理中，有一些常见的错误可能会使危机加剧或影响组织的声誉。以下是一些常见的危机处理错误。

缺乏透明度：保持信息的透明度和真实性是建立信任的关键。组织隐瞒事实或提供不准确的信息可能导致公众的猜疑和失信。

延迟回应：在危机发生时延迟回应可能会使危机加剧。迅速作出反应，尽早提供信息，有助于组织控制危机的发展，减轻潜在的负面影响。

过度使用法律术语：过度使用法律术语可能会让公众感到组织在试图逃避责任。组织沟通应该更加人性化，用通俗易懂的语言表达关切和决心。

不适当的语气：在危机沟通中使用不适当的语气可能引起公众的反感。语气应该既表达严肃对待问题的态度，又显示出对受影响群体的关心。

缺乏同理心：缺乏同理心的表态可能让公众觉得组织冷漠，进而加深负面印象。

未经审慎考虑的社交媒体使用：不谨慎使用社交媒体可能导致信息失控。在发布信息前，组织必须仔细考虑公众可能的反应，并制定相应的社交媒体策略。

忽略内部沟通：内部团队是危机沟通的关键组成部分，忽略内部沟通可能导致信息不一致，进而加剧混乱和误解。

过分推诿责任：过分推诿责任可能损害组织的声誉。在危机沟通中，组织要勇于承担相应的责任，并展示解决问题的决心。

忽视多渠道沟通：仅仅依赖一种沟通渠道可能无法使信息全面传达。应利用多种渠道确保信息能够迅速传达到不同的受众。

未进行事后总结和改进：危机结束后，组织应该进行事后总结，找出沟通中的不足之处，并制订改进计划。不进行反思和总结可能导致类似错误的重复出现。

案例分析

弱传播理论

邹振东教授关于舆论的弱传播理论虽然存在一些学术争议，但其核心观点具有一定的启发性，得到很多营销公关实践者的认可。弱传播理论的核心观点可以概括为：弱者优势、情感强势、轻者为重、次者为主。

首先，该理论认为现实中的强势群体是舆论中的弱势群体。现实世界和舆论世界是两个世界，这两个世界中的强、弱概念是相反的。现实中的强者恰恰是舆论中的弱者，舆论的能量朝着有利于现实中弱者的方向流动。在舆论世界里，舆竞天择，弱者生存。

① Jin Y, Liu B F, Austin L L. Examining the role of social media in effective crisis management: the effects of crisis origin, information form, and source on publics' crisis responses. Communication Research, 2014, 41 (1): 74-94.

例如，在舆论世界里，一旦出现身居高位者和普通人的对峙，舆论总是“不问青红皂白”先站在“弱者”一边，这就是舆论世界的“弱者优势”法则。普通人的遭遇和困境更容易引起公众的情感共鸣和关注，因为他们所面对的问题更具有普遍性和代表性，所以公众会更倾向于支持普通人的立场，站在“弱者”的一边。而现实中的强者则往往被公众怀疑、反对，因为公众觉得现实中的强者往往拥有更多权力与资源，他们有更多的渠道和手段来塑造舆论，干预事件的报道和解释。

其次，舆论世界是“情胜于理”的传播世界。在舆论世界里，情感占据主导地位。当某个事件或某一方能够触动公众的情感，引起他们的共鸣时，公众更容易对这一方产生关心和偏袒。在舆论传播过程中，当一个事件涉及激烈的情感表达或情感冲突时，舆论会迅速升温，成为热点话题。而占据或者操纵情感的一方也能够弱化真相，得到更多支持。

再次，在舆论世界里，轻重判断与现实世界基本倒置。现实世界中重要的东西，在舆论世界中未必重要；在现实世界中不重要的东西，在舆论世界中可能很重要。通俗来讲，“轻”的东西更好传播。

最后，“舆论的次理论”强调舆论世界是主次颠倒的传播世界。舆论世界里分布着主流舆论、次主流舆论、弱主流舆论、外主流舆论、逆主流舆论和反主流舆论等舆论形态。在舆论形态的谱系中，主流舆论是最不活跃的舆论，而次主流舆论是最活跃的舆论。

主流舆论是由权力组织支持、精英群体认可，并得到大多数人接受的观点，如“中秋要团圆”“过年要回家”等观念都属于主流舆论。主流舆论已经形成高度一致的社会共识，因此难以引发广泛讨论和传播。

次主流舆论是非主流舆论中传播能力最强的一种形态。它包含一些当下尚未成为主流观点的价值观，如独立女性等。尽管这些价值观在现阶段并非主流，但权力组织对其持不反对态度。比如媒体可能会报道一些在工作中表现卓越的女性，宣扬她们是新时代女性代表。在精英认同方面，次主流舆论也存在一定的分歧。在大众接受程度上，分歧则更加明显。这种未能在三个群体中达成高度一致认知的舆论形态就是次主流舆论，它最接近主流舆论。它离获得权力组织的认可，获得精英群体的认可是最近的，且在大众认知中能够获得很大一部分认同。次主流舆论因为尚存在一些争议，所以更加容易获得一些注意力资源，引发一些讨论。比如综艺、影视剧还有一些品牌会选择次主流舆论来进行讨论。

逆主流舆论和反主流舆论具有较强的传播能量，是对主流舆论的挑战。这些舆论形态往往不被权力组织、精英群体和大众所接受。当其产生重大影响时，官方媒体通常会介入定调或“封杀”。

资料来源：邹振东．弱传播．北京：国家行政学院出版社，2018；为什么“独立女性”经常被讨论？这也许是个好事。一起来聊聊舆论传播的底层逻辑．(2021-01-25). https://www.bilibili.com/video/BV1zp4y1W7ih/?spm_id_from=333.999.0.0&vd_source=72575aa1ab33361c6a2d1354852f36da.

// 基本概念 //

用户生成内容	产消者	文本盗猎者	模因
口碑	品牌社群	社交货币	舆论
沉默的螺旋	议程设置	形象修复理论	情境危机传播理论

// 讨论题 //

1. 如何评价豆瓣的书影音评分？你觉得有效吗？如何判断数据评分的真实性？
   （参考答案：有一些争议，包括如何判断是“水军”刷分还是真实用户打分等。）
2. 何种情况下你会愿意在购买后评价商品？
3. 你是否参加过抖音的挑战赛或是全民任务等产出 UGC 的活动？有什么体验？
4. 以真实案例为例，讨论品牌舆论危机应对得较好的事件和较为失败的事件。
   （如花西子 79 元眉笔事件、东方甄选主播事件等近期发生的事件。）

// 第 10 章 //

网络零售

零售是商品流通的终端环节，而零售业是国民经济的先导产业和基础产业，其行业景气度与社会消费息息相关。国家统计局数据显示，2022 年全国社会消费品零售总额达 43.973 3 万亿元，较上年下降 0.2 个百分点，最终消费支出对经济增长贡献率①为 32.8%，拉动 GDP 增长 1.0 个百分点。②

我国线上消费市场十分活跃，渗透率处于高位。2022 年 10 月，实物零售的线上率达 27.2%，相较于 2021 年提升 2.7 个百分点，增速减缓，意味着电商的渗透率已接近饱和。根据 2022 年的财报和测算数据，GMV 超过或接近万亿元规模的电商平台共 6 个，分别是：淘宝/天猫（8.3 万亿元）、京东（3.47 万亿元）、拼多多（约 3.3 万亿元）、美团（1.6 万亿元）、抖音（约 1.5 万亿元）、快手（约 0.7 万亿元）。③

电商在线下到线上的新旧模式转换期享受了高利润率红利，而在新模式成型后的竞争中，则需要回归到最朴素的效率逻辑。相比于传统的线下卖场模式，中国电商大幅提升了消费者和商品的匹配效率，实现了品类、方便程度、价格的全面升级，并且推动渠道履约效率极大提高（极低的快递成本）。但在生产端仍有通过集中生产提升效率的空间。

此外，我国线上消费的新增效应已超过替代效应。由于消费渠道便利化和购物体验提升，一部分线下消费需求转移到线上，产生了替代效应。但在高渗透率的前提下，线上消费更多是创造并满足新的消费需求，如线上消费品品种扩张、品质提升、品牌创新，消费选择多元化从而激发出新需求。

整体而言，中国网络零售业竞争极为激烈。中国电商作为零售业进化的主力军，在当前的发展阶段部分完成了供给侧效率提升。

1980 年起，中国计划流通体系逐步解体，而由于种种原因，市场化的大流通体系未能建成，各行业/公司为了加强自控能力、抢占市场份额，纷纷自辟渠道进行商品流通和

---

① 最终消费支出对经济增长贡献率被称为消费支出贡献率，它表示个人和家庭在国内生产总值（GDP）中所占的比例。可以通过以下公式计算：消费支出贡献率 =（个人和家庭的消费支出/ GDP）×100%。

② 中华人民共和国 2022 年国民经济和社会发展统计公报．(2023-02-28)．http：//xjzd. stats. gov. cn/xwfb/xxfx/202303/t20230323_153855. html.

③ 2023，六大电商平台的存量博弈．(2023-03-14)．https：//cloud. tencent. com/developer/article/2239802.

销售。因而从百货商店到超市，从线下到线上，中国零售业有自己的特色。比如中国百货商店的盈利模式与国外的百货商店赚取商品的进销差价不同，是以门面出租、销售抽点为主，百货商店更关注“招商”而不是“采买”，是更偏向地产商的角色（关于线下零售业态的分析，详见章末案例分析）。线上也是如此，淘宝、拼多多、抖音电商等平台主要以引入品牌进驻经营从而赚取流量和广告费用，此时的流量费用等同于线下零售所缴纳的租金。中国零售业类似于房地产生意，平台出租流量，商场出租摊位，但平台和商场不承担零售的风险。这使得零售平台之间产品差异并不大，平台竞争更为同质化。

第 1 节　网络零售的相关概念

一、网络零售的相关基础概念

1. 电子商务（电商）

电子商务（electronic commerce，简称电商）是一种使用电子方式进行商业交易的活动，包括销售商品和服务、提供在线支付、进行电子资金转账、互联网营销等。它通常发生在在线购物平台（如亚马逊或淘宝），以及与顾客关系管理、供应链管理等相关的电子系统中。[①]

2. 网络零售

网络零售也称电子零售，是电子商务的一部分，主要涉及通过互联网直接向消费者销售商品或服务。它通常发生在在线购物网站如亚马逊、淘宝、eBay 等或市场上。网络零售是电子商务的一个子集。电子商务更广泛，不仅包括网络零售，也包括 B2B 交易、在线金融服务、电子支付、供应链管理等。

3. 流量

流量一词在不同的语境中有着不同的含义。在网络技术领域，流量可以指代在一定时间内通过特定网络通道传输的数据量，单位通常是比特或字节。在互联网和电商环境中，流量通常指的是网站、应用或平台的访问量，包括用户访问次数、页面浏览量、在线时长等。流量通常被视为评估网站或平台活跃度和受欢迎程度的重要指标。而在电商和在线营销领域，流量也可以理解为潜在的客户或购买者。流量大往往意味着有更多的用户或者潜在客户访问网站，也就有更多的机会将这些访问转化为实际的销售。

4. 渗透率

渗透率是一个经常在市场研究和商业分析中使用的术语，它指的是某种产品、服务或技术在目标市场或人群中的普及程度。换句话说，它是在可能的消费者中实际消费者所占的比例。

渗透率的计算公式如下：

$$渗透率=(使用特定产品或服务的消费者数量/目标市场或人口的总数量)\times 100\%$$

例如，如果在一个有 1 000 个消费者的市场中，有 500 个消费者使用了某种产品，那么该产品的渗透率就是 50%。

---

① Laudon K C，Traver C G. E-commerce 2018：business，technology，society. London：Pearson，2019.

需要注意的是，渗透率是一个相对指标，它可以帮助公司了解自己的市场位置以及市场的增长潜力。如果渗透率很高，那么市场可能已经接近饱和，增长空间有限；如果渗透率还很低，那么市场可能有很大的增长潜力。

5. SKU

SKU（stock keeping unit，最小存货单位）是一个用于跟踪和管理库存的术语。每个 SKU 代表一个特定的商品项，具有唯一的标识符，由字母和数字构成。例如，同一款 T 恤的不同颜色和尺寸就是不同的 SKU。通过 SKU，零售商和供应商能够追踪库存的详细信息，如颜色、尺寸、品牌、型号等，并能准确地了解哪些产品正在售卖、哪些产品库存水平较低，以及何时需要补货。一个零售店拥有很多 SKU 通常意味着它提供了大量不同的产品和变种。例如，一款手机可能有多种颜色和存储容量选项，每种组合都是一个单独的 SKU。因此，SKU 很多意味着消费者在选择产品时有更多的选项。然而，过多的 SKU 也可能导致库存管理变得复杂，并可能增加成本。因此，零售商需要权衡 SKU 数量和库存管理之间的关系，以实现最佳的运营效率和客户满意度。

6. GMV

GMV（gross merchandise volume，商品交易总额），用来衡量一个电商平台在一定时期内（如一个季度或一年）所处理的所有商品的总销售额。GMV 是一个重要的指标，能够显示一个电商平台的交易活跃度和市场规模。虽然 GMV 有助于了解市场动态和客户偏好，但它不应该作为衡量企业盈利能力的唯一指标。

GMV 的计算公式如下：

GMV＝商品单价×销售数量(对平台上所有交易的商品进行累加)

需要注意的是，GMV 是一个原始数据，它不考虑任何成本、退货、折扣或佣金。因此，GMV 通常会高于平台的实际收入或净销售额。另外，有时候为了提高 GMV，一些电商平台可能采取刷单等不正当手段来虚增交易量。

7. ARPU

ARPU（average revenue per user，直译为“平均每用户收入”），是一个常用的财务指标，用来衡量企业从每个用户那里获得的平均收入，通常用一定时期内的总收入除以这个时期内的用户总数来计算。ARPU 广泛应用于许多行业，包括电商、电信、网络服务等行业。

8. 货币化率

货币化率描述了平台成功将其服务或产品转化为收入的能力。对于电商平台来说，这通常涉及将网站访问者、用户、页面浏览量、成交量等转化为实际的平台收入。假设商家卖东西赚了 100 元，花了 5 元买广告位，佣金比例是 5%，则 5 元广告费加 5 元佣金就是淘宝平台的收入，货币化率就是 10%（10 元/100 元）。

提高平台的货币化率通常需要优化产品设计、提高用户体验、设置适宜的收费点、使用一定的营销策略等。比如在天猫开店需要缴纳一定的年费，每笔订单按成交额抽取一定比例的佣金（大部分为 2%～5%）；在淘宝平台内如直通车、钻展、淘宝客等投放广告也需要一定的费用。如果平台想提高货币化率，可以调整品类结构，增加高佣金率的品类，也可以通过优化广告产品设计，或者通过算法优化广告效果，购买更多的广告位等。

ARPU 和平台的货币化率都是评估电商平台经济效益和运营效率的重要指标。通过分析这些数据，电商平台可以了解自己的盈利情况，找出优势和问题，制定更有效的业务和营销策略。

9. ad load

ad load（广告加载率）是一个广告术语，用于描述在特定的内容或媒体空间中，广告内容的数量或占比。例如，在社交媒体平台、电视节目或者网站页面中，你所看到的广告的数量或所占的比例，就是该平台或节目的 ad load。如果在 10 条短视频信息流中有 1 条广告，那么其 ad load 为 10%。

如果 ad load 过高，用户可能会感觉受到干扰，这会影响他们的使用体验，可能导致他们减少或停止使用该平台或服务。反之，如果平台的 ad load 过低，虽然可以提供较好的用户体验，但可能无法获得足够的广告收入。根据一些行业研究报告，8%～15%的 ad load 是较为平衡的，超过 15%就会带来大量的用户抱怨或流失。但具体的比例应根据平台的内容、用户群体和商业模式来调整。

10. ROI

ROI（return on investment，投资回报率）是一个财务指标，用来衡量投资效率。它通过比较投资的收益和成本，来评估投资的效率或比较几个投资项目的效率。

在电商环境中，ROI 常用来衡量特定营销活动特别是在线广告活动的效果。在这个环境中，ROI 可以理解为从广告投资中得到的收益（通常是销售收入）与广告投资的比率。在一些直播间运营的环境下，企业关心的 ROI 通常指流量采买的回报率，即流量转化的销售收入（回报）与流量采买的费用（投资）的比例，比如，企业在平台上花费 1 000 元采买流量推广视频，有 3 个观看者购买了产品，产品价格为 400 元，则

$$
\begin{aligned}
\text{ROI} &= (\text{投资收益}/\text{投资成本}) \times 100\% \\
&= [(\text{销售收入}-\text{投资成本})/\text{投资成本}] \times 100\% \\
&= [(3 \times 400 - 1\,000)/1\,000] \times 100\% \\
&= 20\%
\end{aligned}
$$

这意味着企业此次流量采买活动产生了 20%的投资回报率。需要注意这里仅计算流量采买的成本，未计算产品的相关成本。

实践中也有营销人员直接用销售收入/投资成本来计算 ROI，如果用这种方式来计算，则上述案例的 ROI=1 200/1 000=1.2。虽然 ROI 大于 1，但这并不意味着企业是盈利的，还需要扣除产品的相关成本。

11. SEO

SEO（search engine optimization，搜索引擎优化）是一种提高网站在搜索引擎（如百度、谷歌、必应、淘宝站内等）结果页自然排名的方法。它包括各种技术和策略，如优化关键词、提高网站速度、改进网站的用户体验等。

12. 销售费用率

销售费用率（sales expense rate）指企业销售费用与销售收入的比率，用来衡量企业为销售产品或服务所支付的费用的相对水平。

13. 平台抽佣率

平台抽佣率（take rate）常用于描述平台或中介从交易中获得的费用或收益的比率。

这个比率是平台从每笔交易中收取的费用（即平台收入）与交易总额的比值。计算公式如下：

平台抽佣率＝平台收入/交易总额

具体来说，如果一个电商平台从每笔交易中收取10%的费用（费用可能包含服务费、广告费或其他），那么这个平台的抽佣率是10%。

其他网络零售可能涉及的概念如表10-1所示。

表10-1　部分网络零售涉及的概念

概念	定义或计算公式
独立访客（unique visitor，UV）	特定时间段内访问网站的个体数量，一位访客无论访问多少次，特定时间段内只计算一次
页面浏览量（page view，PV）	网站的单个页面在特定时间段内被访问的次数
日活跃用户（daily active users，DAU）	在一天内访问或与平台进行互动的用户数量
月活跃用户（monthly active users，MAU）	在一个月内访问或与平台进行互动的用户数量
转化率（conversion rate，CVR）	用户在广告或产品相关内容中采取目标行动（如购买、注册等）的比例
生命周期价值（lifetime value，LTV）	衡量一个用户在整个客户关系期间为企业带来的总收益
复购率（repeat purchase rate / repurchase rate）	一定时期内有复购行为的用户数 / 总购买用户数
点击率（click through rate，CTR ）	点击数 / 展示数
每次点击成本（cost per click，CPC）	总广告费用 / 点击数
千次展示成本（cost per mille，CPM）	总广告费用 /（展示次数/1 000）
每次行动成本（cost per action，CPA）	广告主为广告产生的特定行为（如购买、注册等）支付的费用
千次观看成交额（gross merchandise value per mille，GPM）①	一种衡量内容的转化效果和变现能力的指标。表示每1 000次视频观看能够带来的成交金额。这个指标对于内容创作者和品牌来说非常重要，因为可以帮助它们了解自己的内容在吸引观众并促使他们进行购买方面的效果 GPM＝（商品交易总额/视频观看次数）×1 000
TP（Tmall partner）服务商	为品牌和零售商提供电商平台运营服务的第三方服务提供商，这些服务包括店铺运营、市场营销、客户服务、物流管理和数据分析等
DP（Douyin partner/Douyin proxy）服务商	为品牌、商家、达人提供在抖音上进行营销和运营的服务，包括但不限于内容创建、账号管理、抖店开设与运营、广告投放和数据分析等

注：抖音电商针对其直播带货的特点提出的一个指标，GPM越高，说明直播间变现效率越高，把流量转化为收入的能力越强。

二、网络零售的类型

电商已经成为现代社会不可或缺的一部分，根据不同分类标准可分为多种类型。

1. 按照参与者的角色进行分类

（1）B2C（business-to-consumer）。这是最常见的网络零售类型，商家通过自己的网站或者电商平台向消费者出售产品或服务。例如，亚马逊、京东和天猫都是这种类型。

（2）C2C（consumer-to-consumer）。消费者通过一个在线平台向其他消费者出售自己的产品或服务。C2C 通常使用拍卖或直接销售的方式。eBay 和闲鱼就是 C2C 电商的例子。

（3）C2B（consumer-to-business）。消费者给企业提供产品或服务。例如，一个自由职业者可能会给公司提供设计、编程或写作服务。这种类型常见于众包网站。

延伸阅读 10－1　乘风破浪的跨境电商

2. 按照消费者行为的能动性进行分类

（1）搜索型电商。搜索型电商依赖于消费者主动搜索他们需要的产品或服务，也称为“人找货”的零售模式。这种类型的电商一般有庞大的产品库，并提供强大的搜索引擎帮助消费者找到他们想要的产品。亚马逊、淘宝、京东是典型的搜索型电商。从 2016 年搜索服务用户和整体网民的学历情况来看，高中以上学历人群是搜索服务的主要使用群体（占比 80%），其中又以本科及以上学历占比最大，搜索型电商的用户符合这一分布原则。

（2）推荐型电商（通过社交关系）。推荐型电商（通过社交关系）主要依赖于消费者的社交网络，通过消费者的好友推荐、分享、点评等社交行为进行商品推荐。这种推荐方式可以更有效地建立起消费者的信任，因为消费者更可能相信他们的朋友和熟人的推荐。拼多多最初的商业逻辑就是通过微信内的社交传播，迅速裂变，快速崛起。

（3）推荐型电商（通过算法分发）。推荐型电商（通过算法分发）通过分析消费者的网络行为和购物历史，使用算法向其推荐他们可能感兴趣的商品，也称为“货找人”的零售模式。这种类型的电商一般注重个性化体验，并能有效地提高消费者的购买转化率。抖音电商就是典型代表，通过分析用户的内容消费兴趣以及购物行为，借助算法为用户推荐其可能感兴趣的产品。后期的拼多多也更多采用算法推荐产品，将成交量更大的产品推荐给更多用户。此外，很多搜索型电商如淘宝、亚马逊也非常依赖算法推荐系统等。

3. 从消费者体验的角度进行分类

（1）货架电商。货架电商的运营模式更像是传统的零售店，产品按照类别排列在“货架”上。消费者可以按照分类浏览并选择他们想要的商品。这种类型的电商一般注重产品的分类和展示，让消费者可以更方便地找到他们想要的产品，如京东首页有几十个产品分类。这种产品分类在今天精准营销的时代依然具有重要作用，例如，淘宝平台的内容化战略实行已久，但以品类为核心的模式还是占据主导地位。货架电商往往需要斥巨资从户外、电视或其他新媒体上购买流量，引导消费者来自己的平台消费。这也是为什么一些货架电商会有“流量焦虑”。品牌如果想在货架电商平台经营，则需要在传统媒体上做广告，如电梯广告、电视广告、户外广告等，引导消费者来自己的旗舰店；也需要在电商平台上做广告或采买流量，以获得展示优势。

（2）内容电商。在中国，货架电商作为网络零售的主要类型运行了将近 20 年，占据整个网络零售约 80%的成交额，但近年来，内容电商作为新的电商类型逐渐崛起。内容电商利用各种内容形式如文章、视频和直播，吸引消费者的注意，增强消费者黏性，并引导他们进行购买。内容电商通常具备丰富的内容和便捷的购买机制，使消费者在浏览内容的同时，也能轻松地购买相关产品。抖音是内容电商的代表，通过大量用户持续创作内容，平台形成了一个源源不断的流量池，优质的短视频和直播能有效地引导购买行为。

与传统的货架电商主要满足用户的"主动需求"不同，内容电商更多地满足用户的"被动需求"。消费者可能最初并没有明确的购买意图，甚至没有意识到自己的需求，但通过有趣的内容，他们在娱乐的同时可能被激发出购买兴趣，并迅速转化为购买行为。品牌倾向于使用内容电商平台上的内容来接触消费者，从而激发他们的兴趣和购买欲望。

内容电商的产业链涵盖品牌、平台、MCN/主播（直播）/KOL（短视频）以及用户。当前，内容电商已经形成以"短视频＋直播"为主的营销模式。直播适用于实时销售场景，而短视频在非直播时段起着增加品牌曝光、激发消费兴趣、为直播预热以及促进复购的作用。自 2020 年以来，内容电商增长显著。以 2022 年的"双十一"为例，抖音电商和快手电商的同比增速明显超过了天猫，显示出强劲的增长势头。这表明，作为传统销售渠道（包括传统货架电商）的补充，内容电商具有巨大的发展潜力。

货架电商与内容电商的比较见表 10－2。

表 10－2　货架电商与内容电商

	货架电商	内容电商
代表平台	淘宝	抖音
激发需求因子	需求激发	感官激发
消费方式	理性购买	冲动型购买
典型动作	搜索比价	种草即拔草
商业形态	大而全的"超市"	多业态"商场"
销售模式	人找货	货找人
消费路径	搜索—买	逛—买
流量模式	引流制	分发制
商业逻辑	广告逻辑	兴趣逻辑
消费者决策行为	理性刚需	激情购买
转化速度	慢	快
新品牌诞生	广告品牌	内容品牌

4. 按时效性进行分类

根据交付时间的长短，电商可分为近程电商和远程电商两类。近程电商的特点是快速响应和高效配送，而远程电商通常覆盖更广泛的地理区域，但交付时间相对较长，如图 10－1 所示。

（1）近程电商。近程电商的重点是满足消费者对时效性的高要求。它包括以分钟计的前置仓服务（针对生鲜品类）、外卖服务（针对餐饮品类）、以小时计的超市送货上门服务。以叮咚买菜和盒马鲜生为例，这类前置仓服务的仓库通常距离消费者 3 千米以内，能够在极短的时间内完成配送。此外，天猫和京东超市的当日达或次日达服务也属于近程电商，通常由城市仓库直接发货，这些仓库通常距离消费者 20 千米以内。

（2）远程电商。远程电商更注重在更大的地理范围内提供商品。包括京东的当日达

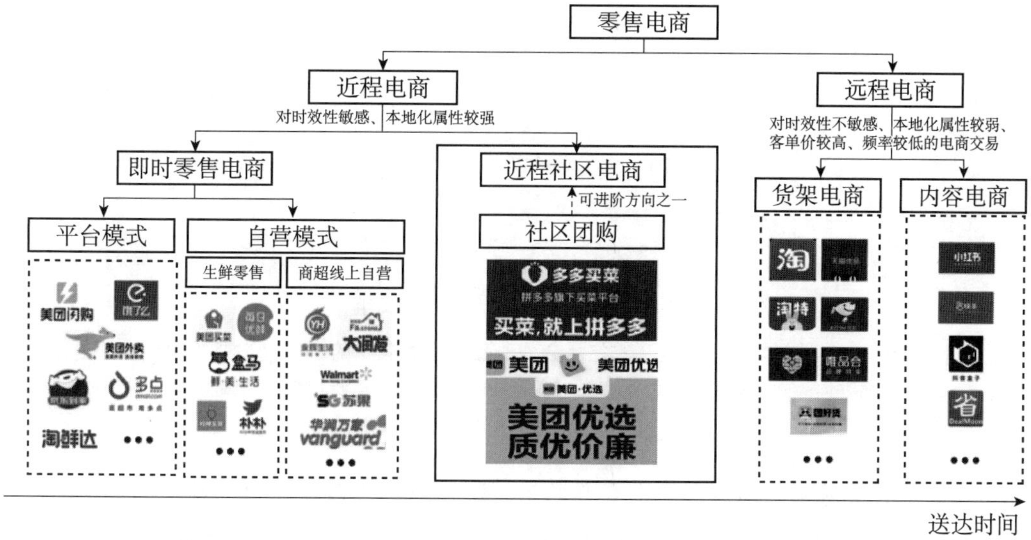

图 10-1 按时效性划分的电商类型

资料来源：国海证券．近场电商系列之社区团购专题深度：端本清源，精细打磨“人货场”价值链.

或次日达服务，以及淘宝的多日达服务。虽然京东物流在优化配送时效方面表现出色，但通常情况下，远程电商的交付时间较长。特别是对于次日达的社区团购，通常由中心仓库发货，每个省有 1～2 个中心仓库，通常距离消费者 100 千米以内。

值得注意的是，物流时效的提升是使线上购物体验逐渐接近线下购物体验的关键因素。消费者在线下购物时可以即买即得，但在线上购物时通常需要等待。然而，随着近程电商的发展和远程电商物流时效的优化，消费者线上购物的等待时间正在缩短。

第 2 节 网络零售在中国的整体现状和发展历程

一、整体现状

中国的 GDP 从 1998 年的 4.4 万亿元飙升至 2022 年的 121.02 万亿元，与此同时，互联网的普及也在加速，宽带接入端口数量从 2008 年的 1.1 亿增长到 2022 年的 10.71 亿。这些因素共同推动了中国网络零售市场的快速扩张。实物商品网上零售额自 2016 年的 4.19 万亿元增长至 2022 年的 11.96 万亿元，年复合增长率超过 20%。中国的网上零售渗透率从 2016 年的 12.6%提升到 2022 年的 27.2%。尤其值得注意的是，农村市场的网络零售额也在增加，2021 年达到 2.1 万亿元，同比增速为 14.2%。2016—2022 年中国网上商品零售额及其在社会消费品零售总额中的占比如图 10-2 所示。

在这个广阔的市场中，阿里巴巴、京东、拼多多、美团、抖音等电商平台在不同的领域和细分市场建立了领先地位。在中国电商的发展史上，1999 年是一个标志性的年份，因为在这一年，阿里巴巴的成立标志着中国电子商务的起步。从那时起，中国电商经历了飞速的增长。2022 年，阿里巴巴、京东和拼多多的商品销售额分别达到约 8.317 万亿元、3.47 万亿元和 3.3 万亿元；美团、抖音和快手等作为服务类及直播电商的代

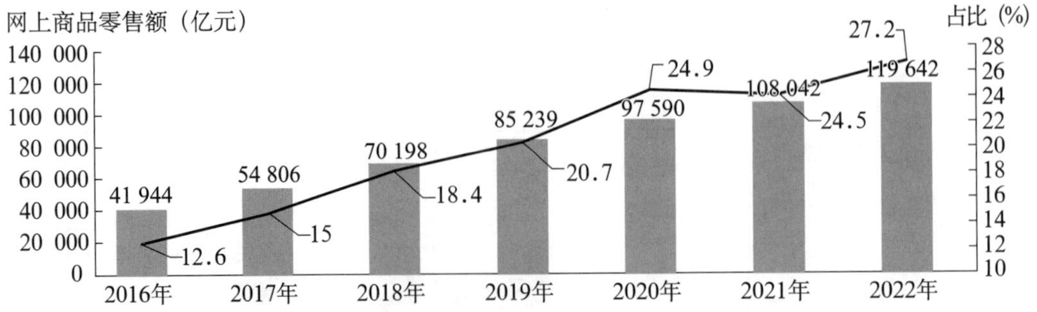

图 10-2　网上商品零售额及其在社会消费品零售总额中的占比（2016—2022 年）

资料来源：智研咨询．2022—2028 年中国直播电商行业市场经营管理及投资潜力研究报告．https：//www.chyxx.com/research/202111/984708.html.

表，2022 年的交易额分别达到约 1.6 万亿元、1.5 万亿元和 0.7 万亿元。①

然而，随着市场的成熟，目前电商平台面临着用户增长放缓和获客成本上升的挑战。截至 2022 年第一季度，阿里巴巴、京东、拼多多的活跃买家数分别达到 10.05 亿、5.81 亿、8.82 亿②，覆盖了绝大部分中国互联网用户。与此同时获客成本也一路攀升，如京东的获客成本从 2016 年的 141.9 元攀升至 2022 年第一季度的 806.02 元。流量见顶的现状使得三大电商平台开始转变策略，不再以用户增长作为首要目标，而将重心转为挖掘现有客户价值。这意味着中国电商逐渐从交易范式走向关系范式。

目前中国网络零售市场还有很多潜力品类。如图 10-3 所示，虽然在家电和消费电子等行业，电商渗透率已经达到 40%～50%，在服饰鞋履行业，电商渗透率也约为 35%，然而食品饮料、生鲜、家居家装等品类的电商渗透率等于或小于 10%，具有巨大潜力。

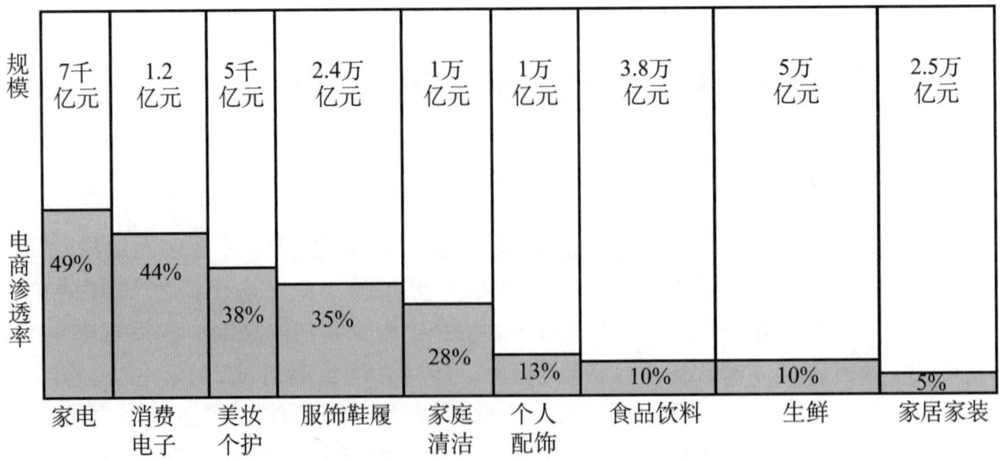

图 10-3　各品类行业规模和电商渗透率

资料来源：平安证券．电商研究框架：从“多快好省”到“人货场供需一体化”模型.

① 2023，六大电商平台的存量博弈．（2023-03-15）．https：//finance.sina.com.cn/jjxw/2023-03-15/doc-imykxpqx8117543.shtml.

② 拼多多 Q3 业绩增速及 GMV 增长预期均强于阿里巴巴 京东零售业务疲态尽显、垫底电商三巨头．（2023-12-01）．https：//finance.sina.com.cn/stock/observe/2023-12-01/doc-imzwpfes8688940.shtml? r=0.

中国网络零售市场的未来发展依然拥有巨大的可能性。2021 年 10 月 9 日，商务部、中央网信办、发展改革委联合发布了《“十四五”电子商务发展规划》，强调电商作为数字经济的一个活跃且增长迅猛的新业态，将在中国新的发展格局中扮演关键角色，特别是在推动国内大循环和国际双循环方面。《“十四五”电子商务发展规划》的发布为电商行业指明了方向，明确了电商在国民经济中的新使命，强调电商与第一、第二和第三产业的深度融合，推动产业链和供应链的数字化转型。此外，电商还被视为支持传统产业转型升级和促进乡村振兴的重要驱动力。《“十四五”电子商务发展规划》中的主要指标如表 10-3 所示。

表 10-3 《“十四五”电子商务发展规划》中的主要指标

类别	指标名称	2020 年	2025 年	备注
总规模	电子商务交易额（万亿元）	37.2	46	预期性
	全国网上零售额（万亿元）	11.8	17	预期性
	相关从业人数（万）	6 015	7 000	预期性
分领域	工业电子商务普及率（%）	63.0	73	预期性
	农村电子商务交易额（万亿元）	1.79	2.8	预期性
	跨境电子商务交易额（万亿元）	1.69	2.5	预期性

资料来源：《“十四五”电子商务发展规划》。

二、中国网络零售发展历程

本书从时间维度将中国网络零售分为两大阶段：1998—2013 年 PC 互联网时代的网络零售，以及 2013 年至今移动互联网时代的网络零售。

1. 1998—2013 年：PC 互联网时代的网络零售

纵观中国 PC 互联网时代网络零售的发展历程，可以分为三个阶段：

（1）1998—2003 年：互联网初步发展，B2B 业务率先实现线上化。在这一阶段，互联网的普及程度有限，B2B 业务由于体量较小，成为线上化的先行者。国内知名的 B2B 平台有美商网、环球资源和阿里巴巴。然而，由于 2000 年互联网泡沫破裂，很多企业进行战略收缩。阿里巴巴通过独特的本土化战略，依赖“中供”系地推团队持续扩大优势，逐渐在中国 B2B 领域取得领先地位，其 B2B 业务也成为后续新业务发展的现金流。到 2011 年，阿里巴巴的付费会员数达到 76.5 万，而同期环球资源仅有 2.5 万付费会员。

（2）2003—2010 年：随着互联网的普及，2C 业务（包括 C2C 和 B2C）开始兴起。这个阶段，淘宝和 eBay 易趣是 C2C 市场的主要竞争者。淘宝以免费的商家入驻政策和支付宝这样的担保交易平台，解决了买卖双方的信任问题，逐渐占据上风。到 2005 年第一季度，淘宝的 GMV 达到 1.2 亿美元，超过了 eBay 易趣的 1.06 亿美元。在 2005 年，腾讯推出拍拍网，凭借强大的资金和流量支持，迅速崛起成为 C2C 市场的重要参与者。然而，拍拍网过于关注规模扩张而非盈利，最终在 2014 年被出售给京东。

在 B2C 领域，2007 年成为一个转折点。在这之前，B2C 市场主要被当当网和卓越网等图书销售平台占据。2008 年 4 月，阿里巴巴推出淘宝商城（后更名为天猫），同时众多垂直行业的 B2C 直销网站如凡客诚品也应运而生。淘宝商城利用庞大的用户基础和创新的营销策略（如 2009 年的“双十一”促销活动）迅速吸引了众多品牌入驻，逐渐在 B2C 市场占据主导地位。

京东商城则通过深耕数码电器领域和建立自有物流网络来提升用户体验和品牌认知度。截至 2022 年 6 月 30 日，京东物流已建立超过 1 400 个仓库和 1 700 个云仓，覆盖全国几乎所有区县，为消费者提供快速且高效的配送服务。

（3）2010—2013 年：线上到线下（O2O）模式开始兴起。2010 年，受到高朋（Groupon）团购模式的启发，中国的团购市场迅速扩张。2011 年底，中国的团购网站数量从 2010 年初的不到 100 家激增至超过 5 000 家，市场规模也大幅增长。在众多团购网站的竞争中，美团通过稳健的扩张策略和有效的市场推广逐渐确立了领先地位。2013 年，美团成为团购领域排名第一的独立团购网站。

2. 2013 年至今：移动互联网时代的网络零售

移动互联网时代的网络零售发展如图 10－4 所示。

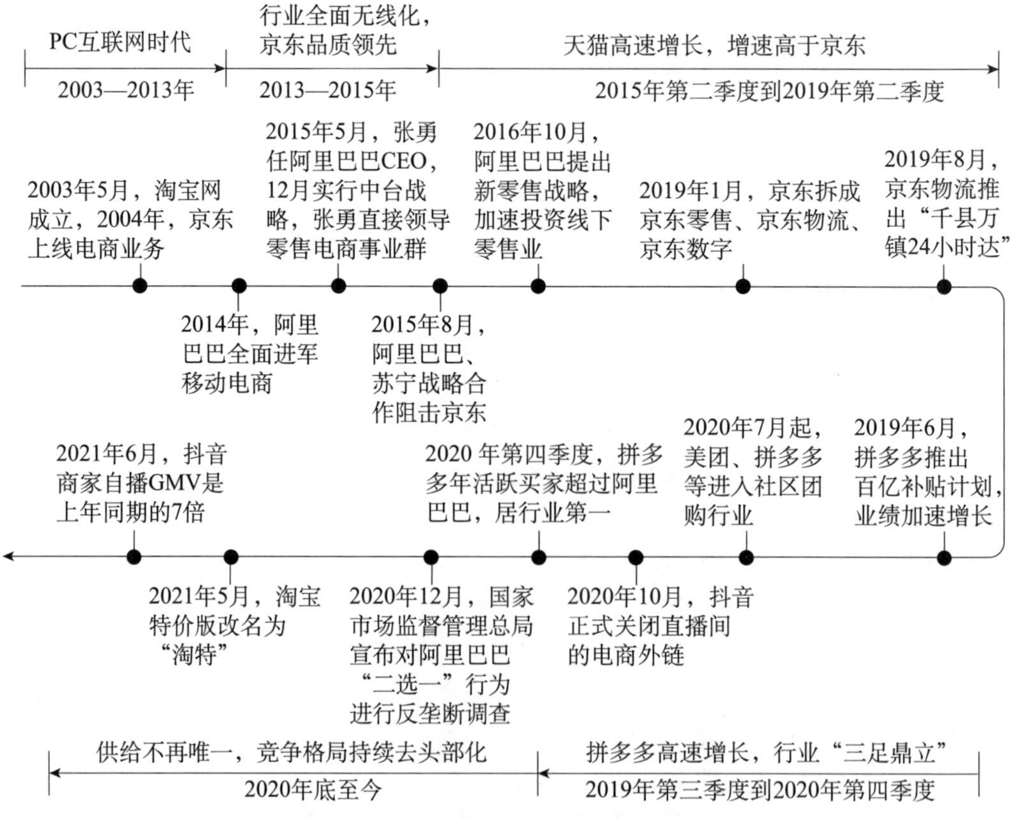

图 10－4　移动互联网时代的网络零售发展

资料来源：平安证券．电商研究框架：从“多快好省”到“人货场供需一体化”模型．

（1）2013—2015 年：行业全面无线化。中国网络零售在经历初期的起步后，2013 年开始向移动互联网转型，这一阶段，天猫和京东成为线上 B2C 市场的佼佼者，两者之间竞争激烈。淘宝作为阿里巴巴旗下的品牌，在 2014 年 3 月开始加大移动电商的布局，到 2016 年第一季度，移动端 GMV 占比达到 73%。2016 年 3 月，手机淘宝团队和淘宝的合并完成，意味着淘宝的移动化已经完成。虽然淘宝移动化领先于京东，但此阶段淘宝仍以便宜低价为卖点，而京东凭借其高品质商品和快速物流服务开始在品质消费领域建立口碑。

(2) 2015 年第二季度到 2019 年第二季度：天猫高速增长，增速超过京东。淘宝移动化成功后，为了满足消费者对品质商品的需求，流量逐步向天猫倾斜。天猫通过流量倾斜和品牌升级策略，实现了 GMV 的持续高增长，增速超过京东。2016 年，阿里巴巴提出新零售战略，加强线上线下结合。与此同时，拼多多作为一家专注于性价比和下沉市场的平台开始崭露头角。拼多多以社交拼团的形式，弥补了主流电商平台淡出商品团购的空缺，并通过微信砍价、转盘福利等社交方式吸引消费者。2018 年 7 月，拼多多上市。

(3) 2019 年第三季度到 2020 年第四季度：拼多多高速增长，网络零售逐渐向“三足鼎立”格局演化。2019 年 6 月，拼多多推出百亿补贴计划，通过官方补贴为多个品类的正品提供优惠价格，这一战略性的价格补贴提升了平台的用户信任度，建立起“便宜”的购物心智。2020 年底，拼多多以 8.24 亿年活跃买家规模超过阿里巴巴的 8.11 亿。同一时期，京东物流升级了“千县万镇 24 小时达”的服务，2019 年底已覆盖全国 88%的区县，2021 年“双十一”区县当日达和次日达占比 93%，乡镇当日达和次日达占比 84%。京东物流在 2020 年疫情期间表现亮眼，推动其之后较高速增长。在此阶段，拼多多高速增长，京东再次找到自身“快”的比较优势，抖音、快手加速进入网络零售行业，网络零售竞争格局逐渐分化。

(4) 2020 年底至今：网络零售的竞争格局进一步分化，流量开始分散。2020 年 10 月抖音电商直播断开外部链接，不再给电商平台导流。2020 年底国家市场监督管理总局宣布对阿里巴巴“二选一”行为进行反垄断调查。“二选一”彻底成为历史，阿里巴巴在品牌供给端的优势下降，这也催生了 2021 年抖音电商以及京东第三方卖家业务的繁荣。2021 年第三季度至今，抖音电商加速增长，从“短视频＋直播”的兴趣电商到货架，抖音电商抢占了显著的市场份额，迅速位于中国网络零售市场的前列。同时，拼多多对于国内供应链的整合使其市场占有率不断上升，加之海外业务 TEMU 增速惊人，2023 年 11 月拼多多市值一度超越了阿里巴巴。这些新力量都为中国网络零售行业的竞争格局增加了变数。

延伸阅读 10－2　中国网络零售市场的竞争格局

延伸阅读 10－3　数字平台反垄断

有关各大网络零售数字平台的具体分析，详见本书末附录。

第 3 节　网络零售的关键要素

一、网络零售的收入公式

在传统线下零售中，零售业经营公式简化为：零售收入＝客流量×客单价×成交率。客单价＝销售额/成交笔数，客单价在超市经营中主要体现的是消费者消费量的多少，而在百货商店经营中主要体现消费档次的差别；成交率＝成交顾客数/进店顾客数，这一指标在实际经营中为估计值，对于百货商店和专业店经营等需要一定销售技巧的业态更重要，而对于超市，由于其经营必需品的特性，这一指标基本在95%以上。表10-4列出了一些常用的线上线下零售业经营的简化公式。

表10-4　零售业经营的简化公式

分类	计算公式	分析重点
收入	零售收入=客流量×客单价×成交率	线下零售中顾客进店和购买行为
	GMV=流量×客单价×转化率	在线零售中网站流量、客单价和转化率，分析网站吸引力和用户购买意愿
	GMV =单用户年支出额×用户数 =用户购买频次×客单价×用户数	用户的购买行为和忠诚度
	GMV=老用户数量×老用户人均GMV+新用户数量×新用户人均GMV	老用户和新用户的贡献，分析不同类型用户的价值
电商平台作为中介的收入	电商平台收入=用户规模×客单价×购买笔数×变现率	电商平台通过提供中介服务获取收入，包括交易手续费、广告收入等
	电商平台收入=GMV×货币化率=用户数×单用户年度支出×货币化率=用户数×购买频次×客单价×货币化率=用户数×ARPU	电商平台的货币化策略，分析如何将GMV转化为实际收入

在网络零售中，公式变成：GMV=流量×客单价×转化率，但本质是一样的。流量即用户数或者用户规模，这个数值比线下单一零售门店高得多，转化率和线下的成交率含义一致。这一公式常用于分析电商购物平台、品牌网站/旗舰店的吸引力、消费档次和购买意愿。

也可以从消费者购买行为的视角分析网络零售的收入来源：

GMV =单用户年支出额×用户数

=用户购买频次×客单价×用户数

平台GMV的大小取决于上式等号右侧的变量，用户购买频次和客单价体现用户复购的情况，而用户数则表明平台的用户留存情况。对这三个变量的具体分析如下。

(1) 用户购买频次。与平台用户黏性及品类多样性有紧密关联。购买频次受单一商品本身属性制约。例如，消费者年度牙膏需求可能是6支，而洗发水不超过2瓶，电脑3年更换一次，空调10年更换一次。电商平台若想提高用户购买频次，需增加品类。

品类多样性是用户购买频次的决定因素，只有品类丰富，消费者才会有“逛街”体验，才会在购买某目标商品时顺便购买其他商品。淘宝因品类丰富而在用户购买频次上领先。而垂直电商如当当（图书）、蘑菇街（服饰）等，因品类有限且用户目的明确，其用户购买频次远低于综合型电商平台，导致用户黏性不强，留存困难。

总的来说，品类多样性影响购买频次，而购买频次是用户复购和黏性的反映。高购买频次带来稳定的使用习惯和强黏性，助力用户留存和规模增长。品类单一则可能导致用户流失，影响盈利，进而使平台缺乏资金拓展品类，形成恶性循环。

(2) 客单价。品类扩充和消费者开拓会影响客单价。客单价是由平台上商品的品类和用户的购买力综合决定的。从品类来看，3C产品可以卖几千元，平价衣服可以卖几百元，一包零食可能卖几块钱；从用户购买力来看，高净值用户购买力强，多购买同一品类中的高端产品，其客单价较高。

客单价高对于平台有一定价值。早期京东相对于其他垂直电商来说并没有明显的优势，后续崛起走上品类扩张之路，主要归功于两点：一是京东独特的履约优势，二是 3C 家电产品的高客单价。即使商品的毛利率较低，高客单价也能产生更多的毛利润，在相同的用户购买频次下，平台就会拥有更强的盈利能力，能够负担得起更高的用户留存成本，以及品类扩充的先期投入。

但客单价不是越高越好。比如 2019 年，京东客单价最高（469 元），唯品会客单价次之（262 元），而淘系平台客单价仅约 101 元。京东客单价最高是因为其主营 3C 产品，而且之前一直聚焦一二线城市高消费力人群，但是可以看到，随着品类扩充和目标市场下沉，京东客单价逐步下降。淘系平台客单价较低，这是因为淘系平台的品类最为广泛且消费者群体最为多元，丰富的品类带来的用户购买频次和用户数的增长可以弥补客单价较低给盈利带来的影响。

（3）用户数。用户数体现用户规模，用户数与平台定位、用户留存相关。垂直电商仅满足某品类需求，需求细分导致消费者群体规模缩小，往往限制了用户规模，相对于综合型电商平台的潜力较小。这也是为什么当当（图书）、蘑菇街（服饰）与阿里巴巴、京东相比，用户规模差距显著。

延伸阅读 10－4 价格竞争：从战术到战略

用户规模还取决于用户留存的情况。品类多样性通常会影响用户购买频次，进而影响用户留存以及用户年度支出。虽然投资者通常使用“销售费用/新增用户数”计算获客成本，并以此作为衡量不同电商平台经营优劣的指标之一，但这个指标缺乏对用户能为平台产生的收益的考量。一个电商平台的获客成本或许较高，但是如果获客之后用户可以长期留存、持续复购，客户终身价值远大于竞争对手，那么即使获客成本更高，平台的回报也是更高的。

对于电商平台来说，其商业模式是通过撮合买卖双方成交而获得销售费用，因此，从电商平台作为中介的角度来看，其收入并不等于成交额，而是平台成交额与一个比例的乘积，这个比例称为变现率或者货币化率。

电商平台作为中介的收入公式如下：

电商平台收入＝GMV×货币化率＝用户数×单用户年度支出×货币化率

＝用户数×购买频次×客单价×货币化率＝用户数×ARPU

品牌要关注电商平台的货币化策略，分析如何利用各种货币化手段将 GMV 转化为实际收入，包括交易手续费、广告收入等。

在分析整体零售收入时，重点是了解用户行为、购买频次和新老用户的贡献。而在分析电商平台作为中介的收入时，重点是了解如何通过不同的货币化策略将平台流量和交易转化为收入。这为分析和优化零售业务和电商平台业务提供了不同的视角和工具。

二、网络零售“人、货、场”三要素

阿里巴巴在 2016 年第一次提出了“新零售”概念，之后对其作出了解读，认为新零售的核心是围绕人、货、场三个零售基本元素的重构，以带来零售效率的提升。随后人、货、场的三要素概念模型迅速传导至整个网络零售行业，也被一些学者纳入研究框架。关于每个要素的具体内容，有不同的分析视角，但总的来说：

“人”通常指消费者及其需求。这一要素通常强调对消费者及其需求的分析，例如，消费者对零售的基本需求，消费者及其需求的变化趋势，不同目标人群的差异，如何通过数据、标签和算法描绘消费者画像，如何理解消费者的购买行为与习惯，如何解读消费者内心的需求等。很多分析师认为在零售行业，“多快好省”是消费者的永恒追求，“省”是最基本需求，“多快好”属于消费升级。新零售模式崛起往往从突破“省”开始，只是达成形式各不相同，有些通过流量，有些通过效率提升。“多”指商品种类多，比如淘宝和闲鱼供给端具有百万级长尾商家。“快”指送货快，体现配送端的优势，京东、美团等自建履约网络的电商在这方面拥有较大优势。“好”指品质好、体验好，京东、天猫等平台在这方面占优。单一平台通常难以同时满足“多快好省”需求。

“货”通常指供给侧的产品因素，包括有形产品、服务和体验及其相应的价格。这一因素通常会分析产品组合、产品多样化、产品品质和创新、价格和促销等方面的内容，并涵盖产品的生产、运输、包装、分拣等供应链各环节。货往往决定了消费频次、客单价以及消费者黏性。各个数字平台由于模式、资源禀赋差异而擅长不同品类，一般来说，交易市场型电商如拼多多、抖音、淘宝等擅长经营非标品，而自营型电商如京东、天猫则擅长经营标品。

“场”通常指零售成交/履约的场所和场景。关于场的分析主要有三个视角：一是关注线上线下两大交易场的深度管理和融合，如渠道/各数字平台的差异、渠道的选择、渠道的管理以及渠道的融合等。二是关注消费的场景。场景是消费的时空、时空内情境及其配置关系的总和。场景决定用户的需求激发和购物体验，其中内容场景影响购前决策，物流履约场景影响购后时效体验。合适的场景可以提升购买转化率和用户体验，如律师离婚业务咨询的直播往往在晚上 8：00～12：00 进行投流，因为这个时段消费者所处的家庭场景可能会激发相关需求，而在白天的工作时段通常不会产生该需求。三是关注技术发展带给交易场的影响。现有研究将大数据、移动设备、社交媒体、定位系统和传感器等称为场景要素。随着科技的进一步发展，人工智能技术、VR 及 AR 等新型技术正逐渐成为场景新要素，不断丰富零售的场景功能。

零售业历经多年发展，不断演化和迭代，呈现出繁杂多样的发展态势，总体上呈现为围绕人、货、场核心要素重组即重心转移的过程（见图 10-5）。比如 2013 年之前的传统线下零售是“场、货、人”模式，即先选地址和店铺，然后进货，再将商品销售给消

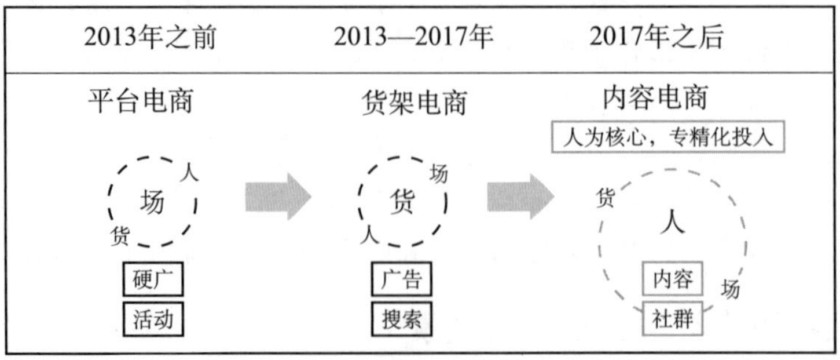

图 10-5　网络零售发展不同阶段的人、货、场重心转移

资料来源：茉莉数科集团。

费者。在这个阶段，场占据绝对核心位置，唯有争取到黄金位置、核心渠道，企业才能存活。2013—2017 年这个阶段，货架电商诸如淘宝则是以货为中心的零售模式的代表，淘宝平台以品类、产品为中心打造标签体系，提升成交效率。而如今在大数据、算法驱动下的内容电商则转向以消费者为中心，人就成了最核心的要素。

第 4 节　中国网络零售的创新模式

一、社交电商

社交电商借助 SNS、微博、微信等社交媒体和网络传播渠道，通过社交互动和生产 UGC 等手段辅助商品的销售行为。与传统货架电商不同，社交电商以人为核心，以人际关系网络为渠道，依靠互联网社交工具进行商品交易或服务提供，把关注、分享、沟通、讨论和互动等社交化元素充分融于交易过程。同时，社交电商为用户提供挖掘社交影响力和获取流量的支持，降低了参与门槛。

社交电商作为门槛较低、获客成本低、传播迅速的商业模式，是比较适合创业者和中小商家的网络零售模式。传统市场的产品分销链条较长，可能包括总批发商、大型代理商、分销代理商、广告渠道、线下专柜等多个环节。而社交电商充分利用去中心化流量和社交裂变两大优势，将流量直接从社交平台导向成交，绕过中间环节，直接将产品送达目标用户，从而大幅降低获客成本和产品推广成本。

2015—2018 年，社交电商逐渐在中国网络零售市场占据一席之地，市场份额从 0.1%激增至 7.8%。尽管传统的货架电商仍在网络零售市场占有较大比例，但社交电商凭借更低的成本、人际关系网络的裂变，成功地将消费者从公域引导至私域。由于其不公开性，整体的成交数据难以准确统计，但微商、拼多多等足以显示出社交电商的威力。

社交电商领域常见的模式有会员制度、微商、拼购和社群团购。

(1) 会员制度。首先吸引大量潜在用户，然后对他们进行细分并提供差异化的权益和服务。通过筛选符合产品定位的精准用户，找出复购率高甚至具备分销意向的用户，使之成为销售渠道，依靠熟人社交关系进行分享和裂变，解决获客相关问题，但需保证产品质量、物流和售后服务。这是一种 S2B2C 模式，即供应商面向分销用户提供产品和服务，两者又共同服务于普通消费者，云集、花生日记等是此类模式的代表。

(2) 微商。主要在微信生态内运营，利用朋友圈、小程序、公众号等工具进行传播和销售。微商的分级销售模式类似于线下的直销，其销售的产品通常具有高毛利率、高溢价和高复购率的特点，如美妆、保健品和生鲜类产品。微商利用自身渠道优势进行产品采购和销售，往往具有一定的产品优势或价格优势。但微商模式也存在两大挑战：一是裂变式销售方式、分销层级以及囤货制度的设计往往存在一定的法律风险，需要积极整改符合国家法律规范；二是微商的品类较单一，竞争激烈，难以形成大众的成熟品牌。

(3) 拼购。拼购是一种以低价吸引用户的模式，2 人或以上通过拼团能以更低的价格购买产品。这激励用户主动分享并邀请朋友，基于熟人社交关系实现裂变。早期拼多多就是拼购的典型代表，通过“低价＋微信社交裂变”实现了平台用户的原始积累。拼购模式能够极大地提高裂变速度，成为许多微商甚至美团、大众点评等平台的常用获客促销方式。每个用户都作为传播渠道，只需要花费一次引流成本就能吸引用户主动开团，再通过多次传播和订单实现增长。然而，拼购用户通常对价格敏感，且产品选择以低成本和大众适用的产品为主，难以形成具有大众信任度的品牌。

（4）社群团购。以社群为基础，通过团购渠道提供全品类的产品销售、仓储、物流和售后支持。以团长为核心，以团长的轻熟人社交网络为基点，实现产品在社群内的传播，降低获客成本。此模式一般采用预售制度，团长可以通过预付锁定用户，提高供应链效率。团长多以社群为中心，设立分团长以完成区域近距离配送或者区域内消费者到指定地点自取，节约物流成本的同时降低了中间环节的风险成本。这一模式由于在疫情期间发挥了较大的作用而迅速推广开来。

二、直播电商

直播电商是一种结合了直播技术和电子商务销售模式的商业模式，旨在通过实时视频直播的方式向消费者展示产品或服务，并在直播过程中进行互动、推销和销售。这种模式通常通过在线直播平台，如社交媒体平台、电商平台或专门的直播平台，为消费者提供一种与主播或销售代表互动的途径。QuestMobile 数据显示，2022 年 9 月，抖音 App 的活跃用户中有 88.7%的用户观看直播，同比提升 2.3 个百分点；同期快手用户中观看直播的比例也达到 87.9%，同比提升 1.8 个百分点。①

网经社数据显示，2023 年直播电商市场规模有望超过 4.5 万亿元，用户规模预计提升至 5.2 亿人。同时，直播电商渗透率（直播电商 GMV/网络零售 GMV）也从 2017 年的 0.27%提升至 2022 年的 25.3%，意味着中国网络零售的市场总额中，通过直播电商成交占比超过 20%，直播电商是目前中国市场中重要且普遍应用的零售工具。2017—2023 年直播电商发展情况如图 10－6 和图 10－7 所示。

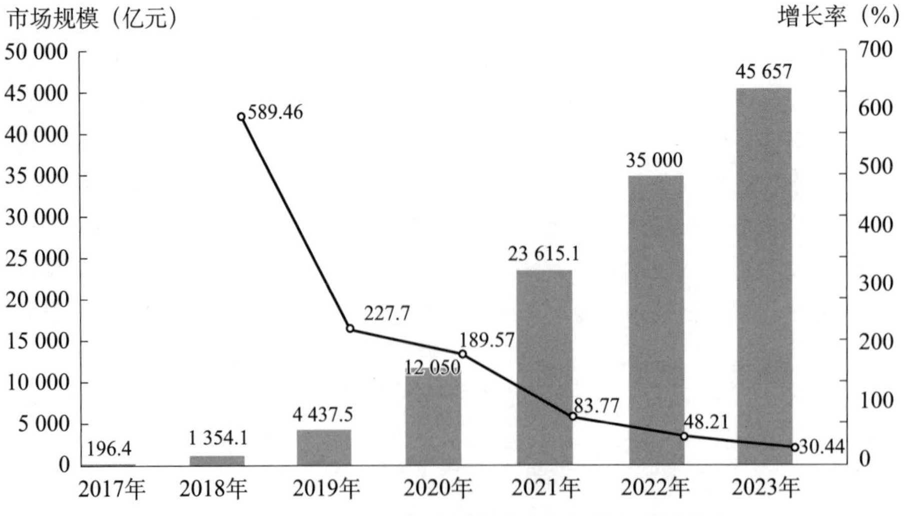

图 10－6　2017—2023 年直播电商市场规模及其增长率

资料来源：网经社。

① 光大证券．线上消费心智加深，积极探索新消费场景．

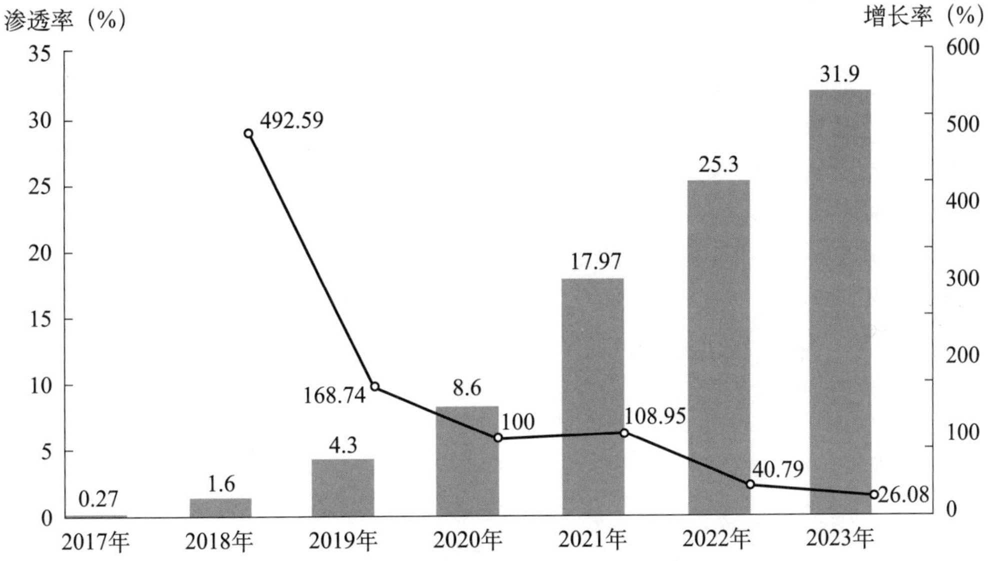

图 10－7　直播电商渗透率及交易额增长率

资料来源：网经社。

直播电商与传统电商在很多方面存在差异（见图 10－8），直播电商的兴起受到多方面因素的综合推动。在宏观经济政策上，习近平总书记提出要“逐步形成以国内大循环为主体、国内国际双循环相互促进的新发展格局”。以国内大循环为主体，意味着着力打通国内生产、分配、流通、消费的各个环节，发挥中国超大规模市场优势，以满足国内需求作为经济发展的出发点和落脚点，内需是我国经济发展的基本动力，扩大内需成为战略基点；国内国际双循环相互促进，强调以国内经济循环为主，不意味着关门封闭，而是要通过发挥内需潜力，使国内市场和国际市场更好地联通、促进。此外，对于具体的电商平台（如淘宝）和短视频平台（如抖音、快手）来说，直播电商既为电商平台带来新流量促进销售，是电商平台内容营销新场景，又为内容平台实现流量变现带来了新的增长空间。

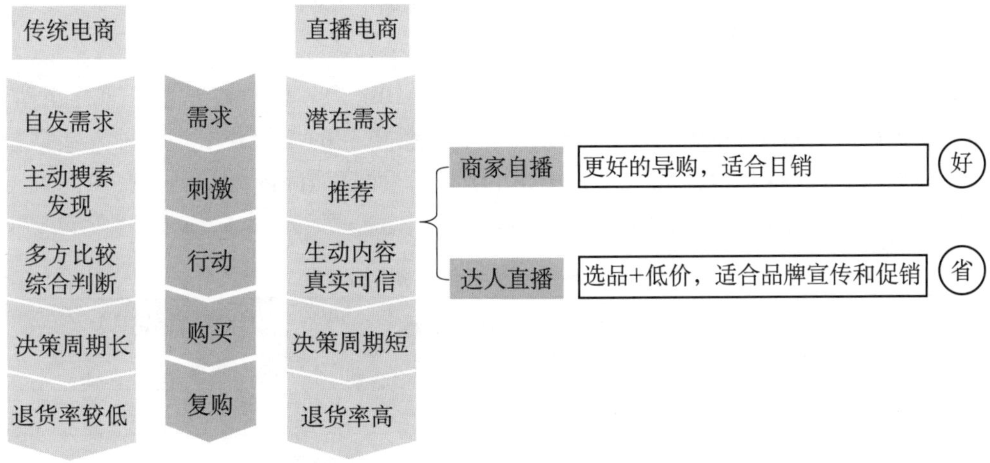

图 10－8　直播电商与传统电商的对比

资料来源：平安证券．抖快淘三足鼎立，抖音电商异军突起.

对于品牌和商家来说，视频和直播对电商最直观的影响是带来支付转化率的提升（见图 10－9 和图 10－10）。在消费者交易场景中，直播间具有更直观的商品展示效果、主播刺激性的话术，这些能够大幅提升消费者支付转化率。根据艾瑞咨询调研数据，图文的支付转化率为 0.5%、短视频为 1.5%，直播电商则大幅提升至 4.3%，较为知名的主播的直播支付转化率甚至可以超过 20%。这是因为直播电商融合了传播渠道和销售渠道，打通了种草和购买，缩短了消费者决策链路。但由于直播电商引发了大量的冲动性购买，退货率也高企不下，通常为 10%～30%，个别行业如珠宝玉石、箱包服装行业的退货率甚至超过 50%。

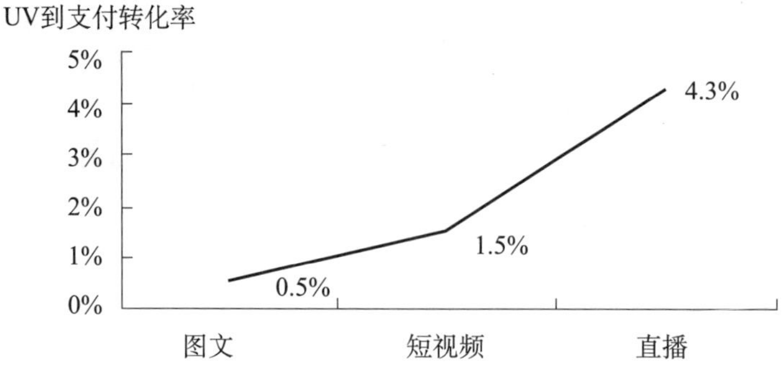

图 10－9　不同媒介电商支付转化率比较

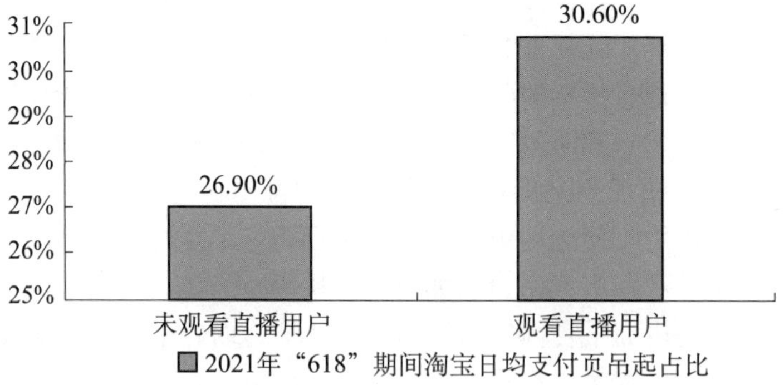

图 10－10　观看直播的用户与未观看直播的用户支付转化率对比

资料来源：平安证券．抖快淘三足鼎立，抖音电商异军突起.

直播电商和传统的电视购物也存在差异（见表 10－5），核心差异在于即时互动性，从而带来了巨大的效率差异。从传播方式来看，直播电商的流量获取是一种大数据精准传播，即通过大数据对粉丝、货品、主播精准匹配；而直播间内大量的、多向的人与人之间的直接互动，则是一种交互式人际传播。

表 10－5　直播电商与电视购物的差异

	直播电商	电视购物
销售形式	讲解＋反馈＋陪伴＋购物	讲解＋购物
沟通方式	你提问我解答	我说你听
互动性	互动性强	几乎没有互动
传播方式	精准传播＋人际传播	大众传播

续表

	直播电商	电视购物
货品	从高端品牌到工厂白牌 多元化货品	往往是白牌， 易涉及虚假宣传
消费者	数字化的消费者 数字媒体使用习惯	传统消费者 大众媒体使用习惯
售后	消费者成本低	消费者成本高
体验	控制感强、体验好	体验一般

在直播电商中，达人直播和商家自播是两种常见的模式（见图 10－11）。直播电商刚刚兴起时，达人直播发展极快，随着市场的逐渐规范和数字平台的助推，商家自播变得越来越普遍，直播成为品牌日常化的营销工具。

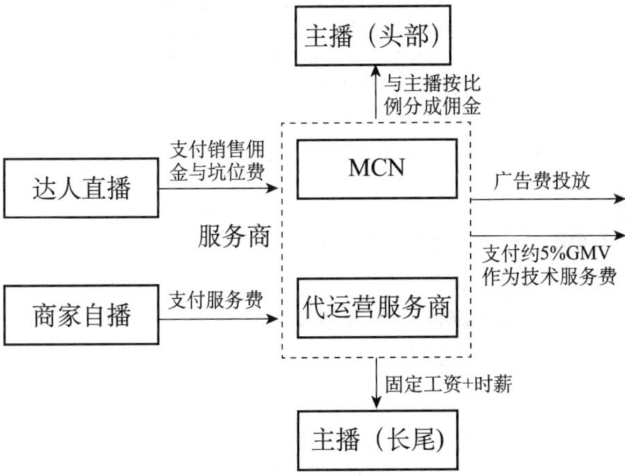

图 10－11　直播电商产业链中不同角色的分工和收入

资料来源：平安证券．高速增长的发现式电商，从电商新兵到行业 C 位．

达人直播是指社交媒体 KOL 进行的直播销售，这类直播带货聚焦于个人专业领域，借助 KOL 专业知识或魅力，吸引粉丝观看直播，并以更亲和的方式进行产品推介。KOL 收取品牌的“坑位费”和“销售抽佣”以盈利。坑位费是指品牌或产品出现在主播的一场直播中需要直接支付的费用，和销售额无关，类似于传统超市中品牌入驻超市货架的上架费。销售抽佣是指品牌需要按直播 GMV 的一定比例给予 KOL 的销售佣金，和销售额直接相关。品牌则通过达人直播实现品牌传播和产品销售。这种品牌传播和产品销售不仅局限于直播现场，擅长社交媒体传播的品牌还会将达人直播的视频内容进行切片再传播，充分利用 KOL 的背书效应和销售的长尾效应。达人直播更注重利用 KOL 的个人影响力来引导消费者的购买行为，适合重要节点的品牌传播和促销。

商家自播往往是企业自建或委托第三方代运营品牌直播间，着重于本企业产品和品牌的展示与销售。主播作为企业的员工，主要任务是导购，即通过专业展示产品特点和功能，向消费者提供更客观、真实的购物信息并引导成交。随着直播电商的工具化和日常化发展趋势，商家自播逐渐成为品牌的常规推销手段，适合日常销售。

无论是达人直播还是商家自播，直播电商的核心还是产品，需要考虑选品、产品质量、与目标人群的匹配度、价格等因素。KOL能够增加吸引力和信任感，流量投放能够增加曝光，但这些往往不是最重要的因素。一场直播能否有较好的效果往往和产品组合策略（见图10-12）、产品介绍节奏、产品文案、促销方式有较大关系。此外，直播之外的运营能力也决定了企业直播带货的成效，包括直播前期的预热、用户私域的维护、运营团队的配合、数据分析、物流、仓储，以及直播后的进一步传播等。

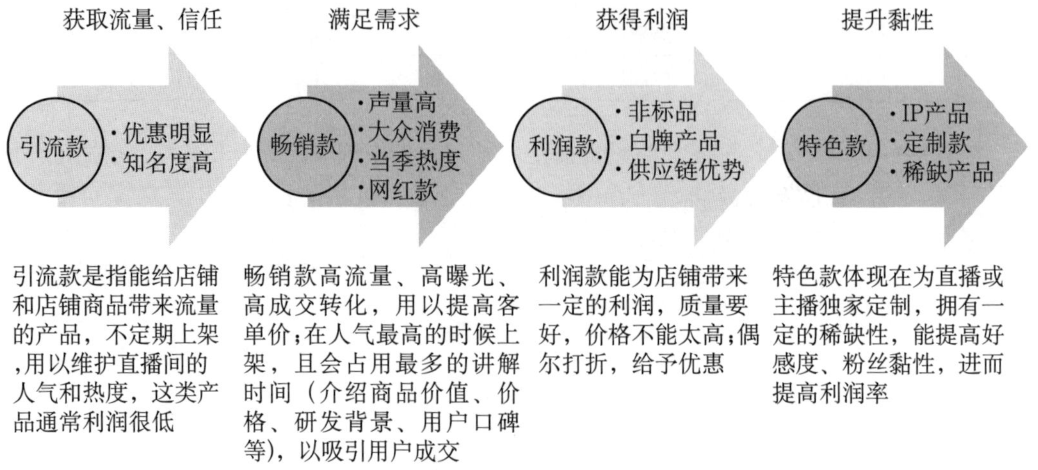

图10-12　直播电商产品组合策略示例

资料来源：微播易．直播电商生态进化论：2020直播电商行业研究报告．（2020-06-30）．https：//www.bjxinghe.com/wp-content/uploads/2020/11/2020%E7%9B%B4%E6%92%AD%E7%94%B5%E5%95%86%E8%A1%8C%E4%B8%9A%E7%A0%94%E7%A9%B6%E6%8A%A5%E5%91%8A1.pdf.

从2022—2023年的成交额来看，抖音、快手和淘宝（点淘）排在直播电商前列。总体来说，抖音电商以其内容生态和巨大用户量为基础，快速吸引了大量消费者，倾向于销售非标品和一些新品类。快手电商以其社区氛围为特色，吸引了更多下沉市场的消费者群体，并且在服饰箱包等领域占有较大的市场份额。而淘宝直播以其丰富的品牌商品和平衡的内容生态为特色，吸引了一二线城市的消费者，如表10-6所示。

表10-6　抖音、快手、淘宝直播电商对比

	抖音电商	快手电商	淘宝直播
目标消费者	新一线及以下城市，以年轻女性为主	三四线城市及以下，以31～40岁女性为主	一二线城市，以80后和90后女性为主
商品类型	非标品为主，新品类渗透率高，如二手商品、珠宝饰品等	非标品为主，服饰箱包销售订单量占比达49%，品牌商品增速快	女装、美妆、母婴、食品、珠宝饰品为主，品牌商品最为丰富
平台特色	内容兴趣电商，背靠抖音内容生态，直播间风格年轻化；达人主播供给充分，头部效应较弱；品牌入驻加速，商家自播发展迅速	信任电商，受益于快手内容生态和社区氛围，直播间“老铁”氛围浓厚；以达人直播为主，达人主播供给充分，中腰部主播GMV占比超60%	加紧建设内容生态，直播间风格偏写实；达人直播与商家自播均衡发展，达人直播头部效应明显，中腰部达人主播供给较弱；品牌商家自播丰富，日播成常态

以直播和短视频为代表的电商直播虽然提升了购物体验，但目前仍存在一些不规范的问题，如虚假宣传、销售劣质商品、过度推销、内容过度娱乐化、主播偷税漏税等问题。相关监管部门多次发布直播电商行业相关管理办法，对主播带货提出更加严格的要求与规范，并对违法违规行为进行打击，保障直播电商行业规范健康发展。

案例 10－1　东方甄选：内容型直播带货的破圈

三、社区团购

社区团购是依托于社区和团长资源进行商品流通的一种新型零售模式，旨在通过聚合消费端的需求，匹配农户/合作社/供应商的商品供给，缩短传统零售分销体系的长链条，以达到提升全渠道效率的目的（见图 10－13）。社区团购本质是将个体视为渠道节点，并通过互联网提升效率从而形成的一种 O2O 零售模式。其特点是：预售（减少库存）＋自提（降低履约成本、线下引流）＋次日达（集采降本）；基于半熟人社交关系，团长为社区的关系中心点，从而降低获客成本；区域化、本地化属性强。

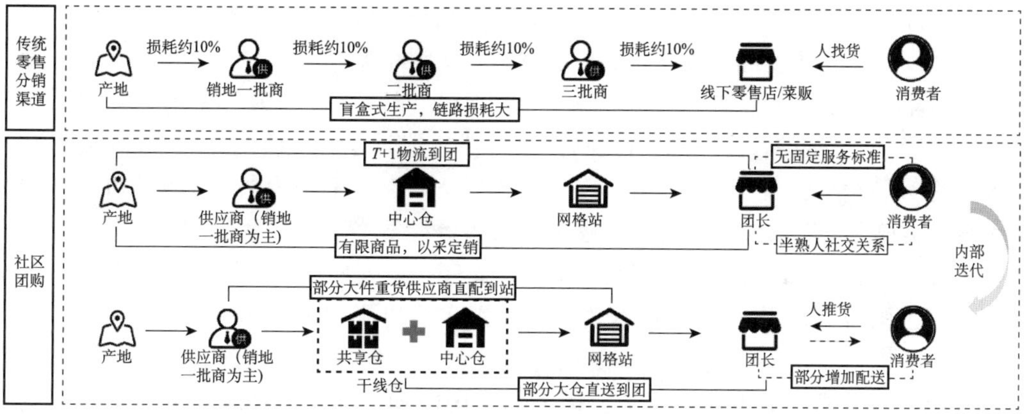

图 10－13　社区团购和传统生鲜类零售分销渠道的差异

资料来源：国海证券．近场电商系列之社区团购专题深度：端本清源，精细打磨“人货场”价值链．

目前社区团购的品类以水果生鲜、粮油调味、零食饮料为主，逐步扩展到一些耐用消费品品类，如家居用品，以及一些服务类产品如家政等。社区团购始于家庭场景，始终围绕家庭需求，未来可能延伸至出行、旅游、办公需求。

得益于较短的配送链条以及次日自提模式，社区团购降低了履约成本，得以为消费者提供低价的生鲜食品及各种日用品，从而受到下沉市场消费者的青睐。QuestMobile 数据显示，2022 年 6 月社区团购行业小程序的用户中，三线及以下城市的用户占比 58.1%，是社区团购的主要消费力量。在社区团购市场，美团旗下的美团优选、拼多多旗下的多多买菜以及阿里巴巴旗下的淘菜菜目前位于市场前列（见图 10－14）。其中美团优选和多多买菜已覆盖超过 30 个省份、300 多个城市、2 700 多个县城，共计约占 80% 的市场份额；淘菜菜暂居第二梯队，但增速极快；兴盛优选及其他区域团购平台位居第三梯队，专注于满足小范围用户的差异化需求，例如，兴盛优选深耕湖南省多年，供应链/商品优势明显。

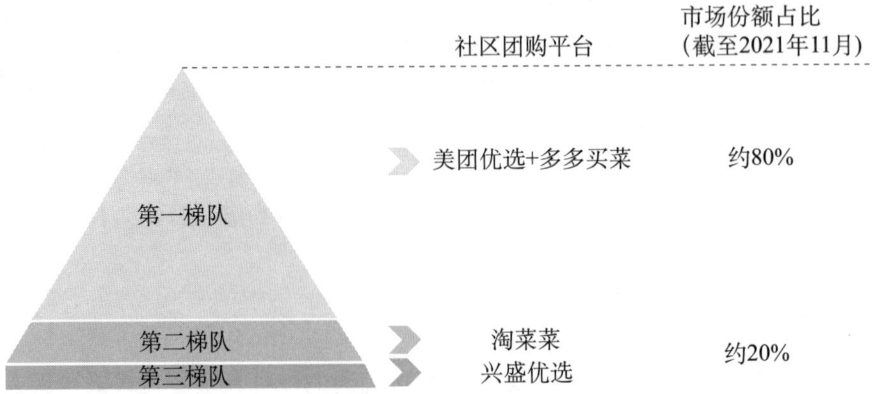

图 10－14　社区团购市场份额

资料来源：国海证券．近场电商系列之社区团购专题深度：端本清源，精细打磨“人货场”价值链．

四、即时零售

即时零售指满足消费者即时性需求（即对“快”的需求），服务范围较小，一般由同城骑手进行配送的点对点、线上线下融合的零售服务。目前即时零售的配送时效一般在30分钟到1小时，主要品类为生鲜、食品饮料等快消品类。

根据即时零售服务商是否直接拥有商品，可将即时零售分为平台模式与自营模式（见图10－15）。根据浙商证券的研究测算，2021年即时零售规模约2 600亿元，其中平台模式约1 700亿元，占比约65%。在平台模式下，电商平台依然是交易中介，主要负责为线下渠道提供需求流量，帮助商超、便利店等线下渠道进行商品的线上售卖；而在自营模式下，电商平台自己负责商品采购、存储等一系列操作。主流电商平台中，美团与阿里巴巴同时覆盖平台和自营模式，京东则主要以平台模式开展业务。具体而言，阿里巴巴的即时零售主要包括自营模式的盒马和平台模式的淘鲜达；美团的即时零售主要包括自营模式的美团买菜和平台模式的美团闪购；而京东的京东到家则主要为平台模式。

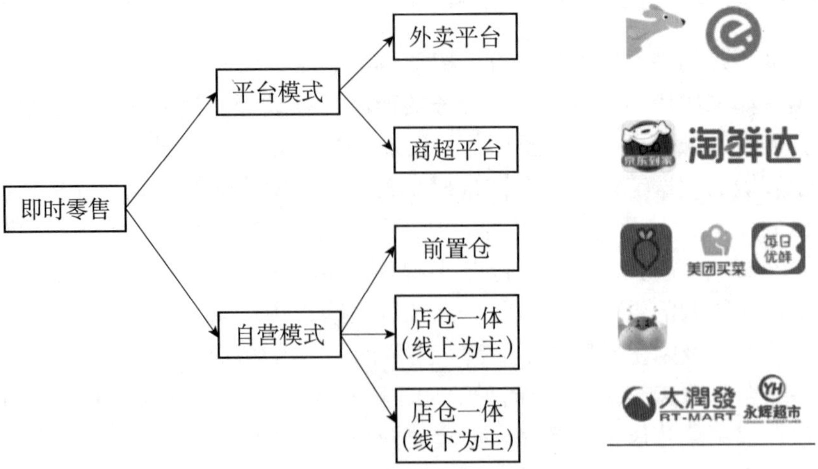

图 10－15　即时零售图示

资料来源：浙商证券．即时零售：万亿赛道，以快为先．

在平台模式中，美团闪购、京东到家和饿了么是三个主要的参与者。美团仅凭美团闪购就占据了 37.9％的市场份额，成为此模式中的领头羊；京东到家紧随其后，市场份额为 16.4％；饿了么的市场份额为 9.7％。

在自营模式中，盒马、叮咚买菜、高鑫零售和永辉超市是主要的参与者。盒马市场份额为 12.4％，叮咚买菜为 8.6％，高鑫零售为 10.1％，永辉超市为 5％。阿里系在自营模式中具有较强的优势，盒马和高鑫零售两者合计占据了约 22％的市场份额。

从公司整体来看，2021 年美团系以接近 38％的市场份额成为最大的即时零售平台，主要依赖美团闪购在平台模式下的强势表现；阿里系（包括饿了么、盒马和高鑫零售）以约 32％的市场份额紧随其后。

即时零售的发展得益于外卖行业的持续发展。外卖行业的发展强化了即时配送的覆盖能力，加密了同城配送网络，解决了配送“最后一公里”的问题。外卖平台积累了大量骑手，为短距离即时配送提供了运力基础，例如，2021 年美团平台上产生收入的骑手达到 527 万人。随着传统餐饮品类发展日趋成熟，平台也开始将自身运力运用到更多品类，例如，美团通过美团买菜/美团闪购为消费者提供各种餐饮外卖以外的生鲜日用品购买，京东也开启京东到家业务等。

即时零售的主要销售品类实际是外卖品类的拓展。与外卖类似，即时零售的本质是以消费者的货币价值兑换骑手的时间价值，与外卖有所不同的是，即时零售以高频低值、即时性强的标品为主。即时零售的主要品类包括生鲜、零食饮料、粮油米面、日用快消等，这些品类基本满足高频低值、即时性强、标品中的一条及多条特征，与消费场景有很高的关联度。即时零售占优的品类大多电商渗透率较低，是过去多由超市、夫妻老婆店等线下渠道解决的一些场景性需求。传统货架电商和即时零售的价值对比如图 10－16 所示。

品牌利润 ＝ 销售收入 × 毛利率 － 各项费用（主要是销售费用）

式中，销售收入 ＝ 触达人群 × 转化率 × 购买频次 × 客单价

货架电商	全国化流量，高	探索属性，低	囤货属性，低	囤货&省钱&多，客单价高，但毛利率低	高度内卷，流量成本高
即时零售	区域性流量，低	即时消费属性，高		即时消费属性，客单价低，但毛利率可能高（小规格产品/人群价格敏感性低）	成长初期，流量成本相对较低

图 10－16　传统货架电商和即时零售的价值对比

资料来源：东吴证券研究所。

在销售渠道的效率方面，即时零售相较于传统电商转化效率更高。根据东吴证券研究所的调研数据，即时零售的转化率可以达到 15％～20％，这意味着在即时零售平台上，15％～20％的消费者在浏览商品后会进行购买。

值得注意的是，即时零售的主要品类为高频消费品，这一点也是其能够维持较高转化率的重要因素。而且，在当前传统电商的流量红利逐渐减弱的背景下，即时零售仍然具有一定的流量优势，为品牌提供了一个仍可开发的市场空间。

案例分析

线下零售业态的变迁

尽管电商在社会消费品零售总额大盘中的渗透率持续提升，但传统杂货店、超市及便利店、垂直连锁依然是食品类、日用品类的重要甚至首要流通渠道（见图 10－17）。

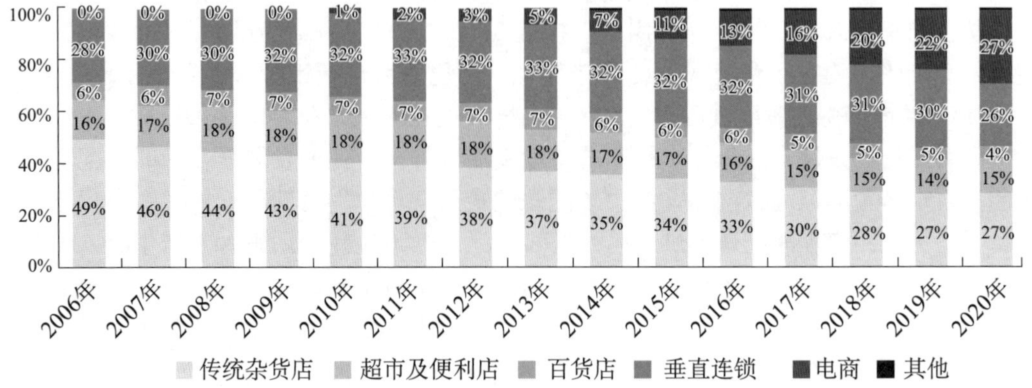

图 10－17　中国零售市场分渠道销售占比

资料来源：海通证券．商超零售渠道的演变探讨.

零售业态是指零售企业为满足不同的消费需求进行相应的要素组合而形成的不同经营形态。中国的零售渠道极为复杂，业态极为多样，且地区间发展不平衡。

根据中华人民共和国国家标准《零售业态分类》（GB/T 18106—2021），我国零售业态可分为有店铺零售和无店铺零售两大类，其中有店铺零售又可分为便利店、超市、折扣店、仓储会员店、百货店、购物中心、专业点、品牌专卖店、集合店、无人值守商店10 种，无店铺零售又可分为网络零售、电视/广播零售、邮寄零售、无人售货设备零售、直销、电话零售、流动货摊零售 7 种。

1. 线下零售业态的变迁

我国的零售业态经历了多轮的变革，详见图 10－18 和图 10－19。

在改革开放前，由于实行计划经济体制，商品短缺，基本是卖方市场，不存在市场竞争，零售业态单一，城市的零售业态主要是国营商店、百货店、副食店和粮店，农村的零售业态则是供销社。

改革开放后，一方面百货店的数量和规模不断扩大，逐渐满足消费者的需求，成为主导业态；另一方面国外的零售业态概念开始导入，如超级市场在我国逐渐兴起，引起了众多消费者的关注，这种新奇的购物方式大大刺激了消费者的猎奇心理，加上品种齐全和连锁经营的优势，这种零售业态得以快速发展。

20 世纪 90 年代以后，先富人群出现并不断增加，传统百货店和超市的商品已满足不了这部分人群的需求。另外，由于人们的收入普遍增加，消费人群壮大，高级百货店和大型综合超市（general merchandise store，GMS）开始出现，传统百货店的经营开始下滑，逐渐失去在零售业的主导地位。

21 世纪初，购物中心和各种专业店得到快速发展。购物中心不但有各种零售店，还设有餐饮店、电影院、游戏中心、滑冰场等休闲娱乐设施，在满足消费者购物需求的

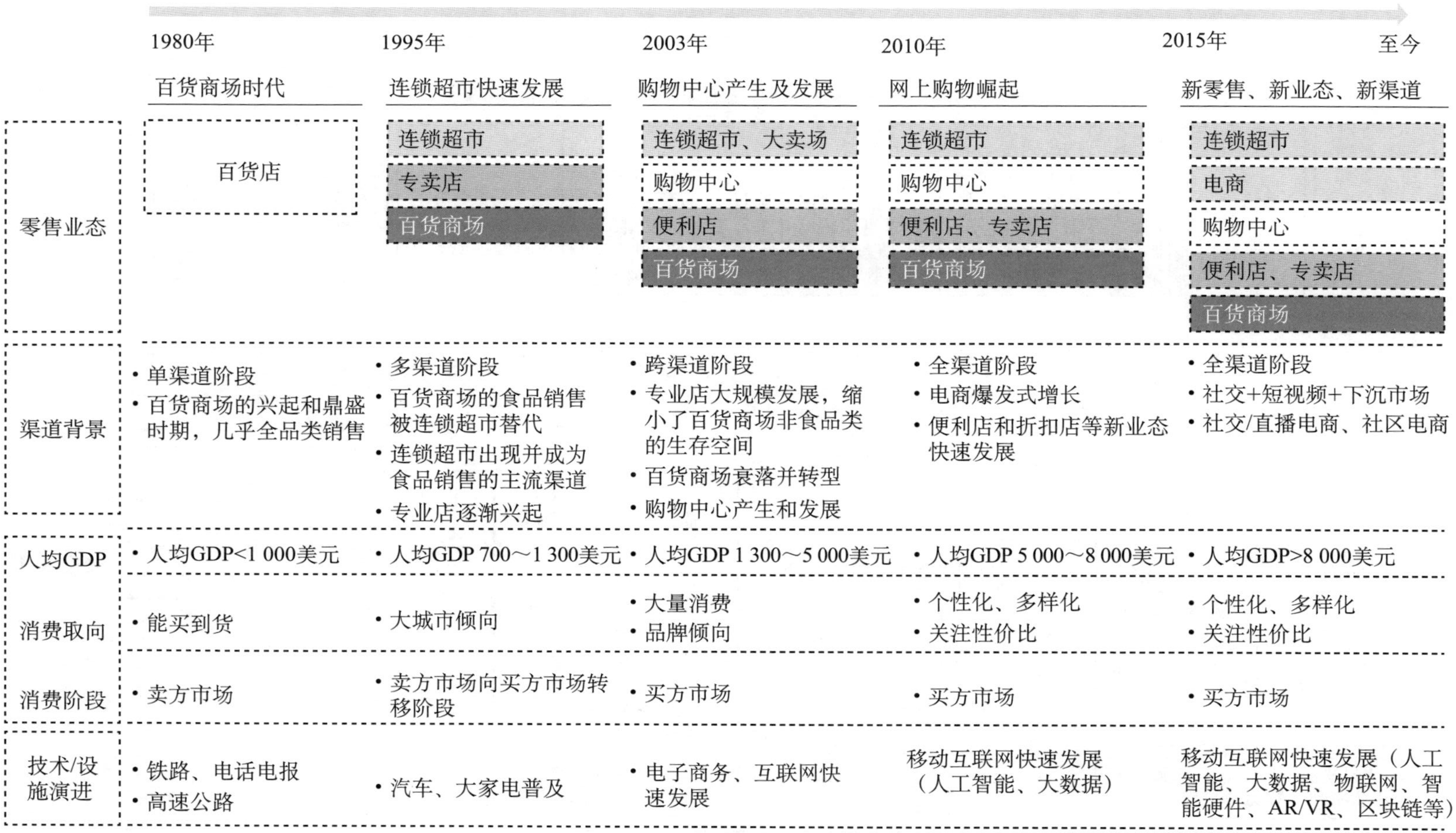

图 10 - 18 中国零售业态的变革

资料来源：海通证券．商超零售渠道的演变探讨.

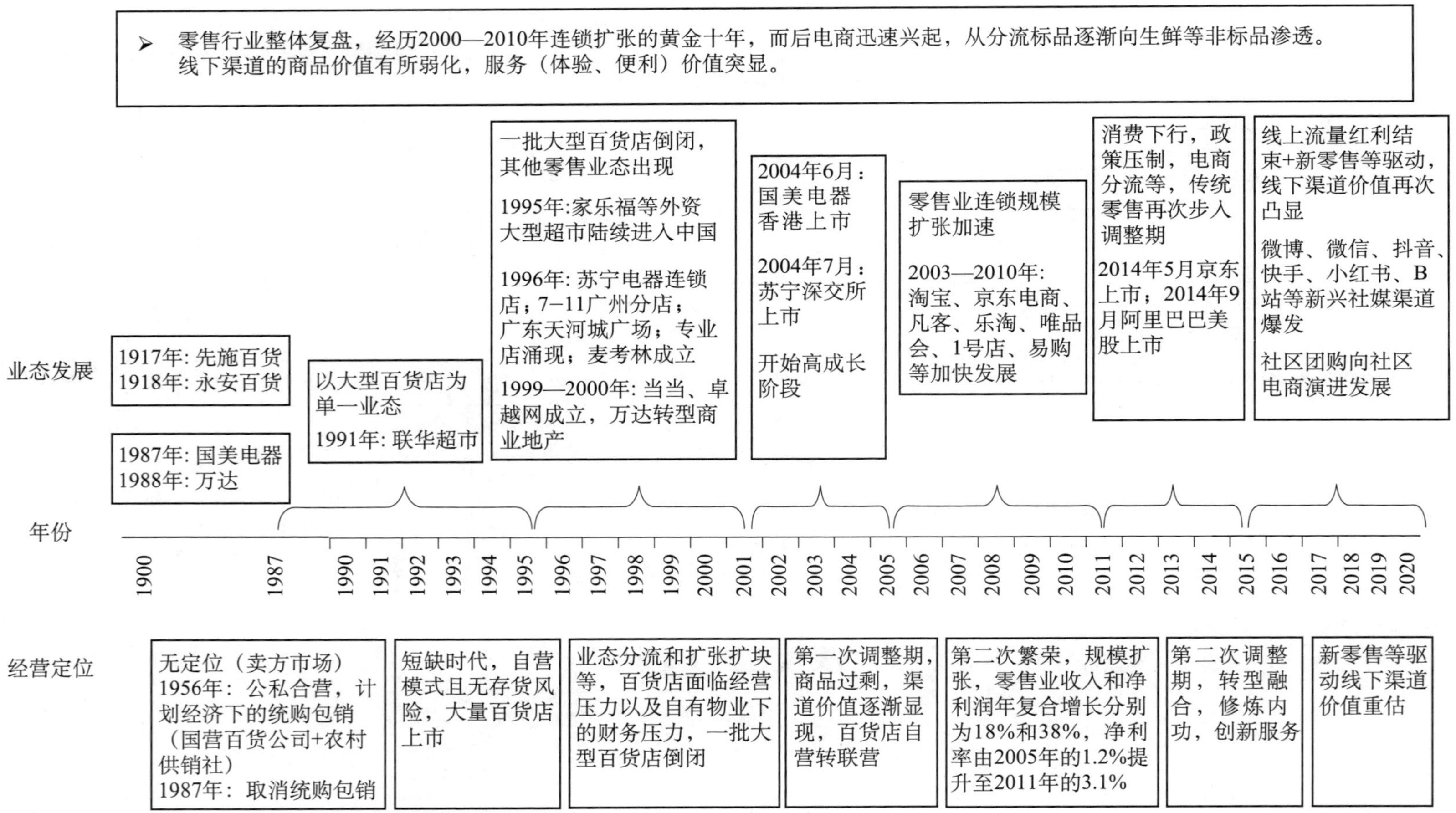

图 10－19　中国零售业态变革中的一些代表性企业和事件

资料来源：海通证券．商超零售渠道的演变探讨．

同时，满足其休闲娱乐的需求，购物中心的功能超越了购物的范畴，为消费者提供全方位的服务。专业店诸如建材专业店和数码产品专业店，既有专门的销售技巧，还做到了服务好和价格低，满足了消费者在某一方面的一站式购物需求，得到了快速的发展。

2010 年以后，人们的生活节奏加快，购物追求新奇性和便利性，网购和便利店快速发展，网络技术的发展也为网购提供了技术支持。上网人数的增加及网店在互联网上的促销信息和手段越来越多，消费者与网店信息的交集机会显著增加，加上互联网的三大核心“内容、社区、商务”日臻完善，形成了一个逐渐成熟的互联网生态系统，使消费者的网购机会大大增加。

便利店早在 20 世纪 90 年代初就引入我国，但最初没有得到很大的发展，主要受到消费习惯、生活方式、收入水平等的限制。后来由于人们收入水平提高、消费习惯改变及生活工作节奏加快，便利店开始快速发展。根据国外经验，当人均 GDP 达到 2 000～4 000 美元时便利店便会大量出现，我国很多城市人均 GDP 已超过 4 000 美元，预计便利店今后会有更大的发展空间。

2. 线下零售业态的主要商业模式及经营特点

中国线下零售业态多样，企业数量众多，竞争激烈（见表 10－7）。这里简要介绍百货店、购物中心、超市、便利店四种业态的商业模式及其经营特点。

表 10－7　国内主要零售业态

业态		基本特点				
		选址	商圈与目标顾客	规模	商品（经营）结构	服务功能
百货店（department store）		市、区级商业中心，历史形成的商业集聚地	以追求时尚和品质的顾客为主	营业面积一般在 10 000～50 000 平方米	商品种类齐全，以服饰、鞋类、箱包、化妆品、家庭用品、家用电器为主	注重服务，逐步增设餐饮、娱乐、休闲等服务项目和设施
购物中心（shopping center; shopping mall）	都市型购物中心	城市的核心商圈或中心商务区，街区型或封闭型建筑结构	商圈可覆盖甚至超出所在城市，满足顾客购物、餐饮、商务、社交、休闲娱乐等多种需求	不包含停车场的建筑面积通常在 50 000 平方米以上	购物、餐饮、休闲和服务功能齐备，时尚、休闲、商务、社交特色较为突出	提供停车位，提供导购咨询服务，还提供个性化休息区、手机充电宝、免费无线上网、ATM 机等多种便利设施
	区域型购物中心	位于城市新区或城乡接合部的商业中心或社区聚集区，紧邻交通主干道或城市交通节点，以封闭的独立建筑体为主	辐射半径约在 5 千米以上，满足不同收入水平顾客的一站式消费需求	不包含停车场的建筑面积通常在 50 000 平方米以上	购物、餐饮、休闲和服务功能齐备，所提供的产品和服务种类丰富	提供停车位，提供导购咨询服务，通常还提供个性化休息区、手机充电宝、免费无线上网、免费针线包、ATM 机等便利设施

续表

业态		基本特点				
		选址	商圈与目标顾客	规模	商品（经营）结构	服务功能
购物中心（shopping center；shopping mall）	社区型购物中心	位于居民聚居区的中心或周边，交通便利，以封闭的独立建筑体为主	辐射半径约在3千米以内，满足周边居民日常生活所需为主	不包含停车场的建筑面积通常为10 000～50 000平方米	以家庭生活、休闲、娱乐为主，配备必要的餐饮和休闲娱乐设施，服务功能齐全	提供停车位，通常还提供休息区、手机充电宝、免费无线上网、免费针线包、ATM机等便利设施
	奥特莱斯型购物中心	在交通便利或远离市中心的交通主干道旁，或开设在旅游景区附近，建筑形态为街区型或封闭型	辐射所在城市或周边城市群，目标顾客为品牌拥护者	不包含停车场的建筑面积通常在50 000平方米以上	以品牌生产商或经销商开设的零售店为主体，以销售打折商品为特色	提供停车位
超市（supermarket）	按营业面积大小分类					
	大型超市	市、区商业中心或城乡接合部，交通要道及大型居住区	辐射半径2千米以上，目标顾客以居民、流动顾客为主	6 000平方米及以上	各类生活用品、包装食品及生鲜食品，一次性购齐，注重自有品牌开发	通常设不低于营业面积40%的停车场，营业时间12小时或以上，可提供线上订货服务
	中型超市	市、区商业中心，居住区	辐射半径2千米左右，以商业区目标顾客、社区便民消费为主	2 000～5 999平方米之间	日常生活用品、包装食品及生鲜食品，单品数少于大型超市	营业时间12小时或以上，可提供线上订货服务
	小型超市	市、区商业中心，居住区	辐射半径1千米左右，社区便民消费为主	200～1 999平方米之间	包装食品及生鲜食品为主，提供日常生活必需品	营业时间12小时或以上，通常提供便民服务，可提供线上订货服务
	按生鲜食品营业面积占比分类					
	生鲜超市	社区周边，大型购物中心的配套业态	辐射半径2千米左右，以商业区目标顾客、周边居民为主	一般在200～6 000平方米之间	生鲜食品、包装食品为主，配置必需的非食商品，总经营品种在0.7万～1.5万	营业时间12小时或以上，提供生鲜食品简单处理、加工服务，可提供线上订货服务

续表

业态		基本特点				
		选址	商圈与目标顾客	规模	商品（经营）结构	服务功能
	按营业面积大小分类					
超市（supermarket）	综合超市	市、区商业中心，居住区	辐射半径 5 千米左右，以商业区目标顾客、周边居民为主	一般为 2 000～10 000 平方米	非食品类商品单品数较多，经营品种齐全，为 1.5 万～3 万种，满足顾客日常生活用品一次购齐	营业时间 12 小时或以上，可提供线上订货服务
便利店（convenience store）	社区型便利店	位于社区周边	主要顾客为社区内常住人员，客流稳定	门店面积一般在 50～199 平方米，货架组数在 15～25 组	以日常生活用品、饮料、烟酒、应急性商品以及部分生鲜商品为主，根据社区档次的不同，商品结构有所不同	营业时间通常 16 小时以上，可提供线上订货及多种便民服务，有些便利店提供送货上门或顾客自提服务
	客流配套型便利店	位于火车站、公交站、码头、地铁站等公共交通枢纽以及景点、商业中心等人流量较为密集的区域周边	顾客群体以上班族和出游人群为主	门店面积一般在 50～120 平方米；货架组数在 15～25 组	以饮料、香烟、即食品、休闲食品、报纸杂志为主，位于旅游景点的店铺销售旅游纪念品	以提供即食品（早餐、盒饭）为主，还提供手机充电宝、ATM 机、上网等服务
	商务型便利店	位于写字楼集中的区域及周边	顾客群体以收入较高的商务人士为主	门店面积一般在 20～80 平方米；货架组数在 10～20 组；设置简易就餐设施	以鲜食盒饭，即食品、现冲饮料、新鲜水果、功能性饮料、蜜饯糖果、时尚小商品为主	提供早、中、晚即食商品，以及信用卡还款、上网等服务为主，有些提供线上订货服务
	加油站型便利店	加油站内	顾客群体以司乘人员为主	门店面积一般在 10～120 平方米；货架组数不等	以食品、饮料、香烟、应急性商品、汽车养护用品为主	提供 ATM 机等设施，以及洗车等汽车相关服务

资料来源：中华人民共和国国家标准《零售业态分类》（GB/T 18106—2021）。

（1）百货店。欧美百货店业态主要有买断经销和自有品牌两种方式。买断经销即百货店的买手通过买断品牌某一生产周期内所有的产品或某一产品线所有种类的产品进行销售，通过商品的进销差价获取利润。为实现商品的独特性和价格优势，买断经销的方式也有很多种，有周期买断、独家经营、通过贸易商的大宗采购等。自有品牌不是简单意义上的贴牌生产，百货店有专门的设计师、包装师，也对生产厂家进行一定的投资。

这两种方式使得欧美百货店业态的存货风险较高，但优势在于经营控制力较强，百货店品牌之间的差异化也较大。

中国百货店业态则以联营为主，即以招商为核心，如图 10－20 所示。“引厂进店”、让品牌方自己经营，百货店则通过门面出租、销售抽点来获得利润。百货店更关注“招商”而不是“采买”，是更偏向地产商的角色。这种模式存货风险低，风险主要由供应商承担，但百货店品牌之间的同质化程度较高。

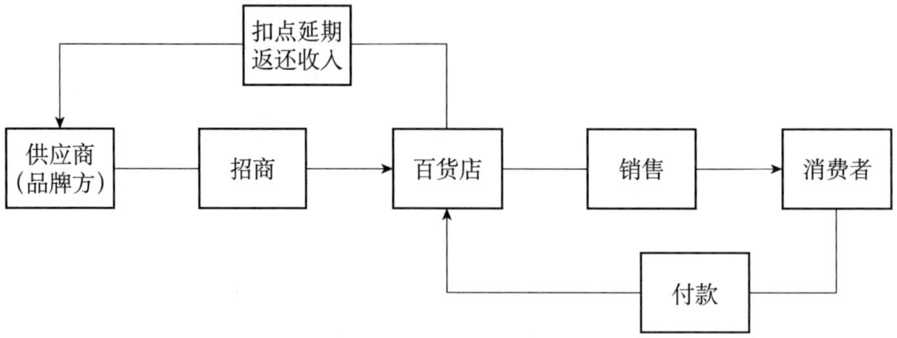

图 10－20　中国百货业态的经营模式示例

（2）购物中心。购物中心在很多方面和百货店业态类似，招商依旧是核心，两者的主要区别在于以下三方面：百货店主要是引进品牌，而购物中心则是引入经营者/零售商；在商品组合上，百货店主要靠自身完成，而购物中心则是靠专业的零售商来完成；在结算方式上，百货店结算方式对于百货店是极为有利的，销售收入先进入百货店，扣除销售抽点之后，延期结算给品牌方，而购物中心的结算方式对场内商户更有利，销售收入直接进入场内商户账户。因此，购物中心在经营上更加专业化，多元化；经营体量较大，能够提供集购物、娱乐、餐饮于一体的一站式购物体验，集客能力更强。

（3）超市。超市主要经营必需消费品，面向的客户群体是全客层。顾客购物大多有目的性，成交率一般在 95%以上。消费者关心的是“物美”和“价廉”；超市一般围绕客流量和客单价做文章。

超市销售半径较小，因规模而异，但通常在 2 千米左右，讲究靠近居民区和交通的便利性。超市销售对销售技巧要求较低，供应链是决定超市表现的关键。要选择合理的供应商，使超市做到种类丰富、新鲜、低价。

超市的盈利模式分为三种：第一种是前台盈利模式，即以商品毛利润为主导的盈利模式。比如沃尔玛，通过集权管理模式，总部统一制订采购、定价、陈列设计和促销计划，门店关注服务、商品损耗。第二种是后台盈利模式，即商品毛利润结合后台毛利润的盈利模式。比如家乐福，产品毛利润可能很微薄甚至亏损，但主要依赖供应商给予的上架费、堆头费等费用来盈利，并设置较长的账期来发展自己的业务。第三种是以开市客为代表的会员制，低毛利润高周转率，主要依赖会员费盈利。

（4）便利店。相较于其他线下零售业态，便利店依然保持相对较高的增速。从消费场景来看，便利店的门店类型向社区型拓展，门店离消费者更近。经营业绩不错的门店多集中于社区周边，24 小时营业，营业面积在 200 平方米以下，SKU 集中在 1 000～3 000 个。便利店的核心竞争力在于便利，围绕社区的用户画像和需求场景，选择合适的品类，是经营的关键，如图 10－21 所示。在后台，供应链管理和小额配送也是影响其经营的重要因素。

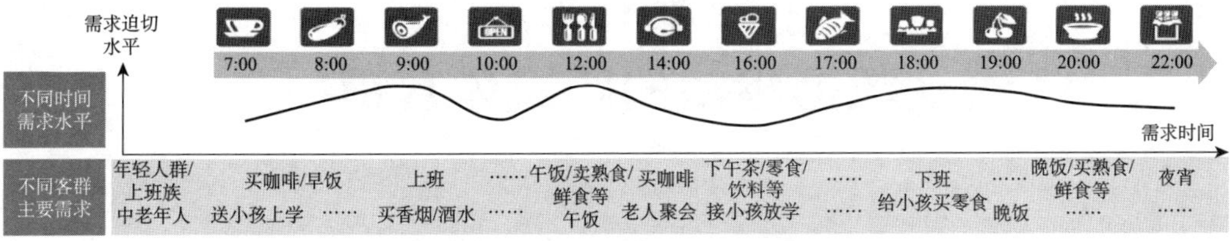

图 10－21　便利店需求时间与类型

对于零售商而言，无论以何种渠道和形式触达用户，最终提供的还是商品和服务，围绕“多快好省”不同维度和优先级去满足不同客群的需求。而在中国零售业数字化进程领先的背景下，消费者特别是年轻一代消费群体已形成全渠道消费习惯，因此具备全渠道运营能力的品牌商、零售商（线上/线下）会有更大机会分享中国消费市场的成长红利。

资料来源：海通证券．商超零售渠道的演变探讨；高瞻产业研究院．中国零售行业市场分析报告.

// 基本概念 //

电子商务	网络零售	渗透率	SKU
GMV	ARPU	货币化率	ad load
ROI	SEO	销售费用率	平台抽佣率
DAU	MAU		

// 讨论题 //

1. 请就淘宝、拼多多、抖音电商目前的市场表现对其未来的竞争和发展进行分析讨论。
（参考答案：淘宝 2023 年大力调整战略应对竞争；拼多多以 DAU 为核心指标发展平台＋拓展海外市场；抖音电商的内容电商＋货架电商并行发展。）
2. 美团和抖音对本地生活市场进行争夺，分析讨论它们各自的优势和劣势。
（参考答案：抖音对本地生活市场造成了冲击，美团市场占有率下降，但美团胜在“地推”能力和组织管理能力、执行力。）
3. 分析直播电商的未来发展。
（参考答案：直播电商增长放缓，成为日常营销工具。从“多快好省”四个方面可以看出其营销效率相对较高，对其的监管可以让直播电商行业更加长远和健康地发展。）

// 第 11 章 //
数据驱动的新媒体营销

随着技术的发展，人们能够收集到更丰富的数据。技术使得营销人员能够获取颗粒度很细、实时更新的营销过程数据，使得营销更加精细化、科学化。英国数学家克莱夫·洪比（Clive Humby）曾说："数据就是新的石油。"平台企业早期疯狂扩张的重要目的除了占领市场之外，就是获得更多的用户数据，积累更多的数据资产，从而产生新的业务模式或形成竞争壁垒。不管是诸如淘宝、抖音的互联网平台，还是传统的企业以及 DTC 模式的新品牌，都以用户数据为重要资产。

内容和数据是新媒体营销的两个基石，在新媒体营销中扮演着类似于人类大脑右脑和左脑的角色。内容可以被视为"右脑"，负责创造性、直觉和情感，而数据则可以被视为"左脑"，负责逻辑、分析和理性。在新媒体营销中，内容是吸引和保持受众注意力的关键，它通常是通过文字、图片、视频和其他媒介，以故事的形式来吸引消费者，并建立情感联系。为了确保内容的有效性和吸引力，营销人员需要数据来支持和指导营销决策。

数据可以增强内容的针对性，衡量和优化内容的表现，实现个性化的定制内容和体验，并帮助营销人员识别新的市场趋势和机会，使其能够及时调整营销策略。此外，营销人员借助数据还能够更加精准地定位目标受众、深入了解消费者需求、监测与优化营销活动效果、根据销量预测管理库存等。因此可以说，内容是新媒体营销的灵魂，而数据是它的脊梁，两者相辅相成，共同构成新媒体营销的核心。

数据驱动的新媒体营销，本身是一个系统化的复杂营销活动的总和，一方面数据的驱动作用贯穿营销活动的全流程，另一方面在新媒体营销的过程中，还会根据数据结果的反馈，进行营销活动的动态调整，最终的内容营销成果也会以数据化的方式精准呈现。

本章将更深入地探讨数据在新媒体营销中的作用，了解如何通过数据驱动的洞察来优化内容策略，并实现更有效的营销。

第 1 节　数据带来的新营销工具

得益于当下互联网数字经济基础设施的建设，商业活动以及互联网交互场景会以数据的形式沉淀。消费者去过哪些线上门店、进行过多少次抖音点赞，以及在小红书发表过多少篇开箱评测日记等，都被精准地记录，并且在需要的时候以数据的形式呈现给营销决策者。例如，网络游戏企业的所有交易和用户都处在一个高度数据化的环境中，游戏企业能够非常清楚地知道这款游戏的运营阶段、日活跃用户数、用户充值情况、每个游戏活动的参与及促销效果，进而分析出不同用户在游戏过程中的消费习惯等一系列用户数据信息，并据此作出运营决策。

大数据已经兴起多年，其对于互联网公司来说不可或缺。目前，大数据主要有数据平台搭建及运维管理、数据仓库开发、上层应用的统计分析、报表生成及可视化、用户画像建模、个性化推荐与精准营销等应用方向。

新媒体营销处在一个高度动态化和竞争激烈的环境中，数据在全流程中起着至关重要的作用。

- 目标受众洞察：数据有助于分析和理解目标受众的行为和偏好。通过收集和分析用户社交媒体互动、搜索引擎查询和在线购买行为的数据，营销人员可以获得有关潜在用户的深入见解，并据此制定更加精准的营销策略。
- 个性化内容和广告：数据使营销人员能够根据每个用户的行为和兴趣制作个性化的内容和广告，从而提高用户参与度和转化率。
- 性能监测和优化：数据提供了营销活动的实时反馈，使企业能够持续监控其新媒体营销活动的性能。通过跟踪 KPI，如点击率、参与率和转化率，营销人员可以识别哪些策略有效，哪些策略需要优化。
- 加强社交聆听和舆论危机管理：数据可以帮助营销人员通过社交媒体追踪品牌的在线声誉。了解消费者是如何在线讨论品牌的，可以帮助营销人员及时应对潜在的危机，并抓住传播正面品牌信息的机会。
- ROI 评估：在营销活动中，投资的有效性和效率是至关重要的。数据允许营销人员准确测量投资回报率，以确定哪些营销活动带来了最大的价值。
- 预测分析和趋势识别：数据不仅可以用于分析过去的行为，还可以用于预测未来的趋势。计算机科学家和人工智能专家吴恩达（Andrew Ng）指出："AI（人工智能）是新电力。"借助人工智能和机器学习，营销人员可以利用数据对未来的消费者行为进行预测，并据此调整营销策略。

总的来说，数据为新媒体营销提供了洞察力、个性化、性能优化、预测分析和声誉管理等多个方面的支持，从而为企业创造价值和优势。在一个日益数字化和竞争激烈的世界中，利用数据的力量成为企业成功的关键。

本节通过目前广泛应用的三个营销工具来展示新媒体营销中数据的价值。其中用户画像提高了营销人员理解消费者的能力，是后续营销工作的起点；而程序化广告和推荐算法则展示了在新媒体环境中，营销如何在数据的辅助下变得越来越精细化与个性化。

一、用户画像

1. 用户标签

对消费者及其需求的理解是营销的起点。传统获取消费者数据和理解消费者需求的方法是市场调查或焦点小组访谈，通过设计复杂的调研和沟通过程，以了解和挖掘消费者心里的真实想法。但是传统方法一方面样本量较为有限，另一方面难以模拟消费者在购买决策过程中的真实行为。

进入大数据时代后，对消费者的理解变成由数据驱动。传统的用户画像是一种定性描绘消费者的方法，而如今的用户画像是由大数据和算法生成的。

用户画像，即用户信息标签化，通过收集用户的社会属性、消费习惯、偏好特征等各个维度的数据，对用户或者产品特征属性进行刻画，并对这些特征进行分析、统计，挖掘出有潜在价值的信息，从而抽象出用户的信息全貌，如图 11－1 所示。消费者众多，企业无法逐一真实接触到，但可以通过对用户数据的不断采集，勾勒出渐进清晰的用户轮廓，做到更为深入的用户洞察，从而从各个维度描绘出更全面的用户画像。用户画像可看作企业应用大数据营销的根基，是定向广告投放与个性化推荐的前置条件，为数据驱动运营奠定了基础。

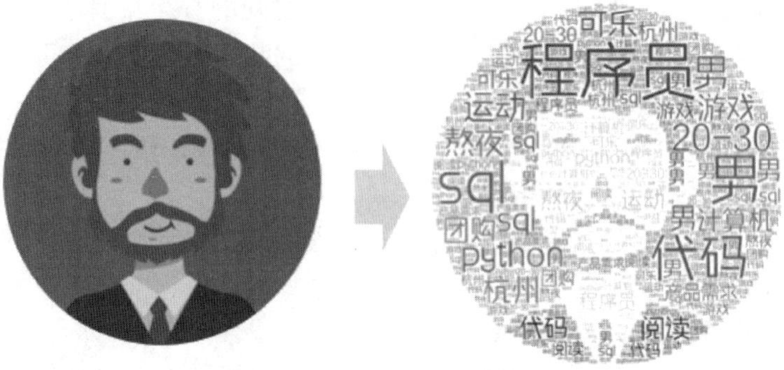

图 11－1　某用户标签化

资料来源：赵宏田．用户画像：方法论与工程化解决方案．北京：机械工业出版社，2020.

用户画像建模其实就是对用户“打标签”，从用户标签的类型来看，一般分为三种类型：统计类标签、规则类标签、机器学习挖掘类标签。

（1）统计类标签。这类标签是最为基础也最为常见的标签类型，可以从用户注册、访问、消费中统计得出相应信息。该类标签构成了用户画像的基础，通常包含以下信息。

● 用户属性：包括用户的年龄、性别、设备型号、安装/注册状态、职业等刻画用户静态特征的属性。

● 用户行为：包括用户的消费行为、购买后行为、近 N 日的访问、收藏、下单、购买、售后等相关行为。

● 偏好细分：用户对于商品品类、商品价格段、营销渠道、购买的产品类型、营销方式等方面的偏好特征。

● 风险控制：从用户征信风险、使用设备的风险、在平台消费过程中产生的问题等维度考量其风险程度。

● 业务专用：应用在各种业务上的标签，如 A/B 测试标签、Push 系统标签等。

● 营销场景：以场景化进行分类，根据业务需要构建一系列营销场景，如差异化客服、用户场景、再营销用户等，激发用户的潜在需求。

● 地域细分：标识用户的常住城市、居住商圈、工作商圈等信息，应用在基于用户地理位置进行推荐的场景中。

● 用户分层：对用户按生命周期、RFM 模型、消费水平、活跃度等进行分层划分。

（2）规则类标签。该类标签基于用户行为及确定的规则产生。例如，平台上“消费活跃”用户的判定依据为“近 30 天交易次数≥2”。在实际开发用户画像的过程中，由于运营人员对业务更为熟悉，而数据人员对数据的结构、分布、特征更为熟悉，因此规则类标签的规则由运营人员和数据人员共同协商确定。

（3）机器学习挖掘类标签。该类标签通过机器学习挖掘产生，用于对用户的某些属性或某些行为进行预测判断。例如，根据一个用户的行为习惯判断该用户是男性还是女性，根据一个用户的消费习惯判断其对某商品的偏好程度。该类标签需要通过算法挖掘产生。

在实践中，统计类标签和规则类标签一般可以满足应用需求，在用户画像开发中占有较大比例。机器学习挖掘类标签多用于预测场景，如判断用户性别、用户购买商品偏好、用户流失意向等，相对于前两者占比较小。

总体来说，单个消费者的行为数据越多，标签就越多，用户画像的颗粒度就会越细。因此拥有数据的平台或品牌可能比你的亲朋好友甚至是你自己更了解你。它们向你推荐的产品可能是你自己都没有想到却完全符合你的需求的。

2. 用户分层模型

每一位用户对于企业的价值贡献是不同的，企业对每一位用户投入的维系成本也相应有所不同。此外，由于用户可能处于 5A 模型的不同阶段，企业的营销策略需要更有针对性。这些客观的差异使得营销人员需要对用户进行分层运营，从而产生了多种用户分层模型，其中 RFM 模型和基于 5A 模型的用户分层是常见的两类。

（1）RFM 模型。RFM 模型是针对付费用户，利用交易行为数据进行用户分层的经典模型（见图 11-2）。该模型通过三个核心交易指标来判断用户价值：近度（recency，最近一次消费的时间间隔）、频度（frequency，一段时间内的消费频次）、额度（monetary，一段时间内的消费金额）。三者交叉进行用户分层。

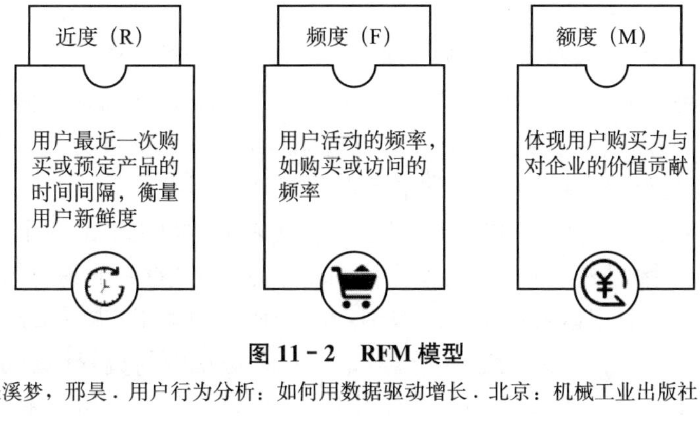

图 11-2　RFM 模型

资料来源：张溪梦，邢昊．用户行为分析：如何用数据驱动增长．北京：机械工业出版社，2021.

- 近度（R）：衡量用户新鲜度，消费时间越近的用户，越容易维系关系。
- 频度（F）：消费频次是用户在一定时期内的购买次数，购买次数越多，忠诚度越高。
- 额度（M）：消费金额是交易的核心指标，直接体现用户购买力和对企业的价值贡献。

每项指标在进行数据处理时被分成高低两档，组合后得到 8 类用户（见图 11-3），根据这 8 类用户的情况制定运营策略。

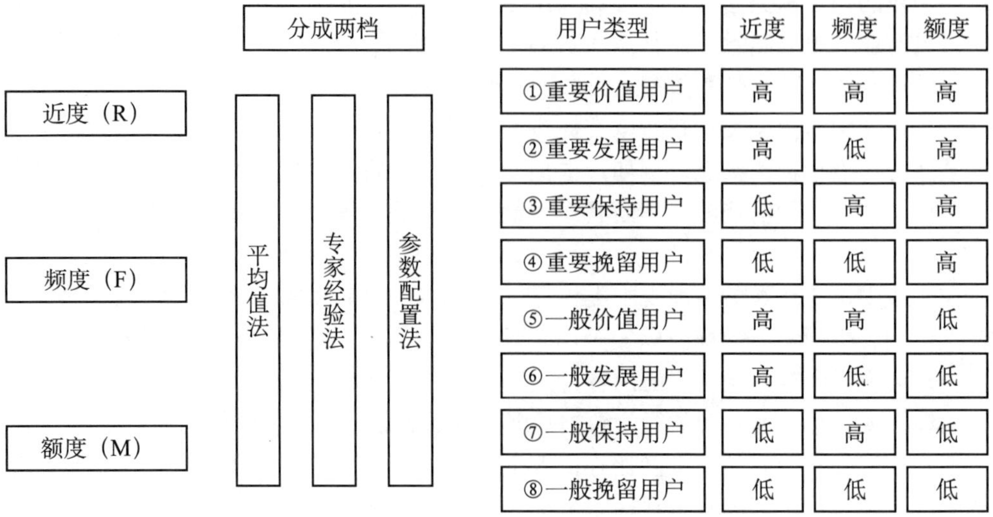

图 11－3　RFM 模型下的 8 类用户

资料来源：张溪梦，邢昊．用户行为分析：如何用数据驱动增长．北京：机械工业出版社，2021.

在分档规则的制定上，常见的 RFM 指标分档方法是取各个指标的平均值，将平均值作为两档的分界线。但这种方法会忽略指标的整体分布和极值的影响以及行业、产品的差异。因此更合理的方法是专家经验法和参数配置法。

- 专家经验法：由业务专家或行业专家来设计分档规则。比如对于近度指标的分档，一桶奶粉大约 10 天吃完会再次消费，个体用户的汽车保养周期大约是 6 个月。
- 参数配置法：在数据的应用层设置可以自由配置的参数，根据不同的运营目的，灵活改变分类规则。如筛选出近 7 天的用户或者近 1 个月访问 3 次以上的用户进行内容触达。

RFM 模型是一种思考方式，不是一成不变的，可以根据行业、商业形态的不同有所调整。比如对于免费的产品，额度（M）可以替换为行动（action，如使用时长、数量等具体指标）。考虑到商业形态的差异，可以仅选择两个关键指标进行组合和细致划分，比如直播通常会选择周观看时长和周打赏金额来进行用户分层。

（2）基于 5A 模型的用户分层。5A 模型不仅代表了用户决策的 5 个阶段，也是用户价值不断进阶的 5 个阶段。同样可以基于用户的交互行为数据和交易行为数据将其分级，针对不同的运营目的制定运营策略。以服饰产品为例，如果用户在抖音上刷到某服饰品牌的短视频内容，可以将其标记为 A1 用户；在观看短视频的过程中点击进入品牌的抖音账号首页进一步查看，则可以标记为 A2 用户；在短视频或直播间中互动提问，则可以标记为 A3 用户；下单购买则可标记为 A4 用户；而分享转发以及关注品牌账号则可标记为 A5 用户。

阿里巴巴的 AIPL 模型也遵循类似的用户分层逻辑。消费者在微博等平台看到开屏广告则标记为 A（awareness）用户；完整观看开屏广告或点击跳转则标记为 I（interest）用户，进行加购、收藏也标记为 I 用户；而下单则标记为 P（purchase）用户；一段时间内再次购买则标记为 L（loyalty）用户。

（3）其他可用的用户分层模型。常见的用户分层模型还有 AARRR 增长黑客模型、用户金字塔模型等，以及基于传统用户生命周期的分层模型。这些用户分层模型的基本逻辑是一致的，即根据用户差异进行精细化的、个性化的营销。

二、程序化广告

让我们先想象一个场景：你在淘宝上搜索“运动鞋”，随便浏览了几个店铺如店铺 A 和店铺 B，看了几款鞋，没有下定决心。退出淘宝后你打开视频网站追剧，突然发现视频页面弹出的广告正好在推送店铺 C 的运动鞋，款式和你刚才看的几款鞋有些类似，正是你喜欢的类型，于是你点击这个广告并购买了这双鞋。

为什么与你刚刚点击过、搜索过、浏览过的商品相关的广告会精确出现在你面前？这就要介绍精准广告（targeted advertising）。

精准广告是一种广告策略，它依赖于收集和分析大量的用户数据（如地理位置、浏览历史、购买行为、兴趣等），以便将广告精确地投放给特定的目标受众。精准广告的目标是提高广告的相关性，从而提高点击率和转化率。

程序化广告（programmatic advertising）是帮助实现精准广告策略的广告购买方式，它使用自动化技术和实时数据分析来决定何处、何时、向何人展示广告，以及以什么价格购买广告位。这种方式使广告商能够精准定位其目标受众，从而提高广告购买的效率和效果。

程序化广告的工作原理主要基于实时竞价（real-time bidding，RTB）和需求方平台（demand-side platform，DSP）。当用户访问一个网站时，网站会将用户的信息（如地理位置、浏览历史、兴趣等）发送到广告交易平台，然后广告主在平台上对这个广告位进行实时竞价。出价最高的广告将被展示给用户。整个过程完全由计算机程序执行，瞬间即可完成。具体流程如下（见图 11－4）：

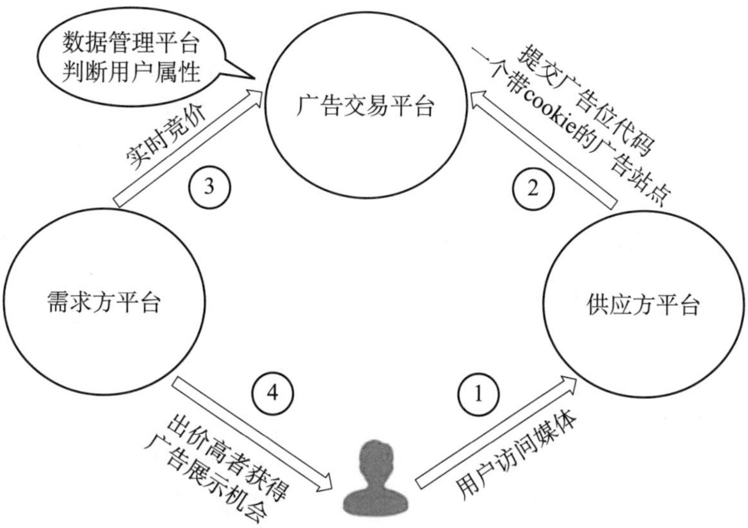

图 11－4　程序化广告交易流程

第一步：受众访问互联网媒体，浏览页面时产生相应的行为数据（即 cookie）。

第二步：作为资源方的供应方平台（supply-side platform，SSP）在接收到用户的行为数据后迅速向广告交易平台（ad exchange）提交相应的广告位代码，同时由数据管理平台（data management platform，DMP）判断用户属性并向需求方平台发送竞价请求。

第三步：需求方平台收到广告交易平台的竞价请求后，立即通过实时竞价交易方式确定出价最高的广告主。

第四步：出价最高的广告主获得展示机会，并将广告送达目标用户。

在这种精准广告投放模式下，传统广告投放模式逐渐转型为程序化购买模式，如图11－5所示。其中，广告交易平台、需求方平台、供应方平台和数据管理平台作为不可缺少的部分，各自发挥重要作用。

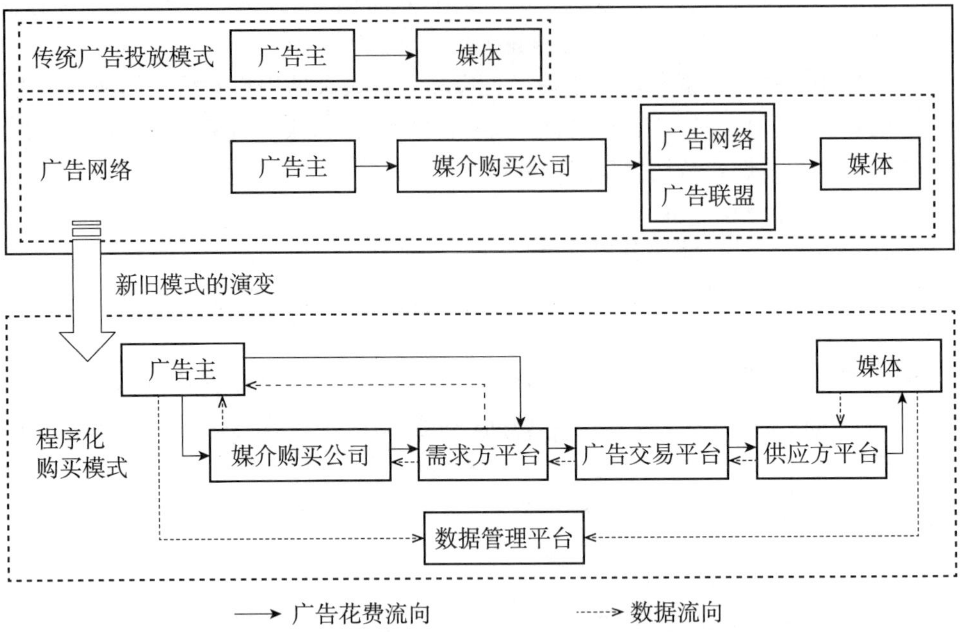

图 11－5　精准广告：传统广告投放模式转向程序化购买模式

资料来源：齐鲁证券．数字营销系列专题（一）：展示广告生态进化，程序化购买时代到来.

需求方平台服务于广告主，在广告交易平台中通过实时竞价模式帮助广告主对目标用户进行购买，在提高广告效能的同时节约广告预算开支。

数据管理平台把分散的第一方、第三方数据进行整合，纳入统一的技术平台，并利用这些数据进行标准化和细分，从而判断用户属性，是实时竞价模式运营的基础。

广告交易平台提供一种“证券化”的广告交易模式，广告主和互联网媒体如买卖股票般进行广告位交易。在广告交易平台中，商品为待展示的广告位。目前，进行交易的广告位以展示类广告为主。

供应方平台服务于媒体，整合互联网媒体资源，专注于流量变现优化、广告位优化、展示有效性优化等。供应方平台可以充分利用媒体的库存资源，带来更高的收益。

精准广告产业链中各环节的盈利方式如下：广告交易平台作为互联网广告位的交易场所，主要通过向需求方平台及供应方平台/媒体收取会员费来盈利。需求方平台作为实现实时竞价模式的关键，其盈利主要来自提供广告投放服务而收取的费用。供应方平台服务于媒体，主要的盈利来自向互联网媒体收取的代理费。数据管理平台盈利能力较弱，主要通过向数据使用方收费的方式盈利。

程序化广告带来的网络广告业的变化如下：

（1）重塑展示广告购买模式，从买广告位到买人群。在传统的广告交易环境下，广告主无法精确抓住有效目标，因此造成广告投放预算的浪费。实时竞价实现了目标购买，帮广告主大大提高广告投放的精准度，减少网络广告投放的无效预算，从而减少浪费，降低成本。2013 年，Econsultancy 联合 Rubicon Project 对 650 位广告主和广告代理公司进行调研发现，62％的受访者认为实时竞价带来的明显益处是效果提升，54％的受访者认为实时竞价减少了媒介购买的浪费，53％的受访者认为实时竞价使得单个客户获取成本降低，46％的受访者认为实时竞价带来了更好的定向能力。[①]

（2）缩短广告投放优化周期，实时的动态优化得以实现。精准广告带来的关键突破还在于实时性。在传统营销提前买断的模式下，广告投放优化的间隔周期比较长，需要更长的时间才能获得投放结果数据，优化投放也需要漫长的人工谈价实现广告位购买等环节。而通过实时竞价，复杂的一系列购买过程瞬间即可完成。这种程序化购买模式取代人工谈价，使投放过程变得更加高效。同时，在实时竞价模式下，投放数据是实时可看的，几分钟之后就能获得投放效果数据，进而实现实时投放优化。

（3）精准人群定向技术提高媒体的长尾流量价值，实现双赢。在广告网络的环境下，媒体的长尾库存流量变现价值较低，而在实时竞价交易模式下，通过人群定向技术提高广告投放精准度，进而实现长尾流量的价值提升，整体提高网络媒体收益。目前，国内与广告交易平台对接的媒体资源以长尾流量为主，实时竞价模式的不断成熟使得国内长尾网络媒体资源得以充分利用。

但程序化广告也有一些缺点。首先是隐私问题，程序化广告需要收集大量的用户数据，这可能引发隐私问题；其次是广告欺诈，由于程序化广告的自动化特性，它可能更容易受到广告欺诈的影响；最后是品牌安全问题，程序化广告可能出现在不适合品牌形象的网站或内容旁边，这可能对品牌产生负面影响。

三、推荐算法

数据量的增加使得智能化成为现实。通过算法推荐，数据拥有方将个体需求与内容、服务和产品进行匹配，使得消费者在新媒体平台上看到的内容、买到的产品都更加贴合自己的需求和喜好。

算法赋能于内容的分发环节。具体的算法应用，如对用户实时行为记录的深度学习和精准理解、准确有效的线上模型预测引擎、符合内容多样性原则的排序引擎等，实现了对用户感兴趣内容的精准化推送。在短视频领域，快手的实时推荐系统通过在线推荐引擎和日志系统，深度学习及理解用户的行为，并基于此为用户精确化匹配视频信息。内容的精准推送能够提升用户的趣味性体验，这体现在用户对短视频应用平台的沉浸体验时长的增加上，抖音与快手的用户停留时间增加明显。

算法也被广泛应用于内容推广。知识图谱与深度学习等 AI 技术，可以助力平台或企

① 广告主：RTB 提升了广告表现．（2013－10－17）．http：//www.199it.com/archives/156241.html.

业在进行短视频营销时精确触达目标用户，提高用户转化率。头豹研究院《2022 年中国短视频营销行业概览》显示，截至 2021 年 12 月，短视频行业用户规模高达 9.2 亿，月人均使用时长超过 22 小时，平台用户流量规模明显。广告主开始在短视频平台寻找新的获客方式，提升企业的营销能力和用户转化率。例如，广告主对具有高价值的企业号进行营销需求的释放。具体而言，短视频平台的企业号依托用户管理、用户画像、转换页表单洞察等算法技术，能够进行长期具备高契合性和吸引性的内容展示，并由此聚合平台用户与流量，提升多元传播效果。

在内容推广方面，个性化推荐是电商企业广泛采用的个性化营销策略之一。通过用户之前的各种行为数据以及相似用户的历史行为数据来推测目标用户的需求和偏好，然后在目标用户访问时推荐或展示其可能喜欢的内容、商品或服务。推荐算法能够帮助用户发现他们感兴趣的内容、商品，改善用户体验，提高用户忠诚度，增加品牌交叉销售的机会。

推荐算法是各大平台实现个性化内容分发的基础，但是不同平台的推荐算法不同，其侧重的参数也有所不同。例如，在 B 站上获得大量观看的视频，在抖音上可能没有那么受欢迎。这是因为 B 站和抖音的算法是不同的，它们会根据不同的标准来推荐内容。B 站可能更倾向于推荐中长视频，而抖音更倾向于推荐短视频，算法的差异导致同样的内容在不同平台的传播范围不同。因此了解不同平台的算法偏好有助于企业针对不同平台制定相应的内容营销策略。以下介绍几种基本的推荐算法。

1. 协同过滤算法

协同过滤（collaborative filtering，CF）算法是比较有名的推荐算法，如今还在大量使用，其主要思想是利用已有用户群体的行为来预测当前用户的偏好。① 根据对象的不同，协同过滤算法可以分为以下几类。

一是基于用户的协同过滤（user-based CF），即给用户推荐和其兴趣相似的其他用户所喜欢的内容。比如用户 A 和用户 B 在一段时间里都关注了相同的三位主播，可以认为用户 A 和用户 B 的兴趣相似，因此可以将用户 A 关注但用户 B 还未关注的内容推荐给用户 B。

二是基于物品/内容的协同过滤（item-based CF），即给用户推荐和其之前喜欢的物品/内容相似的物品/内容。比如，当一个用户对内容 A 产生强烈喜好之后，通过计算其他内容与内容 A 的相似度，生成一个相似度从高到低排序的列表，然后呈现给该用户。

三是基于模型的协同过滤（model-based CF），即基于用户喜好的样本数据训练一个推荐模型，然后根据实时的用户喜好信息进行预测和推荐。这种算法具有简单易用、通用性强等特点，不需要太多数据领域的专业知识就能达成较好的效果，因此备受广告主的青睐。但相应地，广告主需要提供一个优质的用户喜好数据样本用以训练模型，样本数据、模型架构是否优良直接决定算法推荐的最终效果。

协同过滤算法也存在几个主要限制：第一，当没有新用户的数据时，无法通过协同过滤算法进行推荐，因此新上市的产品可能因为没有足够多的数据来计算与其他产品之

① “推荐算法”究竟是什么？这篇科普报告帮你快速了解．(2022－01－07)．http：//ai. ruc. edu. cn/newslist/newsdetail/20220107001. html.

间的关联性，而难以被推荐。第二，根据产品关联性进行产品推荐，无法关注一些用户的小众爱好，也很难识别出用户所处的场景，因此推荐理由不充分。第三，当用户兴趣、物品/内容量过大或更新速度很快时，维护相似度矩阵所需的计算资源会呈几何级增加。因此这种推荐算法通常适用于图书、电影等网站，这些网站的用户兴趣相对固定和持久，物品/内容更新速度较慢，周期性更新相似度矩阵的成本是可以承受的。而对于抖音、B 站等具有海量内容且更新快速的内容平台，使用协同过滤算法的成本就难以承受了。

2. 基于内容的推荐算法

有别于协同过滤算法集众人信息预测个人行为的做法，基于内容的推荐（content-based recommendations）算法试图链接用户行为与产品特性，进而了解用户的消费特性，即通过算法分析用户的历史行为（如搜索、点赞、评论等）所反映出的用户偏好，然后给其推送可能偏好的内容。基于内容的推荐算法的依据非常多，不同平台各有不同，但从结果上看主要可以分为两种：完全的个性化推荐和热门/主题推荐。前者完全面向用户个人进行内容呈现，而后者则以榜单的形式（同城榜、热门榜等）进行内容呈现。[①] 从营销的角度来看，个性化推荐影响产品信息的精准触达，一方面，产品的特性越符合用户的偏好结构，被购买的可能性就越大；另一方面，生产目标用户偏好的内容不仅更容易被用户点赞和分享，也有利于通过协同过滤算法触达其他潜在的相似用户。而热门/主题推荐则影响产品信息“破圈”的能力，因为热门内容具有统一性，不论个体用户的行为偏好如何，平台上热门/主题榜单都是一致的。但值得注意的是，即使是同一平台，其侧重点也可能发生变化，比如 B 站在 2023 年之前重视点赞率（点赞数/播放数）这一指标，但在 2023 年以后，转发率成为更加重要的指标，因此当前品牌在 B 站上投放内容时应该更加注重转发的实现。

这种推荐算法也存在一些应用上的难点，比如对于产品的属性拆解，需要确定哪些属性更重要。比如对于咖啡，可能更重要的属性是甜度、风味、价格等，克重可能不那么重要。但对于黄金，克重是很重要的属性。选取众多产品合适的、共同的属性变量并非易事，需要积累大量的用户数据才能优化。此外，消费者往往会在多个属性之间权衡，比如对于某款咖啡，用户虽然对高价不满意，但特别喜欢焦糖口味，权衡之下还是选择了购买。这种对属性的权衡较难在这种推荐算法中体现出来。

3. 基于知识的推荐算法

基于知识的推荐（knowledge-based recommendations）算法即将用户需求作为知识源，从而向用户推荐物品。该推荐算法与以上两种推荐算法有些相似，但是它不需要计算用户的行为或偏好，而是直接由用户指定需求，然后根据需求给出推荐列表，具体可分为基于约束的推荐和基于实例的推荐。

基于约束的推荐需要用户指定自己的最初偏好，当收集到有关用户需求和偏好的足够信息时，算法会提供给用户一组匹配的产品，在结果呈现上，系统可以解释为什么推荐某个产品。比如在注册和使用微博的过程中，微博 App 会需要用户选择其偏好的内容，如娱乐八卦、国际时事等主题，然后通过计算主题相似度，呈现用户偏好的内容。

基于实例的推荐有效整合了基于查询和基于浏览的物品检索方式。当用户输入需求

---

① 基于内容的推荐算法．(2021－01－02)．https：//zhuanlan. zhihu. com/p/80068528.

时，算法一方面会基于相似度的实例检索来识别最相似的物品，另一方面会通过评价有效地引导用户选择。比如当用户想要购买一个相机时，算法会先呈现一组相机产品以供其浏览，在浏览过程中，如果当前展示的相机价格太高，用户就会给出希望价格更便宜的评价；如果用户想要分辨率更高的相机，就会对应地给出更高像素的评价。这种评价系统导航可以有效帮助用户发现目标产品。这种算法允许用户方便地表达自己的偏好，而不用被强制指明物品的具体属性。

延伸阅读 11-1　人类对人工智能的信任研究

以上是三种比较主流、常用的推荐算法，各有利弊，平台在实际中常常混合采用推荐算法以扬长避短。各大互联网平台经过多年的发展，其算法技术也日益成熟和复杂，想要全面了解某一平台的算法是不太可能的，并且用户在不同平台上的行为也可能不同。例如，用户在 B 站上可能更倾向于观看教育类内容且更有耐心，而在抖音上可能更倾向于观看娱乐类内容。因此，即使是同样的内容，如果不符合用户在某个特定平台上的行为习惯，其可见性也会受到影响。但是了解推荐算法的基本规则，有助于营销人员理解不同平台的算法特点，从而能根据不同平台的推荐算法特性和用户特点选择最佳的内容投放策略，以提高内容的可见性和影响力。

第 2 节　常用的营销数据分析方法

除了上述普遍应用的营销工具，新媒体营销还需要借助一些数据分析方法。

一、A/B　测试

A/B 测试是一种统计学上的假设检验方法，用于比较两种或多种不同的版本（如网页设计、广告文案、促销优惠等），以确定哪种版本的性能更好。在 A/B 测试中，用户群体被随机分成两组或多组，每个组接收不同的版本，然后比较各组的性能指标（如点击率、转化率等），以此判断哪个版本更具优势。

A/B 测试是数据分析和应用的典型方法，几乎可以作用于用户全生命周期的各个阶段和各种营销场景，包括但不限于：

- 网站设计：比如测试不同的布局、颜色、字体等对用户行为的影响。
- 广告文案：比如测试不同的标题、描述、图片等对点击率和转化率的影响。
- 电子邮件营销：比如测试不同的主题、内容、发送时间等对打开率和点击率的影响。
- 产品定价：比如测试不同的价格对销售额和利润的影响。

A/B 测试的主要优势在于其能够在真实环境中，通过收集部分用户的行为数据来对比和验证不同的设计方案。在分析和评估得出最优方案后，这个方案可以被正式应用到整个产品或用户群中。A/B 测试能够将实验条件的变动与用户行为结果相关联，从而提供一种探索因果关系的有效方法。

产品经理和设计师可能是最早开始使用 A/B 测试的人员。如今随着企业对数据越来越重视，A/B 测试已经被广泛应用于各类场景和各种职能中。比如一些运营团队越来越多地在活动海报、文案、优惠力度的设计中引入 A/B 测试。市场团队在落地页素材投放、官网优化等方面也会用到 A/B 测试。研发团队也需要做大量的 A/B 测试，比如游戏的设计、电商的“猜你喜欢”、推荐算法的优化都需要通过 A/B 测试来评估。大量产品在全市场上线前也需要做 A/B 测试。

A/B 测试的设计类似于学术研究中的实验方法设计，只是更加服务于解决营销人员的实际工作问题，而不是致力于学术理论的突破。

建立 A/B 测试的步骤如下：

（1）A/B 测试策略制定。A/B 测试是基于问题的解决策略，针对要解决的问题有明确的策略后，才能找到验证策略是否有效的用户群，并用合理的指标进行评估。比如，关于“文案中哪个要素对付费转化率影响更大”的问题，运营人员可能提出了 9 个解决问题的策略，如“展示折扣，在价格旁边凸显折扣文案，并用‘炸裂’视觉效果展示”，或者是“文案突出紧迫性，显示活动优惠的时效性”等，这些策略分别由不同的实验组测试，而需要评估的指标为付费转化率以及实付金额。

（2）测试目标、样本的选择。测试目标的选择即评估指标的选择。在运营中评估指标的选择更关注核心业务目标。比如，注册按钮的设计（免费试用 vs. 立即体验），目的是提高按钮点击率，从而提升注册转化率。但只将注册转化率作为评估指标可能是不合理的，因为注册转化率不仅受到按钮文案的影响，还会受到后面注册流程的影响。因此往往会选择评估不同的按钮文案能否使按钮点击率上升，同时相对于对照组注册转化率没有下降。

在确认了评估指标后，就需要确认指标当前的水平和预期提升水平，预估实验样本量及实验周期，以确保最终结果具备统计显著性。预估样本量十分重要，如果样本量太少，结果就会受到异常样本的影响导致结果不稳定；如果样本量过多，测试流量过多，就会造成成本增加。预估实验周期也十分重要。测试时间过长，会增加成本；测试时间过短，可能没有足够样本量或忽略了产品消费的时间周期的影响。比如，观影的流量在周末会比工作日高很多。所以实验周期的选择需要考虑用户的行为特征，至少覆盖一个完整周期。

（3）科学分流。A/B 测试设置不同的实验组，每个组需要导入用户进行测试，累计实验数据。通常分流的方法是基于用户 ID 或者设备 ID 等能够标识用户的唯一编码，通过算法将用户随机分到不同的组。随机分组往往能够平衡样本分布，有时候根据实验的具体情况，也可能会考虑人为将样本平衡分布，比如在实验组之间保持年龄、性别等的均衡。如果一个实验组大多是老年人，另一个实验组大多是年轻人，那么由于年龄形成的偏好差异可能超过了文案的影响。科学分流以平衡样本可以尽量减少此类误差。

（4）A/A 测试。即在同一实验条件下，设置多组进行预测试，以排除样本、埋点或数据统计中可能存在的问题。比如对同一个文案分四组进行测试，理论上转化率指标数据应该一致，没有显著差异，但如果有一组出现了显著差异，则需要排查问题，如可能是用户 ID 识别出现了问题，那么在 A/B 测试之前需要修正。

（5）策略投放和数据监控。开始 A/B 测试的同时建立一套数据看板来观察数据。数据看板不必过于复杂，目的是快速展现每组关键指标的变化趋势，以及是否满足统计显著性。

(6) 策略结果分析与执行。完成 A/B 测试后，显著有效的策略会被投放应用到更大规模的人群中，并进一步进行优化迭代。A/B 测试结束后，可以通过数据看板或数据分析来确认不同策略的效果，择优投放到更大规模的人群中。通常数据结果只能告诉营销人员孰优孰劣，数据分析师还需要深挖分析优劣背后的原因，进行策略优化。

A/B 测试的优势在于其结果明确且风险较小，能够为细节优化提供有力的数据支持。然而，这种测试方法也存在一些局限性。A/B 测试比较适用于细节的优化，而较难揭示企业营销的整体状况或更大范围的战略问题。例如，A/B 测试可能无法有效地评估一个全新的营销策略或大规模的品牌活动。因此，虽然 A/B 测试是一个强大的工具，但在使用时需要考虑其适用性，并与其他研究和分析方法结合使用，以获得更全面的视角和更深入的洞见。

二、营销组合模型

想要看到公司的营销支出和回报的整体状况，需要引入营销组合模型（marketing mix modeling，MMM）。该模型用于量化不同营销活动对销售额或市场份额的影响。它主要通过回归分析，将销售额或市场份额与各种营销活动（如广告、促销等）以及其他影响因素（如季节性、经济条件等）进行关联。该模型不仅限于分析线上数据，也可以分析线下数据，如用于分析电视广告、户外广告、销售渠道等对销售额的影响。

应用营销组合模型的流程和方法：

(1) 数据收集：收集过去的销售数据和营销活动数据，以及可能影响销售额的其他因素的数据。

(2) 数据清洗：清理和整理数据，处理缺失值和异常值，进行必要的数据转换，使其适合用于分析。

(3) 建立模型：使用多元回归分析或其他统计方法，建立销售额与营销活动之间的关系模型。

(4) 模型验证：通过统计检验方法如 t 检验和 F 检验，评估模型的显著性和拟合度。

(5) 模型应用：应用模型预测未来的销售额，或者优化营销活动。

举例来说，假设一个大型零售商想要了解其各种营销活动（包括电视广告、在线广告、电子邮件营销、促销活动等）对销售额的影响。它可以收集过去几年的销售数据和营销活动数据，然后使用营销组合模型进行分析。通过这个模型，该零售商发现电视广告和促销活动对销售额的影响最大，而电子邮件营销的影响相对较小。于是，该零售商决定在电视广告和促销活动上投入更多的资源，同时优化电子邮件营销策略。

该模型的优势在于能够量化各种营销活动对销售额的影响，可以根据行业和企业的特点融入多种外部、宏观因素，如时间、天气、经济周期等影响因素，帮助企业优化营销策略。但该模型的数据需求量大，需要大量的历史销售和营销活动数据，模型的准确性依赖于数据的质量和完整性。

三、营销归因模型

随着营销获客成本越来越高，用户转化路径越来越复杂，营销人员需要通过归因分析找到最具价值的或最具潜力的触点，在节约营销投放费用的同时，更好地提升用户转化率。

营销归因模型（marketing attribution modeling）用于确定各种营销触点对用户转化（如购买、注册等）的贡献。该模型可以帮助营销人员深入了解用户转化路径，分析内容广告或销售渠道对用户转化的促进作用，从而优化营销投放策略。

应用营销归因模型进行分析的流程：

（1）收集数据：收集用户的触点数据，如点击、浏览、搜索等。

（2）清洗数据：清理和整理数据，使其适用于分析。

（3）建立模型：根据业务需求，选择合适的营销归因模型，如最后点击模型、线性模型、时间衰减模型等。

（4）应用模型：应用模型分析各个触点的贡献，优化营销策略。

营销归因模型的目标是分配每个触点对用户转化的贡献。企业需要视情况选择合适的营销归因模型。目前有多种营销归因模型。

（1）首次归因模型：在回溯期内给首次触点分配 100%的转化贡献，给其余触点分配 0。

（2）最终点击模型：在回溯期内给最后一次触点分配 100%的转化贡献，给其余触点分配 0。

（3）线性归因模型：在回溯期内，给每个触点平均分配转化贡献。例如，用户的一次购买转化接触了 5 个触点，那么给每个触点都分配 20%的转化贡献。

（4）位置归因模型：在回溯期内，给用户首次触点分配 40%的转化贡献，给末次触点分配 40%的转化贡献，给其余触点平均分配 20%的转化贡献。

（5）时间衰减模型：在回溯期内，给离转化事件之前越近的触点分配越多的转化贡献，给时间较早的触点分配的转化贡献越少。这种模型非常适合于用户行为路径较长的情况，它可以给予路径中所有触点适当的认可。

（6）数据驱动模型：数据驱动模型使用复杂的算法和机器学习来确定最有影响力的触点。它会查看所有数据，并确定每个触点对转化的影响，以找到最有影响力的触点。当拥有大量的数据并希望作出数据驱动的决策时，该模型较为合适。

比如，用户在抖音上看到了某品牌口红的广告 A，在刷微博时又看到了该口红的广告 B。1 天后，用户在小红书上参与了该口红的促销活动，领了优惠券但没有下单。3 天后，用户收到了该口红的优惠券短信。又过了 1 周，用户在淘宝直播间看到了该口红，完成了下单购买。在这个转化路径中，如果只将转化功劳归于淘宝直播间，则是不全面的。前期的内容曝光和互动为成功转化奠定了基础。更科学的营销归因模型是线性归因模型、位置归因模型或者时间衰减模型。

营销归因模型作为一种工具，用于量化各个营销触点对转化的贡献，是基于一定假设和简化的模型。在实际情况中，消费者的购买决策过程可能非常复杂，受到多种因素的影响，这些因素可能难以被完全捕捉和量化。在上面的案例中，用户可能在很长一段时间内接触到多个触点，而且每个触点都可能对购买决策有一定的影响。在这种情况下，单一的营销归因模型可能无法完全准确地描述每个触点的贡献。

营销归因模型可能无法完全准确地描述每个触点的贡献，但可以提供一些有用的洞察，帮助营销人员理解和优化营销策略。例如，如果一个触点在多个营销归因模型中都显示出较大的贡献，那么这个触点可能非常有效。

第 3 节　用户数据分析的流程

一、数据规划

企业每时每刻都在接收大量数据，但不是所有数据都有价值。因此，企业需要做一些规划和设计，将单一、零散但互有关联的数据设计成一套完整的指标体系，帮助营销人员从海量数据中择优采集、分析和应用。

首先确定目标。需要思考企业的业务、产品甚至产品中的某个功能的目的，产品要满足用户的什么需求，企业的核心目标，未来几年产品的发展方向，企业营收目标，等等。

其次确定策略。企业为了达成目标，应该采取哪些办法。

最后确定度量指标。选择衡量策略是否有效的 KPI，建立指标分级体系。图 11 - 6 是一个典型的数据规划思路。

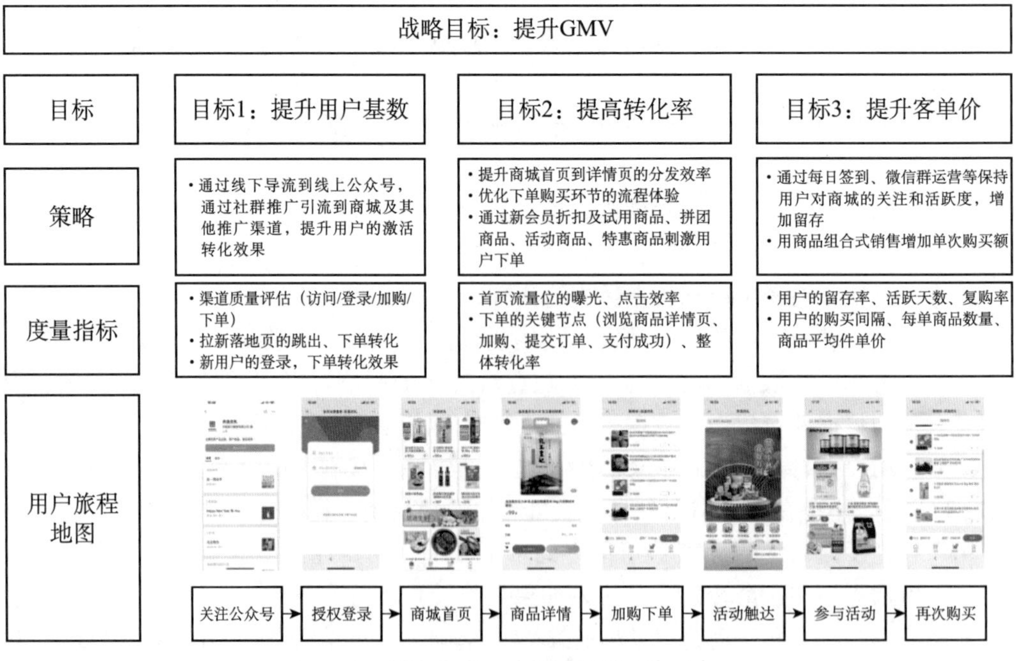

图 11 - 6　某电商产品的数据规划思路示意图

资料来源：张溪梦，邢昊．用户行为分析：如何用数据驱动增长．北京：机械工业出版社，2021.

数据本身是分层的，在确定目标、策略和度量指标之后，还需要对度量指标进一步分级。这可以帮助营销人员更加高效地定位问题，验证策略的有效性。通常将指标分为三级就能够对实践产生较强的指导和支持作用。

一级指标通常是全企业认可的、衡量业绩的核心指标。需要从企业和用户两个角度出发，与商业结果和企业战略目标紧密结合。比如 GMV、订单数量、DAU、MAU、用户使用时长等。

二级指标是针对一级指标的路径分析拆解的指标。比如，如果电商中的一级指标是 GMV，那么二级指标往往是能够影响 GMV 和订单数量的一些指标，如客单价、活跃用户数、复购率等。

三级指标是针对二级指标的路径分析拆解的指标。通过三级指标，可以高效定位二级指标波动的原因，也可以直接引导一线业务人员作决策。例如，如果电商产品的一级指标 GMV 提升了，拆解到二级指标发现是因为转化率提升了，再拆解到三级指标，发现从用户来源来看，可能是 iOS 客户端的用户转化率上升而安卓端没有提升。那么一线运营人员可以有针对性地分析 iOS 端用户转化率提升的原因，是哪些体验路径得到了改善，能否应用到安卓端等问题。表 11－1 给出了指标分级的示例。

表 11－1　企业指标分级示例

<table>
<tr><th colspan="3">增长指标</th><th>活跃度指标</th><th colspan="2">变现指标</th></tr>
<tr><td>一级指标</td><td colspan="2">新注册用户数量
新企业数量</td><td>登录用户量（DAU）</td><td colspan="2">营业额
客单量</td></tr>
<tr><td>二级指标</td><td>分渠道访问量/访问用户量
分渠道新访问量/访问用户量
活动拉新</td><td>注册流程转化量
注册流程转化率</td><td>登录平均用户量/公司量
整体活跃度
整体留存度
核心功能使用频次</td><td>分客户规模新签数量/金额
分客户规模续约数量/金额
分规模客单价</td><td>分行业新签数量/金额
分行业续约数量/金额
分行业客单价</td></tr>
<tr><td>三级指标</td><td>访问时长
每次会话浏览页面数
跳出率
渠道留存率</td><td>注册流程流失用户量
新注册用户活跃度
新注册用户留存率</td><td>核心流程转化率
核心转化步骤流失率
新手任务完成率
新手任务完成耗时
用户生命周期
用户生命周期长度
用户流失率</td><td colspan="2">每月经常性收入
用户生命周期价值
销售效率
毛利率
利润率</td></tr>
</table>

资料来源：张溪梦，邢昊．用户行为分析：如何用数据驱动增长．北京：机械工业出版社，2021.

当一级指标出现问题时，企业可以检查是由哪些二级指标的波动引发的，进而通过三级指标寻找原因。企业可以通过这种方法排查日常营销业务中的大量问题。

二、数据采集

数据规划之后，紧接着就要进行数据采集。只有采集的数据足够准确，才能进行准确的数据分析和数据应用。

数据采集常见的问题是营销业务人员和技术人员之间存在沟通障碍，这一方面来源于专业分工，另一方面来源于两者负责的绩效指标存在差异。比如，在广告投放过程中，营销人员希望采集用户的点击数据以衡量广告的吸引力。营销人员对于点击数据的理解是“用户对广告内容产生兴趣，进而作出的主动点击”；但技术人员对于点击数据的理解和追求可能是“用户触碰屏幕”，也就是用户手指碰触到屏幕就被计算为一次有效点击，甚至手机稍微晃动就自动跳转至广告的落地页。结果是双方对于“点击”的理解有歧义，且增强了用户对产品广告页的抵触情绪。

基于技术人员理解得来的点击数据，可能导致后续的转化率较低，可能 1 000 次点击才能产生 1 次购买转化。营销人员如果不了解情况，则可能得出广告内容是吸引人的但产品本身不吸引人的错误结论，进而影响后续营销策略的制定。

数据采集有埋点和无埋点两种方式。埋点是指在需要监测用户行为数据的地方加上一段代码，当埋点被触发便采集相关数据并反馈回来的一种做法。埋点数据稳定性高，适合监控和分析，并且能够从营销的业务逻辑切入行为分析，对于非探索式分析行之有效。但埋点的缺点在于不能回溯历史数据，由于埋点数量有限，很多埋点之外的用户行为数据可能缺失。此外，由于埋点需要营销业务人员、数据分析师、埋点工程师、数据校验工程师的跨团队协作，沟通成本较高，也容易出现漏埋、错埋等问题。

无埋点是前端自动采集全部事件的数据并上报，即采集全部的、实际发生的用户行为数据。无埋点弥补了埋点的劣势，适合运用在探索性研究中，但其缺陷在于数据存储消耗过大、开发框架不统一等技术难题。

三、数据分析

数据分析可以辅助企业优化流程、降低成本、提高营业额。商业数据分析的目标是利用大数据帮助职场人员作出迅捷、高质、高效的决策，提供可规模化的解决方案。商业数据分析的本质在于创造商业价值，驱动企业业务增长。以商业回报来定位商业数据分析，可以分为四个阶段（见图 11－7）。

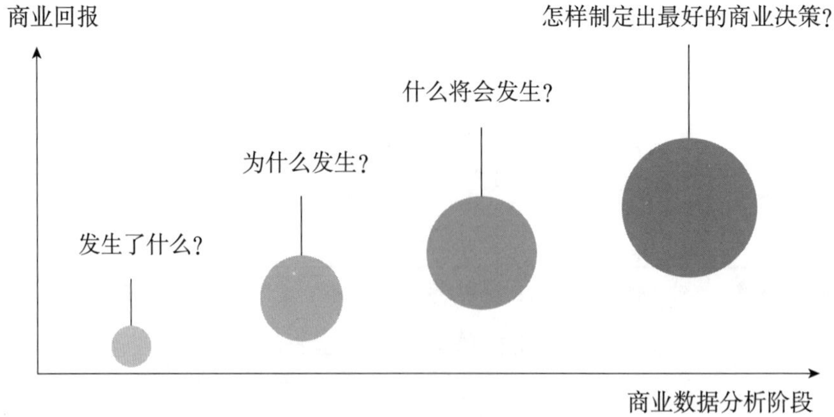

图 11－7　商业数据分析的四个阶段

阶段 1：观察数据当前发生了什么。首先，基本的数据展示可以告诉营销人员发生了什么。例如，公司上周在新渠道 A 投放了广告，想要对比一周后新渠道 A 与现有渠道 B 的情况，了解新旧渠道各自带来了多少流量，转化效果如何。再如，新上线的产品有多少用户喜欢，在新注册渠道中注册的用户有多少。这些都需要通过数据来展示，即基于数据本身的“发生了什么”。

阶段 2：理解为什么发生。如果新渠道 A 比现有渠道 B 带来了更多的流量，这时候就要进一步判断产生这种现象的原因。营销人员可以进一步深度分析数据信息，也许是某个关键字带来了更多流量，也许是渠道 A 获取了更多的移动端用户。这种数据深度分析判断能够提供更多的商业价值。

阶段 3：预测未来会发生什么。营销人员理解了渠道 A、B 带来的流量差异后，就可以根据以往的知识预测未来会发生什么。例如，在投放渠道 C、D 的时候，预测渠道 C 比渠道 D 的流量大，当上线新的注册渠道、作出新的优化时，可以知道哪一个节点比较容易出问题；也可以通过数据挖掘，自动预测判断渠道 C、D 之间的差异。这就是数据分析的第三个阶段——预测未来会发生什么。

阶段 4：制定商业决策。商业决策意义重大，通过数据来判断应该做什么。而商业数据分析的目的就是制定商业决策。当数据分析的产出可以直接转化为决策，或直接利用数据作出决策时，就能直接体现出数据分析的价值。

数据分析通常根据要解决的问题来进行，有以下几种常见的数据分析方法。

（1）事件分析。事件分析最早应用于金融领域，是指通过数据分析金融市场某一特定事件对公司价值的影响。在营销领域的用户行为数据分析中，事件往往指用户操作产品的某个行为，即用户关于产品做了什么，包括浏览页面、点击、修改等。通过分析事件，营销人员可准确了解关于产品发生的事件量，如：

- 某段时间内产品推广页的点击率有多少，对比昨天/上个月提升了多少。
- 某个渠道的产品注册数量是多少，第一季度排名前十的产品注册渠道有哪些。
- 某个产品加入购物车的点击次数有多少。
- 某个产品的页面浏览量分时走势如何，安卓端和 iOS 端的占比分别是多少。

（2）漏斗分析。漏斗分析是一套流程式的数据分析方法，通过将用户行为起始的各个行为节点作为分析节点，来衡量每个节点的转化效果。漏斗分析能帮助营销人员清晰了解在一个多环节的营销过程中，每一环节的转化与流失情况，从而在关键环节进一步深挖流失原因，提升转化表现。

以某产品的注册转化漏斗分析为例，漏斗分析可以度量每一步的转化率和整体注册转化率。注册第一步到第三步的转化率分别是 55.8%、18.5%、92.5%，整体注册转化率为 9.54%。可以明显看出，注册第一步和第二步之间的转化率明显低于其他步骤。因此需要进一步排查原因，如按时间维度来看是否存在转化率的异常降低，精确到具体日期分析转化率降低的原因，或者结合热力图分析等，分析是否在注册页面出现了问题等，以便及时修正或优化，避免造成更大范围的影响。

内容营销也离不开漏斗分析，通过该方法，营销人员可以得到各个渠道内容投放的流量和落地页[①]的交互关系，从而判断内容投放的效果并进行优化。比如，可能投放在平台 A 上的曝光度是投放在平台 B 上的 2 倍，但对比最后的转化率，平台 B 上的购买行为是平台 A 上的 9 倍，那么可以对平台 B 加大投入。

（3）热力图分析。用户使用产品或访问平台总是要解决某些特定问题，实现特定目标，比如查找信息、查看感兴趣的产品详情、购买产品等。当用户进入页面却很难找到其想要的内容时，便会离开。为了让用户在访问过程中停留并进行下一步操作，营销人员需要关心以下问题：用户是否点击了其希望互动的内容；有没有重要按钮被大量点击

---

① 落地页是用户访问时见到的第一个页面，在营销领域，落地页通常是区别于官网的一个独立页面，其目的是实现营销转化。因此，落地页是一种实现内容营销策略的承载工具，同时也应该具有跳转访问其他页面（如官网、电商平台等）的功能。

却被置于不起眼的位置；不同内容对用户的吸引力如何；页面具体元素的点击数据如何；不同渠道的访问者对页面的关注点是否存在异同；等等。

热力图分析提供了一种清晰直观的方式来回答这些问题，它以页面或产品中的元素的点击次数、点击人数、点击率为基础数据，以特殊高亮的图形形式显示用户点击页面的位置或者用户所在的页面位置。热力图分析通过聚合用户行为展示用户如何与产品进行交互，帮助营销人员识别用户行为趋势并优化产品交互界面。

目前常见的热力图有三种：基于鼠标点击位置的热力图、基于鼠标移动轨迹的热力图和基于内容点击的热力图。基于鼠标点击位置的热力图适用于产品设计细节上的优化，比如点击按钮位置是偏左 3 厘米还是 1 厘米；基于鼠标移动轨迹的热力图适用于探究用户在浏览页面时的注意力情况；基于内容点击的热力图则适用于记录一段时间内用户对内容的偏好情况。

延伸阅读 11 - 2 Aha 时刻和魔法数字

（4）留存分析。留存就是让用户持续使用产品或复购。留存分析是衡量产品是否对用户有持续吸引力以及用户黏性的重要方法，通常能够观测到随着时间推移，用户留存率的衰减情况。如果用户作出起始行为一段时间之后，又发生了目标行为，则认定该用户为留存用户。留存率是指留存用户在起始用户中所占的比重，常见的有次日留存率、7 日留存率、次月留存率等。此外也有很多提高留存用户率的手段，比如“签到奖励”“加购奖励”“水果乐园”等。

四、数据应用

1. 产品迭代

产品迭代是产品生命周期中重要的一环，一次完整的产品迭代一般需要经过三个阶段和八个步骤。第一个阶段是产品上线前，包含五个步骤：产品需求收集、分析与评估—产品定义—交互和视觉设计—技术评审—研发。第二个阶段是产品上线中，包含两个步骤：测试—上线。第三阶段是产品上线后，包含一个步骤：跟踪数据及总结。

数据应用贯穿产品迭代全程。产品上线前，营销人员可以通过数据来评估收集的需求及需求的重要性、紧急程度，合理区分迭代的优先级，保证把有限的开发资源用在最有价值的需求上，使产品迭代的收益最大化。评估需求优先级的标准通常有：需求带来的收益、需求的用户数量和需求的使用频率。比如，某个功能或某个需求的使用人数越多或者使用频率越高，则代表其优先级越高。这些都需要对用户行为数据进行分析来提供支持。

产品上线中，营销人员可以通过数据来量化产品迭代的效果，快速发现并解决问题，加速产品的完善和正式发布。

产品上线后，用户使用产品会产生相关的用户行为数据，观察和利用这些数据，可以帮助营销人员客观地评估产品迭代后的效果，并指导下一次产品迭代的方向。最理想的状态是产品在迭代中不断演化，用户不断增加，企业收益实现爆发式增长。但这需要建立在对数据充分理解和正确认识的基础上，也需要考虑市场变化、商业模式、团队能力等。

量化、评估产品迭代效果的指标根据行业不同可以有所差异。一些通用指标包括净推荐值（net promoter score，NPS）①、满意度、使用频次、购买频次、使用时长、用户留存率、流失率等。

2. 营销活动的全过程管理

在营销活动的不同阶段，可以利用不同类型的数据执行不同类型的关键任务，如表 11－2 所示。

表 11－2　营销活动不同阶段的不同类型数据应用

营销活动阶段	作用	关键任务	数据类型
活动前	情报	预测和匹配	静态历史数据
活动中	沟通互动	监控和优化	动态实时数据
活动后	反馈	复盘和沉淀	静态数据

（1）营销活动前：预测和匹配。在营销活动开展之前，营销人员会根据人、货、场的基本数据进行一些初始的匹配。比如服装品类比较适合在抖音平台进行销售，通过短视频和直播进行视觉化表达和效果展示，能够获得较好的商品展示效果，并且可以利用抖音巨大的用户量，吸引大量潜在消费者。而一些小众高科技产品则比较适合在 B 站进行内容投放，B 站的用户更年轻，对高科技的接纳程度更高，也更愿意对科技产品的具体技术、性能进行详尽的了解。而美妆品牌在小红书平台种草更为合适，因为小红书平台的用户以女性为主，对美妆品类感兴趣，消费能力较强。这就是人、货、场的匹配。

此外，在既定的平台上，也需要进一步考虑选择平台的哪些渠道进行内容投放更加契合产品以及消费人群，比如考虑 KOL 的粉丝画像和产品目标用户画像的重合程度，过往合作数据沉淀，历史营销活动中的营销效果转化数据，信息流广告的投放标签选择等。这些决策需要基于已有数据，包括平台的基础数据、行业竞品的数据、公司自建数据库、第三方数据公司提供的数据等作出。良好的人、货、场的匹配能够使得内容营销取得最佳效果。

例如，一家在抖音运营的直播机构为了提高直播转化率，自建数据库，包含招商数据库（曾经合作过和有潜在合作机会的品牌的数据，包括品牌信息、店铺评分、产品信息、历史最低价、日常售价等）、选品数据库（入选商品的品类、卖点、成分、价格、折扣、资质、评价、背书等数据）、直播销售数据库（产品销售数据、主播销售数据、主播粉丝画像等数据）、直播间数据库（直播间观看、点赞、品类、新老粉丝占比、停留时间、购买行为等数据）。在每次进行直播带货之前，直播机构都会将四方面的数据进行匹配，来指导直播选品、主播选择、直播间内容流程管控、价格策略等的决策和管理，甚至根据主播和粉丝的标签和消费偏好，反向向品牌定制产品，提高产品的差异化壁垒。

（2）营销活动中：监控和优化。在营销活动执行阶段，核心要务是对动态进行的营销活动的效果数据进行监测，并针对最新数据进行反馈，匹配相应的预备方案。比如，营销活动进展顺利时，后续承接营销动作，如种草内容之后的直播带货、直播带货后的供应链备货发货等；营销活动未达到规划效果时，调整营销渠道选择、内容主体或者营

① NPS＝(推荐用户数－不推荐用户数)/总用户数×100％

销话术，以提升效果。

动态的数据反馈能够呈现出对于动态算法模型调整的实时建议和意见，包括红色动态警报、虚假数据预警、库存爆仓预判提醒等横跨营销活动整个过程的数据反馈信息。

在营销活动中，即时呈现数据的变动，形成营销活动调整优化的动力，给出多种应对突发状况的方案是一项重要任务。

（3）营销活动后：复盘和沉淀。数据是一种可以沉淀的资产，并且每一次的营销活动都是对数据资产动态价值的精进。数据复盘能够对 KOL 选择、触点平台选择、营销运营话术等具体操作环节的做法给予针对性反馈，并最终促成营销活动的不断优化。

对营销活动的复盘和沉淀，能够借助消费者资产，包括私域流量和私域用户等资产的沉淀，以及复购率、转化率等量化指标，对整个内容营销活动进行最终的效果评定。

动态数据报表是对于营销活动中品牌传播、内容种草、优惠促销、直播带货等活动的执行效果的数据还原、效果评测、算法进化等，会形成数据资产以供下次营销活动参考。

营销活动所沉淀的私域流量、私域内容资源库，以及流通商品的物流信息等，也是重要的数据资产。

完成对整个营销活动的效果检测、梳理营销效果反馈并不是总结工作的全部，总结工作还包含两个重要的步骤：一是总结整个营销活动的运营流程和逻辑，二是修正反馈算法模型，以供下次营销活动使用，同时对全程的数据资产进行静态的沉淀和存储。

案例分析

盒马×数字化：零售的新生命线

零售业在互联网时代依然在不断进化。作为新零售的代表，盒马已推出超过 10 个社区零售业态，包括盒马鲜生、盒马 mini、盒马小站、盒小马、盒马 X 会员店、盒马邻里、盒马云超、盒马生鲜奥莱等。冷链运输网络的成熟以及大数据、AI、云计算在消费场景中的应用，支撑盒马为消费者提供愉悦的购物体验。

那么盒马是如何运用数智技术打造全新零售场景的呢？

一、大数据驱动，构建数字化零售基础

盒马以生鲜行业缺乏高质量、安全、新鲜食品为痛点切入行业赛道，构建起以大数据为核心的数字基建，为智能化零售打下基础。

盒马在门店选址之初，就依据支付宝用户的大数据画像，选定目标消费圈层用户集中居住的地点，力求最大化辐射目标客群。盒马还开发了自有 App，用户必须使用盒马 App 线上下单或者结账。通过这种统一结算的方式，盒马集合了线上线下会员信息，并获得了全方位的用户消费需求和消费习惯数据，并借助个性化推荐算法，实现了千人千面的个性化营销。

在数字化管理方面，盒马的供应链系统构建在阿里云的系统之上，包括门店 POS 系统、冷链物流系统以及 App 系统，形成了盒马供应链的智能算法模型，实现从订单、选品到配送一系列环节的高效运转。依据淘宝和支付宝的商品供应数据和用户画像以及自有数据，盒马可以做到精确到门店的商品选品和采购计划以及库存分配，并在此基础上对各种商品进行销售跟踪，不断完善各门店订货模型，减少商品的损耗。在仓储和门店管理方面，依靠电子价签和专属条码，保证线上线下商品统一价格和统一库存。统一的商品体系、完整的物流供应链体系，支持盒马全渠道的销售，并满足不同渠道、不同服务的要求。在商品配送时，基于盒马订单履约的算法，根据商品生产线路、订单时序、订单商品所需温层、订单商品所在库存区块，分门别类聚合，以使商品生产和配送的效率最高，实现以最低的履约成本获得最好的用户消费体验。

二、多业态并行，满足消费者多种需求

正如盒马 CEO 所言，新零售要针对不同的商圈、不同的人群、不同的消费能力，给出不同的解决方案。盒马数字化零售业态的多样化正是基于此建立的，不同业态的共同目标是将商品更快更好地送到消费者手中。

1. 盒马鲜生

盒马鲜生是盒马最主要的经营模式，为都市中心区域生活节奏快、追求高品质生活的家庭提供服务。在数字基建的支持下，消费者可以在手机 App 上下单活海鲜、日日鲜蔬菜等品质商品，实现 3 公里内半小时达的配送到家服务，满足消费者节约时间、追求便捷的需求。根据盒马与罗兰贝格发布的《2021“鲜美生活”新趋势：中国食品行业白皮书》，2021 年盒马线上下单送货上门的销售额占比已从 2018 年的约 40%提升到了 60%以上。根据 QuestMobile《2022 春节特辑洞察报告》，2022 年春节期间，盒马 App 日活跃用户规模最高达 685 万，远高于其竞争对手。

门店体验也是盒马鲜生脱颖而出的重要一面。盒马鲜生门店采取店仓一体的模式，线上线下都可以购买，并配备餐饮区。门店内具备活海鲜养殖区域，消费者可以现捞现做，“餐饮＋超市”的设计让消费者看见新鲜，打造边吃边逛的全新超市体验。

2. 盒马 X 会员店

盒马 X 会员店是盒马开辟的第二增长曲线。与开市客和山姆会员店等老牌仓储式会员店模式相似但又不同，盒马 X 会员店试图走一条更具本土特色的会员店道路，希望收获大城市本地中等收入群体家庭的青睐。

根据过往的销售数据，以及中国的小家庭人口结构和生活习惯，盒马 X 会员店精心筛选商品，降低消费者的决策成本。以盒马 X 会员店的袋装冷藏早餐小香肠为例，传统会员店一般是以 30 根一大包进行售卖，盒马 X 会员店则是将一大包分成 4 小袋、每小袋 5 根，更贴合中国消费者的习惯。

除了 SKU 严筛和自有品牌构建，盒马 X 会员店还结合中国人的饮食文化，季节性地预测需求数据并开展活动，个性化满足不同地域人群的需求。例如，南京人三月有吃野菜的习惯，盒马 X 会员店的做法是与供应链联手准备三月份的春菜季，限时供应菊花脑、马兰头、枸杞头等不常见的商品，升级消费者的零售体验。

3. 盒马邻里

盒马邻里是为“盒区房”之外的用户设置的服务站，通过“下单＋自营”的模式，扩大盒马对不同圈层用户的辐射范围。盒马邻里门店选址在已有盒马鲜生超市的城市的外环地区，通常是社区周边的黄金位置，并配备统一的门面、取货架、冷柜、水产箱等，还有专人提供服务，类似于社区团购的自提点。消费者可以在盒马 App 上下单，次日到线下自提点取货。盒马邻里的出现便捷了更多的人群，如居住在郊区的多人口家庭、买菜不便的老年人等，使更多用户能在社区门口享受到盒马服务。

除了以上三个主要业态外，盒马还有盒马云超和盒马生鲜奥莱等正在运行的模式。在一体化数字供应链系统的支撑下，盒马云超解决了消费者对沐浴露、调味料等快消品的购买需求，消费者当天下单，第二天送达。而盒马生鲜奥莱则出售打折生鲜，包括运输过程中的备用生鲜、临期产品等，在减少浪费、保证门店品质的同时，以更低的价格满足价格敏感人群的需求。

// 基本概念 //

用户画像	用户分层模型	程序化广告	协同过滤算法
基于内容的推荐算法	基于知识的推荐算法	A/B测试	营销组合模型
营销归因模型	事件分析	漏斗分析	留存分析

// 讨论题 //

1. 你如何看数据的隐私问题?
2. 推荐算法是否影响个体的主观能动性？企业/内容生产者和消费者如何应对算法的影响?
   (参考答案：算法能够影响用户的行为，但是消费者也有一定的反抗空间，如对算法的训练；内容生产者和企业也可以通过一定的协商来抵消平台算法的影响。)
3. 营销人员如何理解数据和原有的质性研究方法（如田野调查法、深度访谈法、焦点小组访谈法等）的关系?
   (参考答案：数据可以告诉营销人员“是什么”，但“为什么”往往需要通过深度访谈或是田野调查才能够回答。)

附　录
中国主要数字平台分析

在讨论新媒体营销时，对数字平台的理解和分析是必不可少的。中国数字平台发展迅猛，市场格局变化剧烈，且平台间的业务界限模糊。社交平台、内容平台、电商平台等平台之间可能因为战略扩张而突然从合作伙伴变成直接竞争对手；平台的政策和形态也会根据宏观环境、竞争对手、消费者的变化而频繁调整。因此，营销人员对中国主要数字平台的理解是动态的，对行业格局的判断也总是局限在一段时间内。

在2023年年末，业界对于各个数字平台的主要特征、竞争格局、平台特征以及用户认知形成了一定的共识。如今，中国互联网行业已从增量市场变为存量市场，高速增长态势逐渐放缓。中国数字平台的发展也进入了较为成熟的阶段，用户增速下降，竞争格局初定，较大的变数主要来自海外市场的增量。本部分主要分析四类数字平台：

（1）社交平台：以微博、微信为代表。

（2）短视频平台：以抖音、快手、视频号为代表。短视频平台本身归属于内容平台，但该领域的三大平台体量巨大，与其他内容平台不在一个数量级，因此单列。

（3）内容平台：以小红书、B站为代表。

（4）电商平台：以阿里巴巴（淘宝、天猫）、京东、拼多多、美团为代表。

虽然简要划分成四类，但平台之间是有交叉的，在分析的时候可能会在不同框架下进行比较。比如置于微信内的视频号也是短视频平台中不可忽视的力量；而抖音不仅擅长短视频，其在电商领域的发展也撬动了老牌电商平台的利益。此外，虽然微博也有电商业务，京东也做内容，但由于此类业务在其总体业务中占比非常小，因此不在本附录讨论范围内。而在这些主要数字平台之外，还有一些垂直数字平台，如即刻、小宇宙、得物、闲鱼等，虽然本附录没有对其进行分析，但它们的影响力也不容小觑，如果有聚焦的目标人群、适当的产品类别和适配的企业能力，它们也可能成为撬动市场的支点。

从5A模型来看，不同数字平台发挥作用的阶段有差异，见图A-1。

表A-1对本部分涉及的主要数字平台进行了简要介绍。

一、社交平台

1. 微博：热搜代名词、公共广场、社交分发

微博诞生于2009年，是Web 2.0时代的代表性互联网产品，通过精炼的文字内容（后来拓展为文字、图片、视频等多媒体形式），随时随地记录身边发生的新鲜事，并以关注、点赞和转发的互动方式，将媒体传播方式从传统的单向分发传播升级为双向沟通互动。

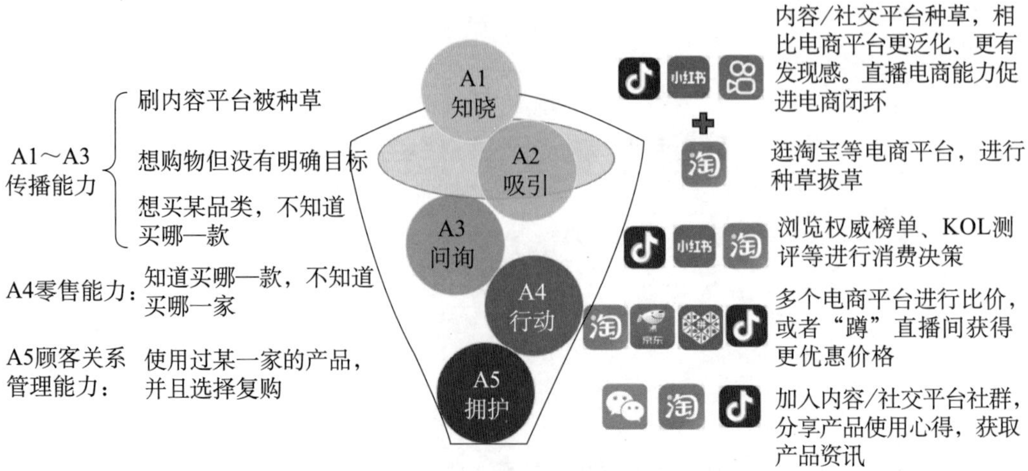

图 A-1　不同数字平台在 5A 模型不同阶段的作用

表 A-1　主要数字平台简介

数字平台	所属类别	标语	目标群体	典型营销方式	流量中心化程度	MAU（亿）	DAU（亿）
微博	社交平台	随时随地发现新鲜事	年轻泛娱乐化人群	热搜榜、粉丝头条	中	6.05	2.60
微信	社交平台	微信，是一个生活方式	全体网民	公众号 KOL、朋友圈、视频号	低	13.36	10.90
抖音	短视频平台	记录美好生活	中高线城市年轻人群	信息流、KOL 短视频、直播带货	高	7.43	6.00
快手	短视频平台	拥抱每一种生活	下沉市场年轻人群	KOL 直播带货、信息流	中	6.40	3.66
小红书	内容平台	找到你想要的生活	高线城市年轻女性	KOL 与 KOC 种草	中	2.85	0.722
B 站	内容平台	你感兴趣的视频，都在 B 站	高线城市 Z 世代	UP 主广告植入、KOL 合作视频	中	3.24	0.965
淘宝（阿里巴巴）	电商平台	太好逛了吧	中高线城市 35 岁以下人群	搜索、信息流、KOL 直播带货	高	8.87	4.02
京东	电商平台	不负每一份热爱	中高线城市 26～55 岁人群	搜索、信息流、直播带货	高	5.39	1.12
拼多多	电商平台	多实惠、多乐趣	中低线城市 31～45 岁人群	搜索、百亿补贴	高	6.56	3.07
美团	电商平台	美好生活小帮手	城市年轻群体及 25～40 岁“新中产”群体	搜索、信息流	高	4.86	1.23

注：淘宝、微博的 MAU/DAU 数据截至 2023 年 9 月，其他数字平台的 MAU/DAU 数据统计截至 2022 年 12 月。

相对于其他几大数字平台来说，微博有比较强的媒体属性。早期的微博通过吸引自带流量的明星、名人入驻并开设个人微博账号和粉丝进行互动，一方面将明星存量的线下粉丝转移到线上，另一方面也借助明星的集群效应，在短时间内形成一个公共的并且有广泛影响力的“广场式”舆论场。

相比于微信的一对一即时通信，微博是建立在弱关系连接下更开放的、广场式一对多的社交媒体。微博上的内容以娱乐明星八卦、新闻社会公共事件为主（见图 A－2），内容分发虽然也依赖于算法推荐，但更多依赖于社交传递，对于内容生产者来说，微博被其他“大 V”转发能够显著提高内容可见性和账号可见性。

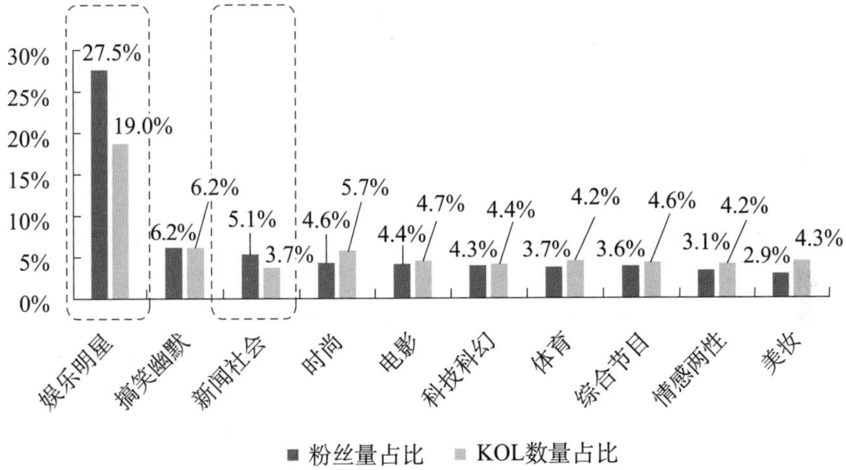

图 A－2 微博内容特征

资料来源：平安证券．内容与渠道变迁，新型营销方式正当时：数字营销系列研究（一）．

微博平台的营销特点是以“微博热搜＋明星宣发”为主。明星和粉丝在微博平台的聚集效应明显，明星代言等方式能够获得粉丝群体的极大助力和购买支持，广告主也可通过投放微博粉丝通使广告直接触及粉丝群体。此外，以热搜为主的事件营销也是品牌在微博的主要营销方式。微博热搜是对在特定时间节点、在整个社交网络和媒体视野下颇受关注的热点事件进行排名的热度排行榜，能够带来关注和流量的集中效应。微博的热搜榜是事件营销的主阵地，事件上热搜可吸引众多“破圈”讨论，增强事件曝光度。

对于品牌和企业来说，微博更多地被当作一种面向公众进行营销传播的工具，它有以下几个基础作用。

第一，微博账号往往是品牌官方的一个重要发声渠道，可以陈述品牌事实和表达品牌态度。微博账号一方面可以直面消费者进行互动，另一方面可以在重要的事件营销、与明星合作时进行引导，直接表明品牌态度。

第二，微博是品牌进行新媒体营销的社交裂变、互动传播的必要工具。微博通常可以配合其他平台的营销传播发挥辅助性作用，或是发挥引爆式的“点睛”作用。话题能够聚合大量消费者参与互动，特别是对于与明星相关的营销合作和传播，微博是必选平台。

第三，微博对于热点时事的关注和互动具有放大效应，成为各大品牌和企业进行舆情监测的重要阵地，也是应对社会舆论、进行品牌公关传播以及危机公关的第一发声渠道。

总体而言，微博作为一个成熟的社交平台，带有典型 Web 2.0 媒体互动属性特征。微博热搜的影响力和价值是目前其他数字平台不可取代的；平台对于企业的舆情监测和舆论沟通也有着特殊的价值；对于涉及明星代言的企业来说，微博是明星、KOL及其粉丝的集中地，具有极大的互动沟通价值，具有不可替代性。

2. 微信：熟人关系、用户多、打通公私域

微信是中国市场用户最多、流量红利最大的社交平台之一，同时拥有较强的内容以及电商交易能力。中国移动互联网经过10余年发展，月活跃用户规模已超11亿，总体增长趋于平稳。微信作为龙头社交平台，历经10几年迭代，从最初的连接人与人、人与物，发展到成熟的商业化生态体系。微信具有庞大的用户基础，熟人关系主导的微信关系链也使得信息具有更广泛的人际传导性，且与QQ相比，有着更为开放的生态，具有一定的不可替代性。

微信主要依赖社交分发，该机制设计满足熟人社交的信息（内容）分享场景。从分发对象来看，微信社交分发接近于实名制，分发对象主要为好友；从浏览权限来看，微信社交分发基于封闭社交链条，朋友圈具有一定的权限。微信“看一看”的“视频＋图文信息流界面＋公众号选摘”分发策略，让内容能够更精准地触达受众；微信“搜一搜”对微信全格式内容以及外部流量展示内容重新进行排列，建立起非中心化的内容生态；微信视频号则兼顾“社交分发＋算法分发”的策略。

微信公众号是依附于微信这个社交平台的内容互动平台，早期靠社交分发完成冷启动，一度成为中国新媒体营销的必争之地。如今公众号的打开率下降较为严重，最终流量分布集中于订阅分发，但依然属于微信这个公域流量池中的重要私域流量和粉丝运营的必备营销工具之一。独特的粉丝内容互动方式，辅以微信小程序、微信群、个人微信、企业微信以及视频号等工具，容易形成一套以内容驱动用户和流量运营，并通过广告和电商交易变现的商业模式。由于公众号的定位和属性千差万别，其最终的商业变现模式也千差万别，有品牌传播广告、流量广告、内容定制、电商导流等多元模式。

微信视频号基于微信本身的高渗透率和强社交关系，在企业争夺流量、运营私域等方面有着显著优势。根据视灯研究院的数据，2021年视频号DAU超5亿，环比增长79%，人均使用时长超35分钟，环比增长84%①，已经成为移动互联网主流短视频平台之一。视频号打通微信生态内全链路营销场景，从公域流量到私域流量，提升转化率和复购率，有助于品牌实现高效增长。随着平台电商流量红利见顶，获客成本提高，在用户高流失率、难沉淀的背景之下，品牌业绩陷于增长困局，而视频号背靠微信巨大的流量洼地，成为品牌经营私域流量的重要抓手。

对于品牌的营销传播来说，微信平台具有四个重要作用。

第一，微信用户的社交圈是依托牢固的熟人关系逐渐向外衍生的。微信中用户的社交模式具有一定的信息认知基础，一般依托线下见面和熟人介绍进行关系延展，朋友圈能更好地让用户了解对方的真实信息，提高用户信任感。依托熟人关系生成的社交圈层具有更匹配的社交地位、更相似的兴趣爱好。实时消息通过朋友圈、各类微信群等形式迅速传播，迅速覆盖更广泛的关系网络。这使得微信营销传播带来的信任感更强，目标人群精准性也更高。

第二，微信平台是目前品牌构建私域流量的主要平台。微信由于渗透率和每日打开率远高于其他平台，成为各品牌构建私域流量的核心。品牌将其他平台大量的公域流量导入微信群、公众号、视频号沉淀下来，进行互动和顾客关系管理，后续用视频号、直播、小程序电

① 港股互联网ETF. 股王腾讯研报精读：微信商业化加速推进！有望带动腾讯广告收入新增，机构预计下半年经营全面改善！.（2022-07-26）. https：//xueqiu. com/5777963137/226354732.

商等方式引导成交和进行顾客关系管理。

第三，朋友圈、公众号广告能够直达品牌小程序。2022 年 7 月视频号推出原生信息流广告，随着信息流广告的开发，视频号有望为腾讯广告收入增长提供新驱动力。目前微信的整体广告加载率（ad load）① 仍比较低，具有较大的营销价值。信息流广告可直接引导用户进入品牌电商小程序，实现品牌传播与销售的协同。

第四，视频号改版后，兼顾社交分发和算法分发，用户增长速度、使用时长都有较大提升。相对于抖音来说，微信视频号的娱乐化程度较低，用户年龄也偏大，适合传统内容生产媒体、偏知识类媒体或品牌进行内容传播，获取流量，并能够与公众号、朋友圈、小程序等形成联动。视频号补齐了微信视频内容短板，是连接微信生态圈的关键一环，其与微信小程序、公众号、社群等场景打通以及公私域联动所带来的价值不容小觑（见图 A-3）。

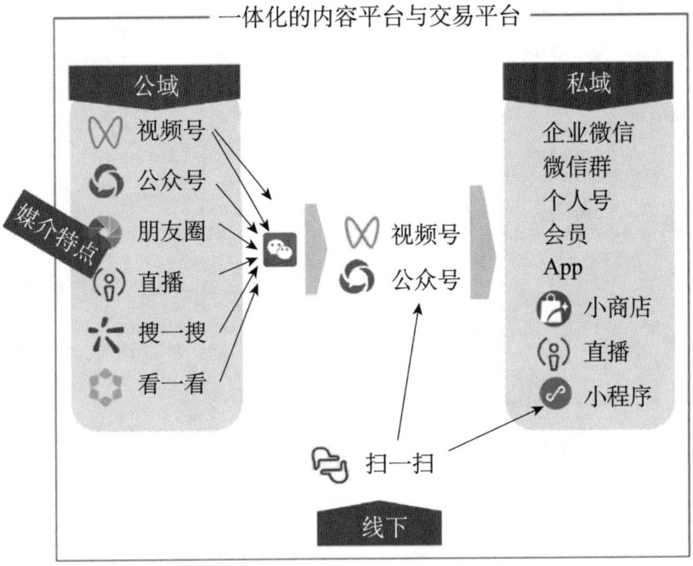

图 A-3　微信平台打通公私域

资料来源：平安证券．内容与渠道变迁，新型营销方式正当时：数字营销系列研究（一）.

二、短视频平台

由于内容丰富生动以及消费与生产门槛更低②，短视频成为比文字、图片更流行的媒介形式。目前短视频已经超过社交媒体成为用户使用时长最长的互联网服务，当内容承接电商之后，相应的电商增长也极为迅速。2022 年 5 月 31 日，抖音官方透露，抖音电商每月有超过 2 亿条短视频内容和 900 多万场电商直播。2023 年中国互联网络信息中心（CNNIC）的数据显示，我国网络购物用户规模达 8.84 亿人，较 2022 年 12 月增长 3 880 万人，占网民整体的 82.0%。短视频平台用户规模为 10.26 亿人，较 2022 年 12 月增长 1 454 万人，占网民整体

---

① 广告加载率＝人均看到的广告数/人均看到的信息流的数量，如刷到的 10 条视频中有 1 条是广告，那么广告加载率为 10%。社交平台的广告加载率普遍比较低，因为社交平台属于用户私有领域，强行插入广告会让用户非常反感。与之相反，偏媒体/新闻属性的平台的广告加载率普遍较高，一般在 8%～15%。

② 文字表达和阅读都有一定的门槛，而短视频的基础门槛是只需要拥有手机，平台也配套简易剪辑工具不断降低内容生产门槛。

的95.2%。其中49.7%的消费者已经通过短视频直播平台下单购买商品。① 电商直播用户规模为5.26亿人，较2022年12月增长1 194万人，占网民整体的48.8%。②

在内容制作方面，短视频内容制作周期短、投入成本低、具有灵活性，可以满足品牌的个性化推广需求。在分发与传播方面，较为优质的短视频内容会被用户自发进行二次转发甚至二次创作，部分头部优质内容可以在用户中实现短期病毒式的传播效果。在用户接受方面，短视频是容易吸引用户、快速被接受的媒介形式，同时短视频平台也具备社交媒体的互动属性，能够提升信息接受的精准度和速度，缩短从信息接受到行动的链路。

短视频平台发展多年，逐渐演变成抖音、快手和视频号三足鼎立之势（见图A-4和图A-5）。

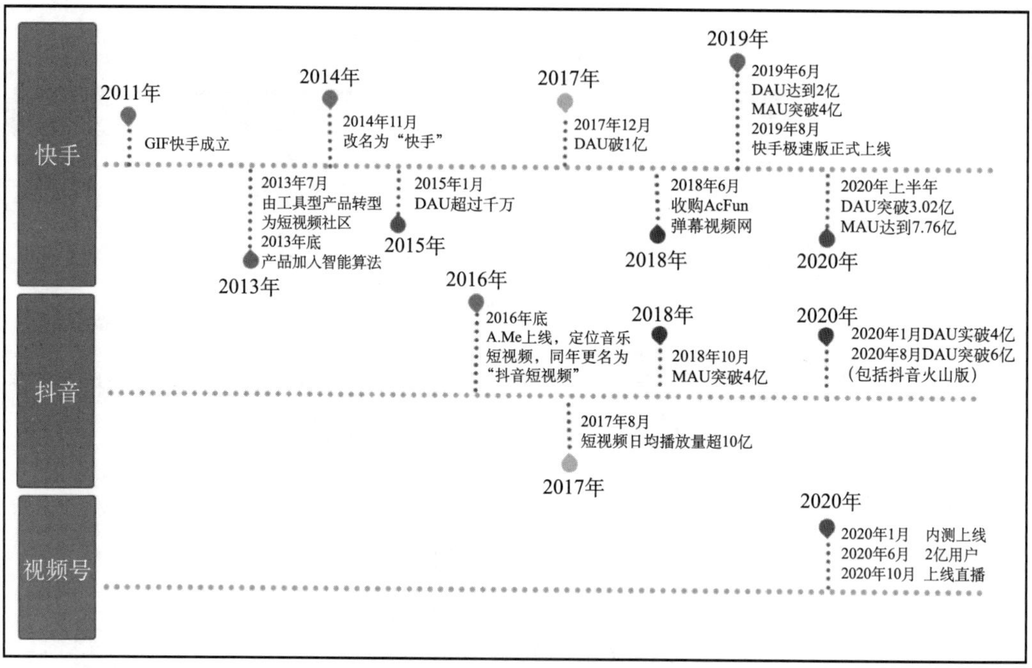

图A-4 三大短视频平台

抖音、快手、视频号作为短视频平台，具有很多相似之处，但也有些差异。抖音的“单列+中心化”算法分发被市场验证为效率最高的短视频内容分发模式之一，也能提升平台的营销传播价值。快手、视频号也在向这个模式趋近，快手在原有双列产品基础上开辟了“单列”，视频号也越来越重视算法分发。三者的内容分发模式如图A-6所示。这三个头部短视频平台带有不同特质。比如快手下沉市场的用户更多，社区氛围更浓，粉丝与KOL之间的连接感更强、互动性更强，算法上更偏向“普惠”；而抖音的粉丝与KOL之间的连接更弱，算法更偏向头部内容；视频号的运营干预较弱，社交分发起到较为重要的作用，用户年龄相对较大，此外，视频号与微信内的其他工具可以相互打通，使得私域运营较为顺畅。

① 2023年，抖音电商向上，短视频向下？.(2023-02-03). https://www.thepaper.cn/newsDetail_forward_21771947.

② 中国互联网络信息中心．第52次《中国互联网络发展状况统计报告》.

	抖音	快手	视频号
日活跃用户	6亿	3.4亿	3亿
用户使用时长（分钟）	超过120	超过120	约60
广告收入（2021年）（元）	约2 500亿	427亿	—
单日活广告收入（元/人/天）	1.5	0.5	—
商业化程度（以广告为主）			
当前盈利情况	盈利	亏损	—
未来发展目标	发展海外/下一代互联网 盈利保持稳定	加大商业化程度 实现盈利	加大商业化程度
对应国内主业竞争程度变化	从激进到平稳	从“烧钱”到降本增效	启动商业化

图 A-5　三大短视频平台的现状

资料来源：抖音 vs. 视频号：“流量赌徒的战争”.（2022-08-10）. https：//caifuhao.eastmoney.com/news/20220810204746192770380.

注：2023 年第一季度，快手已经实现盈利。

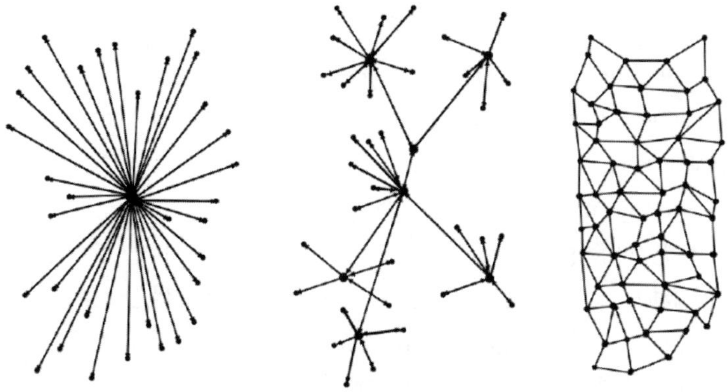

图 A-6　三大短视频平台的内容分发模式

资料来源：国盛证券．短视频行业研究框架：从内容生产、分发、消费，看各平台异同.

1. 抖音：中心化算法分发、用户基数大、直播电商十货架电商

抖音是中国目前最大的短视频平台之一，在 DAU 和用户使用时长上占据优势，用户黏性高，创作者数量很多，商业化变现的路径也较成熟。在内容形态方面，抖音上的内容是单列沉浸式、被动获取、下滑切换的，最大化降低内容获取成本。在内容生产方面，抖音成立以来十分重视内容创作者的主动运营和管理，其平台特点为运营头部内容形成爆品，易使用户模仿裂变，推出辅助工具剪映后，进一步降低了有趣内容生产的难度。在抖音的冷启动过程中，平台在内容创作者侧的运营和投入功不可没。

（1）中心化算法分发，助推热门内容。抖音追求效率，采用中心化算法分发机制，这也

使得抖音更像一个媒体平台而不是内容平台。图 A－7 展示了抖音的内容分发流程。用户在抖音发布内容，经过机器检测和人工审核后，会被推进一个初始流量池，平台会根据初始流量池的用户行为反馈数据来判断内容是否受欢迎（重要反馈指标包括：完播率＞点赞量＞评论量＞转发量），如果反馈数据好，平台则会将内容推进更大的流量池；依此类推，只要内容的数据反馈一直是好的，平台就会持续增加其曝光，经过多轮筛选，最后进入热门流量池的内容一定是少量的、观看体验很好的精品内容。这些精品内容会占据平台的大部分流量，而没有被算法选中的中长尾内容曝光量很少，因此抖音的内容生态呈现“贫富差距”大的特征。

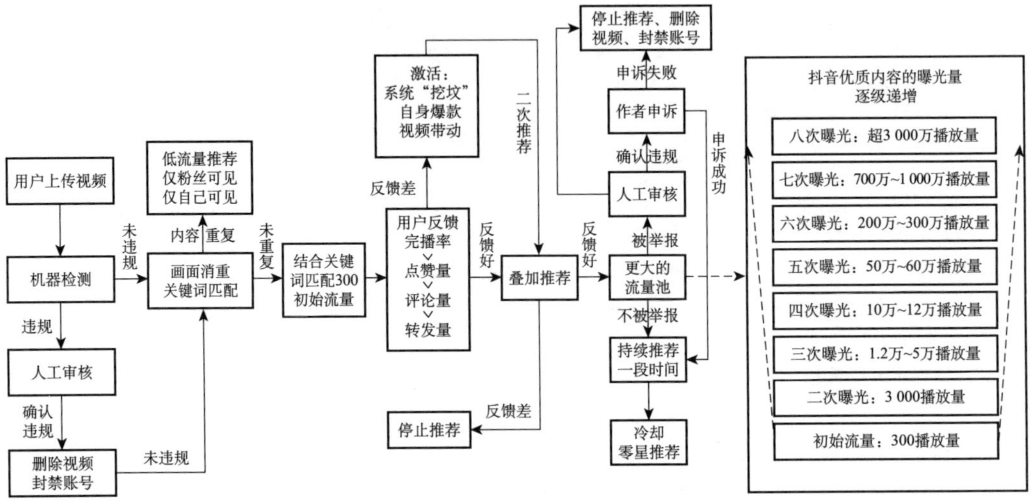

图 A－7　抖音的内容分发流程

（2）内容娱乐性强，强调好内容，不强调社交关系。抖音的内容定位具有偶发性、奇趣性，以猎奇与戏剧性为导向，注重的是人性窥探和好奇的心理，娱乐性强。在中心化算法分发机制下，内容消费者的体验是非常好的，因为中心化算法更侧重筛选高质量内容并持续放大其可见性，用户刷到的内容是经过大量检验的精品，这也是抖音用户增长更快、黏性更高的原因。而用户数增加、使用时长延长，进一步扩大了平台可供分配的流量池。因此抖音的用户使用时长高于快手（二者算法分配流量的差异见表 A－2）。这种算法分发机制对有优质内容生产能力的创作者也是非常友好的，因为产出优质内容的回报是很高的。抖音内容呈现 PUGC 化，这也是抖音更早吸引 MCN 机构入驻的原因之一。

表 A－2　抖音和快手算法分配流量的差异

	抖音		快手
首次流量分配	粉丝	触达约 10%的粉丝	触达约 40%的粉丝
	非粉丝		算法（标签、内容等）
二次流量分配	时效性	1～7 天	24 小时
	核心指标	完播率、用户互动	用户互动
	流量倾斜	无	流量普惠，给小生产者更多的曝光

资料来源：浙商证券．双边市场下的互联网平台竞争．

此外，抖音的内容分发赋予“粉丝关注”的权重并不高，据火星营销研究院的数据，

KOL 发布新视频，其粉丝看到的概率只有 10% 左右，因此粉丝多不一定保证 KOL 产出内容的曝光量大，粉丝沉淀的价值相对来说没有那么大。由于人与人之间的关系更加松散，平台用户的点赞、收藏和评论行为也就更“肆无忌惮”。

（3）内容平台电商化，形成短链成交的模式。抖音的商业化增长迅速，主要变现模式是广告和电商（见图 A-8）。

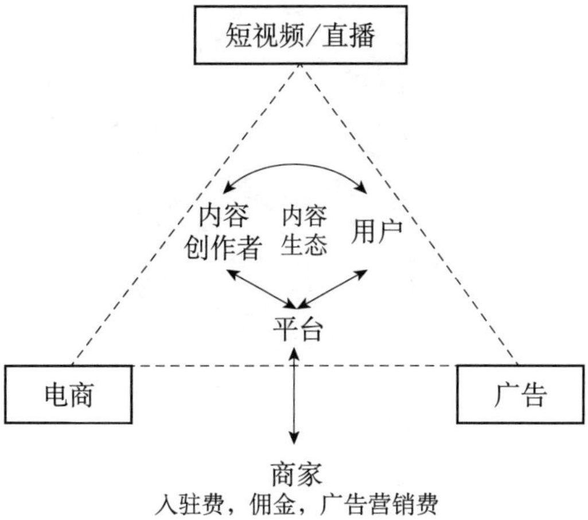

图 A-8　抖音商业化模式

在广告方面，字节跳动 2022 年国内广告收入约 3 500 亿元，是 2018 年的 7.8 倍[①]，其中绝大部分来自抖音。

在电商方面，抖音早期主要以直播电商切入网络零售市场，2022 年加入了货架电商的形式。2020 年 9 月，抖音切断了直播电商的外部链接，并强化了自身的闭环电商能力。2021—2022 年抖音飞速发展，大量品牌和商家入驻以获取用户增量，品类也不断扩充，2022 年平台 GMV 达到 1.5 万亿元，异军突起跻身中国电商行业前列。抖音电商模式的优势在于用内容激发消费者兴趣，刺激非目的性购物；前链路和后链路的打通缩短了消费者从知晓到行动的整个链路，较短的决策链路使得转化率迅速提升。货架电商模式的加入使得抖音彻底从原来的品牌传播渠道转变为企业做生意的经营场所，越来越多的企业根据抖音电商的特征有针对性地进行产品研发（如开发卖点更加视觉化的产品）、传播和销售。抖音的“内容电商+货架电商”模式如图 A-9 所示。

2. 快手：算法普惠、“老铁”文化

（1）内容分发更加普惠。快手的原则是公平、普惠，相比抖音对内容的重视，快手更重视人。抖音对内容的“优质程度”给予更高权重，而快手给予“分配结果的普惠公平”和“社交关系”更高权重，流量分发更均衡，给长尾用户被看到的机会，更注重社区的营造。

快手的流量分配模式见图 A-10。用户在快手发布内容，初步流程和抖音相似，都是内容经过审核之后被分配到一个初始流量池，如果在初始流量池的数据反馈好，就会进入更大的流量池。和抖音不同的是，快手更看重 KOL 和粉丝之间的互动，因此评论量是重要指标。此外，快手会引入基尼系数调控，将平台的内容曝光量差距控制在一定范围内，因此当内容

① 走马财经．2023 上半年，互联网广告行业谁最赚钱？．(2023-09-25)．https：//www.huxiu.com/article/2099029.html.

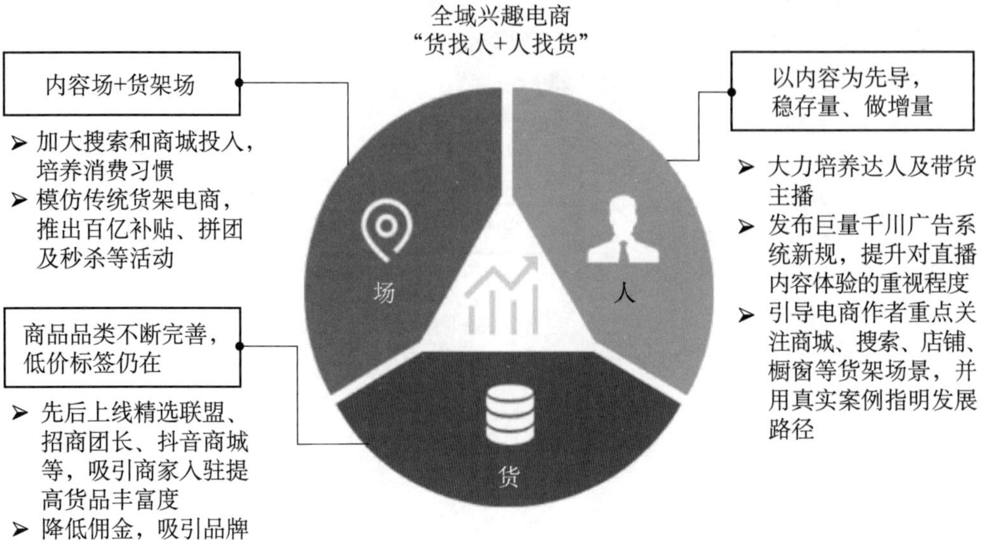

图 A-9　抖音的“内容电商+货架电商”模式

热度达到一定阈值后，它的曝光机会将不断减少，不会出现少数头部精品内容占据平台大部分流量的情况。根据快手官方的报告，快手只有约 30%的流量分配给头部热门内容，剩下约 70%的流量分配给中长尾内容。这样的生态符合快手公平、普惠的价值观。

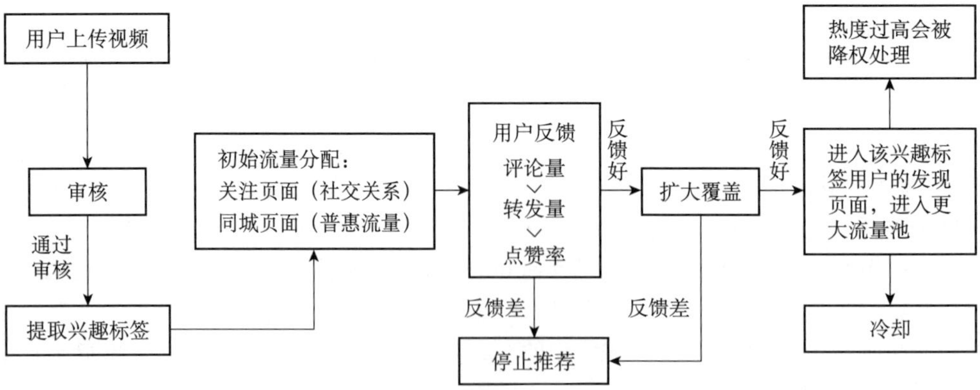

图 A-10　快手的流量分配模式

鉴于其普惠、公平的价值观及区别于微博的产品定位，快手早年在内容创作者生态的建立和维护方面没有进行太多人工干预，没有主动邀请自带流量的明星/大 V 入驻。快手的头部 KOL 更多是靠自身的营销运营、抱团互相引流来实现粉丝积累的。

2018 年左右，随着短视频赛道竞争加剧，为了实现用户数和用户使用时长的增加，快手开始加强在内容创作者方面的运营，有意识弱化抱团的 KOL 的影响力，一方面开始主动接触中小创作者，并对游戏、二次元等细分领域的创作者给予重点帮助；另一方面，加大力度邀请明星入驻。此外，平台还开始培养自己的红人。

（2）对普通内容创作者友好，KOL 与粉丝之间有情感连接。普惠的算法对普通内容创作者是比较友好的，即使内容产出不够精良，也不会出现内容完全无人问津的情况，平台上普通内容的数量越多，内容创作者的创作心理门槛会越低，因此普通创作者产出内容的动力就会越大。此外，在内容分发上，快手给予“社交关注”更大的权重，据火星营销研究院的数据，快手的 KOL 发布新视频，粉丝看到的概率达 30%～40%甚至更高，粉丝对 KOL 的情感黏性更高。正是因为这种情感连接，快手用户观看直播的比例更大、时间更长：快手 3 亿 DAU 中有 1.7 亿是观看直播的，直播占用了更多的时长。相比于抖音，快手的 KOL 更容易做私域流量沉淀，粉丝价值更大。

（3）社区氛围塑造了“老铁”文化。由于快手更重视人与人之间的关系，因此快手比抖音更像社区。快手平台上形成了一种“老铁”文化：用户在平台上分享生活，构建人际关系，彼此之间形成了一种强社交连接。这使得快手超越了一个虚拟的网络平台，更接近于一个线上的真实小社会，这种特殊的社区氛围是快手用户黏性的核心。

快手商业化变现的核心业务——广告和直播电商（见图 A-11），都建立在“老铁”文化的基础上。“老铁”原本是一种北方方言，形容亲近、值得信任、坚固的关系。“老铁”文化构筑了快手以信任为核心的独特生态，一旦成为“老铁”信任的人，就容易成为快手上的“红人”。这种信任可以提升广告的转化率、直播电商的观看时长以及购买转化率。快手直播电商依赖的并非商品而是主播，粉丝的购买行为通常基于对主播的喜爱和信任。

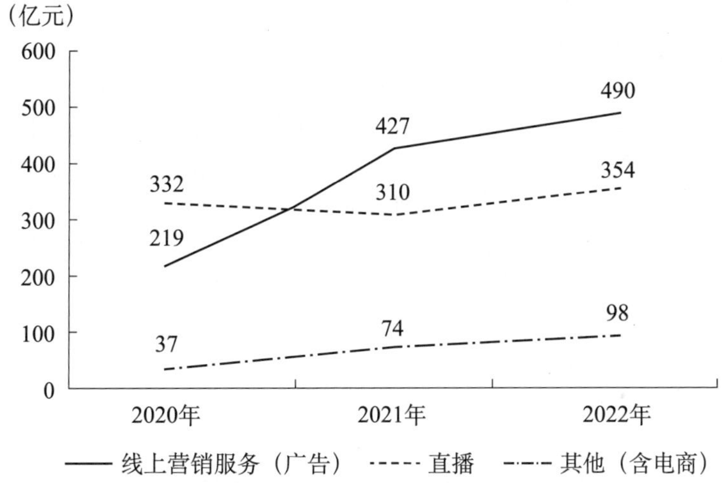

图 A-11 2020—2022 年快手核心业务增长情况

资料来源：快手财报。

3. 视频号：社交+算法分发、打通公私域、潜力大

作为微信生态内最具增长潜力的产品之一，视频号的发展得到腾讯的重视，也为市场所看好。根据视频号公布的数据，2022 年其用户使用总时长已超过刷朋友圈时长的 80%，视频号直播看播规模和市场分别增加 300%和 156%，直播带货销售额同比增长超过 8 倍。

视频号之所以被看好，有以下几点原因。

一是大多数人预期视频号还具有流量红利。背靠巨大规模的微信生态用户，视频号有着天然流量优势。随着视频号陆续与小程序、公众号、看一看、搜一搜、微信支付等微信生态组件打通，视频号的流量变得越来越充盈。在流量迅速扩大的增长期，视频号内的竞争尚未成定局，无论是 KOL、商家还是品牌都仍有机会。

二是视频号兼具算法推荐和社交推荐特性。无论是 KOL、商家还是品牌，不仅可以获得视频号的公域流量，还可以和自身已有的微信私域用户做联动，两者互相促进，甚至可以和线下业态联动，实现和门店端的互联互通。这是其他平台尚不具备的一体化优势。此外，这种扁平化、公平的流量分发机制对中小规模的商家和 KOL 更为友好。

三是有腾讯官方政策多重加持。腾讯一贯的风格是“强产品、弱运营”，认为所有的问题都是可以通过产品和设计层面来解决的，“产品经理文化”深入管理的方方面面。但从 2022 年开始，腾讯陆续推出新政策，比如在内容侧的商家激励计划、流量券奖励、一定比例的技术服务费减免、大促优先参与通道等；在商业变现侧围绕视频号信息流广告、视频号小店和视频号直播进行了多次更新，打通各项能力服务创作者。这显示出了腾讯策略的调整和对视频号运营的重视。

四是有大量待开发的强购买力用户。数据显示，相较于淘宝、抖音、快手等平台，视频号以 30～50 岁用户为主，而且女性偏多，这类人群对于直播内容、品牌本身会更加宽容，一旦和品牌、KOL 建立信任关系，可能会有较强的黏性和复购意愿。此外，视频号的强信任感和高黏性也可以促使成交的客单价更高、退货率更低。

目前，视频号对于商家/品牌和 KOL 而言还是一块“试验田”。视频号平台需要优质的 KOL、商家/品牌，而这二者目前较为欠缺，相比于抖音、快手，视频号尚未培养出专属的、标签化明显的、拥有巨大流量的 KOL。由于其商业模式或盈利方式还不清晰，品牌和商家仍在摸索过程中。

三、内容平台

内容平台以内容为媒介，串联和耦合同圈层用户群体，通过差异化的内容将不同用户进行分化、融合。内容平台贯穿互联网发展的不同阶段：在 PC 互联网时代下，1995 年水木清华 BBS 创立，成为当时人气极高的 BBS 社区，随后，西祠胡同、天涯社区等相继创立。在移动互联网时代，社区产品伴随着中国互联网的成长迅速发展，向移动端迁移。2009 年，新浪微博上线，逐渐发展成为中国最大的泛类互联网内容社区。随着网民对内容消费的要求越来越高，越来越多的垂类内容社区涌现，二次元视频社区 B 站、知识问答社区知乎、短视频社区抖音和快手、生活方式社区小红书均在各自优势领域积累了坚实的用户圈层基础，如图 A－12 所示。

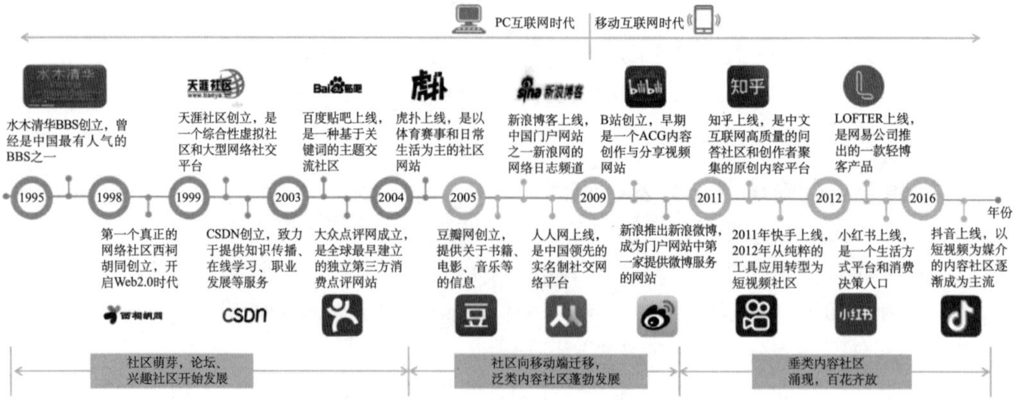

图 A－12　内容社区发展历程

资料来源：广发证券 . 互联网内容社区：用户破圈路径、商业化与社区调性平衡.

注：图中涉及的平台部分不只有内容社区属性。

在碎片化时代，短视频成为内容传播的重要承载形式，内容平台中短视频形式内容占比提升。2018 年以来，短视频崛起，抖音、快手等平台的短视频内容占据越来越多的用户使用时间。传统的内容社区也快速迭代，加速内容的视频化。

内容平台的特性在于供需两端都是以用户为主体，用户既是内容的消费者，也可以是生产者。平台可以主导PGC、PUGC的供应，但要想持续满足用户对内容的需求，提升用户活跃度和黏性，就需要激发更多用户加入平台自发创作，建立内容供需两端的“UGC生产—内容消费—UGC再生产”循环。不同垂类内容平台的差异化特性如图A-13所示。

图A-13 不同垂类内容平台具有差异化特性

资料来源：广发证券. 互联网内容社区：用户破圈路径、商业化与社区调性平衡.

内容平台存在内容与用户间的正向循环：内容吸引用户，用户消费内容，用户再生产UGC，优质内容进一步吸引更多用户。基于用户流量池和平台内容特性，内容平台大多通过2C（付费会员、内容付费、电商）和2B（广告营销）两条路径变现。如B站的大会员可以观看更多番剧，知乎用户为感兴趣的专栏、live内容付费，一些平台的电商业务也属于2C商业模式。

内容平台的发展普遍要经历四个阶段（见图A-14）。第一阶段，找准重类用户圈层，积累内容，吸引用户。这一阶段，内容平台用户数量较少，内容体量较小，内容通常非常聚焦。第二阶段，用户增长，内容供给增加，实现“存活”目标。内容平台积累一定优质垂类内容，用户持续增长，UGC供给增加，平台的正循环生态建设完成，一部分非原核心目标用户群体也被吸引，平台开始展露破圈迹象。第三阶段，内容多元化，用户破圈，平台声量增大，UGC内容范畴扩大，继续吸引更多用户，内容平台完成破圈。第四阶段，基于一定规模的用户流量，平台开始加速商业化变现。

内容平台生态由用户规模、内容体量、商业化三方面共同推动，需要进行“用户规模-平台调性”和“平台调性-商业化”两大平衡。一方面，随着用户规模的扩大，平台调性有可能因为用户圈层的多样化、内容的泛化而改变，因此需要做好用户规模与平台调性的平衡。另一方面，商业化为创作者激励提供支撑，促进高质量内容的产出，但商业化气息过重会冲击平台氛围，因此需要做好平台调性和商业化的平衡。

商业化方式的选择与内容平台本身属性相关，商业化规模同时还与平台体量相关。垂类

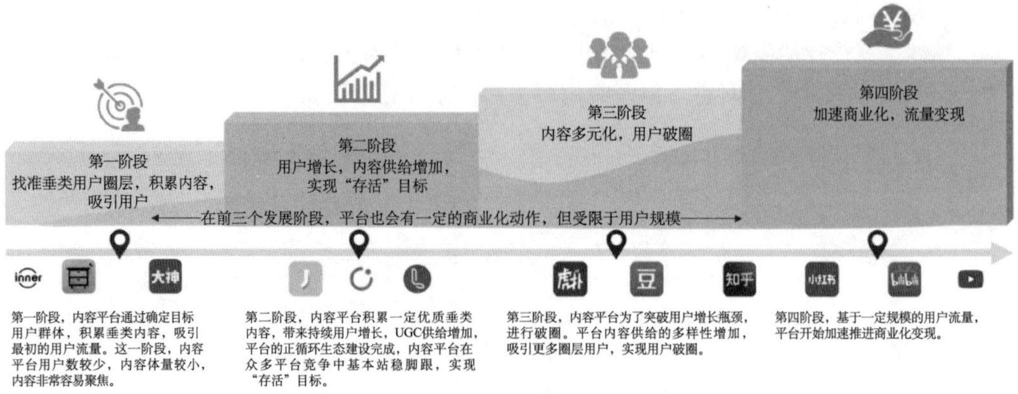

图 A-14　内容平台发展的四个阶段

资料来源：广发证券．互联网内容社区：用户破圈路径、商业化与社区调性平衡.

平台用户黏性强，但用户规模容易限制其商业化空间，抬升商业天花板的关键在于“破圈”。对比不同平台用户规模、用户黏性可以看到，垂直领域内容平台沉淀的优质内容构建了用户之间的强社交关系，迁移成本高，一旦形成足够大的用户基本盘，同类型平台很难抢夺。但如果内容平台过分聚焦垂类，则其体量和商业化空间必然受到限制。

综合性内容平台也可能凭借平台优势对垂类平台形成竞争冲击。越来越多垂类平台开始寻求内容层面和用户层面的“破圈”，进而拓宽平台商业化空间。

1. 小红书：移动互联网时代的搜索入口、去中心化、独特种草氛围

小红书 2013 年诞生于上海，起步于一个分享境外购物攻略的工具型 App“香港购物指南”。经历了多次调整升级后，如今的小红书以“美好生活方式”为内容核心定位，开拓大量垂类，包括但不限于美妆穿搭、泛娱乐、工具百科全书等，迅速成为以年轻女性为主、影响力极大的消费者内容社区。用户通过短视频、图文、直播等形式记录生活点滴，分享生活方式，并基于兴趣形成互动分享。

据千瓜数据《2022 年千瓜活跃用户画像趋势报告（小红书平台）》，截至 2022 年 3 月，小红书 MAU 超 2 亿，其中 72%为 90 后，50%分布在一二线城市，共有超过 4 300 万的分享者，其中男女用户比例为 3∶7，平台用户六大人群标签总结为：Z 世代、新锐白领、都市潮人、单身贵族、精致妈妈和享乐一族，总体来说是热爱美好生活的新中等收入群体。平台内容主要覆盖时尚、个人护理、彩妆、美食、旅行、娱乐、读书、健身、母婴等领域。

小红书已成为移动互联网时代重要的搜索入口。由于涵盖“2 亿人的生活经验”，“有用”成为小红书的一大标签，大量用户通过在小红书搜索来寻找解决日常生活问题的方法和经验。根据小红书 2023 WILL 商业大会的数据，小红书日均搜索查询量近 3 亿次，搜索已经成为小红书用户的高频使用场景。从最开始垂直于海淘、穿搭美妆、海外旅游，到现在延伸至包括家居、母婴、食品、教育知识、家电数码等在内的各个生活领域，小红书不断加厚扩容成了一本更加全面的生活指南，也逐渐取代传统搜索引擎成为年轻人最新的“生活搜索入口”。①

小红书的内容分发算法相对于抖音更加去中心化（见图 A-15）。小红书的算法重内容质量，轻粉丝数量，每个用户都有机会被看到。普通用户如果有优质的笔记分享，即使初期没

---

① 小红书｜2023WILL 商业大会纪要．(2023-02-23). https://k.sina.cn/article_1424630243_54ea21e30200116wz.html? from=finance.

有名气和流量加持，单纯靠优质的内容也能积累粉丝，这使得大量普通用户在小红书从零成长为 KOL 或 KOC。这种算法机制也使得粉丝量只有几百到几千的小博主一样可以接到广告，获取创作收入，进而鼓励更多的用户加入小红书分享内容。小红书由此积淀了大量丰富且优质的 UGC，成为全球最大的消费类口碑库。根据《2022 小红书商业化品牌营销手册》，小红书达人同比增长 222%，创作领域覆盖超过 25 个品类，其中 60%的品类增长率远超 200%。小红书 2023 年 WILL 商业大会透露，小红书月活创作者达到 2 000 多万人，日均发布笔记量达 300 多万个。

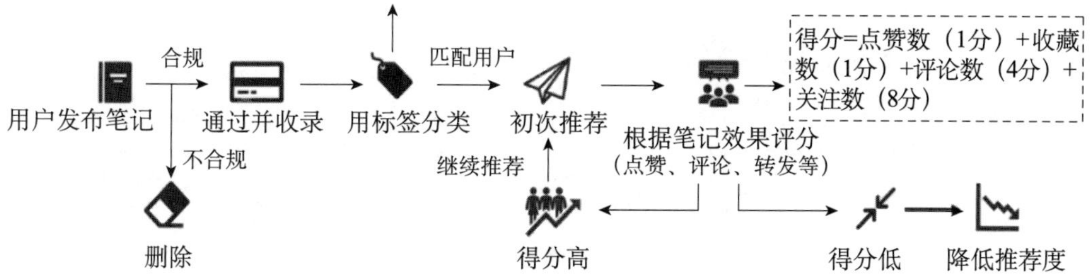

图 A-15 小红书的内容分发算法

资料来源：广发证券．互联网内容社区：用户破圈路径、商业化与社区调性平衡.

由于小红书的内容聚焦美好生活，与日常消费联系紧密，所以平台内的种草氛围浓厚且不会遭到用户反感，这是别的数字平台所不具有的独特氛围。小红书的优势主要体现在前链路（A1～A3）的品牌曝光和互动种草。品牌可以通过配比头部、腰部、尾部的 KOL 内容影响消费者心智，促进成交。如今小红书成为诸多新消费品牌崛起的重要平台，包括完美日记、钟薛高、小仙炖、谷雨、Maia Active 等在内的新品牌在小红书上成长起来，并成功出圈成为大众品牌。大量新品牌也将小红书视为进行产品早期市场验证的重要试验场和获得种子用户的重要阵地。而包括回力、百雀羚、大白兔、李宁等老品牌则通过小红书被更多年轻人喜爱，成为国货消费品牌的代表。小红书的种草逻辑类似于一个倒置的漏斗，对于很多品牌来说，小红书的价值不在于体量大而在于精准。品牌往往在小红书上获得核心用户的认可和进行产品的迭代，再进行消费人群的扩张。图 A-16 展示了小红书的内容生态布局与商业化路径。

小红书的内容具有长尾流量。小红书和抖音的分发算法都是以内容为核心，使得粉丝和 KOL 之间的关系没有那么紧密。但与抖音不同的是，小红书的内容具有长尾流量，随着时间的推移和特定事件的出现，早期的内容可以再次爆发或持续获得阅读，继续发挥影响力。这种模式非常有利于品牌内容资产的沉淀和发酵，因此品牌在小红书上对内容营销的投入具有较高的价值。

2. B 站：年轻消费者、中视频王者、弱社交十强社区

创建于 2009 年的 B 站（全称哔哩哔哩，bilibili），早期是一个 ACG（动画、漫画、游戏）内容创作与分享的视频网站，经过多年的发展，如今已成为涵盖 7 000 多个兴趣圈层的年轻人多元文化网上社区和中国主要的网上内容平台之一。据艾媒咨询的数据，83.4%的 B 站用户出生于 1990—2009 年，该比例远高于爱奇艺（67.7%）和腾讯视频（65.8%）。根据 QuestMobile 的报告，B 站是月活跃 Z 世代渗透率最高的在线视频 App 之一，是 Z 世代最偏爱的 App 之一，其商业价值不言而喻。B 站于 2018 年在美国纳斯达克上市，2021 年在香港完成二次上市。

B 站的平台特征与营销体系如图 A-17 所示。

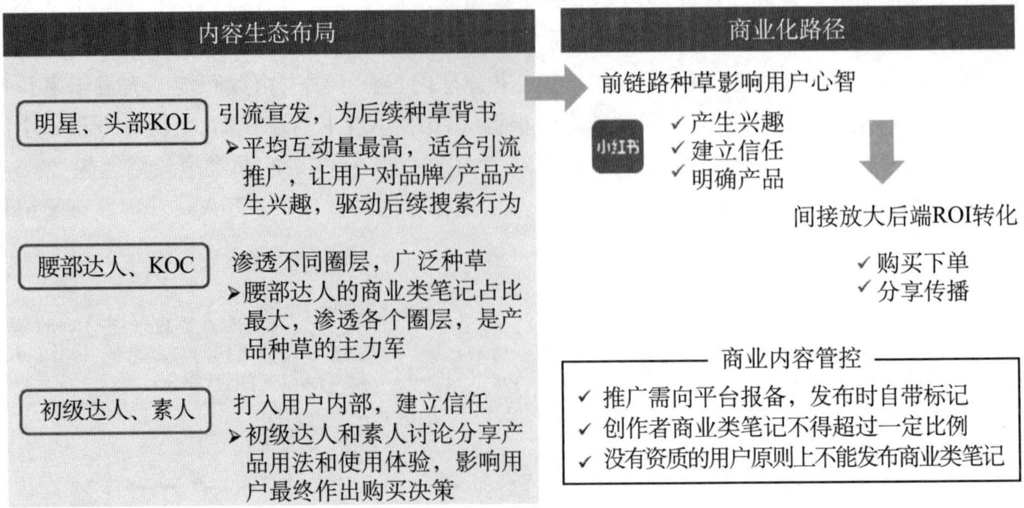

图 A-16 小红书的内容生态布局与商业化路径

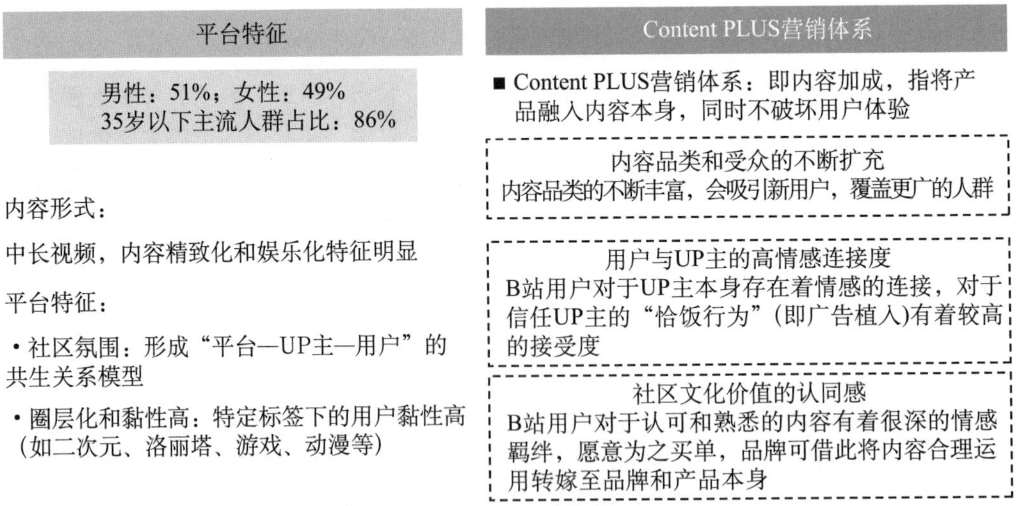

图 A-17 B 站的平台特征与营销体系

B 站的内容分发机制采用“社交＋算法”分发，基于粉丝关系、兴趣等进行推送，采用的流量分配机制较为公平，区隔不同圈层用户，维护和谐的社区氛围。B 站的推荐算法主要参考七个维度（弹幕数、评论数、投币数、收藏数、点赞数、分享次数、播放量），其中分享次数权重最高，一键三连、新发布视频也被赋予更高权重，这种分发算法使得真正受用户欢迎的好内容能够获得更多曝光和流量。B 站基于粉丝关系和用户兴趣做内容分发，通过“社交＋算法”分发保证公共区域的边界感，引导用户关注感兴趣的内容，分流进入不同分区的内容池，减少不同圈层的用户间碰撞的概率。

B 站在个性化的算法外，保留了一定程度的一致性内容推荐，以形成社区认同感，进一步加固社区氛围。在 B 站的“推荐”栏，平台会基于算法给每个用户推送个性化的内容，但是在“热门”栏下的“排行榜”“入站必刷”“每周必看”推荐的内容一致。用户容易在社区内形成共同话题，也更容易形成社区的共同语言，用户的归属感、文化认同感也会得到增强。

B 站在中国最早引入了弹幕互动方式。弹幕嵌入视频可同主体内容一起被消费，为内容消费增加了社交互动元素，这种“弱社交”的模式也成为B站的社区基础。

B站大多数UP主投稿的动力在于自我表达、自我实现及与相同爱好群体交流，B站成为他们向更多人施展才华、塑造自我品牌的绝好机会和阵地。所以，UP主的动力首先是纯粹的交流分享，而不是直接的变现圈钱。这种健康闭环的社区生态也使得B站可持续地创造出优质专业的内容，吸引更多优秀UP主，进而不断拓宽用户边界，演变成为一个泛视频综合体。

在商业化方面（见图A-18），B站的商业化会受到用户的一定抵制。但UP主如果在高品质内容的基础上，能够将用户体验和营销信息有机结合，还是会受到用户的欢迎。品牌能够在B站做比较深入的内容，常见的内容形式包括产品测评、创意短片、开箱视频等，将审美、有趣和营销内容较好地融合。

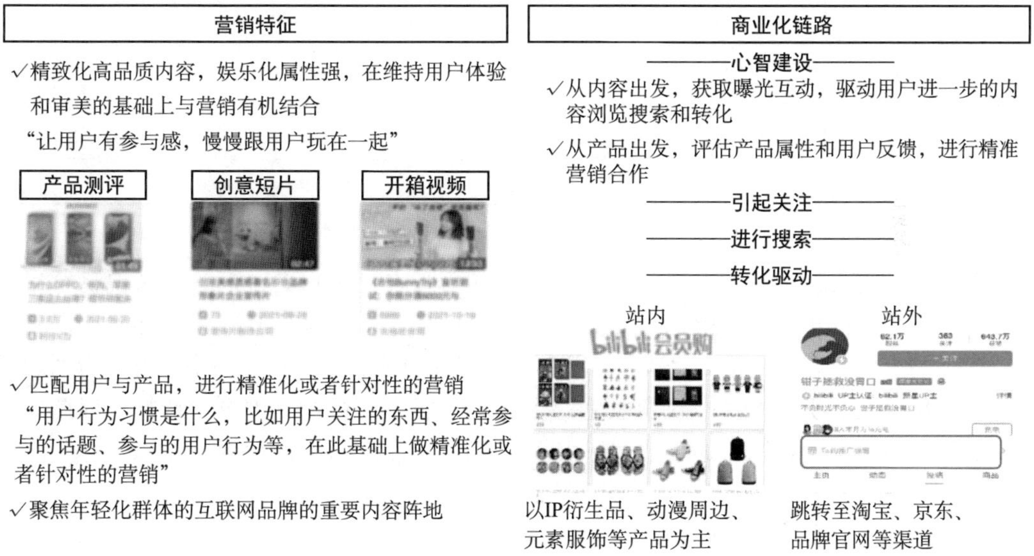

图A-18 B站的营销特征与商业化链路

四、电商平台

电商作为一个销售渠道，从效率角度来看，其核心价值在于促成商家的产品与消费者需求之间的高效匹配。这种匹配效率可以通过多种途径得以提升，包括丰富商品种类、保障质量、提供价格优惠、改善用户体验、优化物流配送、提供优质客户服务以及技术支持等。不同的电商平台根据其目标市场、算法和商业模式的差异，可能在匹配效率的提升上拥有不同的优势。然而，无论是线上还是线下，零售业的核心竞争力仍然围绕“多快好省”这四个方面。

“多快好省”体现了消费者的长久追求，其中“省”代表基本需求，而“多快好”则是消费升级的表现。亚马逊的创始人杰夫·贝佐斯就曾说：“消费者永远希望以更低的价格获得更多的选择，并且快速送达。”当一个零售模式能够全面满足“多快好省”的要求时，往往意味着这个模式在行业内具有更领先的优势，如电商相较于传统线下零售具有一定优势。然而在很多情况下，电商在追求“省”或“多快好”中的某些方面时，可能需要在其他方面作出妥协，例如，直播购物可能价格更优惠，但需要消费者花费大量时间观看；而个人店铺的价格可能更低，但消费者可能面临商品质量不过关的风险。

表 A-3 从供需视角对各大电商平台的特点进行了分析。各大电商平台均有自身优势品类，比如淘宝的服装、化妆品等品类，京东的 3C 家电等品类以及拼多多的农产品品类。不同平台的优势品类受平台性质、初始品类等因素影响。

表 A-3　从供需视角看各大电商平台特点

		阿里巴巴	京东	美团	拼多多	抖音
供给侧	核心品类	服装、化妆品、长尾商品	3C 家电、超市品类	餐饮	农产品	服装配饰
	拓展品类	生鲜、家居家装	快消品	生鲜	生鲜	其他非标品类
场景	内容	中	弱	弱	中	强
	物流	中	强	强	弱	弱
需求侧	省	中	弱	中	强	中
	多	强	弱	弱	中	弱
	快	中	强	强	弱	弱
	好	强	强	较强	弱	中

资料来源：平安证券．电商研究框架：从“多快好省”到“人货场供需一体化”模型．

平台性质主要包括自营平台和交易中介型（第三方交易）平台，一般来说自营平台可以通过集采降低成本，因此标品品类具有规模优势，比如亚马逊、京东都属于以自营平台为主的电商，各自的优势品类 3C 家电、图书都是标品品类；交易中介型平台通过搭建双边市场连接买卖双方，一般卖家生态更繁荣，能为消费者提供更多选择，因此非标品品类更有优势，比如淘宝的服装和拼多多的农产品都属于非标品品类。

初始品类一般会成为平台的优势品类，平台会通过加强供应链的方式巩固优势品类地位。初始品类类似平台的基因，平台后续的品类拓展也会受初始品类影响。以亚马逊为例，其第一个经营的品类是图书，后来向图书产业链发展，继而又发展出 Kindle 电子书和阅读器，图书品类的优势进一步加强。后续亚马逊品类拓展的顺序和优势也是以 3C 家电等标品为先为优，服装等非标品发展靠后且主要依赖第三方商家。京东、拼多多创始团队分别做 3C 家电和生鲜，而这后来也正是两个平台各自的优势品类。京东 3C 家电增速高于行业平均增速。农产品为拼多多优势品类，2020 年拼多多农产品 GMV 达到 2 700 亿元，占平台总体交易额的 16.2%，远高于其他平台的农产品占比。

1. 阿里系零售：强供给、大且强、生态矩阵

作为体量最大的电商平台，阿里巴巴网络零售的 GMV 份额常年占据第一，虽然近些年受到拼多多、抖音电商等新电商平台的竞争挤压，但依然占据网络零售约 50%的市场份额。

阿里巴巴成立于 1999 年，经过 20 余年的稳健成长，如今已成为中国电商平台的巨头，形成了一个生态矩阵。在初始阶段，阿里巴巴以 B2B 业务为核心，迅速筹集了雄厚的启动资本，为其电商零售业务奠定了坚实的基础。2003 年，淘宝网的问世成为阿里巴巴的转折点，仅用两年时间，阿里巴巴便一举超过 eBay 易趣和雅虎，成为亚洲最大的网上购物平台。2008 年，阿里巴巴抓住 B2C 发展浪潮推出淘宝商城，通过与优质商家合作，为消费者提供卓越的产品和服务，使得消费者能以更优惠的价格购买到品牌商品，获得优质的物流和售后服务。2012 年，淘宝商城更名为天猫，进一步强化消费者对平台的认知。

2013 年，在移动互联网时代的浪潮下，阿里巴巴提出“All in 无线”战略，并成功完成了淘系的“大迁移”。此外，阿里巴巴积极建设数字化物流体系，涉足娱乐和旅游领域，不断扩张业务板图（见图 A－19）。值得一提的是，2009 年推出的阿里云作为支撑这一庞大生态体系的基础设施，不仅能提升运营效率和支持业务扩展，还成为培育新商业模式如直播、团购等的肥沃土壤。

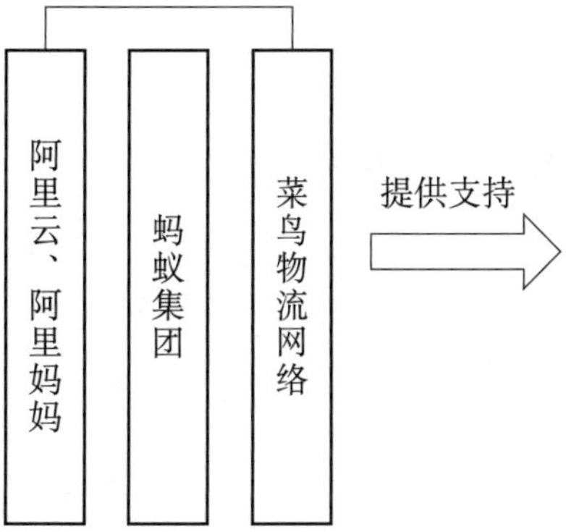

业务领域	时间	具体业务
生鲜	2021年	淘特、淘菜菜
游戏	2019年	灵犀互娱
外卖	2018年	饿了么
影视	2015年	优酷
健康	2014年	阿里健康
旅行	2014年	飞猪

图 A－19 阿里巴巴业务拓展

资料来源：东吴证券研究所。

此外，阿里巴巴也加快扩展下沉市场和海外市场（见图 A－20）。2021 年推出淘菜菜，保持对淘特的高投入，发挥物流多层次履约网络优势，2022 年阿里巴巴欠发达地区用户持续增长 70%，在下沉市场中占据一席之地。在海外，阿里巴巴 2010 年推出全球速卖通（AliExpress），为全球小型企业提供销售平台；2016 年投资控股 Lazada，进入东南亚市场，积极扩展海外市场，构建全球服务网络，逐步在全球市场站稳脚跟。

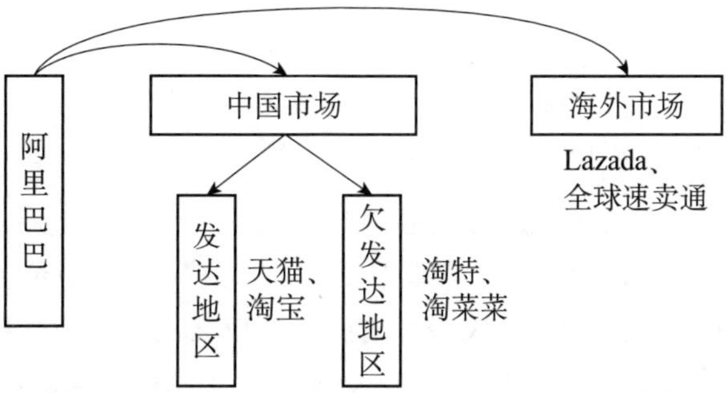

图 A－20 阿里巴巴地域业务分布

阿里巴巴以其核心电商业务为基础，依托先进的云计算等技术，将其业务领域逐渐延伸到新零售、本地服务、物流、健康、媒体和娱乐等，成为互联网应用升级和产业发展的领导者（见图 A－21）。

阿里巴巴拥有服装、美妆等核心品类，同时在生鲜、家居家装等新品类的布局有较大发展潜力。在消费侧，阿里巴巴拥有全网规模最大、质量最高的消费群体，基本盘稳健。2021

图 A-21　阿里巴巴生态体系

年，阿里巴巴中国零售的消费者年人均消费金额为 9 240 元，其中 25～45 岁用户贡献了 70% 的 GMV，这部分用户年人均消费金额是其他用户的 1.4 倍。与此同时，阿里巴巴拥有超 5 000 万“88VIP”“淘宝省钱卡”等高价值付费用户，其中“88VIP”用户年人均消费金额超过 57 000 元，远超平均值。①

阿里巴巴零售的优势一方面在于完善的电商矩阵（见图 A-22）。经过长时间的发展，阿里巴巴已经建立起多业务协同的电商矩阵，覆盖消费者多样化的需求。天猫/淘宝/淘特覆盖传统 2C 电商高/中/低消费层次的群体，淘菜菜/天猫超市/盒马/饿了么覆盖不同时效性的同城零售需求。通过完善的电商矩阵，阿里巴巴得以持续增强用户黏性，提升用户在平台的消费能力，从而提升阿里巴巴的用户钱包份额。

图 A-22　阿里巴巴的电商矩阵

资料来源：平安证券．电商研究框架：从“多快好省”到“人货场供需一体化”模型．

阿里巴巴零售的核心是天猫，天猫在品牌销量占比中处于线上渠道的领先地位，被称为品牌的“第二官网”，是品牌线上营销的重要阵地。这一领先地位和天猫庞大的规模有关，天猫拥有巨大的用户量，由此形成的跨边网络效应和规模效应使阿里巴巴在生态和品牌心智方面领先于其他竞争对手，此外，大量的长尾品类商品也能满足不同消费者的需求。

另一方面，阿里巴巴零售的领先地位来源于多年来品牌和商品运营能力的积淀。天猫的品牌营销能力在于：

（1）全渠道数据洞察。天猫的一大优势来源于长时间、广覆盖的用户数据积累。阿里巴

① 对比来看，京东 Plus 会员数在 2022 年 7 月超过 3 000 万人，且 Plus 会员的年消费水平是普通用户的 8 倍。参见光大证券．线上消费心智加深，积极探索新消费场景：电商行业深度报告．

巴网络零售的GMV份额全国第一，同时在支付、物流、本地生活、线下零售等领域均有数据沉淀，而京东、拼多多在这些领域的数据相对处于劣势，且这种巨大体量的数据也远非品牌的产品研发团队调研能够得到的。背靠“大树”，天猫积累的用户数据丰富且结构精细，可以通过数据沉淀形成对用户、市场的洞察，并与品牌形成合作①，形成深厚的竞争壁垒（见图A-23）。而线上、线下的消费数据打通，可以使天猫实现全渠道的消费者洞察，以及基于洞察与品牌研发部门共同合作的产品定位、设计等，从而推动电商渠道向产业链上游品牌延伸的趋势，辅助品牌进行产品研发和市场推广。在全渠道数据洞察的优势下，品牌更愿意在淘宝、天猫首发新品，根据凯度消费者指数，2020年中国50%以上的新品是在天猫、淘宝平台首发的。

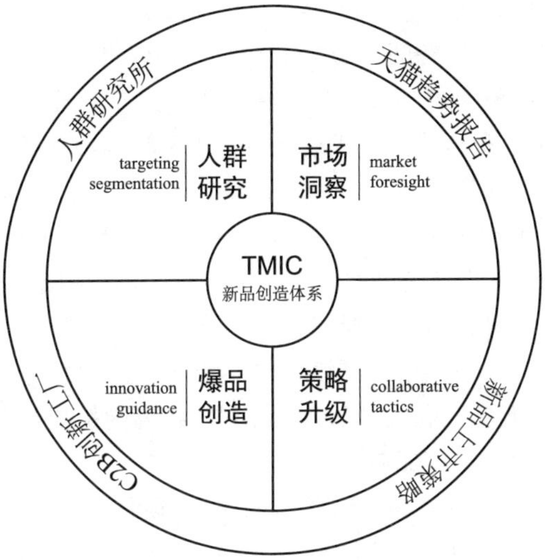

图A-23 TMIC新品创造体系

资料来源：TMIC，德邦研究所。

（2）内容战略。随着技术迭代，用户内容消费的习惯也产生变化，视频化内容消费占比持续提升，传统的图文信息消费占比则有所下降，这对以图文信息为主的电商平台构成了挑战，而阿里巴巴在内容布局上转型较早，取得了一定成效。淘系平台自2016年推出短视频、淘宝直播等产品，相比于京东、拼多多，在内容形式的迭代和流量结构的优化上有所领先。根据阿里巴巴投资者日活动的数据，在淘宝天猫平台的商品展现中，视频流量占比自2017年8月的15%提升至2018年8月的42%，2019年天猫商家直播渗透率超50%。目前淘宝内容化已初见成效，体现在内容创作者数量的不断提升，逛逛内容板块与主页信息流、店铺逐步打通以及内容营销商业化的初步落地上。但其内容体系与抖音、小红书等内容平台还有一定差距。抖音、小红书的人均单日使用时长分别超过150分钟和50分钟，而淘宝人均单日使用时长只有约20分钟。

简言之，阿里巴巴的国内零售业务不仅大而且强，强在数据精细、历史积累、用户场景多元、品牌资源丰富等方面。其他平台在短时间内难以实现赶超。

2. 京东：线上渠道、物流优势、成熟品牌首选

京东是我国领先的电商平台。京东通过自建供应链物流体系，树立高壁垒，其自营业务

---

① 根据界面新闻的报道，截至2021年5月，天猫推出的天猫新品创新中心（TMIC）已经与全球150个集团达成战略合作，覆盖15个行业，涵盖一线品牌超1 200个。

GMV 占比约 54%，在 3C 家电品类拥有最高的线上占有率，一直以来为消费者提供快速的物流交付以确保购物体验，同时开放平台，赋能产业链合作方。京东的发展历程主要可分为四个阶段：

第一阶段：模式定位期（2004—2013 年）。在这一阶段，京东开始自建物流，确定了自营和开放平台并行的商业模式，转型成为全品类经营的电商零售商。2004 年，京东正式涉足电商领域；2007 年京东获得今日资本 1 000 万美元的投资，开始组建自有物流网络；2008 年京东开始提供日用百货商品，从电子产品零售商转型为电商平台；2009 年服装鞋履、个护产品品类相继进驻平台，随后新增了食品饮料、生鲜、保健品等品类；2010 年推出平台模式，为用户打造一流的一站式购物体验；2013 年京东商城改名为京东，正式启用 JD. COM 域名。

第二阶段：投融资扩张＋生态圈打造期（2014—2017 年）。在这一阶段，京东获得了腾讯、沃尔玛的投资；外延投资永辉超市、达达集团等；京东物流子集团成立，全面放开为外部客户提供服务。2014 年京东与腾讯达成战略性合作，收购腾讯拍拍和 QQ 网购在线市场业务的 100%股权，腾讯向京东开放微信及移动 QQ 入口，提供流量和其他关联平台的支持；同年，京东在纳斯达克上市；2016 年京东收购沃尔玛 1 号店资产所有权，沃尔玛入股京东，取得 5%的股份，助力公司发力商超品类。在投资方面，京东相继入股永辉超市、达达集团、发发奇（Farfetch）、唯品会等公司，布局“零售＋物流”生态圈。在渠道方面，2016 年京东提出京东家电将以加盟模式在乡镇市场开设实体专卖店，计划每月新开千家，同年第一家京东之家在湖南开业；2017 年京东重提“万店”计划，将范围扩展至县级和乡镇市场。京东开始布局线下家电市场，落地全渠道战略。

第三阶段：战略调整期（2018—2020 年）。在这一阶段，京东升级了发展战略，调整了组织架构，推出“京喜”，合作五星、国美，入局下沉市场。在发展战略方面，2020 年京东战略定位从“零售和零售基础设施提供商”正式升级为“以供应链为基础的技术与服务企业”，围绕“商品＋物流”构建整套供应链基础设施，用数智化技术连接和优化社会生产、流通、服务各环节，降本增效。在入局下沉市场方面，京东 2019 年收购江苏五星，2020 年入股国美零售，2020 年以 7 亿美元投资兴盛优选，同年 12 月成立京喜事业群，在 3C 家电和日用快消等品类均布局低线城市。

第四阶段：稳健发展期（2021 年至今）。在这一阶段，京东继续加大供应链基础设施建设的力度，2021 年京东物流于香港联交所上市；2022 年 3 月，京东物流收购德邦快递，进一步整合供应链资源。

（1）京东的商业模式：多模式入驻。京东商城分为自营和商家开放平台（platform open plan，POP，2010 年上线）两种入驻模式。进一步细分，自营模式包括普通自营模式和厂家直送模式，POP 模式包括 FCS（fulfilment charged sales）模式、FBP（fulfillment by POP）模式和 SOP（sales on POP）模式。具体差异如下：

①自营模式。在普通自营模式下，入驻商家扮演供应商角色，由京东负责采购、存储、配送、售后、开具增值税发票。定价权掌握在京东手中，由商家提供采购价，京东视不同品类确定售价，保证平台一定的利润空间（10%～30%）。

厂家直送模式与普通自营模式的区别在于，商品无须入仓，由供应商直接发货并负责售后，但商品物权属于京东，由京东开具发票。由于不涉及京东仓储配送，毛利空间比普通自营模式略低。

②POP 模式。POP 模式是指第三方卖家借用京东平台来销售商品，类似于在淘宝开店。

FCS模式：类似于自营模式，京东负责存储、配送、售后、发票，给商品打自营标，前台展现无法与京东自营分辨，但实质是第三方卖家在销售，商家决定商品价格，京东审核并收取一定佣金。

FBP模式：由京东负责仓储、配送、开票等环节；与FCS模式的区别在于商品不会有自营标识，定价权完全掌握在商家手中，商家可申请自行售后。适合刚起步或者实力较为雄厚的商家。

SOP模式：类似天猫模式，商家自行销售、配送、售后，开具增值税发票给消费者，适合中小型商家。但几乎所有品类的佣金率要高出0.5到3百分点。

（2）京东的竞争壁垒：品类扩展、物流优势。京东的核心品类是3C家电。中国电子信息产业发展研究院数据显示，2021年上半年京东在家电零售渠道的市场份额约为32.2%，位居第一且份额仍有所提高。京东通过自建物流，负责高货值的家电、数码产品的交付，而淘宝、天猫通过与第三方合作完成交付。京东大件货的物流模式费用率更低，配送时效更好，但对品牌备货的要求更高。通过更高的履约效率，京东在大件货上构筑的壁垒较高。对于数码品类，京东则是通过长久的品牌合作关系以及规模采购压低采购价，因而规模越大且议价权越强，反过来将利润空间释放给消费者，扩大市场份额，因此规模优势是京东数码品类的核心竞争力。

京东在日用百货、快消等品类上探索实现“多快好”，开拓增长空间（见图A-24）。2020年疫情期间，京东凭借其良好的物流能力成功扩展了品类，获得日用百货品类用户的认同。2021年京东日用百货品类占自营商品总收入的比例不断提高，达到40%。此外，受益于“二选一”的废除，服装、化妆品等品类的商家加速入驻京东，2021年第三季度POP模式业务同比增长高达45%。第三方商家的加速入驻不仅补足了京东的传统弱势品类，还提升了零售板块的利润率，优化了用户结构。由于3C家电品类较强势，此前京东男性用户占比较多，而随着品类更加丰富，京东用户结构更为均衡。整体来看，京东用户主要以高线城市高价值客群为主，2022年第一季度，京东年活跃用户人均收入为1 702元，远高于阿里巴巴的627元、拼多多的108元。

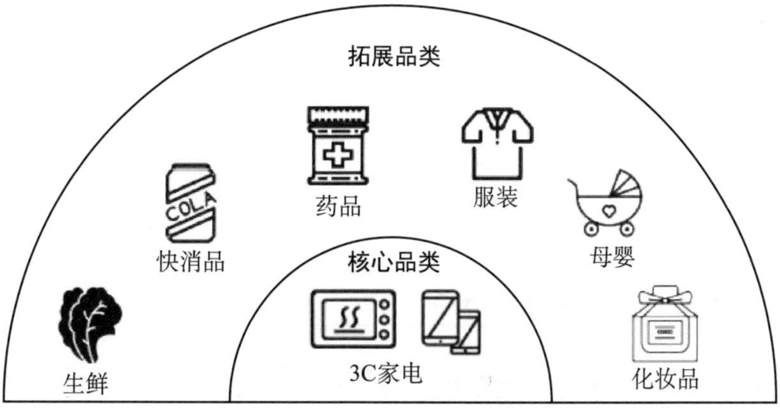

图A-24 京东核心品类与拓展品类

京东的核心竞争壁垒还在于其物流配送能力。京东拥有覆盖全国最广地区、最全商品的当日达及次日达配送网络，京东商城全部自营商品在全国90%的区县实现当日达/次日达。物流建设需要长时间、重资金投入，京东在此领域优势显著。此外，京东也在完善小时达物流能力，目前已在300多个城市实现小时达。

京东作为线上销售渠道，不具备种草能力。一方面，由于缺乏内容对决策的影响作用，新品牌很少从京东起步，入驻京东平台的更多是具备一定大众知名度的成熟品牌，它们将京东作为线上的销售渠道。另一方面，内容/社交平台等在消费者购物链中的“种草”“决策”等环节对淘宝、拼多多这类交易中介型的电商平台冲击明显，但京东擅长一体化供应链和物流履约，受此类影响较小，有更强的抗风险能力。

3. 拼多多：性价比、规模效应、农产品

拼多多的崛起一度为整个市场津津乐道。[①] 有观点认为，早期拼多多为白牌[②]商品提供了比阿里巴巴更高效率的分发模式，从而满足了以性价比为主的低价需求。

总的来说，拼多多早期的崛起得益于以下三点：第一，2015 年后智能手机、物流等基础设施在下沉市场的普及率大幅提升；第二，2016—2017 年淘系、京东平台受舆论及自身定位调整影响，清理大量商家，这部分“被抛弃”的低价产品供应链流向拼多多；第三，拼多多当时主推团购模式，以“推荐＋社交”传播，依托微信小程序进行快速渗透，这种“货找人”的模式与阿里巴巴、京东的搜索模式有差异，契合下沉市场用户的使用习惯，同时在爆品模式下厂商愿意以低毛利率销售换取毛利润的提升，即通过增大销量对冲毛利率的下降。这三点驱动了拼多多早期在中国网络零售市场的快速渗透和用户培育。

拼多多在发展过程中也拓宽了流量来源，如图 A－25 所示。此外，拼多多一向表现出在用户增长、产品设计等方面极强的创新能力。比如游戏化的“砍一刀”等功能，最大限度地利用微信社交流量实现了用户规模低成本跨越式发展；2019 年 6 月推出的百亿补贴计划，极大地提升了用户对拼多多的信任，成功吸引了高线城市用户，实现了用户的第二次高速增长；“拼小圈”成功实现了电商平台内嵌熟人社交功能，极大提升了用户黏性。相关竞争对手也纷纷模仿游戏化运营、百亿补贴计划以及类似“拼小圈”的产品功能。

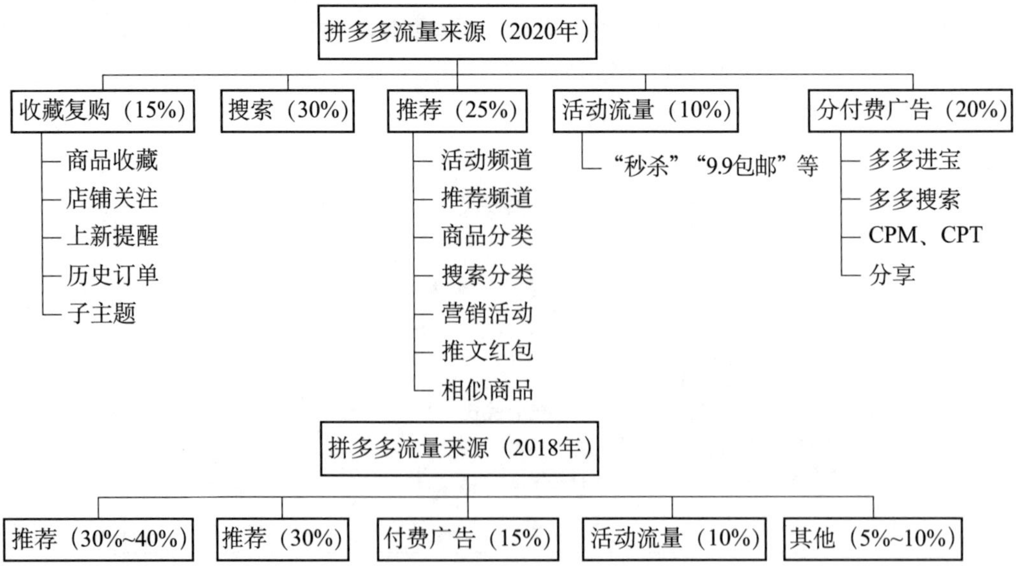

图 A－25　2018 年和 2020 年拼多多流量来源对比

资料来源：浙商证券研究所。

---

① 拼多多的崛起伴随着巨大的争议，舆论观点也偏向两极分化，给拼多多打上了许多刻板标签。这些刻板标签失之偏颇，目前拼多多和淘宝、天猫的用户规模基本一致，独占用户比例较低，原有的用户群体标签已有所改变。

② 白牌指没有（或者很少）产生品牌的行业的商品，如垃圾袋、拖鞋、土豆等，也指一些非品牌化的产品。对于白牌标准化产品，通常的消费决策逻辑是不看品牌、不做过多比较，因而价格优势极大。

拼多多和淘宝的核心差别不是用户之间的差别，而在于用户需求的分层。即低线城市低消费力人群和一线城市高消费力人群的需求都可以在拼多多上得到满足。拼多多的流量分发机制大致如下（见图 A-26）：某个产品上线，如果最初借助自然流量开始放大销量，那么平台就会把这个产品放到更大的流量池里供消费者选择；如果依然可以继续放大销量，平台就会将该产品放到更大的流量池里，如此持续，这就是为什么拼多多上的单款产品可以实现远高于淘系平台上单款产品的销量。

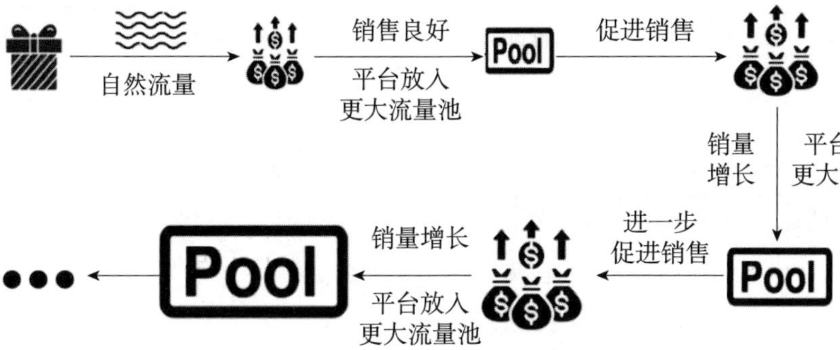

图 A-26 拼多多的流量分发机制

资料来源：东吴证券．核心电商企业的分析框架 与拼多多“三分天下”的商业逻辑.

随着消费者的消费观念更加理性，加之低线城市及农村地区的居民收入持续提升，以拼多多为代表的低价电商平台受到的关注度持续提升。

此外，拼多多深耕农业数字化。2021 年起，拼多多设立了 100 亿元的农业科技专项“百亿农研”，着重协助农业领域进行数字化转型，提升供应链效率，支持供给侧升级，培养农业科技人才。农产品是拼多多的优势品类。2020 年拼多多农产品 GMV 达到 2 700 亿元，占平台总体交易额的 16.2%，远高于其他平台农产品占比（同年阿里巴巴农产品 GMV 占比为 4%）。由于农产品的高频特性，以及拼多多各种补贴、产品设计均以促进用户快速消费为目的，用户形成了高频次的消费习惯。拼多多属于高频低价电商，不仅有更高的 DAU/MAU，亦拥有更高的用户下单频率。

在国内业务稳固的基础上，拼多多积极探索海外业务。2022 年 9 月，拼多多于海外市场推出 TEMU 电商平台，获得了海外市场的巨大关注。

4. 美团：本地生活、多品类、一站式服务

美团成立于 2010 年，并在 2015 年并购大众点评，成为国内最大的综合性本地生活服务平台，美团的发展历程如图 A-27 所示。通过美团、美团外卖、大众点评等产品矩阵，美团提供了一站式“吃喝玩乐”服务。美团是典型的 O2O 平台，服务超 1 000 万年活跃商家、近 7 亿年活跃用户和超 700 万年活跃骑手，深入广泛的商家覆盖、用户数据资产沉淀和高效的配送网络构建起美团业务的稳固“护城河”，助力其成为本地生活服务行业的领导者。2022 年，美团的核心本地商业经营利润达 295 亿元，同比增加 57%，是其最主要的利润来源（见图 A-28）。

O2O 是美团的核心产品模式，即通过线上平台营销推广，给用户提供本地生活各种线下服务。目前，美团的 O2O 囊括了美食、电影、酒店、休闲娱乐和外卖等领域，几乎覆盖了用户生活所涉及的各种服务。实际上，O2O 模式并没有很高的行业壁垒，绝大多数的互联网企业都有能力开发和美团功能相类似的产品。而美团之所以能构建起如此庞大的服务网络，靠的就是其强大的规模势能和运营效率所带来的相对竞争优势。

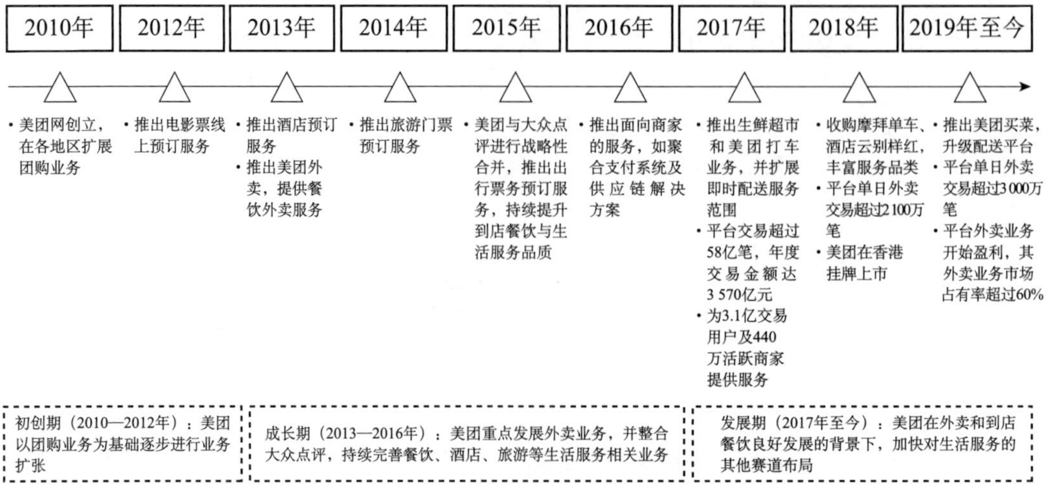

图 A-27　美团的发展历程

资料来源：头豹研究院.2021年美团企业研究报告.

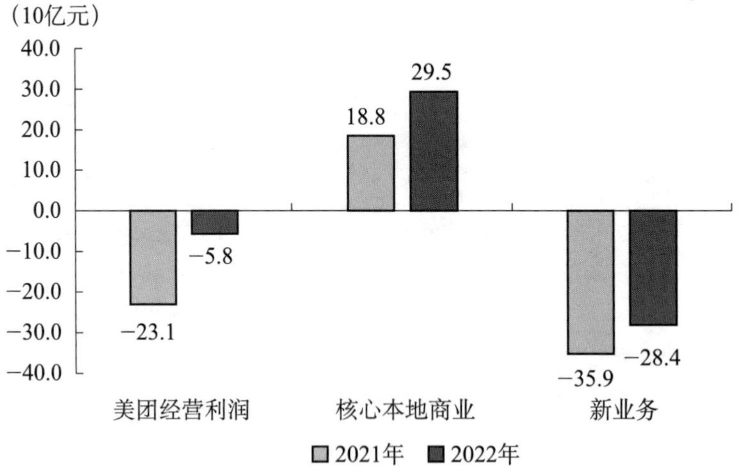

图 A-28　美团的利润来源

美团的核心战略称为“Food＋ Platform”（见图 A-29），即以“吃”为核心构筑服务平台，并以此为基点，逐步向其他服务渗透和延伸，围绕一站式服务不断进行拼图。美团财报显示，餐饮外卖的营业收入占其总收入的54.2%，年订单数超过40亿笔。大规模的流量和订单形成了更大的订单密度，增加了骑手的合单概率，进而增加了单趟配送单量，从而降低了配送成本，提高了配送效率，因此骑手愿意在美团接单。美团以此形成了配送服务的基本盘，保证了用户体验，从而提高了用户黏性，进一步巩固和扩大了流量池。美团招股书中称，“酒旅80%以上的新客来自餐饮”。在“Food”的流量基础上，美团得以用极低的成本不断地丰富和扩展服务品类，并将它们聚合到美团App的主页之中，从而不断地强化品牌和主站的聚合流量。围绕“吃”的主业深挖，加上超级平台背书，目前美团有200多个品类独立的业务单元，且都有较好的增长。

美团致力于搭建一个本地生活服务场景下的超级平台，不断拓展和完善这一大场景下的细分业务，以实现服务的闭环并提高平台的使用频次。对于美团而言，搭建平台最为优先，盈利反倒次之，因此美团的业务扩张十分迅速。美团还在积极布局新业务，以实现用户多元

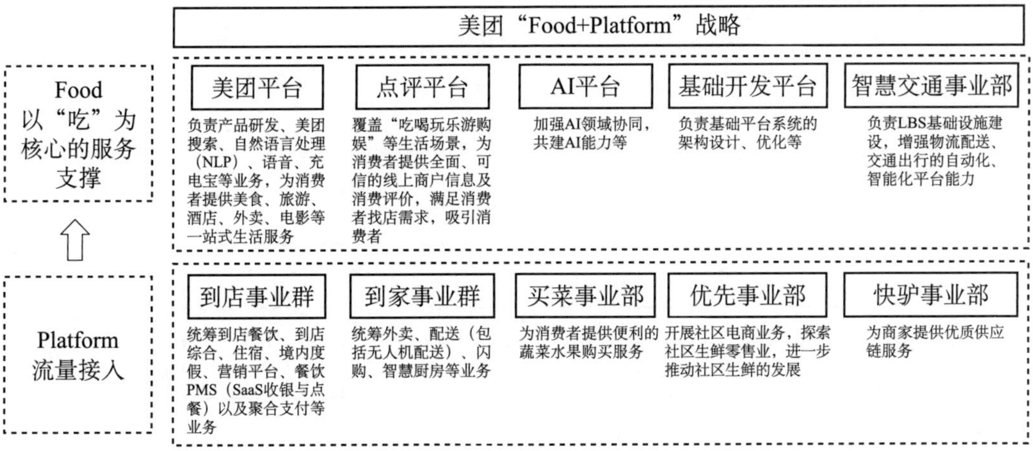

图 A－29 “Food＋ Platform”战略

资料来源：头豹研究院．2021 年美团企业研究报告．

场景的触达。美团新业务按服务对象可分为两类：一类是面向消费者的服务（2C 业务），包括美团优选、美团买菜、美团单车 & 电单车、美团打车等；另一类是面向商户的服务（2B 业务），包括快驴进货、餐饮管理系统、美团小贷等。尽管新业务的财务表现不佳，但美团并没有放弃的迹象，而是通过拉升老业务盈利能力来给其“供血”。目前美团的几个主要业务盈利空间有限，如主业餐饮外卖的经营利润率仅为 3.3%，现金流压力较大。因此美团需要进一步加强精细化运营，争取做好每个业务，才能保证在良好状态下不断拓展业务边界。

5. 抖音电商：内容电商、高效匹配、短链成交、强运营

抖音电商如同一匹黑马，在 2020—2023 年飞速发展，引人瞩目。抖音电商是内容电商，其“货找人”模式是一种独特的商业模式，强调通过创造丰富、有趣的内容，吸引用户主动寻找产品，从而实现销售和变现的目标。在这一模式中，创作者或主播扮演着关键角色，他们以个人魅力、专业知识或娱乐形式，展示产品的特点、用途，甚至将产品融入生活场景，引发用户兴趣并促使他们积极购买。

抖音作为典型的兴趣电商平台，其独特之处在于强调内容和兴趣的驱动。平台鼓励创作者创作各类有趣、多样化的内容，从短视频到直播，涵盖美妆、时尚、家居、科技等多个领域。通过内容的创新和互动性，抖音吸引用户自主发现产品，而非被动推销。这种强调内容和兴趣的驱动，让购物不再仅仅是交易，更是一场娱乐、分享和互动，用户通过“发现—激发—购买”完成消费。这种特点将电商平台拉到了用户购买决策路径的上游，用户可能并没有明确的需求，且不知道某个产品，若在浏览内容时刚好发现感兴趣的商品，产生购买意图，即可采取行动。

短视频或直播触达用户后直接完成交易转化，这种消费者被动触达商品内容的模式为“货找人”。用户被触达后积累了一定的购物心智，后续通过主动检索信息来增加对商品的了解，这种主动检索的模式为“人找货”。

在抖音平台，短视频、直播、抖音商城、搜索四大场域完整覆盖货找人和人找货的双向消费模式，四大场域连接互通，让用户能够顺畅地在不同场域获取自己需要的信息，从而推动购买决策，也让商家的经营场域从内容场延伸至由抖音商城和搜索组成的中心场，成为全域兴趣电商的经营基础。商家在抖音商城通过品牌账号、旗舰店等“自有阵地”，可对用户进行长期持续的触达与维护，将用户沉淀为品牌核心资产以实现长效增长。

抖音商城的推出是对抖音电商生态的进一步完善，有助于平台电商业务的进一步发展。在推荐算法加持下的货找人模式之外，人找货的货架模式与用户需求更为贴近，并有助于巩固用户对品牌的认知，积累品牌私域流量，提升用户黏性（见图 A－30）。

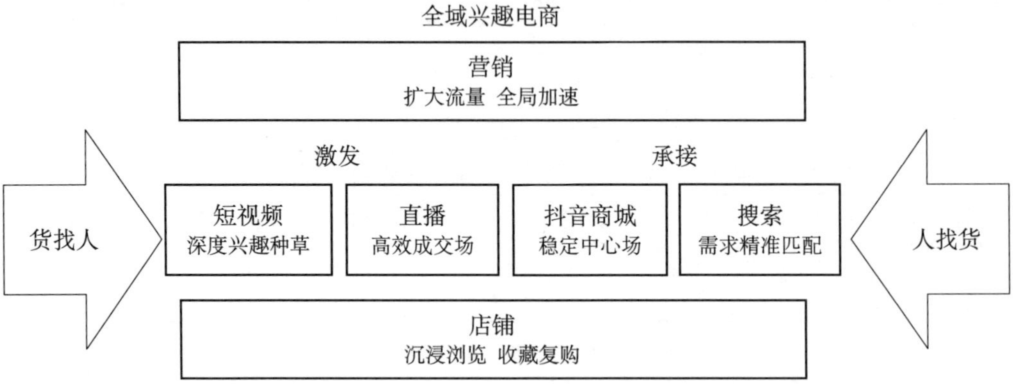

图 A－30　抖音电商融合内容电商（货找人）与货架电商（人找货）

抖音商城打通人找货模式的链路，提高转化效率，是企业稳定经营的交易场（见图 A－31）。用户逐渐形成了在抖音买东西的认知，这让抖音商城成为选购、转化与复购的关键场域，为商家提供了一个稳定的中心化交易场。抖音商城带来了高购买心智的流量，商家可配合多样化的主题活动提升转化率，并结合店铺经营搭建复购链路。抖音商城是呈现商品的“货架”，以承接用户主动购物意图为主要目标，因此商家需要通过加强店面装修及商品详情页设计、参与营销活动、优化围绕商城的内容来提高承接效率。搜索是典型的人找货场景，用户在被种草后主动寻求更多信息以辅助购买决策，此时搜索起到了流量枢纽的作用，用户可直接通过关键词搜索完成精准需求匹配，实现购买。

图 A－31　抖音电商的内容、搜索、商城的关系链路

资料来源：抖音电商白皮书，华鑫证券研究。

五、选择数字平台的考量因素

企业若想通过新媒体数字平台获取消费者认可，首先要明确企业将数字平台视为传播渠道、销售渠道还是新的市场。除此之外，企业的发展阶段、产品品类、组织架构、运营方式、投入的资源，都会影响新媒体营销的效果，需要结合自身的优势和数字平台的特色进行选择。

选择数字平台时可以从以下维度进行考量：

1. 平台基础

（1）目标人群契合度。

（2）平台的流量基数。

（3）产品相关垂直领域的内容量和互动量。

（4）产品与平台的契合度，如非标品比较适合直播电商方式销售，白牌产品适合在快手和抖音等平台销售。

2. 平台内容机制

（1）内容的质量与深度。

（2）互动氛围。

（3）真实性。

（4）内容扩散能力，即内容在平台内和平台间传播的能力。

（5）内容的持续获益能力，即内容能否长期给品牌带来效益，如小红书内容就具有长期效益，而抖音的内容效益随时间递减。

3. 投放效果考量

（1）投入产出比，即流量投放或广告的投入产出比。

（5）转化机制，包括跳转机制（直接跳转到站外电商，如知乎；站内电商直接完成购买，如抖音；站外间接转化，如小红书）、跳转私域、运营辅助工具。

4. 企业发展阶段

不同发展阶段的企业选择数字平台时的考量因素如图 A－32 所示。

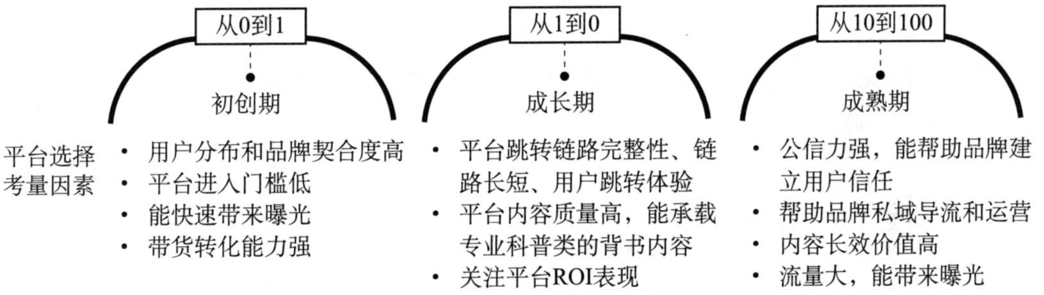

图 A－32 不同发展阶段企业选择数字平台时的考量因素

资料来源：艾瑞咨询．种草内容平台营销价值白皮书．（2021－11－15）．https：//report.iresearch.cn/report_pdf.aspx？id＝3879.

（1）初创期企业资源少，生存问题大于发展问题，更多需要借助数字平台的低成本撬动流量，获取收入。此时，通过小红书精准触达品牌的目标人群，或是通过抖音用户画像进行流量投放和销售可能是不错的选择。

（2）成长期企业往往需要不断扩大消费群体、扩大品牌曝光来获得高速增长。此时，平台的流量基数就成为较为重要的指标，平台内容质量需要能够承载一定的专业类内容，多平台配合也成为扩展市场的手段。

（3）成熟期企业往往有较多资源，容错率也较高。企业有能力搭建平台矩阵，针对不同平台特性开发产品和定制营销活动，形成有序的平台管理，并和线下渠道及市场进行融合与互动。

中国人民大学出版社　管理分社

教师教学服务说明

中国人民大学出版社管理分社以出版工商管理和公共管理类精品图书为宗旨。为更好地服务一线教师，我们着力建设了一批数字化、立体化的网络教学资源。教师可以通过以下方式获得免费下载教学资源的权限：

★ 在中国人民大学出版社网站 www.crup.com.cn 进行注册，注册后进入“会员中心”，在左侧点击“我的教师认证”，填写相关信息，提交后等待审核。我们将在一个工作日内为您开通相关资源的下载权限。

★ 如您急需教学资源或需要其他帮助，请加入教师 QQ 群或在工作时间与我们联络。

中国人民大学出版社　管理分社

教师 QQ 群： 648333426（工商管理）　1057207274（财会）　648117133（公共管理）
教师群仅限教师加入，入群请备注（学校＋姓名）

联系电话： 010-62515782，82501868，82501048，62514760

电子邮箱： glcbfs@crup.com.cn

通讯地址： 北京市海淀区中关村大街甲 59 号文化大厦 1501 室（100872）

管理书社　　人大社财会　　公共管理与政治学悦读坊